国家出版基金项目
NATIONAL PUBLICATION FOUNDATION

欧亚历史文化文库

总策划 张余胜
兰州大学出版社

西域考古文存

丛书主编 余太山

王炳华 著

图书在版编目(CIP)数据

西域考古文存/王炳华著. —兰州:兰州大学出版社,2009.8
　(欧亚历史文化文库)
　ISBN 978-7-311-03449-8

　Ⅰ.①西… Ⅱ.①王… Ⅲ.西域—考古学—文集
Ⅳ.①K872.4-53

中国版本图书馆 CIP 数据核字(2009)第 142470 号

总 策 划　张余胜
_____

书　　　名　**西域考古文存**
丛书主编　余太山
作　　　者　王炳华　著
出版发行　兰州大学出版社　(地址:兰州市天水南路 222 号　730000)
电　　　话　0931-8912613(总编办公室)　　0931-8617156(营销中心)
　　　　　　0931-8914298(读者服务部)
网　　　址　http://www.onbook.com.cn
电子信箱　press@lzu.edu.cn
印　　　刷　兰州人民印刷厂
开　　　本　700 mm×1000 mm　1/16
印　　　张　34.5　(插页 13)
字　　　数　478 千
版　　　次　2010 年 8 月第 1 版
印　　　次　2012 年 6 月第 2 次印刷
书　　　号　ISBN 978-7-311-03449-8
定　　　价　108.00 元
_____

(图书若有破损、缺页、掉页可随时与本社联系)

图1 公主堡

图2 瓦罕吉里大坂通道

图3 葱岭守捉城故址

图4 阿拉沟古堡

1

图5 阿拉沟一号文书

图6 阿拉沟二号文书

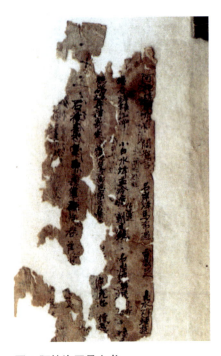

图7 阿拉沟四号文书

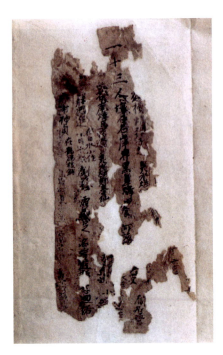

图8 阿拉沟五号文书

图9　阿拉沟六号文书

图10　阿拉沟七号文书

图11　阿拉沟八号文书

图12　阿拉沟九号文书

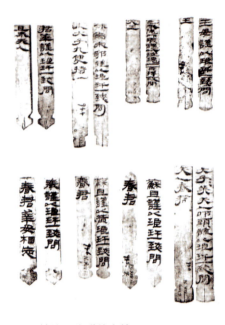

图13 精绝王族赠礼木简

图14 精绝王贴身缀琅玕

图15 饰琅玕的梳篦袋

图16 梳篦袋下吊坠的琅玕

图17 八号墓之琅玕

图18 黄河下游出土的琅玕（此图片据《中国古代玻璃》）

图19 蜻蜓眼

图20 西亚琅玕
（此图片据《中国出土玻璃》）

图21 埃及蜻蜓眼

图22 伊朗蜻蜓眼

图23 白玉斧
（1980年楼兰古城采集）

图24 辛塔拉遗址青玉斧

图25 北庭西大寺玉饰

图26 虎纹圆金牌

图27 对虎纹金箔带

图28 狮形金箔

图29 方座承兽铜盘

图30 青铜武士像

图31 波马古墓地外景

图32 镶红宝石金面具

图33 金罐

图34 镶嵌红玛瑙虎柄金杯

图35 红宝石金戒指

图36 错金单耳银瓶

图37 镶红宝石金把杯

图38 缀金珠锦绣织物残片

图39 富昌锦

图40 精绝佛寺遗址

图41 木雕伎乐天人像

图42 栏杆遗存

图43 精绝古城垣残迹

图44 精绝南城焚毁之城门遗址

图45 精绝王墓
揭棺

图46 精绝王
腰带佩饰

12

图47 东汉棉布裤

图48 东汉棉布

图49 东汉印花棉布

图50 东汉棉花

图52 罗布淖尔出土的棉布袍

图51 山普拉古墓出土的
印花蓝棉布

14

图53 唐代棉籽

图54 脱库孜萨来遗址
出土的提花棉织物

图55 古墓沟发掘现场

图56 古墓沟毛线毯

图57 古墓沟女尸

图58 古墓沟女性木雕像

图59 古墓沟女性石雕像

图60　古墓沟草篓

图61　古墓沟木器

图62　"片金锦"花纹复原图

图63　"捻金锦"花纹复原图

17

图64 缂丝残片

图65 银红地宝相花纹锦花纹复原图

图66 多尕特洞窟彩绘

图67 唐巴尔塔什洞窟彩绘（局部）

图68 小河墓地通天树

图69 小河墓地女性墓前立木

图70 鹿石刻像

图71 鹿石刻像

图72-1 呼图壁出土的
两性同体石雕（背面）

图72-2 呼图壁出土的
两性同体石雕（正面）

图73 大玛扎萨满崇拜一景

图74 阿尔泰山洞窟赭绘女阴图

图75 小河墓地出土女尸腰
挂木雕男性生殖器

图76 小河墓地男性墓前女
阴形立木

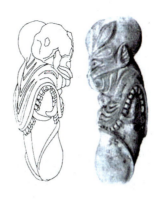

图77 拜城克孜尔石窟前出
土的陶祖

图78 阿尔泰骆驼峰鹳鸟啄
鱼岩刻

图79 河南临汝阎村陶缸图

图80 小河墓地沙丘立木

图81 唐巴尔塔斯山洞窟彩
绘兜鍪式萨满尖帽

图82 唐巴尔塔什洞窟彩绘

图83 五堡古墓男尸

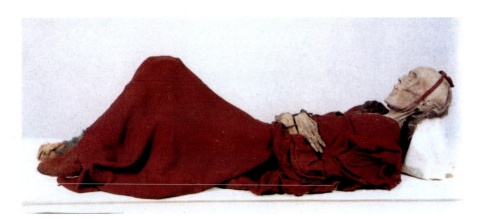

图84 且末扎洪鲁克男尸

图85 扎洪鲁克婴儿尸

图86 营盘古墓男尸

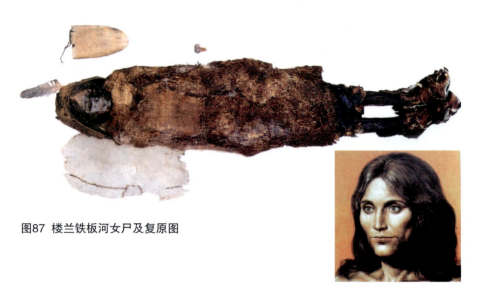

图87 楼兰铁板河女尸及复原图

图88 尼雅遗址男尸

出版说明

　　随着 20 世纪以来联系地、整体地看待世界和事物的系统科学理念的深入人心，人文社会学科也出现了整合的趋势，熔东北亚、北亚、中亚和中、东欧历史文化研究于一炉的内陆欧亚学于是应运而生。时至今日，内陆欧亚学研究取得的成果已成为人类不可多得的宝贵财富。

　　当下，日益高涨的全球化和区域化呼声，既要求世界范围内的广泛合作，也强调区域内的协调发展。我国作为内陆欧亚的大国之一，加之 20 世纪末欧亚大陆桥再度开通，深入开展内陆欧亚历史文化的研究已是责无旁贷；而为改革开放的深入和中国特色社会主义建设创造有利周边环境的需要，亦使得内陆欧亚历史文化研究的现实意义更为突出和迫切。因此，将针对古代活动于内陆欧亚这一广泛区域的诸民族的历史文化研究成果呈现给广大的读者，不仅是实现当今该地区各国共赢的历史基础，也是这一地区各族人民共同进步与发展的需求。

　　甘肃作为古代西北丝绸之路的必经之地与重要组

成部分,历史上曾经是草原文明与农耕文明交汇的锋面,是多民族历史文化交融的历史舞台,世界几大文明(希腊—罗马文明、阿拉伯—波斯文明、印度文明和中华文明)在此交汇、碰撞,域内多民族文化在此融合。同时,甘肃也是现代欧亚大陆桥的必经之地与重要组成部分,是现代内陆欧亚商贸流通、文化交流的主要通道。

基于上述考虑,甘肃省新闻出版局将这套《欧亚历史文化文库》确定为2009—2012年重点出版项目,依此展开甘版图书的品牌建设,确实是既有眼光,亦有气魄的。

丛书主编余太山先生出于对自己耕耘了大半辈子的学科的热爱与执著,联络、组织这个领域国内外的知名专家和学者,把他们的研究成果呈现给了各位读者,其兢兢业业、如临如履的工作态度,令人感动。谨在此表示我们的谢意。

出版《欧亚历史文化文库》这样一套书,对于我们这样一个立足学术与教育出版的出版社来说,既是机遇,也是挑战。我们本着重点图书重点做的原则,严格于每一个环节和过程,力争不负作者、对得起读者。

我们更希望通过这套丛书的出版,使我们的学术出版在这个领域里与学界的发展相偕相伴,这是我们的理想,是我们的不懈追求。当然,我们最根本的目的,是向读者提交一份出色的答卷。

我们期待着读者的回声。

总 序

　　本文库所称"欧亚"(Eurasia)是指内陆欧亚,这是一个地理概念。其范围大致东起黑龙江、松花江流域,西抵多瑙河、伏尔加河流域,具体而言除中欧和东欧外,主要包括我国东三省、内蒙古自治区、新疆维吾尔自治区,以及蒙古高原、西伯利亚、哈萨克斯坦、乌兹别克斯坦、吉尔吉斯斯坦、土库曼斯坦、塔吉克斯坦、阿富汗斯坦、巴基斯坦和西北印度。其核心地带即所谓欧亚草原(Eurasian Steppes)。

　　内陆欧亚历史文化研究的对象主要是历史上活动于欧亚草原及其周邻地区(我国甘肃、宁夏、青海、西藏,以及小亚、伊朗、阿拉伯、印度、日本、朝鲜乃至西欧、北非等地)的诸民族本身,及其与世界其他地区在经济、政治、文化各方面的交流和交涉。由于内陆欧亚自然地理环境的特殊性,其历史文化呈现出鲜明的特色。

　　内陆欧亚历史文化研究是世界历史文化研究中不可或缺的组成部分,东亚、西亚、南亚以及欧洲、美洲历史文化上的许多疑难问题,都必须通过加强内陆欧亚历史文化的研究,特别是将内陆欧亚历史文化视做一个整体加以研究，才能获得确解。

中国作为内陆欧亚的大国，其历史进程从一开始就和内陆欧亚有千丝万缕的联系。我们只要注意到历代王朝的创建者中有一半以上有内陆欧亚渊源就不难理解这一点了。可以说，今后中国史研究要有大的突破，在很大程度上有待于内陆欧亚史研究的进展。

古代内陆欧亚对于古代中外关系史的发展具有不同寻常的意义。古代中国与位于它东北、西北和北方，及至西北次大陆的国家和地区的关系，无疑是古代中外关系史最主要的篇章，而只有通过研究内陆欧亚史，才能真正把握之。

内陆欧亚历史文化研究既饶有学术趣味，也是加深睦邻关系，为改革开放和建设有中国特色的社会主义创造有利周边环境的需要，因而亦具有重要的现实政治意义。由此可见，我国深入开展内陆欧亚历史文化的研究责无旁贷。

为了联合全国内陆欧亚学的研究力量，更好地建设和发展内陆欧亚学这一新学科，繁荣社会主义文化，适应打造学术精品的战略要求，在深思熟虑和广泛征求意见后，我们决定编辑出版这套《欧亚历史文化文库》。

本文库所收大别为三类：一，研究专著；二，译著；三，知识性丛书。其中，研究专著旨在收辑有关诸课题的各种研究成果；译著旨在介绍国外学术界高质量的研究专著；知识性丛书收辑有关的通俗读物。不言而喻，这三类著作对于一个学科的发展都是不可或缺的。

构建和发展中国的内陆欧亚学，任重道远。衷心希望全国各族学者共同努力，一起推进内陆欧亚研究的发展。愿本文库有蓬勃的生命力，拥有越来越多的作者和读者。

最后，甘肃省新闻出版局支持这一文库编辑出版，确实需要眼光和魄力，特此致敬、致谢。

余太山

2010 年 6 月 30 日

目 录

序

　　在校订文集的过程中,责任编辑高燕平提醒我,是不是应该写一个"前言"或"后记",交待一下为什么编这么一个集子。

　　为读者计,是该做这么一件事。

　　兰州大学出版社计划编辑出版《欧亚历史文化文库》。这一视角,是相当高的。太山先生主其事,可能考虑到我在新疆考古舞台上几乎度过了一生,所以嘱我选几篇相关的论文,结为一集,奉献给《欧亚历史文化文库》。

　　以欧亚内陆为视角,审视其历史文化发展轨迹,是十分正确、也十分重要,但迄至目前,又还是重视得不太够,做得不算十分好的一件事。它是一个值得为之贡献力量的大事业。亚欧内陆除中部兴都库什山、帕米尔高耸,曾经为人们之交往增加一点不便外,并没有可以阻断大陆上早期居民东来西走的汪洋大海。西亚两河流域、西南亚伊朗高原、南亚印度河流域、亚洲东部黄河、长江流域间,都曾是人类文明孕育、发展的几个主要中心。因环境制约、影响,这些古老文明还都各具特色,各有优点、特点。地域毗连使交往成为可能,各具不同特质又激发、推动了彼此间交流往来的需要。需要加可能,这些古老文明中心及其傍近地区(如希腊、罗马文明)之间的联系是发生得很早的。这种联系,对欧亚大陆、对全人类古代文明发展、进步,曾产生过十分积极、有益的作用。新疆大地,十分有幸的一点,是正处在这几大文明板块之间;加之气候干燥,十分有利于早期人类史迹、文物的保存。在多雨、湿润地区只能随时光流失而朽损的各种资料,包括人类遗体、棉、麻、丝、毛织物、文书残纸等有机材料的物品,历经几千年的时光,在这片土地上,都还可以安卧沙尘深处而不朽坏。因此,古代新疆大地,为今天的人们认识古远亚欧内陆大地上曾经展开过的历史风云,留下了弥足珍贵、怎么估价也不算过分的历史迹痕,有时甚至会清楚地指示出其他文献不见记录的历史篇页。

在笔者生命的途程中,最有幸的一点,是种种偶然因素,使个人得在新疆考古舞台上度过了半个世纪的时光,取得了从考古学角度认识、剖析新疆历史的发言权。

我是1955年进入北京大学历史系的,以考古学为专业。在夏鼐、苏秉琦、宿白、邹衡等我国老一辈、也是新中国考古事业开山祖们的教诲中,慢慢迈入了中国考古学的大门。

我于1960年毕业,立刻踏上了新疆大地,是新疆考古所最早的两名专业工作人员之一。自此,在新疆考古舞台上不断耕耘了四十年。2000年退休,离开了野外考古工作第一线。但自2000年至今,实际还是在新疆考古研究领域中"讨生活",不时会与同道回到新疆大沙漠中,去感受古代西域历史文明的气息。新疆,与祖国历史发展的脉搏同一节律已经两千多年。要深刻感受祖国历史进程中一些重大历史事件,就禁不住要步入新疆的沙漠、高山,吸收历史的营养。有一个例子,2005年,我就又与冯其庸、荣新江、罗新、朱玉麒、孟宪实教授等师友一道,从罗布淖尔荒原汉晋名胜地如伊循、楼兰、居卢訾仓、龙城,过白龙堆,经阿奇克谷地入疏勒河,叩玉门关,抵达敦煌,一路呼吸两千二百年前西汉戍边健儿以及班超、法显、玄奘们曾经呼吸过的空气,感受他们当年所面临的超过今天百千倍的艰难。也总希望能更多感受到一点他们当年奋进、无畏的精神。这种勇毅、奋进的精神,对任何一个民族,自然都是十分重要的。这一年,我70岁,冯其庸先生83岁,但行进在沙漠、盐滩、戈壁中,感觉竟是特别的昂扬。

呈现在读者面前的这二十多篇论文,不少曾经分散刊布过。它们涉及沟通亚欧的古道——丝绸之路,它的变迁及仍见保留的历史迹痕;涉及到这片土地上曾有的居民,他们的宗教、精神文化生活,物质生产及与周邻地区的关联;尤其是为开发建设这片土地,中原大地以汉民族为主体的人们曾经有过的奉献。这在新疆大地两千年历史进程中,是一个十分重要的、不能轻忽的存在。无视这一点,是十分不科学、也是不忠于历史事实的。

我希望,这些文章,能多少助益于亚欧内陆历史文化的研究。所以如是想,还考虑到以下特点:

　　一、所有这些研究文章,一无例外,都是以文物、考古资料为基础,进行分析、研究后完成的。考古文物资料,尤其是遗址出土的文物资料,多是偶然、未经刻意安排进入了地下,又在十分偶然的机缘下重现在今人面前。它们虽片鳞支爪、似乎支离破碎,实际却无不凝集着当年社会从物质生产到文化观念诸多方面的元素。它们不同于历史文献记录,后者表现着特定的个人诉求。因此,这些文物考古资料有本身独具的、不可替代的个性,有无可比拟的诸多细节的真实。在历史文化研究中,其科学价值不可轻估。

　　二、相关的古代遗址、文物考古资料都曾经作者亲历、亲自调查,细为观察,不少还是作者本人的发现,不少文物,也都是出自作者的手铲之下,凝集着本人工作全过程中不同于一般的认识。为求索凝集其上的历史文化精神,都曾经过反复的观察、思考、比较、分析。这与因各种局限而研究西域却又难得可能亲履其地、没有直接接触文物,自然又多了一点知识的含量。

　　这些文章或有大、小,但相关心得、结论,主要奠基在个人考古实践之上,多少有点新见,可以说是持之有故。对未得机缘步入新疆大地的同道,或可助益于研究思路的拓展。

　　新疆的考古资料,因着它的地理位置,它曾肩承的(尤其在海路开通之前)在亚欧内陆经济、文化交流过程中,具有的不可替代的地位,对人们认识亚欧内陆历史,肯定是不能轻忽的。

　　今天的地球,正在因人类的科技进步而一天天变得更小。古代几年才可以完成的旅程,今天可以在几个小时中实现。新疆,从世界的任何一个角落,也总可以朝发夕至,这是古代人类不可想象的事实。从这一角度看,古代新疆在沟通亚欧地区文明发展中的奉献,实在让人有不胜今昔之感。在交通联系十分古远,只能以人足、兽蹄步量距离的过去,因着我们祖先的开拓、奉献,就曾经使亚欧内陆大地看似彼此距离遥远,却又实际联系在一起。因此,历史文化进程中的每一步,可以说是你中有我、我中有你，并未隔绝。这是有十分积极意义的、全人类共同的历史文化精神，是值得认真思考、吸收的优秀传统。

地球，在人类面前已经略如古代的一寨一村，我们是有能力、也该做出努力，使这一地球之家，变得更美好、更和谐。

静静地思考亚欧大陆历史的进程，细想半个世纪在西域考古舞台上亲历的种种细节：在这片广袤的土地上，从人类出现起，曾有多少语言不同、形体服装不一、经济生活殊异、文化观念差别的大大小小的族体，在这一舞台上活动、来去。"差异"、"多元"是这一过程中最本质的特征。《汉书》记述，从黄河流域的长安出发，走到西亚，"语言"是必须经过多重翻译才得以实现人类之间相互沟通的。差异、多元，环境各异、交流不便，这十分自然，不会令人奇怪。但差异并不可怕，只要尊重对方存在，克服困难，努力交流，互相学习，就可渐生了解，相互吸收，产生认同。个别的、完全陌生的文化会出现趋同的，你中有我、我中有你的新文化。许许多多的、实际又是很小的、彼此不同的居民族体，会慢慢在趋同中减少了存在，出现全新的更大的族体。我在新疆生活了近五十年，还是以新疆这块多民族杂居的土地为例，只从语言说，任何一个族体都有许多其他民族的语言因素存在，生活习惯也自然趋同，审美标准也慢慢一致。这是一些谁都可以感受的例子。我们可以从中总结到一条历史的哲学：彼此尊重，不要刻意去强化、僵化差异，认为保存差异才是美好；应该努力支持平等的交往，相互的学习，以无限的热情讴歌彼此交流中出现的新事物。差异及不同的观念，是生活的现实；差异、不同的文化，会导致矛盾，但不必一定导致冲突。面对曾有许多古代民族活动、生息的西域大地，感受它们历史发展的进程，沉思欧亚大陆古代文明发展的历程，是可具体而微地感受到这一历史真理的。

最后，还要说几句俗话，却又都是真话：应该谢谢太山兄，提示、敦促我做这么一件事。谢谢施援平、高燕平二位帮助我完成了这件事。她们工作细致、严谨、认真，可以说是一丝不苟。

这本小书，从文字录入、初校、配图，我夫人王路力实际都独任其劳。这只是一个例子。其实，在我几十年的研究生涯中，几乎都是如此运行,只是人们并不知她在工作中的实际存在。常常在夜深人静时,我自己往往已是思想发木,只有她一人还在默默敲击着电脑键盘。满头青丝就在我面前渐成灰白。我的那点心得,如在西域古代历史文化研究中还有一点价值,那么她的劳动,实在也是不该被忘却的。

王炳华

二〇一〇年六月于人民大学静园

1 西域考古泛论

新疆地处中亚内陆腹地,居祖国西北边陲,东北与蒙古接壤,北部、西部与俄罗斯、哈萨克斯坦、吉尔吉斯斯坦、塔吉克斯坦为邻,西南与阿富汗、巴基斯坦、印度毗连,位置冲要。地理坐标北及北纬 49°10′43″,南达北纬 34°15′,跨纬度近 15°;东至东经 96°25′,西及东经 73°10′43″,跨经度 23°以上。全区东西长 1900 公里,南北阔 1500 公里。面积达 166.04 万平方公里,占全国面积的 1/6。总人口 1800 万,有 13 个世居民族,除汉族外,还有维吾尔、哈萨克、蒙古、回、柯尔克孜、满、锡伯、塔吉克、达斡尔、乌兹别克、塔塔尔、俄罗斯等少数民族;人口共有 1096 万,其中维吾尔族达 825 万,在少数民族中,是人口最多的一支(以上均为 2002 年统计数据)。堪谓不同种族、众多民族混处、杂居。

地处欧亚大陆腹地的新疆,地形地貌的特点为"三山夹两盆":横亘中部的天山山脉与北部阿勒泰山之间为准噶尔盆地;天山与南部昆仑山之间为塔里木盆地,盆地的中心为居世界第二位的塔克拉玛干大沙漠。

由于四周高山环绕,又远离海洋,挟带太平洋水汽的东南季风不能到达新疆,主要靠来自北冰洋、大西洋的西风气流。它所携带的水分,经过三四千公里的长途跋涉,抵达新疆时已所剩无几。年均降水量为 145 毫米,且分布很不均匀。大气降水北疆多于南疆,西部多于东部,山区多于平原,盆地边缘多于中心。北冰洋、大西洋的水汽给迎风的阿勒泰山南坡、天山北坡带来的甘霖,不仅使山地植被茂盛,而且使准噶尔盆地草原得到了滋润,为畜牧业的发展提供了条件。

天山以南的塔里木盆地周缘,由于上空水汽稀少,全年降水量几近于无,不少地区终年无雨,是十分典型的干旱环境。极端干旱区与干旱区面积占全疆总面积的 65.5%,而适宜于人类生产、生活的绿洲面积约 13.6 万平方公里,仅占全疆总面积的 8.2%。这有限的绿洲,主

欧·亚·历·史·文·化·文·库·

要分布于阿尔金山、昆仑山、帕米尔、天山山前一些有冰川雪水流淌的河谷地带,山前扇缘低地、河流三角洲及湖泊湿地,它们分散展布,不相连续,形如颗颗串珠。这些绿洲,因为有比较稳定的冰川雪水,加上塔里木盆地光热资源丰富,年均气温在10℃以上,无霜期达200～220天,特别适宜于农业生产,尤其是灌溉农业发展的理想天地。如是地理条件,自然很早就成了人类聚集、进行农业垦殖的舞台。古代"丝绸之路"的沙漠之道,正是凭借着这些点点分布的绿洲,才使东来西往的使者、商旅得到了通行远方的可能。

新疆,古代称"西域",在中国人的心目中它一直是祖国西部的疆土。在先秦文献如《山海经》、《尚书》、《管子》、《穆天子传》等著述中,都可以见到关于这片土地山川、沙漠、湖泊、物产的记录,显示着它与中原大地早就存在的经济、文化联系。西汉太初四年(公元前101年),为加强对西向通道的建设,汉武帝刘彻在天山南麓今轮台县境设"使者校尉",领兵屯田。地节二年(公元前68年),设"护鄯善以西使者",进一步强化了西汉王朝对西域的军事、交通管理。汉宣帝神爵二年(公元前60年),在乌垒城设置"西域都护",任命郑吉为首任都护,辖治西域全境,"汉之号令班西域",标志着西域大地正式纳入祖国的政治版图,成为中国统一、多民族国家的一个部分。东汉,匈奴再度控制西域。明帝永平十七年(74年),东汉王朝打败匈奴,重设西域都护和戊己校尉。三国时,曹魏设西域长史于海头(今罗布淖尔地区),设戊己校尉于高昌,统领军政、屯田事务,这一形势至西晋不变。东晋十六国时期河西走廊的前凉王朝,继续在这里设置西域长史、戊己校尉。并于咸和二年(327年),在吐鲁番盆地设高昌郡、立田地县,此为秦汉以来中原大地普遍实行的郡县制第一次在西域推行。南北朝时,北魏在鄯善、焉耆驻军,西域东、南部为北魏统辖,北部为突厥统治。隋朝,在西域设置鄯善、且末、伊吾三郡。唐王朝时,大大强化了对西域的政治统治,它因地制宜地实施了两种制度:一是在今哈密、吐鲁番、昌吉地区设立伊、西、庭州,分置县、乡、里。各州刺史由朝廷直接任命,实施均田制、租庸调制、府兵制等,均同于中原。二是实行都护府制度,设安西大都护府、北庭大都护府,管理地区及于塔里木盆地、准噶尔盆地、帕米尔地区及中亚。五代十国、宋、辽金时期,中原分裂,新疆地区同样出现了喀拉汗王国、于阗李氏王朝、高昌回鹘王国并峙的局面。公元1124年后,西域入于西辽统治之下。13世纪,成吉思汗攻灭西辽统领西域,大部分土地分封给察合台、窝阔台,其余归蒙古大汗,设"别失八里行尚书省"直接统治。至元八年(1271年)忽必烈改称元朝,在西域设"阿里麻里行中书省"统管军政。入明,西域大部处于蒙古察合台后裔的统治之下,史称察合台后王。清王朝时,经长期用兵,统一西域,设伊犁将军、都统、参赞大臣、领队大臣等治理全境,主领军政,不治民事。民政事务,悉依旧章:维吾尔地区维持伯克制,伯克由朝廷任免;蒙古等游牧民族行扎萨克制,封爵由朝廷册封世袭;汉、回族地区,置镇迪道,隶甘肃省,下设州、县,分别治理。清中期以后,国力渐衰,列强入侵,中亚浩罕阿古柏侵占大部分领土,沙皇俄国也进兵伊犁,危机深重。1884年,在清军攻灭阿古柏入侵政权、收复伊犁后,设"新疆省",统一了这片土地与内地的行政管理制度。中华民国时期,新疆与内地行政建制进一步统一。1949年,新疆和平解放。1955年,成立新疆维吾尔自治区,新疆大地的历史从此步入了一个崭新的阶段。

新疆大地长期作为华夏文明与中亚西部、南亚、西亚、北非、欧洲大地古老文明交往的陆上通道,为沟通古代东西方经济和文化交流发挥了十分重大的作用。许多古老的民族如羌、塞、月氏、匈奴、乌孙、汉、鲜卑、铁勒、吐谷浑、突厥、粟特、回鹘、吐蕃、契丹、蒙古等,都曾经在这片土地上东来西走,留下了或浅或深的印痕;华夏文明,古印度文明,古代波斯文明,希腊、罗马文明曾经在这片土地上彼此碰撞,相互吸收,而呈现出绚丽多彩、特色独具的面貌;加之新疆气候干燥,不仅许多古代城镇遗址、生土建筑依然屹立,就连它处无法保存的有机物品,如文书、丝毛织物等,虽历数千年风雨,在这里也可以不朽,其质地、色泽如新。新疆大地,是一片积淀着丰富历史文化的沃土,是认识多民族共同缔造、建设祖国历史文明的文化殿堂。

1.1 文物考古研究工作概况

新疆地上、地下文物遗存丰富,独具特色,且保存较好,深受国内外关注。只是从总体发展、研究各方面分析,文物考古工作还是显得相对滞后。20世纪30年代以前,主要是少数西方列强国家之学者在这里进行过不少考古发掘、调查。中国学者除黄文弼先生一人孤身只影勉力做过一点田野工作外,别无他人。20世纪50年代后,文物考古工作开始稍有起步。总体看,终是专业研究人员少、力量弱,田野工作面不广、点不深,深入一点的综合研究更显不足。差可告慰的是,有限的文物考古工作,还是对新疆旧石器时代晚期以来的考古文化,以至明清时期文物保护,取得了比较显目的成果。新疆考古文化谱系、西域历史文明研究,都因此揭开了新页。

旧石器时代,是人类早期历史最为漫长的一个阶段。新疆周边一些国家或省区,如俄罗斯南西伯利亚阿勒泰地区、哈萨克斯坦纳林河流域、塔吉克斯坦帕米尔山区,都曾发现旧石器时代文化遗存。甘肃庆阳,也发现过早期人类化石。与之相较,新疆旧石器时代的考古,确实还是比较薄弱、相对落后的一个环节。

新疆目前已经发现的旧石器时代遗存都属晚期,也没有见到人类化石。

吐鲁番盆地交河沟西台地西南,在深10米的第四纪更新世黄土沉积中,发现了一件手镐形器、一件打制石片。附近地表采集到砍砸器、石核、石片、石叶、刮削器、锯齿形器、尖状器、钻形器、雕刻器及打制石片等,共580多件。根据石器制品的打制技术及类型学特征,可以归类为石叶——端刮器类型,使用自由锤击法打制石片,具有旧石器时代晚期特征,绝对年代约在距今两万年前后。[1]

帕米尔高原塔什库尔干县吉尔尕勒遗址,是旧石器时代晚期用火

〔1〕伊牛利斯、张川、邢开鼎《吐鲁番盆地交河故城沟西台地旧石器地点》,载《新疆文物考古新收获(续)1990—1996》,新疆美术摄影出版社,1997年,第29~49页。

遗迹,地点在塔什库尔干河东岸第三阶地的沉积层中。在距地表深达5米的晚更新世地层内,发现三处烧火堆积,最大厚度达8厘米,中夹炭块及少量烧骨,周围沙土中有零星动物肢骨碎片,并采集到一件打制石砍砸器及少量剥打碎石片。砍砸器用不规则块状石英砾石为料,刃缘存在明显的使用痕迹。从埋藏地层看,距今至少有一万年。三处烧火堆,埋藏深度不等,说明古人类在这里曾多次烧火。[1]

可以与旧石器时代晚期联系的文化遗存,还有洞窟彩绘。阿勒泰山南麓今哈巴河县境沙尔布拉克多尕特彩绘洞窟群中,在一口宽8米、深4.5米、高2.8米的大型岩洞内,发现赭红色彩绘的动物围猎图:一些奔跑中的人正在围猎大型食草类动物——牛、马。一些牛、马身上已中投枪,或已倒卧在地。值得注意的是猎手们使用的武器就是投枪,而没有用弓箭。清楚地表明其时代早于发明了弓箭的新石器时代,最晚应在旧石器时代晚期。[2]

进入新石器时代,新疆地区最主要的表现形式为细石器文化遗存。迄至目前,已见细石器文化遗址50多处,分布地域遍及新疆各处。从帕米尔高原东麓、罗布淖尔荒原、阿尔金山腹地、昆仑山山前地带到天山南麓及准噶尔盆地周缘、哈密、吐鲁番地区,都曾发现过细石器文化遗存。比较重要的遗址如哈密市三道岭、七角井,吐鲁番地区鄯善县迪坎儿、洋海、克孜尔库木、阿克提热克、东巴乡二村,吐鲁番阿斯塔那、雅尔湖沟西,托克逊县韦漫布拉克,乌鲁木齐市南郊柴窝堡湖,木垒县七城子、伊尔卡巴克、四道沟、木垒河,塔克尔巴斯陶,阜康市阜北农场,石河子市105团场,阿勒泰市克尔木齐、额尔齐斯河流域哈巴河齐德哈尔、沙尔孜克迪,塔里木盆地南缘喀拉喀什、玉龙喀什河、克里雅河、尼雅河上游河谷台地及山前地带。如玉龙喀什河烟达克南,喀拉喀什河山前波波那、普基右岸,克里雅河上游于田县水文站南河谷左岸,于田县城东17公里荒漠,以及小普鲁、巴什康苏拉、尼雅河上游纳格日哈

〔1〕王博,等《塔什库尔干县吉尔尕勒旧石器时代遗址调查》《新疆文物》,1985年第1期。
〔2〕王炳华《阿勒泰山旧石器时代洞窟彩绘》,《考古文物》,2002年第3期,第48~55页。

纳、乌鲁克萨依河谷三角地,阿尔金山地野牛泉、卡尔墩,帕米尔东麓皮山县克里阳、疏附县乌帕尔,塔里木河流域巴楚、柯坪、焉耆,罗布淖尔荒原孔雀河下游河谷多个地点,都采集到细石叶、石核以及经二次加工使用的刮削器、尖状器、雕刻器、镞、矛等,材料相当丰富。普遍出土的楔形石核、两边平直的截短细石叶,十分清楚地表明它们和华北、东北亚、北美地区的细石器同属一个传统。早在 20 世纪 30 年代,中国学者杨钟健和法国学者德日进在新疆进行考古调查时,已经注意到新疆细石器的这一造型特点,并根据其特征显明而稳定,提出了在新石器时代早期,在北极圈邻近地带存在着世界性文化联系的假说。这几十年中,北美、蒙古高原、西伯利亚、中国东北、华北以至新疆大地,新发现的大量细石器资料,都支持并进一步完善了这一观点。它们与西亚、阿富汗、塔吉克斯坦、乌兹别克斯坦、哈萨克斯坦、俄罗斯欧洲地区发现的几何形细石器传统特征各异,是平行发展的两个系统。而新疆西境的帕米尔高原,正是这两个系统的结合地带。

这些细石器遗址多分布在荒漠、草原、山前地带,绿洲地区少见。表明当年人们的经济生活是以狩猎为主,辅以采集,在这一基础上,逐步发展出了早期畜牧业。

研究资料说明,地处北半球中纬度地带的中国西部以及中国东北、华北,在第四纪期间的气候变动,主要受冰期、间冰期的支配。冰期阶段,气候干旱,而间冰期气候相对湿润。全新世早期,气候比较温暖,塔里木盆地周围高山上冰雪消融加快,河水量增加,适宜于植物生长,盆地内风沙活动相应大大减弱,耐旱植被也相应生长,这为塔里木盆地内的史前居民提供了一个比较适宜的生存环境。大量孢粉分析资料说明,这一比较适宜的气候期出现在距今 7000—4000 年左右。这一绝对年代,也正是塔里木盆地及邻近地带细石器文化的繁荣阶段。

20 世纪 80 年代后,新疆青铜时代考古取得了长足进展。在多量新资料的基础上,对青铜时代考古文化的发生、类型,与周邻地区其他考古文化的关系,获得了新的认识。

最迟在公元前 2000 年,新疆大地已陆续步入了青铜时代,至公元前700年,新疆步入铁器时代。在这一时段中,普遍见到小型青铜工具、用具、饰物,如刀、镰、锛、凿、矛、镜、马具(如衔、镳)及装饰品,不见大型器皿,未见青铜礼器。青铜器成分,大部分为锡青铜,也有砷青铜。再一个值得注意之点是,青铜器皿往往与彩陶器共存,在不同的遗址中,彩绘风格显示出差异。它们适应不同地区的自然地理条件,发展出不同类型的经济生活,因而显示了各别的文化类型、特点。如罗布淖尔荒原,青铜时代遗存主要见于孔雀河流域、罗布淖尔湖北、西岸,主要遗存如古墓沟、铁板河、小河墓地。出土文物中只见少量铜饰、铜钉,但弧形棺具、棺前立柱、随殉木人、木质用器上都留有锐利、光洁的金属工具砍痕。毛纺织业发达,不会制陶,生活用具为木器、草编器,存在麻黄崇拜,绝对年代最早到公元前2000年。与孔雀河青铜时代文化遗存隔库鲁塔格山为邻的吐鲁番,是天山中的一处盆地,所见多处青铜时代遗存,与天山北坡吉木萨尔、奇台、木垒县境所见青铜时代遗存,具有相同文化特征,青铜器与彩陶器共存。彩陶多为红衣黑彩,图案以各式变体三角纹为主体。大量使用各种雕花木器,雕刻鹿、羊等动物纹。哈密地区的青铜文化遗存,陶器、木器、皮革制品、水平很高的彩色毛织物,留给人强烈的印象,显露了鲜明的地区特点。全面分析这里的陶器,则可以见到青海卡约文化、甘肃西部四坝文化的影响。阿勒泰地区的青铜时代遗存,可以阿勒泰克尔木齐遗址为代表,青铜器与石质、陶质容器、骨器共存。在这里,既可见到南西伯利亚米努辛斯克盆地卡拉苏克文化的影响,也可以看到西伯利亚西部安德罗诺沃文化的痕迹。安德罗诺沃文化在塔城、伊犁河流域的青铜时代遗存中,也清楚可寻。中部天山山前地带的察吾禾、哈布其罕、拜城克孜尔等处墓地,青铜器以小型刀、锥、马具为主,陶器以带流器为主,彩陶丰富,以颈带纹、斜腹带纹、沿下彩纹为主,具有强烈的地区性特点。帕米尔高原的青铜时代遗址点,则明显与西帕米尔地区的青铜文化具有相类特征。

十分明显,青铜时代的新疆大地呈现多种文化同时并存的局面,西邻、北邻、东邻地区存在的青铜文化,曾经给予过新疆邻近地区以不同程度的影响。它们与本地原有文化相融合,使新疆青铜时代考古文化呈现出复杂、丰富的色彩。

公元前7世纪,新疆已经步入铁器时代。焉不拉克晚期、察吾禾文化晚期遗存中,见到小件铁器,主要是铁刀、装饰品。公元前5世纪后,在各地考古遗址中普遍发现铁器,如釜、镰、剑、锥等物,在吐鲁番盆地苏贝希墓地,可见在公元前4—3世纪,使用铁器已较多。曾有学者提出公元前1000年,新疆已见铁器,但认真查验、分析相关考古遗存,似不确。进入铁器时代以后,所见墓地均见封土冢,公元前3世纪的天山阿拉沟大墓,是典型一例。封冢下为竖穴木椁,随殉物除铁器外,还有多量金器,如虎、狮,并见中原丝、绫、漆器,拜火教祭祀台,显示了与东西方均存在来往、交流。而此前,古代墓地只在地表堆砌石圈、石围,而不见封冢。这一时段的考古文化面貌,不仅天山南北继续保持明显的分野,即使是自然地理条件相近的准噶尔盆地内或塔克拉玛干沙漠周沿的不同绿洲,文化面貌也已呈现自身的地域性特点。公元前1世纪西汉王朝经略西域,据商旅、使臣报导,塔里木盆地内存在数十个地方性王国政权,彼此不相统属,这从另一角度揭明了它们经济、文化相对独立的事实。

两汉时期的西域考古,收获颇丰。罗布淖尔湖北岸土垠(居卢訾仓故址)遗址,出土的西汉元帝初元四年(公元前45年)、永光五年(公元前39年)木简,揭明了西汉开拓丝路、保证丝路后勤供应、组织屯田的情况。奇台县南,天山北坡的石城子,是东汉时期疏勒城故址,出土的文物均具鲜明的汉式风格:云纹瓦当、绳纹板瓦、筒瓦、绳纹灰陶等,为东汉王朝在这里屯兵、抗击匈奴、经略西域的军事要塞。其他如尼雅精绝王国遗址、王室官员陵墓、楼兰古城东北郊东汉墓葬、交河沟西车师王陵、伊犁河流域乌孙墓等,从不同角度显示了汉代西域大地地方小王国政治、经济、文化生活及丝绸之路运行情况。楼兰、尼雅出土的"仓颉篇"木简,说明西汉王朝政治上统治西域大地后,曾努力推行汉文化教育,扩大儒家思想的影响。大量的、各式各样的锦、绢、绮和青铜镜、漆器、藤器、铁农具等,是中央王朝赐予归属了的各小王国统治者的珍宝,是汉朝政府"安辑"政策的体现。中央王朝先进的经济、物质文明,也因此扩展西域各地。它们与各地原有的木器、毛织物、毡、皮革制品、陶器杂陈一道,各地经济生活不同、文化心态各异,可由此窥见一斑。天山南北因自然地理环境各异,经济生活形态自然不同,乌孙以游牧经济为主,但存在农业定居。精绝则是绿洲灌溉农业,辅以家庭饲养业,彼此判然有别。因西汉王朝努力开拓、经营,"丝绸之路"突显繁荣,东来的丝织物、漆器、青铜器,与西来的毛织物、棉织物、小件玻璃器,交相辉映,使原本因交通困难而相对闭塞的西域大地呈现出全新的社会面貌。尤其值得强调的是,东汉时期佛教已经传入新疆,全新的观念形态、佛教艺术形式、佛教音乐等,对新疆、尤其是其南部地区居民的思想文化生活,产生了十分深远的影响。

东汉以后,三国竞雄,两晋分裂,南北朝对峙,中原大地纷扰不息。僻居西隅的新疆,政治上虽难免在一定程度上受到影响,但基本维持着偏安一方,社会秩序相对安定,社会经济继续发展。河西地区的前凉、北凉等小王朝,统治势力及于新疆东部、罗布淖尔,地方豪强势力也纷纷远徙新疆。罗布淖尔地区楼兰故城,吐鲁番地区的高昌,一时内成了"汉魏遗黎"偏安之处。考古文化显示,中原文明是这一时段、这片地区占统治地位的文化形态:通行汉文,汉学经典教育、行政管理制度、丧葬习俗都同于中原大地。吐鲁番阿斯塔那出土高昌郡、高昌王国时期的汉文书残纸,为研究这一时段高昌地区政治、经济、文化提供了丰富的素材,也是研究同时段中原大地政治生活的珍贵资料。与塔里木盆地内其他考古文化遗存如山普拉墓地、约特干古址、喀拉墩遗址、安迪尔遗址、尼雅晚期遗存等具有不同风格,而天山以北东部地区,则往往与北部中国游牧民族文化存在较大的共性。西部伊犁河谷与西邻中亚地区关系密切,昭苏波马出土的金银器与哈萨克斯坦、吉尔吉斯斯坦同类出土物风格近同,就是比较典型的一例。

隋唐考古,充分展示了西域大地物质文明高度发展的面貌。西州所在高昌城、庭州所在北庭古城、安西大都护府驻节的龟兹故城,规模宏大。西州城周5000米,庭州城周4596米,安西都护府故址城周7000米,是唐代西域最大规模的中心城市。于阗、疏勒、龟兹、焉耆等地方王国都城,唐王朝驻军镇城如葱岭守捉故址,巴里坤大河伊吾军城、伊州纳职县城,以至赤亭镇、柘橛关、鸜鹆镇、白水镇、例谢镇、神山堡等关城遗址,至今都仍然屹立,规制可寻。它们既然是当年西域大地的政治、军事、经济、交通中心,由之自可清楚看出唐代丝路的走向:它不仅展布在天山南麓、昆仑山北麓经济发达地带,而且可穿越塔克拉玛干沙漠(自神山堡到例谢镇)、天山腹地(柘橛关、鸜鹆镇、白水镇等),控扼着交通险要之处。分析认识这些城镇兴废,其地理环境变化的轨迹也可以清楚触摸。来自地中海沿岸罗马风格的玻璃器,萨珊玻璃器,萨珊、粟特风格的金银器,大量萨珊钱币,波斯风格毛毯、织锦,大量来自中原的锦、绢、绫、绮等丝绸织物,以及为便于外销而见于织锦中的中西亚图案……形象地揭示着丝路经济、文化的空前繁荣。大量出土的各类农作物,蔬菜、干果,干旱内陆西域的农业、园艺生产情况,历历在目。比较繁荣的农业生产,支持了丝路运行,是丝路交通的基础和保证。吐鲁番阿斯塔那、哈拉和卓、库车柘橛关故址(都勒杜尔·阿胡尔)、于阗县北丹丹乌列克等处遗址中所见汉文、于阗文资料,不仅可与上列遗址实物相呼应,而且能说明唐王朝统治西域时政治、经济、军事、交通生活的许多细节,印证、补充着文献记录的缺失、不足。各绿洲中心城镇所在都见的佛教寺院、石窟遗迹,显示着佛教的昌盛及佛教艺术的繁荣及不同地区的地方性特色,东部伊州、西州地区,更清晰地显露着敦煌艺术风格的影响。天山以北广大草原地带的石人,与中亚、蒙古草原一体,见证着当年突厥汗国的版图,也显露着突厥民族的宗教、艺术文化风格。

8 世纪中叶,唐军在中亚怛罗斯败于大食,稍后安史乱起,吐蕃入据西域。米兰吐蕃古堡出土大量吐蕃文献、文物,神山堡晚期遗存中所见吐蕃文及文物,库木吐拉也见到吐蕃佛教文化遗存,揭明了近一个世纪内吐蕃在新疆大地的政治、经济、文化存在。

公元 10 世纪后,伊斯兰教逐渐进入新疆,它引发了西域思想文化领域一场最重大、最深刻的变化。

宋元时期,西辽(1124—1211 年)曾是西域大地并远及中亚的政治主体。这是怛罗斯之后华夏文化在西域败北后的复归,影响深远。遗憾的是这一时段内的相关考古工作做得比较差,除在伊犁河流域的伊宁、塔里木盆地南缘的沙雅发现过两枚契丹文官印,在乌鲁木齐南郊的乌拉泊古城、博乐市郊达特勒克古城,出土过典型辽代风格的灰陶细颈深腹瓮及其他辽代文物,可以让人大略感受西辽在西域大地的文化印痕,其他地区的西辽文化遗存则尚待考古工作的深入。

蒙元时期的考古工作做得也比较少。主要收获之一是对北庭故城西郊一座回鹘寺院的局部发掘。佛寺遗址长方形,前庭后殿,寺门南向。寺院外墙附两层洞龛,洞龛及配殿中发现佛塑像及壁画,妆金贴彩。有关回鹘文题铭,揭示为高昌回鹘亦都护及公主、长史像,表明了这区佛寺的王室寺院身份。据寺院形制、绘画风格及多量 ^{14}C 测年资料,遗址活动时代在公元 10 世纪中期至 13 世纪中期。天山腹地盐湖南岸一座元代战将墓葬,出土多量元代衣物、油绢长袍、纳失失锦边襕、缂丝靴,均是难得的精品。在新疆、青海边境阿拉尔出土的元代锦袍,同样为戈壁上采集。元代将士征尘倥偬的景象于此可见一斑。在伊犁阿力麻里古城中发现的元代云龙纹青瓷盘、叙利亚文十字架图像景教徒墓碑、察合台汗国钱币,昌八剌古城遗址(昌吉古城内)出土的 1300 多枚察合台汗国银币,阿图什出土的万枚以上喀拉汗朝铜币,可助于了解察合台汗国、喀拉汗王朝的地域、经济状况。在高昌回鹘王朝政治中心高昌城内外,摩尼教寺院壁画也是人们关注的遗存。摩尼教后期的中心、东方教主的驻节地,就在高昌。西辽、蒙古及元代前期,新疆地区佛、道、祆、摩尼、景教均见,多种宗教文化并存。察合台汗国汗王秃黑鲁帖木儿出于政治斗争的需要,在 14 世纪中期皈依伊斯兰教,并以政治军事力量强制推行伊斯兰教,其他宗教受到严重的打击,吐鲁番地区昌盛一时的佛教、摩尼教文明,受到了致命的打击。坐落在阿图什的布格拉汗玛扎、阿力麻里城郊的秃黑鲁·帖木儿陵,是喀拉汗王朝、察合台汗国接受伊斯兰教后的产物,具有显明的伊斯兰建筑风格。伊斯兰文化统治西域大地的帷幕由此拉开。

清代,是西域历史上的多事之秋。清朝初年,平定了察合台后裔准噶尔部的分裂活动,随后土尔扈特部东归。19 世纪中叶以后,新疆成了沙俄、英国的侵略目标,支持浩罕汗国的军官阿古柏入侵新疆,沙俄出兵侵占伊犁。左宗棠率兵进入新疆,驱除阿古柏,收回伊犁,新疆建省。这一系列重大事件,在"平定准噶尔勒铭格登山之碑",歼灭阿古柏入侵军之"明约勒碑"、"保安碑"、乾隆时"忠诚的旧土尔扈特部英勇之王印"、伊犁将军府故址,各地均见的清代并列汉、回二城址等一系列遗存中,都保留下了清楚的痕迹。

1.2 重要文物遗存分类浅析

1.2.1 古城遗址

古代新疆,沙漠、戈壁纵横,适宜于人类居住、活动的绿洲彼此隔绝,往来不便,导致王国林立。加之民族迁徙频繁,政治风云多所变幻,因而在绿洲垦殖中心、临水傍山交通径道之处,保留下许多古代城镇。据不完全统计,仍然屹立在地面的古城遗址,可达 100 座以上,加上已经湮灭了的地下遗存,总数是相当可观的。凝集在这些古代城镇上的政治、经济、文化信息,十分丰富。

粗略观察相关遗存,有几个较为明显的特点:

(1)多为生土建筑物。早期泥筑,汉代以后见夯筑,用土坯。个别用石材,不见砖类古城。它们经历了一两千年的风雨,至今基本完好。

(2)古城形制,接受周邻地区影响,多为方形,少量作圆形。

(3)在塔克拉玛干沙漠周围的古代城镇,处沙漠南缘者多已沦入沙漠,居沙漠北缘者大多演化成盐渍。帕米尔东麓、天山南麓的一些古城已沦入地下。相关遗存对认识历史时期内自然地理、生态环境变化,具有重大价值。

(4)适应骑兵攻战之需,不少古城,有畜养战马之附城。

①生土建筑特色:

新疆地区,所见古城大多都是生土建筑物。最为大家熟悉的实例,如吐鲁番盆地内的交河故城(西汉前至元代)、高昌故城(汉—元)、柳中故城（东汉—明），昌吉地区的北庭故城（汉—元），哈密地区伊吾军城（唐）、伊州纳职县城（唐），阿克苏地区安西大都护府故址皮朗古城（南北朝—唐）、巴楚县托库孜萨来古城（南北朝—回鹘王国），罗布淖尔地区楼兰故城（汉—晋）、罗布淖尔湖西北岸的 LE 古城（汉—晋）、营盘古城（汉—南北朝）、安得悦古城（南北朝—唐）、尼雅古城（汉—晋）等，都可以作为这类生土建筑物的代表。

虽同样为生土建筑，随时代发展，建筑工艺也显示着不同的特点。早期，最简单的一种形式，是使用垛泥版筑。即原地采土，以水和泥，据墙体厚度，将湿泥层层垒砌。每层之间，铺一层树枝；既取平直，也有利于墙体加固。水分蒸发后，即成版筑泥墙。这类泥墙，虽不可能如夯筑一样坚实，但在气候干燥的新疆，也可收防御之功。尼雅古城墙、楼兰古城墙保存虽已不完整，但有相当地段在经过一千六七百年的风沙吹蚀后，还基本保持着当年的面貌。由此，可以清楚地看到垛泥版筑的特点。

时代同样很早，所在土质较为致密，依循完整的规划，则有减地起墙的工艺，其中交河故城最具典型。交河，据文献记录，车师称"兜訾"，被西汉王朝攻破后，才改称"交河"。它在西汉早期已具城市形式，是车师前部王国政治中心。居于两河相交的一处土岛上，控扼交通天山南北的隘道，四面环水，岩壁峭立，便于防卫。该城址沉积黄土，质地细密。初建土城，在主要通路、房宅位置布局确定后，即就地开挖，空阔的地沟成为主要通道，预留的隔梁成为土墙，所取黄土则成为垒墙建屋的最好材料。有学者称这一工艺为"减地起垒"，相当形象。高墙早期也是垛泥，后期使用了夯土、土坯。

南北朝以后，夯土工艺已十分普遍。以吐鲁番地区高昌王城（今高昌城之中城）为例，夯层厚度 8～10 厘米，厚薄均匀，十分密实。夯筑工艺此时已普遍使用。

土坯，取材、制作方便。因应着干燥的气候环境，不需费材燃烧，在新疆是使用普遍、而时代相当早的建筑材料。在哈密五堡墓地（去今3000 年）在墓室中已见使用土坯。居室建筑中使用当会与此相当或较

13

此更早。高昌城中,不少建筑遗存,可见使用土坯起券以成穹顶,伯孜克里克石窟中也见相关工艺,它们是高昌王国至唐代的遗存。

②古城形制:

观察绝大多数古城,形制都作方形。入唐,多见马面、角楼、瓮城,城外见水濠。楼兰、西州故城(高昌外城)、安西都护府故城(库车皮朗古城)、北庭都护府故址(吉木萨尔护堡子古城外城)、唐伊吾军城(巴里坤大河古城)、乌鲁木齐南郊乌拉泊古城、塔什库尔干葱岭守捉城(石头城)等,都可以作为典型。楼兰古城,形制虽已不完整,但其方形形制仍十分清楚。西州、安西、北庭等古城,城有多门,马面布局严整,部分瓮城仍然清楚(如西州)。伊吾军城、葱岭守捉城,这些显明主要完成在唐代,军事功能显著的古城,马面、角楼等军事设施更十分清楚。城作方形,是在当年由中原王朝直接决策,由中原工匠、军人完成的建筑物,具有如是形制特点,自在情理之中。

与居主体地位的方形古城并存,数量略少,还有一些圆形古城。如洛浦县西北的阿克斯皮尔古城、尼雅南境新发现的圆形土城、克里雅河古喀拉墩古城、安迪尔河下游阿克考其喀然克古城、库鲁克山前兴地河下游的营盘古城等,均作圆形。这些圆形古城,时代早到东汉,晚及南北朝,总在公元二至五、六世纪间。从古城形制观察,没有疑问,与上述方形古城为两种迥然不同的风格,显示着两种文化传统。圆形城,在中亚西部曾一度流行。乌兹别克斯坦、阿富汗、土库曼、伊朗等地,都有发现。新疆地区这类圆形古城通行的时代、地区,是一度接受过贵霜王国重大影响的地区。贵霜王国内部矛盾中的失意贵族,曾率领亲随流居塔里木盆地南缘,佉卢文也在相关地区流行。这类圆形古城或许与这一历史背景有关。

古城兴废,在不同地域,具有不同地理文化特色:

塔克拉玛干沙漠南缘,自汉代以来许多古城已没入沙漠之中,克里雅河圆沙古城,距离今天于田县城达230公里,喀拉墩,距150多公里,均处于沙漠腹地;尼雅距民丰县城达150公里,同样处沙漠腹地;安迪尔古城,距离今天安迪尔镇也在100公里以上。古代且末王国都城,目前仍未找到,但据 20 世纪 50 年代测绘记录、兰州地理所调查记录等,具体位置当在距今且末绿洲北 100 公里左右,目前是沙漠活动特别剧烈的所在。这些古城,多是曾见于古文献记录的汉、晋时期的古西域王国政治、经济中心。但桑田沙海,绿洲均已化为沙漠。与其形成显明对比,在塔克拉玛干沙漠北缘,许多重要古代军事、经济中心则沦为了盐渍荒漠。给人留下最强烈印象的地点有二:一是汉轮台、渠犁地区的屯田基地,自公元前 2 世纪起就是中原王朝在西域的农业生产中心,在西域稳定中发挥过不可替代的作用。当年曾是禾菽弥望、人烟稠密之处,今天却是一片白茫茫的盐漠。在轮台南 30 公里左右,目前可以清楚看出痕迹的古城遗址,如奎玉克协海尔(柯尤克沁)、卓尔库特古城(着果特沁)、阔纳协海尔(也称黑太协海尔)等,处在源自天山的迪那河、克孜尔河下游,古城遗址傍近,渠道、田畦仍隐约可见。对证文献记录,它们曾是汉、晋时期的屯田中心,可无疑义。二是古龟兹境内,如库车县境大古城,新和县玉其克特古城、克孜勒协海尔古城、托帕顿协海尔古城、乔拉克协海尔古城、塔吉克库尔古城,沙雅县玉奇喀特古城、艾格买里羊塔克古城、塔什顿古城等,都曾是古代驻军、屯田的中心,灌渠、田畦依然,但目前同样沦为盐漠、草滩,垦种困难。丝路北道上这些繁荣一时的屯田中心,因为长期屯种、来自天山的灌水中含有盐分,屯种者不知排盐,积以年月,终使屯田盐化,古城废毁。另外,是一些古城已深埋在地下。最有名的遗址,如和田市郊的约特干,随地下泉流曾涌出大量陶塑、红色陶器、金鸭、各种金箔、玉石等,斯坦因曾推定这里是汉代于阗王国都城,但目前地表却不见遗址痕迹。显露在人们面前的只是一片高低起伏的沉积土丘,林木葱郁,田土肥沃。遗址深埋在地下,因从未发掘而难见端倪。在喀什西郊乌帕尔乡,乌布拉提小村也发现过一座古城,地势近平的旷野,在落日的余晖中,总可以见到似隐若现的方形土垣。经过探掘,地下隐埋着一座方形古城,城垣深达 5 米,城垣接近地表处微微凸起,光线斜照,显示得更为清晰。古代房址内,出土物中有时代特征明显的铜质镳斗,魏晋风格鲜明。古城似在魏晋时曾突遭灾变,而被掩埋。这两座古城,均位于帕米尔东麓山前地带,

·欧·亚·历·史·文·化·文·库·

泥石流、水土变化远较它处强烈。在天山南麓阿克苏喀拉玉尔滚也发现过一处深埋地下达4米的遗址,上部覆土,都是从未有人类扰动过的沙土层,显示着同样的历史变化过程。这三种不同类型的古代城址,废弃的原因、过程彼此不同。有沙漠侵袭、水道变迁;有人类垦殖带来的土地盐碱化;也有帕米尔、天山前山地带发生过的地理灾变,而使相关古城深埋于地下。不论是何种情况,凝集其上的人类社会活动与环境变化的关系,均足以引发思考,不仅可深入认识历史灾变的原因、过程,对今天的开发、建设,也能提供有益的历史经验。

唐代古城,尤其是军事性质的城堡,主城边设有附城。

最显著实例,如北庭属下之伊吾军城。伊吾军,主要是应对来自蒙古草原的突厥威胁,编制以骑兵为主。它驻守在巴里坤草原宜牧宜农的大河乡。主城城濠、马面、墙垣保存完好,城垣高达5米上下。城内居室窖藏、典型的唐代风格陶器,触目皆是。主城之东,有附城,方形,墙高只两米多,明显低于主城墙垣,主附城之间有门道相通。附城内有大量兽骨,以马、羊为主。附城作用在畜养战马,是可以肯定的。

这种主城边见附城,还有北庭都护府所在的吉木萨尔护堡子古城,在主城西、北边,见"子城",作用类同。乌鲁木齐南郊的乌拉泊古城,控扼吐鲁番盆地与准噶尔盆地、天山南北交通之隘道,当是唐轮台县故址所在。在乌拉泊古城内,有东西向土墙,将古城分隔为二。东南部,建筑基址集中、规模相对宏大,应是主要军镇机构、官员住处,有相应的土垣环卫。北部空阔处,则为战马厩所。乌拉泊古城分隔为南北两区这一设置,与伊吾军城设附城、置战马的功能近同。

古城遗址因气候干燥而保存相对完好,这是一大优势,为历史研究提供了难得的有利条件。但这一优势竟也会使它招致意想不到的破坏,却是人们始料不及的。这类破坏,近一个世纪以来,表现特别突出,一是盗宝者在古城内可以一目了然找到主要建筑所在,高昌城内多处摩尼寺、佛寺被破坏,大量文献、壁画被毁的命运就是显明例证。二是认为重要古城中必多珍宝,于是进行有组织、大规模的挖地寻宝。盛世才统治时期,竟然在阿力麻里古城设"金矿局",在城内掘土挖金,全城被挖沟、灌水冲土，以取得古城中财宝，至今老乡还称呼这一古城为"大金场"。北庭都护府所在护堡子古城，伊犁地区伊宁市郊的吐鲁番圩子古城，虽城垣依旧，城内同样是沟壑纵横。所以如此，因为也曾遭遇过掘沟冲水找黄金的命运，从而导致古城建筑布局、特点及文化内涵永远难以恢复。这是深埋地下的古城不可能招致的厄运。

1.2.2 宗教遗存

地处亚洲腹地的新疆，多种文化荟萃。在宗教领域，举凡萨满崇拜、道教、佛教、袄教、基督教、摩尼教、伊斯兰教、喇嘛教等，均曾在这片土地上传播，保留下不少相关遗迹、遗物。一些古代宗教信仰，在现实生活中仍存在影响。它曾是一处多种宗教活动并存、多种宗教流行过的地区，是当之无愧的宗教史迹博物馆。

萨满教。萨满崇拜，在新疆是一种出现得极早，至今在偏远农村仍见活动、存在一定影响的原始宗教信仰。阿勒泰山中可能早到旧石器时代晚期的洞窟彩绘，不止一处可见形如"兜鍪"的形象，是萨满的象征，表示着萨满通天的内涵。罗布淖尔荒原上的小河墓地，是存在浓烈生殖崇拜信仰的一处青铜时代遗存。为实现子嗣繁衍目的，死者棺木前竖立高达四五米的木柱，悬置祭物，实为萨满教中天人交流的通天树。在锡伯族中，萨满至今仍然是存在影响的巫师。在偏僻、闭塞的农村，一些维吾尔族农民驱邪治病的巫法，浸透其中的也是对萨满的崇拜。这些都表明，萨满崇拜至今仍存在一定的市场。

道教。新疆地区始有道教，史籍不见记录。从历史背景分析，当与汉代以后，河西敦煌一带汉族居民大量入徙高昌密切关联。从出土文物分析，公元 5 世纪时，汉族居民比较集中的高昌地区，仍然流行着道教的信仰。隋唐时期，西域各州、县建有道观。吐鲁番地区考古工作做得较多，出土资料可资说明这一问题，其他地区的汉族社群中，应该也有相类情况。

在高昌古城北郊阿斯塔那晋—唐墓地中，曾出土过多件道教符箓。阿斯塔那 303 号墓出土符箓，黄纸朱书。绘画的天神手执兵器，在天神图下书一"黄"字，另有"天帝神前"祈求"百子死鬼不得来近……

急急如律令"等文字,明显是祈求道教天神护佑逝者平安的神符。这座墓葬的时代是公元5世纪初。同一时段墓葬中,也有在死者鞋底上书"隋"字的,性质类同。同一墓地内,大量出土过随葬衣物疏。这些衣物疏上,即使死者被标明为"佛弟子",最后的文字往往也有"遇患徂殒,径涉五道,任意所适","时人张坚固、李定度","欲求海东头,欲觅海西壁","左青龙、右白虎、前朱雀、后玄武,急急如律令"等一套当年道教徒习用的文字。这一文化现象,说明在吐鲁番地区,道教也曾是人们虔诚的信仰,它们已深深植根在人们的灵魂深处。即使在成为"佛弟子"后,也没有疏忽使用这一套道家通行的符咒,以保证逝者在冥府中的安全。可见,是佛道信仰糅杂一体的。

祆教。祆教也曾在新疆大地上产生过影响。天山腹地阿拉沟一座战国晚期大墓中,曾出土一件祭祀铜盘,喇叭器座上承方盘,中间伫立两件有翼狮形兽,盘内见烧过的木炭。类似铜祭祀盘,在天山北麓伊犁河谷地,新源县境也曾出土过不止一件。这类铜祭器,在西邻哈萨克斯坦境内,尤其是伊塞克湖周围曾多有发现,研究结论是古代塞人信仰祆教、进行拜火祭祀时的用器。在公元前2世纪以前,塞人在新疆北部、天山地带、帕米尔高原曾广泛分布,由此可以透见当年祆教的影响。

汉代以后,虔信祆教的粟特人在新疆活动频繁,丝路沿线,多有他们的聚居地,祆教因此而更加彰显其影响。以吐鲁番为例,自高昌郡至高昌国,唐代西州祆教势力不弱。祭祆神"胡天"是一件大事,高昌王国职官中有"萨薄",专管祆教事务。高昌之实例可以在一定程度上说明其他丝路重镇的情况。

基督教。基督教中聂斯脱里派公元5世纪后向东方流布,公元6世纪可能已进入新疆。吐鲁番出土物中有用突厥语文字写的景教"福音书"。在高昌古城、葡萄沟、吐峪沟等地都发现过景教壁画,也见过用叙利亚文、古波斯文、粟特文和回鹘文书写的景教经典残页。高昌古城出土的景教"棕枝主日"壁画,表现了景教徒手持棕枝,欢迎耶稣进入耶路撒冷的情景,是国内外熟知的画面。这一景教寺院被毁的时间,应在公元14世纪,说明景教在吐鲁番大地曾经活动达800年以上。在伊犁阿力麻里古城中,发现过多件十字架图像石刻,并见古叙利亚文。共出文物,多为公元 14 世纪前后之物,表明当年曾有基督教传教士在这里活动。意大利人巴托罗莫所撰《圣徒传》,曾载西班牙传教士巴斯喀尔受命来察合台汗国阿力麻里古城传道,可与出土文物相呼应。

摩尼教。摩尼教在本土波斯受到镇压后,信徒流散。公元 6—7 世纪时其余裔东行,沿丝路大道进入新疆,并进一步向漠北草原、中原大地拓展。在库车库木吐拉石窟寺壁画遗存中,可以看出摩尼教的影响。但总体观察摩尼教取得最大发展,产生过重大影响的地点,是在吐鲁番,其原因与 9 世纪中叶回鹘西迁有很大关联。回鹘在漠北时,已奉摩尼教为国教,西迁新疆后继续奉行摩尼教,但受原居民奉佛的影响,形成摩尼教与佛教并行的局面。在整个高昌回鹘王国统治时期,即使在佛教极盛,国王礼佛、奉佛的时段内,摩尼教仍然继续存在,并成为它的国际活动中心之一。高昌古城 K 遗址(在可汗堡南约 300 米),是一座摩尼寺,面积达 75×35 平方米,出土过大量摩尼教经典、宗教画。一些宗教画表现了布教的场景。伯孜克里克、胜金口、吐峪沟等著名石窟寺遗址,也发现过摩尼教壁画,少部分壁画覆盖在佛画上面,保存还比较好,清楚可见生命树上垂挂累累硕果。1980 年伯孜克里克石窟进行维修清理时,新出土不少粟特文、回鹘文摩尼经典及世俗文书。3 件粟特文书信是摩尼教传教士给他们东方教区主教摩尔阿晋·曼普夫尔的致敬信,说明吐鲁番当年曾是摩尼教东方教区的中心,而教主活动地点竟在伯孜克里克石窟寺内。不少摩尼教文献也表明,当时的摩尼教首领为了生存,曾教育信徒首要的任务是"为国王和贵族们服务,使之满意,使其尊严不受侵害",其次是"从事世俗事务,耕耘分配和继承财产、做买卖,从而能保有房屋,使妻儿免于贫困,更好地为亲友、善人效劳……"这些说教与摩尼教初创时期的理论相比,已经发生了深刻变化。摩尼教在新疆最后消失影响,可能也在 14 世纪左右。

佛教。自公元初始直到 15 世纪,新疆大地上一直是梵音缭绕、佛幡高悬。佛教是居于主体地位的宗教信仰,在古代新疆人民的政治、思想、文化艺术各个方面产生过不可估量的巨大影响。新疆各处,自帕米尔高原至塔里木盆地周缘各绿洲,罗布淖尔地区、吐鲁番盆地、哈密绿洲以及天山北麓一线,都可以见到不同时代的佛教遗存。既有规模大小不等的土建佛寺,也有因山而开凿的石窟寺,数量之多,难以计数。

帕米尔高原,是佛教进入新疆大地的第一站。塔什库尔干县城北郊的石头城东南角,曾发现古代佛画残迹、佛像碎块。由帕米尔进入喀什绿洲,翻越奇奇力克大坂后,有切克贡拜孜遗址,其中可见佛寺遗痕。帕米尔东麓叶城县境棋盘乡,有一处石窟寺,尚存10窟,只是佛像、壁画已被破坏无余。喀什绿洲西乌帕尔乡,是出帕米尔高原进入喀什绿洲的最后一处大腰站,人烟稠密。乌帕尔乡背后的艾斯热提毛拉山上,林木苍翠、景色怡人。20世纪70年代以前,依山势上行,不少地段都可以见到佛像衣褶、手指、眼睛之碎片。山脚下,发现过多量贝叶经。喀什市郊、卡克玛克河边有"三仙洞",洞后戈壁地表有大型佛寺遗存,出土过贝叶经、石膏佛像。更东行,有摩尔佛寺,可见当年佛教盛况。

自昆仑山麓东行,无一处古代城镇不见佛教遗存。由于绿洲地带与昆仑山相去稍远,无法因山凿窟,故均为土建佛寺。它们随绿洲废弃、古城湮灭,往往化为一丘黄土。墨玉县扎瓦,和田县的"佛脱勒克",和田市南郊的麦里格哇提,和田市北郊的布盖乌衣里克,洛浦县的热瓦克,策勒县境的卡瓦,策勒、于阗之间的丹丹乌列克,于阗县喀拉墩、达摩沟、乌于勒克、喀孜纳克,民丰县尼雅、安迪尔,若羌县米兰、楼兰等,都可以见到古代佛寺遗迹。这些佛寺遗存,与当年寺院实际比较,会是挂一漏万,但仅此也可以看出当年佛教文明曾经有过的辉煌。

佛寺造型,多作"回"字四方形,在方形墙院中心造佛塔,塔作覆钵形,塔周为回廊,墙面满绘宣示佛教内容的壁画。信徒礼佛,绕塔而行,可感受佛学思想的熏陶。墙体多以木柱、红柳、芦苇作构架,两面敷泥,故称此为"木骨泥墙"。

观察现存遗迹,尤其是壁画、木板画、塑像、木造像等,时代多在东汉晚期以后至唐、宋。因大多已遭严重破坏,难见完整面目。部分壁画,如米兰佛寺中有翼天使像等,眼、鼻、面型之描绘,明显具有罗马式绘画风格,时代早到公元二三世纪,透示着当年东西文化交流的一斑。

自天山南麓东行,除少量土建佛寺外,保存较好的佛教文化遗存,多为开山凿洞而成的石窟寺。当年丝路北道上的一些主要经济、文化中心,都是佛教文化昌盛的所在。稍列其大者,如巴楚托库孜萨来古城东郊的吐木休克佛寺,龟兹王国境内、雀离塔格山内外、天山南麓,堪谓石窟林立。其中比较突出的如拜城县台台尔、克孜尔,新和县吐火鲁克艾肯,库车县境克孜尔尕哈、库木吐拉、阿艾、森木塞姆、玛扎伯赫及苏巴什大寺,焉耆境内的锡克沁大寺,吐鲁番境内的吐峪沟、雅尔湖沟西、伯孜克里克、"台藏"塔,交河、高昌城内的巨型佛寺,哈密县境内的庙儿沟、白杨沟佛寺等,它们几乎都处在当地形胜之区,依山傍水,独得干旱地区的优势。虽都经历了时代的风雨,蒙受了自然、社会多种力量的破坏,残存的泥塑、色彩斑斓的壁画、不完整的多种文字佛典,在相当程度上还可以看到晋唐时期佛教昌盛的景象。对现存遗迹壁画进行认真分析,可以看出佛教思想进入新疆后与本土文化一步步融合,涌现出具有地区特色的绘画、雕塑,土著居民形象逐渐成为创作之原型。佛教自新疆地区进一步东传,影响过敦煌。一段时间后,成熟的敦煌汉式佛教艺术又曾影响新疆。西域与河西走廊历史、文化关系密切,在佛教文化这一环节上,同样有着具体表现。天山北麓奇台、吉木萨尔、阜康等地,唐代前后佛教亦盛。吉木萨尔西郊的"西大寺",是回鹘高昌王国的王室寺院,前庭后殿,气宇轩昂。在殿堂、边厢,塑像、壁画保存得还相当完好,妆金贴彩,耀人眼目。当时出巡的回鹘国王、随从,威武雄壮,颇现雄睨一切的气势。

　　汉代,佛教进入新疆。经历过魏晋南北朝、隋唐时期的发展、繁荣之后,佛教思想沁入各族居民的灵魂深处,在思想文化生活中产生了十分巨大的影响。藏传佛教(喇嘛教)是佛教中一个支派,公元 10 世纪末进入新疆,最初及于和田,并进一步在契丹、蒙古人中产生了影响。西辽、蒙元统治时期,势力进一步扩大,在厄鲁特蒙古人中,取得了统治地位。今天,巴音郭勒、博尔塔拉、塔城等蒙古族聚居地区,藏传佛教(喇嘛教)还是相当显赫的存在,是居民中占主体地位的信仰。

　　伊斯兰教。目前,新疆地区 13 个常住民族中,蒙古族、锡伯族奉喇嘛教,俄罗斯族奉东正教,维吾尔、哈萨克、塔吉克、柯尔克孜、乌兹别克、塔塔尔等奉伊斯兰教。公元 10 世纪,伊斯兰教开始东传西域。最初在喀拉汗王朝站稳了脚跟,后逐渐向和田李氏王朝、察合台汗国拓展,12 世纪进入龟兹,14 世纪进入回鹘高昌,15 世纪进入伊州。这是一个缓慢、渐进的过程,即使在龟兹、西州地区,到 16 世纪时还能见到佛教活动的痕迹。伊斯兰教在取代佛教信仰的过程中,经历过急风暴雨式的武力较量,也注意将伊斯兰意识形态与新疆少数民族的传统信仰相结合。如在哈萨克族传播的过程中,注意将伊斯兰教内容与哈萨克古代萨满信仰及传统的《哈斯木汗法典》、《额斯木汗习惯法》等相结合,因而广大哈萨克族群众在面对伊斯兰教时,感情上没有更大困难,在许多人的心目中,真主的称谓与传统崇拜中的神灵是相同、相通的。哈萨克人可以在没有清真寺的草原上进行礼拜、节日祈祷。在帕米尔高原,祆教曾是塔吉克族中具有影响的传统信仰,伊斯兰教进入这片地区后,与祆教文化相结合,每年四月的伊斯兰赎罪节,形式上就是家家户户点燃蜡烛,进行祈祷。维吾尔、哈萨克、塔吉克等信仰了伊斯兰教的民族,"安拉"、"胡达"、"天神"、"山神"、"火神"、"太阳神"、"谷神"等,实质是一致的。他们既相信传统的巫师,也相信传播伊斯兰教的"霍加"。这使伊斯兰教在新疆地区的传播,阻力并不大。但完全取代佛教,实际还是经历了相当漫长的斗争。直到公元 16 世纪以后,才出现了伊斯兰教一统新疆大地的局面。在政治、经济、思想、文化生活各方面,对信徒有十分深重的影响。今日新疆,不论城市、农村,随地随处都可以看到高高耸立的尖塔,蓝色的清真寺拱顶掩映在绿树丛中:阿拉伯式的建筑、地区风格的雕花木柱、纯净洁白的石膏花。每天清晨、傍晚,尤其是每周五的主要祈祷,随处都可以看到穆斯林们虔诚礼拜的身影。回族居民是同样虔诚的穆斯林,只是清真寺别具风格。

1.2.3　古文字资料

一般在极度干燥的环境中难以保存的文字资料,在新疆沙漠、戈壁中却得到了较好保存。汉藏、印欧、阿勒泰语系内诸多差别的语言文字,在这片土地上都曾有所发现:如汉文、吐蕃文、西夏文,梵文、佉卢文、古和田文、吐火罗文、粟特文、叙利亚文,突厥文、回鹘文、察合台文等,展示了古代新疆十分复杂的居民、宗教、文化面貌以及丝绸之路古文明的特点。

汉文。是发现最多的一种文字资料。在西域大地,是绝对年代最早、出土数量最多、延续时间最长、包含内容最丰富的古代文献。具体表现了汉民族作为多民族的主体,在新疆开发、建设中,曾经发挥过的核心作用。它们具体见于摩崖石刻、碑、墓志、木简、纸质文书等,时代最早到西汉黄龙元年,晚至唐天宝时期,宋元时期也有少量文书出土,现存国内的总数在 4000 件以上。出土地点差不多遍及全疆,尤其是塔里木盆地周缘各古代城镇废墟。罗布淖尔湖北岸汉居卢訾仓、楼兰、尼雅出土的汉、晋简牍,总数在 900 件以上;玉其土尔、丹丹乌列克、阿拉沟、托库孜萨来等处出土唐代文书近 300 件;吐鲁番阿斯塔那出土晋、唐时期文书 2000 件以上。和田达摩沟出土过汉—于阗文双语文书,吐鲁番出土过汉—回鹘文双语文书。同类文书,更多在 20 世纪已流散海外。这些文书,内容涉及军政、屯田、税负、民间借贷、宗教信仰、私人书信等,关联社会生活各方面的细节。吐鲁番地区出土、保存尚好的汉文墓志达 200 多方,此外,还有汉、唐晚至清朝时期一些重要碑刻,如刘平国治关亭诵、任尚碑、裴岑碑、姜行本碑、格登山纪功碑等近 20 件,无一不是研究古代新疆历史的珍贵资料。

佉卢文。时代主要在公元 3—5 世纪,主要出土于塔里木盆地南缘、自和田至罗布淖尔地区,总数达千件以上,是古鄯善王国在汉文以外使用的又一种文字工具。内容为国王敕谕、官府文件、籍账、私人信函等,它们往往与汉文简牍同出,可以互相启发,是研究古鄯善国历史的重要素材。

古于阗文。古于阗文书,字源出于婆罗米字芨多正体。主要是公元 6—10 世纪期间古于阗王国居民使用的音节文字。在于阗王国内,同样与汉文并行。一些于阗文献,不少还掺用着汉文,使用汉文年号、官员名称,甚至使用汉文与于阗文共同书写。留存至今的重要文献,大多已流失国外,内容主要为佛教典籍,也有世俗性质的敕令、行记、函件、奏报、医药、文学、语汇之类。国内外学术界关注的《于阗沙州纪行》(钢和泰藏卷),内容即为于阗王使臣至沙州朝拜、祈愿,涉及于阗年号、沿途城镇、沙州居民生活,对"丝绸之路"南道历史地理、佛教研究极具价值。《甘州突厥纪事》,叙述于阗使臣在甘州所见突厥统治集团内讧史实。它如《于阗王致曹元忠书》、《于阗迦湿弥罗纪行》、《使臣致于阗王奏报》、《七王子书简》、《汉语—于阗语辞汇》等,都是研究于阗史、佛教史的第一手资料,有力地补充了文献记录之不足。

焉耆—龟兹语文书(亦称吐火罗语文书)。 使用婆罗迷字母斜体,于 2—9 世纪通行在吐鲁番至库车地区,所记语言为印欧语系 centum 语组,有甲、乙两种方言。甲种方言流行于焉耆—吐鲁番地区,乙种方言流行在库车地区。现存文书主要为 5—8 世纪残卷。甲种吐火罗语文书有 500 多件,乙种吐火罗语文书有 3100 多件,绝大部分为佛经,也有世俗文献。如商队通行证照、寺院账册、诗歌、医术、星占等,但大多流失海外。近年在焉耆发现的《弥勒会见记》,受到广泛关注。所见文献虽时代较晚,但它本身却是一种具有古老特征的印欧语,表明在古远历史时期,已有说 centum 语组语言的印欧人进入了新疆地区。对印欧人的迁徙、古代民族史、佛教史、戏剧史研究都有意义。

粟特文。 是粟特人在公元 2—11 世纪使用的文字工具,源于叙利亚文。近年在吐鲁番发现过 10 件粟特文佛经、摩尼教写本,写本、书信对高昌回鹘时期佛教、摩尼教研究极具价值。在伊犁昭苏县种马场一件石人下身有 20 多行粟特文,虽多漫漶,但可以看到涉及木杆可汗、泥利可汗的名号,揭明在公元 6—7 世纪时,西突厥使用粟特文的史实。

吐蕃文木简。 出土 700 多件,大多流失海外。主要见于和田河畔玛扎塔格古堡、若羌米兰古堡、安迪尔遗址等处。简文涉及土地分配、农田管理、作物种植、地租税负、日常食品、军事活动、缉捕逃亡、宗教事务等各个方面,表明吐蕃人信仰本教(苯教),存在自然崇拜,有助于认识 9 世纪中叶吐蕃与唐王朝争逐西域,并一度踞有西域时社会生活的各方面状况。

回鹘文书。 主要出土在吐鲁番、哈密、库车、喀什、莎车等地,甘肃酒泉、敦煌也曾有出土。依照粟特文字母创制的回鹘文,公元9世纪中叶后,在高昌回鹘王国时期大量流行,直到13—15世纪金帐汗国、帖木儿帝国、察合台汗国仍以它为官方文字,直到17世纪,甘肃酒泉还以这种文字刻刊佛经。保留至今的文献资料十分丰富,涉及宗教、文学、社会经济、药书医方、卜辞历法等,宗教文献比重较大,有《金光明经》等佛教经典近百种,也有《二度经》、《摩尼教徒忏悔词》、《牟羽可汗入教记》等摩尼教文献,《福音书》等景教资料,以及《圣徒传》、《登霄记》等伊斯兰文献。契约文书记录了大量经济活动实况,如借贷、土地和奴隶买卖等。如斌通(善斌)被两次出卖、他向官府告发主人的文书,是人们熟知的文献。文学作品《福乐智慧》、《乌古斯可汗传说》、《弥勒会见记》等,富含思想文化价值,从中也可以看出阿拉伯、波斯文学的影响。其他还有一些碑铭。这些资料,对认识、研究古代新疆,尤其是回鹘汗国政治、经济、语言、文字、医学、宗教信仰等,是珍贵的第一手资料。

突厥文献。在新疆主要发现于吐鲁番、米兰。吐峪沟出土的突厥文献、米兰出土的军事文书、交河城沟西佛寺中的突厥文题签以及吉木萨尔二工乡突厥文石碑,均有助于研究突厥汗国的历史文化。

察合台文献。13世纪以后,新疆及中亚地区操突厥语言的民族,广泛使用在阿拉伯语和波斯语影响下形成的书面语言,由于这种语言最先在察合台及其后裔统治地区形成,所以称"察合台语",其文字载体——察合台文,则是以阿拉伯字母为基础演变而成。使用这一文字形式,保留下来了大量哲学、文学、宗教、天文、地理等方面的著作及波斯文、阿拉伯文译著。至18世纪,更呈现出繁荣、兴旺的局面,为这一历史时段内的政治、思想文化史研究不可或缺的资料。

其他如西夏文、契丹文、八思巴文等,也有少量出土资料。

1.2.4 游牧民族文化遗存

(1)岩画

岩画,作为早期游牧人的思想文化载体,广泛存在于新疆北部地区,准噶尔盆地周围,特别是阿勒泰山地、天山北部山地以及准噶尔西部山系,如塔尔巴哈台山等处。上列地区内雨水比较丰富、四季草场咸备,适宜于早期游牧人的活动,因而岩刻遗迹所在多见。此外,在天山南麓及阿尔金山、昆仑山、帕米尔高原,也发现过一些岩画点。如果以今天的行政区划为地理单元作统计,在差不多47个市、县范围内,均见岩画遗迹,总约近300处。因此,实际岩刻画面,是一个很大的数字。这近300处岩画遗址内,包括少量洞窟彩绘遗迹,主要见于阿勒泰地区。这类洞窟彩绘岩画,特点强烈。因此这里的"岩画"概念,既指一般意义上的"岩刻"画,也包括在岩洞内以赭红色涂绘的画面。

一些涉及新疆岩画发现历史的文章,称在北魏郦道元《水经注》及《北史·西域传》、《隋书》、《册府元龟》等文献中,已有关于新疆岩画的记述,所言并不准确。文献中最早见到有关新疆岩画的记录,为纪昀《阅微草堂笔记》:"喀什噶尔山洞中,石壁劖平处有人马像。回人传云是汉时画也。颇知护惜,故岁久尚可辨。……后戍卒燃火御寒,为烟气所熏,遂模糊都尽。"纪昀流戍西域,时在1768年。

对新疆岩画普遍关注,大量调查并广为报导,是在20世纪80年代。天山深处保存完好的康家石门子岩画被发现,"生殖崇拜"这一主题的揭示,引起学术界的广为关注,相关图像被辗转刊布,为新疆地区岩画的调查注入了活力。

全面分析这近300处岩画遗存,可以看到如下特点:

①它们主要分布在早期游牧民的冬季草场,大多分布在阿勒泰山、天山北坡海拔1400米以下的低山地带。天山北坡这类低山地区大多处在逆温层中,气温一般都要高于盆地边缘3~5℃,宜于牲畜越冬。牧民深秋至此,仲春以后转移,是牧民们游牧生活中最主要的居留、活动场地,婚嫁聚集、休憩娱乐、宗教祭祀等各种活动,往往多在这一时段内进行。目前新疆地区所见重要岩画遗迹点都在冬牧场中,就是很有力的说明。

②重要牧道所在。古代游牧民族逐水草而居,四季移徙,寻觅春秋好草、好水,夏日温凉、冬日可避风雪的所在。这样的四季牧场,地点是相对稳定的。因而畜群的迁徙路线受沿途水草、山谷、隘道、分水岭的制约,也都有一定规律。所以,重要牧道对特定游牧部落关系重大。

③进行原始巫术活动的场地。受原始思维制约,古代游牧人选择符合其原始巫术、原始宗教信仰的特殊地点,进行岩画、洞窟彩绘创作。这些地点所在自然环境往往不同于一般,在这些地点进行岩画创作活动,被认为会更利于向神灵传达古代游牧人的祈求、信息。因此,有关岩画、彩绘也更明显具有特定的巫术思想内涵。呼图壁县康家石门子生殖崇拜岩刻画遗址、特克斯县阿克塔斯岩画、巴里坤县巴里坤湖畔之夹山岩画、裕民县巴尔鲁克山岩画等,所在地点山形突兀、溪水环抱、草场茂盛,山前有宽大空间便于进行群体活动,都是原始巫术活动最为理想的场所。

④岩画内容。岩画具体记录着早期游牧人的经济、社会实践活动,表现着他们曾有的思想观念、信仰、追求,对认识、了解在没有文字以前的早期游牧人的精神世界,具有不可替代的作用。认真剖析现存岩画,可以发现,最主要的思想内涵不外乎生育、放牧、转场、狩猎、战争等,记录着古代游牧人最重要的思想文化篇页。

在保留至今的岩画遗迹中,生殖崇拜占有相当重要的地位,是一个最显目的主题。这方面最突出、最典型的实例,是位于呼图壁县康家石门子的岩画遗址。岩画所在为丹霞山体,山势陡立,左右有溪水环抱。不仅山水交融,而且山前有成片的绿树、茂草,生命力旺盛。在古人心目中,是阴阳交合、适宜巫术祭祀的场所。岩画所在峭壁,壁面平整,面积达 120 平方米。其间满布大小不等、动作各异的人物形象达300 人,有男有女,或站或卧,或衣或裸。男性生殖器特别粗壮,有作交媾形,有双人同体;男女交媾图下,有群列舞蹈小人。人体轮廓线内,早年涂朱的痕迹约略可见。画面强调男性高大伟岸,女性相对柔弱,既清楚揭示岩画主人们祈求生殖、蕃育人口的强烈愿望,也表示男子在生殖繁衍中的主体地位。近年在阿勒泰山南麓发现的"鸟啄鱼图"岩画,也值得给予关注。岩画的鹳鸟尖嘴正咬啄鱼的后鳍,很好地表现了鹳鱼相啄一刹那间的运动感。这幅岩刻鸟啄鱼的主题,也应与生殖崇拜相关。相关图像还见于黄河流域的彩陶。它是不同地区在同样时代要求下出现的艺术创作,还是文化交流的产物,仍有待研究。

在以畜牧经济为主体的游牧民族的生产活动中,放牧是每天必须进行、不能稍予疏忽的大事。在马被驯养后,骑马放牧更是一种主要的放牧形式。在天山北麓木垒县博斯坦牧场十分丰富的岩画遗存中,不少画面比较清楚地显示了放牧活动。博斯坦背依天山,有博斯坦河及另一些水量充沛的泉水,森林茂盛,水足草丰,是优良的冬、夏牧场所在。正是这样的背景,造就了博斯坦和卓木沟内大量的放牧岩画图像。而天山北麓米泉县柏杨河乡独山子村一幅表现牧业生产的岩画,不仅表现了羊群,还显示了溪流、草原,在宁静的草原上,人、羊均悠然自得,牧区野趣,毕显于岩壁。

在古代游牧民族的经济生活中,狩猎具有重要地位。在已经发现的大量岩画资料中,狩猎画面比重相当大。狩猎图景刻画得也相当细致,可以帮助我们具体认识当年曾在山地、草原上展开过的一幕幕狩猎场景。如乌勒盖地区岩画点,刻画狩猎活动的画面几近20幅。有的表现猎人潜藏在草丛中,持弓狩猎北山羊,还有多人围猎鹿群等,均具特色。巴里坤县莫钦乌拉山中段库克托贝岩画遗址点,有十多名骑士围猎鹿、羊,骑士飞驰,鹿、羊狂奔,部分鹿只中箭,负箭奔跑,场面十分生动。这一岩刻不仅场面大,而且刻线细,线条流畅,是艺术高手用锐利的金属工具加工而成的。

古代游牧民族,畜群转移,在较长距离内运输往来,车是不可或缺的交通手段。在阿勒泰、塔尔巴哈台、天山北麓不少岩画点,都见到表现古代车辆的画面。天山北麓巴里坤县李家湾子所见车辆图,线条虽十分简单,却清楚勾勒了双轮、轴、椭圆形车篷、单辕及驾牛的图像。天山南麓温宿县包孜东车辆图,也是典型的线刻,显示了轮、辐、长方形车篷、单辕。这些车辆岩画,形象简繁不一,或有时代之差异。所在地点,多在主要交通干线上。

战争作为社会矛盾冲突的最剧烈的形式,在岩画中也有一定的表现。新疆地区见到的战争岩画,最典型的代表应数哈密沁城折腰沟保留的几幅相关图像。在一块长140厘米、宽110厘米的黑色岩石上,刻画了一幅十分生动的骑兵征战图。战斗双方虽力量相近,但精神有别:

右侧7骑斗志昂扬,战马奔腾,骑士个个争先举长兵器向敌人冲刺,其激越高昂的斗志跃然于石面;左侧5骑虽人数、兵力相近,但斗志已懈,精神完全被对方压垮了。岩画作者的倾向、希望揭明的主旨是十分清楚的。

分析新疆岩画的加工工艺,可以得到以下基本认识:

①点凿法:以硬度较大的石材或金属工具,按画面要求在动物、人物之轮廓线上连续凿点,由点构成线,形成画面。这是比较普遍使用的工艺。

②凿点与研磨结合:在凿点成线、体后,对轮廓线或轮廓线内人物、动物整体画面作研磨。粗看、远看如浅浮雕,光洁平整。康家石门子岩刻是这一工艺的典型代表。

③磨蚀:这类岩画线条、画面,是在设计构图的基础上,经硬物磨擦,将原来深色石面去除一薄层,磨蚀部分色泽稍浅,而显示出物体图像。

从加工工艺角度分析,凿点较为原始、粗糙,时代相对稍早;凿点后研磨,较之单纯凿点发展、前进了一步;而磨蚀成图,工具工艺要求更高,相对时代应更晚。岩画作为早期游牧人的艺术语言,蕴涵了十分丰富的历史文化信息。

关于呼图壁康家石门子生殖崇拜岩画,据岩画思想内涵,岩画人物风格,傍近古墓时代,研究者大多同意这可能是公元前1000年前期的塞人文化遗存。而以之作为标尺,将塔尔巴哈台山中巴尔达库尔生殖崇拜岩画与之相比较,后者显得更朴拙、简单,时代会较呼图壁岩刻要早。

东部天山木垒县博斯坦牧场中的大量岩刻画,人物均头戴尖顶帽,形成显目特征。据此,论证它们是尖帽塞克族人的遗迹,时代可早到公元前1000年前,也是一种具体分析意见。

但从总体上观察,目前在新疆岩画的调查、研究工作中,还是一般的调查、报导比较多,全面、完整的调查报告比较少。对具体岩刻遗址的时代,空泛的、感觉性的议论多,对刻凿工艺、图像风格、相关考古遗存等深入、具体的分析不足。对有关岩画相对时代或绝对年代的分析，仍然没有得到比较有说服力的结论。这一任务的圆满完成，还有待今后关心岩画研究的学者们共同努力。

洞窟彩绘是在一些岩洞内，以赭红色彩图绘出狩猎、战争、祈求生殖能力的画面，与上述岩刻内容相通，表现手法不同，同样是早期游牧人的艺术创作，相关遗存目前主要见于阿勒泰山。比较集中的所在如阿勒泰市阿克塔斯、富蕴县（柯柯托海）唐巴尔塔斯，特别是哈巴河县多尕特沟，沿沟有7处以上彩绘洞窟。彩绘内容有女阴、萨满高帽、舞蹈、驱赶牲畜、部落争斗、狩猎图等。多尕特一处画面达10平方米的彩绘图像，表现众多人物围猎食草类大兽牛、马，群兽向一个方向狂奔，部分已被投抢刺中，倾扑在地。狩猎者不知用弓箭，狩猎对象又是奔走速度较缓、形体稍大的食草动物，所以，相对年代当在新石器时代以前，绝对年代当早于一万年。这一时代特征与富蕴唐巴尔塔斯岩洞图绘女阴，祈求生育的观念也能切合。相关洞窟彩绘在天山特克斯县乌泽勒克乡、昆仑山北麓皮山县阿日希翁库尔也曾见报导，只是图像损失严重，难见究竟。

这类洞窟彩绘，是值得特别注意的早期文化遗存，可能早到旧石器时代晚期，与俄罗斯南阿勒泰山区、蒙古人民共和国科布多省霍依特采克尔河谷相关遗存存在关联，有着重要的研究价值。

（2）鹿石、石人、铜镂

新疆古代游牧人考古文化遗存，堪与上述岩画、洞窟彩绘并列，还有鹿石、草原石人、铜镂等物。

①鹿石

所谓"鹿石"，是指经人工雕刻的碑状石刻，其上往往有鹿形图像，少量也有牛、马、羊及猫科类猛兽形象。还有一些刻石上见圆环、连点、腰带以及刀、剑、弓、盾等物，是拟人性的图像。它广泛分布在欧亚北部草原地带，尤以蒙古草原为集中。其他如俄罗斯西伯利亚、阿勒泰地区，包括中国新疆一带，都发现过这类遗存。

新疆已见鹿石主要分布在阿勒泰、青河、富蕴、博尔塔拉温泉县、天山北麓吉木萨尔县新地沟、大龙口，伊犁河流域昭苏及相对应的天山南麓温宿县境，约12处，实际存在当较此为多。

已发现的比较典型的鹿石，高往往在二三米以上（部分已残），其上刻奔驰的飞鹿，鹿首鸟喙、大角飞扬，直向天穹奔驰。线条生动而流畅，具神异色彩。碑面曾经涂红，残迹依稀可见。这类鹿石，如青河县却尔巴里库勒、乌鲁肯达巴特、什巴尔库勒等处，都具有这一特征。

另一类鹿石，碑体不见鹿类动物图像，只见圆环、连点、兵器，象征了武士形象，在青河阿腊托勒拜、塔斯特萨依、吉木萨尔大龙口、富蕴包孜东等处所见刻石，都具有这一特征。

这类鹿石除个别为后人移动、脱离了遗址现场外，可以看出它们都竖立在大小不等的巨型石堆前，多在石堆东面。可以由此推见它们是附属于相关堆石的纪念性石刻，部分具有人的象征。

俄罗斯学者曾经发掘过有关鹿石的墓葬，据研究，结论为公元前1000年前后古代游牧民遗存，下限不晚于公元前5世纪。而鹿石造型则表现着古代牧民祭祀先祖、崇拜太阳、萨满教的通天树观念及相关居民的动物图腾信仰。

②石人

草原石人同样广泛分布于欧亚草原地带。中国境内主要见于新疆、内蒙。在新疆境内，石人主要分布在阿勒泰山以南、天山以北的准噶尔盆地周围，天山南麓少数几个地点也曾有发现。迄今为止，记录在案的石人遗存约近200处。

阿勒泰山区是新疆石人的主要分布地点，总计约80处。青河县15处，布尔津7处，哈巴河6处，吉木乃5处。自然，这只是已经发现、报导的数字，实际遗存会较此为多。

准噶尔西部山系，也是草原石人遗存比较集中的处所。在博尔塔拉已见27处，塔城见22处。

天山山系（尤其是天山北麓），也是古代游牧民族生活的理想舞台。在这片地区，同样留存下不少石人遗存。其中，水草丰美的伊犁河谷地已见29处，天山北麓昌吉地区见20处，巴音郭勒、克孜勒苏地区见6处,乌鲁木齐见4处,天山南麓、吐鲁番、温宿也发现个别石人。而进入塔里木盆地,就绝不见石人的踪影了。

综观其分布,阿勒泰山前地带、准噶尔西部山地的博尔塔拉、天山山地的伊犁河流域,是石人遗存比较集中的地点。这些地区,自古迄今,不仅适宜于游牧民族生产活动,而且是交通、联络亚洲西部草原的关键地段。

上述石人,相当部分的位置已被人为移动。所幸,还有一些保持着原来的位置。可以看出,他们虽大小、体貌、服饰存在一定差异,却都是相关古代墓冢前的立石,均位于墓冢的东部,面朝东方。其身后的墓冢,或为土堆石棺,或为石围石棺。石围之茔院内,石棺不止一座。茔前石人,有单人、双人,甚至多达4人的。

从雕刻工艺、形象、衣饰、腰带及带下系配物品等细部辨析,所见石人存在不小差异,变化相当明显。比较大略的划分,则基本可以区别为两大类别。其一,以天然砾石、石板为料,只简单雕琢出圆形面部轮廓,圆形眼、直鼻、一字形嘴。男性稍显髭须。女性石人颈部、上胸见倒三角、圆珠形饰,双臂横曲,彼此抚触,置于胸、腹前。服饰未予表现。总体感觉比较简单、粗率,可为早期代表。其二,石人作圆雕状。形体高大,面型宽圆,颧骨明显,大眼、高鼻,鼻翼宽,唇上有八字胡。右手持杯,上举至胸前;左手持所配刀、剑柄。身着翻领大衣,腰束带,带下系短刀、砺石等物。脚穿尖头高腰靴,为晚期典型。

这两类石人身后的墓冢,均曾进行过考古发掘。

早期石人石棺墓,可以阿勒泰市克尔木齐墓地为代表。石人立于石堆石棺或石围石棺前,土葬,棺内有单人、双人、多人之别。随葬文物有细石镞、陶器、橄榄形石质容器、青铜小刀、骨器等。总体分析,时代较早,是青铜时代遗存。参照俄罗斯阿勒泰地区相关发掘资料、研究结论,绝对年代可以早到公元前11世纪前后。

晚期石人石棺墓,可以博尔塔拉自治州温泉县阿尔卡特遗存为代表。圆雕形石人身后为规模较大、相当整齐的大型石棺,行火葬。棺内除少量未烧透的碎骨外,不见随葬文物。结合《周书》、《北史》、《隋

32

书》"突厥传"中有关突厥人死后"置尸马上而焚之,取灰而葬","图画死者形仪"的相关记录,学术界一般都同意它们是南北朝至隋唐时期突厥民族的遗存。伊犁昭苏小洪那海石人,腹下阴刻 20 多行粟特文字,可以清楚辨析出其中"木杆可汗"、"泥利可汗"等名号,确实进一步肯定了相关石人为突厥族造像的结论。小洪那海石人着花冠、多辫,可能是高级贵族的冠、发型式。讨论石人为突厥民族遗存,这是十分有力的根据。

对石人遗存进行宏观分析,石人石棺墓文化,分布地域十分广阔,延续时间很长。从蒙古草原、南西伯利亚、阿勒泰山地,至哈萨克斯坦、吉尔吉斯斯坦等地,无不见到相关遗存。中国阿勒泰地区至伊塞克湖周围,石人遗存尤为集中。其时代,最早可以到公元前 11 世纪上下,晚到 6—9 世纪。最晚,甚至到公元 13 世纪蒙古汗国时期,仍有所见。这样一个时空范围,完全与突厥民族联系,自然是并不合适的。其主要时段,如公元 6—9 世纪间,与突厥民族相联系比较合理。在这一历史阶段,新疆北部到伊塞克湖周围,曾是西突厥汗国活动的中心,有不少石人与西突厥有关,自然也没有问题。只是不能见到石人遗迹,都简单与突厥民族相联系,那会失之于简单。它们实际蕴含着阿勒泰草原先突厥的文化传统,曾对后来突厥文化产生过重大作用,而在突厥汗国隐入历史长河以后,作为一种文化传统,仍然对相关地域内的草原民族保持过一段时间的影响,大概是可以肯定的。

新疆天山以北地区内广泛存在的石人遗存,在研究突厥民族历史文化中具有重要地位。它的起源、发展、影响,提供了文献记录中难以觅求的文化信息,不能轻估,对其的研究工作也有待加强。

③铜镬

作为欧亚草原上古代游牧人的炊煮器——铜镬,也是分布面极广,沿袭时间很长,与古代游牧民族历史文化发展存在重大关联的文物。新疆对这一文化现象关注的时间不长,迟至 20 世纪 80 年代才陆续见到相关报导。迄今,已见铜镬 20 件。这些铜镬,大多是在山地、草原上偶尔采集,出土之文化层位、共生文物关系不清,局限了对其历史文化内涵的认识。目前,可以获致的结论有下列几点。

首先,所见铜鍑都在宜于游牧的地区。阿勒泰地区发现3件,分别出土于富蕴县沙尔布拉克,哈巴河县铁热克提、塔勒恰特。哈密地区的3件,见于巴里坤草原兰州湾子、奎苏南湾、大河。天山北麓奇台县碧流河后沟、西坎儿孜见2件。木垒、乌鲁木齐南山,伊犁新源肖尔布拉克、昭苏天山牧场、巩留、霍城,天山南麓疏附县境等处,也都有出土。都是在阿勒泰山、天山水草优良,宜于游牧民族活动的地带。

其次,所见铜鍑数量虽不多,但形制有别。虽都是深腹、圈足、双立耳,但腹之深浅、腹径与腹深之比、有无装饰,圈足高低、有无镂孔,耳的位置、纹饰等细部,却迥然有别,各具特征。清楚地表明了其时代、地域的不同。

巴里坤兰州湾子所见铜鍑,出土在经过正式发掘的大型石构居住遗址内。铜鍑通高54厘米,口径32厘米;喇叭形圈足,铆接成形。出土于居址中部一火炕边,四周有炭层。共出彩陶、青铜小刀等典型青铜时代文物。取相关炭屑进行^{14}C分析,两组结论分别距今3200年、2900年上下。参照相关青铜时代文物,其绝对年代可以肯定总在去今3000年前后。

时代较晚的铜鍑,可以乌鲁木齐南山所见标本为例。其通高59厘米,口径37.7厘米,筒状深腹,双耳立于器口及外壁,方形、矩状孔,耳上见蘑菇状纹饰。自器口至底、腹部有几何形纹饰。这是相当典型的匈奴式铜鍑,时代可能晚到公元2世纪东汉王朝。

出土在伊犁河流域的几件铜鍑,腹部近圆形,饰弦纹,双耳置于肩部。这类铜鍑,在中亚七河流域多有所见,一般均认为与古代塞人关系密切。

古代新疆民族迁徙频繁,在铜鍑上表现出的不同民族文化特征,多少可以反映作为欧亚草原一环的古代新疆北部草原,其历史文化与亚欧草原古代文明的关系是十分密切的。

1.2.5 人类学研究

新疆自古迄今,种族多源、民族复杂,是一块不同民族共同生活、彼此交融、共同发展的园地。因为民族众多、迁徙频繁,曾有人形容这里是一个"人种博物馆",可见新疆居民复杂的人类学特征,在世人心目中留有十分深刻的印象。

但是,真正从体质人类学角度对新疆古代居民种族进行比较深入的研究,却是近30年才开始的工作。

20世纪70年代以后,随着田野考古比较全面地开展,在罗布淖尔古墓沟、小河青铜时代墓地,楼兰古城东郊汉代墓地,哈密五堡、焉不拉克青铜时代墓地,天山腹地阿拉沟青铜时代至战国阶段墓地,伊犁河流域两汉乌孙墓地,昆仑山北麓且末扎洪鲁克周代墓地,洛浦县山普拉汉、晋时期墓地,吐鲁番盆地苏贝希、洋海战国墓地,交河沟西汉代墓地等处,因为环境适宜,墓地不仅出土了保存完好、人种特征显明的干尸,人骨更是保存完好。这为体质人类学研究提供了数量不少的理想标本,已经完成的体质人类学分析,取得了一批虽属初步、却是令世人瞩目的成果。

罗布淖尔古墓沟青铜时代墓地,绝对年代在距今3800年前。出土干尸可以清楚地看到黄发、高鼻、深目的形象。对墓地头骨测量显示,主要特点是多长狭颅,男性头骨的眉弓和眉间突度比较强烈,明显具有欧洲人种特征,可以归入人类学家指称的"古欧洲人类型"。

同处罗布淖尔荒原,与古墓沟距离不远,只是时代较晚,出土于楼兰城郊东汉墓葬中的人头骨,主体同样为欧洲人种。狭长颅、高狭面型,与欧洲人种中的地中海东支(或称印度—阿富汗类型)比较符合。这一墓地,共出人骨中也见颧骨相对宽,面型宽而高,具有蒙古人种特征。显示了楼兰王国阶段居民种族多源的事实。从居民中具有欧洲人种特征这一角度细察,青铜时代以古墓沟为代表的古欧洲人类型居民,已被具有印度—阿富汗种族特征的居民所代替,他们与东来的蒙古种人共生共处。同一时段内,在这片地区见到佉卢文、汉文资料,可以从语言、文字角度与这一人类学结论相参证。随着历史发展以及"丝绸之路"的开通,新疆大地上东来西去的人群,在这片地区内流动、居停、生活、发展并随时更新,这是一个基本的历史文化现象。楼兰古城周围的人类学资料,于此可以提供比较典型的例证。

哈密五堡、焉不拉克青铜时代墓地,绝对年代在距今 3000 年前,地域与甘肃西部相邻。测量分析这里出土的人骨资料,获取的结论是大部分(72%)明显具有东方蒙古人种支系特点;少量(28%)具有欧洲人种支系特点。也就是说,在公元前 1000 年,相当于西周时期,这里的居民成分也是二元的:以蒙古人种为主,混居其间的为相当数量的欧洲人种。而这批欧洲人的种族特征,与南邻的罗布淖尔地区古墓沟墓地的古欧洲人类型比较接近。

昆仑山北麓且末县扎洪鲁克、洛浦县山普拉、民丰县尼雅等处,也出土了不少人骨资料。扎洪鲁克墓地,自公元前 1000 年至公元初,时代延续相当长。当地十分干燥的环境,使墓地主人不少成了干尸,其直观印象为:黄发、高鼻,欧洲人种特征颇为明显;对出土人骨进行体质人类学测量,结论同样是墓地主人以欧洲人种为主体,也混居着相当部分的蒙古人种。尼雅河尾闾地段的精绝王国故址,主要是公元前 2 世纪至公元 4 世纪间的遗存,这里同样不仅出土了高鼻、黄发的欧洲人种形象的干尸,也保存下来不少很好的遗骨。人类学测量,结论是古代精绝居民的体质特征大部分与印度—地中海人种支系中的印度—阿富汗类型接近,而偏低的眶型和浅发又呈现出古欧洲人种的因素,可能为具有不同欧洲人种类型的混合种型。测量中还发现,这里的居民存在较多牙周炎、根尖脓疡、龋齿等口腔疾病,牙齿普遍严重磨耗。洛浦山普拉墓地时代在公元前 2 世纪至公元 4 世纪间。人种特点是眉弓、眉间及鼻骨强烈突起,鼻根深陷、狭鼻型,典型角形和"闭锁式"眼眶,同样显示了欧洲人种性质。结合其长狭颅、高狭面形,又接近欧洲人种的地中海东支印度—阿富汗类型,与尼雅遗址头骨资料显示的特征相当接近。

由昆仑山西走,进入帕米尔地区,古代居民种族特征,目前只有塔什库尔干县香宝宝古墓地少量人骨曾进行过分析。数量不多,但其强烈突出的鼻骨、小颧骨及强烈突出的面部,已明显显示了欧洲人种的性质,与西部帕米尔地区曾经出土的塞人头骨特征接近,也可以归属地中海支系类型。

此外,对天山腹地阿拉沟、伊犁河谷乌孙古墓地人骨也进行过分析。

阿拉沟墓地东邻吐鲁番盆地,时代早到春秋初期,晚到战国、西汉。居民种族成分表现了相当的复杂性,居民主体地位的欧洲人种与次要地位的蒙古人种共生共存。而欧洲人种中,又有原始欧洲类型与中亚两河类型两支,其间也存在差异。而蒙古人种型的居民,也可以看出明显的形态分歧现象,有东亚类型和趋向中央亚洲类型的不同。总之,这片地区古代居民的复杂成分,给人以十分深刻的印象。

伊犁河谷乌孙墓地出土的人骨,时代主要在两汉阶段。测量数据表明,它们除一具为中颅型外,几乎都是短颅型人种。85%以上的头骨可以归入欧洲人种支系的帕米尔—费尔干纳类型,而两具女性头骨,则具有比较明显的蒙古人种特征。古文献记录表明,这段时间伊犁河流域主要居民为乌孙,也有部分塞人。稍后,有匈奴、汉人进入。结合分析,可助于认识古代乌孙人的种族形象。

上述体质人类学分析资料,主要地域及于帕米尔、塔里木盆地南缘、罗布淖尔地区、天山腹地阿拉沟及伊犁河谷、哈密地区,时代主要在青铜时代至战国、两汉。这样的资料基础,虽可大大拓展我们对新疆部分地区青铜时代以来居民种族成分的认识,却还并不足以全面分析、阐明新疆地区的古人类学问题。

根据上述资料,可以得到几点初步结论,即:最迟到去今4000年前的青铜时代,具有原始类型的欧洲人种已经居住在罗布淖尔荒原,尤其是孔雀河谷下游的一些地点。它们是欧亚大陆上时代较早、分布最东的一支欧洲人种居民。

地中海东支类型的欧洲人种(印度—阿富汗类型)支系居民进入新疆的时代相对较晚,战国以后、两汉魏晋时期,这一支系的人种已经越过了帕米尔高原,沿塔里木盆地南缘向东,最远到达罗布淖尔楼兰一带。汉代楼兰、精绝等地居民与这一类型人种,关系相当密切。

战国至汉代,伊犁河谷的古乌孙人、塞人,从人类学角度观察,是以短颅型为基础的帕米尔—费尔干纳型,或称中亚两河类型,与塔里木盆地南缘的原始形态欧洲人种类型,或地中海人种类型存在明显的形态差异。

早在去今3000多年前的青铜时代,哈密地区居民主要是以蒙古人种成分为主。战国至汉代,蒙古人种成分的居民进入了罗布淖尔、天山腹地阿拉沟、伊犁河谷等地,形成东西方人种共生共存的现象。甚至同一墓穴中,也是两种人骨共存。汉代以后,一些地区(如吐鲁番盆地)的蒙古人种居民的成分迅速增加,并不断向西拓展。

以上有限的人类学资料,给我们以有力启示:现代新疆境内不同民族体质形态类型的形成,具有相当复杂的种族人类学背景,要完全弄清其间的关系,还需要进行大量的调查、分析、研究。

具体认识新疆大地的历史文化面貌,还有必要择不同时代的重要城址、墓地、宗教寺院、碑刻、典型文物,予以详细的介绍。这是具有同等重要意义的工作,只是限于篇幅,留待下篇。

2 古代西域"丝绸之路"史迹

"丝绸之路"是受到国际学术界高度关注的研究课题,也是当之无愧的全人类共同的精神文化遗产。深入剖析"丝绸之路"的历史,感受不同种族、民族、国家之间,你中有我,我中有你的文化史实,无疑会助益于建设一个健康的、和谐的、文明的人类新世界。

俯视欧亚大陆,地中海周围(包括北非之古埃及文明)、印度、中国,是人类文明发育最早、曾取得最辉煌成果的几个地区。而受所在地区自然地理条件的制约、社会条件的影响,它们的经济、文化,古老文明的方方面面,各具特色,并不相同。这种经济、文化的差异,文明色彩的不同,使得这些异质文明间的交流成为一种需要。而地域毗连,又使得它们间的交流成为可能。既有需要,又有可能,这些异质文化间彼此的联系,是发生得很早的。在人类开始使用文字、出现国家、步入文明之前,它们之间的交往、联系已经存在。从这一角度观察,在欧亚大陆上古代几个重要文明中心间的交通联系,其时代、路线是远早于德国人李希霍芬在其《中国》、[1]艾伯特·赫尔曼在其《中国和叙利亚之间的丝绸之路》[2]这些著述中提出的"丝绸之路"这一概念的。而其实质,与现在大家习称的"丝绸之路"自然并不存在本质的差异。

在欧亚大陆古代文明中心彼此交通的过程中,新疆大地居于一个十分重要的地位。

位居帕米尔东麓的新疆,四周高山环绕,境内戈壁、沙漠纵横,所在多是难以逾越的交通阻碍。但它既然处于欧亚大陆人们交往联系的中心,自然也就成了无法替代的古代印度、伊朗、希腊、罗马文明与黄河

---

〔1〕1877年,李希霍芬在其名著《中国》中,首次提出了"丝绸之路"的概念。意指汉代,黄河流域与中亚两河流域、中国与印度之间的交通路线,丝绸贸易为其重要内容。

〔2〕1910年,艾伯特·赫尔曼在其《中国和叙利亚之间的丝绸之路古道》中强调:"丝绸之路"的概念,应该延伸为中国与西亚、叙利亚之间的交通路线。

流域华夏文明之间交往联系的枢纽,成为"丝绸之路"沙漠道、草原道上的关键地段。

同时,因为新疆大地气候特别干燥,地上地下的遗址遗物保存特别完好,林林总总的文化遗迹,数说不清的各类出土文物,结合历史文献,分析"丝绸之路"新疆段的开拓、路线变迁、在这条欧亚交通大动脉上曾经展开过的经济文化交流,无不可以得到远较文献记录更为丰富的历史结论。因此,"丝绸之路"新疆段,在"丝绸之路"研究中具有不同一般的地位。

2.1　汉代以前的欧亚内陆交通

根据文献记录,人们往往将公元前2世纪汉王朝使者张骞通西域作为"丝绸之路"开拓的标志。但是从考古资料看,欧亚大陆上东西方的交通,实际要远较公元前2世纪为早。

从目前已掌握的资料可以肯定,当年新疆大地在沟通地中海周围与亚洲东部地区的联系中,居于重要的、中心的地位。

申述这一概念,我们首先以已经有过比较深入的工作、时代比较明确的罗布淖尔地区孔雀河流域的青铜时代考古遗存为例。孔雀河流域青铜时代考古文化遗存,目前主要见于古墓沟、小河这两区墓地。在墓地每个死者随身的草篓中,都见到小麦籽粒。说明这时在罗布淖尔荒原上,小麦已经成为人们日常生活中最主要的食品或食品之一。这表明已非小麦栽培的最初阶段,小麦种植在这里已经历了一个过程。而对小麦,人们普遍认同的一个学术结论是:它的原产地是在西亚两河流域的美索不达米亚地区。早到去今一万年前,已经培育出了人工栽植小麦,以后慢慢扩散到欧亚广大地区。[1]　而孔雀河流域的青铜

---

〔1〕小麦源自西亚,这是国际普遍认同的一个结论。1979 年,古墓沟墓地发掘后,出土麦粒曾经当时四川农学院颜济教授鉴定:古墓沟出土小麦,既有普通小麦,也有圆锥小麦。而新疆还存在不少天然的野生节节麦。野生节节麦与圆锥小麦自然杂交,即可形成普通小麦。因此,颜济教授提出:圆颖多花类型、具有中国特色的普通小麦,可能就是这样产生的。参见王炳华《丝绸之路考古研究》,新疆人民出版社,1993 年,第 189 页。

时代遗存,经大量^{14}C测定数据表明,其绝对年代可早到去今 4000 年前后。[1]

同样还是以孔雀河流域小河墓地为例,1930 年瑞典考古学者 F. 贝格曼在调查、发掘小河 5 号墓地时,在沙丘地表曾采集到贝珠 500 多颗,标本携归斯德哥尔摩后,曾请瑞典自然历史博物馆无脊椎部的 R. 伯根海恩博士分析、鉴定,结论是:这类贝珠,使用材料是取自海菊蛤属的海生动物,可能是面蛤(Sowerby)。而这种面蛤,其产地仅见于东亚海岸。根据这一资料及分析,可以引申的逻辑结论只能是:在距今近 4000 年前,产自我国东部沿海、直线距离在 3000 公里以外的面蛤,已经辗转到了新疆东部的罗布淖尔地区。[2]

在东部天山北麓巴里坤发掘的兰州湾子大型石构房址,建筑面积达 200 平方米,四周石墙墙厚达 3 米。底部见柱洞,曾先后两次废毁、三次住人。在最底层(也是最早有人居住的地面),存烧灰、大型圈足铜镜、环首小铜刀、彩陶罐、双耳鼓腹红陶罐、碳化小麦粒,马、羊、鹿骨及大型马鞍形磨石等;陶器为手制,镜通高 54 厘米。取遗址底层木炭进行年代测定,结论为距今 3285 ± 75 年,表明了该遗址最早居住活动的时间。[3] 这里也有小麦粒。而那件经发掘出土的圈足铜镜,同类器形的炊具在东到蒙古高原、西至欧洲东部广大草原地带,是多有所见的典型文物,[4]其中透示的交通文化联系自不待言。

新疆哈密五堡,发现过一处青铜时代土著居民墓地。出土文物主要为彩陶、木器、石杵、毛织物及皮革制品、小件铜器等,取墓室盖木进

〔1〕王炳华《孔雀河古墓沟发掘及其初步研究》,《新疆社会科学院首届学术报告会论文选集》,1982 年,第 327～350 页;新疆考古所小河队《罗布泊小河墓地考古发掘的重要收获》,《吐鲁番研究》,2005 年第 1 期。

〔2〕[瑞典]F. 贝格曼著、王安洪译《新疆考古记》,新疆人民出版社,1977 年,第 91 页。

〔3〕王炳华《丝绸之路考古研究》,新疆人民出版社,1993 年,第 152～153 页;王炳华等《巴里坤兰州湾子三千年前石构建筑遗址》,《中国考古年鉴》,文物出版社,1985 年,第 255～256 页。

〔4〕郭物《铜镜在欧亚草原的初传》,《欧亚学刊》第 1 辑,中华书局,1999 年;《镜中乾坤》,上海科学出版社,2003 年。

行¹⁴C 测年,结论均在距今 3200 年前后,[1]与出土文物显示的时代风格一致。五堡墓地中出土了相当数量的海贝(包括货贝),它们只能来自周邻的海洋,显示了当年新疆与周围地区实际联系的存在。

1976 年,中国社会科学院考古研究所在河南安阳地区殷墟发掘的妇好墓,出土玉器 756 件(少量残片未计),曾取其中约 300 件标本进行材质分析,结论为"大部分均系软玉,其中大部分属青玉,白玉较少……这几种玉料大体上都是新疆玉",其中三件小型玉雕,尤其是其中两件白玉羊、鸟,肯定是和田特产脂玉。[2]它们有力地显示了新疆、尤其是新疆和田地区玉石,在公元前 13 世纪晚期、前 12 世纪时已经远销黄河流域下游、河南安阳殷商王国的史实。

同样在这一时段,在哈密地区哈密县花园乡茶迄马勒农民挖土时,在深 4 米的地下发现多件青铜器,其中一件鹿首铜刀,柄端鹿首:头长,眼鼓突,耳直立,角后曲成环。柄与刀背弧曲成一线,通长达 36 厘米,柄长 13.5 厘米。与这件鹿首铜刀一道,还有环首小铜刀、銎形铜镞、砺石等。共出陶器被挖土者毁弃。这是一组很重要的、具有鄂尔多斯风格的青铜器。形制相同的鹿首铜刀,在内蒙、河南安阳殷墟妇好墓、河北省青龙县抄道沟及陕西绥德墕头村商代遗址内都曾经发现过,在俄罗斯境内的卡拉索克文化中也有同类型兵器,流行时代可以早到商代晚期。[3]

时代相当并且值得引起人们关注的还有一种文物,这就是最迟在春秋晚期已经进入中国,战国、秦汉时期多有所见的蜻蜓眼玻璃珠。据不完全统计,在华北大地、长江流域多有所见,总数在 400 颗以上。这些文物,大都作为奇珍出土于贵族王侯墓葬中。它们在新疆和田、山普拉、尼雅、且末扎洪鲁克、沙雅、轮台穷巴克等地也都有出土,时代早到

〔1〕哈密五堡出土文物,现藏新疆文物考古所。见《新疆考古三十年》,新疆人民出版社,1983 年,第 3 页;王炳华《哈密古墓地发掘简报》,《考察与研究》第 4 辑,1984 年 12 月。测年结论,见《中国考古学中碳十四年代数据集》,文物出版社,1983 年,第 152 页。

〔2〕中国社会科学院考古研究所《殷墟玉器》,文物出版社,1982 年,第 11 页。

〔3〕王炳华《丝绸之路考古研究》,新疆人民出版社,1993 年,第 154 页。相关文物收存于哈密博物馆。

公元前 1000 年前期或更早,晚到汉晋。而从更广阔的范围观察,这类蜻蜓眼玻璃珠,最早就出现在尼罗河畔的古代埃及,被视为一种具有神奇力量的魔珠,可以避邪、给死者带来安宁、幸福,因而作为殉物入葬,时代可以早到去今 3400 年前(亦说最早可到公元前 2500 年)。稍后,传布到了伊朗高原,在伊朗基兰,出土过类同的蜻蜓眼玻璃珠实物。在伊朗基兰出土的蜻蜓眼玻璃珠,与山西出土的实物,造型图案惊人地相似。这给我们以有力启示:这类蜻蜓眼玻璃珠,最早发明在古埃及,以后进入伊朗高原,再后进入新疆,进一步东达华北、长江流域。[1]实际这类蜻蜓眼玻璃珠,也就是我国古代《尚书》、《管子》、《说文》中所称的"琅玕"。[2]《魏略》曾揭明它们来自"大秦",[3]实际已经准确说明了它们的原产地是在地中海边。

不论是作为琅玕的蜻蜓眼玻璃珠、哈密五堡出土的海贝、哈密花园乡出土的鄂尔多斯式青铜刀,还是殷墟所见和田玉石,自然都不足以显示当年社会生活的全貌,也不足以显示彼此实际交往的规模。它们的意义,在于以无可置疑的事实揭明了一种历史的存在,表明在距今 3300—3200 年前,新疆与其四周地区,尤其是与西亚及黄河流域的联系,已经是一种不容置疑的事实。这种联系及与这种联系互为表里的交通路线,与后人定名为"丝绸之路"的商道,是没有本质差别的。

这一联系在进入西周、春秋战国时期后,有了更进一步的发展。

论及春秋、战国期间(公元前 7 世纪至公元前 3 世纪)的亚欧地区间的交通,前苏联学者在俄罗斯南阿尔泰地区卡童河、伯莱利河、乌尔苏河、乌拉干河发掘的一批大型石冢,是很值得关注的考古资料。这是公元前 1000 年中期或更早一点阿尔泰山地古代居民首领的墓冢,发掘时封冻严实,文物保存完好。位于乌拉干河畔的巴泽雷克墓地,出土了

---

〔1〕杨伯达主编《中国金银玻璃珐琅器全集(玻璃器卷)》,河北美术出版社,2004 年;关善明《中国古代玻璃》,香港中文大学文物馆,2001 年;干福熹编《中国南方古玻璃研究》,上海科学出版社,2003 年;高至喜《论我国春秋战国的玻璃器及有关问题》,《文物》1985 年第 12 期;后德俊《谈我国古代玻璃的几个问题》,《江汉考古》,1985 年第 1 期。

〔2〕王炳华《也释琅玕》,《新疆考古历史论文集》,中国人民大学出版社,2008 年。

〔3〕《太平御览》卷 809,第 3594 页。

春秋—战国之际的凤鸟纹刺绣,具有楚文化特点的山字纹铜镜,表明了它与中国大地间存在的联系。而同一批墓地中,还有显示着黑海北岸希腊化殖民地艺术风格的皮革、毛毡、木雕制品;具有古代波斯阿契美尼德王朝艺术特色的野兽纹、格里芬、有翼狮图像的文物[1]。于细微之处见精神,阿尔泰古代游牧部落东南与中国大地、西向黑海、西南向伊朗的这种交往,通过出土文物可以清楚捕捉。而古代中国与亚洲西部、欧洲地区交往联系的路线之一,也可由此透显在今人的面前。

与巴泽雷克古冢出土文物相通、时代相当的是20世纪70年代发掘的中部天山阿拉沟墓地。在这里发掘的一百多座堆石墓,其中有一部分巨型石冢、竖穴木椁墓。墓内出土的凤鸟纹刺绣、链式绫纹罗、漆器等,明显来自中原。刺绣显示的凤鸟纹,还颇具楚文化特征。而同出大量金器,如有翼狮形金箔、对虎纹金箔带、虎纹圆形金牌,具塞人艺术特点。方座承兽铜盘,盘中仁立带翼狮形异兽,盘内见燃炭,是袄教祭器。这与古代伊朗是存在关联的。阿拉沟墓地,呈现着中国内地、甚至长江流域楚文化与塞人文化熔于一炉的情景[2]。还应强调一点:通过阿拉沟(中天山的这条普通沟谷),传统习惯称谓的"丝绸之路""沙漠道"上的重要站点吐鲁番、焉耆与"草原道"上的准噶尔盆地、伊犁河谷、哈萨克丘陵实际联通在了一体。阿拉沟,本来是天山中间一条名不见经传的山沟,久已失落在人们的关注点之外。但通过这条沟谷,却可以由吐鲁番盆地便捷地进入巩乃斯河谷,抵达伊犁河流域并步入哈萨克丘陵。通过这条沟谷,吐鲁番盆地、焉耆盆地、准噶尔盆地南缘的乌鲁木齐,也可以很方便地来去。1976—1978年间,作者配合南疆铁路在阿拉沟谷地进行调查、发掘,初始曾为阿拉沟似不当交通径道,却出土如此丰富的丝织物、漆器而稍感不解。在多次穿行其间后,才认识到

---

〔1〕[前苏联]C.N.鲁金科著、潘孟陶译《论中国与阿尔泰部落的古代关系》,《考古学报》,1957年第2期。

〔2〕王炳华《阿拉沟竖穴木椁墓发掘简报》,《文物》,1981年第1期;《丝绸之路考古研究》,新疆人民出版社,1993年,第3~5、212~214;新疆社会科学院编《新疆考古三十年》,新疆人民出版社,1983年,第4~5页;其测年结论见《文物》,1978年第5期;周利群《凤西飞——由西域出土的镜、漆、绣看楚文化西渐》(待刊)。

它在贯通吐鲁番与伊犁地区之间的联系上,具有不可替代的重要地位。此时作者才豁然开朗:原来这条普通山沟,曾是沟通"草原道"与"沙漠道"上的关节点。进而认识到,古代曾经存在、展开过的欧亚大陆间的交通,实际是远较历史文献中有限的记录为丰富的。邻近的绿洲、偏僻的山谷,只要是古代居民生存、活动之处,无不与欧亚大陆上交通往来的干线勾连在一起,形如网络。任何一个点都可从中吸收到经济、文化的营养,也可借此而奉献自身有特色的创造、文明。从这个意义上去认识丝绸之路,它在人类文明史上曾经发挥的作用,做出过的贡献,真是怎样估计也不过分的。

吐鲁番地区鄯善县洋海古墓区,规模大、时代延续长,早到春秋,晚到汉代。墓地内与彩陶器共存,发现过两件銎形戈[1]。这种銎形戈,是苏联米努辛斯克盆地塔加尔文化中的典型文物。在洋海墓地第90号、第263号墓葬中,出土了两件五弦箜篌,第2069号墓葬中发现长115、直径2.3厘米的扁形葡萄藤,为圆果紫葡萄植株,时代均早到公元前1000年前期。这些箜篌、葡萄明显来自西、南亚地区,与埃及、伊朗存在关联[2]。

在新疆北部如阿勒泰等地普遍见到鹿石,时代早到公元前6世纪或更早。类同岩刻也见于蒙古人民共和国、南西伯利亚及伏尔加河流域[3]。

阿拉沟墓地出土过的祆教铜质祭祀台,在伊犁河流域青铜时代遗址、哈萨克斯坦、吉尔吉斯斯坦、伊塞克湖周围也多有所见。而后者,还往往共出对兽铜环。这种对兽铜环,在古代伊朗是不止一见的,它们与祆教祭祀密切关联。祆教的祖源地就在伊朗[4]。

〔1〕吐鲁番研究院《吐鲁番学新论》图版1,新疆人民出版社,2006年。

〔2〕新疆考古所、吐鲁番文物局《鄯善洋海墓地发掘简报》,《新疆文物》,2004年第1期,第21、27、30、45页。

〔3〕王炳华《丝绸之路草原道》,《"丝路"游》1988年第6期;王博等《新疆石人研究》,新疆人民出版社。

〔4〕《波斯艺术大观》,卷7,纽约,1981年,第57页;王炳华《古代新疆塞人历史钩沉》,《新疆社会科学》,1985年第1期。

呼图壁县康家石门子岩画,是公元前1000年前期的作品。其上清楚地显示了马祖崇拜及通过"马祀"求育的信仰,同样的岩刻主题,也见于阴山岩刻。在印度史诗《罗摩衍那》中,见到这类有关马祀活动的记录;伊朗卢里斯坦出土的青铜器,也有同类风格的双马造型。[1]

这些考古资料有力表明:通过塔里木盆地西去南亚、西亚的"丝绸之路"沙漠道,是一个早已存在的事实。新疆地区在公元前1000年前,东向蒙古高原、西伯利亚,西向哈萨克斯坦以至欧洲东部,南向印度、伊朗,无不存在明显的文化联系。横亘于新疆中部的天山,曾是沟通其间联系的桥梁。

应该说,公元前2世纪西汉王朝使者张骞"通西域",正是奠基在这一历史基础上,顺应时代的要求而做出的伟大历史贡献。它使过去很可能是自发的、民间的、无组织的、接力棒似的交通联系转化成了在西汉王朝自觉努力之下,运用政府的力量进行强有力组织、建设、保护、管理的交通干线。它发自长安,经过河西走廊穿越塔里木盆地的南北缘,跨越帕米尔西去西亚、南亚、中亚西部广大地区,成为沿线国家、民族进行政治、经济、技术、思想、文化交流的更为便捷的桥梁。它进一步沟通了亚、欧、非洲各国及各民族之间的联系与往来。从这时起,"丝绸之路"发展到了一个全新的历史阶段,获得了空前的繁荣。

2.2 "丝绸之路"新疆段路线的变迁

一条交通路线的产生、发展,都有其内在的根据。既受自然地理因素的制约,也受到社会政治形势的影响,如沟通亚欧、影响及于沿线许多国家、民族的"丝绸之路",在汉王朝时期步入一个全新的历史阶段,社会因素的影响明显十分巨大。大量历史事实表明,通西域、断匈奴"右臂"的社会要求,引发出十分强大的组织力量,恶劣的地理环境受到改造,以保障道路的运行。同样,在另一不同的社会形势前,社会的

---

〔1〕王炳华《新疆天山生殖崇拜岩雕刻画》,文物出版社,1991年。

力量也能使自然条件远为优越的交通线路被阻断、被封闭,形成人为的、却是难以逾越的障碍。

新疆南部地区,南有阿尔金山、昆仑山、喀喇昆仑山耸峙,地势高达5000米以上,只有在高山雪水下泄的几条内陆河道形成的绿洲上,人类才能生存、活动。与昆仑山相对,天山绵延起伏,除山前断续分布的绿洲外,还有一条横贯东西、流程全长达2437公里的塔里木河。这为"丝路"北道交通增加了便利。天山、昆仑山之西,是世界屋脊帕米尔,这形成了相当封闭的塔里木盆地。只是在东部天山与阿尔金山之间,留有一道宽数十公里的天然豁口,东接河西走廊。这一自然地理形势,在人类历史时期内并没有大的变化。受这一自然地理形势的制约、影响,顺理成章,汉王朝时期开拓的"丝绸之路""沙漠道",比较便捷的路线只能是出河西走廊,寻路抵达阿尔金山、昆仑山北麓或天山南麓的沙漠绿洲,选择可以取得给养的路线前进。其间,可清楚地观察到强大的社会需求是不可阻抑的力量,不论条件如何艰难,交通总可以维持。而在社会条件稍显变化时,路线随即变化,如两汉、魏晋、隋唐时即各具特色。最后,翻越帕米尔高原中的大坂、沟谷,抵达西亚、南亚地区。

论及公元10世纪前"丝绸之路"新疆地段沙漠道的具体路线,如果说,塔里木盆地南北缘的"南"、"北"道线路,即使有变化,还不是太大时,那么,在出河西走廊,进入孔雀河流域前,还有一段500公里左右的路程,其间盐漠、雅丹、戈壁相继,水草补给困难。这段路途在不同历史时段,变化可谓相当的激烈。粗略分析这些变化,可以很清楚地看到社会因素在其中的重大影响。具体分析其变化发展,大概可划分为四个阶段,即:汉王朝以前、两汉王朝时期、魏晋南北朝时期、隋唐时期。

2.2.1 汉王朝以前

汉王朝以前,中原地区通过新疆与西方交通及经济、文化联系的具体情况,史无明文。前面介绍的考古资料可以肯定,在公元前1000年的周秦时期或其以前,自黄河流域通向西方的交通路线,实际已经存在。只不过主要还是处于一种自发的、民间的、无组织的状态,因此在官府文档中少见反映。地理位置最近河西走廊的罗布淖尔荒原,从很早的历史时期起已是人们使用的捷径,孔雀河水系内青铜时代墓地中所见的海菊蛤、玉石就是证明。而在开拓这条路线时,处于西北地区的秦国、秦王朝,在西向交往、联系中自然居于关键的地位,发挥过不可低估的作用,且规模会日有进展。因此,"秦人"随这种联系的存在、发展而广播影响于南亚、中亚、新疆地区。印度、伊朗至今仍称中国为"秦",据《史记·大宛列传》记录,当年的大宛称中国人为"秦人"。新疆拜城县保存至今的东汉时期摩崖刻石,刘平国治关亭诵,距秦王朝虽已有400年,却还是按当地传统,称凿石建关的工人为"秦人孟伯山",等等。"秦人"的概念,没有疑问,和后来的"汉人"、"唐人"一样是周秦时期秦王国到后来的秦王朝,曾经有相当数量中原地区人民在新疆及中、南亚地区广泛进行活动,并留下深刻影响的产物。其实际交通路线,在没有敌对政治势力阻抑的情况下,不论是昆仑山北麓、天山南麓,还是天山北麓的通道,大概也都是随处可行的。即使偏僻如阿拉沟这样的天山峡谷,前引考古资料表明也都被网织在这一交通线上。

2.2.2　两汉王朝时期

出于政治、军事等多方面的需要,两汉王朝对开拓"丝绸之路"十分重视。张骞、班超通西域,李广利征大宛,在敦煌至罗布淖尔一线建烽燧、设邮置,在楼兰、轮台、扞泥等地开屯田,设"西域都护府",设官置守,使汉朝政令"颁行"于西域。"丝绸之路"交通,始得正常运行。经过两汉时期坚持不懈地努力,从长安通向西方世界的"丝绸之路",成为得到政府经营、沿途给养、通讯、联络可以保证的国际交通命脉。自此,"丝绸之路"正式登上世界历史舞台,亚欧交通步入一个新的历史时期。

同时,汉王朝开拓、建设通向中亚的"丝绸之路",始终与匈奴王国的矛盾、冲突密切关联。

西汉王朝通西域的路线,最初由于匈奴王国控制着新疆北部草原、哈密绿洲及吐鲁番盆地,在焉耆地区设置着统领西域最高机构的"僮仆都尉"府。在这一形势下,西汉王朝通向西部世界的道路,就只能是出敦煌,穿阿奇克谷地,经羊塔克库都克斜向西南,循库姆塔格沙漠北缘,西南走,经墩力克、米兰、扞泥沿昆仑山北麓匈奴控制相对较弱的地区西行。西汉时称此为"南道"。与"南道"并存,出敦煌后,沿疏勒河谷经过白龙堆、盐泽、楼兰到焉耆盆地,沿天山南麓而西出大宛的路线,也是一条可以伺机而走的道路,西汉时称此为"北道"。但沿途匈奴的干扰不小,为了使这条道路可以顺利行走,西汉王朝在军事上作过相当艰苦的努力。公元前121年,"匈奴浑邪王率其民降汉。而金城、河西西并南山至盐泽,空无匈奴"[1]。把握这一形势,汉王朝遂自敦煌而西,筑长城、亭燧,稍后并在渠犁、轮台置屯田,核心就是把握对匈奴取得的军事胜利,加强建设通向中亚大地的"北道"路线。目前仍然屹立于地面的玉门关以西、沿疏勒河谷铺展的汉代长城遗迹,黄文弼先生在罗布淖尔湖北岸发现的汉居卢訾仓故址——土垠,自土垠而西,现在仍可以见到的沿孔雀河谷、库鲁克塔格山南麓铺展的汉代烽燧,都是西汉王朝努力开拓、东汉王朝进一步建设"北道"干线保留至今的历史纪念碑。

通过伊吾、车师进入焉耆,沿天山南麓西行中亚的路线,汉王朝得以施行比较稳固的控制,实际只是在东汉取得对匈奴王国的决定性胜利,匈奴基本丧失对新疆的影响以后,才得以实现的。东汉时期,窦固征匈奴,组织伊吾屯田;班勇在公元123年以"西域长史"身份屯驻柳中,都表明了东汉王朝仍进行着艰苦努力,力图加强对伊吾、车师的控制,力求"丝绸之路"的便捷,交通之安全。

2.2.3 魏晋南北朝时期

与两汉时期比较,魏晋南北朝阶段"丝绸之路""沙漠道"的最大变化,是避开异常艰难的白龙堆,另觅新途的努力得到成功。这新的通途,一是经伊吾绿洲到吐鲁番的路线更为顺畅,再是经"五船北"的新道已成为现实。古代文献、出土古文书资料都说明了这个结论。

《魏略·西戎传》称:"道从敦煌玉门关入西域,前有二道,今有三道。从玉门关西出,经若羌,转西越葱岭,经悬度,入大月氏,为南道。

[1]《史记·大宛列传》。

从玉门关西出,发都护井,回三龙沙北头经居卢仓,从沙西井并转西北过龙堆,到故楼兰,转西诣龟兹,至葱岭为中道。从玉门关西北出,经横坑,辟三陇沙及龙堆,出五船北到车师界戊已校尉所治高昌,转西与中道合龟兹,为新道。"[1]这里所说的"新道"要"出五船北",没有疑问,就是两汉时期曾经力图开拓的"五船北新道"。

关于这条"新道"的具体路线,历来是历史地理学界十分关心的一个问题。根据有关古籍记录,参证近年出土的古文书资料,结合自然地理形势可以得出结论:这一新道,实际就是从高昌古城东出柳中,沿库木塔格沙漠西、南缘,翻库鲁克塔格山,进抵疏勒河流域,而抵达古玉门关。这样的行程,避开了令人谈之色变的白龙堆沙漠,而且路程大大缩短,故受到人们的重视,成为古代"丝绸之路"上一条重要的支线。

为探寻这条径道的具体路线,作者在吐鲁番考古中,曾向鄯善县敢于出没沙海中的猎手调查,并在《吐鲁番古代文明》一书中说明过有关结论。其路线是"从鄯善县鲁克沁绿洲斜向东南行,经底坎尔、土古满它、比尔阿塔尔布拉克、肖尔布拉克、玉尔衮布拉克、央布拉克、乌宗布拉克、巴勒衮布拉克、红柳泉抵库木塔格沙漠南缘;也可以从底坎尔向南,经和加玉尔衮,穿库鲁克塔格山道、阿里提未布拉克,经七个泉、布尔衮布拉克到红柳泉,与前路合。复经库鲁克塔格山脉南麓,顺山势东行,经库木库都克、羊塔格库都克、科什库都克、臭水泉、具什托克布拉克等,抵达疏勒河流域,与出玉门关后通楼兰的大道结合在一起,把白龙堆沙漠、无法通行的盐碱滩抛在了身后"[2]。简单说,这条通道是从鲁克沁斜向东南,经底坎尔,逐渐进入库木塔格沙漠,遵循着一些泉水溢出地点,过库鲁克塔格山,到红柳泉,顺山东行,即可抵达敦煌。这条道路,据说在1949年前还有人通行。这条道路的最大特点,是要穿越渺无人烟的库木塔格沙漠,即"沙海",因而唐代也曾被称为"大海道"。

〔1〕《三国志》卷30,《魏书·乌丸·鲜卑·东夷传》,注引《魏略西戎传》。
〔2〕王炳华《吐鲁番古代文明》,新疆人民出版社,1989年,第129~132页。

吐鲁番曾出土过十六国时期的文书,有北凉建平时期"守海"文书两件。文书均出土于高昌城北郊哈拉和卓第91号墓。内容为北凉王国兵曹下文,命令高昌、横截、田地三县发人发骑服役守海,役期十日。[1] 这里的"海",只能是高昌东部的库姆塔格沙"海"。文书表现了北凉王朝对戍守"大海道"十分认真,证明当年高昌通过"大海道"往来敦煌,仍是一条相当重要的交通路线。

与"大海道"至少处于同等地位或较"大海道"更为重要的是由伊吾经白力来去高昌的通道。这是一条传统古道,汉代即受重视,但受政治形势影响,时通时阻,并不顺畅。在出土的北凉文书中,有6件文书与发人戍守白力有关。[2]

白力,是高昌东部重镇,控扼伊吾与高昌之间的交通。北凉"兵曹",不断向各县下文,催遣军队戍守白力,说明位于今鄯善县境的白力,是由伊吾进入高昌的一处重要关隘。

北凉王朝对"大海道"、伊吾道建设、经营的重视,既表明从高昌通过大沙海前往敦煌(或经过伊吾到敦煌),是当年吐鲁番盆地通达敦煌的重要交通线,也一定程度上说明了出敦煌后过白龙堆、楼兰交通路线地位的降低,在逐渐被新的路线取代。楼兰出土的古文书表明,楼兰古城在魏晋、前凉时期还是一处屯田基地,西域长史驻节之所,但遗址内绝不见公元330年以后的纪年文字资料。人们一般都认可,此后的楼兰即逐步趋于衰落,沦入荒漠。这当然意味着经过楼兰城的交通路线已失掉既往的重要地位。与这一重大历史现象密切相关,根据吐鲁番出土的北凉时期古文书,可以想见与此同时或较此稍后,与楼兰径道具有同等地位、但条件稍好、路线大大缩短的"大海道"已是一条受到官方经营、管理的交通路线。这不应是巧合,而应有着内在的联系。因为大量的历史文献反复表明,开拓"五船北新道"亦即"大海道",一

〔1〕国家文物局古文献研究室等编《吐鲁番出土文书》第一册,文物出版社;黄烈《中国古代民族史研究》,人民出版社,1987年,第434~435页。

〔2〕国家文物局古文献研究室等编《吐鲁番出土文书》第一册,文物出版社;黄烈《中国古代民族史研究》,人民出版社,1987年,第434~435页。

·欧·亚·历·史·文·化·文·库·

直是改进"丝绸之路""沙漠道"这一路段交通情况的希望。开通这一路线,可以回避白龙堆之险,大大缩短运输日程。北凉时期这一路线的畅通(其时间当然会比文书中所显示的时间更早)并为人们所接受,意味着楼兰交通枢纽地位的丧失及楼兰历史地位的没落。

2.2.4　隋唐时期

进入隋唐,随着国家的统一和经济文化的发展,"丝绸之路"的交通发展到了一个全新的、空前繁荣的阶段。

根据出土文物及各地古代城镇遗迹,结合历史文献可以结论,这一历史时期的"丝绸之路"交通路线,可以说是全面畅达。不论是缘昆仑山北麓、天山南麓还是天山北麓的交通往来,都并无阻碍。但全面分析有关资料,可以更进一步具体结论:由河西走廊进入哈密绿洲,复由哈密绿洲经吐鲁番沿天山南麓西行的路线;由伊吾(哈密绿洲)翻天山松树塘大坂进入蒲类海(巴里坤盆地),沿天山北麓西行,过北庭,或由伊吾入西州,由白水涧道入轮台,西入弓月(在今伊犁河流域)的路线,尤其是最后一条路线,更明显居于一种主体的地位,成为唐代最主要的交通路线。

唐朝政府,深切关心"丝绸之路"路政建设。近年,吐鲁番出土文书对唐代路政建设多有揭示,颇可与古籍记录相呼应,有助于我们对"丝绸之路"的深入认识。

为保证"丝绸之路"交通便捷,唐朝政府在"丝绸之路"沿线设置驿馆、配置驿马、驿丁,保证往来官员交通、食宿之需。吐鲁番阿斯塔那曾出土一件纸棺,糊制纸棺的材料是唐天宝十三至十四载(753—755 年)轮台、柳中两县下属郡坊、驿馆的马料账,来往官员住宿、用马耗料均逐日登记、逐日结算。因为是官方账册,其上钤有唐轮台、柳中两县的官印。涉及驿馆有交河、天山、酸枣、礌石、神泉、达匪、草堆、银山、柳谷、吕光、东碛石、柳中、罗护、赤亭等,当年唐代封疆大吏北庭副都护封常青及其幕下的边塞诗人岑参来去住宿、用马、消耗马料的细账,也都历历在目。[1]

为维护社会安定,保证交通安全,在"丝绸之路"沿线唐朝政府设军置守,从戍、烽、铺到守捉、军、镇,组织严密。据吐鲁番出土文书,自甘州至西州途中有悬泉、苦水、常乐、盐池守捉;自西州至庭州,有赤亭烽、酸枣戍、岸头府游弈所;自西州至安西都护府途中有铁门关镇戍守捉。出土文书中所见烽,在伊州境内有阿查勒烽、泥熟烽、故亭烽、青山烽、柽槌烽、高颈烽、速度烽、花泉烽、伊地烽、柳望烽、明大烽、波色多烽、工耳烽、乌谷铺、乌骨裸铺;西州境内有赤亭烽、小岑烽、维摩烽、神山烽、柳中上烽、武城上烽、交河上烽;在庭州境内有耶勒烽、干坑烽、柽林烽等。这当然不是完整的统计,而是仅见于新出土吐鲁番文书中的部分烽铺。在吐鲁番盆地西缘,进入天山的阿拉沟口,作者曾清理过一处唐代戍堡,为天山县属的鸜鹆镇游弈所故址。据戍堡出土文书,镇下属有白水、黑鼻、磊石、阿施、鸜鹆、赤山、小白水等烽,临蕃、惣见、断贼等捉铺,总有镇兵约百人,镇将名孙玖仙,几乎都是来自中原大地的长住健儿。[2] 他们戍守在阿拉沟东口,实际控制了吐鲁番与焉耆、伊犁河流域交通往来的隘口,维护交通安全,颇见组织的严密。

为纠察奸宄、保证交通安全,唐朝政府对"丝绸之路"上来去行人颁给"过所"。行人通过关戍、守捉时,必须勘验"过所",这是汉代以来就实行并取得效果的一项制度。在罗布淖尔、尼雅的汉、晋遗址中发现过这类木简,而到唐代,制度就更进一步完备了。吐鲁番出土的石染典"过所"、唐益谦"过所"、蒋化明"过所"等,对了解唐代"过所"制度及有关交通路线,都是难得的资料。[3] 石染典是安西商人,到瓜州市易。返程,由瓜州据原安西"过所"改给"过所",途中经过的悬泉、常乐、苦水、盐池守捉,守捉官或守捉押官都勘验、签名、放行。石染典最后止于西州,随身"过所"存留伊州刺史的签押。唐益谦是安西官吏,要前往

---

〔1〕国家文物局古文献研究室等编《吐鲁番出土文书》第十册,文物出版社,1991年,第54~240页。

〔2〕王炳华《阿拉沟古堡及其出土唐文书残纸》,《唐研究》第八卷。

〔3〕国家文物局古文献研究室等《吐鲁番出土文书》第九册,文物出版社,1990年,第31~72页;土仲荦《试释吐鲁番出土的几件有关过所的唐代文书》,《文物》,1975年第7期。

福州都督府长史唐循忠的任所,随同有唐循忠妾薛氏及奴婢、马、驴等,申请文书说明了每个人的身份、年龄,奴婢、马匹的来路及有关证件,说明准备通过的路线是"路由玉门、金城、大震、乌兰、僮(潼)、蒲津等关"。由于里程远,问题涉及较多,请"过所"者身份也不是平常百姓,所以最后要经过当年西州都督王斛斯亲自批准签发。蒋化明的"过所"丢失,在由西州返回北庭的途中,即被酸枣戍检查拘留。保留至今的这些"过所"文书,既表现了唐朝政府对人民的严密控制,也表现了在"丝绸之路"上只要有"过所"在身,即使迢迢千万里,也可以通行无阻。

为便于交通运输,据出土文书反映,唐代在西州设置有"长行坊"。这是一种专司运输的官办运输机构。运输工具有牛车,其他兽力如长运马、长运驴等。管理这类运输事务的机构称"长行转运史"。不仅在出土文书中见到"转运史"、"车坊"、"北馆坊"、"赤亭坊",采办"车材"、"具",存储备用,也见到有关"长行驴"死后处理肉、皮的文书。而且木制、陶制牛车,马、驴、驼俑等更是屡见的文物。

为保证"丝绸之路"交通所需给养,自汉代以来,一项成功的政策就是实行屯田。唐代屯田同样取得巨大成功,伊州、高昌、安西等处都是当年重要的屯田基地。反映屯田状况的吐鲁番出土文书数量颇多,有关论述不少。很明显,没有屯田作为后盾,要维持"丝绸之路"行政管理机构,沿线驻军、驿馆开支、使节商旅沿途供应等等,都是很困难的。

应该说,正是得力于唐代这一系列行之有效的政策,才保证了唐代"丝绸之路"交通的顺畅及"丝绸之路"贸易的繁荣。

论及陆上"丝绸之路"交通,一般均止于唐代。实际唐代以后的陆上交通线,虽然因海上交通的发展而相对降低了它在沟通亚、欧交通方面的地位,实际上它在唐代以后仍然是继续存在并发挥着作用的。即使如五代时的分裂割据,宋王朝也不能号令西北,使得"丝绸之路"交通不能如唐朝一样畅达。但宋王朝与于阗回鹘政权关系就相当密切,高昌回鹘与辽也有相当频繁的往来。元朝,通过陆路与欧洲的交通,又形成过一次高潮。明代,中国的大黄、茶叶,在欧洲、西亚仍具有十分重要的地位。而运输大黄、茶叶的路线,就是传统的陆上"丝绸之路"。这些例子,说明唐代以后陆上"丝绸之路",并没有完全退出亚欧交通联系的舞台。只是它们随着整个社会政治、经济形势的发展,具有了新的时代特征。

2.3 南、中、北道史迹扫描

2.3.1 南道

这是西汉以前即存在,宋、元时期仍可通行的一条古道。

关于这一路线,《汉书》说是"从鄯善旁南山北,波河西行至莎车,为南道"。《魏略·西戎传》记录是"从玉门关西出,经若羌,转西越葱岭,经悬度,入大月氏,为南道"。至于鄯善(今若羌县境)以东怎么走,到鄯善后如何"波河"西行到莎车,则史无明文。

"丝绸之路"南道,据上引文献,汉、魏时期最东段的具体路线,是由玉门关(或阳关)西行并进入鄯善。至于出敦煌至古鄯善之间的路段究竟如何走,学术界实际是相当模糊的。近年新疆沙漠地理学者曾在罗布泊地区进行了比较全面的综合考察。根据实际地理形势、参证以沿线文化遗物,判断其主要路线是:自敦煌沿疏勒河谷西进,经过羊塔克库都克、库木库都克、土牙、阿其布拉克、敦力克进入米兰(见图2.1)。[1] 理由是,出疏勒河谷向西,南为库姆塔格沙山、北为坚硬似铁、锐利若刀的龟裂盐漠,人、畜都难以行走。它们之间,是一条狭长的山麓沟谷地带,而且一些地段有泉水溢出。虽然经历了漫长的历史时期,但其环境变化不大。因此,自敦煌入米兰,这是唯一最为近便可以通行的径道;其次,沿途也见到不少历史文物,如在库木库都克东部沙西井,曾采集到古代饰珠,唐代、清代钱币、马掌,附近山梁上见长期使用、踩踏平实的驼道,路畔有标示行进方向的人工堆石。沿线有泉水出

〔1〕黄文房《罗布泊地区古代丝绸之路的研究》,《罗布泊科学考察与研究》,中国科学出版社,1987年,第306~315页。

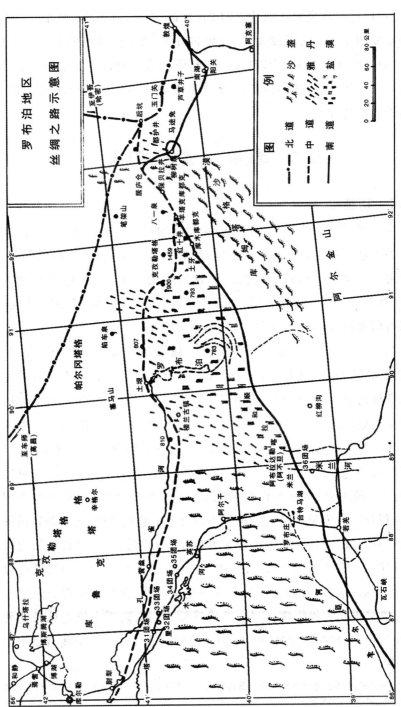

图2.1 丝绸之路南道东段路线图

露,可作补给,旅人便利。在库木库都克,采集到铁马掌、小件铜器,其中尤其值得注意的是一件已残的动物透雕铜饰牌,明显具有鄂尔多斯青铜器风格。[1] 晚到匈奴文化中也不乏这样的饰件。在土牙,见到古墓遗迹。敦力克有古烽一区,方形,残高5米,夯土构筑。夯土层中夹含芦苇,与汉代长城、烽燧建筑方法相同。烽台下,残存半地穴式房舍四间。在敦力克古烽南约两公里,可以清楚见到一条古道。这里,距伊循故地——米兰绿洲仅35公里,由伊循抵鄯善扜泥城,已属坦途。

虽然在汉王朝控制楼兰古城后,经过楼兰古城也可以通达米兰绿洲。公元前77年,楼兰王国迁都至扜泥,自楼兰故城至伊循、扜泥之间自然会有路可通。但在此之前,自敦煌至鄯善、扜泥之间,前述径道当是主要交通路线,与《汉书·西域传》的记录是彼此切合的。

米兰是鄯善王国境内最肥沃的绿洲,处于鄯善王国东境,最近敦煌。这片绿洲,凭借源自阿尔金山的独立水系——米兰河灌溉。米兰遗址所在地区,黄土层厚达5~15米。土壤以轻壤、沙壤为主,含盐少,是罗布淖尔和塔里木河流域少见的优质土壤。而且地下水埋藏深,矿化度弱。加上冬日少风,气候较温和,是一处十分理想的、可资农垦的地带,确实可算是《汉书·西域传》所称古鄯善国中最"肥美"、近敦煌的土地。

中国水利史、考古学者于20世纪后期在米兰地区调查,发现了古代灌溉渠系遗迹,并对之进行了较深入的测量。灌溉区内,大型干渠、支渠、斗、农、毛渠的布局仍依稀可觅。水利工程人员对此进行了相当深入的调查、分析,得到了水头控制良好,干渠线路平直整齐,渠系分布均匀,渠道引水势顺,全灌区均可得水的结论,并推论它是汉—唐时代的一区屯田水利工程。[2] 1989年秋,笔者偕刘文锁、肖小勇到米兰地区,除踏查过上述已见报导的遗迹外,又在傍近灌溉渠系处发现一区

〔1〕中国科学院新疆分院罗布泊综合科学考察队《神秘的罗布泊》图版222,科学出版社,1985年。
〔2〕饶瑞符《汉唐时代米兰屯田水利初探》,《水利史研究会成立大会论文集》,北京出版社、水利电力出版社,1984年。

汉代遗址,采集到一些汉代的文物,可以为米兰遗址曾是汉伊循屯地提供新的证明。

新见遗址位于米兰古戍堡东南约两公里,米兰河西北岸第二台地上,占地约 10 万平方米(200 米 × 500 米)。遗址范围内,陶片遍地,多夹砂灰、褐陶,火候较高,器型多罐、盆。均尖唇、折沿,相当数量灰陶上饰细绳纹。这是中原地区汉代盛行的一种纹饰。新疆地区除奇台县石城子中曾见这类绳纹灰陶外,它处少见。此外还采集到西汉五铢、三棱形铁镞、铁质鱼鳞甲片,大量铁器残片及断残铁刀。多块玉料,大、小不等,以青、白玉居多。西汉五铢、绳纹灰陶、三棱形铁镞,都给人以遗址活动在汉代的有力说明。[1]

遗址区西北,灌区范围内,曾采集到一件镏金铜卧鹿。在内蒙古曾发现过与此可以类比,形式相近的铜鹿,是战国至西汉时期的作品。米兰卧鹿,与其形式相同,但制作更为精致。这透露了汉代匈奴在这片地区也有过活动的信息。[2]

吐蕃戍堡西南一区废弃佛寺的内护壁,发现两躯有翼天使像。这是 A. 斯坦因当年的劫余。斯坦因在掘取米兰壁画时,注意到画作者署名"Tita",这是希腊罗马人常用名("Ti Tus")的佉卢文拼法。透露了画作者可能是中亚移民后裔,[3]与这一犍陀罗式壁画遗存可以呼应。在这区出土了有翼天使的佛寺之东北,还有一区时代晚到南北朝至隋代的大型土建佛寺,存巨型佛像。寺院外墙壁龛内,塑像多已不存,但龛柱明显具有罗马式立柱风格。[4]这些遗存,结合在尼雅遗址所见多件表是明月氏胡来去的过所。[5]斯坦因第四次中亚之行中,在尼雅所

〔1〕中国科学院塔克拉玛干沙漠综合考古队考古组《若羌县古代文化遗存考察》,《新疆文物考古新收获(续)1990—1996》,新疆美术摄影出版社,1997 年,第 549 ~ 552 页。

〔2〕文物图片见王炳华《丝绸之路考古研究》彩图 13,新疆人民出版社,1993 年。

〔3〕林梅村《西域文明》,东方出版社,1995 年,第 52 ~ 54 页。

〔4〕1999 年调查,遗迹仍然明显,近年再看相关遗迹,已被破坏殆尽。相关图片,见向达译《斯坦因西域考古记》第 51 图,中华书局,1943 年。

〔5〕林梅村《楼兰尼雅出土文书》,文物出版社,1985 年。

获精绝王接待"大宛王使"、"大月氏使"安排座次的汉文木简,[1]可以共同揭明一个历史事实:在汉代"丝绸之路""南道"上,贵霜、月氏、大宛等中亚古国居民、使者,是不绝于途的。深受希腊文化浸染的贵霜王朝,与精绝、鄯善王国关系颇密,米兰佛寺建筑细节、壁画遗存,都保留着与此相关的历史消息。

在米兰遗址区内,保存至今最为完好的遗迹,是一区吐蕃人据塔里木盆地时的戍堡。戍堡土墙,植基在早期墙基之上。斯坦因曾在古堡内晚期房址中,掘获大量吐蕃文木简。20世纪70年代,新疆考古工作者在古堡发掘,又获吐蕃木简两百多件,文字记述了吐蕃驻军屯种生产的情形。[2] 汉代居址、灌溉渠系、佛教寺院、吐蕃戍堡,说明自汉迄唐,这里一直是"丝绸之路""南道"上具有重要地位的站点。

自米兰而西约80公里,为若羌绿洲。上引《汉书》、《魏略》中述及的"丝绸之路""南道"首站"鄯善",其王国都城扜泥,故址就在今天的若羌绿洲内。它东向伊循通敦煌,西去且末,南入阿尔金山、进抵羌中,入青海,在"丝绸之路""南道"上,是一处具有重要地位的站点。

古鄯善王国扜泥城所在的若羌绿洲,有源自阿尔金山的若羌河滋养,使阿尔金山北麓若羌河谷成为一片可耕可牧的乐土。扜泥城故址从残迹判断,当在今天若羌县城东南,距离约6~7公里处,名"且尔乞都克"。城周约720米、城墙宽1.5米、残高1米,用卵石垒砌。东距若羌河约300米,古城内建筑多已湮灭无存。仅见的一处遗存,土坯筑,周约220米。西北角有土台,似为佛塔基址。清理中,见过贝叶经及纸质梵文书,泥塑佛像及壁画残片。[3] 在古城遗址之西南,尚存一处佛教寺院遗址,名"孔路克阿旦",遗址周长亦近200多米,存佛殿、佛塔,可见壁画残迹,建筑用土坯,规模同于且尔乞都克,经^{14}C测定遗址年

〔1〕王冀青《斯坦因第四次中亚考察所获汉文文书》,《敦煌吐鲁番研究》第三卷,北京大学出版社,1997年,第264~265页。

〔2〕彭念聪《若羌米兰新发现的文物》,《文物》1960年第8~9期;中科院塔克拉玛干综合考察队《若羌县古代文化遗存考察》,《新疆文物》,1990年第4期。

〔3〕黄文弼《新疆考古发掘报告》,文物出版社,1983年,第48~49页。

代在去今 1915±75 年,约当西汉末至东汉时期。[1] 此外,可以与古代
扞泥联系的遗存,是今天县城西郊的一处大型土墩,直径达 30 米、高度
仍达 10 米,地表见夹砂红陶片。土台四周有较大卵石,以及红烧土、灰
土,比较平坦的地面,高高耸立的土台,或与瞭望戍守的功能相关。[2]
这些零星的遗存,已难能显示当年扞泥城的具体面目,聊可提供历史
的联想而已。[3]

自扞泥故址向南,在若羌河出阿尔金山口一处峭壁断岩上,可见
到一区古代戍堡遗迹。断岩三面环水,一边与台地相连,山势陡峻,相
对高度约 100 米。城堡依断岩顶部形势而铺展,东侧临水之峭壁曾用
块石垒砌取平。部分堡墙仍存,残高 2.5 米上下。堡墙内可见石垒房
址数区,十间左右。观察剖面,文化堆积颇厚,内含大量木炭、炭屑、灰
烬,并见青灰色条砖(40×25×6 立方厘米)、石质甲片、铁炼渣、残铁
器。古堡所在是若羌绿洲进出阿尔金山的重要隘道,而且控制着若羌
绿洲的生命之源——若羌河。[4] 从这些遗迹分析,自古代若羌绿洲进
入阿尔金山,沿河谷曾有军事性质的守御系统。从"丝绸之路"角度
说,揭示了自昆仑山北麓西行的"南道"与交通阿尔金山的"羌中道",
若羌河谷曾是其间联系的重要孔道之一。吐蕃进入塔里木盆地,这里
是一处主要隘口。可透见当年古鄯善在"丝绸之路"南道上连通东西、
交通阿尔金山内外的地位。

自若羌县城西行 90 公里,为瓦石峡绿洲。引瓦石峡河而灌溉。古
代瓦石峡城,已淹没在今瓦石峡绿洲西南 6 公里处的一片红柳丛中。
在约 2 平方公里的范围内,发现 30 多处居址、3 处窑址、1 处冶铁遗址。
发掘中获得土制玻璃器皿,唐、宋钱币,元代文书。说明直至宋、元,瓦

---

〔1〕黄文弼《新疆考古发掘报告》,文物出版社,1983 年,第 49~50 页;测年结论见孟凡人《楼
兰新史》,光明日报出版社,1990 年,第 211 页。

〔2〕中国科学院塔克拉玛干沙漠综考队考古组《若羌县古代文化遗存考察》,《新疆文物考古
新收获(续)1990—1996》,新疆美术摄影出版社,1997 年,第 546 页。

〔3〕据《沙州图经》,"鄯善城周回一千六百四十步,西去石城镇 20 步,汉鄯善城见今摧坏"。
则鄯善王城扞泥,早已毁圮。其规模为 1640 步,换成今天的概念,周围应达 3000 米上下。上列这
些遗址,最多只能是当年扞泥城内的一点建筑遗存而已。

〔4〕张平《若羌县石头城勘查记》,《新疆文物》,1990 年第 1 期。

石峡还在"丝绸之路""南道"上发挥着作用。[1]

《汉书》说,"南道"出鄯善后"波河西行",即应自车尔臣河谷西走。这片地区目前为胡杨、红柳、芦苇丛生的灌木林,沿途水草不断。车尔臣河宽处,可达百米。在畜力为主要交通工具的古代,沿河谷西走是相当理想的交通路线。笔者曾沿车尔臣河谷进行认真调查,确也发现了一些古代废址。如阿孜勒克遗址,它失落在去河道不远处的一片枯死的胡杨林中。胡杨直径粗大,或双人才能合抱。遗址区内,部分建筑废墟仍然暴露于地面,以木为梁,土坯为墙,但不见文化遗物。附近发现墓地,以掏空的胡杨木为葬具,具早期土著文化特征,非伊斯兰文化特点,故可判定遗址废弃时间当在伊斯兰文化进入这片地区以前。在塔地让乡克干墩,尚存两处古烽,烽燧已大多为沙掩覆,但仍可观察其构筑办法是芦苇、红柳夹土坯,层层相叠,如汉代风格。在烽台附近采集到夹砂红陶片,同样具早期特征。这些与河谷平行的古烽,揭示了古代"丝绸之路"沿车尔臣河西行的路线。

且末县城稍偏西南,与车尔臣河故道相去不远,近年发掘过扎洪鲁克墓地。墓地附近,为占地面积相当广大的纳勒克遗址。

扎洪鲁克墓地,是且末王国的墓葬遗存。先后发现的四区墓地中,已发掘墓葬176座。根据墓葬形制、出土文物及^{14}C测年结论,墓葬时代早到公元前8世纪,晚可到公元后3世纪。早期墓葬主要为竖穴棚架,丛葬。一墓多者可达20人,仰身、下肢上曲。尸体保存比较完好。不少死者以彩绘面,手臂刺青。长辫戴帽,毛布包脚,身穿毛布袍、裙或皮裤,束腰,戴项链。随葬木器、陶器,木器器表雕刻动物图像。其中出土的木质筌篌,透显了他们与亚洲西部(如伊朗高原)存在的文化交流。晚期墓葬同样见竖穴棚架。出土文物中除传统陶、木器外,还见到漆器、玻璃器、珊瑚珠饰、丝绢织锦及棉、毛织物,还出土了魏晋时期纸质汉文书及各式点心。作为当年"丝绸之路"上的重要交通站点,东来

---

〔1〕黄小江《若羌县文物调查简况》,《新疆文物》,1985年第1期。

的丝、漆,西来的玻璃,均已成为且末王国居民物质生活中的重要元素。[1]

那勒克遗址,是散布在古且末河谷一区范围相当大的早期遗存,见居住遗迹,并见三棱式铁镞,大量褐陶片、残铁器、几何形花押、玻璃器等。自河谷左右向展开,有相当规整平直的渠道。量度其中一条,宽达6米、深达0.5米、长达50米左右,它与陶器一起都显示着定居农业生产的特点。陶器特征,与前述米兰遗址相近。据此推论,遗址活动应在汉晋时期。当年的"丝绸之路"交通,与此是存在关联的。

玄奘东归,自吐火罗故国东行,提到"析摩塔那故国,即且末地也。城郭巍然,人烟断绝"。对玄奘提到的这区且末废墟,读者往往都与这处规模相当大的遗存相联系。这不无可能,但却难以定论。我们在且末的调查中,曾经明确了解到在县北大沙漠中,还保存着一座形制相当完整的古城,坐落在阿牙克河古道旁。北距县城约80公里,与尼雅、安迪尔正处于纬度相当的地理位置。20世纪50年代,测绘工作者在沙漠中还清楚地看到过城垣遗址。兰州沙漠所的沙漠科学工作者曾在城内采集到佉卢文简牍。近年曾有学者多次深入沙漠中,希望一探其究竟,但均无所获。通过航片分析,古城已经淹没在沙漠之下。

自且末西走,有安迪尔古城,这是又一处已淹没在塔克拉玛干沙漠中的古城废墟。玄奘在《大唐西域记》中提到的"吐火罗故国","国久空旷,城皆荒芜"就是指此。1989年深秋,笔者在这片废墟中踏查。对遗址范围广大、延续时间长久,而且经历过多次居住活动有十分深刻的印象。斯坦因当年发掘过的城堡,今天又大部分掩埋在了沙尘之中,只是建筑木架的顶端及围墙,在沙尘中仍清楚可辨。我们在这里,采集到旋制得十分精美的建筑部件,陶片、钱币、碎铁片,一枚汉佉二体钱,一躯干裂发白的木质菩萨像,具有鲜明的犍陀罗艺术风格。还见到一件完好的手制带流罐,陶质夹砂,直口大流单耳大平底,通高11厘

---

〔1〕王博《扎洪鲁克一号墓地与古且末国文化》(公元前8世纪至3世纪),《吐鲁番学新论》,新疆人民出版社,2006年,第300～313页。

米,器壁见烟炱痕。在楼兰城东一座可能早到西汉的墓葬中,近年曾发掘出土一件与此形制相类似的单耳带流罐。它们表明,这是可能早到西汉时期的陶器。从楼兰到安德悦城中均见此文物,揭示了一条文化交流亦即交通联系的路线。斯坦因在此曾采集得西亚风格的玻璃珠,1—4世纪罗马产的带花玻璃片[1]同时揭示安德悦遗址人类活动的时间,可以早到西汉或西汉以前。而在玄奘东归时,这里却已是一片久已废弃的空城。但是,在20世纪初叶斯坦因发掘中却不但见到了唐开元时的汉文题铭,而且获得不少吐蕃文书。生动说明了在玄奘以后,这一废址又恢复生机,[2]重新成为"丝绸之路""南道"上不可逾越的重要站点。

两汉时期的精绝王国,是"丝绸之路""南道"上的重要站点。故址在民丰县北部沙漠中的尼雅废墟之中。北距民丰县城直线距离约120多公里,遗址南北长约25公里、东西宽约5公里,共见古城、房址、畜厩、佛寺、制陶及冶铸作坊,古桥、果园、行道树、涝坝、灌溉渠、农田等,各类遗存约200处。呈南北方向,散布在尼雅河故道左右的台地上。自20世纪初开始,截至1997年,在大量的考古工作中,获得了大量汉、晋汉文、佉卢文简牍,陶、木制器,大量丝、绢、锦、绣、印花棉布,毛罽、毛毯、五铢钱、汉佉二体钱、铜镞、汉镜、漆器、玻璃、珊瑚、蜻蜓眼料珠等,但不见公元5世纪以后的物品。出土的"汉精绝王承书从……"简,肯定了出土地为精绝王国故址所在。佉卢文函牍上的维纳斯、宙斯图像封泥,棉布上丰收女神图像,玻璃器、蜻蜓眼料珠等,清楚地显示了是来自帕米尔以西的文化印痕;"五星出东方利中国"锦护膊、"王侯合昏千秋万岁宜子孙"锦、龙纹铜镜、漆器、藤奁盒等,则是来自两汉王朝。佉卢文中还有当年以驼、马在沙漠中运输货物,沿途供应苜蓿、草料的记录。清楚地表明在公元5世纪以前,当年"丝绸之路""南道"的具体路线,还深处在塔克拉玛干沙漠之中,距离今天昆仑山下的主要绿洲居

---

〔1〕[英]A.斯坦因《西域》第一卷,第七章,第3节,牛津版,1921年,第382~383页。

〔2〕塔克拉玛干综考队考古组《安迪尔遗址考察》,《新疆文物》,1990年第4期。

民点达100公里以上。[1]

应该强调,在尼雅遗址出土的佉卢文文书,对我们了解"丝绸之路""南道"相关交通细节,具有不可替代的价值。下面稍举数例,以见一斑。文后的简号、页码,均为林梅村《沙海古卷》(文物出版社,1988年)编码。

"南道",由且末至于阗的沙漠交通路线,多件简牍揭明其具体路线是由"且末"至"莎阇",至"尼壤精绝",再由精绝至"扜弥"、"于阗"(简14,40页;简214,70页;简367,103页),这里的"莎阇",从地理位置分析,似与安迪尔遗址相当。交通往来的工具主要是骆驼,也有马。骆驼,有官驼、私驼之分。在沙漠中来去,向导十分重要,但在沙漠中,向导商旅、使者,是一件苦差(简10,37页),不能硬派"骑都"做向导。一人名"布军"上诉家里"世代非向导"却"被派当向导"(简438,115页)。说明在沙漠中引领商旅、使节,难度很大,是世袭性质的职业。遇有重要客使,鄯善国王会直接指定提供"专用骆驼",由有经验的向导亲自带路(简22,44页;简135,65页)。饲料也有特别规定,比较珍贵的牲畜,要供"面粉"、"谷物饲料"、"三叶苜蓿"、"紫苜蓿"(简214,71页)。这些记录,使古道在沙漠中运行的细节比较清楚了。在"南道"上进行丝绸经营,"汉地""商贾"是关系人,在"汉地来的商贾抵达时,务必清查"(简35,50页)。看来,中原汉地商人在售卖丝绸物品时,有赊销、定期再回来收取货款的情况。但在"丝绸之路"沿线,也有汉人常住,相关地点见诸残简的有"乌宾特"、"且末"、"尼壤"等(简686,251页)。这些细节,可深化我们对"丝绸之路""南道"交通运行情况及丝绸贸易形式的认识,远不是一般遗迹、遗物所可代替的。

在全面分析精绝遗址时,可以清楚结论,它的废弃不会晚于公元5世纪,因为在遗址区内,没有发现过较公元5世纪更晚的文物。因此,南北朝以后至唐代,"南道"的路线已不再经过尼雅,具体地点目前还不清楚,但总在今尼雅故址之南,这是不会有什么问题的。

---

〔1〕[日]中日尼雅学术考察队《尼雅遗迹学术报告书》第一、二、三卷,京都:法藏馆。

"丝绸之路""南道"自精绝西行,主要站点是"扜弥"。这同样是南道上不可逾越的一站。近年,新疆考古工作者在克里雅河下流沙漠深处发现的圆沙城,可能是汉代扜弥国的都城。它东距尼雅一百多公里,与于田县城距离达230公里。古城傍克里雅河故道,作不规则四边形,周长近1000米。城内尚存6处建筑遗迹,散见残破陶器、石器、铜、铁器及玻璃珠,多量骆驼、牛、马、羊及猪、禽类骨骼,城郊见灌溉渠,农牧结合的经济生活由此可以触摸。骆驼,是沙漠中进行运输的主要工具。在这一古城址以南约50公里,同处克里雅河畔,为喀拉墩古城,城址为正方形。城郊有佛寺、住宅、灌溉渠等遗存六十多处,出土过汉五铢钱、玻璃串珠等,佛寺内残存壁画。遗址活动在公元3—4世纪。"丝绸之路""南道"进入克里雅河流域后,圆沙古城、喀拉墩古城,在不同时段都曾经作为主要的站点送往迎来,支撑过"丝绸之路""南道"的正常运行。[1]

　　地处克里雅河与和田河之间的丹丹乌列克,是唐代杰谢镇故址,是南北朝至唐代"丝绸之路""南道"上的一处要站,废毁在唐代晚期。目前已经淹没在沙漠中的杰谢镇,面积约4.5平方公里,尚可见出建筑遗存16处。出土的唐代汉文、古和田文文书,表明了当年唐王朝在这里驻军及戍边健儿生活的艰难。有一处佛寺名叫"护国寺",斯坦因在这里发现过一件用草体希伯来文写成的信函,是一位定居在伊朗的犹太商人的商业信函;还有一幅东国公主将蚕种藏在头发里的版画,都在一定程度上揭示着"丝绸之路""南道"的历史细节。[2]

　　近年发掘的洛浦山普拉古墓,对认识"丝绸之路""南道"也是一批重要资料。墓地位于玉龙喀什河东岸,洛浦县西南14公里处。墓葬时代早到西汉,晚至于晋,是汉—晋时期于阗王国的遗存。主要文物为具有特点的双系陶罐、木质用器、弓箭、大量缂毛织物、棉布、蜻蜓眼料珠、各式玻璃珠、丝绸、织锦、汉镜、桃、杏核。丝绸织物及铜镜来自中原,毛

　　〔1〕中法联合克里雅河考古队《新疆克里雅河流域考古考察概述》,《考古》,1999年第7期。
　　〔2〕A. Stien Ancient Khotan,PL LXⅢ,1907,P259～260.

织物大部分是本地所产,但也有一些可能来自西邻。其中毛织人首马身像旗幡,就明显是西来的织品。人首马身图像主题源自希腊神话,其人物挺直的高鼻梁明显具有希腊、罗马风格。十分精美的毛织人物像,被剪裁成两大片,用于制作裤腿。对这类织物的使用显示着一种内在的不协调,也表明织物不是本地的制品。[1]

古代于阗王国的都城,至今未能确认。位于玉龙喀什河东岸的阿克斯比尔古城,城址四周河道纵横,遗迹集中,"宽广几及百里",黄文弼推定它是于阗国都。[2] 20世纪60年代后,又在遗址地区采集到西汉、新莽、唐代钱币,黑汗王朝钱币、契丹文铜币,公元4世纪上下具有犍陀罗风格的陶塑马、象、猴,绿釉莲座陶盖(化生佛像),还有一件陶蚕。陶蚕长5.2厘米,身有轮脊,作平卧状。[3] 可与斯坦因在丹丹乌列克所见公主藏蚕种于发髻的版画相呼应,表现了古代于阗对蚕桑事业十分重视。

今和田市西郊约特干古遗址,位于喀拉喀什河畔,总面积达10平方公里,斯坦因认为这里可能是古于阗国都。[4] 遗址掩覆在厚达3~6米的洪积层下,村民、考古工作者不时可在断岩、泉水溢出处采集到大量各种小型动物的红陶塑,如猴、马、骆驼、伎乐、佛像等等,工艺精细,也曾采获一件小金鸭。鸭,唐代敦煌壁画多见,也见于榆林窟中的弥勒变壁画中,表现了西方净土世界的美好。金鸭,十分可能与古于阗王国崇信佛教存在关联。[5]

自和田西北向莎车,为"南道"之终点。莎车县境,考古调查做得不少,但早期遗存大多厚压于沙积、洪积土中。莎车王国的都城——当年的政治、经济中心,至今仍未得明确认识。

"南道"自和田经莎车入帕米尔,山间有径道可以通行。只是山险

〔1〕新疆博物馆、新疆文物考古所编著《中国新疆山普拉——古代于阗文明的揭示与研究》,新疆人民出版社,2001年,第188~189页。

〔2〕黄文弼《塔里木盆地考古记》第五章,第三节,科学出版社,1958年,第52~53页。

〔3〕史树青《新疆文物调查随笔》,《文物》,1960年第6期。

〔4〕[英]A.斯坦因,向达译《西域考古记》第四章,中华书局,1936年。

〔5〕史树青《新疆文物调查随笔》,《文物》,1960年第6期。

路崎,履步困难。进入帕米尔,重要的中继站是塔什库尔干古城。古城位于今县城的北部,依山势而走,用块石、土坯砌筑补缺。城内道路高低不平,相当地段仍残留房垣残迹。清蒲犁厅城,坐落于古城东部。笔者20世纪70年代在这里工作,曾选叠压于蒲犁城下的早期文化层进行试掘。出土了唐代钱币及文物标本,取其中出土树枝进行 ^{14}C 测年,经树轮校证,结论为距今 1325 ± 75 年,当于唐代。结合有关文献记录可以肯定,这里曾经是渴盘陀王国首都,也是唐代葱岭守捉故址所在,[1]更是塔里木盆地西向阿富汗必经的一处要隘。

出塔什库尔干县城沿塔什库尔干河谷南行,可以直入印度河上游;西南行,可以进入阿富汗瓦罕走廊。由阿富汗进一步西去伊朗、伊拉克、地中海周围地区,则坦然无阻。

2.3.2 中道

这是指出敦煌后沿天山南麓过帕米尔抵大宛、碎叶的交通线,即《汉书·西域传》中的"北道",是"丝绸之路"沙漠道中最主要的交通路线。

这一路线自焉耆傍天山南麓西行,自汉迄唐、以至宋元变化不大。关键在于敦煌至焉耆间的路线变化不小:或经罗布荒漠到楼兰、入焉耆,或经伊吾过高昌,甚至经过库姆塔格沙漠入高昌,而后进入焉耆,颇为复杂。

西出敦煌,沿疏勒河谷入白龙堆,过楼兰,沿孔雀河谷西走,这是西汉时期进入西域的一条主要路线。

从自然地理条件角度分析,这是一条十分艰难的通路。自疏勒河谷进入白龙堆,沿途多为戈壁、风蚀土丘陵、盐渍荒漠,缺水少草,通行十分艰难。所以选择、开拓这条道路,完全是因为存在着匈奴对伊吾、车师的控制。因着这一政治形势,西汉王朝抉择、开拓了这一路线,从而也把楼兰推上了中西交通枢纽的宝座。

---

〔1〕王炳华《丝绸之路南道我国境内帕米尔路段调查》,《西北史地》,1984年第2期;《丝绸之路考古研究》,新疆人民出版社,1993年,第58~81页。

前引《魏略·西戎传》(《三国志·魏志·乌丸传》注引)中,记述了三国时这条路线的具体走向,是"从玉门关西出,发都护井,回三陇沙北头,经居卢仓。从沙西井转西北过龙堆,到楼兰"。从玉门关过三陇沙、沙西井、白龙堆到楼兰的途程中,要经过"居卢仓"。居卢仓故址是在罗布淖尔湖北岸一处三面濒湖,一面接陆的半岛上。黄文弼先生发现它时,据地貌特征称其为"土垠"。[1] 这是一个重要的考古发现。遗址中出土的 72 枚西汉时期的木简,表明这里曾是开拓"丝绸之路"、维护汉代"丝绸之路"交通时十分关键的站点。它不仅是仓储,而且是邮置、驻军屯田之地,涉及面相当广。据简文,来自中原大地的汉族吏民,应征西行,曾经在这片地区屯田。作为"丝绸之路""北道"上的重要站点,它南与伊循,西与西域都护府、龟兹,北与交河等地联系密切。驻守在居卢仓的吏士,送往迎来,生活忙迫而紧张。在汉王朝开拓西域、统治楼兰的事业中,它肩承的重任、发挥的作用都无法轻估。尤其值得强调的是,土垠遗址,不仅通过陆路与西、南、北各处军政中心交通联系,在其西侧濒湖边,还有一区小码头,为南北长近 40 米、东西宽 3 米、高约 40 厘米的土台,傍临湖水,仍清楚可见。可以通过水路与楼兰、LE 古城来往。新疆"丝绸之路"交通上,曾经也存在过水运,这一事实,更大大开阔了我们的视野。[2]

楼兰古城依傍罗布淖尔湖,位于罗布泊西北东经 89°55′22″、北纬 40°29′55″处。古城城墙大都已不存。城垣原为不规则的方形,周长 1316.5 米,总面积十万零八千多平方米。从残存土墙看,城垣系堆土垒筑,显示了早期、比较原始的筑城工艺。一条古河道,自西北斜向东南贯穿全城。城内遗迹尚可见出官署、寺院、居民住宅区的差别。在楼兰城内,曾出土大量汉、晋简、纸文书,佉卢文木简,近年还采集到晋时残木简 60 多支。表明了魏晋时期,这里是西域长史府的驻守地,屯田、戍守,任务繁重。还采集到罗马风格玻璃器、贵霜钱、犍陀罗风格木雕,

〔1〕黄文弼《罗布淖尔考古记》,《中国西北科学考察团丛刊》之一,北京大学出版社,1948年,第 105～112、179～220 页。

〔2〕王炳华《沧桑楼兰》,浙江文艺出版社,2002 年,第 31～36 页。

五铢钱、丝织物。在楼兰城郊发掘的汉代墓葬,出土最多的是汉代锦绢、漆器、铜镜,也有不少精致毛毯、斜纹毛织物、毛布、木器、陶器等。作为"丝绸之路"北道枢纽,东西文化特征的文物聚集于一处,显示了汉、晋时期楼兰古城最本质的风貌。[1] 在汉、晋西域长史府所在"三间房"遗址下,深70厘米以后还可以见到一片早期文化层,可能与西汉时期的楼兰遗存相关联。为这区城址曾为西汉时期的楼兰国都,提供了一处值得关注、展开进一步工作的遗存。

从楼兰古城斜向西南行,经过斯坦因编号的 LK 古城,可以进入米兰,即汉代伊循屯地,是进入"丝绸之路"南道的干线。

从楼兰到天山南麓的路线,则是斜向西北行,过 LE 古城、营盘。走库鲁克山南麓,经孔雀河谷水草丰沛地带进入焉耆。从这一角度讲,楼兰堪谓"丝绸之路"南北道东段的枢纽。

自楼兰古城西北行,可以见十多座烽燧遗迹,耸立在荒漠、雅丹之中。

距楼兰古城约80公里,孔雀河北岸一道低矮的山脊上(俗称老开屏),1979年笔者曾主持发掘过一座孤立的汉代墓葬,出土过汉锦、汉镜及多量木器,[2]约略表现着汉代"丝绸之路"北道的走向。

在库鲁克山南麓营盘古城旁,近年发现一区相当规模的汉、晋墓群,其中见到汉、晋时期织锦、漆器,也有罗马风格图案的毛织物,波斯风格的玻璃器和伊朗产输石。[3]

自楼兰王国更西至轮台、渠犁,汉王朝屯田基地之间,曾因地制宜,设置亭障烽燧。《史记》说,在"敦煌置'酒泉都尉',西至盐水(罗布泊),往往有亭,而仑头(轮台)有田卒数百人,因置使者,护田积粟,以给使外国者"。我们今天在楼兰古城西北、库鲁克塔格山南沿孔雀河谷一线,还可以找到汉代烽燧十多处,较显目的遗址如:孙基、亚克伦、

〔1〕[英]A.斯坦因《西域考古图记》,广西师范大学出版社,1998年;新疆楼兰考古队《楼兰城郊古墓群发掘简报》,《文物》,1988年第7期。

〔2〕新疆文物考古所《罗布淖尔地区东汉墓发掘及其初步研究》,《新疆社会科学》,1983年第1期。

〔3〕新疆文物考古所《新疆尉犁县营盘墓地15号墓发掘简报》,《文物》,1999年第1期。

卡勒泰、西尼尔、脱西克吐尔、脱西克吐尔西、沙鲁瓦克、萨其垓;兴地山南口还见南北方向古烽一列,尚存三座,是与吐鲁番盆地交通有关的遗存。更西进入轮台县境,有喀拉亚、拉依苏等古烽彼此相连相续。这些烽燧均坐落在地势高敞之处,残高十数米上下,建筑工艺为沙土夹芦苇、红柳枝,或土坯夹红柳枝。据地理形势差异,彼此间距稍远者距10公里左右。虽经历了近两千年的风雨,它们多已颓败,四周荒烟白草,满目凄凉,但当年"丝绸之路""北道"的具体走向,却可以由此而得出清楚的结论。[1]

至轮台,即可抵达汉王朝在西域的政治中心,西域都护府所在地乌垒城。乌垒故址,历史地理学界均同意当在今轮台县境,考古工作者近数十年曾努力调查,但因盐碱化严重,未获确切结论。

与通过楼兰的路线并存,由敦煌入伊吾,自伊吾西向入吐鲁番盆地,进入天山南麓,是一条更重要、自然地理条件也稍好的路线。

汉代伊吾城址,至今未得确定,故址当在今哈密市附近。这里泉水丰沛,地理条件优良。在哈密市内,近年发现不少古代遗址。如哈密火车站附近就是一片相当密集的公元前6世纪前后的古代墓地,墓中出土了相当丰富的彩陶,图案风格颇受甘肃四坝文化的影响。

东汉以后,自敦煌经莫贺延碛至伊州(哈密),复自伊州西行,逐渐成为"丝绸之路""北道"东段重要路线。

自伊州西行至高昌、西州所在的吐鲁番盆地,《新唐书·地理志》中的记录谈到有"伊西路"及又一条经罗护守捉与天山北麓联通的路线,结合地理形势及已获考古资料,大概线路是可以把握的。这就是由伊州西北行约60公里,抵白杨沟畔的拉甫乔克古城。白杨沟,是哈密境内一条比较重要的河道,河谷不宽,但源自天山冰川的河水几乎长年不断,哈密县境几处重要的青铜时代遗存,如五堡、焉不拉克墓地,都在这一河谷左右。拉甫乔克古城的遗迹虽主要属唐代,但其开拓、建设的过程实际是相当长久的。在拉甫乔克古城边,笔者就曾清理过一座

---

〔1〕巴州文物普查队《巴音郭楞蒙古自治州文物普查资料》,《新疆文物》,1993年第1期。

青铜时代墓地,出土过彩陶。[1] 冯承钧先生论定拉甫乔克之名,实际源自公元四五世纪鄯善王国灭亡、人民溃散之际,部分居民进入哈密绿洲,入居白杨沟河谷的结果。[2] 唐代曾在拉甫乔克置纳职县。自伊州西向西州,具体路线,自然会首先抵达白杨沟水系内的拉甫乔克。

在白杨沟畔,地近天山南麓,目前还可见一区大型寺院,遗址地跨河水东西岸。在西岸的主寺,坐西面东,前庭后殿。后殿巨型塑像,肌体残迹仍可捉摸。在这一唐代寺院稍北,在黄土崖下有开凿更早的中心柱式佛窟,千佛壁画,依稀可见,时代早于唐。由古城至这区佛寺,其间还有三区小型寺院。这一系列佛教遗迹,是与唐纳职县存在关联的。寺院遗迹自然也旁证着这一绿洲开发的历史,昭示着交通路线的走向。

过纳职后,具体路线歧分为二:

其一,据《新唐书·地理志》,是由纳职县向西,"自县西经独泉、东华、西华驼泉,渡茨箕水,过神泉,三百九十里有罗护守捉,又西南经达匪、草堆,百九十里至赤亭守捉,与伊西路合。"这是在贞观十六年新开的道路,它充分利用了天山山前明水、潜水溢出地带的泉流,逶迤西行。具体线路约略与1933年始修的哈密汽车运输路线相当。1933年哈密始修的简易公路,多是利用当年民间交通往来的自然土路或戈壁便道,很大程度上表现着没有近代汽车交通时的古道情况。途中经过的鸭子泉、瞭墩、一碗泉、车轱辘泉等一线布列的泉水地点,与《新唐书·地理志》中提到的"独泉"、"东华"、"西华驼泉"、"茨箕水"、"神泉"[3]可以彼此呼应。这条路与唐"伊西路"比较,虽途程稍长,但地理条件稍佳。遗憾的是相关地点考古工作做得太少。虽在"瞭墩"仍可见古代烽燧,傍依泉水;"一碗泉"边也有时代比较晚的军事戍堡,只一眼小泉汩汩流淌。虽然这都与《新唐书》的记录气息相通,但是却不能直接证明它们就是唐代的遗址。只能在逻辑上推定,唐代古道会与这条传

〔1〕王炳华《新疆哈密拉甫乔克发现新石器时代晚期墓葬》,《考古与文物》,1984年第2期。
〔2〕冯承钧《高车之西徙与车师鄯善国人之分散》,《西域南海史地考证论著汇辑》,中华书局,1957年,第45~47页。
〔3〕陈国灿《唐西州蒲昌府防区内的镇戍与馆驿》,《吐鲁番研究》,新疆人民出版社,2006年,第489~509页。

统土路大概一致。作这样的推定还有一条理由,前引《新唐书·地理志》在列述多处泉水后,清楚地说到罗护守捉。这个"罗护守捉"在伊西路上是一处十分重要的站点,经它"西北上乏驴岭","至赤谷"可进入天山北麓;"西南经达匪草堆",可至"赤亭"。"罗护守捉"今址,历史地理学界一般均同意在今七角井附近的西盐池。[1] 笔者1987年曾自西盐池穿七角井至木垒的山道进行过踏查。由天山南麓七角井斜向西北,可进入天山中一条峡谷,七弯八拐,谷内岩壁峭立,道路崎岖,当地俗称"羊肠子沟"。谷中相当路段,山石赭红。据这一地势、景色,《新唐书·地理志》称此为"乏驴岭"、"赤谷",可以说是相当贴切。出峡谷后,可以抵天山北麓木垒县境的独山守捉城,"经蒲类县"(今奇台县)抵北庭都护府,形势完全切合着唐书的记录。[2] 而从罗护守捉斜向西南,可以抵达火焰山东端的七克台,即唐代赤亭守捉所在。

"赤亭守捉"故址,在今天鄯善县七克台镇。绵延吐鲁番盆地北境的火焰山,东端止于七克台。"赤亭镇"故址,就在火焰山丘陵上,遗址尚存。范围约100×50平方米,地势陡险,难以攀援。但站在故址上,东、北面形势却可一览无余。[3] 至此,唐代交通路线就在火焰山南行进。鄯善县新近出土的唐代文书,表明交通路线自蒲昌府(鄯善县)、柳中县(鲁克沁)、临川城(连木沁)、酒泉城(今吐峪沟乡洋海下村)、高宁城(吐峪沟西南)一线铺展,[4]可以十分方便地进入高昌城中。

其二,是自纳职县沿白杨沟水向南折西行,经老暸墩、三间房、十三间房,进入吐鲁番盆地七克台镇,与前路合。这条路线因路程稍短,清代仍为驿道。陶葆廉旅新,曾走过这条路。他在《辛卯侍行记》中记述过这一路线,文中称此为"旧驿路"。途经多为严重剥蚀的丘陵,少水草、途程短,且风季多狂风,交通不便。这类道路,在没有现代工具前改

---

〔1〕陈国灿《唐西州蒲昌府防区内的镇戍与馆驿》,《吐鲁番研究》,新疆人民出版社,2006年,第495页。

〔2〕王炳华《天山东段考察记》,《新疆文物》,1988年第1期。

〔3〕新疆文物普查办公室等《吐鲁番地区文物普查资料汇编》,《新疆文物》,1983年第3期。

〔4〕陈国灿《鄯善县新发现的一批文书》,《吐鲁番学研究》,新疆人民出版社,2006年,第36~52页。

变不多,清代称为"旧驿路",大概表明了隋唐时期"伊西路"古道交通路线。[1]

高昌、交河古城,是这一线路中大家都比较注意的两座古城,是"丝绸之路"中道的枢纽性中心城镇。

高昌古城城垣保存基本完好,现存遗迹可见出外、内、宫城三重。这是长时期发展的结果,并不是一次规划完成的城市布局。

外城略呈方形,周长 5000 多米,城垣基址厚达 12 米,城墙残高至今仍有 11.5 米,夯土版筑,部分地段用土坯修补,城墙外有马面。它是唐西州到回鹘高昌历史时期的遗迹。

内城居外城正中。西、南两面城墙大部完好,北面部分残存,东墙全毁。复原周长约 3000 多米,《隋书》记高昌王国"都城周一千八百四十步",隋唐时期,每步 6 尺 4 寸,据吐鲁番出土唐尺,实际长度 1 尺为29 厘米,换算结果,1840 步当为 3415 米,与高昌中城周长约略相当,故可肯定它是高昌王国都城所在。

高昌王国的宫城,位于内城北部,俗称"可汗堡"。堡内塔柱至今仍高 10 多米。其旁,是一组包含面积达 100 多平方米的地下庭院、暗燧的大型建筑,暗燧道宽 3 米多。宫城墙还基本完好,高达 6 米,南向开门。门阙地基清晰,其间有宽达 3 米的门道。宫墙东侧,曾出土"沮渠安周造寺功德碑",表明了高昌王室寺院的所在。[2]

至于公元 9 世纪以后高昌回鹘王国的宫城,从现存遗迹看范围已不很明确。南北朝时期高昌王国宫城在高昌回鹘王国时期是否被继续使用,目前还无充分资料可供做出明确结论。有的学者提出高昌回鹘王国的宫城,是在现存外城的北部,处内、外城北墙之间,外城北墙即宫城之北墙,而内城北墙即宫城南墙。[3] 主要根据是这一范围内目前保留着不少高出地面三四米的高土台,建筑规模宏伟,推测可能是回鹘王族的宫廷遗址。

〔1〕(清)陶葆廉《辛卯侍行记》。
〔2〕黄文弼《吐鲁番考古记》,科学出版社,1958 年,第 4 页。
〔3〕阎文儒《吐鲁番的高昌故城》,《文物》,1962 年第 7~8 期。

高昌城外北、西北郊是晋、唐时期的墓葬区。20世纪60年代以后,在这里发掘古墓葬400多座,出土物既有大量汉民族志石、汉文书资料,也有许多粟特胡姓如康、安、史、曹姓墓葬,多量深目、高鼻、多髭的胡人俑,甚至有唐王朝护送波斯王子泥涅师返国途中傔人姓名的文书;有许多来自中原的汉式丝锦,其中不少适应中亚地区喜好、装饰并带有波斯风格的图案,也见到波斯银币、仿制拜占庭金币,与佛寺并存的摩尼寺等,生动而具体地表现了唐代前后"丝绸之路"上东来西往的人流,繁荣的贸易,多种不同的宗教信仰,显示的是一个多彩的、丰富的、适应多种社会需求的现实世界。[1]

高昌城西北,距约50公里是交河古城。自高昌北向吉木萨尔、乌鲁木齐或西向焉耆,交河均是交通要隘,历史上一直也是吐鲁番地区的重要军事中心。

古城所在土岛南北长1650米,最宽处约300米,建筑遗迹多位于土岛南半部,长达1000米,宽与岛同。

城内建筑遗址总面积初步测量约22万平方米,可以看出寺院、民居、衙署和水井、窖藏、窑址、地下寺院等性质不同的遗存。

纵贯全城南北方向有一条长约350米、宽约10米的大道。大道直通城北一区大型寺院,寺院建筑面积达5100平方米。

自这一主干道中部向东为另一干道,通向东门。主干道以东,东西干道以南,为全城内最大一区建筑遗址,系衙署所在。东西干道以北,建筑相当密集,门庭较小,为一般居民住宅。

交河古城是新疆保存最好的古城遗址,建筑富有特色。其一,街道两旁是高厚土墙,临街不见门窗,纵横交错的巷道通过土墙将庭院分隔为坊区,穿过街巷,进入坊墙,才能到达民户大门。其二,土崖土质致密,所有建筑均挖地为院,隔梁为墙,掏洞成室。街巷也是挖地而成的路沟。居室高度不足,则以挖地掏出的土夹板夯筑,屋顶主要由土墙承

---

〔1〕新疆社会科学院考古研究所《新疆考古三十年》,新疆人民出版社,1983年,第70~123页。

重,所用木料不多。这是适应新疆地区干燥少雨的特点而形成的生土建筑风格,极大地节省了木材及能源的消耗,富有特色。[1]

近年在交河沟西、沟北发掘的车师王陵、竖穴土坑墓中,游牧民族的野兽纹金器、骨雕,与汉式铜镜、五铢钱、丝织物、土著文化风格的陶器共存一室。生动而形象地显示了:汉代交河大地,可以见到各方面物资与文化艺术的交流,生动展现着"丝绸之路"的精神。[2]

不仅可说明"丝绸之路"走向、更足以展示"丝绸之路"文化特色的佛教遗迹,除交河城外石窟外,还有桃儿沟、吐峪沟、胜金口、伯孜克里克等多处。

"丝绸之路"自吐鲁番西去,下一站为焉耆。自吐鲁番盆地进入焉耆盆地,其间为天山支脉喀拉克孜尔山、喀拉塔格山、克孜尔塔格山隔阻。《新唐书·地理志》记录其间的交通路线是"至天山(唐西州天山县——引者注)西南入谷,经礌石碛,二百二十里银山碛,又四十里至焉耆界吕光馆"。敦煌所出唐《西州图经》残卷,记其路线为"银山道,西出天山县,西南向焉耆国七百里"。唐西州天山县,地在今托克逊境内,由此向"西南",山谷有多条,如阿拉沟、乌斯套沟、干沟、苏巴什沟等,究竟哪条沟谷为银山道所经,是一个需要辨明的问题。玄奘西行记录,为我们提供了比较清晰的线索。惠立、彦悰的《大慈恩寺三藏法师传》记述,从"笃进城西行至阿耆尼国阿父师泉。泉在道南沙崖,岩高数丈,水自半而出……法师与众宿于泉侧,明发,又经银山",则进入唐之"银山"前,必先经"阿父师泉"。1991 年,为改善乌鲁木齐至库尔勒间交通路况,新修 314 国道,路线变穿干沟为经苏巴什沟。配合修路进行考古调查,笔者曾数入苏巴什沟中,多处遗存标示唐代银山道路线,走的就是苏巴什沟。[3] 此沟为山水长期冲刷而成的天然沟谷,宽 10 米至百米不等,"苏巴什"突厥语意为"水之源头"。沟内泉水丰沛,在

〔1〕李肖《交河故城的形制布局》,文物出版社,2003 年。

〔2〕新疆考古所《交河沟西》(1994—1996 年度考古发掘报告),新疆人民出版社,2001 年,第 4 ~ 41 页;新疆文物局等《交河故城》,东方出版社,1998 年,第 15 ~ 72 页。

〔3〕王炳华《近年新疆考古中所见唐代重要史迹》,《唐研究》第一卷,北京大学出版社,1995 年,第 431 ~ 447 页。

阿哈布拉克附近道南岩壁上、距地面 3 米左右,有泉水穿透岩壁汩汩流涌,与《三藏法师传》中所记"阿父师泉"特征一致,而自此前行 40 里,即"库米什山",汉语意为"银山"(山有银矿)。在考古调查中,发现沟谷内确有唐代遗存。因交通条件较好,清代驿道也选此途。[1]

进入焉耆盆地,与"丝绸之路"交通关系最为密切的站点,当首推汉、晋时期的焉耆王国都城。现有考古资料表明,目前坐落在焉耆县城西南的博格达沁古城,当为汉、唐时期焉耆王国都城故址。它在焉耆盆地内,规模最大(周长 3000 多米),且四面环水、地势险要。古城四周,有多处防卫设施。在城内,曾采集到自汉迄唐的各式文物。傍近墓地中有汉镜、五铢钱、包金铁剑及金带扣等物。城郊墓葬出土的金质龙纹带钩,是典型的汉代风格文物,为汉王朝赐赏羁属小国统治者的珍品,一定程度上透示着城址确为王城的消息。唐焉耆都督府和焉耆镇城,根据地势、规模,应该也在这片地区。[2]

与博格达沁古城相去不远的锡克沁佛寺遗址,曾经出土过多量佛像,具犍陀罗艺术风格。古焉耆文《弥勒会见记》,也出土在明屋佛寺之中。具有波斯风格的银盘、粟特风格的银盘均见于此。[3] 当年"丝绸之路"上曾经展开过的文化艺术交流,在这里留下了斑斓遗珍。

焉耆西去,最重要的城镇是轮台。这里是汉轮台国所在,也是汉王朝政府为支持、开拓"丝绸之路"进行屯田的主要基地。

屯田遗迹主要散布在克孜尔河畔,距现代居民点多已在 30 公里以外,目前均已沦为盐渍荒漠。梯木沁、柯尤克沁、着果特沁、黑太沁等古代遗址,周围渠道、田埂遗迹仍清楚可辨。粮食、陶器、汉代钱币等物亦屡见。[4]

自轮台西行,越过一片戈壁,即进入库车绿洲。在今天公路的南侧,彼此距离不远,如二八台等处,还可以见到一些唐代烽墩、戍堡,显

---

〔1〕(清)《新疆图志》卷 7、80,道路二。

〔2〕新疆博物馆《博格达沁古城调查》,《文物》,1982 年第 4 期。

〔3〕新疆文物局等《新疆文物大观》,新疆美术摄影出版社,1999 年,第 180~187 页。

〔4〕黄文弼《塔里木盆地考古记》,科学出版社,1958 年,第 10~12 页。

示了"丝绸之路""中道"的走向。

库车绿洲居新疆之中,古称龟兹。古代龟兹王国,统治地域主要在库车、新和、沙雅绿洲及拜城盆地,地理位置冲要,自然条件优越,在很长时期内一直是西域大地最重要的政治、军事、经济交通中心。东汉西域都护府、唐安西都护府均曾置于此。

汉、唐龟兹国都称"延城"(唐代又名伊罗卢城),其遗址即今库车县城郊之皮朗古城。古城西傍库车河,从残迹追寻,周长约 7 公里。考古工作者曾在城内喀拉墩进行发掘,文化遗物可分早晚两期。早期自青铜时代至汉,出土石器、骨器、彩陶片、部分铜器及一枚汉代五铢钱;其上叠压成组大陶瓮,以及莲纹铺地砖、蓝纹砖、筒瓦等。砖的纹饰、形制与唐长安大明宫麟德殿出土的铺地砖近同。共出唐代钱币如建中钱、中字钱、大历元宝、开元通宝等,明显为唐王朝时期遗存[1]。

龟兹王国自汉迄唐向为"丝绸之路"中道上最大的绿洲,是十分重要的交通枢纽。皮朗城东郊的苏巴什,是唐安西都护下属雀离关所在,雄踞铜厂河口,控制了自库车绿洲进入天山玉尔都斯草原的径道。而玉尔都斯草原曾是汉代匈奴、乌孙和隋唐突厥的主要牧业基地;自都城西北向,过盐水沟,这是龟兹王国的盐水关所在,关址遗存至今仍耸立于盐水沟西岸峭岩之上。法国人伯希和曾在此掘获用龟兹文书写的龟兹王苏伐叠签发的过所文书[2]。过盐水关进入拜城后,在天山博者克拉格沟口,有东汉时期的刘平国治乌垒关摩崖刻石[3]。它是两汉王朝时期经"丝绸之路""中道"由龟兹进入伊犁河流域乌孙王廷的径道,细君、解忧公主嫁乌孙,往来都曾由此隘口通过。在龟兹都城西约24公里的渭干河口,河东岸目前仍有古城堡屹立,河西岸遗址大都已遭破坏。伯希和曾在这片地区发掘,称其为"都勒杜尔·阿胡尔",发现过佛寺、佛像壁画及两百多件汉文文书等珍贵资料。笔者于1985年在巴黎图书馆检视这批汉文文书时,虽粗粗浏览,还是发现文书涉及"河

〔1〕黄文弼《新疆考古的发现》,《考古》,1959 年第 2 期。
〔2〕[法]M. P. 伯希和《吐火罗语考》,中华书局,1957 年,第 64~136 页。
〔3〕黄文弼《塔里木盆地考古记》,科学出版社,1958 年,第 33~35 页。

西寺"、"行客营"、坊、里组织及屯田事务等多方面内容。在其中编号为 D.A27 的残纸上,可见"……大至柘橛关……"文字,表明文书与柘橛关存在关联,遗址似为唐安西都护府下属的柘橛关。联系《唐书·地理志》,[1]可以推论,这里是唐柘橛关故址之所在。[2]

作为汉唐西域的政治中心,龟兹境内不仅古代城镇遗址众多,作为佛教文化的主要中心,也留下了十分丰富的佛教寺院遗存。举其大者,如拜城县境克孜尔、台台尔、温巴什,库车县库木吐拉、克孜尔尕哈、玛扎巴赫、森木塞姆及苏巴什佛寺,新和县境内的托克拉克埃肯等。粗略统计,全部石窟可有 500 多孔,尚存壁画可达 2 万平方米以上。不仅是研究古代西域佛教思想史、佛教艺术史的瑰宝,从中也可透见佛教自印度、阿富汗进入西域的过程,以及其在文化艺术各方面产生的影响。

自库车而西,进入中亚的"丝绸之路"的干线主要有两条。自库车西偏南行,过柘橛关,沿塔里木河、克孜尔河方向过巴楚,入喀什,翻天山谷道进入苏联费尔干纳盆地,这是《汉书》强调指出的"北道";而从库车过温宿,沿托什干河谷到乌什县,斜向西北,翻天山险隘别迭里山口,是汉唐时期由新疆进入伊塞克湖、碎叶、怛罗斯的一条重要路线。具体线路是,沿托什干河西走,在柯坪县见托木里克古城、沙牙提古城,县城西北苏巴什河口有克斯勒塔格佛寺。乌什县旁托什干河谷有古力瓦克古城、沙依拉石窟。进入别迭里山口,沿途还保存着古代烽燧。这些遗迹,可以说都显示着"丝绸之路"中道通过别迭里山口以出中亚的具体路线,[3]有学者称此为"热海道"。[4]

自库车西偏南行至巴楚,沿途见到不少唐代烽燧、驿馆遗址。如柯坪亚依德梯木、阿克沁、都埃梯木、巴楚县的穷梯木、玉木拉克梯木、柯西梯木、泽梯木等,绵延连续至托库孜萨来古城。根据出土之唐代文

〔1〕《新唐书·地理志》卷 43:"安西西出柘橛关、渡白马河,百八十里入俱毗罗碛……"。

〔2〕王炳华《新疆库车玉其土尔遗址与唐安西柘橛关》,《新疆社会科学研究》,1987 年第 2 期。

〔3〕阿克苏地区文管所《阿克苏地区柯枰乌什两县文物调查》,《新疆文物》,1986 年第 1 期。

〔4〕向达《西域见闻琐记》,《文物》,1962 年第 7~8 期。

物,结合《唐书·地理志》判定为唐代"和平铺"(都埃梯木)、"济浊馆"(亚依德梯木)、"译者馆"(穷梯木)等馆驿的故址。[1]

巴楚县托库孜萨来古城,位于巴楚县东北柯坪山派生的一座孤立的石岭上,为唐代据史德城故址。喀什噶尔河流贯其南,喀什噶尔河上游主支称克孜尔河(汉译红河)。这一地理位置与《唐书·地理志》所记"据史德城,龟兹境也,一曰郁头洲,在赤河北岸孤石山"的地理特征可以完全统一。

古城遗存仍可见内外两重,依山势而铺展。伯希和曾经在这里发掘,得到了十分丰富的唐代佛教文物。新疆考古工作者20世纪50年代也曾在这里进行发掘,发现了自南北朝到唐宋时期的多量文物,如佛教塑像,唐代汉文文书,古龟兹文书,丝、毛、棉织物及棉籽,以及南北朝时期五铢钱铸范。关于托库孜萨来古城的上限,最近有学者提出应早到汉,是疏勒王国的盘陀城,一度作为疏勒王国的都城。[2] 但从出土文物分析,相关文物均较汉代为晚。

在古城南郊、东郊2公里左右,发现过大型佛教寺院,俗称"图木休克",寺院内的佛教塑像具有浓烈的犍陀罗艺术风格。

自据史德城向西进入疏勒,"丝绸之路""中道"基本依傍喀什噶尔河西行。与今天的公路线比较,已偏南40公里左右。这段路途中,迄今只进行过十分一般的调查。据已刊资料,在据史德故城以西,乌库麻扎塔格以东一处遗址上,发现过南北朝以后的玻璃器碎片;在伽师县英阿瓦提、喀拉墩,发现过唐代前后的佛像;在谢尔托胡拉遗址,发现过不少玻璃器残件;在喀勒呼其农场,发现过佛塔,傍近数公里,有烽燧遗址。在英吾斯坦,笔者1978年进行调查,见过多处聚落、烽燧。从这些遗存可以大略把握,唐代由据史德城向疏勒行进的路线,主要是在喀什噶尔河左右。[3]

疏勒王国,居帕米尔高原东麓。在"丝绸之路""中道"上地位冲

〔1〕柳晋文《柯枰—巴楚古丝道调查》,《新疆文物》,1985年第1期。

〔2〕林梅村《疏勒考古90年》,《文物天地》,1990年第5~6期。

〔3〕喀什地区文物普查队《喀什地区文物普查资料汇编》,《新疆文物》,1993年第3期。

要。至此,不论西向、南行,均可穿越葱岭而进入中亚西部、南亚大地,迈向广阔的西部世界,只是考古工作较为滞后。已获考古成果,远不足以展示它在"丝绸之路"上曾经具有的重要地位。

汉、唐时期疏勒王国的都城,位置大概就在今天的喀什市。它背依大山,周围环绕着克孜尔河,与唐代史籍记述的地理形势相当切合。

自疏勒北走 12 公里,为卡克玛克河。在卡克玛克河南岸峭壁上,有东西一列佛窟 3 座,俗称"三仙洞"。塑像、壁画的残迹,均显示出其晚于汉代的特征。

自佛窟向南、东,为一大区古代遗址。遗址区内出土过具有早期特征的梵文贝叶经,惜残碎过甚,无法通读。其他如佛像之手、眼、衣纹,表明曾有被毁的佛寺。一件具有贴塑人面像的三耳红陶瓮,显示了公元三四世纪犍陀罗的艺术风格,表明了和贵霜等地曾有的联系。而顺卡克玛克河谷西走,过托云,可以比较方便的到达安集延。自古迄今,这都是疏勒西去中亚西部大地的一条捷径。

自喀什斜向西南,可抵乌帕尔绿洲。这是古代疏勒王国境内一处名胜,水丰林密,位置冲要。在绿洲西缘,乌布拉特村西一处河谷台地上,笔者曾发现过一处掩埋在洪积土下的方形城堡,边长约近 80 米。城毁于火,据出土文物风格及 ^{14}C 测定,古城活动在 3 世纪前后。[1] 自古城西走可抵乌恰,进入安集延。

乌帕尔绿洲,背依艾斯热提毛拉山。笔者在这里调查,发现过多处佛教遗迹,塑像多已毁碎,往往只见衣褶、手指、眼睛等碎残部分。山下为穆合默德·喀什噶里陵墓。陵墓重修时,地下发现过相当多的梵文贝叶经。与山上佛像残件可以互相补充,说明这里也曾存在重要的佛寺遗址。[2]

由乌帕尔斜向西南,可渐入帕米尔山地。

自喀什往西北走,1959 年在今乌恰县西北一处荒山石缝中,发现

---

〔1〕《新疆考古三十年》,新疆人民出版社,1983 年,第 40 页。
〔2〕所见贝叶经,后收存于喀什文物保管所。

了波斯银币 947 枚、金条 13 根,共重 1330 克。[1] 出土地点属天山南支,地接帕米尔,山谷幽深、傍依溪谷。而自此西行,经斯木哈那即可进入吉尔吉斯斯坦共和国,入奥什、安集延。这说明,此处也曾是通向帕米尔以西的一条径道。

在喀什市南郊,有艾斯克沙尔古城,虽大部已遭破坏,但残存土垣仍高及 3 米。学者大多认为这当是汉代疏勒王国之乌即城。[2]

对于喀什东郊,伯什克然木乡东北的罕诺依古城,学界比较一致的结论是其为黑汗王朝的东都。城内曾出土过大量黑汗王朝钱币、波斯银币。公元 10 世纪,黑汗王朝萨图克博格拉汗首先皈依伊斯兰教,对新疆地区伊斯兰化发生过不可估量的影响。[3]

与罕诺依古城邻近,是以摩尔佛塔为标志的一区宏大的佛教寺院,可以在一定程度上表现古代疏勒王国曾经有过的佛教文明。[4]

2.3.3 北道

这里的"北道",系指自敦煌过伊吾、入天山北麓西走,最后进入碎叶的干线。这是一条十分重要的古道。西汉以前,匈奴右部控制新疆地区,主要基地就在水草丰美、宜牧宜农的巴里坤草原。自巴里坤到伊犁河谷、碎叶城,这一交通干线的开辟,不仅与汉、唐王朝的努力密切相关,与匈奴及其他一些古代游牧民族的努力也存在着紧密关联。

为顺利使用这条自然地理条件比较理想的交通线,汉王朝政府曾进行过持续的努力。但其成为沟通黄河流域与中亚广大地区联系的干线,则是在隋唐时期。隋在哈密设伊吾郡,唐在哈密置伊州,并在此驻军屯田,以保证"丝绸之路"交通的安全。

自河西走廊出星星峡,在苦水、烟墩、长流水、大泉湾、黄芦岗、一棵树、墩墩湾等处,仍可见到可能是明清时期的戍堡。这些遗址,时代稍晚,但驼、马交通对自然地理条件的依赖基本一样。由此可以大概看到

〔1〕李遇春《乌恰县发现金条和大批波斯银币》,《考古》,1959 年第 9 期。
〔2〕武伯伦《新疆天山南路的文物调查》,《文物参考资料》,1954 年第 10 期。
〔3〕喀什地区文物普查队《喀什地区文物普查资料汇编》,《新疆文物》,1993 年第 3 期。
〔4〕喀什地区文物普查队《喀什地区文物普查资料汇编》,《新疆文物》,1993 年第 3 期。

古代自河西走廊到哈密驿道的走向。

笔者曾于 1983 年四五月间,自乌鲁木齐出发,沿天山北麓东行,至巴里坤后穿天山松树塘大坂至哈密,复自哈密沿天山南麓西走,探寻古伊州至西州间的历史遗存。至七角井后,西北走入羊肠子沟,入色必口,至木垒。驱车三千多公里,对"丝绸之路"在天山南北存留的史迹进行了比较认真的踏查。[1]

自哈密进入天山北的巴里坤草原,古代主要是翻越天山松树塘大坂,这是纵穿天山的一条山谷通道。自哈密南山口至巴里坤口门子,谷道长达 24 公里。山道曲折回环,泉流奔涌,左右松林密布。进南山口不远,一块巨型漂砾,汉、唐、清三朝刻字集于其上。清刻"焕彩沟"三个大字,远远可见。南壁,认真辨读,可见"唯汉永和五年六月……"等汉刻隶字,在"焕彩沟"三字下,依稀可见有"唐贞观十四年六月……"的唐刻残迹。山北,也出土了不少汉代碑石,目前分别收存在巴里坤文管所、乌鲁木齐新疆博物馆中。十分清楚地提示了汉代以来,入唐及清,这条山谷通道一直是兵家必争之地,在军事上特别具有重要地位。这条穿越天山的山谷通道,是哈密地区交通天山南北的要隘。[2]

巴里坤草原,古属蒲类县。这里水足草茂,夏天不热而冬天不冷,是十分理想的牧业基地,也是县蒙古高原交通西域大地的重要前站。汉与匈奴争西域,巴里坤曾是一个焦点。除上述永和五年的汉碑外,巴里坤发现过汉永和二年(137 年),敦煌太守裴岑大败匈奴呼衍王的记功碑。[3] 近年,又发现过永元五年(94 年)任尚的记功碑,都透露着这段历史的消息。[4] 唐代统一西域,同样把在军事上控制巴里坤草原作为一个重要环节。唐代设伊吾军,其重要任务是防突厥、卫"北道",同

〔1〕王炳华《天山东段考古调查纪行》(一)、(二)、(三),《新疆文物》,1987 年第 3 期、1988年第 1、4 期。《中国考古集成》西北卷,综述二,第 767～791 页。

〔2〕马雍《新疆巴里坤、哈密汉唐石刻丛考》,《西域史地文物丛考》,文物出版社,1990 年,第16～23 页;王炳华《新疆访古散记》,中华书局,2007 年,第 105～109 页。

〔3〕王树楠《新疆访古录》;王炳华主编《新疆历史文物》,新疆美术摄影出版社,1999 年,第46 页。

〔4〕马雍《新疆巴里坤、哈密汉唐石刻丛考》,《西域史地文物丛考》,文物出版社,1990 年,第16～19 页。

时进行屯田生产。吐鲁番出土文书中,有多件涉及伊吾军屯田的资料。屯田的收获除保证自身需要外,还要上交伊州、北庭都护府,以满足军政之需。伊吾军的驻地,就在巴里坤县大河乡的大河古城。[1] 古城周长 1140 米,高 10 米左右,曾出土过多量唐代文物。古城附近地区积温高,地势平,水利好,宜于农业生产。直到今天,这里仍然是哈密地区主要的农业生产基地。

自巴里坤草原,缘天山北麓西行,沿途古烽相望。更西行,过色必口、大石头、沙河子、三十里大墩、三个泉,入木垒河谷,抵木垒城。沿途同样可以见到主要是清代的烽墩、清代以前的戍堡。

木垒县,值得注意的古城遗址有新户、英格堡、木垒古城。新户古城居天山北麓木垒河畔,古城长方形,为 280×200 平方米,出土过不少西辽时代的陶器。英格堡居木垒西去奇台的大道上,古城略近方形(300×280 平方米)。出土文物除辽元时期陶器外,多见察合台汗国银币。地控水草湾子入天山隘道,更前可至吐鲁番盆地。木垒古城傍木垒河谷,城墙依地势变化展开,略近方形,地理位置冲要。从地理形势分析,或与唐独山守捉城有关,但未经考古工作,还不能最后结论。距木垒县城不远的东城乡,曾出土过多量动物饰牌,图像有野猪与马互斗及野猪纹、虎形纹等青铜牌,具有游牧民族文化特色。[2] 这些均表明,自汉迄元,它们均曾是"丝绸之路""北道"上的重要遗存。

奇台县境与"丝绸之路"关系密切的遗迹颇多。傍奇台县城而在的奇台古城,依水磨河,东西长 235 米、南北长 400 米,周长约 1300 米,从出土文物分析,主要是唐代遗存。学者一般均认为它是唐蒲类县故址所在。临准噶尔沙漠边缘,另有古城一座,俗称"北道桥古城"。城垣方形,周长约 600 米,控扼自蒙古高原、北塔山入天山北道的咽喉。自阿勒泰入天山北麓一线,这里也是一处隘道。[3] 结合文献,应是唐

〔1〕王炳华《近年新疆考古所见唐代重要史迹》,《唐研究》第一卷,北京大学出版社,1995年,第 431~434 页。

〔2〕王炳华《天山东段考古调查纪行》(三),《新疆文物》,1988 年第 4 期。

〔3〕王炳华《天山东段考古调查纪行》(二),《新疆文物》,1988 年第 1 期。

代"回鹘路"上的重镇——郝遮镇故址。

奇台县南半截沟乡麻沟梁"石城子"古城,依山傍涧,控扼着进入天山的山中谷道。古城东、南为峭壁深涧,西北面筑土垣。北墙长 280 米、西墙长 155 米。城址范围内出土了大量汉式灰砖、云纹瓦当、绳纹板瓦、筒瓦及汉式盆、罐之类,十分单纯。古城之兴、废,只能在汉代。结合地望及形势,当为汉代疏勒古城故址,是柳中过天山入金满途中的要站。[1]

自奇台缘天山山前地带,过营盘滩、碧流河、吉布库、东湾、中渠,途程 75 公里,抵吉木萨尔县。沿途存在不少时代相当于唐代或更早的石堆墓,[2]标示了古代居民聚落、交通路线的实际情形。

吉木萨尔县,是天山北道一线中文物荟萃之处。北庭大都护府所在的北庭古城,城郊近年发掘出土高昌回鹘佛寺,还有北庭古城周围的戍堡烽驿,在都显示着"丝绸之路"的痕迹。

北庭古城略呈长方形,夯筑,内外两重。外城周长 4596 米,见角楼、马面、护濠,现存遗迹是唐、回鹘高昌至元代的遗存。内城周长 3000 米。城区内陆续出土过多量唐印、钱币、下水管道、铜器、瓷器及多量陶器、砖瓦等。瓦当形制与唐代长安所出文物近似,是唐代遗物。[3]

位于古城西北郊的"西大寺",是高昌回鹘王室寺院,遗址面积约 3000 平方米,北为正殿,南为庭院、配殿。配殿中残存塑像壁画,贴金妆彩,富丽堂皇。其中绘画回鹘王族供养人并见回鹘文题记,生动表明了当年回鹘虔信佛教,也是认识其绘画艺术、世俗生活的珍贵资料。[4]

北庭古城与吐鲁番盆地高昌、交河城隔天山相望,联系密切。汉代车师前、后部,唐代西州、庭州,回鹘高昌王国夏都、冬都,都曾穿越天山峡谷来往,人们称这条"丝绸之路"支线为"他地道"、"金岭道"。自北

---

〔1〕王炳华《天山东段考古调查纪行》(二),《新疆文物》,1988 年第 1 期。
〔2〕王炳华《天山东段考古调查纪行》(二),《新疆文物》,1988 年第 1 期。
〔3〕中国社会科学院考古所新疆队《新疆吉木萨尔北庭古城调查》,《考古》,1982 年第 2 期。
〔4〕中国社会科学院考古研究所新疆队《北庭高昌回鹘佛寺遗址》,辽宁美术出版社,1991 年。

庭故城南行,沿着现代翻越天山的线路踏查(翻越天山大坂,受自然条件局限很大,古今道路往往不变),沿线可见古城遗址 3 处,如"贼疙瘩梁"古城、卡子湾古城、水西沟古城等。进入天山石窑子大坂,还见古代石冢。这些遗迹,显示了北庭、高昌之间交通往来的实际。[1]

自北庭古城西走,距离约 20 公里见双河古城,傍双河水。古城长方形,南北长 125 米,东西宽 85 米,残高约 3 米。夯筑的夯层厚 7 厘米上下,城址内陶片显唐代风格,一件枣形蚀花料器,亦为唐代物。

自双河古城堡更西行,距约 22 公里,为"八家地古城",左右傍河道。城堡长方形,南北长 280 米,东西宽 135 米,墙宽 10 米,残高达 3 米,外附马面。夯筑,夯层厚 10 厘米上下。其南,相去约 2 公里,为又一处 70×80 平方米遗存,遗存中部为一相当高大的圆形建筑遗迹,直径约 15 米,残高达 3 米。遗址内外,随手即采集得唐开元钱 5 枚、玻璃器片、铜带饰及铁炼渣、窑流等,当为与古城相关的一处冶炼遗存。[2]

自"八家地古城"西行,北庄子、阜康县六运、米泉县下沙河,都还可以见到古代城堡、大型遗址,清楚表明了古道行进的方向。《新唐书·地理志》"北庭大都护府"条下,称"自庭州西延城西六十里有沙钵城守捉,又有冯洛守捉,又八十里有耶勒城守捉,又八十里有俱乐城守捉,又百里至轮台县,又百五十里有张堡城守捉……"相关记录与双河、八家地、北庄子、六运、下沙河以至昌吉古城堡联系分析,颇相切合。遗憾的是,相关小型城堡至今未进行考古发掘,无法将它们与文献记录中的古址作进一步的具体联系。

《新唐书·西域传》"焉耆"条称:"……诏焉耆、龟兹、疏勒、于阗征西域贾,各食其征;由北道者轮台征之。"轮台在"丝绸之路""北道"上,居于十分冲要的地位,由唐玄宗在公元 8 世纪初下达的这一诏文,是表现得十分清楚的。目前的关键问题是,唐代轮台与汉、清均异,[3] 它究

<hr>

〔1〕王炳华《天山东段考古调查纪行》(一),《新疆文物》,1987 年第 3 期。

〔2〕王炳华《天山东段考古调查纪行》(一),《新疆文物》,1987 年第 3 期。

〔3〕汉代、清代轮台,可以肯定在今天山南麓轮台县境。唐代轮台与汉代轮台,不居于一处。文史学界过去多有混淆。

竟坐落在什么地方,是一个需要究明的结论。近年,新疆历史地理学界对此曾多次讨论。目前,比较一致的结论是在乌鲁木齐南郊的乌拉泊,依傍乌鲁木齐河谷东岸的乌拉泊古城,当为唐轮台故址所在。[1] 它正当吐鲁番盆地与乌鲁木齐交通联络的隘口,实际就是唐代"丝绸之路""中道"与"北道"交通联络的要隘。通过"中道"运销中亚西部如碎叶等地的商货,过西州后经白水涧道入轮台,去碎叶,路况最好,得交通之利。所以唐代轮台,成为"北道"上的枢纽。古城废址仍存,略近方形,南北约 550 米,东西约 450 米,夯筑,城四角见角楼遗迹,四墙外见马面,城内北部见子城。地理位置、城墙构筑工艺、子城设置等与唐轮台作为军城及在"丝绸之路"交通线上的地位,相当切合。[2] 只是目前城内采集文物多具辽、元特征,或与至今未经科学发掘以及唐代遗迹、遗物埋藏较深密切关联。

自米泉下沙河古城向西,过安宁渠头屯河,可抵昌吉。昌吉市区见古城一座,城内曾出土大量察合台汗国时期的银币。学界一般都认可,这区城址应为唐代张堡城守捉故址。入元,名"昌八剌城"。[3] 在"丝绸之路""北道"上,自然也是一处腰站。

自昌吉西北行,有两条路线可入伊犁地区。其一,自精河斜向东南,入天山,进入巩乃斯河谷。继续西走,入伊犁河谷地,其二,自精河过赛里木湖,入天山果子沟,进入伊犁河谷地。成吉思汗西征时,这是一条主要通道。

"丝绸之路""北道",进入伊犁后,其经济中心是在"弓月"。弓月城,曾是西突厥汗国的一处重要政治中心。唐代统一西域大地后,这里成了"丝绸之路""北道"上一处十分重要的交通、贸易中心。对弓月在"丝绸之路""北道"上这一经济贸易地位,过去并未为人们关注。自吐鲁番阿斯塔那出土了一批有关弓月城胡商曹禄山状告汉商李绍谨的

---

〔1〕徐百成编著《轮台"丝路"今觅处》,新疆大学出版社,1996 年。

〔2〕孟凡人《北庭史地研究》,新疆人民出版社,1985 年,第 96～112 页;陈戈《唐轮台在哪里》,《新疆大学学报》(社会科学版),1981 年第 3 期。

〔3〕新疆社会科学院考古研究所《昌吉古城调查记》,《文物资料丛刊》第四辑。

文书后,对弓月在"丝绸之路"交通、贸易中不一般的地位才引发了人们广泛的关注。相关文书共见八残件,经过整理,可大概把握这一事件的原委:唐乾封二年(667年),粟特商人曹禄山之兄曹炎延与汉商结伴,自长安至安西(今库车地区),穿越天山到了伊犁地区之弓月城,同行者还有胡商曹果毅、曹毕娑。唐总章三年(670年),李绍谨因商业经营,在弓月城向曹延炎借"二百七十五匹绢"。其后李绍谨又与曹延炎结伴"从弓月城向龟兹",途中曾遇安西使者四人。但曹延炎后来未出现在龟兹,而曹果毅及曹毕娑这两个关系人又自弓月"向已西去",这过程中,李绍谨又与曹禄山一道从龟兹到了高昌。曹禄山因一直不见其兄曹延炎下落,内心不安,有十分强烈的疑虑,所以在高昌状告了李绍谨。[1] 从这些保留至今的唐代司法案卷中,可以清楚看到:伊犁地区的弓月城,当年确是"丝绸之路"贸易活动中一处重要中心,汉商李绍谨一次就可以从粟特商人曹延炎处举借绢275匹,在此集中的丝绸商品,看来数量是相当巨大的;从长安经过安西到弓月,汉商、胡商相继于途;粟特胡商在"丝绸之路"贸易中是主要角色,他们的重要中心地之一就在弓月。自此东去长安,南向龟兹,西往中亚两河流域,都相当便利。[2]

关于弓月城之故址,相关论述很多,如阿力麻里、吐鲁番圩子古城、巩乃斯古城等,均在人们的视野之中。[3] 在没有考古资料提供直接证明前,关于弓月城故址的今地,看来一时还难以解决。但它在伊犁地区,当无疑义。通过上引弓月城相关丝绸贸易的唐代文书,唐代伊犁地区,在"丝绸之路""北道"上曾具有十分重要的地位,也是可以充分肯定的。

"北道"到弓月,自弓月抵达碎叶,西去亚洲西部、欧洲是一条

---

〔1〕国家文物局古文献研究室等编《吐鲁番出土文书》第三册,文物出版社,1990年,第242~247页。

〔2〕荣新江《西域粟特移民聚落补考》,《吐鲁番学新论》,新疆人民出版社,2006年,第459~468页。

〔3〕王国维《长春真人西游记注》上卷;岑仲勉《弓月之今地及其语缘》;王明哲《吐鲁番出土有关弓月城文书初析》,《西域史论丛》,第1辑。

坦途。

这几条据历史文献及考古遗迹连缀起来的交通路线,只是几条主干道。在这几条运输动脉之间,诚如《隋书·裴矩传》所述:"亦各自有路,南北交通。"当年的"丝绸之路"交通线可以说是如同纵横交错之网络,大大小小的绿洲聚落基本都可与"丝绸之路"程度不等地联系在一起。这里我们拿唐代设置在吐鲁番绿洲的西州作例。西州,除作为"中道"上的枢纽而交通东西外,以其为中心,还有翻越天山抵达北庭等广大地区的"他地道"、"乌骨道"、"花谷道"、"移摩道"、"萨捍道"、"突波道",有斜向西北,进抵乌鲁木齐地区的"白水涧道",入苏巴什沟进入焉耆盆地的银山道;穿行天山乌拉斯台,进入巩乃斯河谷的山道等,可以说每条能够穿越的山谷均得到开发利用,四通八达。

以吐鲁番盆地为中心,四向辐射的古代交通路线,表现了唐代"丝绸之路"的实际,与之相类似的情况,在其他较大的西域文明中心应当是同样存在的。

2.4　三道之间

既见于历代文献,也可以与相关古代城镇遗址相呼应的"丝绸之路"新疆段,不论是沿昆仑山北麓,还是天山南、北麓西走的南、中、北三道路线,以及它们在历史长河中的变化、沉浮,已略如上述。

认真思考上述三条交通干线,可以清楚结论,在其开拓、发展的过程中不仅深受自然地理因素的制约,更受到不同时段内政治、军事形势的影响。后者在特定的情况下,对路线的变化、发挥着更大的、有时甚至是决定性的作用。

只是这一概括,实际是站在中原王朝的角度,对奠基在黄河流域的政治中心与南亚、西亚古代政治、经济中心间交往路线的总结,而对西域大地三条干线之间(也就是众多经济实体之间)如何交通,却未予关注。这对剖析"丝绸之路"新疆段在历史上的运行实际,不能不说是一大缺憾。

这一遗憾，至(隋)裴矩时受到关注。隋"炀帝时，西域诸蕃，多至张掖与中国交市"。杨广任命了一名不仅知道自己"勤运略"方针，而且善于管理的裴矩(547—627年)至张掖主持其事。裴矩利用这一有利条件，与抵达张掖的"诸商胡"倾心交接、联络，"令言其国俗，山川险易"。最后撰成《西域图记》三卷，详述了"自敦煌至于西海"一带的三条交通干线及其相关"襟带"，得到了"其三道诸国，亦各自有路，南北交通"的结论。[1]

但《西域图记》早已佚失。在近年国际关注的"丝路"研究热潮中，三道之间的交通往来，除殷晴先生有过一次探讨外，[2]确实是学界涉猎不多的一个领域。

梗阻南、北道之间的是东西长约1070公里、南北宽约410公里的塔克拉玛干沙漠，在约33万平方公里的范围内，几乎全为沙丘覆盖，不仅极端干旱，而且风沙活动频繁，要穿越这样的沙海极为不易。但是，源自昆仑山、喀喇昆仑山的和田河、克里雅河，夏日水势盛大时，是可以纵贯沙漠南北与塔里木河连通的，今天流程稍短、水量稍小的策勒河、尼雅河，古代流程也远较今日为长，可以深入塔干沙漠腹地。沿河谷行进，虽不足以直接交通南北，但也可为此提供一点方便。汉、晋时期(公元5世纪以前)，尼雅河水系内的精绝王国，活动中心在距今昆仑山下民丰绿洲以北约120公里的沙漠中，北面是浩瀚无际的沙漠。但精绝居民，在十分迫切的需要面前，还真可以排难涉险，穿过沙漠，走到天山南麓的龟兹。尼雅遗址中出土的佉卢文，曾记录了一件事：叶吠地方的陶工詹左的儿子沙迦牟韦，有妻室儿女，却与黎帕那的妻子相爱，有了婚外恋情。后两人抛弃家庭，从塔克拉玛干南缘的尼雅私奔到了天山脚下的龟兹绿洲。[3] 这自然是冒着生命危险穿越了塔克拉玛干沙漠的史实，表明了沙漠南北实际可以交通往来。与此相呼应的是公元4世纪末、5世纪初，法显去印度，离开天山南麓的焉耆后，也是纵穿

〔1〕《隋书·西域传》、《隋书·裴矩传》。
〔2〕殷晴《古代新疆的南北交通及经济文化交流》，《新疆文物》，1990年第4期。
〔3〕林梅村《沙海古卷》，文物出版社，1988年，第141~143页。

塔克拉玛干沙漠,到了昆仑山北麓之和田的。[1] 从沙迦牟韦到法显,实际都是穿越了塔克拉玛干沙漠,走的是捷径。这两个例子虽属个案,但都清楚地表明了实际生活中南北交通的存在。

纵穿塔克拉玛干沙漠的古道,主要是依凭和田河谷,自和田通达今阿克苏地区。自汉至今,历代均见文献记录。《汉书·西域传》"姑墨国"条,称"姑墨,南至于阗,马行十五日"。[2] 北魏郦道元《水经注·河水篇》中亦有相类文字记录:"姑墨川,东南流经姑墨国西,治南城,南至于阗,马行十五日……"。[3]《新唐书·地理志》称:"自拨换南而东,经昆冈,渡赤河,又西南经神山、睢阳、咸泊;又南经疏树,九百三十里至于阗镇城。"[4]《新唐书》的记录引自贾耽的《使四夷道理记》,是当时的实际调查资料,应表现着唐代自拨换(今阿克苏)沿和田河南行穿越塔克拉玛干沙漠的情况。其间的"神山"故址为今和田河下游玛扎塔格山,古代戍堡仍存。"赤河"、"咸泊"、"疏树"遗址所在目前无法确指,但途中有这么一些具体指称的站点,可以表明当年这条古道线路是大概明确的,也可能存在路政管理的。唐里"九百三十里",约合现在的 450 公里左右,驿程马行 15 天,一天 30 公里左右,是比较正常的速度。

这条道路,宋代仍然通行。北宋乐史编撰的《太平寰宇记》中的相关记录是:"又从拨换正南渡思浑河,又东南经昆冈,三叉等守戍,一十四日程至于阗大城。"

与此同时,保留至今的敦煌写本《西天路竟》,也说"割鹿国(姑墨)又西南行十日,至于阗国"。说明至宋代,还是可以顺利穿越的一条路线。

这条南北向通路,直至近代仍是民间使用的一条路线。1929 年黄文弼由沙雅至和田,走的就是这条路。[5] 在杨增新主政新疆时,还曾

---

〔1〕贺昌群《古代西域交通与法显印度巡礼》,湖北人民出版社,1956 年,第 38～39 页。

〔2〕《汉书·西域传》下。

〔3〕郦道元《水经注·河水》。

〔4〕《新唐书·地理志》。

〔5〕黄文弼《塔里木盆地考古记》,科学出版社,1958 年,第 42～45 页。

派人实际勘察过,并计划沿河设驴站、马站,在塔里木河设渡船,认为开通了这条路线实际就缩短了和田至阿克苏、龟兹间交通路线之半,"于军务商务均有裨益"。[1]

与上引文献可以呼应,是遗迹犹存的和田河下游玛扎塔格山上的一座古代戍堡及相去约 50 米的古烽燧。剖析相关烽、戍,构筑工艺不一,可以肯定不是建筑在同一个时代。其主体用材为土坯,但也见具有早期特征的胶泥土堆砌,这种胶泥土堆砌工艺可以早到汉或较汉代更早,足见汉代在此已筑亭、鄣。遗存最晚可能到伊斯兰教进入西域,与和田李氏王朝展开的宗教战争阶段,绝对年代已至公元 11 世纪前期。[2]

遗址中曾出土过汉文、吐蕃文、古和田文、阿拉伯文书,箭镞、陶、木器、唐代钱币、龟兹小铜钱等。据以分析,唐代及唐中期以后吐蕃占领西域时段,曾是戍堡使用的高峰期,出土之吐蕃文书,有军事活动报告、要求补给武器等内容。作为军事戍堡,在吐蕃占领西域时期,其功能得到了充分的发挥。

这里需要说明两点:一是缘和田河穿行南北的路线,实际在无人沙漠中行进的里程,是没有 400～500 公里的。于阗古国,汉唐时期绿洲,要深入沙漠中至 100～200 公里。塔里木河古道,也较今天的河床偏南。因此,远离人烟的沙漠行程,大概也就 200 公里左右。虽然这也是十分艰难的行程,但较之想象中的四五百公里,终是短得多了。

其次,这里提出真正没有人烟的沙漠行程,可能只在 200 公里左右,也有一个可以参照的事实。与和田河并列、居于和田河之东的克里雅河,同样源自昆仑山冰川,在 7—9 月的丰水期内,河水或可流贯塔克拉玛干沙漠。克里雅河绿洲,汉代是与于阗并列、有力量互争雄长的扜弥国。在古克里雅河下游近年的考古调查、发掘中,发现了不晚于西汉时期的圆沙古城(经纬位置为 E81°34′90.5″×N38°52′23.6″),[3] 城址

〔1〕杨增新《补过斋文牍》甲集下。
〔2〕侯灿《麻扎塔格古戍堡及其在丝绸之路上的重要地位》,《文物》,1987 年第 3 期。
〔3〕中法联合克里雅河考古队《新疆克里雅河流域考古概述》,《新疆文物》,1997 年第 4 期。

以南距今天于田县绿洲近300公里,已越过塔克拉玛干沙漠腹心再一百多公里,就可抵达塔里木河了。较圆沙古城更早,在圆沙古城北约40公里、同处克里雅河尾闾,最近发现了一处青铜时代的墓地,地表特征与罗布淖尔地区小河墓地相同。这处墓地,距塔里木河已经不足100公里了(此据新疆考古所伊第利斯在2008年8月于《新疆通史》史前卷讨论会上刊布的资料)。较圆沙古城稍晚,在公元四五世纪,克里雅河谷中心绿洲在喀拉墩,[1]向南退行达40多公里。在和田河东、克里雅河以西,更南约60公里,目前已沦入沙漠中,有唐代杰谢镇故址丹丹乌列克。[2] 在更东的尼雅河尾闾,较精绝国故址更北约40多公里,还新发现一处青铜时代遗址。[3] 这些今天已经发现的古代聚落——丹丹乌列克、尼雅北青铜时代遗址、喀拉墩、圆沙城,与玛扎塔格戌堡一样,给我们十分强烈的历史信息是:自汉迄唐,在塔克拉玛干沙漠腹地,与和田河、克里雅河、策勒河、尼雅河有关,曾经存在过多处绿洲城镇,有城堡、有佛寺。自然,它们曾经有力地支撑、沟通过交通沙漠南北的路线。人类社会经济生活的需要,是一种不可阻抑的力量。纵穿塔克拉玛干沙漠的古道,很生动地展示了这一真理。

天山南麓的"中道",与天山北麓的"北道",彼此交通往来需要翻越天山大坂,或穿越天山峡谷。

天山,在新疆境内,东西延展达1760多公里,南北宽250~300公里,面积达46.4万平方公里。山地平均海拔达4000米上下,最高峰高达7435米。天山东段,山体逐步降低,至喀尔里克山以东,逐渐隐没于戈壁之中。整个山系,为数列东西向断块山地组成,地理学界分别称之为"北天山"、"中天山"、"南天山"。山区冰川近7000条,总储水量达3600亿立方。因此,虽是峰峦叠嶂的高山,却包容着众多盆地。且水流丰富,草被如茵,自然成了古代游牧民族理想的活动天地,也为交通南北提供了最好的支持。

---

〔1〕中法联合克里雅河考古队《新疆克里雅河流域考古概述》,《新疆文物》,1997年第4期。

〔2〕肖小勇《探索沙漠遗址丹丹乌列克》,《新疆文物》,1997年第4期。

〔3〕张铁男、于志勇《新疆民丰尼雅遗址以北地区考古调查》,《新疆文物》,1996年第1期。

由于天山梗阻在准噶尔盆地与塔里木盆地之间,形成了南北两大盆地不同的气候、不同的地理环境、不同的物产,这又导致了两大盆地间产生和存在着强大的互补要求。因此,穿越峡谷,翻越大坂冰川以沟通南北来往,几乎可以说是与人类生活共始终,出现得是很早的。只是在进入文明社会后,在政治、经济利益驱动下,这些早已自发存在的古代交通隘道得到了更好的开发、建设,交通更为便捷了。

在上文说及北道路线时,曾多少涉及穿越天山的南北交通。如果要进行一个总结性的概括,可以说:在天山南北任何一处稍有实力的政治实体间,无不努力利用天山中的断裂带、河谷自然地理形势进行开拓、建设,逐渐完成了穿过天山、联络"丝绸之路"山南"沙漠道"与山北"草原道"间的交通支线,在历史上发挥过重要的作用。

这里,稍列比较重要、路线比较清晰的几条径道作为实例,予以说明。

自哈密绿洲,翻越天山松树塘大坂,自汉迄唐,晚到清朝直至今天,一直是伊州与巴里坤盆地之间的重要交通路线。伊州,是中原王朝由敦煌入西域后,首先接触的最重要的一处绿洲。巴里坤盆地,东连蒙古草原,北接阿尔泰山地,西为准噶尔草原,是古代游牧民族活动的重要舞台。因此,自哈密至巴里坤的古道,经济、军事价值绝不同于一般。古道路线是从天山南麓"南山"口,到北麓"口门子",循自然山谷而行进。沿途溪谷回环,泉水淙淙,松林、草场绵延不绝。

自伊州西行至西州(今吐鲁番盆地),在伊、西路上,自天山南麓的罗护守捉(今七角井西盐池)西北行,入天山,可至天山北麓木垒县境独山守捉城。这在前面也已有简单说明。

关于"丝绸之路"进入吐鲁番盆地,南北向的交通,据《西州图经》记载,在唐代曾有六条山道,沟通着"西州"、"庭州"间的往来。庭州是"北道"上的中心,北庭大都护府驻地,西州长期是"丝绸之路""中道"上的经济枢纽,它们因其在政治、军事、经济地位上的重要性,始终存在密切联系。这一形势,早到汉代,晚到回鹘高昌时期,实际都是一样的:汉代,山南吐鲁番是车师前部王国,山北吉木萨尔为车师后部王国,原本就是一家,彼此关系甚密。吐鲁番出土唐代文书中,不少是来去庭州、西州间进行市易的过所。北庭地区的面粉也在西州市易。唐代以后,高昌回鹘王国都城在高昌,而山北吉木萨尔地区则为其夏都所在。两地气候迥异,物产不同,因此在经济上的互补性是很强的。

《西州图经》记录在案的六条山道,目前并没有完全考察清楚。只有其中的"他地道",已经过多次踏查,比较清晰了。《西州图经》中记录"他地道"的路线是:"出交河县界,至西北,自柳谷,通庭州。450里,逐水草,唯通人马。"这条路线的北半段,从北庭入山的情况,前面曾略有所及。而自吐鲁番交河古城西北行,入大河沿河谷经红柳河(柳谷)、桃树园子的途中,发现过突厥石人。至石窑子大坂,大坂上岭秃山荒,少见树木,一座石砌古堡,断垣壁立,周围木栅。过大坂后,有一条长约40米、宽1米多的石"巷",左右峭壁直插云天,现在人们称之为"石门",是一处天然关隘。过石门后,有"六道桥"。高出山涧二十多米的木桥,桥下水势湍急。大龙口河谷,有一土城,人称"贼疙瘩梁",更北行,可直下北庭都护府所在的护堡子古城。[1]

宋太平兴国六年(981年),王延德奉使回鹘高昌。到吐鲁番后,国王在山北避暑,王不得不骑马自交河入天山,至金岭口、汉冢寨,过金岭,"度岭一日至北庭"。他留下的《西州使程记》(亦称《王延德使高昌记》),记述了沿途形势,与今日所见地势,基本一致。[2]

除"他地道"外,由高昌城向北,入木头沟,经七泉湖、黑沟,翻萨尔勒克大坂,可入山北奇台;从鲁克沁北行,入二塘沟,经碱泉子,翻沟川大坂,可抵木垒。这些沟谷,当是可以与《西州图经》记录在案的其他通道如"花谷"、"移摩"、"萨捍"、"突波"、"乌骨"等相联系的,但究竟哪一条山道可与唐代何道相契合,还是有待深入研究的问题。

西州,与天山北部除有上述六条山道可以连通外,还有一条"白水涧道",可以抵达北道上的轮台。对于"白水涧道",《西州图经》保留至

〔1〕王炳华《访古吐鲁番》,新疆人民出版社,2001年,第141~143页。

〔2〕王延德《西州使程记》,《古西行记》,宁夏人民出版社,1987年,第160页。

今的文字是"出交河县界,西北出处月以西诸蕃,足水草,通车马"。这条路沿白水涧西走,途中还保留着唐代白水镇城、烽燧,[1]更前可以通达唐轮台县,将"中道"、"北道"紧密的联系在一起。由于沿途所经峡谷比较开阔,海拔低,出白水镇后,沿途草场连片,走马行车,均称便利。在穿过天山的十多条路线中,这条白水涧道,可以说是最近捷、路况最好、最重要的一条路线。

行文至此,有一个问题,这就是在《西州图经》中,只说从西州出发后,可通"处月以西诸蕃",根本没有提到"轮台"。判其原因,很可能是置轮台县,系在《西州图经》完成以后。所以《西州图经》只说出白水涧道后,通"处月以西诸蕃"而未提轮台。而轮台县所以设置在目前这一位置,却确实与白水涧道在沟通中道与"丝绸之路""北道"上有不可替代的重要作用密切关联。因而在平息突厥后,立刻在白水涧道出天山北口,地近"北道"处设置了轮台县,并派驻重兵、征收商税。这一设置,既有军事上的需要,也有沟通"丝绸之路"中、北道联系这一运输需要。也正因为这一点,今天观察"丝绸之路""北道"行进路线,在过阜康后,路线并不直接西向昌吉(昌八剌),而是折向西南,抵达轮台(今乌鲁木齐南),才又转进昌吉,形成了一个并不便捷、令人费解的拐角(见图2.2),[2]留下了一个发人深省的现象。

由吐鲁番盆地西部托克逊(唐西州天山县)西入天山,过阿拉沟,入于尔都斯草原,沿巩乃斯河谷走,可以抵达伊犁谷地。这条山道,唐代文献未见记录,但近年在阿拉沟口发现的唐鸲鹆镇城故址,[3]据城内出土的唐代文书显示,沟谷内有一系列烽台、游弈,警卫安全。"给使首领康□□"的供给文书,说明康国首领入唐就使用着这条径道。它虽是唐代西州通达伊犁河流域的小道,但在军事、交通上却具有重要地位。

---

〔1〕王炳华《唐西州白水镇初考》,《新疆社会科学》,1988年第3期。

〔2〕徐百成、程鸿远《浅论唐代丝绸之路过天山路径》,载《轮台"丝路"今觅处》,新疆大学出版社,1996年,第119~148页。

〔3〕王炳华《阿拉沟古堡及其出土唐文书残纸》,《唐研究》第八卷,北京大学出版社,2002年。

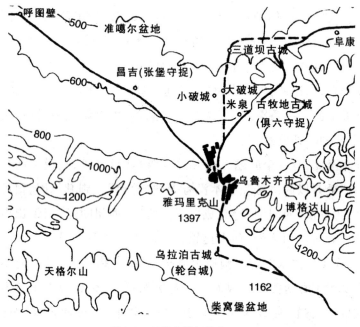

图2.2　丝路北道与轮台

自西州西行为焉耆。古焉耆王国活动的舞台——焉耆绿洲,本来就是南天山与中天山间的一个山间盆地。自焉耆北入于尔都斯草原,至伊犁河谷,可以说没有任何隔阻。清朝文献关于自焉耆盆地西北进入伊犁的路程记录,[1]实际同样表现着汉、唐时期的情况。

龟兹,是天山南麓最大的绿洲。汉、唐时期的龟兹王国,经济、政治实力举足轻重,与天山北部交通联系紧密。西汉王朝和亲乌孙,往来取道龟兹,路线主要是由前述汉刘平国刻石所在的天山博者克拉格沟,北入于尔都斯草原,即可抵达伊犁河流域昭苏、特克斯盆地。与自西突厥重镇弓月城进入龟兹的道路略同。

由龟兹地区北入伊犁,还有一条比较有名的山道:木素尔冰川道。这条古道,南起阿克苏温宿县境克孜布拉克,北入昭苏县的夏台山口。这条山道,南北两端均平坦易行,只是中间有冰川30华里。过冰川时

---

〔1〕《新疆图志·道路三》载:焉耆"城西北十五里太平渠,五里北大渠,七十里喀喇木墩,四十里垓布齐山口,六十里巴仑台,百四十里小裕勒都斯,三百里大裕勒都斯,二百里巩古斯达坂出境接伊犁东南支路"。

由其东侧小路行进,历代文人描写的这条道路的艰险,令人胆战心寒。由于这条路在清王朝统一战争中转饷运粮,关系重大,留下的文字记录比较多。乾隆时期还曾御旨"应多派回人专责修治道涂冰雪"[1]。《新疆图志》对沿途情况也有比较朴素的记述:"温宿至扎木台一百里,均系大路。扎木台至盐山口,八十里,均平路行车。盐山口至可力峡一百里,中隔石山一座,不甚高峻,余均平路通车,中有大河一道。可力峡至图巴拉特六十里,中隔横流水沟三道,半山斜险石路二十里,余均平路。图巴拉特至瑚斯图托海四十里,均乱石险途。瑚斯图托海至塔木塔什八十里,途中乱石大河,石沟甚多,无好路。塔木塔什至黄草湖驿一百八十里。冰路一百里。中有冰梯雪路三十里,上山脊三十里,平路二十里,此站长且险。"[2]过此冰雪山路后,由黄草湖驿至阿仁墩,由阿仁墩至勺梯,勺梯至特克斯河、至和乐火依、至布噶乐、至坎尔、至宁远城,途程中多树林,平路,再无险途。"由温宿起至宁远止,共计一十四站,一千三百二十里"[3]。这虽只是清朝的记录,但由汉至清,在基本运输工具(马、骡、大车)没有变化的情况下,利用天然山峡,穿越溪流,形势不变,路线当大概相同。中间,令人谈虎色变的冰川、凌山,实际就只塔木塔什至黄草湖驿一程,全路约 90 公里,其中真正险恶的"冰梯雪路三十里"。据左宗棠在《勘定新疆记·归地篇》中介绍,实际是由"阿克苏冰岭之东,沿特克斯河"行进的,椿园的《西域闻见录》,对此亦有文学描写,说是:"……在在皆冰……层峦叠嶂,千仞攒空……裂隙处下视,不见其底……陡绝处,凿梯冰蹬,陡峰攀援,滑津万状。跬步不谨,辄落冰涧……"放开想象此情此景,令人不寒而栗。其实,他在这段描写前还有一句话是:"人畜皆于山坡侧岭,羊肠曲径而过",可见,在正常情况下,是并无虑碍的。否则,怎么会成为清代的驿路呢?

沟通天山南北的山路,比较重要的还有一条,这就是翻别迭里大坂抵达伊塞克湖的古道。《新唐书·地理志》叙述,从安西都护府西北

---

[1]《清高宗实录》卷613,第21页。
[2]《新疆图志·道路三》。
[3]《新疆图志·道路三》。

·欧·亚·历·史·文·化·文·库·

行,"……又六十里至大石城,一曰于祝,曰温肃州。又西北三十里至栗楼烽。又四十里渡拔达岭,又五十里至顿多城,乌孙所治赤山城也……"继续前行,至热海、碎叶城,抵达怛罗斯。从《新唐书·地理志》所载可以肯定,这是安西都护府通达中亚名城碎叶、怛罗斯的干线。唐代"温肃州",历史地理学界均认同的结论,就在今天的乌什县。"勃达岭",就是今天习称的"别迭里山口"。历史地理学家李健超教授为一探唐"凌山道"究竟,曾于1980年夏,骑行至别迭里山口,直接观察山口交通形势,认为玄奘经行的"凌山"与木素尔岭冰川形势迥异,而与别迭里山口形势多暗合处,因此,唐代"凌山道"实即拔达岭山道。[1]这是一个学界多所关注的问题,笔者也曾对这一路线进行过踏勘。我们从乌什县城出发,沿托什干河谷西偏南行,至牙满苏,折向西北,进入天山山前冲积带,地势渐高,砾石纵横。30公里后,至别迭里河口,发现一座古烽。沿河谷上行约50公里,为又一古烽(经纬度为E78°44′22.2″×N41°07′4″),残高仍达7米,底周略近方形,为10×13平方米,顶部8×4平方米。保存尚好。从暴露之遗迹可清楚见到:主体为一层夯土(夯层厚12厘米)、一层砾石,其间夹木骨红柳(厚10厘米左右)。后期,在夯土台基四周又砌以卵石,形成石质防护层。烽台顶部尚存木炭、炭灰。

自这一古烽上行,5公里后为又一古烽。烽顶尚存木杆数根。更上行十多公里,可以翻越大坂。这一形势与先至"栗楼烽",又40里后"渡拔达岭"的记录完全切合。

为判定古烽绝对年代,曾取第二座古烽内层之夹木进行^{14}C测年,结论为去今1645±90年。建筑年代大概在公元三四世纪。[2]拔达岭古道,汉代以来一直是塔里木盆地西北向碎叶的隘道,与古道相关的保卫设施会早有建树。古烽建于三四世纪,并不令人费解。通过这条

---

〔1〕李健超《唐代凌山地理位置考》,《西北史地资料》,1982年第1期;《汉唐两京及丝绸之路历史地理论集》,三秦出版社,2007年,第417~425页。

〔2〕王炳华《唐勃达岭—乌什县别迭里大坂》,《唐研究》第一卷,北京大学出版社,1995年,第438~440页。

古道交通来去,虽也有地势高寒之难,但较之木素尔岭冰川,会是便捷很多的。

东西绵延达 1700 公里的东天山,横空出世,将新疆大地分隔成自然地理有别、经济生产不同的两个盆地,山南山北,形势迥异。但是,社会需要的力量,经济生活互补的要求是强大的。人类在这一需要的驱动下,硬是踏破铁鞋觅得各处地势稍低、方便跨越的大坂。而自然断裂的峡谷,将山南、山北,所谓的"丝绸之路""中道"、"北道"紧密地联系在了一起。裴矩深谙这一形势,曾说"三道诸国亦各自有路,南北交通",总结得贴切而准确,使我们可以体会到,"丝绸之路"作为亚欧内陆经济、文化交流的路线,切合时代、沿线国家及人民的要求,凡有居民集群活动处,就会有不同的交通线路将之联系在一起。"丝绸之路"在实实在在的历史生活中绝不只是几条干线,它是一个有主干、有支线的网络,将沿线大大小小不同民族的政治、经济实体,或紧或疏地联系在一起,共同向前迈进。这才是"丝绸之路"交通往来的真实面目。

2.5 "丝绸之路"考古的几点新收获

新疆,作为"丝绸之路"沙漠道上不可逾越的重要路段,地上地下保留了许多足以展现当年"丝绸之路"历史面目的珍贵遗物。在一个世纪以来,尤其是近几十年的新疆考古工作中的不少新收获,可以在一定程度上说明"丝绸之路"在沟通亚欧经济、技术、文化思想交流中,曾经有过的巨大贡献。它为人类文明进步、发展做出的奉献,是怎么估价也不会过分的。虽然,这些有幸出土并已被认可的"丝绸之路"遗珍,与当年实际存在的、十分丰富的社会生活相比,只能算是片鳞只爪,肯定不足以表现全局。但一斑窥豹,总还是可以通过这些细节,使我们的认识得到深化。凝集其上的文化精神,自然应该充分阐发、继承。现择其主要者,略予介绍。

2.5.1 丝绸织物、丝织工艺西传

在出土的各种足以表现"丝绸之路"内容的珍贵文物中,首推丝

绸。其出土数量大、品种多、地域广、时代延续长,十分有力地表明:在"丝绸之路"上,轻薄美观的各种丝绸织物,深受西亚、南亚、欧洲人民的欢迎,是通过"丝绸之路"西去的主要商品。

近40年来,新疆考古工作中见到丝绸织物的遗址点相当丰富。举其大者,包括:(1)"南道":如若羌东部的阿拉尔、民丰县尼雅、策勒县喀拉墩、于田县屋于来客、洛甫县山普拉、阿克斯比尔。(2)"中道":土垠、楼兰城东北郊的孤台、平台墓地,孔雀河谷老开屏墓地、库鲁克山南麓的营盘古墓,吐鲁番盆地中鄯善县鲁克沁、洋海,吐鲁番县阿斯塔那、哈拉和卓、库车苏巴什、巴楚县托库孜萨来古城等。(3)"北道":天山中阿拉沟、鱼儿沟古墓地、乌鲁木齐南郊盐湖、木垒四道沟古墓葬、伊犁昭苏盆地波马古墓等处,均有所见。尤其是吐鲁番高昌古城北郊的阿斯塔那晋、唐墓地,可以说无墓不见丝绸文物,有力地说明了当年丝绸织物在高昌地区相当普及的情况。只是这些地点,大部都在天山以南,天山以北发现较少。所以如此,应与天山以北地区降水较多,湿度较大,织物在地下不易保存有关。

有关织物的时代,早可以到战国,盛于两汉,大盛于隋唐,宋元数量渐少。

织物品种,主要为素绢及染色绢,以及各种花纹图案的织锦、暗花绮、绫、缣、纱、罗、轻容、刺绣及染缬等。这些文物,出土时多零散、破损,绝对数量不算多,但实际却代表着巨大的数字。斯坦因在楼兰古城遗址点发掘到过一枚汉晋简牍,简文称"入三百一十九匹。今为住人买彩四千三百廿六匹"。前文提到的唐代长安汉商在弓月城胡商处,一次就调剂到绢275匹。弓月城是西突厥的政治中心,也是"丝绸之路"的贸易中心。将上列出土文物与这些出土文字资料结合分析,可以说,通过"丝绸之路"进行的丝绸织物贸易,数量曾是相当巨大的。

分析丝绸织物图案,可以得到的强烈印象是汉代或汉代稍前的织锦,花纹布局均成行排列,循环往复。花纹图案是多变幻的云纹中游动着象征吉祥的瑞兽,并穿插种种吉祥用语,如"延年益寿长葆子孙"、"富贵且昌"、"王侯合昏千秋万岁宜子孙"、"五星出东方利中国"、"世无极锦宜二亲传子孙"、"广山"等,形成显目的时代特点。而南北朝以后,尤其隋唐时期的丝织物,则既有传统的中原图案纹饰,也出现了流行于中亚、西亚的狮、象、鹿、野猪、马及佛教艺术的化身、莲花图案。其中一些标本,如联珠对雀"贵"字纹锦、联珠猪头纹锦、鸾鸟衔绶带纹、联珠鹿纹等,更是明显具有波斯风格的纹样。唐代,吐鲁番地区出土的联珠禽兽纹锦,数量巨大。其中一些兽纹锦,且织有"胡王"字样,更具特色。

在丝织物图案上的这种变化、发展,可以说明两方面的问题:

(1)表明通过"丝绸之路"上的文化交流,传统的中国丝织物装饰图案吸收了西亚文化的营养,显得更为丰富和光彩夺目。

(2)可以肯定,丝织物方面的这一发展,与中原王朝推进"丝绸之路"贸易密切相关。适合波斯等西亚地区人们喜好的联珠禽兽、鸾鸟衔绶带纹饰织锦,会更加受到他们的欢迎。在织锦图像中,织上"胡王锦"字样,十分明显的是为外销目的而组织的生产。

值得强调的一点是,在论及"丝绸之路"上的丝绸贸易时,一般的概念都是从丝绸的祖国——中国西去,这当然是正确的结论。但在新疆出土的文书及丝织实物中,可以得到另一历史信息,这就是在隋唐以前,在新疆大地上还有来自波斯的织锦。吐鲁番哈拉和卓第90号墓出土文书中就见到"钵斯锦"〔此墓同出有永康十七年(482年)文书〕,阿斯塔那第170号墓葬中,出土高昌章和十三年(543年)孝姿随葬衣物疏,其中见到"故波斯锦十张"。对这些文字记录,有学者认为,此"'钵斯锦'……颇似当地所产",并不一定就是来自波斯的实物。[1]这自可为一说。只是应该考虑,作为死者衣物疏中出现了"波斯锦",应可以肯定当年的高昌社会中存在波斯锦,且波斯锦相当珍贵。否则,不会在死者随行的"衣物疏"中表现出这一美好的愿望。它存在的数量多少,流入的途径如何,是可以研究的问题。夏鼐先生曾经考证,吐

---

〔1〕武敏《从出土文书看古代高昌地区的蚕丝与纺织》,《新疆社会科学》,1987年5期,第92～100页。

鲁番出土的鸾鸟衔绶带纹锦,织造工艺为纬线显花,图案具有波斯特点,可以作为波斯锦的标本。

通过"丝绸之路",不仅有大量的中国丝绸织物西传,美化了人们的生活。意义更为重大、影响更为深远的是育蚕缫丝及丝绸织造工艺的西传,这在新疆出土文物中也有表现。

"丝绸之路""南道",在育蚕、缫丝、丝织工艺交流中具有重要地位。在民丰尼雅遗址中曾发现过蚕茧,表明至迟在两晋时期,和田已有了养蚕业。[1] 策勒县唐杰谢镇故址丹丹乌列克中曾见过表达蚕种西传的版画。在洛浦县北阿克斯皮尔古城,发现过陶蚕。[2] 这几组极具说服力的文物深刻表现了在育蚕、缫丝、丝织工艺西传的过程中,"南道"具有重要地位,是相关技术、知识西走的主要路线。

"中道",是车师、高昌所在的吐鲁番,也是一个十分重要的丝织物生产、贸易中心。

在吐鲁番出土的高昌文书中,有西凉建初十四年(418 年)的"赁簿蚕桑"文书,表明在 5 世纪初,在吐鲁番地区"蚕桑业已有相当规模","并导致缫丝制锦业的发展"。另几件西凉文书表现了为官茧缫丝,领取官粮以为工价的史实。在麴氏高昌时期的出土文书中,有在茧丝交易中收取"秤钱"的记录。而在高昌地区购买茧丝者又颇多胡人,故可推论"当时销往中、西亚的中国茧丝,其中相当部分产自高昌"。[3]

在育蚕缫丝业发展的基础上,根据麴氏高昌时期征收寺院官绢的文书,初唐时期记录绵练价格的文书,反映官属纺织工匠报告因火灾受损的文书,则可肯定在麴氏高昌吐鲁番地区已有相当规模的丝织业。文书中还留下了它们织造"黄地丘慈锦"的文字记录,而出土的实物中也确实发现了丝、棉混织的几何纹锦。

这里,作为典型,着重说明了吐鲁番地区的情况。而从文书中记录

---

〔1〕李吟屏《和田考古记》,新疆人民出版社,2006 年,第 2 页。

〔2〕新疆文物局《新疆文物古迹大观》图版第 0164,新疆美术摄影出版社,1999 年,第 78 页。

〔3〕武敏《从出土文书看古代高昌地区的蚕丝与纺织》,《新疆社会科学》,1987 年 5 期,第 92 ~100 页。

的"疏勒锦"、"丘慈锦"则可以推论,与吐鲁番绿洲相类,在南北朝晚期,库车、喀什绿洲的丝织业也都达到了相当水平。这类技术,自新疆进一步远及中亚、西亚,实际已不存在困难。

2.5.2 漆器及制漆工艺

漆器,也是古代中国一大发明,曾光耀于世界。色漆,初见于新石器时代晚期遗址,商代安阳发现过红色雕花木器印痕,是漆器之滥觞。周秦两汉漆器兴盛,《史记》称西域"无丝漆",文字背后,透显着的是华夏大地富有丝漆而不同于一般的自豪。也因此,各种漆器作为赐赠的礼品,很早就到了日本、朝鲜、蒙古及南亚、西域各处。2005年夏,笔者得机会参加"美国、蒙古联合考古队"在蒙古塔米尔河流域考古发掘,发现在汉墓中几乎都有漆器出土。一件口缘包金、器底有汉隶"宜子孙"三字的黑地红彩漆盆,出土时仍光鲜耀眼。在新疆,近几十年的考古调查、发掘中,战国以来的遗址、墓地,几乎是在在见漆器。中天山腹地阿拉沟,战国时期竖穴木椁墓中漆器多见,有漆盘、耳杯等物[1] 罗布淖尔湖北岸土垠,是西汉时期的重要遗址,出土过西汉木简,遗址中也有多件漆器[2] 昭苏夏台乌孙墓,湿度大,漆器保存不好,但漆皮仍存[3] 和静县拜勒其尔墓葬,时在汉代前后,见到保存完好且相当精美的夹纻漆盘[4] 楼兰城郊的两座保存较好的汉墓,仅漆器即见7件,当年楼兰王国上层占有漆器之多,可见一斑[5] 在民丰尼雅遗址东汉时期贵族墓葬中,也出土过漆奁,用为贵族夫人的梳妆盒,内置铜镜、粉袋、胭脂袋[6] 汉晋(最晚至南北朝初年)的墨山国墓地,也出土了漆耳杯、漆奁盒等,其中一件圆形带盖的漆粉盒、一件外壁见弦纹的

---

〔1〕王炳华《新疆阿拉沟竖穴墓发掘简报》,《文物》,1981年第1期。

〔2〕黄文弼《罗布淖尔考古记》,北京大学出版部,1948年。

〔3〕新疆考古所《昭苏县古代墓葬试掘简报》,《文物》,1962年第7~8期合刊。简报文字,对漆器未作具体介绍,笔者参与过这一发掘。

〔4〕周金玲《和静县拜勒其尔墓地的发掘研究》,《新疆文物》,2004年第1~2期。

〔5〕新疆考古所楼兰考古队《楼兰城郊古墓群发掘简报》,《文物》,1988年第7期。

〔6〕新疆文物考古所《尼雅95一号墓地3号墓发掘报告》,《新疆文物》,1999年第2期;图版见新疆文物局等《新疆文物古迹大观》图版0113,新疆美术摄影出版社,第60页。

筒形杯,不仅器形别致,制作工艺也别具特色。[1] 后者与昆仑山北麓古且末王国扎洪鲁克墓地(时代最晚到东汉,早可到东周)出土过的一件筒形杯形制相近。这件筒形漆杯,表面髹黑漆,器表雕刻鹿、羊。发掘者根据木桶材质及雕刻纹样判定,毫无疑问是本地制作的一件漆器。[2] 另外还有髹漆食案等物,同样具有地区特点。[3] 其他,如古于阗王国境内汉、晋时期的山普拉墓地出土过单耳漆罐及漆奁。[4] 漆奁纹饰鲜亮如新,黑地红彩(少量黄、绿彩点),正面作云纹,背面以四圆点为一组,密布于几何形方格中,极具特色,有学者认为图案表现了鲜明的楚文化特征。[5] 两晋以后,在吐鲁番阿斯塔那高昌王国时期墓地出土过漆盘等物;天山南麓巴楚县托库孜萨来唐据史德故城遗址,在南北朝阶段文化层内,出土过一件鼓形漆盒,木胎,用红、黑色漆髹出彼此相间的条纹,[6]也很具特色。

这里罗列的漆器资料,肯定是并不完整的。但总体上还是可以表现古代中原漆器西及新疆,及新疆漆器工艺的情况。战国时期,中原漆器已经到了西域;两汉至晋,尤其是两汉时期,是漆器多量进入西域的时期。这与两汉王朝对西域各地王国实施安辑政策,对王国上层集团馈送不绝,存在密切关联。南北朝以后,漆器在日用器皿中的地位似乎要逊于两汉,在新疆发现的漆器标本也相对减少了许多。

还有一个比较重要的问题,就是髹漆技术何时进入西域?只要能获得漆液,获得稀释剂桐油,进行髹漆工艺是并不复杂的(只要注意漆液的密封运输即可)。从扎洪鲁克出土的、工艺比较简单的黑色漆筒观察,可以得到的结论是:最晚到汉,对这种髹漆工艺新疆工匠已经大

---

〔1〕李文瑛《新疆尉犁营盘墓地考古新发现及初步研究》,《吐鲁番学新论》,新疆人民出版社,2006 年,第 393~408 页。

〔2〕《新疆且末扎洪鲁克一号墓地》,《新疆文物》1998 年第 4 期,图版见《新疆文物古迹大观》图 0075,第 46 页。

〔3〕新疆文物局等《新疆文物古迹大观》图版 0084,新疆美术摄影出版社,1999 年,第 49 页。

〔4〕新疆博物馆、新疆考古所《中国新疆山普拉》图版第 190、191,新疆人民出版社,2001 年,第 29 页。

〔5〕《新疆文物古迹大观》,图版 0199,文字说明第 90 页。

〔6〕《新疆文物古迹大观》,图版 0726,第 266 页。

概了解。在尼雅遗址东汉末期的王族墓地,男主人随身的剑鞘,皮套外表也曾经涂过红色漆,[1]而剑鞘图案却具有贵霜风格。这一现象也表明,东汉后期的精绝王国的工匠,大概也已经掌握了髹漆工艺,并在少数贵重物品上进行髹漆了。

更晚,这一工艺传到了波斯、阿拉伯。而欧洲最后掌握这一源自华夏大地的髹漆工艺,并从东方进口桐油,已在 16 世纪前后了。

2.5.3　棉花东传

中国,是棉花种植大国。今日中国棉纺织业居世界前列,全球受其惠泽,只是棉花原产地却并不在中国。棉花植根中国,同样源自"丝绸之路",只是这一过程颇多曲折。贯穿其中的,是"丝绸之路"沟通欧、亚、非文明的精神,是各国人民始终不变的对美好事物的追求。

属于锦葵科植物的棉花,适宜于在亚热带生长。据纤维长度、外观分类,有非洲棉、亚洲棉、陆地棉、海岛棉之别。从已获的考古资料分析,最早进入中国西部地区的是原产非洲、纤维比较短粗的非洲棉,又名草棉,时代约在公元 2 世纪的东汉时期。新疆塔里木盆地南缘,和田地区多处绿洲王国遗址,罗布淖尔地区楼兰、鄯善王国境内多处遗址,曾多批、多量的发现过棉布、棉织衣物。1959 年,新疆博物馆考古队在和田民丰县北沙漠中尼雅遗址区发掘的一座东汉时期精绝贵族墓中,出土了多件保存完好的棉织物:男主人穿着在身的棉布面细绢衬里长裤、缀附于女尸上衣的方形棉布手帕、男主人棉布覆面,都保存完好。另外,还有两块分别长 77、88 厘米的长方形蓝色印花棉布,出土时覆盖于随殉的盛储食品的木盘上。印花图案有三角形、狮、龙、鸟以及希腊风格的裸上体、项光、手持角状杯、璎珞缠身的女人像。除这些棉布衣物外,在女主人装化妆品的藤奁中还有一个棉花团,是用作涂擦胭脂的工具。[2] 这批棉织物透露的历史信息是:在精绝,棉布还是不平常

---

〔1〕新疆文物考古所《尼雅 95 一号墓地 3 号墓发掘报告》,《新疆文物》1999 年第 2 期,图版见《新疆文物古迹大观》图版 0113,第 60 页。

〔2〕新疆博物馆《新疆民丰县北沙漠中古遗址墓葬区东汉合葬墓清理简报》,《文物》,1960 年第 6 期。

的珍稀品,所以男主人长裤以棉布作面,丝绢作里,并用之为覆面。除棉布外还出土了棉花团,似乎本地已种植了棉花。用为食布的印花布,尤其是其上的裸体女像,不是新疆本土图案,学者研究,曾据以推论,相关棉布织物来自印度。[1] 但也有学者认为这一裸体女像,与贵霜王朝胡毗色伽王(Huvishka)时金币背面的丰收女神阿尔多克洒(Ardochsho)的形象几乎完全一致,表明了贵霜文化的痕迹。[2] 则这件印花棉布更有可能来自贵霜,因为贵霜王朝在东汉时期,与新疆的关系是十分密切的。

对1959年尼雅发现的棉织物,学界印象比较深。但尼雅发现棉织物,其实是远远早于1959年的。20世纪初,斯坦因在尼雅、楼兰等多处遗址中,就发现过棉织物。他为判明所获那些织物碎片的材质,曾经委托汉诺塞克博士进行过分析,确认为是棉织物,而且结论为是当地的"手工产品"。[3]

在尼雅遗址中,进一步、多量、多次发现棉织物是在20世纪90年代。其中,尤以1995年发掘的一号墓地出土为集中,如其中3号墓,男主人着裤为锦面棉里;4号墓,男主人头戴白棉布帽,女主人头部包裹棉布方巾;8号墓,男、女主人盖身之布单、男主人长袍、女主人内衣均用棉布;[4]这一墓地,经全面分析,定为东汉末年精绝失国时期的王陵。[5] 表明东汉末年,在尼雅河绿洲,棉布比较常见。

同处和田地区,与民丰尼雅遗址邻近的洛浦县山普拉墓地曾多次被发掘。在墓地出土的大量织物中主要为毛织物,棉织物占5%的比

〔1〕夏鼐《中国文明的起源》,文物出版社,1985年,第67页;武敏《从出土文物看唐代以前新疆纺织业的发展》,《西域研究》1996年第2期,第6~9页。

〔2〕孙机《建国以来西方古器物在我国的发现与研究》,《文物》,1999年第10期。

〔3〕A. Stien, The Ancient khotan , Chaptet Ⅺ ⅷ, New Delhi – India 1981 , P410;A. Stien, Serindia, ChapterⅪ, ⅶ, P393~399; Ⅹ ⅱ, P442~448.

〔4〕《中日尼雅遗迹学术调查报告书》第二卷,第88~114页;于志勇《新疆尼雅遗址95NM1、M8概况及初步研究》,《西域研究》,1997年第1期。

〔5〕王炳华《精绝王陵考古二三事》,《西域历史语言研究集刊》第1辑,科学出版社,2007年,第103~122页。

例,不少为汉代遗存。[1]

且末县扎洪鲁克墓地,规模大、沿用时间长。据发掘主持人王博报告,在这区墓地的汉代墓葬中,也发现过平纹本色棉布。

罗布淖尔地区不少遗址,同样出土过棉织物。这些遗址早到东汉,晚到晋。例如,斯坦因在楼兰城 LA Ⅱ 遗址采得的棉织物是棉麻混织,据汉诺塞克和温顿分析,"棉类似曾予丝光处理,可能在碱溶液中浸过"。[2] 其他如 LA Ⅳ 号遗址也见到本色平纹粗棉布碎片,在楼兰城郊 LB 遗址也见到 3 件本色平纹粗棉布片。1980 年,在楼兰城东郊一座墓葬中(编号为 MB2),新疆文物考古所曾发掘到棉织物 5 件,这座墓葬的时代约当东汉。[3] 1998 年,在楼兰城郊 LE 曾截获盗墓者掘取的棉布袍,保存十分完好。[4]时代最晚到晋。

从山普拉、尼雅缘昆仑山北麓东行,经且末至罗布淖尔地区,自汉及晋,几乎所有曾经发掘的遗址中,都见到了棉织物碎片、完整的衣、裤、袍、被等。据此作出东汉时期塔里木盆地南缘,古代绿洲居民已普遍穿用棉布,可能也已知种植棉花、纺织棉布,是不无道理的。棉织物生产成本低,坚实耐磨,保暖,透气性能好,这对改善人们生活的作用是难以轻估的。

晋代以后,吐鲁番地区高昌王国成为显目的植棉、棉纺织业中心。高昌王国植棉,棉布既自用,也投入市场。这不仅见诸于历代史籍记录,也有大量出土棉织物、出土古代文书提供的直接证明:棉织物,已是社会生活中最重要的物资。[5] 此外,这一时段,在昆仑山下于阗县乌

〔1〕新疆博物馆《洛浦县山普拉古墓发掘报告》,《新疆文物》,1989 年第 2 期。

〔2〕Hanausek、Winton, Micrscopg of technicae phaducts ,纽约,1907 年,第 66 页,引自 serindia。

〔3〕新疆文物考古所楼兰考古队《楼兰城郊古墓群发掘简报》,《文物》,1988 年第 7 期。

〔4〕作者作为鉴定组成员,曾目验原衣物。图版刊于《新疆文物古迹大观》图版 0027,新疆美术摄影出版社,1999 年,第 33 页。

〔5〕王炳华《从考古资料看古代新疆植棉及棉纺织业发展》,《新疆考古历史论集》,中国人民大学出版社,2008 年。

于勒克、[1]克孜尔石窟前清理积土,也发现了南北朝时期的棉布。[2]克孜尔石窟处塔里木盆地北缘,说明这时期棉花种植、用棉布做衣服,已遍及塔里木盆地周缘古代绿洲。

入唐,新疆植棉业更进一步发展,棉花种植地域扩大,棉布产量增加,棉织业在人民生活中的地位进一步增强。考古工作中发现的棉籽、棉絮、棉布,不仅见于吐鲁番,还见于巴楚托库孜萨来、库车通古斯巴什、和田地区的喀达列克、昆仑山脚下的安迪尔、阿尔金山脚下的米兰古堡……凡气候干燥、多少有过一些考古工作的地点,几乎都发现过棉织物。新疆考古学者对在托库孜萨来发现的棉籽曾进行过鉴定,根据其籽粒小、纤维短等特点,将其认定为草棉,[3]这为了解古代新疆唐代以前的棉花品种及通过"丝绸之路""沙漠道"进入新疆的途径提供了直接证明。

新疆考古中发现的属于高昌回鹘、元朝的棉织物标本,同样丰富。[4]

草棉,由于纤维短、粗,产量不高,虽然进入中国很早,在北方中国尤其在新疆、甘肃西部地区,曾经为改善人民的物质生活做出过很大的贡献,但最后还是在实际生活中遭遇被淘汰的命运。随后,经过海上"丝绸之路"进入中国的亚洲棉逐渐成为了民间首选的种植品种。19世纪,又为从美国引入的陆地棉取代。通过棉花,人类物质文明发展、进步的过程,浸透、显示着"丝绸之路"文化的精髓,在在可见,值得发扬。

2.5.4 造纸

纸及造纸技术,是中国人民对人类文明做出的最伟大的贡献之一。造纸技术传入新疆,并通过新疆进一步西去,促进了人类文明的进

---

〔1〕新疆博物馆《丝绸之路——汉唐织物》图版21,文物出版社,1972年。
〔2〕新疆文物维修办公室《1989克孜尔千佛洞窟前清理简报》,《新疆文物》,1991年第3期。
〔3〕沙比提《从考古资料看新疆古代棉花种植和纺织》,《文物》,1973年第10期。
〔4〕吐鲁番文管所《吐鲁番哈拉和卓乡竖穴木椁墓发掘简报》,《新疆文物》,1986年第2期;王炳华《盐湖元墓》,《文物》,1973年第10期。

步与发展。

1933年在罗布淖尔地区,发现过西汉麻纸。在尼雅东汉墓中,发现过纸片一小块,"皱成一团,大部分涂成黑色,长仅4.3、宽2.9厘米"。[1] 但当时的书写材料,还是以木简为主,也有少量书写在羊皮上,纸质材料是十分少而珍贵的。在吐鲁番地区,汉代以后,晋、唐时期的出土文书,三十多年来约3000多件,目前所见文书最早在4世纪前期的十六国时期。自此以后,纸质文书渐成吐鲁番古墓中最常见的出土物:官方文档、私人契约、书信,抄写经典、蒙童习字,无不用纸。纸,在当年吐鲁番地区的社会中,已经是一件须臾不可离开的物品。

据此,可以做出一个推论:在十六国时期,尤其是东晋咸和二年(327年),前凉张骏在这里置高昌郡以后,吐鲁番可能已逐渐掌握了制纸工艺。理由是:社会对纸有重大需求;其制作工艺并不复杂;自西汉开始造纸,至此已有400年历史。在河西地区进入吐鲁番的大量移民中,会有了解制纸工艺的匠师。其技术知识,当有可能已稍普及。本地造纸的主客观条件,至这一历史时期,已经具备。

这一推论,有一定的事实根据。

对吐鲁番出土古纸,潘吉星教授曾进行过分析:[2] 取北凉到唐代古纸标本26件(其中4件为库车出土),对纸的物理、化学结构进行观察分析。纸质标本,包括官府文档、私人文书、古籍抄本、佛经等。观察表明,晋、南北朝时期,重要典籍抄本、官府文档用纸,纤维分散均匀,纤维束少,打浆较细,纸质较好。而一般民间用纸,如民间私契、丸药包装纸,纤维交织不均,打浆不匀,纤维破碎程度较差,杂质或未除尽,纸质明显较次。分析抄纸工艺,主要为布纹纸,也有帘纹纸。吐鲁番出土的建兴三十六年(348年)、建初十四年(418年)用纸,都是用织纹模抄造的布纹纸。其中建初十四年的古纸,可以观察到纸模网目约为110孔/平方厘米,是我国目前有准确纪年的早期布纹纸标本。

〔1〕新疆博物馆《新疆民丰县北大沙漠中古遗址墓葬区东汉合葬墓清理简报》,《文物》,1960年第6期。

〔2〕潘吉星《新疆出土古纸研究》,《文物》,1973年第10期。

布纹纸是比较古老的产品,表现着传统的工艺。汉、晋、南北朝时期,多为这种技法。值得强调说明的是,新疆土法造纸至今仍保持这一传统。笔者于 20 世纪 80 年代曾在和田县调查过一处桑皮纸制作作坊,发现当年的工匠们取当地桑树皮,在碱水中浸泡、击打,取得纸浆后,复以木框布帘抄出,阴干成一张张桑皮纸,色泽不白,但纸质韧。可见,民间仍然使用这一造纸工艺。[1] 因此可见,它接受的是中原地区比较古老的一种工艺。可以推论,其接受的时代也当是这一工艺在中原、河西地区盛行的时代。

帘纹纸,是晋以后始见的抄纸工艺产品。在潘氏测定的 18 件隋唐时期古纸中,除少量帘纹不显外,几乎都是帘纹纸。细致分析吐鲁番出土的唐"白怀洛借钱契"、"卜老师借钱契"及"卜天寿《论语》郑注"、"宁和才授田户籍",可以看出纸质有粗帘纹及制作稍精的细帘纹之别。蒙童习字等平常的普通用纸,明显为粗帘纹;官府文档如户籍等,纸质即较精良。帘纹纸与敦煌石室中所见粗横帘纹纸一样,工艺一致。[2]

唐代吐鲁番地区已有了官办的造纸作坊,这得到阿斯塔那第 167 号墓中出土唐代文书的证明。文书存字"当上典狱配纸坊驱使",[3] 可作为唐代吐鲁番已存在"纸坊"的确证。唐代西州既有纸坊,纸质标本显示的工艺与敦煌地区用纸又一样,说明当年吐鲁番地区纸张生产工艺得之于河西地区的影响。甚至可以推断,生产者就直接来之于河西地区。汉晋时期,吐鲁番居民多"汉魏遗黎",大量河西地区移民进入了吐鲁番,纸作工艺随之进入这片地区,自是情理之中的事。

在分析吐鲁番古纸标本时,还应注意一个工艺现象:在纸浆中加入淀粉糊,以使纸质平润、增光、受墨。而这一传统,也显示着中原地区造纸历史的印痕。

---

〔1〕笔者调查手记,未刊。

〔2〕潘吉星《新疆出土古纸研究》,《文物》,1973 年第 10 期。

〔3〕国家文物局古文献研究室等编《吐鲁番出土文书》第九册,文物出版社,1990 年,第 231 页。

怛罗斯之战后,造纸工艺传入阿拉伯,并进一步及于非洲、欧洲广大地区,大大推进了人类文明发展的进程。这一工艺西传的中继站,就在新疆。

2.5.5 毛纺织工艺

近40年的新疆考古工作,最大的收获之一,是对新疆地区毛纺织生产有了比较具体的认识,对毛纺织生产工艺的发展有了进一步的了解。

在这些年的考古工作中,在孔雀河古墓沟墓地、哈密五堡、且末扎洪鲁克、阿拉沟、鱼儿沟、和静察吾呼沟、巴里坤南湾、哈密焉布拉克、哈密火车站附近、洛浦山普拉、鄯善洋海、楼兰城郊、尼雅、于田屋于勒克、巴楚托库孜萨来、吐鲁番阿斯塔那、米兰吐蕃戍堡等处,都有相当数量而且保存情况很好的古代毛纺织物出土。从公元前2000年直到唐宋时期,前后历时差不多达3000多年。

这为我们总结、认识古代新疆毛纺织发展的历史提供了充分的基础。

粗略统计一下现有毛织物种类,有提花毛毯、平纹毛织毯、平纹毛布、毛罽、缂毛织物、各种编织毛带等。其中,不能排除少量缂织物(如山普拉出土的人首马身毛织物)是来自境外,但绝大多数当均为本地自产。

现在,可以肯定地提出一点:中国中原地区在唐宋时期运用得十分成熟、有过许多惊人产品的缂丝工艺,其通经断纬的织造技术,应该是借"丝绸之路"的联系,吸收了西北地区少数民族在毛纺织生产中早就运用了的一种生产工艺。在新疆出土的毛纺织物中,早在公元前1000年(如哈密五堡青铜时代墓地),已见到这类通经断纬的生产工艺。出土的公元前后的毛织物中,通经断纬技术运用得十分成熟。其他如毛织物染色也很值得注意,3000年前的毛织物,其色彩至今仍然新鲜而光泽,是了不起的成就。

2.5.6 玻璃

玻璃制作工艺,最早见于埃及、米索不达米亚。最早在公元前

2500 年,如蜻蜓眼玻璃珠已见于上述地区。当年,这是被认为具有神奇力量、可以辟邪得福的神物,因而受到社会上层统治人物的青睐。于是,这种具眼睛外形的料珠及它背后的文化思想,很快北传到欧洲,东传到伊朗高原,并进一步向东亚地区扩展其影响。前面曾经简述过蜻蜓眼玻璃珠进入中国的史实,中国古代最早接触玻璃制造工艺,应该是与蜻蜓眼玻璃珠的东传密切相关的。

汉代以后,在新疆古代遗址中,见到了各种造型的玻璃器皿,如杯、罐、盆、盘之类。这一进程的同时,其制作工艺也渐为人们所了解,并很快就有了中国特色的制造品。

在新疆不少早期考古遗址中,出土过蜻蜓眼料珠。最早的出土地点,是在天山南麓轮台县境的穷巴克墓地发现过一枚。时代最早可能到公元前 7 世纪或更早。[1] 时代较此稍晚,则出现在昆仑山脚下且末县境扎洪鲁克墓地,共见 6 枚。[2] 入汉,蜻蜓眼料珠发现更多。在尼雅精绝遗址,仅 1995 年一号墓地,即出土 6 枚。出土时,或置于贴身内衣下,说明确实视为辟邪神物,而非一般装饰品。[3] 与尼雅相邻近的洛浦县山普拉墓地,时代也在两汉,发现蜻蜓眼料珠 21 枚。[4] 由此,可见这类料珠受到人们重视的程度。

根据在尼雅精绝遗址出土的精绝王室贵胄们互相礼赠"琅玕"的汉简文字,结合王室墓葬中对蜻蜓眼料珠的处置情形,参证以历代文献中对"琅玕"的记录,笔者曾分析:古代文献中所述"琅玕",实际即指西来的蜻蜓眼料珠。[5] 如此论不谬,则这类玻璃珠进入我国的时代是相当早的。在山西、河南、山东等东周时期的贵族大墓中所见蜻蜓眼料珠不少,即是生动的证明。[6]

---

〔1〕中国社科院考古所新疆队《新疆轮台县穷巴克第二、三次发掘》,《考古》,1991 年第 8 期。

〔2〕新疆博物馆《新疆且末县扎洪鲁克一号墓地》,《考古学报》,2003 年第 1 期。

〔3〕新疆考古所《尼雅 95 一号墓地三号墓发掘简报》,《新疆文物》,1999 年第 1 期。

〔4〕新疆博物馆、新疆考古所《中国新疆山普拉——古代于阗文明的揭示与研究》,乌鲁木齐:新疆人民出版社,2001 年,第 34~35 页。

〔5〕王炳华《也释琅玕》,《新疆考古历史论文集》,中国人民大学出版社,2008 年。

〔6〕王炳华《也释琅玕》,《新疆考古历史论文集》,中国人民大学出版社,2008 年。

就笔者实际工作中的体验,在且末县那勒克、安迪尔,墨玉县扎瓦、疏附县英吾斯坦等处,都曾见过细碎的玻璃片。这本是测定其成分、判明产地的好标本,遗憾的是这一工作始终未进行。只是对器形稍大,特征比较显明的器物,大家关注较多,也就其形制进行过分析。如在楼兰古城发现的、具有西亚风格的玻璃杯残片,在扎洪鲁克、营盘古墓地、巴楚托库孜萨来等处,见过的具有波斯风格的玻璃器,时代都在公元 4 世纪以前。自然,这些只是历史长河中挂一漏万的一点实证,但确清楚表示了一种存在。对西亚、伊朗玻璃进入中国的过程,也因此引起了人们的关注,不少学者进行过专门研究。[1] 此处不赘。

玻璃器的主要原料是二氧化硅,取得不难,工艺可以说也并不复杂。随着玻璃珠、玻璃器皿的进入,中国似很快就有了仿制、自行生产的情形。如被视为神物而售价奇昂的蜻蜓眼玻璃珠,在战国时期的隋县曾侯乙墓中,就已有了自己生产的同类珠子,只是其成分不是西亚的钠钙,而是以钾钙为主。[2] 在新疆也有一个相似的实例:在拜城县克孜尔墓地,曾在多座墓葬中发现过蜻蜓眼玻璃珠,一般均置于死者颈、胸部。发掘者曾取 18 个样品进行了分析,成分颇不一致:既有钠钙玻璃,也有铅钡玻璃,一些标本中钾、镁的含量还很高,为其他钠钙系统玻璃所少见。发掘者认为这是在吸收西方技术的基础上,利用本地资源生产的具有自身特点的制品。[3] 而其绝对年代也在公元前 400 年以前,时代还是比较早的,这是值得注意的又一件生动实例。在新疆若羌瓦石峡的元代遗址中,也发现过自行制造玻璃器的作坊,并采获 6 件小口细颈凹底瓶,4 件玻璃罐(残)。分析其成分,为钠钙玻璃,制造工艺似存在西部影响,但助熔剂是用的新疆土硝,具本地特点。器壁中虽气泡较多,工艺不是很先进,但也不是原始的生产形态。说明在新疆地

〔1〕安家瑶《北周李贤墓出土的玻璃碗——萨珊玻璃器的发现与研究》,《考古》,1986 年第 2 期。

〔2〕后德俊《谈我国古代玻璃的几个问题》,《中国古玻璃研究——1984 年北京国际玻璃学术讨论会论文集》,中国建筑工业出版社,1986 年,第 60 页。

〔3〕张平、潜伟、李青会《新疆拜城县克孜尔墓地出土的玻璃珠及其相关问题》,《吐鲁番学研究》,新疆人民出版社,2006 年,第 368 ~ 374 页。

区,因地制宜自行生产玻璃已走过一段岁月了。[1]

中国传统文化中较常用陶、瓷,与玻璃相比较,后者自有其优点。玻璃器及其工艺东传,对丰富中国人民的物质生活,其贡献自然也是应该充分肯定的。

除了这几个方面的资料外,它如小麦东来、水稻西去,古代采矿及金属冶铸工艺、犁耕技术、水利灌溉技术(如凿井、坎儿井)、音乐舞蹈、绘画技艺的彼此吸收,多种宗教信仰(如祆教、佛教、摩尼教、伊斯兰教)的东传等等,也都有新的发现,从不同角度表现着古代"丝绸之路"上思想文化及技术知识的交流。相关论著颇多,此处不赘。

"丝绸之路",是古代人类文明发展进程中的产物,推动过人类文明的发展和进步。"丝绸之路"的历史,表现了全人类在自身发展、进步的崇高事业中,交流是其客观的需要。一个互相联系、积极交流、共同发展与进步的世界,是全人类的共同愿望和要求。这一积极的文化精神,应该成为人类的共识,并应随人类的进步而不断发展。

---

[1]张平《若羌县巴什夏尔遗址出土的古代玻璃器皿》,《新疆社会科学》,1989 年第 3 期。

3 葱岭古道觅踪

《汉书·西域传》称:"自玉门、阳关出西域,有两道:从鄯善傍南山北波河,西行至莎车,为南道;南道西逾葱岭,则出大月氏、安息。自车师前王庭随北山波河西行,至疏勒,为北道;北道西逾葱岭,则出大宛、康居、奄蔡焉。"[1]汉代史家十分明确:当年,自塔里木盆地西行的南北道,都必须"西逾葱岭",才能进抵今阿富汗、伊朗,或乌兹别克斯坦及其西北地区,再步入欧洲。

"葱岭",是古代中国学者奠基在地理调查基础上,赋予"帕米尔"的称谓。[2] 号称"世界屋脊"的帕米尔,山体高大,平均海拔在4500米以上,主要山峰海拔都在6000米以上。它位居我国新疆与巴基斯坦、阿富汗、塔吉克斯坦、乌兹别克斯坦等国之间。自新疆西去阿富汗、伊朗及中亚各共和国,进一步抵西亚、欧洲,穿越葱岭是首要一环。要在如此高峻的崇山峻岭中来去,可能会遭遇的艰难险阻,是怎么估计也不过分的。

但是,这并没有能阻抑古代中国西向欧亚大陆的努力,"丝绸之路""葱岭道"开拓的时间是很早的。《前汉书》称帕米尔为"葱岭",就是汉代或更前已存在过穿行帕米尔高原的最好证明。张骞西使大月氏,"还并南山,欲从羌中归"(《史记·大宛列传》),走的就是葱岭。关于这一通道,在根据班勇提供的资料而作了具体补充的《后汉书·西域传》"莎车国"条中记录得较前清楚了一步:"莎车国,西经蒲犁、无雷至大月氏",文字记载非常明确。自两汉迄唐、元,历史不断发展,但南道的走向并无大的变化。尤其是穿越帕米尔高原,路线须受山口、谷道、可以翻越的大坂(分水岭)等各种自然地理条件的局限。几千年的

---

〔1〕《前汉书》卷96(上)列传第66(上)。
〔2〕笔者在帕米尔踏查中,见到漫山的野葱,"葱岭"之名,是与此密切关联的。

·欧·亚·历·史·文·化·文·库·

历史风雨,这方面的变化可以说是相当微弱的。因此,调查自莎车、疏勒绿洲通达帕米尔的山谷径路及我国境内帕米尔通达阿富汗的山口、大坂路线,不仅涉及目前的交通地理,对于了解古代"丝绸之路"南、北道自塔里木盆地西缘穿越葱岭,通达大月氏的路线及古代蒲犁、无雷的今地、境域等,也都有直接的意义。而国内史学界,关于汉代莎车、蒲犁、无雷的今地所在,看法并不是完全统一的。[1] 此外,这种调查,对准确了解古代"丝绸之路"南、北道穿行葱岭的具体线路,了解中外古代旅行家、我国西去求法高僧们穿行葱岭的路径、山谷,从而更加准确地掌握他们留下来的珍贵行记,也都有重要价值。

笔者曾先后于 20 世纪的 1972、1982 年两次到塔什库尔干地区,在塔什库尔干塔吉克自治县境内进行了比较细致的考古调查,足迹及于县内大部分地区,并登达了自塔什库尔干县去到巴基斯坦、阿富汗、中亚地区的一些主要山口,如红其拉甫、明铁盖、瓦赫基里大坂等要隘,并在一些遗址进行了试掘。工作期间登越崇山峻岭,穿行急流险滩;炎炎夏日身着皮裘活动于冰峰雪岭之间,目睹葱岭的泥石流怒涛直下,须臾之间平路成谷、陆桥化烟。对这片地区的地理形势、高原生活的特色、各山谷通道及沿线的历史遗迹遗物,有了初步收获。自觉再读有关穿越帕米尔的各种行记文字,感受大不同于以前,认识大有深入。但初步考察以后,存留问题仍多。本来还有带着问题进一步深入葱岭的计划,只是因缘难再,自 20 世纪 80 年代后,竟再未得涉足其地。这里不揣粗陋,把三十多年前进出塔什库尔干的几条路线及沿线古迹情况稍作整理,公之于同行,供治中西交通史者之参考。分析中的不当之处,也热望得到指正,以利进一步的深入研究。

3.1 从喀什至塔什库尔干

笔者曾两次去我国境内帕米尔塔什库尔干地区调查、考察,都利

---

〔1〕岑仲勉《汉书·西域传地理校释》,中华书局,1981 年版;冯承钧原编、陆峻岭增订《西域地名》,中华书局,1980 年版,有关条目。

用了现代交通工具。每次都要乘汽车,自喀什至塔什库尔干地区(西方称此为塔格敦巴什帕米尔)沿途考察。

自喀什出发,斜向西行42公里后,抵疏附县乌帕尔。途中,为一不大的戈壁。地势随路程而逐渐增高,至乌帕尔已近葱岭东麓。这里是一处水源充足的小绿洲,是喀什地区的名胜所在。水流不大,村内绿树成荫、果园成片,农业、园艺均盛,文化亦素称发达。逢集日,附近县内亦有人来此。据说这是历史的传统:因为乌帕尔向为巴基斯坦、印度商货较为集中的站点。供销社内一维吾尔老人,聊起四五十年前,他们经塔什库尔干所进巴基斯坦商品及其在四乡农民中的地位,仍颇怀感情。

在乌帕尔境内,我们先后发现过细石器遗址、新石器时代晚期遗址,[1]毁于公元三四世纪、目前已沉没在沙砾下的古城废墟。[2]在乌帕尔村西约3公里,有一座相对高度一百多米的艾斯热提毛拉山。山前泉水淙淙,山脚绿树成林,山上曾有一处规制宏大、气宇非凡的古代佛教寺院遗址。从残迹看,显明的较大建筑基址有5处。一区建筑底面积达20×20平方米,较小者10×10平方米,底部有厚1厘米的白灰面。遗址范围内见埋置大陶瓮的灰坑、大陶瓮碎片,陶片上有莲瓣纹装饰、婆罗门像,也见石膏质佛塑像残部,如手指、眼睛、衣纹等。建筑依地势高下铺展。就在这区佛教寺院遗址下,曾见到过梵文贝叶经。据说,还曾发现过高1.67米的铜佛像,但在"文化大革命"中被化成了铜料。这是一区十分值得注意的、规模盛大的佛教遗址,被毁时间当与伊斯兰教进入疏勒王国地区有关。

自乌帕尔西北走,有驿道,马程约十天可达乌兹别克斯坦共和国,抵安集延。阿古柏入侵南疆,这条路就曾是主要通道之一。至今,当地还保留着一些古堡,就与阿古柏入侵事件有关。自乌帕尔南下,可至塔什库尔干。这一交通枢纽地位,使乌帕尔在历史上曾经相当繁荣过。

----

〔1〕新疆博物馆考古队《新疆疏附县阿克塔拉石器时代遗址的调查》,《考古》,1972年第2期。

〔2〕古城址坐落在乌帕尔公社乌布拉提村。笔者1972年曾进行试掘,出土文物特征及^{14}C测定资料(结论为距今1605±85年),均表明古城毁于魏晋时期。资料现存新疆考古所。

我们自乌帕尔南行 30 公里后至塔什米力克。这是一个不大的小村落。自塔什米力克南入峡谷,有羊肠小道蜿蜒曲折依公格尔山东麓行,可以通达塔什库尔干。疏附县文化馆曾在塔什米力克南库尔夏阿塔格山一处不为人注意的峭壁上,发现过一件铁质锁子甲。铁甲悬挂在楔入峭壁缝隙中的木桩上,完全不为人注目。这当是一次战争中败军之将丢盔卸甲、只身逃跑时留下的遗物,很好地指示了古代隘道之所在。这条小道,通行艰难。我们闻之于老乡,并未身历。我们所走的是大路,亦即目前公路之所在。自塔什米力克村斜向西南行 12 公里后,入盖孜峡谷。自此,公路穿行于公格尔、慕士塔格山与萨雷阔勒岭之间的峡谷中。峡谷宽数百米至一公里,最宽处也不过两三公里。公路依山傍水,是利用河谷的天然形势开拓的。路线基本都在盖孜河西岸行,一路爬坡。两岸峭壁悬崖陡立,盖孜河水流湍急,形势险峻。由于地势、水势甚猛,而且峡谷不宽,一些路段没有草场。因此,在喀什至塔什库尔干未通现代公路的自然形势下,这一古道虽也称得上天然孔道,实际上人、畜都是很难通行的。勉强行走,局限颇多,水势大时通行会更加艰难。所以,公路开凿前,喀什至塔什库尔干之间的通路联系,主要还是取自喀什到英吉沙而后至塔什库尔干一途。

车行 70 公里至布伦口,目前为阿克陶县的一个乡。附近为一高山湖泊,面积约 10 平方公里。四周高山环列,湖水清澈如镜,景色似画。我们说水面约 10 平方公里,只不过表明这一具体时刻的情况,实际水势的大小完全依雪水消融量而变化,随季节、气候冷热而不同。在布伦口稍作停留,听当地老乡介绍:自布伦口西稍偏南行,经阿克拜尔迪山口、郎库里、萨雷阔勒岭上之库日班卡西大坂、乌孜别里山口,可通达塔吉克斯坦、乌兹别克斯坦。这条隘道全程不过 150 公里,马、骡均可通行。

由布伦口循公路方向、顺峡谷南行 30 公里后至喀拉塔什,这里地势比较开阔。一区湖水,倒映冰峰雪岭,谷地内绿草如茵,是良好的夏牧场。十多座毡帐散列在草场上,牛、马、羊漫处其间。时在七月,草高不过数寸。自盖孜峡谷南来,一路景观大都是荒山秃岭、峭壁陡岩,植被极少，见到这么一片青葱草地，使人精神为之一振。葱岭山区自然环境之艰苦，于此可见一斑。

自喀拉塔什南行 10 公里，过苏巴什大坂。这里海拔高程达 4000 米。慕士塔格冰峰耸立身旁，虽说是 7500 米的高峻冰岭，此时此地却不见怎样的雄伟，似乎随便可以登攀至顶。实际稍稍动步、工作，便觉气短腿重，方知"更上一层"决非易事。

苏巴什大坂，其北，水皆北流，入盖孜河；其南，水均南向，入塔什库尔干河。阿克陶县与塔什库尔干县，就以这一大坂为界。车过大坂后，山势一路直下。约 50 公里至克尔沁，更 5 公里后至塔合曼乡。此处草场辽阔，有数万亩之多，地势平坦，水源亦丰，人口在塔什库尔干县也是较多的一个所在。在塔合曼乡四大队托尔布隆姆，于一处巨石缝中我们见到了一具古代女尸，随身的木盆残片、毛毯、毛布、丝绢都还清楚可见，没有十分典型的、时代特征鲜明的文物能直接说明她逝去的年代。但肯定离我们生活的年代已相当久远，而且死亡得很不正常，这可能也是曾经发生在"丝绸之路"上的一件算不得什么的小悲剧的遗迹。这种情况，我们在调查过程中不只一见。后文还要谈到的排衣克山口，在一处僻静的高山深洞中，边防战士们也发现过一具古代女尸，又一山洞还有成捆的布、绢在厚厚的尘土之中……它们都可能是昔日"丝绸之路"上平凡而又足以说明其艰难不易的一些历史镜头。

塔合曼西南不远的一条山沟中，有高山温泉一处。自塔合曼至县城约 30 公里，一路草场成片，居民点毗连：布古尔乌勒、且尔拜森、曲什曼、提孜那普直至县城。这片地区是全县范围内自然条件比较好、草场比较辽阔、沟谷比较平展的所在，一路也见到古墓、古堡遗址。如提孜那普至县城间的香巴拜战国时期墓地，戈壁上各种类型石堆、石棺墓丛集成片。1976、1977 年新疆考古所先后两次在这里发掘了古代墓葬 40 座，据分析，是距今二千四五百年前的考古文化遗存，其民族属性可能与羌、塞种有关。[1] 颇可见出这片地区内历史文化的悠久。

---

［1］新疆社会科学院考古研究所《帕米尔高原古墓》，《考古学报》，1981 年第 2 期。

塔什库尔干县城不大,背依高山,东濒塔什库尔干河。县城所在只两千多人。虽属县城,牧区景观仍盛,河滩草场上毡房座座,马、牛、羊成群。城镇塔吉克族职工、居民,夏天仍然愿意住到毡房中去,以马行代步,白天到县城上班,入夜在草场上息宿,可以更方便地享受到牧业的美好之处。

自喀什到塔什库尔干,公路全程290多公里,汽车一天可达。虽地势高、山路险,但较之古代僧人、旅行家笔下描绘的葱岭行程,已不可作同日而语了。天堑已经变成通途,"帕米尔"的严峻世界,已不再那么阴森可怖,距离也确实近得多了。

探讨"丝绸之路""南道"进入帕米尔及去中亚的通道,却这么详细地叙述了自喀什(古疏勒)至塔什库尔干的路线情况,目的不只在于说明工作的具体过程,也意在借此讨论《新唐书·西域传》中的"渴盘陀……由疏勒西南入剑末谷、不忍岭六百里,其国也"这条记录。从地理方位、道路和远近及走向、峡谷与大坂形势等方面分析,有学者认为今天的喀什、塔什库尔干公路路线大概正是唐代"剑末谷"、"不忍岭"的路线。从形势上看,颇为有理。但是,如果没有公路、汽车这个条件,从山势陡峭、河谷狭窄、水流湍急难以渡越,相当地段河谷内没有草场的情况看,在人、马驮行的古代,走这条路线是十分困难的。从各种因素考虑,唐代"剑末谷"路线更大的可能是取道英吉沙,翻奇奇力克大坂到塔什库尔干地区。因为这也是一条十分重要的天然谷道,与本文希望讨论的问题关系密切,所以在这里提出来,并较为详细地介绍了沿途情况,为进一步的研究提供方便。

3.2　自莎车绿洲入葱岭

汉代"丝绸之路""南道",在塔里木盆地内止于莎车。关于汉代莎车的今地,必须首先大概明确,才能进一步讨论自莎车进入葱岭的途径。

对于汉代莎车之所在,历史地理学者还存在着不同的看法。[1]

清《西域图志》首倡汉莎车为今叶尔羌(莎车县),是一个可以信从的结论。

汉代莎车是西域大国,一度曾雄踞于塔里木盆地西缘。人口多、国力强,与于阗、疏勒争强匹敌。地理位置又正处于于阗、疏勒中间,与两者距离近同。可以说,汉代莎车,只有叶尔羌绿洲的地位才能与之相当,而绝不能在其他地区更不能到帕米尔山中去寻找。

试看《汉书·西域传》的有关记录:

《莎车》:"莎车西至疏勒五百六十里";

《疏勒》:"南至莎车五百六十里,西当大月氏、大宛、康居道。"可见莎车西北五百六十里为疏勒;

《于阗》:"于阗……西通皮山三百八十里",而皮山又"西北通莎车三百八十里"。这就是说,自于阗至莎车,距离为760里。

综合这几条材料,可以肯定:莎车在汉代是处于于阗与疏勒间的一个大国。对于于阗在今和田绿洲,疏勒在今喀什绿洲,人们均无异词,则其间的较大绿洲,只有叶尔羌一处。叶尔羌南至和田、北至疏勒的距离与《汉书·西域传》所记可以说是约略相当。[2] 而如果莎车不在今叶尔羌绿洲内,则它与于阗、疏勒的距离就会完全是另一种情况了。因此,今天的叶尔羌绿洲地区(包括莎车、泽普、叶城毗连一起的三县),应该就是汉代莎车国之所在。

前提肯定了,就可以进一步分析自莎车进入帕米尔的具体路线了。

自莎车绿洲进入帕米尔,从古今都不能不受局限的山口、河谷分析,应有三条通道:

其一,当是最主要的一条通道,即清代驿路。[3] 其时的交通工具、运输组织与更早的古代比较,当无大异。具体路线是:

自莎车县西南行约80公里,到牙克艾日克,更西稍偏北行至托乎

---

〔1〕岑仲勉《汉书西域传地理校释》,中华书局,1981年版,第323~339页。

〔2〕自莎车至和田,今天公路里程距300多公里;自莎车至喀什,公路里程近300公里。

〔3〕《大清一统志》卷419。

121

拉克(清代驿站名)。结合实地考察,线路是逐渐进入山区,至科拍大坂。自此,山路不能通车,必须以骑代步,尤其牦牛是最合适的高原之舟。过科拍山口后,经科克牙,于第三天到阿普里克(今阿克陶县阿尔帕勒克)。行程70里,全线处山峡中,巨石纵横,行道不便。第四站从阿尔帕勒克至"开子"(清代驿站名,当为今阿克陶县克孜尔大坂)。全程约70里,道路陡险,人须步行,但一路有山泉。至"开子"后,更一站为八海,再一站为塔希代客,第三天到"切里贡拜孜",全程200多里。由于这一路未亲历,经向塔什库尔干县邮运工人调查,其路线走向应该是:过克孜尔大坂后,沿山溪向南行,经卡尔隆,到达"切里贡拜孜"(40座坟墓),其得名实际是这里存在着一片古代废墟,也包括古代墓地。塔什库尔干县人大常委会马达尔汗曾经走过这一条路,[1]对这里古代驿站废墟留有相当深的印象。斯坦因在穿行这条路线时,对这里的废墟也曾有过记录。[2] 过切里贡拜孜再走70里,至托鲁布伦(吐尔布隆)又70里至塔尔巴什,再70里至奇恰克,再80里至申底里,抵塔合曼。这一路,除塔合曼与今天地名一致外,余均有异。其实际走向是离吐尔布隆后翻越奇奇力克大坂,斜向西南,至塔合曼。在这个过程中最困难、险阻的地段是翻越奇奇力克大坂一途。最后一站,从塔合曼至蒲犁(今塔什库尔干),行程80里。全驿路程共需12天。而且只能晚春初夏通行,否则盛夏洪水、严冬冰封,均无法穿越,所谓12天也是按正常的情况计算的。稍有风雪,道路即被阻断。因此,这一路程往往需要半个月左右的时间才能到达。

其二,自叶城县至塔什库尔干。此线个人未曾涉足。1972年在叶城、同年在塔什库尔干均曾注意及此,在群众中进行过调查。据当地人称:自叶城沿提孜那河谷西南行,至却普。可通塔什库尔干县的布伦木

---

〔1〕笔者两次塔什库尔干调查,马达尔汗均全程一道工作。他是当地塔吉克族中的大知识分子,对有关地理、民俗十分熟悉。他小学毕业后至喀什读中学,走的就是这条路。所以对沿线情况,娓娓道来,如数家珍。

〔2〕[英]A.斯坦因《在通过帕米尔的古道上》,《喜玛拉雅学刊》,第四卷,1932年,4月,第1~24页。转引自中国社会科学院民研所编、吴泽霖译《帕米尔及其附近地区历史、地理、民族英文参考资料汇编》。

莎,进抵叶尔羌河谷(这只能在枯水期进行)。自叶尔羌河谷西南走,进入与塔什库尔干河平行的一条南北向河谷,皮勒、马尔洋、皮羌牙尔特、肖依墩、瓦恰、班底尔、兴迭等村落,在山谷内成一线排列。这一河谷的北半段:兴迭、班底尔、瓦恰、肖依墩,笔者在1982年的调查中均曾路过,也发现过一些古址、古墓。河谷不宽,最宽处不过二三公里。这一条路线,也是相当难行的隘道,而且路线迂回。因此,作为一条主要通道,可能性不大。

其三,自莎车经塔什库尔干大同乡至县城。此线至今仍然通行。路线是自莎车县卡群、和什拉甫(地图上或标海散勒巴格),至塔尔山。自此,可分南、北两条支道,一走塔尔山之南,二走塔尔山之北。

从塔尔山南缘走:自和什拉甫西南沿叶尔羌河支流行,经达木斯喀拉克、翁古洛克、库干翻阿尔帕勒克大坂,经潘特尼、下兰干,跨越急流汹涌的叶尔羌河谷,抵达塔什库尔干的大同。沿一小河谷西行,至特其可满。越米拉甫大坂,至阿勒马力克、很祖铁热克、兴迭、提孜那普入塔什库尔干县,后一段路在塔什库尔干河谷内,塔什库尔干河即循此入叶尔羌河,成为其上游干流之一。也可自特其可满斜向西南,翻山至瓦卡、班底尔,入塔什库尔干。

大同乡这一线,高山恶水极难行走。这是塔什库尔干县境内交通最困难的一段路。熟悉路情的同志介绍:全程有三处石栈道。在峭壁悬崖上的石缝中横楔较粗木杆,其上铺树枝、石板,傍峭壁、临悬崖,望之令人心惊胆战。部分石板经长期磨擦,可见出明显的蚀痕。在没有电钻的情况下凭人力在如此峭壁上建设成这样的栈道,是难以想象的艰巨工程。它以耀眼的光辉显示了人民群众的智慧和力量。穿越蒙干河、叶尔羌河谷也是十分艰难的路程。在急流中,人们择大块漂石而前行。由于地势高寒,一年中不少时间冰封雪盖。另外,很多暗藏的雪坑同样是人畜通行的隐患。

从塔尔山北缘走:自和什拉甫、兴迪尔力克向西北至英阿瓦提、卡尔隆(这就避开了大同前后的险山与急流)至库尔奇力克、兴迭、提孜那普到塔什库尔干。此线后半段与前面介绍的第一条路的路线相同。

全程马力快行 6 天,距约 300 多公里,但实际要走十多天才能到达。

这里,附带较细致地说明一下自英吉沙(地理位置居古疏勒王国)至塔什库尔干的通道。在喀什至塔什库尔干公路未修前,喀什绿洲入帕米尔主要都走英吉沙这条路线。新中国建国初,塔什库尔干少年学生要升学必须到喀什,来去均取此途。少年人随骡帮、马队即可行走,从一个方面见出通路还不算十分艰难。

路线走向是:县城北向 10 公里左右,沿塔什库尔干河谷东行可到兴迭,名新地探沟(意为狭的沟谷),翻越奇奇力克大坂,经切里贡拜、克孜尔塔尔,沿依格孜也河直向东北,抵英吉沙,马程 6 ~ 7 天可以到达。一路有水、草,每天息宿地均可得以补给。除翻越奇奇力克大坂稍有困难外,其余路段在山谷小道中穿行并不难,全程约 300 多公里。这条路线的走向,穿越于峡谷之中、翻大坂,与《唐书·地理志》中所提"剑末谷"、"不忍岭",是同样可以联想的。从古代以牲代步的情况分析,这当是较盖孜峪谷更方便的一条通道。疏勒与渴盘陀之间,政治、经济关系密切,联系往来不断,而盖孜峡谷艰难的通行条件是难以承担这一交通任务的。这一线,除切里贡拜孜曾见过有古代遗址的报导外,其他未深入进行过工作,这是摆在我们考古工作者面前的一项具体任务。沿这条路线踏查,是肯定会有所发现、有所收获的。唐代疏勒与渴盘陀之间的主要通道,会在此基础上得到最后论定。

3.3 自塔什库尔干入巴基斯坦、阿富汗

"丝绸之路""南道"止于莎车绿洲后,穿越喀喇昆仑山、葱岭东缘深沟险谷,可以通达塔什库尔干河谷。北道止于疏勒后,也有山道可以南行进入帕米尔,到达塔什库尔干地区。塔什库尔干谷地是东部帕米尔的交通枢纽地带,具有很重要的、不能取代的地位。

而从塔什库尔干出发前往中亚广大地区,如罽宾(克什米尔)、大月氏(阿富汗及其附近)等,也都有天然谷道可行,还有地势较低之山口可以翻越。我们在塔什库尔干地区工作时,曾以塔什库尔干为基地,

踏查过一些比较有名的山口,它们是进入一些中亚古国的天然孔道。

塔什库尔干地区,抬头是山,开门见岭。所谓平川,只不过是崇山峻岭中相对比较宽平的一块谷地。在这片崇山峻岭之中,据实地勘察,总有大小山沟七十多道,其中有四十多道可以通达巴基斯坦、阿富汗、前苏联中亚地区,但大部分地势险恶,通行艰难。在有数的自然条件较好、沿途有水草可资补给、适于通行的山谷通道中,最主要是翻越红其拉甫、明铁盖、瓦赫基里大坂的几条山谷通道,可以通达巴基斯坦、印度、阿富汗境。经塔合曼、苏巴什大坂,至喀拉湖,前去塔吉克斯坦、乌兹别克斯坦,也是较为便利的坦途。

3.3.1 红其拉甫大坂道

红其拉甫大坂道,就是目前国际知名的中巴公路所行路线。自塔什库尔干至红其拉甫大坂我国边界,全长一百多公里。

离开塔什库尔干县城后,顺塔什库尔干河谷南行 16 公里至阿克塔姆,沿途有小块草地。戈壁上见石堆一区,每个石堆略呈圆丘形,高出地表七八十厘米。最大一座圆丘形堆石,四周见约长 4 米的石围。据在塔什库尔干地区发掘的经验,这是古代墓葬的一种形式。表明这里曾是古代人居住的地区。

更南行 18 公里,至吉尔阿勒(意为驿站)。西傍塔什库尔干河,东为低山。谷地内有一片两三百亩面积的草场,但并无固定居民。在这里一处晚更新世地层内,曾发现三处烧火堆,灰烬中有少量木炭屑、烧骨。傍近,发现一件砍砸器:石英岩,两面交互打击,刃缘呈曲折状。从地层分析,为去今一万年以前的遗存。公路两旁还见到时代稍晚的古代渠道遗址、建筑遗迹、古代墓葬。古代渠道傍山,成南北走向,地表痕迹宽三四米,是塔什库尔干地区有名的法里亚提大渠的一段。[1] 山前高台地上,有两处 8×10 平方米的方形石围。石围内外见古代夹砂陶片,有盆、钵类器型,火候较高。傍近河谷,有圆穹形土屋一处,底座近

---

〔1〕法里亚提大渠,笔者曾进行调查,对源头、走向、渠道平、剖面情况均作了观察、分析,将另文介绍。

方形,约为 4×4.5 平方米,门东开。古墓系石棺、石盖,覆土极浅,其上或布小块石。由于处公路边,来去的人们翻动、窥视,部分石棺已经破坏,尸骨暴露。我们曾清理这类墓葬两座,系南北向竖穴,石棺(四壁贴石板),人骨架完好,仰身直肢,头北脚南,未见任何殉葬物。

自吉尔阿勒南行 26 公里,至达不达尔。这里谷地较宽阔,最宽处有 4 公里。草场也较好,居民比较集中,均为塔吉克族,目前为乡政府所在地。由于地势较高(海拔 3477 米),气候较冷,农作物只有青稞、油菜。牲畜有羊、马、牦牛等,山地有熊、豹、雪鸡等兽禽。傍塔什库尔干河之台地,同样见到散布之石堆墓,直径一般二三米,微微高出地面。河西岸,有皮斯岭大坂隧道,可通塔吉克斯坦境。

自达不达尔南去,沿塔什库尔干河西岸走约 10 公里,至克孜库尔干,即国内外知名的"公主堡"遗址。古堡所在山头名"克孜库尔干吉力克",海拔约 4000 米,除东面为临河之峭壁陡岩外,南、北、西三面为高山峻岭,北侧山沟可通皮斯岭大坂。南来的红其拉甫河、西来之喀拉乞库尔河至此汇流北向,成塔什库尔干河,河面宽阔、水势湍急。自克孜库尔干城堡下视河谷,水流如带,相当大的一片范围可以尽收眼底,形势十分险要。这里实际控扼着南去克什米尔、西南去阿富汗的两条径道,古堡在军事上的地位是十分重要的(见图版1)。

古堡遗址的现状是:南面为一道东西向土墙,长约 150 米,堡墙高约 10 米,顶宽 2.5 米,底宽约 6 米,是用一层土、一层树枝砌筑,土层厚约 10 厘米,树枝为横、竖交叉叠压。堡墙外侧的山顶有巨石一堆,似礌石类防御设施。

堡墙依地势构筑,西端稍北折,东端见土坯。说明堡墙不是成于一时,而是在不同时代有过增筑、修补。

堡墙内共见建筑遗迹 13 处。见土墙基,穹顶式、半地穴式土房等,墙厚至达两米,是很好的防寒建筑。遗址范围内见古代陶器残片,厚至1 厘米,当是储水大缸之残片。有石磨盘,长 50 厘米、宽 40 厘米。

我们在 1972 年的调查中,曾取土墙上层树枝送文物保护技术研究所[14]C 实验室进行年代测定,结论是距今不到 300 年,当为清代遗物。

但有关公主堡的传说,唐代在此已是十分流行。玄奘在《大唐西域记》所录关于"渴盘陀国"起源于"汉日天种"的故事,危岭孤峰上的"公主堡"古城,又正当西去波斯的孔道,真好像就是目前所见古堡遗迹的历史说明。[1] 斯坦因在塔什库尔干地区的活动中,对此亦深信不疑。而且提出古堡的建筑特点,同于"公元前2世纪的汉代长城边塞,也是用同样的中国古法筑成的"。[2]

从古堡所处地理形势分析,古堡主要是一种军事性质的工程,可以控制通克什米尔、阿富汗的几个主要大坂(红其拉甫、明铁盖、瓦赫基里)。其时代,最晚延续到清朝还在使用。由于使用中不断维修,上层有清朝的遗迹,自然也不奇怪。但由于这些古道早在汉代或汉代以前就是自塔什库尔干通达大月氏、罽宾的道路,唐代在中亚地区的几次重大军事行动也都与这些古道密切相关,保卫道路的军事堡垒当不会只从清代起。唐代流行在这片地区的"汉日天种"的故事,以文艺形式从另一个侧面表现着这一历史的真实。

自公主堡南行两公里后,地名叫克切克巴依,为喀拉乞库尔河(其上游为火石壁河)与红其拉甫河交汇处。有牧民毡帐三五座,另外也有用石块与草被土块砌就的小屋(所谓草被土块,是切取草被上层,草根密如蛛网,将土夹结成块状,晾干后既可筑屋,也可作柴)。这里河谷宽阔、草场面积大,是一处交通咽喉。

自克切克巴依去红其拉甫山口,可循红其拉甫河谷(即塔什库尔干河)向南稍偏东行。6公里至库吐苏尼底,又5公里到塔什库尔干县种畜场,再3公里至哈里沙尼地,又3公里到沙热依克,25公里后有吾甫浪沟来汇,路线折向西南沿红其拉甫沟行,20公里即可抵达红其拉甫大坂。在这段路程中,河谷逐渐狭窄,谷地内、低山丘均见草被。草不高,但青葱可爱,一路水草充足,人畜可不虑乏。询及老乡称:自红其拉甫河谷东行,也有山间小道可通达叶尔羌河谷,进而可抵叶城,但山

〔1〕《大唐西域记》,"渴盘陀国"条。
〔2〕[英]A.斯坦因著、向达译《西域考古记》,中华书局,1936年,第34页。

势高峻,小道崎岖难行。

红其拉甫大坂山口地势平坦,海拔 4733 米。山谷通道宽一公里多,翻越甚易。作者在塔什库尔干工作期间,曾询及自巴基斯坦通过红其拉甫山口的入境者,据其称:在红其拉甫山口中方一侧,地势上升较缓,交通称便。但越红其拉甫大坂进入巴基斯坦后,山势峻险,高山深谷,人马行走视为畏途。沿洪扎河上游谷地向西折南行,经过帕苏、坎巨提(罕萨)至吉尔吉特(大、小勃律),进入印度河上游,至塔克西拉(坦叉始罗)、白沙瓦(犍陀罗首府)。这既是今天中巴公路的走向,因受山势、大坂、谷道等自然因素的局限,同样又是古代"丝绸之路""南道"通向中亚的径道之一,堪谓古道今用。人们称中巴公路为"亚洲的新奇迹",是不无道理的。

3.3.2 明铁盖大坂通道

自塔什库尔干县城至克切克巴依,即红其拉甫河与喀拉乞库尔河汇流处,路线、走向均同前。只是至汇流处后,转沿喀拉乞库尔河谷西行,经库依尼沙拉木到排衣克检查站。至此,在河北岸小山梁上,可见不规则方形土堡一处。堡墙依地势铺展,周长 200 多米,墙高近 3 米,顶宽 1 米,堡墙由泥、石、树枝交叠而成;南临悬崖峭壁,俯视喀拉乞库尔河,正好控制了喀拉乞库尔河谷。堡墙内遗迹保存不多,见红色碎陶片,厚达 1 厘米。古堡时代,曾取城内采集之木板一块,进行[14]C 测定,时代结论与公主堡近同。清代,在排衣克设有卡伦,或与此有关,但同样不能据此排斥这里更早就有军事城堡的存在。

在排衣克土堡调查中,见所在山头野葱连片。高近 20 厘米,叶扁平,茎圆,开白色小花。帕米尔,中国古称"葱岭",果然有其地理背景。

自土堡向西,沿河谷前进。河谷不宽,山前有草,水流湍急,夏日,骑马亦不能涉越。经恰特尔塔,至排衣克河入喀拉乞库尔河汇流处,河谷比较开阔。在河南岸一稍高石岗上,有古堡遗迹一处。堡墙近方形,每边宽约 4 米,残高 3 米,未见其他遗物。古堡正好控制河口谷道,也正好成了古道具体路线的说明。

由此更西行 20 公里,罗布盖子河自南来汇。道路至此,沿罗布盖子河向南稍偏西行,明铁盖山雪峰傲然耸立。罗布盖子河谷不宽,一些地段只一二百米。地势愈来愈高,但一路水、草不断,青草如茵。再行20公里,抵达明铁盖大坂,大坂海拔高程为4709米。地势较红其拉甫稍高,但路况较好。据曾经穿越过大坂的人们反映:越明铁盖大坂进入巴基斯坦后,道路比较平顺。新中国成立前,塔什库尔干与巴基斯坦地区间的交通往来均取此途。这条路线,也是中华民国政府时期规定的英国驻喀什总领事由印度进入塔什库尔干地区时"正式、经常路线"。可见,在有关通道中这是比较利于通行的一条。进入巴基斯坦境内后,沿明铁盖河谷西南行,经古尔根帕契、波布尔、木库什、帕特,沿河谷转向正南,谷地较为开阔。顺山势直下,至米斯加尔、帕苏、坎巨提,与中巴公路汇合。更前,进抵吉尔吉特。国学大师、著名红学家冯其庸先生研究判定,玄奘返国,进入国门走的就是明铁盖大坂道。在冯先生倡议之下,近年在这里竖立了一块石碑,揭明了玄奘返国的具体路线。

在中巴公路修建过程中,沿途发现过不少古代遗迹,如岩刻画、摩崖刻石(包括汉文刻石)及佉卢文资料等,可以作为自红其拉甫、明铁盖大坂进入克什米尔地区古道走向的生动说明。

3.3.3 瓦赫吉里大坂通道

此道是通达阿富汗瓦罕走廊的天然孔道。在古代交通史上,是值得注意的相当重要的一条路线(见图版2)。

自塔什库尔干县至瓦赫基里大坂,前段公路路线与翻越明铁盖大坂的道路一致,分道处在罗布盖子河口。至此,前往瓦赫基里大坂,是沿海拔4000米的喀拉乞库尔(这一段亦称火石壁河)继续西行的。一路河谷较宽,达两公里左右,沿途草场颇佳,路线沿河南岸行。距离罗布盖子约5公里处,台地上见一座巨型坟丘,底周约40米,圆丘形,高2米多。火石壁河南岸一处高台地上,还见到土堡一座,是中华民国政府时期守卫这条古道的一处据点。

自罗布盖子西行30公里后,至克克吐鲁克。这是一处交通要隘:西北行,越克克吐鲁克大坂,可抵塔吉克斯坦;斜向东南行,越基里克大坂,可至克什米尔;自北向西偏南行,约15公里,翻越瓦赫基里大坂,即进入阿富汗的瓦罕走廊。这条路线具体情况是:上溯瓦赫基里河谷,约行 7 公里,路面平坦,人马行走均便,谷道约宽 1 公里,有草。7 公里后,山势陡险,马、牦牛虽均可通行,但跋涉艰难。至 8 公里处,有一不大的高山湖泊,长圆形,长约 400 米、宽约 100 米,水色青碧。大坂顶部宽约 200 米,海拔 4800 多米。至此,瓦罕走廊即呈现眼底。近大坂顶,有一区小石屋,面积约有 20 平方米,可供翻越大坂的人们稍事休息。这一通道,据向当地群众了解得知,除冬日大雪,基本均可通行。尤其是在夏日,交通堪称便利。

在这些翻越大坂的山道旁,如果仔细观察,可以看到高二三十至四五十厘米的小石堆,沿线陆续分布。这实际是一种简单的路标,给不谙路线的旅行者们指示途径。这些石堆、石屋,虽没有明显的时代标志,不知垒自何代,但它们确在明确指示古道走向,这一点是清楚无误的。从一路水草情况分析,如若是一支数十人的商队,自塔什库尔干翻越前述三个大坂通道,沿途给养均无问题。

翻越瓦赫基里大坂后,道路顺势直下,进入瓦罕走廊。南为兴都库什山,北为瓦罕岭。这是一条东西方向、水草均佳的优良古道,沿途居民点如良加尔、罗宗、良加尔基什特、伊希卡希姆均可供行人沿路休息。由此经萨朗山口翻越兴都库什山,可至贝格拉姆、喀布尔,沿途古迹不少。自喀布尔斜向东南,通过开伯尔山口,可进入巴基斯坦、印度。自喀布尔向南,可入坎大哈。由喀布尔西去,经巴米扬、赫拉特,即可进入伊朗。这些都是古代"丝绸之路"上的重镇或名邦。有人说,"丝绸之路进入瓦罕走廊之后,堪谓全线皆活",这是有道理的。公元 727 年慧超自印度求法回长安,走的应该就是这条古道。《往五天竺国传》记录他经过这段路的情况是:"从胡密国(瓦罕)东行十五日,过潘密(帕米尔),即至葱岭镇。此即属汉兵马,见今镇押……外国人呼为渴饭檀国,汉名葱岭",与经过瓦罕走廊翻瓦赫基里大坂至塔什库尔干的走向完全一致。马可·波罗来华,也曾经通过瓦罕走廊,只是后半段路线与慧超有异。唐代名将高仙芝,也在这片地区演出过十分威武雄壮的历史活剧。了解这些古道,对前述古代各种行记会得到准确的理解,而结合这些历史上的事件,也会使我们对这些古路通道有一个形象的概念。

3.4 葱岭守捉故址——"石头城"

"丝绸之路""南道",从塔里木盆地西缘穿越帕米尔,不论自莎车还是叶城出发,受大坂隘道的局限,均必须首先到达东帕米尔的塔什库尔干;"丝绸之路""北道",自喀什噶尔至费尔干纳盆地、阿富汗、巴基斯坦,也有多条路线穿越塔克墩巴什帕米尔抵达目的地,但同样必须先抵塔什库尔干县城所在的河谷。交通地理上的这一特殊位置,使东帕米尔的塔什库尔干县在"丝绸之路"交通上具有不一般的地位。

从自然地理条件看,在东帕米尔地区,塔什库尔干县所在河谷,是谷地最宽阔(宽达六七公里)、草场最广大(三万亩左右),地势较低(海拔只3000多米)的地区。自此南抵达不达尔,北及塔合曼,沿塔什库尔干河谷,草场连片,适宜于牧业发展,也可以进行少量的农业经营,是帕米尔地区自然条件比较优越、人口比较集中的一处所在。

这样的自然条件及交通地理位置,使塔什库尔干县在历史上具有重要的地位。根据考古调查资料,结合历史文献中的有关记录,有根据认为:目前塔什库尔干县城所在地区,就是唐代渴盘陀国都城所在,亦即唐代葱岭守捉置镇处。

"塔什库尔干",突厥语,汉语意为"石头城"。县城附近,也确实保存一处石头城废址(不少文章、图片,均把清朝蒲犁厅城与"石头城"相混同。这是一个明显错误。"石头城"范围较大,蒲犁厅城坐落在"石头城"东隅,它们是两区时代不同、性质各异的遗址)。我们曾先后两次对这一石城废墟进行过仔细调查,并于1982年在城内进行了试掘。

石头城遗址,处于目前县城北部一处石岗上,与县城居民点紧紧相连,经纬位置是:37°6′×75°13′,海拔3100米。石岗西依萨雷阔勒岭,东临宽阔的塔什库尔干河。河谷至此十分开阔,可分叉为四五道支流,自河滩至山前,均为草场。夏日绿草如茵,牛、马、羊散处其间,极富草原生活情调。

古城遗址依石岗形势构筑。石岗西高东低,南北城墙下为岗峦,中部为凹沟,高下相差达二三十米。受地势局限,城墙为起伏曲折的不规则形象,但略近方形。北、南、西三面墙垣仍非常清楚,东面为陡岩峭壁,而且大部分为清代蒲犁厅城叠压。

城垣全长 1300 多米,由块石夹土、土石相间叠砌而成,残高 6 米上下,顶部宽 1~3 米,每层土石厚约 20 厘米。北墙、西墙仍保存有马面,共见 14 座。彼此间距 40~50 米,测其完整者,顶面矩形,6.8×4.5 平方米(见图版 3)。马面与城垣构筑方法不同,是用土坯修砌,土坯规格有二:其一为 40×30×13 立方厘米;其二为 30×20×7~8 立方厘米。四角有角楼,西北角楼台基高 6 米,顶面 4×4 平方米。其余三处坍塌成高大的土石墩,规模远过于城垣的宽度。

随岗峦起伏布局的不少房址,仍然可以看出当日之情状。建筑主要集中分布在南、北两块地势稍高的石岗上。居室一般略呈矩形,长边一般 4 米上下,短边 3 米上下。部分居室随岗势高下互相错落,房址内见灶坑。

从古城址现状分析,出入古城的通路主要在面向河谷的东部,依地势顺岩沟出入。城内用水,来自源于西面高山雪岭的新甘沟。沟水曲折,自西北角流贯城中,形成深沟,出东城后泄入塔什库尔干河。这一自然形势,至今仍然清晰,贯穿城中的小沟仍然流水不断。

为探明古城年代,我们曾在城中偏北一处石岗上稍事清理,见集中分布的二十多间居室,试掘其四。出土了部分陶片、一枚乾元重宝,文物较少。与此同时,于蒲犁厅城内地面,也曾开一深沟,面积为 3×2 平方米。试掘表明:蒲犁厅城坐落在碎石基上,碎石基在早期曾经有过人们居住活动,其中杂有碎毛布、树枝、兽骨等。值得注意的是在这一叠压在清城下的早期文化层内,出土了一件梵文文书,是克什米尔地区 3—8 世纪时期流行的一种书体。[1] 此层巨石纵横,清理工作相当艰难,受开拓面积、工力之局限,并未清理至底。在试掘点稍南,居古城

---

〔1〕此件文书承库尔班·外力帮助鉴定,特此说明,并致谢意。

东偏南部位,有古代佛教寺院遗迹,见塑像残部。由于蒲犁厅城整个坐落在早期的石头城东部石岗上,部分地段叠压关系显明。早期地层中文物(如毛织物、丝织物、树枝、兽骨等),从剖面断层中也清晰可见。我们曾利用这一自然叠压关系,取早期地层中的木炭送请文物局文物保护所^{14}C实验室进行年代鉴定,结论为:早期地层(亦即石头城活动阶段)的年代为距今 1390 ± 70 年,经树轮校正,其年代为距今 1325 ± 75 年,相当于唐代。

古城所在地理形势(背山面河),具有明显的汉式筑城技法特点(有马面、角楼)。它们与本地土石相间筑城技法相结合,马面、角楼用土坯,明显是在原城墙上增修补建等。据这些特点,而且古城又废弃在唐代,结合前述这片地区在交通史上的地位及具有比较优越的自然条件等因素,使我们不能不具体结论:它就是原为渴盘陀国都城,后为(唐)葱岭守捉治所的遗迹。

《新唐书·西域传》关于葱岭守捉,曾有比较明确的记录:"渴盘陀,或曰汉陀,曰渴馆檀,亦谓渴盘陀。由疏勒入剑末谷、不忍岭六百里,其国也(按:自疏勒西南行六百里,正当塔什库尔干河谷)。距瓜州四千五百里,直朱俱波西、南距悬度山、北抵疏勒、西护密、西北判汗国也(按:其四至,东叶城,南喀喇昆仑山,北为喀什噶尔,西通瓦罕,西北至费尔干纳,这都与塔什库尔干十分切合)。治葱岭中,都城负徙多河(按:塔什库尔干河为叶尔羌河上游之一,故同样可称徙多河。还有一点值得一提,在向当地塔吉克群众询及塔什库尔干河的称谓时,有称此河为'沃西多'的,与'徙多'同音)。胜兵千人。其王本疏勒人,世相承为之。西南即头痛山也(按:指兴都库什山)。葱岭俗号极嶷山,环其国。人劲悍,貌、言如于阗……贞观九年,遣使者来朝。开元中破平其国置葱岭守捉(按:公元8世纪初叶,渴盘陀国王降附吐蕃,国亡,唐为阻抑吐蕃势力进入塔里木盆地,于此置葱岭守捉。足证,葱岭守捉置在渴盘陀国,并取其政治、军事、经济中心所在的都城为置镇之所,自然是情理中事。石头城原来用石块夹土砌城墙,土、石建就之城垣上,后增了唐王朝以土坯砌就的马面、角楼,使军事防卫职能更加完整,颇可

·欧·亚·历·史·文·化·文·库·

以作为这一历史事件的具体说明），安西极边戍也。"这一记录，颇为准确地说明了今塔什库尔干地区，于唐代确为渴盘陀国之所在，而葱岭守捉置镇之所也就在这里。

为了更好地理解现存"石头城"遗址确为渴盘陀国之都城，还可以玄奘《大唐西域记》中的有关记述作印证："渴盘陀国，周二千余里。国大，都城基大石岭，背徙多河。周二十余里。山岭连属、川原隘狭，谷稼俭少，菽、麦为多，林树稀，花果少。原湿丘墟，城邑空旷。"这段文字，除说都城"周二十余里"一句失之过大外，其余记录，真可以说是十分准确地描述了石头城正处一座大石岭上，临徙多河。从总体观察，帕米尔地区确实也是川原隘狭、谷稼俭少。由于地势高寒，直至今日农业生产仍以青稞、豌豆为主。生长 10～20 年的树木，山下早已成材，在这里却才只小碗粗细。这一切，玄奘的描述实在非常贴切。都城处在临河的大石岗上，正是我们今天所见石头城遗址的形象。"渴盘陀"系伊朗语，意为"山间平地"。对于塔什库尔干河谷这一片地区来说，也是很准确地概括。而在这片河谷内，塔什库尔干"石头城"是在最重要的地理位置上最大的一座古城遗址，只有渴盘陀都城才能与之相当。

渴盘陀国存在时间颇长，其境域为汉蒲犁国地。但作为葱岭守捉城，存在的时间却是相当短暂的。开元中始设葱岭守捉，安史之乱以后，河西、陇右为吐蕃所据，新疆大部分地区也都曾一度在吐蕃的统治之下。葱岭地区是吐蕃进入新疆的重要隘道之一，葱岭守捉之置，就有阻抑吐蕃自葱岭进入塔里木盆地之目的在内。在这一形势下，葱岭守捉城很快没于吐蕃，是并不奇怪的。

葱岭守捉存在的时间虽然不长，但其政治意义却不应轻估。它是唐王朝政权在我国西部边境直接设镇、派兵戍守的一个边远地点，说明了葱岭所在地当时是唐直属版图。我们通过考古调查、试掘，明确了葱岭守捉的所在，通过考古资料进一步论证了这里原是渴盘陀国的都城，对研究帕米地区的历史、地理，研究中西交通情况具有很大意义。今后应加强对塔什库尔干"石头城"遗址的考古发掘，弄清楚该城的始建时期，进一步通过考古资料分析这一遗址与汉蒲犁的关系，其意义不可轻估。前面曾经谈到的香巴拜古墓区,出土了金、铜、骨质珍贵文物,表明了墓葬主人已经进入文明、处于奴隶制发展阶段[1] 这些考古资料具体表明塔什库尔干河谷的这一地区,很早即已得到了开发,进入了战国时期,已有了相当发展的古代文化。在这些资料的基础上,再作深入一步的工作,古代蒲犁国的考古文化是不难得到澄清的。

3.5 班底尔河谷行

我们在塔什库尔干河东地区还进行了一般的考古调查,有关具体资料同样有益于我们认识、研究塔什库尔干地区历史及"丝绸之路"的交通情况。

自塔什库尔干县城过河而东,翻越坎达尔山,经兴地到下班底尔、阿克塔木、瓦卡、肖依墩,再翻越一处不太高的大坂,到马尔洋,这是一条与塔什库尔干河谷走向平行的南北向山沟。河谷不宽,只一二公里。沿一道小河顺坡而进,沿途见到石堆墓、土城堡,大都分布在河谷两岸的低山地上,古墓地表均为石堆,每一区墓葬数量不多。墓葬分布中的这一特点,与存在定居、农业的地区形成很鲜明的对照。

班底乡所在山沟沟谷很狭隘,谷底一水中流,草场不大,全乡人口才一千稍过。入班底沟不远,近乡政府所在,低山坡上见一小土堡:长方形,东西长 80 米、南北宽 40 米,地面不见更多遗迹、遗物。墙垣构筑方法是底部为石基,上层为土坯夹泥,层层砌垒,现高只存 2 米左右。古堡外见古墓葬,同样是表面堆石。考古所曾试掘其一,竖穴土室,人架仰身直肢,随殉一件陶器,饰刻画之三角纹,明显具有早期特征。古堡下,近河滩之台地上有石棺,上部为石盖板,部分已暴露于地表。从形制分析,与塔什库尔干县城南 34 公里处吉尔阿勒墓葬近同。此土堡俯临班底河谷,控制着去班底、瓦卡、马尔洋的隘道。堡塞虽不大,但形势十分险要。

---

[1]新疆社会科学院考古研究所《帕米尔高原古墓》,《考古学报》,1981 年第 2 期。

·欧·亚·历·史·文·化·文·库·

班底峡谷,宽不过一二公里,两侧秃山屏列,不见树木,只在河谷底部稍有小块草场。至瓦卡,峡谷较此稍宽阔。瓦卡沟内,河西岸第二台地上,亦见土堡、古墓,外部形制与班底近同。古墓数量较多,亦较集中。由于河谷狭、地势坡度大,夏日每天下午至第二天上午,山上雪水流泻至此,形成汹涌急流。不谙有关地势、道路,不敢随便行走。另外,此处由于地势高寒,农作物只有青稞、豌豆、油菜。河谷狭窄、水草局限,牲畜数量也不多。

去马尔洋翻越大坂途中,因汽车故障中途折返,但在高山坡上却又见到一片野葱。这片野葱漫布在一条较浅凹的泄水沟内,葱高可40厘米,叶扁平,每株有六七片叶,对称展开。时在七月底,野葱的紫色球状花成簇开放,远望成带,在荒山顶上成为显目景观。据老乡讲,这类野葱在地势较高的高山夏牧场内,随处可见。生长较低处者,见者采食,逐渐少了。《汉书·西域传》称帕米尔为"葱岭",《西河旧事》云:"葱岭,其山高大,上悉生葱,故以名焉",颇为正确地说明了汉代所以名"帕米尔"为"葱岭"的由来,"葱岭"是一个典型的汉式地名。"丝绸之路"早开,并越葱岭而西行。从"葱岭"之名早在汉代已见之于史籍,就清楚地透示了相关的历史消息。

在介绍有关塔什库尔干地区考古文化情况时,还有一处值得一提的线索。现属塔什库尔干县达不达乡三大队热斯卡木,是一处十分值得注意的地区。它地处叶尔羌河谷,自达不达骑马四天可以到达。不大的热西卡木河,是叶尔羌河上游的一条小支流,沟谷不宽,七个小居民点沿热西卡木河谷分布,河谷宽不足一公里,约三百多亩面积的平地成东西向展开,海拔4000米,俗称"穷托卡侬"。从地理位置看,这里与马尔洋谷地相去不远,河谷可以相通。关于热斯卡木的遗迹遗物,塔什库尔干地区不少人曾从各个角度反复强调,称相当丰富:在阿克迭列克见过古代城堡,玉素坎有铜矿及古文物、陶片、金银饰物等,且常有所见。目前由于山高谷深,交通不便,一般情况下与外界联系十分稀少。如从叶城西行,顺叶尔羌河谷走,可以通达热西卡木地区。从热西卡木翻越西岩大坂(海拔4900米),可以进入塔什库尔干河谷。这样,与红其拉甫、明铁盖、瓦赫基里大坂通道可以相连通。因此,它也是一条值得注意的交通孔道。这一古道,结合热斯卡木地区已见的古堡、古址,对我们分析自莎车西入帕米尔的路线、帕米尔的古代文化遗存,均不失为重要的线索。由于时间不宜,交通条件局限,我们两次均未能前往,颇以为憾,但愿近年可以得机会实现此行。

4 唐伊吾军城、银山道及其他

唐王朝国力雄强,经济技术发达,"丝绸之路"干、支线运行通畅,新疆地区存留至今的古址古迹相当多,本文撷取其中部分用为介绍。所持原则是:已经彰名昭著近乎常识的史迹如安西、北庭、高昌、交河之属,均不作赘言;与唐代重要政治、军事、交通关系密切,学术意义显著,学术界未及关注,且本人亲自进行过考古调查或试掘,有确凿可以凭信的资料并略有心得者,略予介绍。其他,则不予涉及。

4.1 巴里坤县大河古城——唐伊吾军屯地

20世纪70年代末、80年代中,笔者先后多次到哈密地区进行考古调查。在巴里坤草原,得到郭延根、张建国同志之助,足迹及于县境大部分地区。公元前9世纪的兰州湾子石构遗址、大河古城等均是这一阶段中调查的重要收获。大河古城,位于大河乡干渠村,在县城东北不到20公里处。古城雄峙于缓平、开阔的草原,颇为壮观。城垣范围内陶片、兽骨、石磨、铁器随处可见,部分文物唐代特征明显。仅老乡挖肥时已揭露的古代窖穴就鳞次栉比。考虑到古城所在地理位置、自然环境均不同于一般,故详予踏查,草测遗迹,并为之翻阅文献、综合分析,初步判定为唐伊吾军屯地。这一观点虽曾在不同场合介绍过,但却始终未形之于文。这次略述陋见,以求教于方家。

古伊州属下的巴里坤草原是东部天山中的一块狭长形高山草原盆地,面积近四万平方公里。平均海拔达1650米,四周高山环抱,由东南向西北倾斜。南部天山冰川、西北部阿尔泰山东段高山雪岭,为草原提供了充沛的水源。除冰川雪水形成的河流外,盆地中部(如大河古城所在地)地下水异常丰富。大河,是巴里坤草原上最主要的河流之一,源自盆地东部冰川,沿途得泉水补给,流泻至巴里坤湖。大河古城,即在大河流灌区域之内。我们自巴里坤县城驱车去大河乡大河古城，沿途渠沟纵横，不少地段水泽漫布，绝无干旱区景象。

草原土壤肥沃，多含腐殖质，牧草优良。盆地为典型的大陆性气候，山区草场则具寒带气候特点。全县四季草场总面积达2100多万亩，草场间距离不大，畜群迁徙方便，有利于牲畜的发育，减少转场途中的损失。而大河乡所在，因地势较低，夏日不太热，冬日气温较高，加之土地肥沃，故极宜于农业，尤其是小麦的生产。时至今日，大河古城附近的大河乡，仍是整个哈密地区的主要粮仓。

古城经纬位置为东经93°10′54″、北纬43°39′40″，呈长方形，可见主城、附城之别。主城南北长210米、东西宽180米，城墙保存基本完好，尤以西南角处保存最佳，墙高8～10米，基部厚10～13.5米，顶部残宽2米。当地老乡为挖肥，在西南角城墙上破开一门，以利出入。据其剖面可以清楚观察到：中心部分为厚4米、高4.5米的早期夯土城墙。后期曾以这一夯土墙为基础，加宽加高，向内拓宽4.5米，向外拓宽5米，同样也曾夯实。但土色、夯层、夯窝大小均不一致，故甚易辨别。中心部分，夯层厚5～7.5厘米，一般均7厘米上下，夯窝近圆形，直径8厘米增厚部分夯层密实程度稍差。顶部，也可见仓促堆泥，未经过夯实的痕迹，是紧急处置的说明。主城东南角，是全城重要遗址集聚处，有厚墙围护，范围约70×60平方米。

见马面、西墙三座、北墙二座、南墙三座，长、宽约8～9米。

西门门阙仍存，宽4米。东墙中部也见缺口，宽约3米，是联通主附城之通道。

附城居主城东侧，彼此共用主城东墙，但附城城垣较低，南北长240米，东西宽177米，城垣高只2～4米左右，宽约10米左右。现满城种植苜蓿。

城外见相当宽阔的城濠，遗迹明显，距离城墙约20米，宽达20米左右。西、南濠沟内仍见流水，苇草茂密。

古城虽早已发现，并于1957年即公布为自治区文物保护单位，但保护工作并未落实，长时间内曾是老乡垦殖之所。笔者当年踏查，主城内不少地段都有老乡挖肥暴露的古代窖穴,窖穴大多长方形,粗略测量统计,有 130×70 平方厘米、180×90 平方厘米、200×110 平方厘米、180×140 平方厘米、218×113 平方厘米等,深自 55～170 平方厘米不等,分布相当密集。个别窖穴为圆形,直径 127 厘米、深 100 厘米。窖穴内出土的文化遗物,已无法查寻,窖穴近旁打碎的灰陶盆、罐残片,触目皆是。不少器物出土时明显完好,是人为击碎的。附城内见不少基本完整陶器,多灰陶盆、罐。存大型石磨一副,直径 95 厘米,厚 22 厘米,磨膛圆形,磨齿为大小不等的 8 块三角形斜块,彼此拼合成圆,齿宽 3 厘米,可以作为唐代石磨的标本。方砖,已残,微红褐色,厚 4.8 厘米,火候较高。在县文化馆收存有古城出土的其他文物:开元通宝、莲花纹方砖、莲花纹瓦当(多量)、唐镜、铜佛像、铁剪等,均属唐代文物,显示了古城主要活动时期为唐代。附城内还见大量兽骨,以马、羊骨为主,驼骨稍次,也见一定数量的鹿骨。笔者曾取古城地层的烧炭,送请国家文物局文物保护科学研究所[14]C 实验室进行年代测定,结论为距今 1446±60 年,树轮校正年代为距今 1375±65 年。由此可见,古城活动在公元 7 世纪前后,与出土文物揭示的时代特征一致。

在天山以北巴里坤草原上,保存这么一座唐代古城,其性质、名称是一个大家关注的问题。

《资治通鉴》卷 215 记述:"北庭节度,防制突骑施、坚昆,统瀚海、天山、伊吾三军,屯伊、西二州之境,治北庭都护府,兵两万人。"胡三省注"突骑施牙帐在北庭府西北三千余里,坚昆在北七千里。瀚海军在北庭府城内,兵万二千人。天山军在西州城内兵五千人,伊吾军在伊州西北三百里甘露川兵三千人。"[1]《元和郡县图志》记庭州称:"长安二年改置北庭都护府,按三十六蕃,开元二十一年改置北庭节度使(都管兵二万人,马五千匹,衣赐四十八万匹段)。以防制实骑施、坚昆,斩啜(西北去突骑施三千余里,北去坚昆七千里,东去斩啜一千七百里)。管瀚海军、天山军、伊吾军(伊州西北三百里甘露川,景龙四年置。管

兵三千人,马三百匹。在理所东南五百里)。"《元和郡县图志》"伊州条"记"伊吾军,在州西北三百里折罗漫山北甘露川,置刺史为使,景龙四年置"。[1] 北庭节度使的军事使命主要针对阿勒泰山、伊犁、蒙古高原方向来敌,瀚海、天山、伊吾三军分驻今吉木萨尔、吐鲁番及巴里坤。吉木萨尔、吐鲁番均为当年州治所在,是政治中心,伊吾军则不驻伊州。伊州城址虽未发现,但在天山以南今哈密绿洲内则可以肯定。折罗漫山即天山,《元和郡县图志》卷40"前庭县"条下,称"天山,夷名折罗漫山,在县北三十里",可证。处伊州西北,距伊州三百里,居天山以北的伊吾军驻地,从空间距离、地理位置分析,正与大河古城切合。故可以肯定:巴里坤草原上的大河,唐代名甘露川,依傍大河屹立之唐代古城,为唐北庭都护府属下的伊吾军屯地无疑。

北庭都护府下属伊吾军之设置,在公元8世纪初。这时安西已经收复,吐蕃势力受到严重打击,唐王朝在西域的统治比较稳定。但认真分析,存之隐忧也并不少:伊犁、碎叶方向西突厥部突骑施势力很盛,蒙古草原上东突厥部亦复兴起。而大河古城所在巴里坤草原正好控制着蒙古高原进入西州、伊州、庭州的咽喉。自大河斜向东北,经三塘湖、老爷庙,一直是蒙古草原与巴里坤、奇台往来的重要交通古道。故伊吾军驻扎于此,可以说是势所必然,其他任何地点都无法取代其重要地位。这是一。第二,前文已说明,这里水草十分丰美,自古即为良马的繁育中心。而大河所在土壤肥沃,气候温和,又是宜于农垦的基地。伊吾军在此,可以利用巴里坤草原得天独厚的水土资源,协助解决北庭节度麾下三军的骑兵马匹及粮食给养。

唐代史籍中,没有说明当时北庭驻军的后勤给养供应办法。吐鲁番阿斯塔那出的土唐代文书中,有多件表明伊吾军屯田的文书。其一,文为:

"敕伊吾军　　　　　牒上西庭支度使
合军州应纳北庭粮米肆仟硕 叁仟捌佰伍拾叁硕捌斗叁升伍

---

[1]《元和郡县图志》卷40,"伊州"、"庭州"条。

141

合军州前后检纳得

肆拾叁硕壹斗陆升伍合前后欠不纳

壹佰伍拾柒硕纳伊州仓讫 叁仟陆佰肆拾陆硕捌斗叁升伍合
纳军仓讫"

其上钤朱红色"伊吾军之印"。它如"唐开元十年伊吾上支度营田
使留后司牒为烽铺营田不济事"、"唐伊吾军典张琼牒为申报属田斛斗
数事"、"伊吾军典王元琮为申报当军诸烽铺属田亩数事"、"唐检勘伊
吾军属田顷数文书"、"唐伊吾军牒为申报表烽铺属田所得斛斗数事"、
"唐伊吾军诸烽铺收贮粮食斛斗数文书"等等,文书上大多钤有朱红色
"伊吾军之印"[1]。这些都清楚地表明伊吾军负有屯田使命,不仅要承
担自身粮草所需,而且对伊州、北庭均有重大的后勤义务。因此,伊吾
军驻地所在,必须是宜于农业垦殖的所在。在巴里坤草原内,这一所在
也非大河莫属。

伊吾军中,乘骑占有相当比重。大河古城东侧,是规模不小的附
城,城内马、羊骨甚多。这一附城与当年伊吾军的骑兵配置也是密切相
关的。

4.2　银山道——苏巴什沟

唐代西州,基本地域为吐鲁番地区,是天山中间的一块盆地,四周
高山环绕。焉耆王国所在的焉耆绿洲,同样是天山山系中又一山间盆
地。彼此交通为天山山系的喀拉克孜尔山、喀拉塔格山、克孜尔塔格山
所隔阻,穿越困难。唐《西州图经》残卷称:"银山道,西出天山县界,西
南向焉耆国七百里。"唐天山县主要地域在今吐鲁番托克逊县境,但离
托克逊县后究竟穿过哪条山沟才能便捷地进入焉耆盆地,则并不明
确。因而,关于"银山道"的具体经行路线一直是人们关注的问题。

根据自然地理形势,结合沿线考古遗存、近代交通线路,由吐鲁番

---

〔1〕国家文物局古文献研究室等编《吐鲁番出土文书》第八册,文物出版社,1987 年,第 194 -
222 页。

进入焉耆盆地,具体线路不外如下三条。

4.2.1 清代驿道

据《新疆图志》卷80,道路二记载:"吐鲁番厅……城西南三十里雅木什,三十里布干台驿,六十里托克逊驿……偏南九十里苏巴什驿,八十里阿哈布拉克驿,六十里桑园驿,七十里库木什阿哈玛驿,七十里旧房川,接焉耆东境官道"。这一驿道,1929 年黄文弼先生自吐鲁番入焉耆进行考古调查时即循由此路,人马均可以通行。他在《塔里木盆地考古记》中记述的具体情况是:"一为驿道,即今大道。吐鲁番西行,经布干台、托克逊,折西南行,至苏巴什入山,经阿哈布拉克、桑树园子、库米什出山,折西行,入焉耆界。经榆树沟、新井子、乌沙克塔拉、曲惠、清水河西至焉耆,共十一站,八百四十里。"

4.2.2 阿拉沟山道

经阿拉沟翻天山大坂,入焉耆盆地为山道。沿途峰峦叠嶂,河水中流,人、马通行便利,而车行有一定困难。1976 年至 1978 年,为配合乌鲁木齐至库尔勒的铁路工程,作者曾在阿拉沟中工作、生活了三个春秋。发掘工地主要在阿拉沟口,住地就在沟口古烽下的机械连内。在局部清理古烽的过程中,得唐代残纸多件,内有白水、鹳鹆、炭水、黑鼻、阿施、名岸等烽燧名及断贼铺及戍卒名。古烽垒石夹木成墙,取墙中红柳作 ^{14}C 年代测定,结论为去今 1295 ± 75 年,经树轮校正为 1260 ± 75 年,建筑年代应为公元 7 世纪前期至 7 世纪中期。古烽控扼阿拉沟东口,入沟后,复见多座古烽且见小城堡,彼此一线铺展。过阿拉沟、翻天山科雄大坂,入乌拉斯台沟南行,入巴仑台,可抵和静、焉耆,自乌拉斯台斜向西北,可入巩乃斯河谷。作者在阿拉沟三年的考察中,曾多次在这一线路上来去,沟谷虽有险阻,但通行不难,沿线春秋战国时期墓葬丛集,表明这里很早即有人群居住、生活。唐代古烽则说明唐代已作为自西州进入伊犁、焉耆的通路之一,有兵卒守卫、管理。明代陈诚奉命西使,离吐鲁番后即经由此道前去巩乃斯河谷,当时途中少有人烟。清代曾通过此道出奇兵突袭准噶尔。黄文弼 1929 年入塔里木盆地考古,曾经行此道,路线是"出托克逊,至亦拉湖、托湖尔密入阿拉沟,过巴克斯图沟、塔斯干大坂、可根托罗盖,至察汗通格、曲惠人焉耆"。[1] 因此,可以肯定:通过阿拉沟交通焉耆及伊犁草原是一条古道,公元前即实际有人来去通行。入唐,唐王朝曾作为重要隘道派兵驻守,以拱卫西州之安全。

4.2.3 干沟线

这是近代开通之公路线。因苏巴什沟内山石塌方沟谷阻断,盛世才时期,开干沟、榆树沟公路。沿途荒山秃岭,其中一百公里路段,滴水皆无,没有近代交通工具,人、马是难以穿越的。

综观上述交通地理状况,自吐鲁番进入焉耆的"银山道",只能通过阿拉沟、苏巴什沟。在阿拉沟口发现过唐代古烽,可以肯定这是唐代经营过的古道之一。但仔细分析山沟自然地理形势,自阿拉沟进入焉耆不经过库米什山(银山),翻阅有关唐代文字记录可以结论,经过阿拉沟进入焉耆、巩乃斯河谷的山道与"银山道"无涉,沟口古烽等唐代军事设置,应是唐王朝政府防御伊犁河流域突骑施势力进扰西州的军事工程。因此,唐"银山道",应在苏巴什沟内去寻求。

关于银山道系经苏巴什沟的观点,周连宽先生于 20 世纪 80 年代初在《从沙州至阿耆尼国的一段行程》[2]一文中即提出此说,但只是据《慈恩传》及《西域图志》所作的逻辑推理,未得可能实地考察。1991年,314 国道改线,线路选定于苏巴什沟。配合这一工程,作者曾两次入沟详为踏查,稍后为公路工程清道,考古所又派张铁男、李军进行相关遗址发掘。对苏巴什沟的地理形势、全沟古代文化遗址有了相当深入的了解,对唐"银山道"是穿越苏巴什沟至库米什山西行,深信不疑。李军亦曾撰文阐明银山道系穿越苏巴什沟。[3]但细阅全文,总感言犹未透。为与研究"丝绸之路"及唐代新疆地理的同仁共同切磋,这里更作扼要论述。

(1)苏巴什沟沟谷开阔,沟内泉水丰沛。在极度干燥的吐鲁番盆

---

〔1〕黄文弼《塔里木盆地考古记》,第一章,科学出版社,1958 年。

〔2〕周连宽《大唐西域记史地研究丛稿》,《从沙州至阿耆尼国的一段行程》。

〔3〕李军《唐代的"银山道"》,《新疆文物》,1995 年第 1 期。

地,人畜交通沿途饮水补给是第一要务。在以畜力代步的古代,选择苏巴什沟以交通焉者,不仅里程短、天然沟谷可资使用,且水草均可补给,具有难以取代的优势。因此,直至清代,它仍是驿路所在。

苏巴什沟,是天山山系博尔托乌拉山中一条由山水冲刷而成的天然沟谷。宽数十米至百米不等,地势相当平坦,交通往来方便。"苏巴什",突厥语意为"水之源头",沟内部分地段均见泉水。初入苏巴什沟,泉水汇成之小溪湍湍流淌,清碧可人,溪畔小树、芦苇、杂草一片青绿。沟之纵深,为驿站"阿哈布拉克",汉语意为"清泉"。山北沟谷内,一股清泉涌流,水量甚大。清代驿道,所以循此沟设置,与这些喷发的泉流是密切相关的。

在苏巴什沟发掘工作中,除发现并清理一座青铜时代古墓、采获"开元通宝"一枚、清驿旧址三处、清军平定阿古柏入侵时的"粮草局"一处,并见摩崖刻字多处,如"苏巴什童山百里无柴草无人烟楚南桂邑朱君宾进驻此驿事不废施伯均父志其劳于石□年三月"、"道光十五年三月初三"、"光绪三年七月二十六日老湘军佳辰"、"洪水"、"光绪三年马宗泰李万来赵月□"等。还有一些思乡念情的文字、刻画,表现了清代驿路上的景况,也显示自青铜时代以来,山沟始终有人通行的实际。在阿哈布拉克至桑树园的路途中,坍塌的巨石几乎堵塞了沟谷,其一上有"峻岭苍勇"四个大字,与其说这是镌刻者在描述苏巴什沟的雄奇、峻拔、苍凉,不如说是抒发着对开拓古道和在古道上艰难奋进之勇士们的衷心礼赞。

(2)所以肯定苏巴什沟是唐"银山道"之关键路段,是因为在沟内觅见了惠立、彦悰在《大慈恩寺三藏法师传》中提到的阿父师泉。

自苏巴什沟逶迤西行,四十多公里后,可至阿哈布拉克清代驿站废址。在阿哈布拉克废址以北约三四公里处,谷道宽不足百米,左右山岩壁立,沟内乱石纵横,杂草丛生,多股清泉汩汩流淌。泉眼连成一线,分布于山沟南侧壁立的沙石岩壁上,距地高3米左右。泉水缘壁涓涓而下,壁面藓苔绿草,岩壁下泉水至地积而成潭,清冽可饮。施工部队珍视此水,傍水砌池,导水池中,以供饮用,差可维持。

·欧·亚·历·史·文·化·文·库·

细审这股泉水所在形势,与惠立所述玄奘过银山、入焉耆途中露宿山沟泉畔之景况,并无二致:"从此(笃进城,即托克逊——引者注)西行至阿耆尼国阿父师泉。泉在道南沙崖,崖高数丈,水自半而出。……法师与众宿于泉侧,明发,又经银山。"这段文字准确说明,阿父师泉所在山岩,是自托克逊西行,方位一致;阿师父泉是在路南岩壁间,这也完全一致;而且自泉流至库米什(银山)的距离不足四十公里,约当一日之程,与《慈恩传》所录"明发,又经银山"也完全契合。玄奘西行,走的是苏巴什沟,亦即后来称述的银山道,是可肯定的。行文至此,还可附笔一提:唐代焉耆王国与西州之界域分划,是在苏巴什沟口。山外东部平川,归西州;入山即为焉耆之属。所以,惠立将阿父师泉明确写定是"阿耆尼国阿父师泉"。

(3)"银山道"之得名,关键是必须通过银山库米什。过苏巴什沟后必过库米什山,才能进入去焉耆的主道。我们今天看库米什山,形势平平,虽是吐鲁番至焉耆公路的必经之道,却并没有特别引人之处。但在唐代,这却是一个知名度极高,而且被传说得有点离谱的地方。惠立在《慈恩传》中保留了一点当年的传说痕迹:"此山甚高广,皆是银矿,西国银钱所从出也",[1]与我们今天对库米什山的概念相去甚远。库米什山并不高峻,有银矿但并不十分丰富,更不能说满山"皆是银矿",当然,西域大地的白银也并不都产在这里。但唐代中原还很少有人明白这番实情,"库米什山"的知名度在唐王朝统治者的心目中肯定是很高的,穿越此山的驿道被命名为"银山道",并在"银山道"上设戍置守,[2]自然也都在情理之中了。

综上所述,故而判定唐"银山道"路线是自托克逊西行,入苏巴什沟,进入焉耆的路线。这一路线为清朝驿道所承袭,又为今天自托克逊县进入焉耆的314国道所沿用。其所以如此,实际是适应着自然地理形势的特点。可见,因地制宜,古今一理。

---

〔1〕《大慈恩寺三藏法师传》卷第2。

〔2〕《吐鲁番出土文书》第八册,第219~221页,"西洲都督府上支度营田使牒"及"唐朝西州都督府所属镇戍营田顷亩文书"中均见"银山戍"的记录。

4.3　唐拔达岭——乌什县别迭里大坂

《新唐书》卷43"地理志"称："安西西出柘橛关,渡白马河,百八十里入俱毗罗碛。经苦井,百二十里至俱毗罗城。又六十里至阿悉言城。又六十里至拔换城,一曰威戎城,曰姑墨州,南临思浑河。乃西北渡拔换河、中河,距思浑河百二十里,至小石城。又二十里至于阗境之葫芦河。又六十里至大石城,一曰于祝,曰温肃州。又西北三十里至粟楼烽。又四十里度拔达岭。又五十里至顿多城,乌孙所治赤山城也。又三十里渡珍珠河,又西北度乏驿岭,五十里渡雪海,又三十里至碎卜戍,傍碎卜水五十里至热海……"继续前行,可至碎叶水、碎叶城,最后抵达怛罗斯。这条道路,是安西都护府通中亚名城碎叶、怛罗斯的干线,在"丝绸之路"上居重要地位。其中的粟楼烽、拔达岭,今天所在何处、形势如何,是值得一探其究竟的。

唐温肃州,地在今乌什县境。1993年夏,笔者偕于志勇、王樾一行至别迭里山口考察。从乌什县乘越野吉普车,沿托什干河谷西偏南行,至牙满苏,斜向西北,进入天山山前冲积带,地势渐高,砾石纵横。约三十公里后至别迭里河谷,见古烽燧一。

古烽所在,背依天山,周围地势较高,视野开阔。古烽西稍偏南,距500米为别迭里河,沿河谷入山,约5公里为又一古烽。复行约30公里可翻越别迭里大坂,进入吉尔吉斯斯坦国境内。

古烽经纬度为东经78°44′22.2″,北纬41°10′07.4″,残高7米多,底部13米×10米,顶部8米×4米。这里附近无居民点,但终因年代久远及人为、自然地破坏,坍塌也比较严重。从现存遗迹分析,在早期构筑完工后,后期曾用附近十分丰富的卵状砾石围砌加固。主体部分为夯土、砾石层彼此相间,其中夹木骨、红柳帮助固定。夯层厚12厘米上下,木骨、红柳枝层厚也在10厘米左右。主体成型或使用相当年月后,为抵御山口暴风雪、山雨的侵蚀,在夯土台基四周复堆砌以卵石,成为一个石质防护层。烽燧顶部,尚存的木炭、炭灰清楚可见。考察时在八月份,正是夏日温度最高的季节,但当地因天阴,气温相当低,颇有普通外衣难御其寒之感。

自古烽沿别迭里河谷上行,随山势而登攀,地势渐高。因准备不足,未得可能继续前行。但据友人杜泽泉君告之,他在1979年曾抵别迭里大坂山口:自这一古烽上行,5公里处为又一古烽。烽顶,还存木杆数根。沿别迭里河谷更上行,即可翻越别迭里大坂。河谷两岸有散见的古代墓葬,还有驼、马、驴的骨头。

古烽下发现少量夹砂陶片,为罐、钵类日用品之残留。近旁有圆形石堆墓,大者底径6米左右,顶径3米左右,高可1米;小者底径3米上下。距约200米处有黄土墩,据曾安君同志调查记录,[1]底径16米,顶径7米,高约3米,上部围彻卵石。

调查中,曾采古烽卵石夹层内的木材通过^{14}C进行年代测定,结论为:距今1645±90年,建筑的绝对年代应在三四世纪,较早于唐。拔达岭古道,历史上具有重要地位,汉代以来一直是塔里木盆地西北通向碎叶的隘道,与古道安全相关的保卫设施,自然也会早有建树。此烽建在公元三四世纪,并不令人奇怪。而从古烽傍近的别迭里河沿河谷而上,可翻越别迭里大坂,即唐拔达岭。因此,此烽应为《新唐书·地理志》中所述粟楼烽故址。据现存遗迹可以清楚结论,唐代以前,对别迭里大坂隘道早有所知,烽燧早已存在。入唐,唐王朝政府鉴于这条古道实际是自安西联系碎叶、怛罗斯最主要的交通线路,而碎叶是西域重镇,唐王朝一度将之作为安西四镇之一派驻重兵,镇抚西域各国。可见,维护安西与碎叶之间的交通路线,是当年大事。沿途驻军加强烽燧驿馆建设,保证交通安全,亦是情理中事。实际考察粟楼烽,地理位置偏僻,土地贫瘠,地势高、气温寒,戍边健儿后勤给养、支援联络均是需要强有力的组织才能保证的。对这一交通线路要有较深入的了解,还须进行较细致的考古调查,对古烽及相关遗迹进行必要的发掘。这一任务,只能留待以后了。但驻足粟楼烽下,使用着现代交通工具、现代

---

〔1〕曾安军《别迭里烽燧》,《新疆文物》,1993年第4期。

物质装备,工作尚如此艰难,在去今一二千年以前的古代,戍边战士们衔国家使命,餐风饮露,备历艰辛,不畏其难的精神,却是让人无限钦敬的。

4.4 关于唐代尼壤

在《大唐西域记》中,玄奘记录的唐尼壤城在克里雅绿洲东二百多里:"媲摩川东入沙碛,行二百余里,至尼壤城,周三四里,在大泽中。"周围环境特征是"泽地热湿,难以履涉。芦草荒茂,无复途径。唯趣城路,仅得通行,故往来者莫不由此城焉。"《慈恩传》所述与此类同,"从媲摩城东入沙碛,行二百余里,至泥壤城"。"媲摩川"作"媲摩城"。克里雅河、克里雅绿洲、绿洲上的中心克里雅城,地在一处,彼此可以统一。

对唐尼壤城所在,中外研究者如丁谦、谢彬、日人堀谦德、英人斯坦因及季羡林先生等之《大唐西域记校注》均认为在今民丰县境,并具体与民丰县北沙漠中之尼雅古址相联系,大家均信从不疑。

自1991年起,笔者曾每年进入尼雅遗址考察,组织调查发掘,足迹遍及尼雅废墟各处。据已获考古调查及发掘资料,可以初步归纳的结论是:

(1)自克里雅河绿洲至尼雅河流域的尼雅绿洲,空间距离大概有110多公里。因此,玄奘记媲摩川与尼壤之间距离二百多里是相对准确的,可以信从。

(2)尼雅河出昆仑山口后,经民丰、阿克墩、大麻扎没入沙碛,流程约200公里。古今绿洲,均在尼雅河河道流域范围内变动。今尼雅遗址为公元初至三四世纪古尼雅河尾闾地段的精绝王国故址。在尼雅遗址以北还发现了更早的青铜时代文化遗址的信息。

(3)《大唐西域记》具体记述尼壤有城,周三四里。今尼雅废墟,南北长达25公里,东西宽约3~7公里,遗址特点是沿尼雅河谷分散展布的大小不等的居住房屋、果园、篱墙、林带、佛寺、农田、灌溉渠及蓄水池、墓地等。在多年调查的过程中,在尼雅遗址南部发现过一座古城,城内不见任何文物遗存,似只是一个临时避难处。另一似城遗存,在遗存中部佛塔附近。精绝遗存,并未圈围在城墙之内,[1]与一般城市的概念是不同的。

(4)在调查、发掘中,获得相当文物。认真分析有关文物的时代特征,绝不见公元四五世纪以后的文化遗物。文物多具明显的汉、晋时期文化风格,也有时代明显稍早的遗存。前人判定这是精绝故址的结论是可以肯定的。

(5)因为肯定不见唐代文化遗物,也未见到环卫建筑遗存的城垣。故可以肯定,唐代尼壤城不在今天尼雅、精绝废墟之中。唐尼壤城,是在精绝废弃、居民它徙以后才出现的。据《大唐古域记》,尼壤城应在尼雅河流域内去寻求,《大唐西域记》述其地貌特征为"泽地湿热"、"芦草荒茂,无复途径。唯趣城路,仅得通行",这种景象与沿尼雅河北行的地貌,是完全一致的。而一旦离开尼雅河谷绿洲,则不会有这样的自然地理环境特点。再根据一般规律,随着社会发展、人口增加,河流上游用水量剧增后,这类内陆河流程会缩短。所以从总的趋势推理,它可能更靠近今大玛扎附近,是可以重点展开调查的地域。

唐尼壤城故址所在,从考古学角度看,至今仍是一个没有解决的问题。过去历史地理学者根据尼雅遗址资料所作的唐尼壤城也在尼雅废址内的结论,并不准确。历史事实是:唐尼壤城确应在尼雅河流域,但却不在尼雅河下游的精绝废址内。唐尼壤城址的确切位置,仍有待新疆考古学者在尼雅河流域内开展进一步深入的考古调查。它的最后确定,有助于认识"丝绸之路""南道"在唐代以前至唐代具体路线的变化情况,有助于认识历史时期内尼雅河流域人类活动的变化历程,有助于认识尼雅河流域生态环境的变化发展及其内在根据,学术价值还是很大的。

---

〔1〕参看本书《尼雅考古与精绝研究》一章。

4.5 唐葱岭守捉故址——塔什库尔干"石头城"

"塔什库尔干",汉语意为"石头城"。不少文字、图片在说明位于塔什库尔干河谷的清蒲犁厅城遗址时,往往标以"石头城"字样,实则大谬。

作者曾多次在帕米尔高原的塔什库尔干县进行过考古调查,其中1972、1982年的两次,历时相当长,不仅走了这区高原塔吉克族自治县的大部分地区,还在几个点上进行过考古试掘。刊布的文字中,曾明确叙述过一个观点:塔什库尔干县城附近的"石头城",是历史久长的遗址,曾为渴盘陀王国首都,入唐,为葱岭守捉之治所。但均是一篇长文中附及的一个观点,并未引起注意。涉及"石头城"的文字、图片,往往还是与清蒲犁厅城混淆,不仅以讹传讹,流布错误的概念,而且使一国都城、唐代西境上的戍兵重镇有失落之虑,故在这里重为之申说。

"石头城"遗址,位于今塔什库尔干县城北隅,古城南墙正紧贴今县城北部民居。这样一种地理位置,又是如此重要的古代城址,应该会为每个到塔什库尔干塔吉克自治县停留的人们所注意,但却总有如前述的误解。究其实际,大概是因为"石头城"规模虽不小,但形制并不整齐,墙垣遗迹也不宏伟,远没有清蒲犁厅城那么显目,故而总是让蒲犁占了先机。只要提及塔什库尔干古城,只注意形制规整的蒲犁,而不注意规模远较蒲犁为大的"石头城"遗存。

"石头城"坐落在塔什库尔干县北部一区石岗上,经纬度是东经75°13′、北纬37°46′。石岗西依萨雷阔勒岭,东临塔什库尔干河。古城依石岗走势构筑,西高东低,高低相差达30米。为地势所决定,城墙为起伏曲折的不规则状,但略近方形。该城利用陡岩峭壁,形势险峻。古城东部偏中,为外形基本完好的蒲犁厅城:瓮城、堞碟、街道,踞岗临河,颇得形势之盛。但范围很小,较之"石头城",只能算得小巫而已。

"石头城"城垣全长1300多米。城墙的构造是块石夹土、土石相间,每层厚约20厘米。残高6米上下,顶部宽1~3米。北墙、西墙仍

存马面,共见 14 座,彼此间距 40～60 米。测较完整者,顶面为矩形,
6.8×4.5 平方米。马面构筑方法与城垣判然有别,是用土坯修砌。土
坯规格有二:其一,40×30×13 立方厘米;其二,30×20×8 立方厘米。
这不仅说明马面之修筑,与"石头城"不是一个时代,是在"石头城"已
经存在、使用的情况下,根据需要重新增补的,时代明显较晚;而且根据
土坯规格差异,也存在马面并不完成于一个时期的可能性。四角有角
楼,以保存基本完好的西北角楼为例,台基高 6 米,顶面 4×4 平方米。
其他三处角楼,坍塌成高大的土石墩,明显宽厚于石城城墙。

古城内,还明显可见相当一批房屋遗址,主要分布在南、北部地势
较高、较平缓的石基上。粗略统计,可以看出房屋墙垣残基的建筑群有
18 处。居室一般略呈矩形,长边一般 4 米上下,短边一般 3 米上下。
部分居室随岗势高下互相错落,房址内见灶、坑。城内大部分地区巨石
纵横,行走、建筑并不方便。

从古城遗址现状分析,出入古城的道路,主要在面向塔什库尔干
河谷的东部,依地势顺岩沟出入。城内用水,源自西面高山雪岭的新甘
沟。沟水清碧,自古城西北角流入城内,流贯古城中部,曲折回环,逐渐
东流,出东城后泄入塔什库尔干河。这一自然地理形势,至今仍然清楚
明晰。

为探明古城活动年代,考古工作者 1982 年曾在"石头城"北部一
处较大的石岗上稍事清理。在揭除地表大量积石后,见出基本集聚一
处的居室二十多间。清理其 4 间,可见当年建屋是因地制宜,现场取
材。地面为基本平整的基岩,墙体用大小不一的石料。室内基本不见
文化遗物,除极少量陶片外,只出土了一枚乾元重宝。为判明清蒲犁厅
城与"石头城"的叠压关系,在清城东南部也曾开一 3 米×2 米之探沟。
试掘表明,清蒲犁厅城下,确为"石头城"居住活动过的历史文化层,出
土了早期毛布、兽骨、树枝等物,还有一件梵文文书,用公元 3—8 世纪
克什米尔地区流行的书体书写。我们曾利用这一叠压关系,取早期地
层内的树木、炭屑进行 ^{14}C 测年,结论为去今 1325±75 年,相当于公元
7—8 世纪,肯定是唐代文化的遗存。

从"石头城"所在地理位置、形制特点,可以结论:它是古渴盘陀国都城,亦为唐葱岭守捉之所在。

《新唐书·地理志》称:"自疏勒西南入剑末谷、青山岭、青岭、不忍岭,六百里至葱岭守捉,故渴盘陀国,开元中置守提,安西极边之戍。"关于渴盘陀的地理位置,在《新唐书·西域传》中,有稍具体说明:"其国也,距瓜州四千五百里,直朱俱波西,南距悬度山、北抵疏勒、西萨密、西北判汗国也。"东叶城,北喀什,西通瓦汗走廊,西北为费尔干纳盆地,这一地理位置,只有今塔什库尔干可以相当,距疏勒六百里程,距离也十分切合。

作为渴盘陀国都城,后又成了葱岭守捉治所的古城形势,《新唐书·地理志》称"都城负徙多河";《大唐西域记》称"渴盘陀国……都城基大石岭,背徙多河";《大慈恩寺三藏法师传》称是"城依峻岭,北背徙多河,其河入盐泽……"明确揭示了古城依峻岭,基于大石岗上,背负徙多河,这都可以与塔什库尔干"石头城"背依峻岭,坐落石岗,依傍塔什库尔干河的形势完全一致。塔什库尔干河是叶尔羌河上游,故有"徙多"之名(塔吉克族,至今称塔什库尔干河为"沃西多"河,与"徙多"音同)。根据这些具体特点,可以判定"石头城"遗存曾是渴盘陀国都城所在,当无疑问。

"石头城"的石构城垣上,今天还保存着后来增筑的马面、角楼,建筑材料一改块石、卵石,而使用唐代新疆地区曾普遍使用的土坯,表明在作为唐葱岭守捉治所时,为强化其军事防卫功能,曾经过增筑、改建,使用的建筑材料,自然改用唐代戍边战士比较熟练掌握的土坯。这与当年葱岭守捉承担的历史使命,戍边战士的建筑工艺特色也颇为切合。

葱岭守捉故址,作为唐代"安西极边之戍",其历史文化价值是不容轻估的。考古工作者不仅应为其正名,而且应该进一步加强对"石头城"的考古工作,使其历史文化面貌得到更充分的揭露,并在此基础上进行更加切实的文物保护,使"石头城"遗址能长远屹立,为辉煌中华民族历史文化做出新的建树。

5 唐白水镇考

唐代文献中有"白水涧道",唐代碑刻中见"白水镇"。它们同在西州境内,同与"白水"关联。给人的突出印象是:这是彼此存在密切关系的两个地名。

"白水镇"见于敦煌莫高窟的唐代碑刻,但其具体所在却未见研究考释。

究明白水镇城之所在,不仅有助于认识唐王朝在西州地区的军事设置,有助于新疆历史研究,且可填补历史地理学上一个小小的空白,故为之考。失当之处,祈方家指正。

5.1 唐代文献见"西州白水镇"

敦煌莫高窟前古碑中提到"白水镇",首见于清代地理学者徐松的名著《西域水道记》。

在《西域水道记》卷3"党河"条下,徐松曾介绍:"莫高窟前,侧立周李君重修莫高窟佛龛碑。盖碑创于前秦。彼土耆赵吉云,乾隆癸卯岁,岩畔沙中掘得断碑,有文云秦建元二年沙门乐僔立。旋为沙所没,李君碑即修乐僔功德也。"碑石"两面刻度。以建初尺高五尺七寸六分,广三尺二寸。前面二十八行,行五十字。后面三十行,行四十八字。碑首篆额'大周李君重修功德记'"。《西域水道记》采录了全部碑文,文内多见武后时所造新字。碑阴最后,记述了建碑李君的家系、亲族姓名、职官等,其中有"……弟怀恩,昭武校尉,行西州白水镇将,上柱国"等字,碑石建于武则天圣历元年五月(698年)。从这一唐代碑石可以确知,在公元640年唐王朝平定高昌、设置西州以后,在西州境内曾设置白水镇,派兵戍守。武则天时期任白水镇将的是甘肃敦煌大族李怀恩,受封为上柱国,昭武校尉。

同一资料,还见于敦煌学家姜亮夫先生的近著《莫高窟年表》。有关碑石被称为"李怀让武周圣历元年修莫高窟佛龛碑",碑在敦煌文物研究所编号的第 365 窟前。姜亮夫先生曾据碑拓,参照徐松、罗振玉录文进行校勘,据称,碑石"阳面二十一行,行五十字。阴面三十行,行四十八字。末有八行,为祖父子孙题名,分三列"。[1] 与徐松所述稍有差异,但"弟怀恩,昭武校尉,行西州白水镇将,上柱国"这一文字记录,因刻石文字十分清晰,录文完全一致。

此外,在近年出土的吐鲁番文书中,也见到多件有关"白水镇"的文字。如 1972 年发掘之吐鲁番阿斯塔那第 209 号墓,自入葬女尸穿着之纸鞋折得的一件文书如下:

　　　　"(前缺)

　　　　　　府张君君

　　　　　　　府　　　(下残)

　　□□□年 叁月 日天山府索进达辞

　　　进达元不是白水镇番,昨为口

　　　如后到,所

　　　　　　上,谨辞。

　　　(后缺)"

文书中,年、月、日、天等均武周新字,故可肯定是武周时期有关西州天山府人索进达去白水镇值番的一件呈文。[2]

据上引唐碑、唐文可知,至少在武周时期,唐西州境内曾有白水镇的设置,可以结论无疑。

5.2　唐西州境有"白水涧道"

除上引文书、碑记中见到"西州白水镇"外,其他文献,作者寡陋,

---

〔1〕姜亮夫《莫高窟年表》,正表,上海古籍出版社,1985 年,第 268 页。
〔2〕国家文物局古文献研究室等编《吐鲁番出土文书》第七册,文物出版社,1986 年,第 42 页。

155

欧·亚·历·史·文·化·文·库

再未见有"白水镇"的记录。

可予注意的是,唐代西州境内,还有一个与"白水"有关的地理名词,即"白水涧道"。

白水涧道,见于敦煌石室藏书《西州图经》残卷。在《西州图经》这一唐代古籍中,述及自西州通达各方面的交通路线,其一就是从吐鲁番交河县斜向西北的"白水涧道"。有关记录文字是:"白水涧道 右道出交河县界。西北向处月以西诸蕃。足水草,通车马。"[1]

道路以"白水涧"为名,根据通例,应该是因为它曾经过了一条"白水涧"的山溪,所以被称为"白水涧道"。这启示我们,在唐代西州境内,位置在交河西北,曾有一条以"白水"为名的山溪。

同在西州境内,同为唐代地名,虽有镇戍与道路的差异,但却都以"白水"为号。这使人不能不产生一个逻辑的推论:唐代西州属下的白水镇,完全可能就是唐王朝政府在西州境内"白水涧道"上设置的镇城。因为"白水涧道"是连通"处月以西诸蕃"的一条重要交通线,地势比较平坦,沿途足水足草,可供车马通行。结合唐王朝平定高昌、设置西州后的政治、军事形势,尤其是唐王朝政府与西突厥汗国的关系状况,在与西突厥联系的重要交通线上设关置守,确实也是 7 世纪后期唐朝政府的迫切需要。如果这一推论大概不错,则我们可以循此思路,考索"白水涧道"及"白水镇"的具体所在。

5.3 "白水镇"在"白水涧道"中

《西州图经》中提到的"白水涧道",根据唐代处月部的分布地域,自吐鲁番盆地斜向西北方向的天山隘道的自然地理形势,可以肯定结论:它就是通过白杨沟峡谷、达坂城、盐湖、柴窝堡而抵达天山北麓乌鲁木齐地区的山道,基本上也就是今天乌吐公路的路线所在。

这一分析结论,有比较充分的理由。

---

〔1〕《鸣沙石室佚书·西州图经》。

首先,是处月部的地域。西突厥强部之一的处月,唐代前期居地及于今天山北麓巴里坤以西至奇台、吉木萨尔及乌鲁木齐地区。由吐鲁番地区交河出发,向西北行,通达处月及处月以西诸蕃的最为便捷、可通车马的天山古道,可以说只有上述穿过白杨沟峡谷的山道才有可能,其他山道在方位、形势上均不适合。

其次,说地势。所谓"涧",是山间溪流。自交河斜向西北,穿过一片平坦的戈壁后,即进入天山,首先面对的就是白杨沟峡谷。峡谷长26公里,两岸峰峦叠嶂,山势迂回曲折。不少地段迎面山峰峭立,似无去处,到近边则弯回路转,曲径通幽。峡谷宽狭不一,狭窄处,才只数十米;较宽处有一二百米之遥,很少一点地段才宽到 500 米左右。谷底则是一溪清流,终年不断,水色清澈。水流的源头主要在北侧的天山雪峰,因为流程不长,又不挟带泥沙,水质甘甜,饮用适宜。流水宽阔处,不过十多米,狭处只二三米。在正常情况下,河水不深,人、畜均可涉水而过。顺山势急急流淌的河水,在河底错杂的卵石上激起簇簇浪花,如白雪堆拥。这么一条山涧溪流,命之为"白水涧",可以说是恰如其分,一点不错的。今天由乌鲁木齐到吐鲁番的乌吐公路,只不过是使用了山沟内一线之地,依山沟地势稍经拓展而成。这么一条公路,完全没有改变这一峡谷的古代面貌。古代交通天山南北,穿过白杨沟,无论凭车或是驱马,沿沟谷而行进,可以说毫无困难。如果说"白水涧道"上必须有"白水涧",则这一"白水涧"就是非白杨沟峡谷莫属了。

《西州图经》中还强调,这一条古道不仅可通车马,而且"足水草"。揆之以沿途形势,同样是完全贴切的。在白杨沟峡谷中,沿溪两岸绿草如茵,榆、杨、红柳丛丛密密,成片成簇。夏日一片青绿,入秋以后,满沟金黄。溪谷中、山岩上,常见牛、羊散处,悠然自得。而穿过白杨沟峡谷后,到达坂城外,更是一片非常开阔、平坦的草场。草场上溪流纵横。过达坂城,经盐湖、柴窝堡、芨芨槽子、乌拉泊,一路地势平坦开阔,草场绵绵不绝。对于古代游牧民族来去天山南北,实在是难得的理想通道。

地理环境如此美好,交通地位又这样重要,在唐王朝与西突厥政治矛盾尖锐、军事冲突相继的时期内,为控制这条交通线,保卫西州的安全,设关置守就十分必要,是非办不可的大事了。

从这个背景去分析,在公元 640 年设置西州后,与西突厥的矛盾实际上非常尖锐的 7 世纪中叶到 8 世纪初这一历史时期中,唐王朝肯定要在"白水涧道"上设置关城,而这一关城的具体地址,莫过于能控扼白杨沟峡谷咽喉的谷口所在。考古工作成果有力地说明:历史,实际正是这样去展开的。

5.4 "白水镇"城故址

调查表明:正当白杨沟峡谷西口,在平坦的草场上隆起一大块铁黑色山岩。就在这处硗确不平的岩块上,端端正正、正对宽才 200 米左右的白杨沟峡谷谷口,坐落着一区古堡。这座古堡利用岩石地势,凭借精心构筑的堡墙,就如在峡谷通道口安设了一座坚牢的塞门。真可以说是一夫当关,万夫难行。当年要凭借这一古堡控制峡谷通道,控制天山南北交通的意图,可以说是一目了然(见图 5.1)。

这座古堡,形势十分险要。堡城虽不大,却有内外两重。城墙是取当地碎砾石夹灰壤土夯筑而成。夯层厚 10~15 厘米,夯打密实。墙基厚 2~3 米,高可 5 米。与所在岩石一道,相对高于地面近十米。城墙依山势而铺展,内城墙南北长 50 米,东西长 30 米,西向见一豁口,可能与当年的城门有关。在内城圈外,东、北、南三面,又延展出夯土墙近一周,最后形成东西 70 米、南北 80 米的外城墙垣。

这座土城垣,由于地理位置冲要,直到近、现代仍见使用,是兵家必争之处(这一点由土城垣中有人发现过火枪弹头,就可以证明),这当然并不令人奇怪。目前需要探究的一个问题是:这一土城,始筑在什么时间?

作者曾在古城中调查过两次。城内地面采集物因为既距现代居民点不远,且近代兵乱中亦见使用,很自然就是古代陶片与现代废弃物交陈互见。古代陶片中,有手制红、褐陶,有附加堆纹、锥刺纹的灰陶。这在新疆陶器中,是比较古老的特征,其年代不会晚到汉代以后。

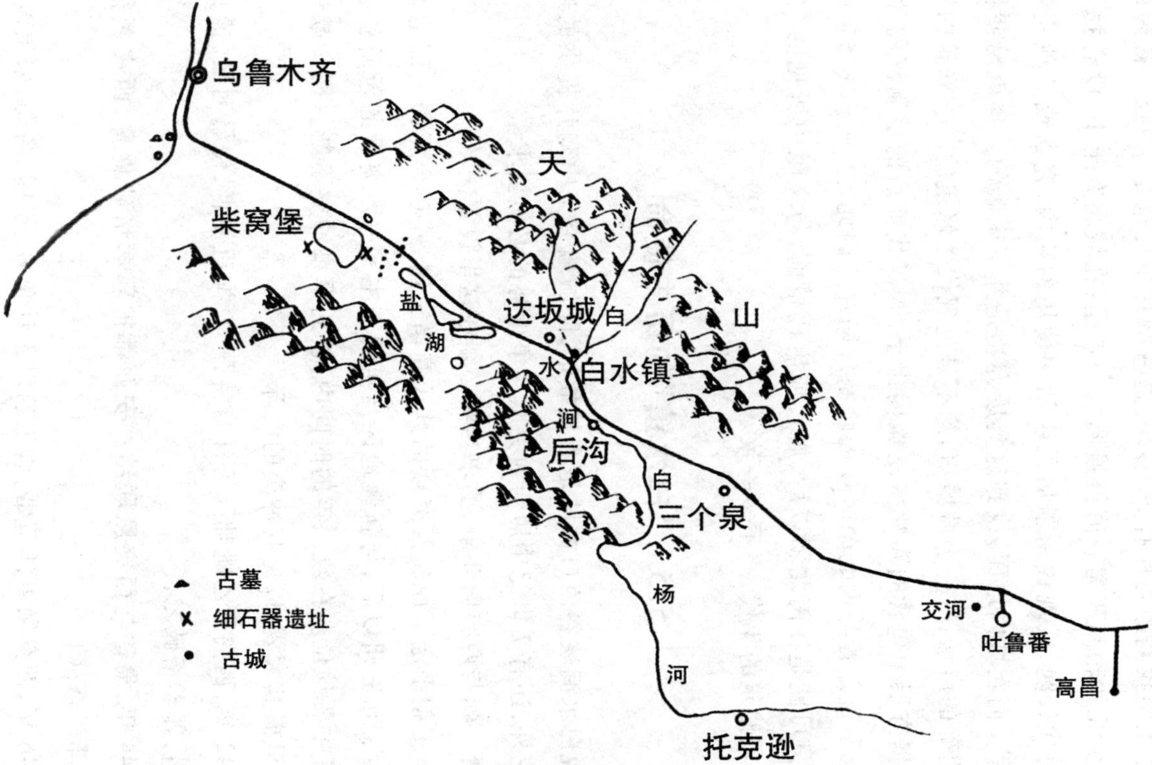

图5.1 白水镇地理形势图

乌鲁木齐

天　山

柴窝堡

盐湖

达坂城　白水城

白水镇

水洞

后沟

三个泉

杨　河

交河

吐鲁番

高昌

托克逊

古墓 ◣
细石器遗址 ✕
古城 ●

·欧·亚·历·史·文·化·文·库·

给人的逻辑结论是：在汉代以前，这里就有人在居住、生活。

作者曾仔细在城墙夯土中观察，寻求有时代特征的文化遗物。在城墙夯土中找到的陶片有 20 多块，这些陶片主要也是手制红、褐陶碎块，很少几片轮制灰陶。值得强调的一点是：在城墙夯土中，没有找到一件时代较晚，或现代新疆居民生活中使用的粗陶、瓷器或其他用器的碎片。而在城内地面，找到这类废弃物是并不困难的。这就给我们一个明确的启示：这一土城城垣，绝不是近现代才修筑的。它修筑的年代，根据夯层中包含的陶片多是城内出土的、汉代前后的手制碎陶片，最晚也不过是晋与南北朝时期的轮制灰陶片。因此，这一土城修筑的年代，只可能是在南北朝以后、唐代或唐代稍前，与文献中所见的"白水镇"城修筑的年代，差不多一致。

5.5 "白水镇"的历史使命

说白水涧峡谷西口古城是唐代故址，除城墙夯土中陶片提供的逻辑推论外，还有 7 世纪中唐与西突厥斗争形势的必然要求。

唐王朝与西突厥斗争，要求当年必须在这里设置关城。

唐王朝平定了原属西突厥的麹氏高昌王国，并在今新疆东部地区设立伊、西、庭州以后，与新疆地区当年的霸主——西突厥的矛盾就上升到了主要地位。在数十年的时间内，彼此军事冲突不断。据文献记录，这里撮其大要，以见其冲突的实际：

642 年，西突厥乙毗咄陆可汗自恃强大，拘唐使者，侵暴西域，遣兵攻伊州，郭孝恪破之；

644 年，焉耆与西突厥联结。安西都护郭孝恪破焉耆，西突厥往救，与郭孝恪战；

646 年，西突厥可汗请婚，唐王朝以割让龟兹、于阗、疏勒、朱俱波、葱岭作聘礼为条件；

648 年，阿史那社尔破处月、处密，击焉耆、龟兹。西突厥救龟兹，杀郭孝恪；

651 年,西突厥沙钵罗可汗攻庭州,陷金岭城及蒲类县;

652 年,西突厥处月部杀唐招尉史单道惠,唐遣梁建方、契苾何力击处月;

656 年,程知节攻败西突厥;

657 年,苏定方攻破西突厥沙钵罗可汗;

679 年,西突厥可汗阿史那都支与吐蕃联合,侵逼安西都护府。裴行俭以送波斯王泥捏斯为名,到西州召集兵勇,突袭并擒获都支,筑碎叶城;

682 年,西突厥阿史那车薄率十姓反唐,围弓月城,安西都护王方翼破之于伊犁河流域。[1]

上引资料可以充分结论,7 世纪中叶以后,唐王朝与西突厥的矛盾、军事冲突在数十年时间内,可以说是相继不绝。

西突厥的主要政治中心是在楚河流域。因此,自西州斜向西北,经过"白水涧道"以通"处月以西诸蕃"的这一交通线,是唐王朝政府当年必须重点防卫保护的一条干线。适应军事形势的要求,在这条通路上置关设镇,可以说是肯定无疑的。

如是,通观"白水涧道"的地理形势,关城所在最好的位置莫过于"白水涧",亦即白杨沟峡谷的西口。因为,"关必据险路",所以最好的关址莫过于"堪于控扼"的"要会之口"。这样"当以川谷,危墙深堑,克扬营垒之势"[2]的关城就可以收到提防奸宄的功用。从唐朝政府这些设关置守的要领去观察,说今天所见白杨沟峡谷西口的关城就是唐代白水镇所在,就不是很勉强的结论了。

还有另外两条资料,可以加强我们的这一推论。其一,在可能是"白水镇"故城西边 24 公里处,亦即盐湖北岸一处小丘上,至今还保存着一处烽墩。墩台下面的建筑已无存。这处墩台系土坯砌筑,现仍高5 米左右。作者曾取墩台上的夹木棍,利用 ^{14}C 测定其年代,经树轮校

〔1〕《资治通鉴》卷 196~203 卷。
〔2〕《唐会要》卷 86,《关市》。

正年代结论为距今 1075 ± 75 年,正当唐代。而它与上面推论的白水镇城故址的古堡相去 24 公里,约唐里 60 里,正相当于一日的驿程。因此,这就在相当程度上加强了本文的前述推论:白杨沟峡谷西口的古城堡,确为白水镇所在。它虽为军事要塞,在平日情况下也有相应的保障正常交通运行的驿站等设施,所以,在它的前方相去一日驿程的地点,会出现相类似的站点。这样的站点,又往往和相应的军事设施、甚至烽燧结合在一起。

其二,在盐湖南岸一处荒僻的山沟中,20 世纪 70 年代初曾经发现过一具唐代战将的墓穴。[1] 其尸身旁有随葬的战马、武器,战将身着锦绢衣衫,可见身份不低。它既表明在这条古道上唐代确曾有过战事,也表明盐湖古烽前后,也曾经是唐代的一个小战场。这有助于究明唐代古烽的地位、作用,当然也间接加强了我们对"白水镇"的认识。

5.6 "白水涧道"历史悠久

从吐鲁番穿过"白水涧道"而通达乌鲁木齐的这条古道,虽然只见于唐代著录,但其存在的时间却是十分古远的。

在古道西段及柴窝堡湖周围,见到两处细石器遗址点。分析出土的细石器工具的类型、制作工艺,具有比较原始、古老的特征,估计是距今一万年前后的原始社会遗址;

在乌拉泊水库西岸,发现并发掘过一批车师人的墓葬,与吐鲁番盆地内所见古车师墓葬具有相同的特征;

在柴窝堡湖东北,见到一行行呈南北方向排列的圆丘形封土墓。从墓葬封土外观分析,颇可以与伊犁河流域所见乌孙墓相类比。从建国前黄文弼发掘的一点资料分析,其时代可能要稍晚于东汉,是新疆地区的民族文化遗存;

在达坂城附近的山沟,见到有地表堆石的古墓葬;

---

〔1〕参见本书《盐湖古墓》一章。

在盐湖附近，见过唐代、元代墓葬；

在乌拉泊近旁，有古城一座。从地表采集文物看，多西辽、元代特征；也有不少学者认为，这座古城应是唐轮台县所在。这当然还需要进一步的考古发掘予以证明。

从这些考古遗存可以得到一个明确的结论：这条山沟从十分遥远的古代起，就有居民在活动。是他们最先开拓、使用了这条天然山谷通道，作为交通天山南北的坦途。进入汉代以后，车师、匈奴、乌孙、突厥以及汉族的人民，也都不断在这条古道上活动，并留下了多方面的史迹。

有这样的历史基础，唐代出于军事、政治的需要，于 7 世纪在古道内设置一座"白水镇"，是一点也不令人奇怪的。

本文提出的唐西州境内的"白水镇"故址问题，目前只能算是初步分析。其要旨是："白水镇"，顾名思义，当在"白水涧道"中。从唐王朝置西州后的近 50 年中，与西突厥剧烈冲突不断的史实来看，在"白水涧道"中有必要设置关镇，以卫安全。相关唐碑、吐鲁番出土文书，说明唐代西州天山郡下有"白水镇"之设置。而关址最好的所在，从军事地理角度考虑，只能在白杨沟峡谷西口。这里也确实见到了唐城故址。故推论唐"白水镇"故址，就在这一古城之中。

这个结论，将在今后进一步的考古工作中受到验证。

6　玉其土尔古城与唐安西柘橛关

　　新疆库车绿洲,古为龟兹。在古代西域是最重要的政治、经济、交通、文化中心,或中心之一。在库车绿洲内,至今许多重要的古城、关梁、寺院遗址,仍然屹立于地面。这些遗址遗迹是研究古代龟兹的重要史料,是经过不知多少劫难、幸而存留到今天的无比珍贵的历史文化资源。对它们进行深入考察、研究,肯定会大大深化我们对新疆古代史的认识。说这一工作值得重视,并不难为大家所接受;但实际工作中,目前还是十分薄弱的环节。

　　关于玉其土尔遗址,国内、外历史、考古学界早就有人注意。对这一遗址的历史实际,也发表过一些观点,但看法并不一致。其中较有影响的观点之一,是法国汉学家 P. 伯希和提出来的,认为它就是唐代龟兹境内的阿奢理贰大寺。但认真分析有关历史文献纪录及遗址区内的出土文物,会立即发现:伯希和这一在欧洲汉学界很有影响的观点,是值得斟酌的。

　　作者认为,全面分析玉其土尔遗址的地理形势、遗迹状况、出土文物,结合唐代有关文献记录,可以肯定:居于渭干河畔的这一唐代遗址,实际应为唐王朝安西都护府下的重要关隘——柘橛关所在。伯希和提出的柘橛同于雀离,关址在库车县东北的苏巴什,同样是一个错误的结论。今天,已有足够条件予以匡正了。

6.1　"玉其土尔"遗址现状

　　作者在这里提到的"玉其土尔"遗址,实际包含玉其土尔、夏克土尔两个遗址点,它们分居渭干河东、西岸,隔河相对。虽有二称,实为一体。还要说明的一点是,因为库车、新和两县,今天以渭干河为界,这就出现了一个更偶然的现象:玉其土尔居渭干河东,现属库车;夏克土尔居渭干河西,归于新和。一组有机联系的古代遗址,于是被分割在两个行政县内。拙文以"库车玉其土尔古城与唐安西柘橛关"为题,一是因为库车绿洲的地域,传统上可以包括新和、沙雅在内;二是玉其土尔、夏克土尔既可以一区遗址相视,则用玉其土尔作为这区遗址的代表,当无大碍。

玉其土尔、夏克土尔,是维吾尔语称谓。汉语意义上的"玉其土尔"当为"三座瞭墩","夏克土尔"则含"天堑"之意。但在过去的考古报告中,却是别有名称的。82 年前,黄文弼称它为"色乃当";一百年前,伯希和称它为"都勒杜尔·阿胡尔"。

黄文弼对这区遗址的考察,时在距今 82 年前的 1928 年。在《塔里木盆地考古记》中,黄氏曾报导其考察结果:"……八日,移至千佛洞(指库木吐拉千佛洞——引者)之南,库木吐拉村庄附近旧城工作。旧城名色乃当,遗址尚存。周约 420 米,四方形,附近已开垦为熟地。余等在城东北隅,拾唐代陶片数块,间有带波纹灰陶片,当在唐前。在城北里许,且有一陶片上划汉字,字迹甚模糊。有土堡一,土人称为'炮台',盖为当时守戍官兵瞭望之所。在沙雅河(渭干河)西岸,与河坝洞区东庙相对,亦有古代寺庙遗址一区。……此地为千佛洞,实为大庙遗址。形同一小城,周约 380 米。沿城四周,均有住宅遗迹。城东有方形高塔一座,底宽 8 米,高约 7 米,砖砌。形同西安大雁塔,唯顶部已残毁……在城西亦有高塔一座,下为方形,宽约 8 米,上略圆形,宽约 6.3 米,高约 6 米余。城中已生青草。除拾得唐代陶片外,余无他物。"[1]黄文弼所指这一"色乃当"旧城,其地理位置与我们所称的"玉其土尔"一致。但 82 年前比较丰富的遗迹,今天已遭到相当严重的破坏。我们仔细分析一下黄文弼的记录,可以得到的主要概念是:河东的玉其土尔遗址,被称为城。城垣呈方形,周约 420 米。河西的夏克土尔遗址,被称为大庙。但周围也有类似城垣的建筑,周长达 380 米。遗址时代,据地表遗物见出为唐代遗存,但不能排除唐代以前已经有人活动。

---

〔1〕黄文弼《塔里木盆地考古记》,科学出版社,1958 年。

伯希和于 1907 年到库车,不仅在这一遗址内进行了调查,而且进行了发掘。他称这一遗址为"都勒杜尔·阿胡尔"。1982 年,巴黎正式发表了他的《都勒杜尔·阿胡尔和苏巴什》考古报告,详细介绍了这里出土的文物、寺院遗迹、佛塔、佛像残部、壁画残片、斗拱类木质建筑材料、陶器、丝、毛织物等。从报告中所附遗址位置图,不仅可以肯定这一"都勒杜尔·阿胡尔"遗址,就是今天库车地区人们称谓的玉其土尔、夏克土尔,而且可以看到,伯希和发掘的主要地点,是在渭干河西岸的夏克土尔(见图 6.1)。在刊布的地图中,还有一区边长 114 米 × 134 米,形若古堡的平面图。[1] 1985 年底,作者利用到巴黎访问之机,认真观察了现藏于巴黎吉美博物馆的都勒杜尔·阿胡尔遗址发掘出土的文物,还在巴黎国家图书馆东方手卷部看到了这一遗址出土的 200 多件唐代汉文文书。收藏在吉美博物馆的文物,主要部分已见于上引发掘报告,但同一遗址内出土的大量古代文书,其中包括 200 多件汉文文书,至今仍深藏在东方手卷部库房,未见刊布,更不必说应该在同一报告中刊布了。这不能不是一个很大的缺点,因为同一遗址中的不同类文物,被分割在不同的报告中,势必局限人们对遗址做出正确、科学的分析,甚至会引导人们对遗址产生完全错误的概念。伯希和认为,这区遗址可能是玄奘《大唐西域记》中提到的"阿奢理贰大寺",[2] 可以作为一个证明。

库车县文管所梁志祥同志长住库车,从事库车文物保护管理工作多年,对县境遗址情况十分熟悉。在他近年发表的《库车县古遗址简介》一文中,[3] 较全面地介绍了县境古城、佛寺、古烽燧的分布特点,并论及玉其土尔、夏克土尔及这两处遗址东南二三公里的库木土尔(意为沙墩),认为它们是一组关系密切的古城堡,是唐安西都护府下的重要屯戍中心之一。遗憾的是,文字过于简略,只谈了结论,却没有对这一论点进行申述。

---

〔1〕〔法〕M.P.伯希和《都勒杜尔·阿胡尔和苏巴什》,巴黎,1982 年。)
〔2〕〔法〕M.P.伯希和《吐火罗语与库车语》,《吐火罗语考》,中华书局,1957 年。
〔3〕梁志祥《库车县古遗址简介》,《新疆大学学报》,1981 年第 1 期。

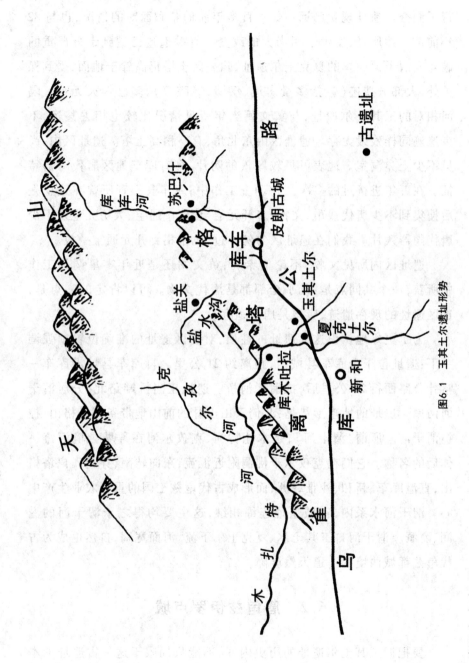

图6.1 玉其土尔遗址形势

1985 年秋,作者在库车、巴楚考古工作期间,曾对这区遗址简单进行了调查。遗址现状已远不如一百多年前伯希和面对的情况,也与 82 年前黄文弼所见,发生了相当大的改变。有关遗迹已遭到十分严重的破坏。渭干河西岸的夏克土尔遗址,除一区土塔仍高耸于地面,受到保护外,大部分遗迹(包括多量房址、堡墙、寺院等),多已毁灭无存。隔河相对的玉其土尔遗址,与黄文弼当年所见情况比较也相去甚远,不少遗迹同样残毁无存。遗址区内东北角,有一稍高土塔。遗址区内,尚见不少土龛洞室。地表可见较厚重的陶片,具有库车地区唐代陶器特征。在近年进行过的多次文物调查工作中,库车县文管所曾在这里先后搜集到不少唐代钱币、文物,多开元通宝、建中通宝、大历元宝及不少唐代陶器残片。我们在遗址区匆匆一过,也采集到开元通宝一枚。

遗址区内所见文物,不论伯希和、黄文弼还是近年零星调查工作中所获,一个共同点是:几乎全部都是唐代文物。可以肯定的一点是,这区遗址的现存遗迹,应该是唐代遗存。

为了更好地认识这区遗址的性质,对这区遗址的准确位置须强调一下:遗址位于今库车县城西,距离约 21 公里。自库车县城沿库车—喀什公路西行 21 公里后,抵渭干河桥。遗址正当桥畔路北,分居渭干河两岸。遗址的地理形势是:北倚天山山脉的前山地带雀离塔格山,控扼渭干河。所谓"渭干河",是木扎特河、克孜尔河在拜城县境汇流一体后的名称。它们在克孜尔千佛洞附近汇流,东向转南,穿越雀离塔格山,直泄库车、新和、沙雅绿洲,而形成古代龟兹王国的重要农业生产中心。渭干河水系内,古城遗址连绵相继,这主要均得之于渭干河的滋润、灌溉。渭干河自玉其土尔、夏克土尔下流,河面宽阔,自然也成为古代龟兹都城西境的一道天然屏障。

6.2　唐龟兹伊罗卢城

要把握玉其土尔遗址的历史内涵,不能只局限于这一古遗址的本身状况,而必须把它放在唐代龟兹王国都城或安西都护府故址这一大的布局中，才能更深地认识、理解它的历史地位。

关于唐代龟兹王国都城，《新唐书·西域传》曾有明确记述："龟兹一曰屈支，王姓白氏，居伊罗卢城。北倚阿羯田山，亦曰白山，常有火。"阿羯田山、白山，即今天山，伊罗卢城北倚天山，彼此相去不会太远。

龟兹王城伊罗卢城与安西都护府的关系，据唐杜佑《通典》"边防典"称："今安西都护府所理则龟兹城也"，是安西都护府驻节于龟兹王城内。公元8世纪初，高僧慧超从疏勒东返，途经龟兹，也在行记中明确记录："又经疏勒东行一月，至龟兹国，即是安西大都护府，汉国兵马大都集此。"慧超行记是个人亲历，杜佑《通典》中有关西域资料，则根据了杜环的《经行记》，材料同样来自直接观察记录，都可以相信。

因此，唐代龟兹王国都城伊罗卢城所在，也就是安西都护府镇城之所在。

关于唐代伊罗卢城的遗址，近年来论者不少。全面分析有关古文献记录，结合现在考古遗址进行研究，作者以为，黄文弼先生的分析可以相信，即：伊罗卢城故址，当在今库车县城郊，距约3公里左右的皮朗。这里古城遗址仍有迹可寻，地面范围达7公里左右。

龟兹故城遗址的现状，黄文弼记述得比较清楚："龟兹城在库车城东郊，位于库车河（且尔色依）东岸，西距大桥里许，乌库公路横贯而过，乌恰河（干河）流经城中。该城范围颇大，城墙可见者北、东、南三面，略呈方形，迂回曲折，颇不整齐。城内除九处大土丘外，大部分已辟为田园。但在地面上，遗物和灰坑几乎随处可见。"[1]城墙为夯筑，现仍宽8～16米、高3.5～7.6米不等，外附马面。据现在三面城墙遗迹测量，北墙长2075米，东墙长1608米，南墙长1809米。西墙遍觅不获，因逼近河岸，或已不存。若以东墙长度比照西墙，则城围在7公里左右。不仅是库车绿洲内，也是塔里木盆地周缘所见古城遗址中规模

---

〔1〕黄文弼《新疆考古发掘报告》，文物出版社，1983年；《略述龟兹故城问题》，《文物》，1962年第7、8期合刊。

最为宏大的一座古城。玄奘过龟兹时曾过此城,他在《大唐西域记》中记述,龟兹"国大,都城周十七八里"。这一规模与玄奘所记,可以说是基本吻合的。

伊罗卢城作为龟兹王城,又是唐王朝安西都护驻节之所、屯兵之地,是唐代新疆及中亚地区政治、经济中心所在。不仅城市规模宏大,城内的建筑也会不同于一般。可惜的是,由于古城一直与现代库车绿洲的政治中心——库车县城基本毗连,长期以来,受到各种各样的破坏。但即使如此,在今天的皮朗古城范围内仍可见巨型建筑遗迹 6 处:萨克刹克土拉、南海墩、乌库土拉、白尖土拉、哈拉墩、皮朗土拉。古城近郊有大型土丘遗址 5 处:雀鲁拨克(A)土拉、雀鲁拨克(B)土拉、雀鲁哈拉、沙雅巴克土拉、麻扎甫塘等。这些土丘遗迹,最高达 9.4 米,周圈达 150 米。所有土丘遗存,均见古代文化遗物、唐代钱币、陶器,或有夯土、柱础、砖瓦。黄文弼曾发掘其中的喀拉墩,在唐代文化层内,出土大型陶缸三十多件。遗址范围内所见筒瓦、板瓦、蓝纹砖、铺地莲花砖、莲花纹瓦当均明显具有唐代风格。其中的莲花纹、忍冬花纹铺地砖,与西安所见唐大明宫麟德殿出土铺地砖的风格大致相同。遗址范围内,也不断见到开元通宝、大历元宝、建中通宝及"中"字钱等。面对发掘、调查中这些遗迹遗物,故黄氏在《新疆考古发掘报告》中结论:"这些遗址的活动时期应在唐初至唐末。若把这些遗迹与历史记载联系起来看,可以说这个城是唐朝在龟兹所建立的一个政治中心区,或许是唐朝安西都护府的所在地。"而黄氏在《略述龟兹都城问题》一文中,则明确认定,唐代龟兹王都伊罗卢城在上述皮朗古城无疑。

唐代龟兹王城、亦即安西都护府故城位置明确后,一个肯定的逻辑结论是:玉其土尔、夏克土尔古遗址,是位于龟兹王城以西约 24 公里的一座古址。而 24 公里约合唐里 60 里左右,正好是古代一日的驿程。遗址有城垣环绕,控扼渭干河谷,它完全可能就是《新唐书·地理志》中提到的,自安西西北去怛罗斯、西去疏勒大道上的第一座重要关隘——柘厥关关址所在。

6.3 安西要隘柘厥关

唐安西都护府下有柘厥关,关址在安西都护府西向怛罗斯、疏勒的大道上,而且是出安西都护府后的第一座关隘,这在《新唐书·地理志》中有明确记录。

《新唐书》卷43《地理志》称:"安西西出柘厥关,渡白马河。百八十里西入俱毗罗碛。经苦井,百二十里至俱毗罗城。又六十里至阿悉言城。又六十里至拨换城,一曰威戎城,曰姑墨州,南临思浑河。乃西北渡拨换河、中河,距思浑河百二十里,至小石城。又二十里至于阗境之葫芦河。又六十里至大石城,一曰于阗,曰温肃州。又西北三十里至粟楼烽。又四十里渡拔达岭。又五十里至顿多城,乌孙所治赤山城也。又三十里渡真珠河,又西北渡乏驿岭,五十里渡雪海,又三十里至碎卜戍,傍碎卜水,五十里至热海……"更前,抵碎叶水、碎叶城,最后抵达怛罗斯。

同书《地理志》,还提到安西向西有另一条重要路线。这就是,从"安西西出柘厥关",抵拨换城后,与去怛罗斯道分路,斜向西南,"渡浑河,百八十里有济浊馆,故和平铺也。又经故达干城,百二十里至谒者馆。又六十里至据史德城,龟兹境也。一曰郁头州,在赤河北岸孤石山。渡赤河,经岐山,三百四十里至葭芦馆,又经达漫城,百四十里至疏勒镇……"

《新唐书·地理志》的这些材料,取自唐人贾耽《四夷道理记》。因此,这是唐代人记述的唐代交通地理,比较准确、可信。

唐代,自安西都护府经过热海抵达怛罗斯的通路,在唐代中亚地区是一条十分重要的交通干线。研究中西交通及中亚文明的著名学者向达先生,曾特别名称这一古道为"热海道",说它是"古代中西交通上一条最有名、最频繁的大道"。[1]

---

〔1〕向达《西域见闻琐记》,《文物》,1962年第7、8期合刊。

自安西到疏勒,这条驿道的重要性实际也不次于前者。它沟通四镇,维护唐王朝对新疆广大地区的统治,或进一步通过疏勒去大宛(费尔纳干盆地)、安息(伊朗),交通西亚、欧、非洲,均须凭靠这一交通命脉。而柘橛关,雄踞于这两条交通干线之上,成为维护其西境安全的一个咽喉。其地位之重要,非同寻常,是不言自明的。

关于"热海道"或龟兹—疏勒间的交通路线,虽然《新唐书·地理志》中所提的每一个城镇的故址准确所在,今天还没有完全揭示清楚。但因为对于一些大的城镇、山隘是了解的,所以这两条路线的具体走向、路径,基本是明确的。

先看"热海道"。"白马河",即渭干河。《中国历史地图集》已揭明了这一结论。俱毗罗碛,是今天仍然横亘于库车、阿克苏绿洲之间的小沙漠。拨换城,在今天阿克苏温宿附近。去疏勒的大道,至拨换城后斜向西南,彼此分路,而"热海道"则自拨换循天山西行。

葫芦河,是源于天山的托什干河。大石城(于祝、温肃),在今乌什县境。自此,斜向西北,沿别迭里河谷入山,翻越拔达岭,即天山有名的隘道、海拔4284米的别迭里山口。唐"拔达岭",今天称"别迭里"山口,读音一直未变。这是一条天然的山谷之道。自乌什去伊塞克湖方向,除此谷道即无路可行。近年,作者曾数次进行过调查。自乌什向西北,经过沙铁、喀拉玉尔江、日当耶、味塔拉、阿克吉古伦,即可翻越别迭里山口。马行相当便利,一路不乏水草。沿途见三座仍然耸立的古代烽燧,粟楼烽当在其中,烽燧附近尚存墓群。这些,帮助标示了谷道走向。翻过别迭里山口后,过热海(今伊塞克湖。伊塞克,突厥语意为热),最后到达怛罗斯(今苏联哈萨克斯坦境内江布尔附近)。进入了锡尔河流域,由此西到咸海、里海周围,入欧洲;或转南到大宛、大夏、安息,都相当便利。这条通路在沟通亚、欧之间的往来上,自汉迄唐一直居于非常重要的地位。

自龟兹到疏勒之交通干线,前一小段与上述"热海道"是一致的。经柘橛关、越俱毗罗碛、抵拨换城后,转折向西南行。基本上与喀什噶尔河(克孜尔河)方向一致(喀什噶尔河,目前到巴楚即已断流;过去,自巴楚以东仍见季节性水流,直到阿克苏以南,与阿克苏河、叶尔羌河合流成塔里木河,再东流)。和现行公路相比较,走向虽一致,但实际路线较公路线更偏南。古道上的据史德城,在今巴楚县的托库孜萨来。古城傍近,有吐木休克佛庙遗址。20世纪初,伯希和在这里曾发掘到许多珍贵文物,20世纪20年代,黄文弼也曾在这里进行过调查。20世纪50年代末,李遇春同志曾在托库孜萨来古城进行过发掘,获自南北朝到唐、宋时期的颇多文物。作者于1985年,也曾在这里进行过调查。古城所在地理位置,正当克孜尔河北岸一座孤立的石山之上,与《新唐书·地理志》中所称"据史德城……在赤河北岸孤石山"十分契合。故长期以来,历史、考古界一般都赞同托库孜萨来古城即为唐据史德城所在。

据史德城以东至拨换之间,在近年考古调查中,先后发现过泽梯木、科西梯木、玉木拉克梯木、穷梯木等驿馆遗址及阿克先尔城堡、亚依德梯木、都埃梯木遗址等。它们彼此连续成一线,相去五到十公里。遗址虽多已沉没在沙碛之中,但仍采集到不少南北朝、唐,最晚到宋代的钱币、有唐代特征的陶器及龟兹文残陶片,并见古代渠道等。[1] 与上引《新唐书·地理志》揭明的自拨换城到据史德城之间的驿馆遗址,明显有密切关系。其中的穷梯木遗址,在托库孜萨来北稍偏东,距离28公里,系一方形土堡,范围60×64平方米,墙垣残高5.5米,土坯砌筑。在城堡内、外,采集到相当多量的兽面把手陶器、开元通宝、乾元重宝、大历元宝等唐代钱币。从出土文物可以看到,古堡在唐代曾有相当繁荣的活动,而它与据史德城之间的距离又相当60唐里左右,故被认为是"竭者馆"之所在。[2] 这可以说是言之成理,持之有故。

自巴楚托库孜萨来古城而西,沿克孜尔河谷行进,可抵喀什市。即唐代疏勒镇城所在。

---

〔1〕柳晋文《巴楚—柯坪古丝道调查——兼述"济浊馆"、"竭者馆"之地望》,《新疆文物》,1985年第1期。

〔2〕柳晋文《巴楚—柯坪古丝道调查——兼述"济浊馆"、"竭者馆"之地望》,《新疆文物》,1985年第1期。

这条古道的走向,受地理形势的局限,与今天阿克苏到喀什的公路走向大概一致。但具体路线,更为偏南;不少地段,已沦为沙碛。究其原委,可能主要是与水道及水流量的变化有关。

疏勒镇,在"丝绸之路"交通上具有重要地位。古道至疏勒后,南行可至于阗镇;西南可入帕米尔,经渴盘陀可转大夏、安息;西越天山,翻大坂,可至大宛。交通路线可谓四通八达,所以它在"丝绸之路"上的历史地位,当然不能轻估。

试从龟兹王国的统治者或安西都护府大员们计虑,为维护这两条交通路线的安全、秩序,必然要在沿线各处设置各种关梁、驿馆。而第一座关隘,肯定就要安排在渭干河渡口:因为宽阔的渭干河,是安西故城西向第一道天然屏障;往来商旅、使节呈验过所,当以此最为便利。而且,距安西正常一日驿程设关置馆,从古代交通实际看,有自然的要求。所以,将西出安西都护府后的第一站——柘橛关设置于此,是最为合适不过的。而不设置在这里,倒真会让人无法理解了。

这一逻辑分析,周连宽先生亦曾揭明。他在《从屈支国至跋禄迦国的一段行程》一文说:"此安西西出之柘橛关(候望台)应在库木土拉千佛洞之南,木扎特河(即渭干河——引者注)东岸。"[1]这一结论,是很合情理的。

6.4 安西境内关隘举要

唐代于交通险要之处设置关梁,是遵循一定原则的。因"关为诘暴之所",所以"关必据险路"。根据这一原则,选定关址,要考虑"临水挟山,当川限谷,危墙深堑,克扬营垒之势","居于要会之口,实堪控扼",才算得符合条件。[2] 这些条件,是从安全防卫需要中总结出来的。

安西都护府所在的龟兹王城,地理形势非常险要。它北依天山及

---

〔1〕周连宽《大唐西域记史地研究丛稿》,中华书局,1984 年。
〔2〕(宋)王溥《唐会要》卷86,"关市"。

其支脉雀离塔格山,东有库车河、西有渭干河左右拥抱,南向浩瀚大漠。堪谓依山带河,形势天成。不论是长期统治库车绿洲的龟兹白氏王室,还是决定把安西都护府驻节于此的唐王朝统治集团,都是曾经从兵要地理角度认真分析了这一地理形势的。

要使古城安全、固若金汤,当然不能仅仅依靠这种背山依水、面对大漠的自然形势。还必须因势而用,在古城北面山谷、左右河川上设置必要的关梁,控制交通隘道,才能使自然的险要形势转化为现实的防卫优势。

所以,不论是龟兹王室还是安西都护,从自身的统治利益出发都是这样做了的。

本文试从现存的考古遗迹出发,进行分析。

6.4.1 雀离关

史籍中曾见焉耆有雀离关,但却未见龟兹雀离关的记录。玄奘在《大唐西域记》中,记述龟兹境内有二"昭怙釐"伽蓝,彼此隔河,东西相称。伯希和在其《吐火罗语与库车语》一文中,从语言学角度,论定"雀离"同于"昭怙釐",提出不仅有雀离寺,而且有雀离关,遗址在库车县北稍偏东的苏巴什。而唐代龟兹,在交通冲要之处置关设寺,彼此同在一处,非止一见。实际遗址也显示了古代寺院与关隘并存的情况,故本文明确提出"雀离关"的存在,并予申述。

对东西"昭怙釐"佛寺遗址,黄文弼在《塔里木盆地考古记》曾详予记录,名之为"苏巴什"古址。并在《塔里木盆地考古记》中,刊布过他实测的城关遗址的平面图。把雀离寺遗址称为苏巴什古城,算是一误。但之所以有此误,很可能在古寺遗址群中确实见一古代城堡。作者1985年在这里调查时,古城堡仍然保存完好,作为一区重点文物保护单位,屹立于地表。

城堡设置于库车河(铜厂河)出雀离塔格山口处,居河西岸。南北略长,东西稍狭。南北长约150米,东西宽约100米。堡墙仍高达5米以上,只南边一个方向有门道,并置瓮城。黄文弼在这里曾采集到古龟兹钱币及波斯翁米亚王朝时期库思老二世时(651—702年)所铸银币。

城堡以北、以西,为大片佛教建筑遗迹。在南北近 700 米、东西近 200 米的范围内,佛塔耸立,寺院巍然,虽多已坍塌,但残迹显示的宏大规模,仍给人以深刻印象。在库车河(铜厂河)东岸,依山势走向亦见南北延伸的古代堡墙一段,残长近百米,耸立于山脊之上。而在长 500 多米,宽 150 多米的范围内,同样是佛寺佛塔丛丛列列,佛教塑像残段、壁画残块仍可辨析。隔库车河彼此遥遥相对的古堡、丛集的佛教遗迹,显示了很不寻常的规模与气势。

源自天山的库车河,穿山越谷 100 多公里。至此,奔突穿出雀离塔格山口,泻入库车绿洲。而与雀离寺共处的前述关城,正好控制了这一雀离塔格山隘口,成了龟兹王城东北面的一座关梁,亦是一座有力的屏卫。关城与雀离寺共存一处,据唐代通例,名此关为"雀离关"是言之成理的。

自龟兹王城东北行 20 多公里后,即为雀离关。过关上行,逐渐进入天山,沿途水草颇盛。进入天山腹地后,有一高山湖泊(应当就是玄奘在《大唐西域记》中提到的"大龙池")。过湖,斜向东北,有小道可入于尔都斯草原。自于尔都斯草原转东南,可抵焉耆绿洲。斜向西北,可进入特克斯草原,与伊犁盆地相通连。于尔都斯草原,水草优良,是十分理想的放牧场。唐代,也曾是西突厥的重要牧业基地之一。因此,拱卫唐龟兹王城——皮朗古城的东北方向,控制库车河谷,是至关重要的。有见于此,在控扼库车河进入绿洲的隘口——雀离塔格山口设关屯兵,就是再自然不过的一件事了。

对库车河两岸的佛寺遗址,海内外有关学者一般都认为是玄奘所记东西"昭怙釐"大寺,即雀离大寺。而与雀离寺共存一处,控扼雀离塔格山隘口的唐代关梁,称之为"雀离关",当然也是顺理成章的。

6.4.2 盐水关

"盐水关"一名,文献未见著录,但在考古发掘文物中有此关名。自安西到姑墨,即自库车绿洲到阿克苏,除穿越山前戈壁、沙碛外,还有一条山道。这就是自库车县城向北,入雀离塔格山中的盐水沟(以沟水含盐微咸而得名),翻过地势不高的拉巴特大坂,过克孜尔、赛里木、拜城县,直西行,即可抵阿克苏。自拜城斜向西北行,沿木扎特河谷入天山,翻木扎特大坂,可抵伊犁河流域的昭苏盆地。因此,盐水沟峡谷,在唐代沟通安西或龟兹王国与姑墨、西突厥之间的交通上,也是一条十分重要的、不能忽视的通道。

多年来,作者曾不知多少次过盐水沟,由库车入拜城克孜尔。沟谷狭处不过 20 多米,左右峰峦夹峙,径路曲折回环。自库车方向入沟,不远即见一古代石垒,耸立于沟谷西岸岩壁上。高仅三四米,今名"夏德朗"。深入四五公里,又一石垒耸峙于沟谷之中,均以块石、土、树枝相叠砌。

1907 年,伯希和在入口第一座峰墩处进行发掘,获相当数量的古龟兹文木简,惜大多残损,"仅有数枚尚保存未毁。其简为长方形,宽在 8 ~ 16 厘米之间,高在 4 ~ 10 厘米之间,简之四面中间,刻有 V 形缺口,盖为以绳编连之处也"[1] 烈维曾释读其中最完整的一枚木简,文意为:"Ywartlas 书于……在盐关。汝自适用此符,现自……来,偕行者共十人,马共五匹,牛一头,放行勿诘:汝亦不得有所留存。Ksum 二十年七月十四,YO.(署名)"。

"盐关"一称,各简均见,是这里的关名。从简文内容,可以明确,是唐代"过所"类的证书。唐代规定"过所上具所将器仗色目,然后放过。如过所上不具所将器仗色目数者,一切于守捉处勒留"[2] 龟兹虽使用本族语文,但同样遵行这一规定,在"过所"上明确写清随行人数、马匹、牛只等,以便查验放行。

木简上,多处见龟兹国王 Swarnate 的签署,经还原,当为 7 世纪中叶龟兹国王苏伐叠的龟兹语称。木简是唐代实物,于此可得明证。而唐代,在盐水沟峡谷中,置有"盐水关",从现存古堡及龟兹文"过所"可得确证。

盐水沟,是雀离塔格山中一条很小的隘道。但可通姑墨及天山以

〔1〕烈维《所谓乙种吐火罗语即龟兹语考》,《吐火罗语考》,中华书局,1957 年。
〔2〕(宋)王溥《唐会要》卷 86,"关市"。

北的西突厥,就不能轻忽,必须置关戍守,审查一切过往商旅行人。于此,可看出对龟兹王城周围的所有峡谷险路,当时的警卫是很严密的。

6.4.3　柘橛关

前面曾经说到,渭干河是唐代龟兹王城西边的第一道天然屏障。唐代文献中屡见的西出安西都护府后的第一座关隘——柘橛关,自然要设置在渭干河渡口上,作为控扼渭干河谷的要塞。这里,较细为之说明。

渭干河,是龟兹王国境内最主要的一条水道,《水经注》中称之为西川水。上游有二,西支为木扎特河,东支为克孜尔河,皆源于天山冰川。它们下流到拜城县境克孜尔千佛洞附近,汇流为一,称渭干河。它穿越雀离塔格山,进入库车县境,成为了库车绿洲上主要的生命源泉。库车、新和、沙雅县境许多汉、唐时期的古城、屯兵戍守之处,都在渭干河水系之内,赖渭干河而生存、发展。

沿渭干河谷上行,可到其上游木扎特河谷。沿木扎特河谷上溯,可入天山腹地。沿途水足草茂,马行便利。进入天山后,翻越木扎特大坂,即可进入伊犁河谷的昭苏盆地。昭苏盆地为理想的高山牧场,汉代乌孙、唐代突厥,均以此为理想的牧地。这一通道,自古以来也一直是沟通天山南北的通道之一。乌孙、突厥与龟兹,或通过龟兹与中原联系,均曾借此路线而出入。

过渭干河,斜向西北行,可进入托什干河谷。翻别迭里大坂,过伊塞克湖可到怛罗斯,即前面说过的"热海道"。要想通过"热海道"进出安西,也必须通过渭干河这一天堑。

过渭干河,斜向西南,到疏勒镇。可见,疏勒、安西之间的联络,还是必须受渭干河的制约。

这种自然地理、军事地理形势充分表明:距唐龟兹都城24公里左右的渭干河口,是不能不置关戍守的。在这里设置关城的重要性,远过于苏巴什河口的雀离关、盐水沟峡谷中的盐水关。不在这里设关,会直接影响龟兹王城的安全,影响几条主要干线上的交通秩序。常识表明,不仅要在这里设置关城,安排驿馆,而且必须派驻较多的兵士,以利于安西都护府的军事防卫。《新唐书·地理志》中的柘厥关,不设置于此,确实是难以想象的。

如果只有文献资料,而没有考古遗址的印证,当然也会使最后结论受到一定影响。而现实是考古学家们在渭干河口确实无误地发现了唐代城堡:它们屏峙河道两岸,控扼出入雀离塔格的山口,堪称"临水挟山,当川限谷"。面对这样的事实,再不把这城堡遗址名正言顺地说明为唐柘厥关之所在,可就真是说不过去了(见图 6.2)。

6.5　玉其土尔遗址出土汉文书资料

玉其土尔、夏克土尔是唐安西境内的柘厥关,前面已作了充分的论证,自觉是证据确凿,铁案无疑。不仅如此,在伯希和发掘的资料中还有强有力的内证,有助于证明这一结论。这些发掘资料,尤其是这里出土的两百多件汉文文书资料,多年来少为人知。更糟的是伯希和曾将这里出土的一件有关柘厥关的汉文文书资料,因其记忆错误,在未查核原件的情况下,说成是出土在铜厂河口的苏巴什。并在前引的他很有影响的一篇文章《吐火罗语与库车语》中,据此而做出了柘厥关在苏巴什,柘厥关即为雀离关的结论。这一结论刊布以来,影响很大。1985 年底,作者在巴黎时得机会看到了这批汉文资料,并手录了其中的绝大部分资料,也从文书的原标出土遗址号看到了伯希和当时的这一错误。利用这部分汉文资料,可以大大深化我们对柘厥关历史地位的认识。

出土在这区遗址内的汉文文书资料,共 212 件(伯希和共编 249 号,但第 157～200 号空缺,不见文物。而其中第 157 号文书,又包括 7 小块。这样计算下来,实际现存汉文资料为 212 件)。其中,除几件为佛经抄件外,几乎全部都是世俗文书,为唐朝官府文档残留,可以见到涉及安西都护府、龟兹都督府、柘厥关的文字及有关屯垦、掏拓渠道、征发差役、供应马匹及支领马料、借贷纠纷、私人书信等,涉及社会政治、军事、经济生活等状况。文书残纸上,见唐代"麟德"、"开元"、"天

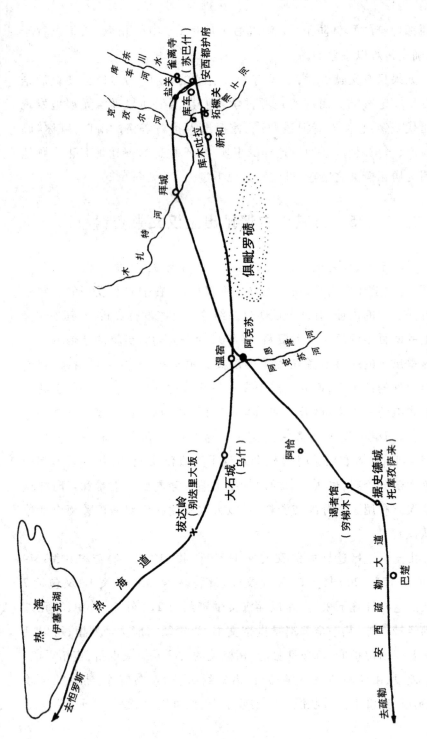

图6.2 热海道交通路线

宝"、"上元"、"大中"、"大历"等纪年,[1]从状牒格式及这些纪年,可以肯定文书为唐代遗存。

据这批文书资料,可以肯定:所谓"都勒杜尔·阿胡尔"遗址,虽包括有佛教寺院(文书中,即见到"河西寺"、"白寺"等名称),但绝不是任何一区佛教寺院、或者为伯希和曾假定的阿奢理贰大寺所可以承当的。遗址的性质,明显是安西都护府属下的一区重要军事、政治单元。这里驻有军队,承担着屯田的使命。有驿馆,驿馆内有供差的马匹。往来的"行客",组织成"行客营"。居民中,有坊、里及村的不同组织,除佛教信仰外,还有袄教的信徒。文书虽极为残碎,但两百多件材料的字里行间,还是透露了各个方面的历史信息。把这区遗址,结论为柘厥关城,是站得住脚的。

出土文书中,有两件文书直接涉及柘厥关。

文书之一,文书原始编号为"pelliot Koutcheen D·A27"(D·A,乃Douldour – Aqour 之缩写——引者注),意为"伯希和、库车、都勒杜尔·阿胡尔,27 号"。

文书为一极小的残片,存字五,但两字已残,可判读为:"……大至柘厥关"。其中"大"字,只存一横、一撇;"关"字,只余关上两点,其下纸残损。所以,清楚显示的只是"至柘厥"三字。伯希和在 1934 年发表的《吐火罗语与库车语》中,介绍这一资料时说:"我在 1907 年得有一纸片,不幸现今不在手边,可是我确未忘记其上有'柘厥关'名,惜无其他指示。我拾得此纸片之地,就在苏巴什西边废址中,直言之,在'西柘厥寺'所在之处。"[2]根据文书的原始编号可以看得很清楚,伯希和的这段文字存在一个重大的失误:把出土在库车县城西的都勒杜尔·阿胡尔遗址的这一文书,记忆在了位于库车县城北东的苏巴什遗址名下。所以出现这一误差,正如他在文字中介绍的,一是仅凭记忆,未能查到原件。加之这两区遗址又都在库车县内,都是出现过大量佛

〔1〕文书原件,存法国巴黎国家图书馆。
〔2〕[法]M.P.伯希和、烈维:《吐火罗语考》,中华书局,1957 年,第 128 页。

教文物的遗址,撰文时间又在遗址发掘 27 年以后。这些因素纠合一起,导致出现了这一差错,确实不难理解。但这一张冠李戴的差误,却导致伯希和在分析柘厥关址所在时,明显走向了一个错误的方向。

文书之二,编号为"D. A 80"。录文为:

"东界移伐离支庄界田苗今见干樵不得水

石啜祛录上户差种家曾有□□□件庄田苗干

滑其水频至拓厥所由相推其麦在场内伏望"。

这是一件关于田苗遭旱向上呈报的官府文书。从残文看,移伐离支庄界"田苗干樵",缺水受灾;而"拓厥"则"其水频至",遭遇很不一样。看来,"拓厥"是一个近水的所在。

推敲这两件残文书的文义,似乎可以理解:第 20 号残文书"至拓厥"三字,实际可能表示着这件文书的终点站,要送达到拓厥关。而 80 号文书,是一件呈报上级的公文,申述田作事务中的问题,一些地段干旱少水,一些地段如拓厥所在则其水频至。需要说明的一点是,这里的"拓厥",与上一文书中的柘厥用字不同,但"拓"、"柘"二字形近音通,所以,实际指的是一个地方。这个问题下面还要说到。这与柘厥关正当渭干河畔,且处于渭干河中游并水量充沛是密切相关的。无疑,这又为我们推论柘厥关址就在玉其土尔、夏克土尔提供了进一步的内证。

唐代文献中提及"柘厥"的,还有唐代僧人留下的《悟空入竺记》。唐朝僧人悟空去罽陀罗求法,途经龟兹。他在公元 8 世纪写完的行记中,提到"安西境内有前践山、前践寺。复有耶婆瑟鸡山、耶婆瑟鸡寺。东、西拓厥寺,阿遮哩贰寺"。[1] 悟空在这里,也记"柘厥"为"拓厥"。关于这个问题,在前引伯希和《吐火罗语与库车语》中,伯氏曾经进行过分析:"此拓厥译名,究何所指?沙畹、烈维读上一字为'讬',是因为拓字之一读法,拓跋之拓即从此读。然此字具有数音,唐代译音用字即从其第二读音,应读若(t'siäk),因字形之易混,唐代译文时常游移于拓(t's'iäk)、柘(t'a'ia)二字之间。"简言之,拓、柘二字,字形近而音

---

〔1〕《悟空入竺记》,大正新修:《大藏经》第 51 卷,史传部,三。

互通,所以常见两字互用的情况。所以,悟空记述的"龟兹东西拓橛寺",与"东、西柘橛寺"实际是一个地方。

这一柘橛寺与阿奢理贰寺并记一起,可能与彼此位置相近有关。阿奢理贰寺的位置,在玄奘《大唐西域记》及慧立、彦悰的《大慈恩寺三藏法师传》均有明确指示:它的位置在伊罗卢城的西北。《大唐西域记》说在龟兹"大城西门外"、"有五年一大会处"。而从大会处"会场西北渡河,至阿奢理贰伽蓝",可见阿奢理贰寺位置应在龟兹都城的西北。《大慈恩寺三藏法师传》于此指示更为明确:"过城(指龟兹都城——引者注)西北阿奢理尔寺。"因此,阿奢理贰大寺的位置在龟兹都城西北,还要渡河。悟空将东、西柘橛寺与阿奢理贰寺一并记述,其地理位置当彼此相去不远。

同在龟兹都城西门外,同以"柘橛"为名称,可以肯定自安西西去的柘橛关,与悟空所记的东、西柘橛寺是在一个地方。这就是今天库车绿洲上的玉其土尔、夏克土尔遗址。黄文弼的调查报告、伯希和的发掘资料、目前仍存在于地面的遗迹,都有力地说明:这里既有控扼渭干河的古代关城,也有与关城共存的大型佛寺。遗址分处河道东、西,故有东柘橛寺、西柘橛寺之分,这是寺;而关城,看来也是两岸均见设置的,因此柘橛关也有东、西之分。伯希和在论述都勒杜尔·阿胡尔遗址时,只注意了出土大量佛教文物一个方面,对于与佛寺并存的城堡遗迹,发掘文物中大量的驿馆、屯戍文字却完全没有注意(迄至伯希和去世,对这批文书,他也再未进行过整理)。同一遗址中共存的文物,没有总体、综合分析,只关注一端,结论失误自无法避免。揆诸历史实际,在佛教势力弥漫的唐代龟兹,任何一个居民、经济中心,都难免会有佛教寺院的存在。柘橛关既是一处交通枢纽,一处重要的军事关隘,又因其地近大河,农作方便,而成了一处屯田中心,兵士、随军家属、商旅……人口必不会少。这样的居民点出现佛教寺院,就是一个自然而合理的现象。而在柘橛关出现的佛寺,人们简称为柘橛寺,并随方位而区别为东、西寺,可以说都在情理之中。

根据现存遗址、出土文物以及历史文献记录,本文的观点是:唐龟兹王国都城——伊罗卢城,遗址在库车城东的皮朗村,即皮朗古城。古城北稍偏东,距约40华里的苏巴什,是"昭怙釐"大寺及雀离关所在。而东、西柘厥关及东、西柘厥寺,则在库车县西24公里多的渭干河口,遗址为今天的玉其土尔、夏克土尔,也就是黄文弼说的"色乃当",伯希和所称的"都勒杜尔·阿胡尔"。

伯希和认为柘厥同于雀离,地在苏巴什。这一错误是必须匡正的。这,不仅在于他记错了文书的出土地点,因而把龟兹都城西边的柘厥关误定在了东边的苏巴什;而且在于如柘厥关在苏巴什,则通过柘厥关,根本无法走到怛罗斯、疏勒,因为方向相反,《新唐书·地理志》的记录也就无法理解了。伯希和的这一观点,既称有出土文物的根据,又有语言学根据。此观点于多年前发表后,在欧洲汉学界以及国内治新疆史、中亚史的学者群中,影响很大。今天应该予以澄清了。

因为把柘厥关、柘厥寺都放到了苏巴什,伯希和对他自己发掘过的"都勒杜尔·阿胡尔"遗址,则提出一个说明,认为它可能是龟兹大寺阿奢理贰之所在。"都勒杜尔·阿胡尔"既然已肯定为东、西柘厥关、柘厥寺,这个结论,自然也不能成立。

阿奢理贰大寺究竟应该坐落在龟兹都城西北哪一座石窟寺址上,至今还是一个正在研究中尚未取得可信结论的问题。阿奢理贰寺是龟兹境内大寺,龟兹王曾任该寺主持。玄奘过龟兹时,该寺主持为龟兹最有影响的高僧木叉毱多,其地位不同于一般。从这两点分析、推论,阿奢理贰大寺似与皮朗古城西北的克孜尔尕哈石窟相当。克孜尔尕哈石窟在库车绿洲内现存几区石窟中规模不小,位置与龟兹都城也较接近,窟中供养人的社会身份比较高。当然,这一推论能否成立,目前还是需要进一步研究的问题。

法国学者伯希和的汉学造诣,一百年以来在欧洲汉学家中是屈指可数的。他通过语言学研究,探讨古代新疆的民族语言、宗教、历史与文化,发明不少。但在论及柘厥关时,他忽略、无视公认为可信的文献记录(如《新唐书·地理志》)中有关柘厥关方位的文字,对赫然存在的考古遗迹、文物未予全面分析,而仅仅局限于一字一词的语音复原、考证,终于导致将"柘橛"等同于"雀离",把应在都城以西、渭干河上的柘橛关,放到了铜厂河上的苏巴什,真可谓失之毫厘,谬之千里。这对研究历史语言现象无比复杂的古代西域,不能不说是一个值得总结、重视的教训。

7 阿拉沟古堡与唐鸜鹆镇

天山阿拉沟峡谷东口之石砌古堡,其中出土的唐代文书碎片,国内外唐史研究界早有所闻。作者作为调查、发掘工作的当事人,完整刊布相关资料,是不能推诿的义务。不少师、友,也时以此事相嘱[1] 但终因文书残碎极甚,拼缀不易。加之其他工作头绪多端,难以集中心力专注于一事。于是文书残片之缀合,只能时断时续,费时费力不少,却终难竟其功。文书内容不清,自难为之介绍。

2001 年,有两件事,使作者既得可能也有愿望,再把阿拉沟文书碎片摆在了案头。一是退休了,可以从容做自己应该做、也愿意做的一些事;二是得机会与几位友人驱车进入天山腹地,转了几天。其中目的之一,就是把自阿拉沟峡谷进入于尔都斯草原、库车绿洲、伊犁河上游巩乃斯河谷,远及伊犁河流域大草原的地理环境、交通路线,带着阿拉沟古堡文书研究中的问题,进行了相当详细的考察。对唐王朝为什么会、而且必须会在吐鲁番盆地交通天山腹地的阿拉沟口设置这一军事戍堡,它在唐与西突厥相关军事与地理上的重要地位,更加了然于胸。阿拉沟古堡及其文书残纸的相关历史、地理背景,确已到了可以清楚提出一些结论的时候。刊布相关资料,不仅可以多少助益于唐代西域史的研究,而且作者所顾虑的文书之缀合、内容的分析,即使存在不尽准

〔1〕阿拉沟戍堡的调查、发掘,在 1976 年 4—5 月间。出土文书残纸,作者曾在一些场合介绍过相关情况。师友们希望一见文书残纸,也都提供支持。程嘉霖教授看过文书后,在其《汉唐烽燧制度研究》中,即曾引述过相关资料。1990 年夏,北京大学周一良、王永兴、宿白老师等至乌鲁木齐参加"丝绸之路"国际学术讨论会,曾抽空看过全部文书残纸,明确教示,文书虽残碎,但具有相当的文献资料价值,应尽早刊布,以助益学界进一步研究。1995 年,荣新江兄到乌鲁木齐,再嘱赶快整理,以供同好。1996 年 5 月,陈国灿兄借新疆考察之机,不惮疲累,以十分有限的休息时间,与我及夫人一道,潜心细细揣摩每块残碎纸片、每个文字,运用他深谙吐鲁番地区出土唐代文书格式的优势,帮助我进行残纸缀合,在本文写作过程中,也多予关心。朱雷教授、日本友人荒川正晴教授等也在资料检索中给予过帮助。师友对这批资料的关注之情,既让人感动,又令人抱愧。书之于此,聊示感谢之忱。

确之处,也可望得到学界同仁们的批评、指正。

7.1　古堡基本形制及发现经过

阿拉沟峡谷东口存在古代戍堡,并非作者的新发现。1928 年黄文弼先生自吐鲁番穿阿拉沟至曲惠、和硕时就发现了,并在《塔里木盆地考古记》中报导过这一遗存。只是对古堡之时代止于一般观察,结论为"汉"。[1] 在考察日记中,又说"此城非安集延所筑,乃蒙古人所建立之城无疑"。[2] 黄先生之结论,虽只是最一般的考虑,但却产生过相当重大的影响。新疆维吾尔自治区文管会在 20 世纪公布区重点文物保护单位名单时,即据此而称之为"石垒",时代标明为"汉"。1995 年末,我看中国历史博物馆通史陈列中有阿拉沟古堡照片,仍将之说明为"汉代"。从目前已经掌握的资料看,这是一个需要修正的结论。

阿拉沟口古堡的准确位置,在东经 87°42′、北纬 42°50′处,正当阿拉沟与鱼儿沟水汇合口的河谷北岸。河谷至此,地势开阔,河面宽达百米,奔腾激越的阿拉沟水从这里跃出天山腹地,河滩中乱石纵横,河岸峭壁陡立,高达二三十米。古堡就耸峙在这一陡峭的岩壁上,控扼了由吐鲁番盆地西入阿拉沟峡谷的咽喉,堪谓地势险要。驻足古堡瞭墩之上,阿拉沟河谷、吐鲁番盆地平川,巨细均在俯视之下。尤其是东向吐鲁番盆地,是一片开阔、平展的戈壁,数十里的地域范围内,稍有异常便可知晓,其军事观察作用,不言自明(见图版 4)。

作者能接触阿拉沟古堡,是一个偶然的机缘。1976 年,"文化大革命"余威仍盛,作为普通考古工作者,总望脱离这一漩涡做点具体工作。听说在修建新疆吐鲁番至库尔勒段铁路建设工程中,挖出了大量文物,却没有任何文物保护措施,于是我请缨前往,希望做些抢救工作。进入阿拉沟后,眼见飞速前伸的铁路工地,沿线有古址、古墓,文物散落地表,令人触目惊心。自此,我在阿拉沟中陆续工作三年之久。实际工

---

〔1〕黄文弼《塔里木盆地考古记》,科学出版社,1958 年,第 2 页。

〔2〕《黄文弼蒙新考察记 1927—1930》,文物出版社,1990 年,第 193 页。

作是借人民解放军铁道兵之助,吃、住就在铁道兵机械连。机械连驻地,正依傍着阿拉沟东口古堡。晨曙暮昏,日与巍然屹立的古堡默然相对。偶或信步登越,伫立古堡之上,极目纵横沟谷、辽阔戈壁,对古堡在控扼天山峡谷交通方面曾经发挥过的重大历史作用感受甚为强烈。

为求得对古堡时代、历史文化内涵有比较明确的认识,当时做了如下几件事:

(1)详测了遗址并绘制了测量图。

(2)于 1976 年 4 月、5 月,对古堡内一间废屋及古堡东墙外空旷地段以探沟形式进行了试掘。

(3)取古堡下层支架木,进行 ^{14}C 测年。

(4)为了解与古堡相关的军事设置,还深入阿拉沟内进行了相当详细的踏查。

古堡塞墙随地势铺展,略近方形,但东墙较西墙略长。据测量,各边长度是:东墙 30 米、西墙 24 米,南、北墙均 32 米。堡墙基宽 3 米,顶宽 1.2~1.5 米,现存最高度仍达 6 米。部分地段墙垣上存残高达 0.5 米的胸墙,厚 25 厘米左右。

古堡北墙北段,突出一方墩,若马面,边长 2.5 米×3.2 米。古堡三面封闭,只东向(面对吐鲁番盆地)开门,门道宽 2 米,保存完好。

上下堡墙,通过堡塞东墙内侧之土筑阶梯。土梯下宽上狭,逐渐收缩,宽度自 2 米收至 0.5 米,每一梯级高 25 厘米上下。

古堡西南角,为一残高仍达 15 米左右的瞭墩。瞭墩底基近方形,10×11 平方米,随高度上升而逐渐收缩。其构筑方法是:选相当整齐的扁平卵石(长径 25 厘米左右)与红柳枝、夹土砌筑,层层相间,红柳枝为薄薄一层。卵石之间,用泥浆灌缝。每砌五层卵石,夹一层细木棍,木棍直径 8 厘米上下。顶部有破损,曾有土坯补砌、加固,说明古堡曾延续使用了相当长的时间(见图 7.1)。

堡墙构筑方法,同于瞭墩。主要用卵石夹红柳枝砌筑,中夹木棍(我们用以测定古堡构筑年代的木材标本,即取自这类夹棍)。卵石之间,同样以泥浆灌缝。卵石外,或敷 1~2 厘米厚的泥浆。过去的记录

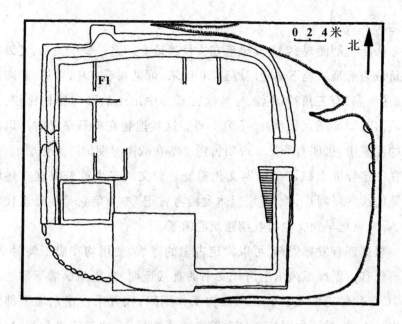

图 7.1　阿拉沟古堡平面测量图

中所以称此古堡为"石垒",维吾尔语称此为"塔斯土尔"("塔斯"意为石,"土尔"意为烽火台、戍堡)原因当在于此。而所以采取这一构筑工艺,是与河谷内存在大量取之不尽的卵石有关。选用厚度相近的扁平卵石,衬之以一层薄薄的红柳枝,墙层既可取平,又相当坚实牢固,真正是因地制宜。

　　古堡东墙外是阿拉沟河谷陡岸,峭壁边缘还发现又一道土墙。残高 80 厘米、厚 70 厘米,用卵石夹土、或用土坯砌就。土墙外侧,见直径近 1 米、深 1.5 米的锅底形圆坑 3 个,一半已塌下河滩,一半仍挂在峭壁上,其中见麦草、破毡片、葱皮、毛布块、兽骨等物。这一设施,应该也与古堡之防卫功能相关,便于观察、打击攀岩来袭之敌。堡塞南、北墙已临峭壁边缘,未见到有关遗迹。值得注意的一点是,东墙外所见这道残土垣,也见到土坯修补的痕迹。与瞭墩顶部用土坯修补一样,说明存在后期补缀,使用时间较长。所用土坯有两种规格:长 35 厘米、宽 20 厘米、厚 16 厘米;长 37 厘米、宽 25 厘米、厚 10 厘米。

　　古堡内,沿西、北墙尚可看出古代房址 6 间,只余残垣。房址大者 12×4.5 平方米、小者只 4.5×4.5 平方米,墙厚达 0.5 米,墙垣残高最高达 2 米。

从断岩剖面观察,堡墙坐落在古代遗址上。这一叠压关系,尤以西南角最为清晰。地下文化层厚达 30 厘米,可见到毛布片、草屑、彩陶片(红地黑彩,有三角纹图案,与当地古墓葬中出土的彩陶器相比较,具有战国时期特征)、破毡片、毛绳头等。这类遗物在砌石垒堡时用以灌缝的泥浆中,也偶有所见。说明古堡坐落在战国时期的古文化层上,并且在一定程度上破坏了早期文化遗址。黄文弼先生就是根据在堡内见到的这些彩陶片,而在《塔里木盆地考古记》中判定它是一处汉代堡垒,看来是把早期文物与晚期建筑混淆了。

根据现有发掘资料,可以肯定古堡的建成、使用均在唐王朝时期。这不仅有古堡废屋内出土唐代文书的直接证明,也得到堡墙下部架木的 ^{14}C 年代结论的支持。在阿拉沟工作期间,我曾采古堡东墙下部支架木一小段,送请中国社会科学院考古研究所 ^{14}C 实验室进行测定,结论为距今(以 1950 年为基础)1390 ± 80 年,树轮校正年代为距今 1350 ± 80 年,遗址年代在 AD 613—767 年之间,时代为唐;[1]1983 年,吐鲁番文管所至阿拉沟调查,复取阿拉沟古堡内房址中出土木材送请国家文物局文物保护技术研究所 ^{14}C 实验室进行年代复测,结论为距今 1295 ± 75 年,树轮校正年代为 1260 ± 75 年,结论为 AD 655—690 年。[2] 年代结论可以说基本一致,出土文物与 ^{14}C 测年结论可以统一。

7.2　文书残片出土情况及缀合结果

1976 年 4 月,择古堡内东北角一间较小的房址、古堡东墙外旷地进行了试掘。

堡内房址为 4.5 米 × 4.5 米的土屋,编号 F1。为更准确把握地层

---

〔1〕中国社会科学院考古所编《中国考古学中 ^{14}C 年代测定数据集》,文物出版社,1991 年,第 306 页。

〔2〕中国社会科学院考古所编《中国考古学中 ^{14}C 年代测定数据集》,文物出版社,1991 年,第 305 页。

叠压状况,只取土屋之半进行解剖。试掘情况是:

表土层:含现代垃圾、杂草、灰土,距地表深 20 厘米。

第二层:灰土、杂炭粒、陶片。距地表深 20~100 厘米。

深 45 厘米处,见石磨一块。磨石材料为硅质岩,稍残,直径 40 厘米,厚 15 厘米。磨面为几组彼此拼接的斜块,每一斜块大小不等,斜块内刻凿平行斜线。磨石中心圆孔径为 4 厘米。这种斜线刻齿之石磨,为唐代新疆地区石磨流行形式,同样特征之圆形磨石,在哈密巴里坤县唐伊吾军屯城内也曾经发现过。

深 70 厘米处,在 F1 之西北角北墙的裂缝中,见残文书碎片数十小块,最小残片只一平方厘米左右,但纸质尚好,字迹也还清晰。

深 75 厘米处,得铁镞二,灰陶片数块。铁镞扁锋、圆铤,残长 11.7 厘米(见图 7.2)。

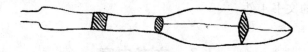

图 7.2　阿拉沟出土铁镞(残长 11.7 厘米)

第三层:距地表深 1 米以下,仍然为灰土,但为较深的褐色,间杂红烧土块,不见建筑遗迹。至 1.5 米,仍为文化土。遗憾的是,当年试掘工作并未能按计划进行到底,因一些偶发因素的干扰而被迫中断。

全面分析当年所得试掘资料,F1 房址内除表层填土有晚期堆积外,是比较单一的唐代文化遗存。

在清理古堡废址 F1 之同时,还在古堡东墙外旷地,就旷地空间布一个 8×7.5 平方米探方,编号为 T1。发掘情况是:

第一层:表土,厚 20 厘米。主要为现代垃圾。

第二层:土坯墙一段,成直角形,东西向残长 6 米、南北向残长 4 米,墙体厚 0.3 米,残高 1 米。

第三层:土坯墙坐落之地面,相当平整,经过夯实,厚 20~30 厘米。文化遗物主要为苇草、羊粪、陶片、数块唐代文书残片。居住面下为生土。

·欧·亚·历·史·文·化·文·库·

　　总体分析戍堡内的半间房屋、堡墙东门外旷地上探沟内发掘的出土文物,主要只是一批极为破碎的唐代文书残片。其最小残片只存些许墨迹,或一撇或一捺,字形不明;稍大,也才二三字;最大的纸片不过十数字,且缺头失尾,文意并不完整。但从文书特定格式还是可以判定,它们是唐代文书的残纸。在天山阿拉沟内古堡中见到唐代文书,这一事件本身的意义就不可轻估。因此,即使极为破碎,也值得以十分努力对之进行缀合,探索其中的历史文化内涵。

　　我们在缀合这批文书碎片时,遵循了以下原则。首先,据出土地点、纸质、纸色、字迹墨色深浅、书体差异,做了大概分类。其次,仔细观察同一类纸片的断裂、破损痕迹以及残存文字上下左右可能的关联。其三,文书残纸有一面书写,也有两面书写,这也为文书按件拼合、缀联提供了一个条件。如是,断断续续费时近月,终于得到残文书9件,其中较完整的文书4件。

7.3　文书内容

　　拼合完成的9件文书(包括同一片字纸的正、反两面),为介绍方便均冠以"阿拉沟×号文书",对文意比较清楚的文书,据文意予以定名。录文时,可以基本肯定的缺字,补入时用□表示;原文字迹不全,据上下文意、残存笔画可确知为某字并补全者,亦加□,无法拟补者残存部分照描。

　　[鸑]鸑镇遊弈所 状上

　　[右]當界除破除外見在揔卅八

　　[廿] 　　 二 　　 人 　　 職

　　□□鋪封元俊 [張]上[義] 　□蕃鋪[　　　　] 祚在黑鼻 揔見鋪 郭令璋

　　臨蕃鋪陳九郎 譚慕遂 　[　] 　[　] [鋪] 劉璲 王庭芝瓦匠 斷賊鋪 鄭

嘉慶 ^{在阿施烽} □ 　 ^烽 　 □覺鋪 杜懷逸 鸚鵡烽
唐□□

赤山烽任元亮 湯思□ 　 □□烽王尚琳 袁金 城 鸚鵡鎮
常承暉

遊弈程寄 生 　 白仁義 ^放 　 鎮曹元瓛 ^{在赤山烽}
一十三人在 參 場 □□ 鋪 孫休一□ 揔 見鋪高神礼 赤 山
烽 劉希昌

趙敬琛鸚鵡鎮高元偘 　 山剛 揔 　 瞿
通子

　 山瑱

（后缺）

(1)阿拉沟一号文书,残纸高 29 厘米、宽 18 厘米。定名为"唐西州鸚鵡鎮游弈所状为申当界见在人事"文(见图版5)。录文如上。一号文书的背面,被作为文书草底材料,书写着另两件文字,可分别定为阿拉沟二、三号文书(见图版6)。

(2)阿拉沟二号文书,纪年已失,但有"闰八月"字样,故拟定名为"唐某年闰八月鸚鵡鎮将孙玖仙牒",牒文前缺,只存牒尾。录文如下:

（前缺）

牒件状如前 謹 牒

　 閏八月 八 日□□元亮

鎮將孫玖仙

三号文书与二号文书共用一纸,书写于二号文书后部空白处,只是将纸张倒转书写,可见并非正式文件,而只是文件的草底,内容是兵器物账。

(3)阿拉沟三号文书,定名为"唐残甲杖牒"。录文如下:

　 数内壹具去六月内付子□

□甲 　 頭年拾具 　 副脾拾具 　 曹暕將趍逆賊失

弩伍具　弩□□□□具　弩箭貳佰伍拾 具

陌刀伍口

　　　（后缺）

（4）阿拉沟四号文书，残高 29 厘米、宽 11.5 厘米。定名"唐西州鸜鹆镇游弈所界兵健破除状"（见图版 7）。残存文字如下：

阿施烽　王永昌　閻智□　名岸烽馬希過　雷義足　臮水烽鍾楚□

　壇石烽張山中　小白水烽孟令痣 張思進　劉元珪　名岸遊弈李迴洛　壇石

　鸜鹆遊弈程寄生　土健兒高思宗　瞿通子　白　唐元忠檟悆 烽

　　　右被責當界兵健破除□　在□　者准狀具通 □□□

見在

　　　□前　謹錄狀

　　　（后缺）

（5）阿拉沟五号文书，书于四号文书字纸背面，定名"唐西州鸜鹆镇遊弈所界诸烽在烽者名籍"（见图版 8）。

　　　（前缺）

　　　□□□□□□□鋪　□　樂 德

　　　□檟烽　張子超　臮水烽

　一十三人　壇石名岸界黑鼻烽 界 　□劉□養　阿施烽王永昌　閻智□

　　　名岸烽馬希過　臮水烽郭奉仙 在泥嶺烽 □□ 烽 張 山

□小 水烽

　　　張思進 在白水小作 　劉元珪　雷義足　名岸遊弈李迴洛

　　　□謝神貞 在鸜鹆捉鋪

上述两张残纸，5 件文书之碎片，均出自古堡废屋 F1 内。

（6）阿拉沟六号文书,极残,似"配粮账"残片。长 7 厘米、宽 3.5 厘米。纸质稍绵软,墨迹浓黑,一面书写,存字两行 10 字(见图版 9)。录文如下:

（前缺）

□□自用□六升与□

處三升休自□

（后缺）

（7）阿拉沟七号文书,残甚,最大一片纸长 11 厘米、宽 4.5 厘米,两面见字,正面文字两行。似为"给使"名单残件(见图版 10)。

（前缺）

□□給使首領康

□　　六品官　一人□

（后缺）

（8）阿拉沟八号文书,书于七号文书之背面,文为一行 8 字(见图版 11)。

（前缺）

□□幾丁椎户弟上者准

（后缺）

（9）阿拉沟九号文书,为私人借贷契纸。残长 11 厘米、宽 9.5 厘米。纸质十分粗糙,黄灰色,墨色也很浅。只一面书写,虽同样残碎过甚,文字缺失严重,但参证大量出土了的吐鲁番阿斯塔那文书,可推定其为唐代西州地区民间借契的残余,还是一目了然的。存三行 12 字,录文如下(见图版 12)。另有一纸质、纸色、墨迹与九号文书完全相同,残存"年"、"於"两字,当也是契纸上的残文,但已无法缀连。

（前缺）

并限當年

不 還任奪取家

身東

（后缺）

六至九号文书残纸,出土于古堡空旷处的探沟中。

7.4　文书内容试析

阿拉沟古堡出土文书目前只见上述 9 件,内容也很局限,只是表现鸜鹆镇日常活动的一斑。但这也正是这几片文书的最大优点:它比较集中、多个层面反映了鸜鹆镇的设置、镇的下属机构、防务实施、兵员、武器装备等,结合相关文献,有助于具体认识唐王朝在西州地区的边防建设,可稍补文献记录的不足。

本节围绕这一点,具体剖析。

7.4.1　鸜鹆镇之设及镇址所在

7 世纪中叶,唐王朝平高昌、设西州后,在吐鲁番盆地内置天山军。不言自明,随天山军之建立,会在四周重要防务位置上设置军镇,只是这类军镇史籍失录,为深入研究之缺憾。

阿拉沟古堡文书之价值,在于揭明天山军下有过鸜鹆镇。而镇城故址,就在阿拉沟古堡之中。

古堡出土的一号文书,"鸜鹆镇游弈所状为申当界见在人事"文,可以直接表明鸜鹆镇的存在。而"镇将孙玖仙牒"文、"兵健破除牒文"、"戍卒名录"、"甲杖账",可深化人们对鸜鹆镇防务的认识。另几件"粮秣"、"给使名单"及"借贷"残纸,也可能与"鸜鹆镇"曾经承担的接待或戍卒个人财产纠纷存在关联。

"镇",是唐代边防体系中的基层军事组织。《新唐书·兵志》称:"唐初兵之戍边者,大曰军、小曰守捉、曰城、曰镇,而总之者曰道。"[1]西州天山军在吐鲁番盆地内承担防务后,其下当然会有相应的守捉、城、镇设置。鸜鹆镇,只是这一防务链上的一个小环。

所以肯定阿拉沟古堡就是镇城故址,根据是"鸜鹆镇游弈所状为申当界见在人事"文书及"镇将孙玖仙牒"文书。

---

〔1〕《新唐书》卷 50,"兵志"条,中华书局点校本,第 1328 页。

"鸜鸽镇游弈所状为申当界见在人事"文书所在地点,存在两种可能:一是如文书只是草稿,并非正式送出的文状,则文书出土地点,便应是鸜鸽镇游弈所的驻地;二是状文已经发出,则收文地点,就是游弈所的上级鸜鸽镇镇将驻所。结合这件文书的背面"镇将孙玖仙牒"文的草底文字,则可以肯定状文已到了鸜鸽镇。如果状文没有上报到镇将处,孙玖仙是不可能以之作为草拟牒文底稿和甲杖兵器账目纸张的。因此,阿拉沟古堡可以肯定就是唐代鸜鸽镇故址所在。

西州天山军下这样的镇,自然不会是少数。在通往西突厥处密部方向的天山峡谷,也就是唐代"白水道洞"的咽喉地段曾置"白水镇",镇城在控扼白水河西口的达坂城。[1] 检索吐鲁番出土文书,西州境内此外还有过罗护镇、赤亭镇等。根据鸜鸽镇、白水镇所处位置,这类镇城多处在地势特别险要的隘口。

7.4.2　镇下基层军事组织

从阿拉沟一号、三号文书可以判定,鸜鸽镇下属有鸜鸽镇游弈所、名岸游弈所;□□铺、□蕃铺、惚见铺、临蕃铺、□□铺、断贼铺、□觉铺;黑鼻烽、阿施烽、鸜鸽烽、赤山烽、墡石烽、㲲水烽、名岸烽、泥岭烽、小白水烽、白水烽、楼怂烽等。其中至少4烽:黑鼻、阿施、鸜鸽、赤山,肯定隶属于鸜鸽镇游弈所。另7烽中,部分可能隶属于与鸜鸽平行的名岸游弈所。这清楚地揭示了鸜鸽镇下置二游弈所,至少7铺和至少11烽。这对了解唐代边防军镇的基层设施、防务运作是难得的珍贵资料。

鸜鸽镇所在阿拉沟峡谷,总长不过92公里。南北两山耸峙,其间一水中流,只部分地段有小块草场。从这一地理形势观察,鸜鸽镇的防务空间大概也就是在这并不算大的阿拉沟峡谷内,防卫布置应该说是十分严密的。

7.4.3　鸜鸽镇游弈所防务活动实际

"鸜鸽镇游弈所状为申当界见在人事"文,是就游弈所一小段时日

---

〔1〕王炳华《唐西州白水镇初考》,《丝绸之路考古研究》,新疆人民出版社,1993年,第118～128页。

内防务工作活动情况,向上级镇将作的报告。状文虽残损、缺失,但认真剖析,还是可以透见其防务活动的实际情形。

鸜鹆镇游弈所下属的"铺",都有固定地点、名称,文书具体开列每一铺下配置的两人姓名:如□□铺,为封元俊、张上义;临蕃铺,为陈九郎、谭慕遂;断贼铺,为郑嘉庆、□□□;□觉铺,为杜怀逸、唐□□等。它们正是《通典》中规定了的"马铺"制度的具体实施。在《通典》中,称:"马铺,每铺相去三十里。于要路山谷间牧马两匹,与游弈计会,有事警急,烟尘入境,即奔驰报探。"[1]也就是说,铺有定所,配马两匹,游弈在侦察到军事情报或发现敌军入侵时,立即让马铺上的铺兵急驰报告。这较烽堠烟火只能传递最一般的敌情,却无法报告细节要胜过一筹。

鸜鹆镇游弈所下属的烽堠,是边防警卫体系中的不能缺少的一环。它的设置原则、警卫方法,唐代文献中也有相关规定。《唐六典》卷5"兵部职方郎中员外郎"条称"凡烽堠所置,大率相去三十里。若有山岗隔绝,须逐便安置,得相望见,不必要限三十里";[2]相类似的文字,见于《武经总要》前集卷5"唐兵部烽式":"唐法:凡边城候望每三十里置一烽,须在山岭高峻处,若有山冈隔绝,地形不便,则不限里数,要在烽烽相望。"

阿拉沟古堡五号文书中提到"鸜鹆捉铺"。关于"捉铺",在《新唐书·百官志》"折冲都尉府"条中也有相关文字:"捉铺持更者,晨夜有行人必问。不应,则弹弓而响之。复不应,则旁射。又不应,则射之。昼以排门人远望,暮夜以持更人远听。有众而嚣,则告主帅。"[3]从阿拉沟五号文书分析,谢神贞奉调到鸜鹆镇当值,所以称"在鸜鹆捉铺",可以看出铺、烽驻守人员可以相机调动。

阿拉沟一号文书第九行有"一十三人在麦场……",细审残纸,"麦场"二字虽只残存其半,但却可以判定无误。唐代边军向有屯田任务,

---

〔1〕《通典》卷152,《兵·五》,中华书局,1988年版,第3901页。

〔2〕《唐六典》,中华书局点校本,1992年版,第162页。

〔3〕《新唐书》卷49,"百官志·四"上"诸卫折冲都尉府"条,中华书局标点本,第1288页。

而农历八月,也正是新疆麦收时节。这时抽出相当的兵员执行割麦、打场劳作,是情理中事。

将"鸜鹆镇游弈所状为申当界见在人事"文书与文献中相关防务规定进行比较,可以得到结论:西州鸜鹆镇既认真按照有关法规组建边防,又根据具体环境稍作变通,因应形势更好地完成边防任务。

阿拉沟峡谷峰峦叠嶂,迂回曲折、山间林木茂盛。在这样的沟谷中,观察极度受局限,即使在山岭高峻处设烽,一道稍高的岗峦,或河沟稍稍迁曲,视线立即就被阻断。如此的地理形势下,不要说无法墨守"三十里置一烽",即就是十里一烽,也每每难以实现"烽烽相望"的要求。在这样一种山岭、沟谷相错之处,以侦察为使命、谙熟沟谷内地理形势、善于骑射的游弈,在捕捉情报信息方面就占有明显的优势,他们与"马铺"结合,就可以不延误各类紧急、敌方烟尘的消息。

因此,鸜鹆镇在阿拉沟的具体防务中极力强化"马铺",使其与烽堠相结合,形成了比较严密的侦察、情报体系。

关于唐代边境防卫中的游弈所的性质、职能,在正史中曾经记录过一件实例:唐中宗景龙二年(708年)三月,考虑到与东突厥的军事冲突,朔方道大总管张仁愿建议,改变既往以河为防的消极态势,以进攻手段作积极的防卫。办法是进入河北岸与东突厥接触的前沿、交通津要地带,建三座受降城,并以三座军城为中心,"置烽堠千八百所,以左玉钤卫将军论功仁为朔方军前锋游弈使,戍诺真水为逻卫"。这一军事防卫措施,当时曾有力地抑制了东突厥对唐王朝的侵扰。[1]

这里提到的"游弈使",(元)胡三省总结唐代文献,注称它是"领游兵以巡弈者也",并略引了杜佑的解说。相关文字,见于《通典》:"游弈,于军中选骁果,谙山川、泉井者充,常与烽铺、土河计会交牌,日夕逻候于亭障之外,捉生问事。其军中虚实举用,勿令游弈人知。其副使、子将,并从军行人取善骑射者兼。"杜佑的这段记录,录自唐代兵法《守

---

〔1〕《资治通鉴》卷209,《唐纪二十五》,上海古籍出版社缩印本(下),1989年,第1410页。

拒法》。[1] 这一军事法规,应是唐代军事家在总结了大量军事实践经验的基础上才得以完成的。逻辑推理,不论是唐初对西域用兵的经验,或作为军事条例颁行,西域大地自然也必须遵行其相关条款。这两种情形,都允许我们从《通典》及"守拒法"的角度,对䴙鹕镇属下游弈所军事实践进行检查和验证。值得注意的一个问题是,䴙鹕镇游弈所的实践与"守拒法"中具体条文及贯彻的精神明显有着一定的差异。

差异之一:䴙鹕镇游弈所,游弈之下不见"副使、子将、久军行人"的痕迹,游弈所统率、调度的只是游弈、铺兵、烽子。而且,铺与烽一样也都有定所,有专称。似乎与游弈必须"日夕逻候于亭障之外"的游动巡逻性质稍显不同。

差异之二:游弈的接敌活动特点具有明显的危险性,因而"军中虚实举用,勿令游弈人知"。但䴙鹕镇游弈所下实际肩负游弈使命的游弈、铺兵,都是与烽子可以互相调配执勤的。这自然使这一军镇下的所有在编军事人员,都可能接触到"军中虚实举用"。

这是与文书表现的公元 8 世纪中叶这段特定时间内的军事形势有关而作的变通处理,还是另有其他含意?

在《通典》卷 152《兵·五》中,与游弈、马铺、烽堠并列,还有一个重要规定,就是在边境地区要设置"土河"。文称:"土河,于山口贼路横断道,凿阔二丈,深二尺,以细沙散土填平,每日检行迹,扫令平净,人马入境,即知足迹多少。"[2] 这明确规定了的"土河",在阿拉沟也没有具体实施。揆于事理,在沙漠、黄土地带,"土河"这种侦察人马行踪的检迹地带是很有用处的。但在阿拉沟峡谷中,溪谷纵横、岩石遍地,这类"土河"即使设置起来,也不会有任何用处。因此,承担了阿拉沟防务的䴙鹕镇,因地制宜,不作"土河"之举。

作为䴙鹕镇下属的䴙鹕镇游弈所,相关防务实施情况,如兵员的变动、具体配置、"当界"实情,据情势要求做出的临时调动情况、军器

---

[1]《通典》卷 152,《兵·五》,附(唐)"守拒法",中华书局,1988 年版,第 3901~3902 页。
[2]《通典》卷 152《兵·五》,中华书局,1988 年版,第 3901 页。

的统计等等,是必须定期向上级管理机关鹳鹆镇呈报的,这正是"鹳鹆镇游弈所状为申当界见在人事"文书出现的背景,表现着边境防务实际展开的情形。

7.4.4 鹳鹆镇兵员、组织、装备

鹳鹆镇全部兵员,据现有文书难以判明。阿拉沟一号文书涉及鹳鹆镇游弈所属下现有在编兵员为"卌八"人,据以类推,全镇下属两个游弈所,则鹳鹆镇全镇兵员可能在100人左右。

一号文书所列人名,清楚可读的有:封元俊、张上义、郭令璋、陈九郎、谭慕遂、刘璇、王庭芝、郑嘉庆、杜怀逸、任元亮、汤思□、王尚琳、袁金城、常承晖、程寄生、白仁义、曹元环、孙休一、高神礼、刘希昌、赵敬琛、高元偏、翟通子;阿拉沟二、三、四号文书所列有:孙玖仙、王永昌、阎智□、马希过、雷义足、钟楚□、张山中、孟令痣、张思进、刘元珪、李回洛、高思宗、唐元忠、张子超、刘□养、郭奉仙、谢神贞等。一号文书与二、四、五号文书比较,有些人名一样,如程寄生、翟通子。因此,四、五号文书的兵员有可能也在鹳鹆镇游弈所属下。上列健儿的名字所取汉文都有一定寓意,并不是只以汉字标音,因而可以肯定,他们都是来自中原的汉人。这可以具体说明唐代边镇用募兵,边军中多为来自中原的长住健儿,他们长年戍守边关,承担着卫戍边境安全的重任。

值得注意之处是阿拉沟四号文书中,有"土健儿、高思宗、翟通子"。"土健儿"一词,唐代文献、敦煌及吐鲁番出土文书中均不见。顾名思义,"土健儿"应是与中原戍边之"长住健儿"相对的一个称呼,他们不是来自中原,而是为解决兵力不足问题募自当地,承担"健儿"任务,故有"土健儿"之称。笔者不谙唐代兵制细节,涉猎文献甚少,将这一形式推论书之于此,希望借此得到唐史研究专家们的指教。

另外,细辨一、四号文书,不止一见以"一十三人"为单元来调配兵员的事例。如一号文书,鹳鹆镇游弈所向上级申报在编之48人具体执行任务的情况是:22人在各铺、烽执行军勤,下余之26人,被分为两组,一组"一十三人在麦场",又一组肯定也只能"一十三人",只是具体使命已失录。四号文书也有以"一十三人"为单元,分配各健儿在"墥

石名岸界"各烽、铺值勤及至䴗鸽镇承担"捉铺"使命的人员名单。如是,可以判定在䴗鸽镇有3组值勤人员,都以"一十三人"为单元,似乎不是一种偶然的情况。是否与当年游弈所下更基层的建制存在关联?

关于镇兵的武器装备,从二号文书倒书的甲杖兵器列账,可以看到有"□甲"、"头牟"、"副膊"、"弩"、"弩□"、"弩箭"、"陌刀"等7种。当然,这只是很不完整的资料。

7.4.5 阿拉沟出土文书的年代及䴗鸽镇置镇时间

关于阿拉沟文书的年代,文书本身没有揭示。但据第二号文书"镇将孙玖仙牒"分析,文书中有"闰八月 八日 元亮"7字。查陈垣《二十四史朔闰表》,自唐贞观十四年(640年)建立西州至贞元八年(792年)弃守西域,这152年中,共有三个闰八月。即开元廿六年(738年)、至德二载(757年)、大历十一年(776年)。因此,这件文书发生的准确年代,只能在公元738—776年间,即公元8世纪中后期的38年中。"䴗鸽镇游弈所状为申当界见在人事"文、四号文书"䴗鸽镇游弈所界兵健破除状"文、五号文书"唐西州䴗鸽镇游弈所界诸烽在烽者名籍",与一号文书不仅出土在一处,分别书于同一张纸的正、反面,而且一些烽、铺名称,部分烽、铺士兵姓名也有相同的。因此可以肯定,这主要的几件文书是同一时期书就的残纸。

这些文书完成在公元8世纪中、后期,不言自明,这说明䴗鸽镇在开元、天宝前后还在正常运转,发挥着自身军事防卫的功能。但却不能因此就做出结论,说䴗鸽镇的始建就在这一历史时期。

本文认为,有多种因素可以帮助我们提出一个初步结论,这就是:䴗鸽镇镇城所在的阿拉沟古堡,其始建时间很有可能就在唐王朝平高昌、设西州的7世纪中叶。做出这一判定,最主要的根据是当时的政治形势。7世纪30年代后期,弹丸之地的麹氏高昌王国敢于漠视李唐王朝的一次又一次警告,妄图割据一隅。从麹文泰的角度考虑,原因可以有多种。但最根本、最重要的一点是,其背后有西突厥乙毗咄陆可汗的全力支持。乙毗咄陆可汗不仅命阿史那步真驻军北庭,可与高昌随时呼应,还遣阿史那矩入高昌,名为"冠军将军",实为监国吐屯。乙毗咄陆并与高昌联兵,攻伊吾、打焉耆。公元 640 年,唐军破灭高昌,实际就是直接打击了西突厥乙毗咄陆可汗的反唐气焰。但事情至此并未结束,就在唐置西州后不久,乙毗咄陆可汗"遣处月、处密等属部围天山县"。虽然这一军事侵迫活动立即在唐将郭孝恪的反击下遭到失败,但却深刻地说明,西突厥乙毗咄陆可汗对唐王朝在吐鲁番设立西州是并不甘心的。而唐西州天山县的领地就在吐鲁番盆地西部,与阿拉沟相近。西突厥乙毗咄陆可汗活动的中心地区,就在阿拉沟西边的伊犁河流域。一度进围天山县的处月、处密部,领地就在阿拉沟北边,今乌鲁木齐东至吉木萨尔一带。在这样一个大的军事背景下,唐王朝不在阿拉沟峡谷内设置军镇,加强对西突厥的防卫,保证西州西境的安全,是绝对难以想象的。这样,逻辑的推论就是,公元 640 年唐破高昌设西州后,会随之就在其西缘的阿拉沟置镇设防。因为,它是活动于伊犁河流域对唐抱有敌意的乙毗咄陆可汗进入西州的最重要孔道。另外,对古堡的两次^{14}C 测年,结论都是古堡建筑在公元 7 世纪中叶前后,可以说是比较好地揭示了建堡的绝对年代。

在公元 7 世纪中叶以后,西突厥汗国虽归属了唐王朝,但相当时段内还是存在不稳定的因素。作为西州对西面联络的重要军事交通线,唐王朝在这一山谷通道内是不太可能完全放松必要的军事防卫的。唐代鸲鸰镇始终都承担着重要的军事卫戍使命。

鸲鸰镇遗址内出土的其他文书,残碎过甚,已难把握完整文意,但与承担军事防卫、交通联络的鸲鸰镇联系分析,内容也多切合。如粮食供应分配,对康姓"使首领"的接待,都是可以理解的。另一件借贷契纸,也可能与戍守在此的某一健儿突发的个人、家庭事故相关,必须求助于高利贷,方可渡过难关。这类情形,在其他一些唐代军镇(如和田地区的例谢镇)遗址中,也曾经有过发现。

鸲鸰镇,在唐代西州是一处重要的军镇。出土于吐鲁番阿斯塔那、后为日本收藏的唐代文书中,就曾见过多件有关鸲鸰镇的资料。如《大谷文书集成》中收录的第 3354 号文书,关涉"河西天山军兵员给粮"事项,文书中第 5 行有"一十二人 鸲鸰镇界 '郡仓支、十五日'"；第3471号文书，为唐西州天山县的呈文，关系鸜鹆镇者，第二片第6行"兵曹符、为鸜鹆镇官考、限来月衙、勒典费案……"；第3473号文书，也是西州天山县的呈文，第18行文"趁速勒许献之赴州事。兵曹帖、为追鸜鹆镇典别将康……"[1]这几件文书，不仅涉及鸜鹆镇，而且均由西州天山县或天山军申报、具办，鸜鹆镇镇址在天山县境，可得证明。这些资料，可以帮助进一步肯定阿拉沟古堡就是鸜鹆镇镇城故址。

7.5　从军事地理看鸜鹆镇

前面提到，从唐王朝西域战略形势考虑，平定高昌后必然要将面对西突厥的军事防务提上日程，在阿拉沟设置军镇，有重要的军事地理背景。

阿拉沟，是中部天山腹地内一条天然沟谷。地居吐鲁番盆地、焉耆盆地、于尔都斯草原、巩乃斯河谷、乌鲁木齐南山之间，地理形势十分重要。

自吐鲁番盆地西入天山，进阿拉沟，可抵科雄大坂。越科雄大坂后，进入哈布其罕河上游，可抵巴仑台，南行可抵焉耆盆地的北缘和静县。自巴仑台西行，越哈尔尕图大坂，可抵乌拉斯台河上游，进入玉尔都斯草原。过科雄大坂后，西偏北行，入巴音沟，翻扎克斯台大坂，可进入伊犁河之上游巩乃斯河谷。而自阿拉沟东口向北稍偏西行，入艾维尔沟，即可抵达位于天山北麓的乌鲁木齐。翻越科雄大坂后，向西、折向北行，过胜利大坂，也可进入乌鲁木齐河上游，沿河、顺山势北下，也可方便的抵达乌鲁木齐（见图7.3）。因此，阿拉沟河谷在古代交通史上的地位，确实不容轻估。唐王朝在吐鲁番设西州后，不控制阿拉沟，西州西境会完全暴露在西突厥的铁骑前，安全难保，而控制住阿拉沟，在与西突厥的军事角逐中，就取得了主动权。鸜鹆镇设置在此可以说是事属必然、势属必行。

---

〔1〕[日]小田义久主编《大谷文书集成》，第二卷，龙谷大学佛教文化研究所编，第79～80、104～106页。

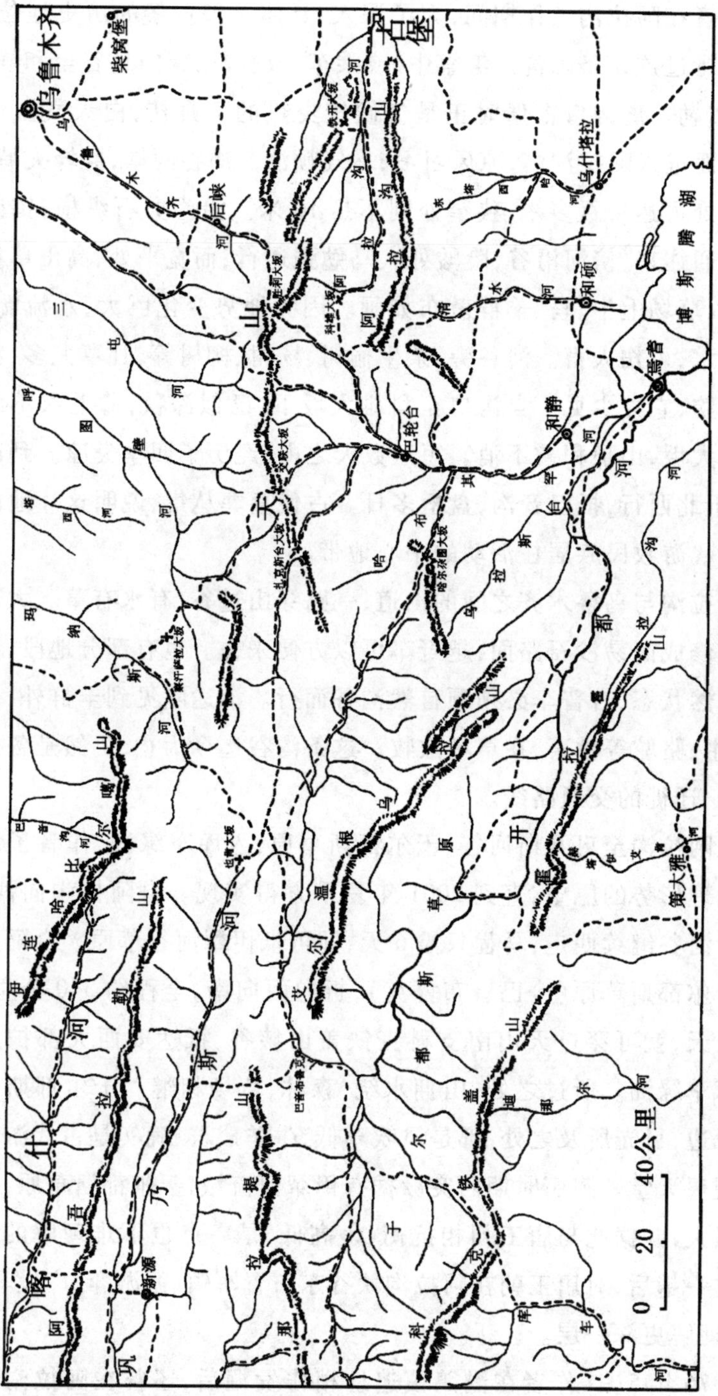

图7.3 阿拉沟古堡地区形势图

作者在阿拉沟工作期间,为了深入、具体了解古堡的历史地位,曾陆续穿行过这几条山沟。考察中,或乘车、或骑马,穿山越谷至和静、焉耆、库尔勒。离沟口古堡时正是气候较炎热的 7 月初,白天气温高达30℃。而进入阿拉沟内,凉风习习,暑气顿消。沟谷两岸,群峰夹峙,河谷宽阔处可达一百多米,狭窄处则不足 10 米。沿沟卵石纵横,错杂交叠。交通往来,傍河沿谷,险峻处人马勉强通行;而宽平处,高山草场平坦如镜,草场上牛、马、羊群散布如画。因为地势变化巨大,水流湍急,夏日洪水,可伤人畜。河谷旁,杂生榆树、杨树、柳树等,甘草尤多,粗者径若小腕,它处少见。自沟口至科雄大坂下,已似深秋,薄毛衣不耐其寒。翻大坂,山顶积雪不消。短短数天之内,经历了四季炎凉。到巴仑台后,折北西行,抵巴音沟,盘桓多日。古代墓葬丛集,说明这片地区一直是古代游牧民族居住活动的中心地带。

阿拉沟与乌鲁木齐之间的山道,一路穿山过谷,有水有草。大部分路段已修成简易沙石路面,越野车可以方便来去。也有部分地段,还是一种自然状态,吉普车必须顺自然沟谷而行。沿途除见到羊群外,也有马、牦牛、骆驼等牲畜,在草场散牧。这条沟谷迄今为止,仍然是各类畜群转场、迁徙的交通路线。

从阿拉沟至巩乃斯河谷、于尔都斯草原,入库车绿洲,作者了解其相关地理形势的愿望,直到 2001 年夏季方得实现。自阿拉沟向西,入巩乃斯河谷继续西走,马程只需 6 天,即可抵伊犁河谷草原。自阿拉沟南下于尔都斯草原(今巴音布鲁克),折向西向南,全程约 340 公里,马程六七天,就可穿过天山南支科克铁盖山峡谷,抵达安西大都护府所在的库车绿洲。所过之处,山拥水绕,森林、草场相继。于尔都斯草原辽阔无边,目光所及之处,都是风吹草低、牛羊成群,确实是古代游牧民族的理想天堂。隋唐时期西突厥据有伊犁河流域、于尔都斯草原,经济实力强大,并据此与唐王朝相抗衡、争高低,是一点也不难理解的。实际走过一趟后,对唐王朝在阿拉沟峡谷东口置军镇、派游弈、广设马铺、烽堠,理解更深一层。

1976 年 5 月,作者在鸲鹆镇遗址稍作发掘后,还曾在阿拉沟内进行过认真的踏查。十分遗憾的是,仅仅发现了相关遗迹4处,而且多遭受程度不等的破坏。

(1)距阿拉沟口9公里左右,河谷中一处小"岛"上,曾有一座规模较小的石垒。铁路建设工程中,为在"岛"上竖立高压电杆,石垒被毁。向当事人调查,得知石垒构筑用料主要为卵石,地下还出土了彩陶片,其上见三角纹、斜网格纹,还有羊骨等。这处石垒,虽规模稍小,但控制着谷口交通,舍此无路可行。

(2)更前4公里左右,抵阿拉沟镇,在当年铁道兵某部礼堂东南,地势较高的一处山梁上,见小型土、石叠砌的烽堡一处,遗迹仍可寻觅。完全符合当年在地势高峻处置烽的要求。

(3)距沟口32公里,阿拉沟与夏热沟交汇处,为一较大的古垒遗址,保存尚好。石垒近方形,边长三十多米,底周约一百多米,堡墙高四米多。除堡墙外,不见其他遗迹,也未采得其他文物。从其较大的规模看,当可与"游弈所"相联系。

(4)过科雄大坂、抵巴仑台后,在巴仑台镇附近,当时的新光大队旁一小山包上,见又一古代烽堠,土筑。调查时,和静砖厂正取其黄土作烧砖材料。这处烽堠与阿拉沟虽存在关联,但已离开阿拉沟的范围了。

这几处古垒遗址,当然不能是这一线上实有堡、燧的全部。这几处残存的遗迹,与前面介绍的鸲鹆镇故址出土文书上所列两处游弈所、马铺、烽堠联系,也相差甚远。目睹一线铺列的烽堠,虽可以使我们的认识大大深化,但已难与唐代军事防卫设施相匹配。尤其可惜的是,因为在24年前这一段铁路工程施工时,相应的文物保护工作太弱,它们又遭到了严重的损毁,给我们留下的是永远也无法弥补的遗憾。

8 西汉以前新疆和中原
地区历史关系考索

作为统一的、多民族祖国的一个重要组成部分，新疆地区和祖国内地存在久远的历史关系。在西汉王朝政权统一新疆地区以后，有关这方面的文献记录十分丰富，人们认识得也比较深刻。对于此前的历史关系，虽然是大家早就注意、关心的一个问题，不少论著中也曾提及，但终因文献资料舛错，考古资料零散，所以少见比较深入、系统的分析。这是目前新疆历史研究中有待加强的一个薄弱环节。

这一课题的完成，主要需凭借考古工作的成果。

因为种种具体条件的局限，已经完成了的各种各样考古工作实际，并不一定能及时被各界人士所接触、了解。把足以说明西汉以前新疆地区与内地历史关系的考古资料，稍予整理、纂辑，并进行一定的分析，对这一研究课题的深入无疑具有积极的意义。本文是这方面的一个尝试。因主要是考古资料的介绍，文字难成系统，有材料堆积之疵。但望以此引发人们对这一课题的更大关心，促进这一研究课题的深入。

8.1 新疆细石器属于亚洲东部系统

可能早到距今一万年前后的哈密地区七角井细石器遗址，其石器制作工艺明显受到我国华北地区细石器工艺传统的影响，生动表明了新疆地区和黄河流域久远的文化联系。这个问题，早已引起人们的注意，但从未得到较为深入的说明或介绍。

国内外考古学界从宏观的角度，都注意到了一个重大的历史现象。这就是从旧石器时代晚期到中石器时代，世界范围内普遍见到采用特定工艺技术所生产的小型细石核、细石叶（长数厘米、宽不到1厘米、厚只1、2毫米的细长石片）和以细石叶为材料进一步加工成的细小石器,分布范围相当广、延续时间也相当长,它标志着当时人类的采集、渔猎生活有了新的发展、进步。而从石器加工技术、器物造型角度,又可据其异同分为两个大的系统:几何形细石器和细石叶细石器。几何形细石器分布于欧洲、北非、西南亚和澳大利亚等地。[1] 其特点是利用从圆体石核上打下窄长细石叶,并截断加工成规整的三角形、半月形和梯形等石刃。与之相对,细石叶细石器则主要分布于亚洲东、北部和美洲西、北部,包括新疆在内的我国及蒙古、西伯利亚、日本和白令海峡地区,美国阿拉斯加和加拿大部分地区。它的特点是从扁体石核上打剥下窄长细石叶,并用此加工镞、钻、雕刻器等。对这一重大文化现象,国内外不少学者早就注意并揭明过这一事实。称这是"具有世界意义的考古研究课题",[2]但对细石叶细石器究竟起源在何处,是怎样发展、传播的则有不同的看法。国内外先后有源于西伯利亚、蒙古、我国华北地区等多种论点。[3]

  经过近20年考古工作者的努力,这一问题已经取得了重大的进展,得到了比较合理的结论。这就是:它们起源在我国华北地区。在这么广大的地区内,我国华北地区最早在山西省许家窑旧石器时代遗址,就见到了细石器。经过测定,许家窑人生活在距今十万年前。[4]更后,如距今三万年左右的山西朔县峙峪,[5]距今一万八年的河南安阳小南海等旧石器晚期遗址中,[6]细石器趋向成型,工艺特征比较清楚。经过长时间的发展,形成了比较成熟的工艺传统,逐渐流行在黄河流域,并进而影响到我国广大地区及蒙古、西伯利亚、日本、阿拉斯加等

〔1〕安志敏《南澳大利亚的石器》,《考古》,1974年第6期,第399～405页。
〔2〕安志敏《海拉尔的中石器遗存——兼论细石器的起源和传统》,《考古学报》,1978年第3期;盖培《从华北到美洲——关于华北与北美旧石器时代的文化联系》,《化石》,1972年第2期。
〔3〕安志敏《海拉尔的中石器遗存——兼论细石器的起源和传统》,《考古学报》,1978年第3期;盖培《从华北到美洲——关于华北与北美旧石器时代的文化联系》,《化石》,1972年第2期。
〔4〕贾兰坡等《许家窑旧石器时代文化遗址1976年发掘报告》,《古脊椎动物与古人类》,1979年第4期。此文提出:"许家窑的漏斗状石核和原始棱柱状石核,分别是华北以至东亚旧石器时代晚期和新石器时代普遍使用的锥状石核(或铅笔头型石核)和棱柱状石核的母型。"
〔5〕贾兰坡等《山西峙峪旧石器时代遗址发掘报告》,《考古学报》,1972年1期。
〔6〕安志敏《河南安阳小南海旧石器时代洞穴堆积的试掘》,《考古学报》,1965年第1期。

地区和国家。[1]

地处亚洲腹地新疆的哈密七角井、三道岭及吐鲁番阿斯珞那、罗布淖尔等处,都发现过细石器遗址。它们的造型特征明显属于我国华北地区类型,而与西南亚、欧洲地区所见细石器风格不同。对这一现象,20世纪30年代初,法国地质学家德日进和我国学者杨钟健在首次向国内、外介绍七角井的有关发现时,就注意到这个情况,稍后并正面作了阐发。[2]

为了对这一问题有较为具体的认识,据作者自己的工作,以哈密七角井石器遗址为例,稍作深入说明。

在遗地约三万平方米的范围内,我们用了三天时间,即采集各类石器近一千件。石料主要为燧石,它们出土于距今一万年前后的全新世地层。从相当丰富的扁锥形石核、船底形石核到锥体、柱体石核,使我们清楚地看到了修治石核、打剥石叶都有严格的工艺过程。从这些石核上打剥下来的细石叶与用细石叶加工出来的箭头、钻头、雕刻器等,已看出一定造型。利用拇指盖大小或稍大一点的厚石片,按一定方法压琢、修治成有一定造型的刮削器,刃部锐、薄。加上共存的以打制石片加工的尖状器、刮削器、石核砍砸器等,很鲜明地表现了当时人们以采集、狩猎为主体的生活内容。这些石器,据其造型、加工工艺特点,都可以看到它们与我国华北地区旧石器时代晚期到中石器时期遗址,如山西下川、[3]河南许昌灵井、[4]陕西大荔沙苑、[5]黑龙江海拉尔松山[6]等处所见同类石器,表现了共同的特征。应该强调的是,选择特定的石料、修坯、制造石核,按一定方法打剥石片,进一步加工成合适的

---

〔1〕安志敏《海拉尔的中石器遗存——兼论细石器的起源和传统》,《考古学报》,1978年第3期;盖培《从华北到美洲——关于华北与北美旧石器时代的文化联系》,《化石》,1972年第2期。

〔2〕[法]德日进、[中]杨钟健《在蒙古、新疆和中国西部地区发现的一些新石器和可能是旧石器时代遗址》,《中国地质学集刊》,第12卷,1933年,第92~95页。

〔3〕王健等《下川文化——山西下川遗址调查报告》,《考古学报》,1978年第3期。

〔4〕周国兴《河南许昌灵井的石器时代遗存》,《考古》,1974年第2期。

〔5〕安志敏、吴汝柞《陕西朝邑大荔沙苑地区的石器时代遗存》,《考古学报》,1957年第3期。

〔6〕安志敏《海拉尔的中石器遗存——兼论细石器的起源和传统》,《考古学报》,1978期年第3期。

用器,在这一生产过程中显示的共同点,当然不能是一种偶然现象,而只能是同一种文化、技术影响下的产物,是新疆地区在距今一万年前后即与黄河流域存在文化交流的有力说明。[1]

在七角井细石器遗址,我们还采集到一件浅红色的珊瑚珠。珊瑚是海产,从七角井细石器工艺与黄河流域相同而与西南亚不同这一点出发,我们可以近乎肯定的是:这件珊瑚原料,应该也是来自我国东部沿海地区的。

8.2 妇好墓中的新疆玉

时代较此稍后,还有另一件必须引起足够注意的、可资说明新疆与中原地区久远联系的考古资料。1976 年冬,中国社会科学院考古所在河南省安阳殷墟发掘了一座未经盗扰的殷王室墓葬。据墓内出土的甲骨文、铜器铭文可以肯定,墓主人是殷王武丁的配偶"妇好",其死亡、入葬年代可以明确在公元前 13 世纪末叶至公元前 12 世纪初,[2]也就是在距今 3200 年前后。在这座规模不算大的墓葬中,共出土随葬器物 1928 件,其中有玉器 756 件(少量残片未计),玉器占出土器物的39.2%。这批玉器,不仅数量多,而且造型优美,包括礼器、仪仗、日用器及大量装饰品。虽经埋葬三千多年后出土,多数玉器光泽依然晶莹鲜润,表现了当时在琢玉工艺、抛光技术方面已达相当高的水平,引起了国内外的高度注意。

有关这批玉料的产地,是人们十分关注的问题之一。为取得比较可靠的结论,发掘者曾取各类标本三百多件送请北京市玉器厂、安阳市玉雕厂和中国科学院地质研究所等单位进行鉴定。结论是除 3 件标本外,均属新疆玉。包括"青玉、白玉(内有极少量籽玉)、青白玉、墨

---

〔1〕关于七角井细石器遗址的性质,前引安志敏在有关陕西朝邑大荔、海拉尔松山的报告均有论及。在安志敏《三十年来中国的新石器时代考古学》(《考古》,1979 年第 5 期)中亦有分析。我们对七角井遗址也进行过详细调查,资料现存新疆考古所。

〔2〕中国社会科学院考古研究所《殷墟妇好墓》,文物出版社,1980 年版,第 228、114 页。

玉、黄玉、糖玉等。其中大部分属青玉,白玉、青白玉很少,黄玉、墨玉、糖玉更少,这几种玉料基本上都是新疆玉"[1] 这是一个十分值得注意的结论。

我们知道,商、殷王朝使用玉器的数量是十分巨大的。《逸周书·世俘解》称:"……凡武王俘商旧玉亿有百万。"[2](清王念孙校读为"凡武王俘商,得旧宝玉万四千")证之以妇好墓,一次出土即达750多件,《逸周书》中有关殷王室大量用玉的记录,可能接近于真实。

商、殷王室大量用玉,而玉料又主要取之于新疆地区,这就再一次以有力的考古资料揭明了新疆与中原地区存在的经济联系。

先秦时期的文献如《管子》、《山海经》、《穆天子传》等书,对古代中原地区用玉,而且玉取自和田、昆仑有不少记录。但人们对这些记录,往往是疑信参半。现在有殷墟这批玉器出土,则可以肯定先秦时期关于内地用新疆玉的记录,去事实决不会太远。

早到新石器时代,内地不少遗址中即见用玉。可能与夏文化有关的河南省偃师二里头墓葬,玉器制作工艺已相当成熟。由于玉石的温润光洁,历代统治阶级都以玉德自比,用玉风气有盛无衰,需玉数量也非常大。这一趋势直至清代不改。而新疆又是全国最主要的、也是玉质最好的一处软玉产地。在玉石东去中原的历史中,凝结着新疆与祖国内地之间密切、久远的经济联系。

8.3 阿拉沟中见战国丝绣

关于我国中原地区丝织物的西传是早就被注意的,并有不少学者就此写过文章。这里的介绍不多涉及文献,主要以考古资料中所见实物为主。

在1976—1978年期间,配合南疆铁路工程,作者曾在吐鲁番盆地西缘、天山阿拉沟东口、鱼儿沟车站地段,主持、参与了一大批古代墓葬

---

[1]中国社会科学院考古研究所《殷墟妇好墓》,文物出版社,1980年版,第228、114页。
[2]《逸周书》卷4。

的发掘清理工作。墓葬出土文物丰富,具有比较鲜明的民族特点。墓葬主人主要经营畜牧业,饲养羊、骡、马,衣着材料是各式毛织物,墓内出土的多量彩陶器很有特点。综合分析出土文物特征,结合有关 ^{14}C 测定资料,可知墓地延续了相当一个历史阶段,主要在春秋、战国时期,最晚到汉。[1]

测定为春秋阶段的第 28 号墓(^{14}C 测定结论为距今 2620 ± 165 年),其中出土了一件凤鸟纹刺绣。在长、宽均 20 多厘米的素色绢地上,用绿色丝线锁绣出凤鸟图案。由于原件已残破,图案形象已不完整,但残余部分仍可见到凤鸟的躯体、微曲的腿、爪(原物现在新疆博物馆陈列)。这件文物不论是丝绢本身,还是其上的凤鸟图案,很明显属于中原地区的产品,具有楚文化风格。

在测定为战国至汉代阶段的第 30 号墓中(测定数据一为距今 2345 ± 75 年;又一为距今 2090 ± 95 年),与大量具有战国阶段风格的野兽纹金、银、铜器共存,有一块规规整整的用黄粘土做成的方泥饼,边长 15 厘米、厚 2.5 厘米,原来用菱纹链式罗包裹。丝罗已朽,但因为粘土质地致密,菱纹罗痕迹却十分清晰地印存在粘土表面。其细密的组织,非丝莫属。这一印纹照片,曾刊布于《文物》1981 年第 1 期图版捌:5。

与新疆地区邻境,今俄罗斯戈尔诺阿尔泰省乌拉干区巴泽雷克古墓葬,是世界知名的一处古代塞人文化遗址。在结论为公元前 1000 年中叶的这批墓葬中,出土了不少我国的丝绣织物。"某些巨墓中出土的中国织物,有用大量的捻股细丝才织成(每平方厘米为 34 × 50 支纱)的普通平纹织物。这些织物,有小块的,也有整幅的(铺盖在皮衣服的上面)"。"其中图案和制作技术最为特殊的,是巴泽雷克第 3 号墓出土的一块有花纹的丝织物。这块丝织物,1 平方厘米为 18 × 24 支纱,由一经两纬织成。丝织物为 1/3 和 3/1 斜纹(即三下一上或三上一下的斜纹)"。"巴泽雷克第 5 号墓出土的茧绸,特别精致。这是一块

---

〔1〕有关测定数据发表于《文物》,1978 年第 5 期。

鞍褥面,制作技术为平纹,1 平方厘米为 40×52 支纱,宽约 43 厘米。上面的刺绣,是用彩色丝线以链环状的线脚绣成。刺绣主题——凤栖息于树上、凰飞翔于树间,形象是极其多样化的"。"它的富于表现力的形象和优美的色调,无疑的是一种高级的艺术品"。"发现有凤凰绣缎的墓葬",主要可以根据西亚细亚出产的织物——羊毛绒毯和非常细密的羊毛织品,准确地断其为公元前 5 世纪的墓葬。根据这些资料,前苏联学者肯定"中国与苏联阿尔泰居民的最早关系是发生于公元前第一千年的中叶。"[1]

我们需要在这里附带说明的,一是前述阿拉沟第 28 号墓的凤鸟纹刺绣,其中的刺绣技法、凤鸟图案风格,与巴泽雷克古墓中所见凤鸟纹图案风格、刺绣技法是一致的。二是邻境的前苏联阿尔泰地区与我国中原地区的交往事实,也完全可以帮助我们考虑当日中原与新疆地区联系的实际。

阿拉沟并非古代通衢要道,也不是由比较大的绿洲构成的古代重要政治、经济中心。但就在这样比较偏僻的山区古墓葬中,同样见到了来自中原的菱纹罗、凤鸟纹刺绣,这个事实对于揭明春秋、战国时期丝织物已传到新疆并及于更多的地方,是有很大说服力的。

在这一背景下,再去认识印度文献记录,比如憍胝厘耶著的《治国安邦术》,其中提到"憍奢耶和产生在支那的成捆的丝"(据说憍胝厘耶是公元前 4 世纪孔雀王朝月护大王的侍臣),亦即公元前 4 世纪中国丝已经去到印度,[2]就是完全不难理解的了。

8.4　中原漆器、铜镜、海贝在新疆

与丝绣相类,漆器、铜镜也是我国中原地区的传统产品,汉代以前,

---

〔1〕[前苏联]C.N.鲁金科、潘孟陶译《论中国与阿尔泰部落的古代关系》,《考古学报》,1957年第 2 期。

〔2〕季羡林《中印文化关系史论文集》,生活·读书·新知三联书店,1982 年版,第 76～96页。

新疆地区已见。另外,还见到产自东海、南海的贝类。

8.4.1　漆器

阿拉沟第 18 号墓葬,时代为战国。这里出土漆盘一件。见于"墓室西头木椁外。圆径 16 厘米。木胎,已朽,只余内外漆皮,黑色地,朱红彩,绘弦纹四道,盘底绘流云纹"。[1]

在前面已经提到的阿拉沟第 30 号墓葬中,也曾见到漆器多件。漆器置于墓室西头,与承兽铜盘、陶器、木盆、兽骨、泥饼等随葬文物并列一起,漆器彼此叠置。清理中,发现这组漆器胎质已朽,只存漆皮,为沙土覆压。当时采取措施,在漆器周围沙土上挖槽,而后灌浇石膏,企图连沙土并漆皮浇灌一块,运回室内剥离、修复。十分可惜的是这一石膏块灌封未严,在汽车长途运输中沙土散裂,返至室内后未能取得完好的漆器标本。部分曾送北京修复,亦未成功。这里的漆器标本虽已不存,但墓内曾随葬多件漆器,是毫无疑问的。

阿拉沟第 23 号墓时代较第 18、30 号墓要稍早,其中出土残耳环一件,木胎,胎质较厚。黑色漆地,绘朱红色彩,显云纹图案。这一标本,在文物出版社《文物》特刊第 40 期(1977 年 12 月 15 日)上曾刊发过照片。

阿拉沟墓地的时代,主要在春秋、战国阶段,这么多件漆器标本在阿拉沟墓地出土,表明在汉代以前,曾有相当数量的中原地区漆器西来新疆,这是一个不容怀疑的事实。

8.4.2　铜镜

1963 年,作者与易漫白、王明哲一道,在阿勒泰县克尔木齐公社发掘过 32 座石人、石棺墓葬。时代上起殷周,下迄隋唐,延续时间相当长。在其中第 22 号墓葬中出土铜镜一件,"直径仅六厘米,平素无纹,弓纽无座"。它"是古代中原战国时期的产品,它的形制和大小都与河南陕县上村岭虢国墓出土的基本一致"。"这面铜镜的出土,说明新

─────────────

〔1〕新疆考古所《新疆阿拉沟竖穴木椁墓发掘简报》,《文物》,1981 年第 1 期(图 8:漆盘出土情况)。

疆,包括北疆在内的古代少数民族,在古远的历史时期,已经和中原的汉族文化有着比较密切的联系"。[1] 就在同区一墓地——第 24 号墓葬内,曾出土土黄色豆形陶器一件,饰几何形划纹,通高 7.5 厘米。其"形制与中原地区春秋时代出土的陶豆颇有渊源关系"。

　　早期铜镜,在前引前苏联阿勒泰巴泽雷克墓地中也有所见。"在巴泽雷克第 6 号墓中,发现白色的金属制的中国镜一面,即所谓秦式镜的变形之一。镜体虽已破损(保存了二分之一强),但我们仍然能获得一个完整的概念,因为在阿尔泰山西麓的一个墓葬中,也发现了一面完全相同的镜子"。这两面镜子的直径,均为 11.5 厘米。质地薄脆,镜面极为光滑。边缘为素卷边,在镜背稍凸起的方形纽座中心,置一小旋纽。地纹为美丽的、单一的所谓"羽状"纹。羽状纹地上,沿边缘置以四个"山"字形雕饰。在山字纹之间,有成对的心状叶形。"发现上述金属镜的数处墓葬,年代则比较晚,属于公元前 4 到 3 世纪"。[2] 根据上引 C. N. 鲁金科的介绍,可以清楚地看到这是属于我国战国阶段流行的山字纹铜镜,是典型的中原地区产品。

8.4.3　海贝

　　新中国成立前,在罗布淖尔地区的小河墓地,采集到海菊蛤制成的珠饰。海菊蛤,是只产于我国东南沿海的贝类。

　　建国后,我们在哈密五堡、吐鲁番盆地西缘阿拉沟两处墓地,见到了不少海贝。

　　五堡墓地是距今 3000 年前后的一处原始社会阶段的墓地。这里所见贝类标本,主要用为装饰品,如佩饰于毛织围巾、衣服、鞋上。共见标本十多件,经初步鉴定,品种主要为"货贝"。

　　阿拉沟墓地所见海贝,主要置于死者头侧、臂侧,似作为装饰品,个别海贝含放于死者口中。贝在这里,是作为一种贵重珍品了。死者口中含贝,中原地区在商代就有这样的习俗。更晚一点,则口中含钱。吐

---

〔1〕新疆社科院考古所《新疆克尔木齐古墓群发掘简报》,《文物》,1981 年第 1 期。

〔2〕[前苏联]C. N. 鲁金科、潘孟陶译《论中国与阿尔泰部落的古代关系》,《考古学报》,1957 年第 2 期。

鲁番晋、唐时期墓葬中,死者口中有含波斯银币的。在阿拉沟发现的海贝数量,较哈密五堡墓地稍多。经鉴定,除货贝外,还有环纹货贝。

货贝、环纹货贝的产地相当广泛,我国东部渤海、黄海以至南海均见出产。西南亚的印度洋、波斯湾、阿拉伯海亦见。但联系有关文献资料、含贝以葬的风俗及前述南海海菊贝先例,笔者认为,它们来自我国东、南沿海地区的可能性更大。

我国古代,对贝十分珍视。"宝"字繁体从"贝","宝贝"一词,在汉语文中一直用来形容珍贵物品。商代,曾以贝作货币。考古工作中,曾见到过铜贝。这里,尤其需要注意的是《穆天子传》有关的一部分记录:述及周穆王抵达一地,与当地首领应酬、互相赠礼时,穆王的赠礼,几乎都有"贝带"一项。对于《穆天子传》此书,史学界的看法、评价不一,但对于此书最晚成于战国之时(或更早),表现了周、秦阶段对祖国西北地区、包括今新疆一带的了解,则基本没有异议。现在,哈密、阿拉沟、罗布淖尔等地都见到了海贝,有的海贝只产于我国东、南沿海,这不是一种偶然的巧合,而只能是从不同的角度揭明了同一个历史事实,即:周、秦时期,海贝确曾源源不断从中原地区来到过新疆。

8.5 虎崇拜与西王母

前面提到的阿拉沟古代墓葬中,曾出土过多量的虎纹圆金牌、虎纹金箔带、虎纹图案银牌、熊头图案金牌等。虎的形象比较清楚,它们或蹲踞、或立、或呼啸跳跃。在出土虎纹金牌比较集中的第 30 号墓中,共见圆金牌 8 块。金牌直径 6 厘米,虎作昂首行进状,张嘴扬鬣,尾卷曲。金箔带长 26 厘米,其上两虎相向蹲踞,形象凶猛。在第 47 号墓中,一件虎形金箔,虎作蹲立状,头转向一侧斜视,生动有神。在另一些兽纹银牌上,虎头形象已经图案化了。[1] 这么多贵金属的虎形牌饰,给人以强烈的印象:老虎,在这里具有相当不一般的地位。与阿拉沟属

---

〔1〕新疆社科院考古所《新疆阿拉沟竖穴木椁墓发掘简报》,《文物》,1981 年第 1 期(图 8:漆置出土情况)。

·欧·亚·历·史·文·化·文·库·

同一地区,吐鲁番盆地中吐鲁番县哈拉和卓附近的一处原始社会遗址,还发现过一块铜质虎形饰牌(原物现在新疆博物馆陈列),是同一性质的文化遗物。

对阿拉沟等地出土的多量虎纹金饰牌,应作怎样进一步的分析呢?结合历史发展分析,这应该是阿拉沟等地古代居民图腾崇拜的表现或遗留。在原始社会阶段曾经盛行过的图腾崇拜,相信人与某种动物、植物或无生物之间存在一种特殊关系,而对它们保持一种特殊的迷信和崇拜。在古代传说及近、现代考古发现、国内外民族学调查材料中,都有这方面的资料可寻。在原始社会阶段,图腾信仰曾是一种普遍的存在,在社会生活的各个方面有过重大影响。绘画、雕刻、舞蹈、建筑等方面,都曾留下过这种烙印。

与这一逻辑分析并行不悖,从先秦时期有关西域地区的古文献记录中,我们也发现了有关虎、豹类图腾崇拜的痕迹。

在《山海经》、《穆天子传》这两部古籍中,有不少关于"西王母"的描述。如《山海经·西山经》:"玉山,是西王母所居也。西王母其状如人,豹尾虎齿而善啸,蓬发,戴胜,是司天之厉及五残。"《山海经·大荒西经》:"西海之南,流沙之滨,赤水之后,黑水之前,有大山名曰昆仑之丘。……有人戴胜,虎齿有豹尾,穴处,名曰西王母。"《穆天子传》称:"天子宾于西王母,乃执白圭玄璧以见西王母,好献绵组百纯,铀组三百纯,西王母再拜受之。"其他相类似的关于西王母的记述很多。对这些怪诞离奇的文字,在正常情况下很难理解。但如果联系原始社会氏族图腾崇拜现象来理解这些文字,我们就会得到一种全新的、生动而形象的原始氏族社会生活图景:所谓"西王母",它是处在原始社会阶段的一个氏族集团(从原始社会史看,这一阶段正是图腾崇拜的盛行期)。他们劳动、生息在"流沙之滨","昆仑之丘"的新疆地区。在这个氏族内,人们披发、戴项链,在氏族集会活动时,因为图腾信仰的关系,人们要戴虎头假面,身拖豹尾,发出虎的啸声,群聚歌舞。他们穴居洞中,是很勇敢的,传说可以制服天上的厉鬼和人间的"五残"。

《山海经》这部书,与《穆天子传》一样,对其成书时代、内容性质,研究者颇多,分歧很大、疑信不一。但是,即使对它们持怀疑观点的人也大都承认:这两部书即或晚出,也肯定包含着不少先秦时期的文字、素材。而持肯定观点者,则认为它们"未被秦以后儒家之润色",文字的"离奇怪诞,正可窥见初民意识形态之真面目"。总的来看,这类古籍大概不会是成于一人一时之手。有后期的增益删削,但也肯定保存着不少先秦时期的资料。

我们将阿拉沟、吐鲁番出土的虎形饰牌,结合《山海经》、《穆天子传》中关于西王母的描述,联系原始社会阶段肯定存在过的图腾崇拜分析可见,三者可以得到合理的统一。这使我们相信,古籍中有关西王母的描写,在怪诞不经的文字后面包藏着深刻的新疆地区早期历史的科学内核,表现了先秦时期中原地区人们对祖国西部地区的认识和了解。

写作态度严肃的司马迁在其名著《史记·赵世家》中说:"缪王(周穆王)使造父御,西巡狩,见西王母,乐之忘归。"看来,对先秦文献中提到的穆王西游见西王母的事,2100 年前的太史公也是相信的。

8.6　莲鹤纹铜壶中的印度文化消息

新中国成立前,在河南省新郑、汲县等地曾出土过一种青铜制造的莲鹤纹壶,壶体或方或圆,时代在春秋中期,或晚到战国初叶。

这种莲鹤纹方壶,有非常值得注意的造型特点。对此,郭沫若先生生前早就注意到并曾予以精辟分析。他说,新郑铜壶"全身均浓重奇诡之传统纹饰,予人以无名之压迫,几可窒息。乃于壶盖之周骈列莲瓣二层,以植物为图案……而于莲瓣之中复立一清新俊逸之白鹤,翔其双翅,单其一足,微隙其喙作欲鸣之状……此鹤初突破上古时代之鸿蒙;正踌躇满志,睥睨一切,践踏传统于其脚下,而欲作更高更远之飞翔。此正春秋初年由殷周半神话时代脱出时,一切社会情形及精神文化之一如实表现"。

对这件新郑壶及汲县山彪镇战国墓中出土的立鹤方壶,负责发掘工作的我国考古学家郭宝钧先生生前亦曾有过介绍:新郑"莲鹤方壶为青铜时代转变期的一个代表作品。盖顶一鸟耸立,张翅欲飞,壶侧双龙旁顾,夺器欲出,壶底两螭抗拒,跃跃欲动,全部格局,在庞然大器的附着上,有离心前进动向……立鸟是立在一个长方形平板上,板心铸有爪迹凸起,为鸟与板原为联铸确证……1935 年发掘汲县山彪镇,在一座王侯墓中,亦发现立鸟华盖壶两对,铜质银白,花纹精美,鸟立板心,盖中透空……汲、郑即不约而同,东周曾有此制流行,确可互证"。

为什么春秋、战国时期,中原地区会出现这么新颖的莲花立鹤形象,郭老的观点是:因为接受了印度文化艺术的影响。他曾明确说:"以莲花为艺术创作之动机,且于莲花之中置以人物或它物者,此乃印度艺术中所习见之图案。盖赤道地方之大莲,硕大无朋,其叶若花每可以乘人载物也。此壶盖取材于莲花,复于花心立一白鹤,与印度艺术之机杼颇相近似。中国自来无此图案,中国自来亦无是大莲。谓作者闭户造车,出门合辙,然必有相当之自然条件为前提,中国之小莲与此夸张之着想不相应。余恐于春秋初年或其前已有印度艺术之输入,故中原艺术家即受其影响也。"[1]

这一分析论断,中肯有力,可以信从。不论是新郑或汲县铜壶,都是周代的传统形式,主体花纹也是传统的云纹、回纹等几何图案,龙耳螭足,为传统怪兽形象。现在,传统浓重的旧器上出现了源于现实生活的莲花、立鹤,印度的影响明显。据此自可窥见春秋、战国时期,我国与印度间存在思想和文化的交流。而此交流的途径,最大的可能,是取西域一途。

关于我国古代与印度联系的途径,据季羡林先生比较全面的分析,可有"南海道"、"西藏道"、"缅甸道"、"安南道"、"西域道"五条途径。这五条道路中,早期最主要的要算"西域道","西域道"是"丝绸之路"的干线;新疆和田地区古代居民操"和田塞语",与印度西北部古代

---

〔1〕上列引文,见郭沫若《新郑古器之一、二考释》、《新郑古器中"莲鹤壶"的平反》,载《殷周青铜器铭文研究》。

居民语言相同,交往便利;昆仑山北麓古代居民使用的佉卢语,也是印度西北部、巴基斯坦东部、阿富汗地区古代居民使用的俗语,彼此肯定交往频繁。在全面分析以后,季羡林先生结论"西域道"作为我国古代丝及丝织物西传印度的通路,有其特殊的便利条件。[1] 印度文化东传我国黄河流域的路线,通过新疆,同样是非常合理的。这一考古资料附着于此,既可以作为中原与新疆地区文化联系古远一例,也可以从这里看出当时中原地区经由新疆与印度交往的历史事实。

8.7　先秦文献中的西域信息

上述考古资料可以肯定说明,在西汉以前,新疆和中原地区之间早就有着联系和交往。这一事实,在先秦文献中,不可能没有反应。

前引《山海经》、《穆天子传》已有涉及。这里,再将一些比较清楚的记录予以搜集。个别资料,稍予申说。

先秦阶段,文献中见到了有关昆仑、沙海、罗布淖尔、孔雀河等地理概念。这里,要注意的一点是,从一些感性的认识到最后形成文字,又有一个过程。实际存在的联系当较文献表明的要更早一些。

关于昆仑、流沙等的记录:

"西海之南、流沙之滨……有大山曰昆仑之丘。"(《山海经·大荒西经》)

"海内昆仑之墟在西北……方八百里,高万仞……"(《山海经·海内西经》)

"昆仑悬圃,其尻安在?增城九重,其高几里?四方之门,其谁从焉……"(屈原《天问》)

"案古图书,名河所出山曰昆仑云。"(司马迁《史记·大宛列传》)这条记录很重要。张骞于公元前 2 世纪 30 年代第一次使西域,从南道过昆仑山返回到长安,对汉武帝刘彻报告其所见所闻。刘彻即"案古

〔1〕转引自季羡林《中印文化关系史论文集》,生活·读书·新知三联书店,1982 年,第 76~96 页。

图书"，名黄河所源之山为昆仑山（汉代，一直认为塔里木河是黄河源）。刘彻有可资参考的古图古书，可见前引战国时期有关昆仑的记录，确系新疆境内的昆仑。

"东望渤泽，河水之所潜也。"（《山海经·西山经》）

"敦薨之水……西流注于渤泽，出于昆仑山东北隅，实唯河源。"（《山海经·北山经》）

"渤泽"指罗布淖尔，"敦薨之水"，指孔雀河。直到汉、晋、南北朝阶段，中原地区仍持这一观点。

"魂乎无西！西方流沙，莽洋洋只……"（屈原《大招》）

"魂兮归来！西方之害，流沙千里兮。五谷不生，藂菅是食些，其土烂人，求水无所得些。彷徉无所倚，广大无所极兮。"（屈原《招魂》）

战国时期楚国大诗人屈原的这些诗作，对没有水、没有生命、没有谷物，莽莽洋洋、无边无际的沙漠的描述，恰似局外人对塔克拉玛干沙漠的印象，直如"进去出不来"这句话的注脚。

"西海之南，流沙之滨……有大山名曰昆仑之丘……其外有燃火之山，投物辄燃。"（《山海经·大荒西经》）这是过去未引起重视的一条记录，这很可能是中原地区对新疆昆仑山中存在火山活动的最早记录。在昆仑山中段，确实存在目前已停止活动的火山口。过去火山喷发的岩浆冷凝后形成的火山球，在策勒、于阗县境不少地区都还可以采集到。在尼雅、喀拉墩等古代遗址中，也可以采集到大大小小的火山球。这不仅表明昆仑山中火山的存在，而且表明古代新疆居民很早已注意到这一火山的存在。以这一客观事实对照《山海经》中的记录，说明战国时期的中原人对昆仑山有真实的认识了解。

关于中原用玉及玉石与月氏的关系：

"火燃昆仑，玉石俱焚。"（《尚书·胤征第四》）

"玉起于禺氏。"（《管子·国蓄篇》）

"玉起于禺氏之边山。"（《管子·地数篇》）

"禺氏不朝，请以白璧为币呼？怀而不见于抱，挟而不见于披，而辟千金者，白璧也。然后八千里之禺氏可得而朝也；簪珥而辟千金者，

珸琳琅玕也,然后八千里昆仑之墟可得而朝也。"(《管子·轻重甲篇》)

"禺氏"、"于氏"均月氏的异称,战国时期曾雄踞于今甘肃地区。玉产于昆仑,通过月氏而进入中原。《尚书》、《管子》的这些记录,表现了战国时期的实际。[1]

相类似的文字记录还有,在此不一一具引。上列资料,颇可与前述文物资料互相呼应,增进了我们对问题的认识。

8.8 中原西域交通路线觅踪

对汉代以前华北地区与新疆联系的通路,其性质及交通状况试作如下分析。

在《史记·赵世家》中,保留了一封苏厉给赵惠文王的信。谈到"秦以三郡攻王之上党,羊肠之西,句注之南,非王有已。逾句注,斩常山而守之,三百里而通于燕,代马胡犬不东下,昆山之玉不出,此三宝者亦非王有已"。[2] 羊肠,是太行山中的径道。句注、常山,在今山西省北部代县、恒山一带。秦在陕西,如东进,控制了句注、常山这些晋北险要处所,东面可直达于燕(河北北部)。这样,赵国所需要的西北地区良马、猎犬、昆仑玉就不能到手了。这封信,透露了一个历史消息:赵国(今山西东北部、河北西部地区)对西北地区的马、犬、玉常有所求,其路线是经过山西北部的句注、常山,而出句注、常山,即可进入河套地区;更西,可进入河西走廊。赵惠文王公元前298至前266年在位,因此,这一记录,很有力地说明了公元前3世纪初,华北平原与西北地区联系的大概路线。

战国时期,雄踞今甘肃地区的主要是月氏。上引《管子》一书中,将进入中原的玉石与月氏族联系,可见月氏当时实际控制了这条通道,也控制着这一中间贸易。

---

〔1〕《管子》一书,各篇成书时代不一。有人认为这里所引各篇多成书于汉文景时。实则不然,内地用玉,时代很早,战国时期有此类记录是毫不足怪的。

〔2〕《史记》卷34。

《穆天子传》所述周穆王西行路线,也是跨太行山,过雁门岭,入河套,经甘肃、青海而入新疆。这与《史记·赵世家》、《管子》中的有关记录,可以彼此呼应。

与西汉以后通西域的"丝绸之路"不同的是,这一通道只是分段运行着的路线,没有汉朝以后那样统一的规制、建设以及严密地管理、经营。如前引所见赵国与河套地区、历史文献中多见的秦与西戎(羌、氐)的联系,月氏与新疆及月氏向中原⋯⋯都是关于这条通道的历史信息。

对先秦时期中原与西北、新疆地区的交往,张星烺曾有一个逻辑的推论:"鄙意秦皇以前,秦国与西域交通必繁,可无疑义。汉初执政者,皆丰、沛子弟,悉非秦人。秦国之掌故,鲜能道者,以致秦国与西域之交通事迹,史无详文也。"[1]这是一个很有见地的分析,结合上述资料,确可信从。

先秦阶段中原与西域地区间实际存在的经济、交通联系,对祖国西北、中原地区的开发、建设,都曾有过积极的作用。它是人民在生产实践中逐步开拓的。古代各族人民,尤其是西北地区的古代少数民族人民,在这一事业中有过重大的历史贡献。西北地区的少数民族以畜牧业为主,逐水草而居。从河套地区进入甘、青,经河西走廊跨入新疆,实际是自然的、合理的过程,而且是并不困难的。这一历史的基础,就是张骞、甘父"凿空"的前提。

---

〔1〕《中西交通史料汇编》,第一册,《上古时代的中外交通》,中华书局,1977 年。

9 "琅玕"考

"琅玕"一词,战国前后的文献中不止一见。这一时段,大概是它进入华夏大地的旺期,所以,相关记录显得稍多。作为一种外来的奢侈品,初始,总的数量是有限的,能有幸见到实物的文人大概更少。所以,当年的学者在将它著录入书时,一开始就没有把它说得十分清楚。后来的注疏者,随时迁日移,能准确把握其本质的更少。唐代学者孔颖达在注《尚书·禹贡》中"琅玕"一词时,引了《尔雅·释地》说"琅玕,石而似珠者,必相传验实,有此言也"。实际是说,他也没有见过,并不知道"琅玕"究竟是什么。抄下这句话,只是相信古代著作家会是"验实"过的而已。

这个古代没有交代清楚的文物细节,随历史渐行渐远。在后来人们的认识中,愈益变得模糊不清。最能说明这一点的例证,就是在集中了时代知识精英们编撰的辞海、词典中,"琅玕"一条,除了注引历代文献中有关"琅玕"的文字外,可以说,没有一点认识上的进展。相反,凡有引申,则往往离应有的真实更远。这虽属小事一端,无伤大体。但细细思量这件事情的发展过程,一是觉得对"琅玕",根据文献及相关文物,应该把它说清楚,给它及其背后含蓄的中外文化交流史实以适当地位;二是从"琅玕"的认识、分析过程中,还可以寻找到一点题外的教益。所以,不避小题大做之嫌,聊献一得之见,意在求教于方家,觅得"琅玕"的历史真实。

9.1 古今文献谈"琅玕"

可能因为"琅玕"最早来自域外,既不是身边的物产,又不明其制作工艺、生产过程,所以初始的著录,就记得不是十分明确。试看,大家都注意到的一些古代文献记录:

《尚书·禹贡》:"(雍州)厥贡球、琳、琅玕。"唐孔颖达注疏称:"释地云:西北之美者,有昆仑墟之璆琳,琅玕焉。说者皆云球、琳美玉名,琅玕,石而似珠者,必相传验实,有此言也。"[1]

《尔雅·释地》:"有昆仑墟之璆琳、琅玕焉"、"琅玕状似珠也"。[2]

《说文》:"琅玕,石之似玉者。"[3]

《管子》:"昆仑之墟不朝,请以璆琳、琅玕为币乎","簪珥而辟千金者,璆琳、琅玕也,然后八千里之昆仑之墟可令而朝也。"[4]

《魏略》:"大秦国出琅玕。"[5]

《本草经》:"青琅玕,一名珠圭。"[6]

从《尚书》到《说文》、《本草经》,可以得到的知识是:琅玕形似珠,质似石,外观如玉。在当年人们的心目中,是稀世珍宝。《管子》书中提供的最重要信息是琅玕来自西方,进入中原,与昆仑山下的古代居民月氏有关。其颇受中原权贵珍视,不惜重金以求,所以刺激了月氏等这些西北边裔居民不避风险,不畏艰难,远程转运到了黄河流域,直到最东边的齐、鲁大地。《魏略》的记录,较为朴素,点明了其产地,是远在地中海边的"大秦"。如是爬梳、条理,关于"琅玕"就可以得到一个基本的概念了。

与上引古籍不同,在《山海经》、《淮南子》、《拾遗记》、《穆天子传》等著述中,也都可以见到有关琅玕的记录,只是文字内容很不一样。如《山海经·西山经》说"(槐汗之山)其山多青雄黄,多藏琅玕、玉",[7]《太平御览》引《山海经》说"开明东有琅玕树,块火山多琅玕"。[8]《淮

---

〔1〕《尚书·正义》卷6,"禹贡"第一,载《十三经注疏》,中华书局影印本,1980年,第150页。

〔2〕《尔雅注疏》卷7,"释地",载《十三经注疏》,中华书局影印本,1980年,第2620页。

〔3〕《说文解字》,天津古籍书店影印,1991年,第12页。

〔4〕《太平御览》卷809,中华书局影印本,第3594页。王国维《月氏未西徙大夏时故地考》,《观堂别集补遗》,有相同行文,称引自《管子》"轻重甲篇"。郭沫若《管子集校》,北京:科学出版社,1956年。"轻重甲篇"中,只见"昆仑墟不朝,一豹之皮容襟而辟千金者文皮毤服也",稍异,当别有所本。

〔5〕《太平御览》卷809,中华书局影印本,第3594页。

〔6〕《太平御览》卷809,中华书局影印本,第3594页。

〔7〕袁珂《山海经校注》,上海古籍出版社,1980年,第45页。

〔8〕《太平御览》卷809,中华书局影印本,第3594页。

南子》说"昆仑,侵城九重,琅玕树在其东"。[1]《拾遗记》称"昆仑山旁有瑶台,上有琅玕璆之玉,煎可以为脂"。[2]《穆天子传》中也有相类似的文字。两类古籍略作比较,《山海经》等文字多近乎演义,是文学性质的描述,不见了朴素叙述一种物品的外观、产地等基本素材。这对我们学习、认识进而使用古代文献资料,有重要启示。两类著述的性质,是并不一样的。

是不是因为"琅玕"究为何物、来自何处终是太小的问题,所以时光虽已过去了两千多年,直至目前,学术界对"琅玕"的知识,较之两千多年前,并没有走出多远。说得更坦白一点,几乎还与先秦、汉代人的认识处在同一水平上。具体可以最近完成的辞书为证,试举几例。

中华书局于1938年刊行的《辞海》中释"琅玕",只是罗列了《尚书·禹贡》、《尔雅·释地》、《山海经》、《说文》及相关注疏,编撰者虽有倾向性,但并不提供说明,读者见仁见智,自己去琢磨。

上海辞书出版社于1989年刊行的《辞海》,赋予"琅玕"三种解释:美石、珠树、竹。根据来自《禹贡》、《山海经》、《淮南子》及杜甫的诗句"留客夏簟青琅玕",再推敲一下,这三个概念实际是并不相通的。编撰者虽提出了提示性的结论,但琅玕究竟是什么,通过它并不能获得要领。

在商务印书馆于1996年经过修订出版的《现代汉语词典》中,只提《尚书》释琅玕为"像珠子的美石"。比较起来,言简意赅。

与此相比较,上海汉语大辞典出版社于1997年出版的《汉语大辞典》,对"琅玕"释意要复杂、丰富得多了,列出的解释多达六种:一为"似珠玉的美石",根据主要为《尚书》;二为"传说和神话中的仙树,其实似珠",根据主要是《山海经》;三为"比喻珍贵、美好之物,如'佳肴'、'优美文辞'等",根据主要是文学著述、名家诗词;四指竹;五喻冰凌;六比阑干。后四者,都是根据古代诗词,与"琅玕"作为一种"物

〔1〕《太平御览》卷809,中华书局影印本,第3594页。
〔2〕《太平御览》卷809,中华书局影印本,第3594页。

品",是可以看、可以用的珍宝,距离实际相当遥远。释意内容宏富,包罗了古今人们对琅玕的认识、想象、描述,只是要在这里寻找到"琅玕"究竟是什么,同样会是无门无径。

这四部大著作释字解词,具有权威性。通过它们求索先秦时期人们在实际生活中曾经十分关注过的"琅玕",却不仅是难得要领,相反,《尚书·禹贡》、《尔雅·释地》、《说文》等著述中曾经比较清楚说明过的"琅玕"的物理形状,在"青翠的竹簟"、"珠树"、"冰凌"、"佳肴"等文学家们会形会意的描述中,距离文物的真实面目更远了一程。这样一种进展,既让人惭愧也不是好事,对于不从事考古、古代文献整理的专家,绝大多数的普通读者,是没有办法从这里取得对"琅玕"的真实了解的。

9.2　精绝古址"琅玕"简

"琅玕"究竟是什么,最有责任提供科学说明、阐释的,应该是文物考古工作者,以之苛求文字工作者、辞学专家们是并不公平的。有鉴于此,笔者试为之考。

在已获考古资料中,琅玕在古代人心目中曾是人们追求的珍宝。一百年前,斯坦因在新疆尼雅遗址 N14、现已确定为精绝王室故址的一处垃圾堆中,获得了 8 枚汉简。清楚表明,"琅玕"是当年精绝王室成员们持以互赠、联络感情的瑰宝。这提供了一个方向,"琅玕"究竟是什么样的一种物品,通过已经发掘的精绝遗址,应当可以找到线索,解开这一谜团。

斯坦因于 1906 年获得汉简后,随即交由法国汉学家沙畹(Edouard Chavannes)考释。1910 年,罗振玉得知沙畹正在考释斯坦因所获汉文简牍后,向其索取有关资料,于是在 1912 年沙畹向罗振玉提供了手校本。随后罗振玉与当年同样侨居在日本的王国维,据沙畹手校本进行了考证、释文。沙畹的研究成果,见于 1913 年在牛津出版的《斯坦因在新疆沙漠所获汉文文献》。较沙畹晚了一年,1914 年,罗、王在日本京都出版了《流沙坠简》,斯坦因在尼雅所获这 8 枚汉简的图版、录文,均在书中作了刊布。[1] 相关图版,也见于斯坦因这次考古工作的科学报告《西域考古图记》(《Serindie》)中。[2]

相关 8 枚汉简,长、宽并不一致,木简下端两侧,均有三角形凹槽。

(1)简长 6.9 厘米、宽 1.1 厘米。正面书写:"王母谨以琅玕一致问",背面书写:"王"。

(2)简长 6.2 厘米、宽 1.1 厘米。正面书写:"臣承德叩头谨以玫瑰一再拜致问",背面书写:"大王"。

(3)简长 9.2 厘米、宽 1.2 厘米。正面书写:"休乌宋耶谨以琅玕一致问",背面书写:"小太子九健持一"。

(4)简长 7.7 厘米、宽 1.2 厘米。正面书写:"君华谨以琅玕一致问",背面书写:"且末夫人"。

(5)简长 10 厘米、宽 1.4 厘米。正面书写:"太子美夫人叩头谨以琅玕一致问",背面书写:"夫人春君"。

(6)简长 8.2 厘米、宽 1.2 厘米。正面书写:"苏且谨以琅玕一致问",背面书写:"春君"。

(7)简长 7.5 厘米、宽 1.2 厘米。正面书写:"苏且谨以黄琅玕一致问",背面书写:"春君"。

(8)简长 7.9 厘米、宽 1.3 厘米。正面书写:"奉谨以琅玕一致问",背面书写:"春君幸毋相忘"(见图版 13)。

尼雅精绝故址出土的 8 枚汉简,从形式看是赠送礼品时所用的函扎。正面写赠礼者、所赠何物,背面写受礼者。木简下端两侧有三角形缺口,用以系绳附在礼品盒上。这是战国至汉代中原地区流行的赠礼形式。

据简文,从精绝王室中最重要的几位成员:"王母"、"王"、"大王"、"小太子"、"且末夫人"、"太子夫人"、"夫人春君",均与礼赠之

---

〔1〕罗振玉、王国维《流沙坠简》,中华书局,1993 年影印本。图版见第 69 页,简牍遗文、考释见第 223 ~ 225 页。
〔2〕[英]A. 斯坦因《西域考古图记》汉译本,广西师范大学出版社,1998 年。

"琅玕"有关。其中"夫人春君"身份十分显要,8枚木简中,竟有4枚是向她赠送"琅玕"、"黄琅玕"的。

简文中所赠礼品,7件为琅玕(其中1件为黄琅玕)、1件为玫瑰。十分清楚地说明"琅玕"在当年的精绝王国,是受到十分重视的一种物品。在特定的重要时刻,必须互示感情,馈赠礼品时,这些精绝王室要员,不约而同的几乎都选择了"琅玕"。"琅玕",在两千年前的精绝王国上层人物的心灵深处,是具有特别重要意义的一种宝物,王室成员间,送它或得到它,都是较高的礼遇。

对木简文字、书体王国维作了认真的比较和分析,结论是:"隶书精妙,似汉末人书。"罗振玉的关注点是对"琅玕"的考证。他在引录、参稽《尔雅·释地》、《山海经·海外西经》、《说文》、《本草经》的相关叙述后,提出"今芒洛六朝古冢中往往得色青而明之圆玉,中有穿,如珠连属以为钏,殆古之琅玕矣"。以文献与洛阳北芒山中南北朝古墓内出土文物比照分析,实在是相当高明的视角。令人唯一稍感遗憾的,是因为没有相关图片的佐证,这里无法确定罗振玉所指称的"色青而明之圆玉",究竟是什么文物。

破解精绝故址所见馈赠"琅玕"的简牍,比较理想而又方便的办法,当是认真检索已获精绝王室的文物遗存,参照古代文献对"琅玕"的一般描述、记录,或可觅求得"琅玕"的本来面目。

9.3 "琅玕"是蜻蜓眼玻璃珠

结合上述分析可见,应该就是遵循着这一求索方向,来找出"琅玕"究竟是什么的答案。近年来,新疆考古研究人员据尼雅遗址中出土的多量珊瑚资料,结合着上述8枚汉简,以珊瑚来解释"琅玕"。考证注意了文献与考古遗物的结合,似显新意,但结论并不准确。珊瑚,古代与今天的名称是一致的,概念也比较明确。而且,以珊瑚释"琅玕",与《尚书》、《尔雅》、《说文》等最早著录、注疏了"琅玕"一词的古籍,文意也完全不符:在这些古籍中,"琅玕"是似石、若玉,形状如珠的这么一种物品,与珊瑚的形态特征相去甚远。因此,它不是一个准确的结论。[1]

笔者的分析是,"琅玕"就是精绝王墓中出土的"蜻蜓眼料珠",是一种早期的玻璃制品。

1995年尼雅一号墓地,可以判定是汉末精绝最后灭国前的王陵。[2] 这里出土的蜻蜓眼料珠,均在精绝王、王室成员身上。颇可与王室成员尊崇"琅玕"的心态呼应。进一步关注珠的使用,更可见其求安、去邪的巫术功能。"琅玕"之所以得宠,是与此有关的。

具体资料如下:

其一,是三号墓男主人——当年的精绝王配饰的蜻蜓眼。这枚玻璃珠,是放在他贴身的衬衣里面(见图版14)。以皮条穿挂,斜挎胸前。简报原文是这样介绍的:"蜻蜓眼饰珠(95MN1M3:52),珠近圆形,天蓝色地,白色圆点纹。直径1.8厘米,中穿圆孔。内穿皮带,带长130厘米。男尸贴身斜背。这一出土情况,不仅表明蜻蜓眼料珠特别珍贵,而且,显示着一种求安祈福的避邪作用。"[3]三号墓女主人,漆奁内装梳篦袋,内装随时、随身使用的梳篦。袋下附蓝色蜻蜓眼料珠一枚,蓝色地上显白色眼睛纹(见图版15、16)。

其二,八号墓男主人,此墓曾出土"王"字纹陶罐,男主人手臂见"五星出东方利中国"锦臂韝。究其身份,在香港艺纱堂服饰出版的相关图录中,称其为"沙漠王子"。在其夫妇随葬配饰中,见多件蜻蜓眼料珠。简报相关文字迻录如下:"料珠及珊瑚等装饰品,各式品类繁多的料珠饰件,主要见于墓主人头颈部,应为装饰之项链、头饰等。……其中较为罕见的是蜻蜓眼式料珠,鼓形(近圆形),有白色蓝眼、湖蓝色珠蓝眼、黑珠黄眼等,直径0.8~1.2厘米(图十六1、2、3)。在男尸一

〔1〕吴勇《新疆尼雅遗址出土的珊瑚及相关问题》,《西域研究》,1998年第4期。

〔2〕王炳华《精绝王陵考古二三事》,《西域历史语言研究集刊》,第一辑,科学出版社,2007年,第103~123页。

〔3〕新疆考古所《尼雅95一号墓地3号墓发掘报告》,《新疆文物》,1999年2期,第11页。

侧还清理出一件珊瑚饰件（M8：31）橙黄色上有小穿孔（图十四：4）。"[1]在同一简报的另一处文字，描述了男尸清理过程，说男主人"内衣为白绢套头长衫，贴身右胸前用皮条串系一蜻蜓眼料珠，圆形，直径为2.1厘米"。述及女尸清理，文称女尸"头颈部戴的料珠项链，因串线朽断已散落于衣服内及棺内，其中有四颗蜻蜓眼料珠，颇值得注意"。则此墓中共见蜻蜓眼5枚，其中男主人的配珠直径达2.1厘米，在同类文物中，是比较大的，它也是贴身用皮条垂挂在胸前。其他4件，则用为女主人项链（见图版17）。

其三，同一墓地中，一号墓男主人，也出土1枚蜻蜓眼料珠，报告文字称为"胸链"，转录如下："胸链一件，M1：46，一根皮绳上穿一枚蜻蜓眼料珠构成。出土时皮绳已断成4段……料珠成鼓形中间穿孔，上嵌五块蓝色玻璃，直径1.1厘米、高1.05厘米"。在同一报告书中，述及一号墓男主人"脖系料珠项链"。[2]联系两段文字可见，入土时料珠系于墓主人脖下。

三座墓葬，共出土蜻蜓眼料珠8枚。其佩戴细节，充分说明这类蜻蜓眼玻璃珠在精绝王室成员的心目中，是具有近乎神圣的地位的。两代精绝王，均将之以皮条系挂在人们不能发现的贴身胸前，放在外人见不到的内衣里边。又一人系于脖下，是衣服内还是衣服外，文内没有提，清理中可能也未特别关注。从M3、M8蜻蜓眼料珠出土的情况可以结论：这些蜻蜓眼料珠，绝对不是作为一般的装饰品。如果仅为装饰，求美观，首要一点是必须系挂在外人容易见到的处所。现在珠不外露，深藏在贴身胸前，其祈求护佑主人命运、求得主人安全的作用，毕显无疑。这几枚料珠，一作"圆形、天蓝色地、白色圆点纹"。二作"圆形、直径2.1厘米"。至于形状究竟是白色蓝眼、湖蓝色蓝眼、黑珠黄眼中的哪一件，没有说清楚。三作"鼓形，中间穿孔，上嵌五块蓝色玻璃"。蜻蜓眼料珠的特征及这些细节，与精绝王宫废墟内出土之8枚汉隶木简

〔1〕新疆考古所《尼雅95NM一号墓地8号墓发掘简报》，载《新疆文物》，第36页，1999年1期。

〔2〕《中日共同尼雅遗迹学术报告书》，第二卷，第123、127页。

相对照,参证《尔雅·释地》中说的"琅玕状似珠",《说文》说"石之似玉者"等,可以得到如下逻辑推论:当年精绝王室十分珍视的"琅玕",应该就是在王室陵墓中出土的、悬挂在精绝王胸前的蜻蜓眼玻璃珠。它们是被视为可以避邪、驱凶,保佑主人安全、幸福的神物,因此,受到特别珍视。这样看来,权贵们重金以求"琅玕",也就不难理解了。

9.4　蜻蜓眼原产西亚

将"琅玕"明确为蜻蜓眼玻璃珠,对它在古代中国人精神世界中的地位,华夏大地与西亚的交通联系状况等,均可以得到更深一层的了解。

关于我国已见蜻蜓眼玻璃珠的资料,不少学者如干福熹、关善明、杨伯达、高至喜等,已经做过比较深入的分析、研究。本文的讨论,可在他们已经取得的成果基础上进行。[1]

据不完全统计,近数十年中已出土了相当数量的蜻蜓眼料珠,总数至少也在 400 颗以上。据关善明的《中国古代玻璃》统计、分析,蜻蜓眼玻璃珠最迟在春秋晚期已进入华北大地。自春秋末年至战国早期,在山西太原晋国赵卿墓、山西长子牛家坡墓地、山西长治分水岭、河南固始侯固堆、河南洛阳中州路、山东淄博临淄、山东曲阜鲁国故城等处古代墓地中,均有所见。一些墓葬中,出土数量还相当多(见图版18),山西、河南、山东是其重点发现地。时代稍后,在河南洛阳中州

〔1〕杨伯达主编《中国金银玻璃珐琅器全集》"玻璃器"卷,河北美术出版社,2004 年;关善明《中国古代玻璃》,香港中文大学文物馆,2001 年;干福熹主编《中国南方古玻璃研究》,上海科技出版社,2003 年;高至喜《论我国春秋战国的玻璃器及有关问题》,载《文物》,1985 年第 12 期;后德俊《谈我国古代玻璃的几个问题》,载《江汉考古》,1985 年第 1 期。上述专著、论文,对国内已经刊布的蜻蜓眼玻璃珠,作了深入的分析、讨论。稍令人抱憾的是对新疆出土的蜻蜓眼玻璃珠资料,除《中国古代玻璃》中,提到轮台穷巴克所见一枚公元前 9 世纪蜻蜓眼玻璃珠外,其他均未见介绍。其实,新疆各地散见蜻蜓眼玻璃珠并不少,这与新疆资料刊布不足有关,这里稍予介绍。仅以近年考古发掘为例,山普拉墓地(洛浦县境,属古于阗国)即发现蜻蜓眼玻璃珠 21 颗,蓝色体上显白色、黄白色眼睛形。且末扎洪鲁克墓地春秋早期墓葬中,见蜻蜓眼玻璃珠 6 颗,蓝色体,以白色线显眼睛纹。另在古龟兹沙雅县境,也见过蜻蜓眼玻璃珠的报导。穷巴克、扎洪鲁克墓地,时代均早到春秋或更早时段,颇可以助益于说明蜻蜓玻璃眼进入中原的路线、过程。

路、郑州市辉县固微村、郑州二里岗、湖北随州（尤其是曾侯乙墓）、湖北枝江姚家港、湖北江陵雨台山、湖北江陵杨场、湖南怀化黔阳、怀化辰溪、湖南长沙烈士陵园、湖南慈利县、长沙白泥塘、长沙磨子山、长沙氮肥厂、长沙左家塘、长沙浏城桥、湘西自治州、四川成都羊子山、涪陵小田溪等处墓地，也都有所见。战国中晚期，在湖南澧县、沅陵，湖北江陵、荆门，陕西汉中，河北临城，山东曲阜，四川广汉，甘肃平凉，河南淮阳等地，发现同样丰富。秦汉时期，广东广州南越王墓、广州先烈路、河南青州、陕县、四川重庆等处均见出土（见图版19）。汉代以后，就见得比较少了。

春秋晚期甚至早到春秋中期，时代最早的一批蜻蜓眼料珠，比较集中的发现在山西。如长治分水岭 M270、春秋晚期太原晋国赵卿墓、春秋晚期长子牛家坡 M7 墓等。仅赵卿墓，即出土蜻蜓眼料珠 13 枚。对上述三个地点，还有山东淄博郎家庄一号墓、河南固始侯固堆 M1 的玻璃珠进行过成分测试，它们的氧化钙、氯化钠含量较高，不含氧化钡，见微量氧化铅。与我国铅钡玻璃不同，因此肯定为西方生产的钠钙玻璃，应当是由西亚经陆路进入黄河流域的物品（见图版20）。

判定最早一批蜻蜓眼玻璃珠来自域外，不仅因为玻璃成分与我国传统的铅钡玻璃完全不同，配方、工艺有别。在此以前，我国不见这类蜻蜓眼玻璃珠制品。再者，蜻蜓眼的造型、图像，在中国传统图案中也找不到任何痕迹。与此相反，在埃及、西亚两河流域，很早就见到过这类蜻蜓眼玻璃珠的生产，时代最早可到公元前 14 世纪（见图版 21）。公元前 5 世纪，在伊朗基兰也发现了同类蜻蜓眼玻璃珠实物（见图版 22）。尤其是古代伊朗吉兰出土的蜻蜓眼玻璃珠，与山西等处所见早期蜻蜓眼料珠的造型、图案更是惊人的相似。根据这些实物资料、分析数据，说最早一批蜻蜓眼玻璃珠来自域外，大家并无异词。分析至此，再看《魏略》"大秦出琅玕"的记录，虽不知其所本，但内容是相当准确的，与考古文物中所显示的文化信息可以说完全一致。

最早一批蜻蜓眼玻璃珠，从亚洲西部通过陆路长途输入至中原，数量不会多，价格必然高昂，自然不可能是一般社会成员可得享受的珍宝。河南固始侯古堆 M1,墓主人是吴王夫差的夫人,是宋景公的妹妹,身份非同寻常。而晋国赵卿,也为晋国贵族。郎家庄一号墓主人是齐国卿大夫一级的贵族,长子牛家坡 M7 墓主人也是身份不一般的贵夫人,只有如是身份特殊的上层统治集团成员,才可能得到这类人们从未所见、而且被视为有特殊辟邪功能的瑰宝。

赋予蜻蜓眼玻璃珠存在所谓辟邪功能的信息,来自最初生产了蜻蜓眼玻璃珠的埃及王国的古老信仰。在公元前 14 世纪或更早,埃及即生产了蜻蜓眼玻璃珠。蓝色、黑色圆形玻璃珠上显示了眼白、瞳仁,清楚地表现了眼睛的形象,在当时的埃及人的观念中这是天神的眼睛。人们相信这种神眼拥有无比强大的力量,能驱走恶魔,保佑平安。蜻蜓眼玻璃珠作为护身器物带在身上,正是期望蜻蜓眼这一神奇功能可以化为现实。[1] 这是任何人都会尽最大力量寻求实现的目标,也是人们无法拒绝的生命诱惑。这样一个古老的埃及信仰之所以会很快传布到两河流域,传到北欧英国,进入了南亚伊朗,也进入了亚洲东部的黄河流域,附着在蜻蜓眼玻璃珠背后的这一文化思想,才是最强大的原动力。《管子》书中描述的当年上层统治集团中的人物可以不惜付出高昂代价,去寻求"琅玕"——蜻蜓眼玻璃珠,精绝国王、夫人、太子也都以得到一枚"琅玕"为幸福所系,道理无不在此。

蜻蜓眼玻璃珠最早出现在埃及,到美索不达米亚,进入伊朗,再来到我国华北地区,受高山、沙漠、戈壁等自然条件的局限,行走的大方向也就是汉代以后张骞重新走过的"丝绸之路"。但这里有个问题,为什么最早期的一批来自西亚的蜻蜓眼玻璃珠,主要是出土在山西、河南、河北、山东这一带?联系古代文献记录,这一现象实际揭示了战国前后由鄂尔多斯草原进入华北平原、齐鲁大地的一条古代交通径道。《史记·赵世家》中曾收录了一件苏励给赵惠文王的信,信中谈到防守太行山中上党、羊肠、勾注径道的重要性:"秦以三郡攻王之上党,羊肠之西、勾注之南,非王有已。□□勾注、斩常山而守之,三百里而通于燕,

---

〔1〕关善明《中国古代玻璃》,香港中文大学文物馆,2001 年,第 18 页。

代马胡犬不东下,昆山之玉不出,此三宝者亦非王有已。"羊肠,是赵国著名险塞,在今天太原晋阳之西北,山形岖僻、状如羊肠,故称"羊肠";勾注,为雁门山,居代县西北。因山形勾转,水势流注而得名;常山即恒山。秦国东进,一旦控制住羊肠、勾注、常山这些晋北险要,赵、燕将无险可守。统治阶级需求的西北地区之良马、猎犬、宝玉,就将无法到手。这些历史信息透露的是:战国时期,居于今山西东北部、河北西部地区的赵国,穿过恒山、雁门关、勾注山一线,进出河套、鄂尔多斯草原,也曾是交通西域的一条重要通道。西亚所产蜻蜓眼玻璃珠,最初进入华夏大地,相当数量均见于山西,应该与存在着这一交通路径有着密切关系。

西亚蜻蜓眼玻璃珠进入华夏大地后的另一个积极贡献,是刺激、促进了我国蜻蜓眼玻璃珠的制造,也就是古代玻璃制造业的发展。在人们的心目中,这种造型新颖、既往不见的珠子,蕴含着一种驱邪得福的神奇力量,是人们不惜重金以求的瑰宝;但它量少、价高,难以进入寻常百姓家。广大的社会需求,是刺激生产、发明的最强大的动力。正是在这一强大社会需求的推动下,激发了人们去寻找其后面的奥秘,摸索其制作的工艺,为战国时期开始出现中国式铅钡成分的蜻蜓眼玻璃珠,准备好了强大的思想基础。同时,由于蜻蜓眼玻璃珠工艺实际并不复杂,可以说是一点即破。于是,在中原大地出现了自己生产的蜻蜓眼玻璃珠。湖北随州曾侯乙墓出土蜻蜓眼玻璃珠 173 颗,其夫人墓中出土 24 颗,数量可以说相当巨大的,而其成分既不是西方钠钙组合,也不是典型的中国铅钡成分,而是含有大量二氧化硅及较多的钾、钙,很少一点铅,几乎不见钡,为钾、钙类型的玻璃珠,是植根在本土资源基础上的一种配方。[1] 虽成分不同,外观却并不逊色。随着蜻蜓眼玻璃珠产量的增加,使普通平民亦可享有。这一普及化,且其终非必需之物,反倒使它逐渐走向了没落。

以蜻蜓眼玻璃珠释"琅玕",与《禹贡》、《尔雅》、《说文》、《管子》、

---

〔1〕后德俊《谈我国古代玻璃的几个问题》,《江汉考古》,1985 年第 1 期。

《魏略》、《本草经》等古籍中关于"琅玕"的性状、产地的记录,完全可以统一,言之成理。

　　小小的蜻蜓眼玻璃珠,最早出现在埃及,春秋时进入华夏大地,它在灿若繁星的华夏古代文物中,是很不起眼的一点,但却也同样负载着厚重的历史文明。它的流行过程清楚地揭示了早在公元前1000年中期,黄河流域与西亚大地间已经有了交通往来及文化交流。对此,蜻蜓眼玻璃珠即为实证之一。

　　蜻蜓眼玻璃珠进入华夏大地后,中国的学人给了它一个十分美好、令人与美玉联想的名字"琅玕"。这是纯粹的意译名称,还是在"琅玕"语音上留有西亚语音的痕迹? 笔者寡陋,难说究竟。这是一个有待进一步探索、解析的问题。

　　在尼雅精绝王墓中出土的蜻蜓眼玻璃珠,究竟是钠钙玻璃系统抑或铅钡玻璃系统,出土当年未作分析,留下了遗憾。目前,在不损伤文物的前提下,进行成分、比重的分析并不困难,希望今后能补上这一缺憾。有一点可以注意,王室中人均以"琅玕"这一十分汉文化的名词称蜻蜓眼玻璃珠。可以推见,当年王室中必有深谙汉文化的中原知识分子存在。可见,两汉王朝统治新疆时期,出于统治的需要,其十分注意汉文化的推行,这是不容置疑的。

10 新疆出土玉器暨研究

古代新疆以盛产玉石而闻名于世。在新疆所产玉石中,尤以昆仑山所出和田玉,色泽纯净、温润细腻,材质远过于其他玉石而为历代统治者所特别珍重。它的采掘、制作、流通,是历史考古界所关注的问题。

早到新石器时代、青铜时代(如在陕西姜寨新石器时代遗址、甘肃齐家文化遗址中),即已发现过利用和田玉石制作的玉器。[1] 殷周以降,在中原大地更屡见关于出土玉器中多有新疆玉材的报导。于是,学术界有在"丝绸之路"前存在过"玉石之路"的讨论。[2] 玉石及玉器,是近年新疆考古中重点关注的课题。

20 世纪 30 年代以前,新疆考古界曾发现过少量玉器。新中国成立后,新疆田野考古主要是配合基本建设工程进行工作,大量的调查、发掘虽也发现过一点玉器,但总体观察,数量很少。按常情分析,应该会有玉器文物的遗址、墓葬,往往却未见玉器出土。对比中原地区商、周以来多见的玉质礼器、用器,更形成强烈的反差:新疆虽产玉,但用玉数量较少,制玉水平不高。其中蕴涵的思想文化内涵,值得深入研究。

10.1 罗布淖尔多见玉

新疆地区目前所见较早的玉器资料,几乎都集中在罗布淖尔荒原。这里现在虽然是一片无人的荒漠,但在原始社会阶段也是人类生活繁衍之区,而且与甘肃、青海毗邻,是与中原大地联络交往的枢纽地带。早期玉石集中于此,值得注意。

罗布淖尔地区玉器,新中国成立前即见报导。斯坦因 20 世纪初在

---

[1]唐延龄等《中国和田玉》,新疆人民出版社,台北:台湾地球出版社,1994 年。
[2]杨伯达《甘肃齐家文化初探》,《陇右文博》,1997 年第 1 期。

罗布淖尔地区调查,在编号为 LF 之土岗上,发现了"磨制甚精之玉质石斧"。另在 LT 古堡斜坡,也发现"碧玉制之磨制石斧"。[1] 黄文弼先生于 1928 年在罗布淖尔地区考察时,还曾在库鲁克山南麓阿提米西布拉克稍南、孔雀河北岸采集到一件玉斧、一件玉刀,"均白玉质,磨制甚光"。1934 年,黄氏第二次至罗布淖尔,距第一次采集得玉斧之地稍东,又在古墓地旁采得绿玉刀一枚。黄氏所采玉器,在其《罗布淖尔考古记》中曾有概略说明:"余在罗布淖尔采获之石器,关于磨制者共三件,皆为玉质,计玉刀两件,玉斧一件,制作均甚精美"。[2]

(1)玉刀。"白玉质,为不规则之方形。两边磨制光滑,刃宽约 5 厘米,极锋利……石质坚致润洁,确系昆仑山所出。"

(2)玉刀。"绿玉质,为不规则之长方形。前后刃口磨制甚利,中间稍厚……此石颜色碧绿,光润坚致,疑为和田河中所出。"

(3)玉斧。"白玉质,上颇尖锐,下平齐,磨制光平。口刃极薄而锋利。"

(4)玉斧。"碧玉……半透明,中有黑点。"[3] 此件玉斧,拾自北塔山一带。

20 世纪 80 年代以后,新疆文物考古所曾先后多次派人到楼兰古城及古城附近进行文物调查。在楼兰古城内及古城附近、尤其在古城西南自 LA 至 LK 这片荒漠地带,先后共采集玉器 25 件。其中 17 件是在 1988 年末的文物调查工作中所获;另外 8 件,是于 1997 年末,配合在罗布淖尔地区进行的石油物探工作中所采集的。具体情况如下:

(1)玉斧(原始编号为 86LA:22)。在 1986 年 11 月,采自由楼兰古城至 22 号标桩途程中。玉色青碧,形状不太规整,一边弧曲。高6.11、宽 2.85、厚 1.82 厘米,上端稍经研磨,近刃部双面精工加磨,光滑锐利,清楚可见使用中剥蚀的痕迹。

(2)玉斧(87LA 城外)。于 1987 年 4 月采自楼兰城东郊荒漠。色

〔1〕A. Stien,Innermost Asia ,Vol. I .
〔2〕黄文弼《罗布淖尔考古记》,中国西北科学考察团丛刊之一,1948 年,第 96 页。
〔3〕黄文弼《罗布淖尔考古记》,中国西北科学考察团丛刊之一,1948 年,第 127 ~ 128 页。

灰白,属青白玉,高 4.75、宽 4.15、厚 1.41 厘米。通体加磨,十分光洁。双面刃,刃薄而锋利,见明显为使用过程中击打、蚀裂之痕迹。

（3）玉斧（原始编号为 L88:8 标）。于 1988 年 4 月 22 日采自楼兰古城西南,第 8 号标桩北 4 公里处。色青翠,质细腻。山料,未全面加磨,形体略近梯形。近刃部精心细磨,刃锐薄,见使用痕,高 4.31、宽 3.47、厚 1.19 厘米。

（4）玉斧（田野编号为 88LA 城外）。于 1988 年 10 月 4 日采自楼兰古城外,为墨玉,墨绿色玉体中见略如条带状黑色纹,曾通体打磨,只是近刃部磨制得更精细;双面刃,刃部一端严重砍蚀,几成斜边;顶端相当粗糙;高 4.66、宽 3.56、厚 1.19 厘米。

（5）玉斧（田野原始号为 L88:06 标）。于 1988 年采自罗布淖尔荒原楼兰古城西南第 6 号标之北部约 500 米处。青玉质,玉色翠青,色嫩,玉质细腻,系山料。上部保留较多原始石皮。刃部双面加磨,锐薄锋利,使用过程中的蚀痕相当密集、清晰。高 4.93、宽 3.86、厚 1.02 厘米。

（6）刮削器（田野号为 L88:06 标）。于 1998 年采自楼兰故城西南 6 号标西 1 公里处。青玉,翠绿色,上部保留玉石山皮,刃部双面加磨,相当锐利,有使用过程中留下的剥蚀痕。长 3.91、宽 2.36、厚 0.69 厘米。

（7）玉斧（原始号为 L88:07）。于 1988 年 4 月采自罗布淖尔荒原上 7 号标东北 1 公里处。青玉质,深青色,玉质细腻,透明度相当好。通体磨光,刃部锐薄,几近透明,略近方形。两端均见加磨,其使用过程,可能是先用一端,蚀损严重后,则转而使用另一端。因此,两端均见使用损蚀痕迹。长 3.37、宽 3.65、厚 0.82 厘米。

（8）玉斧（原始号为 88LK 城）。于 1988 年 4 月 28 日采自罗布淖尔 LK 古城外东北。青玉,色淡绿,玉质细腻,山流水料,表面较光滑,棱角圆润。刃部曾经多次使用、打磨,现存刃线不直,使用蚀损痕迹清晰。长 5.15、宽 3.34、厚 0.85 厘米。

（9）柱状玉器（原始号为 L88.08 标）。于 1988 年 4 月 20 日采自 8

号标北 4 公里处。碧玉质,色青碧,中含黑点。圆柱体,两端修平,柱体部分曾经敲剥、修整,比较平滑,以手持握,相当合适。高 9.15、柱径 4.58 厘米。

（10）玉斧（原始编号为 80LB×N:4）。于 1980 年采自罗布淖尔 LB 遗址附近。以和田白玉为料,色泽纯白如腊,细润光滑。上部曾经加工,略显肩形。通体磨光,刃部至今仍相当锋利,见细微之蚀痕。在罗布淖尔地区发现的这批玉器中,它可以称为最上品。通高 11.6、肩宽 2.7、体宽 6.2、最厚处 1.88 厘米（见图版 23）。

（11）玉斧（原始号为 88 楼兰古城外）。于 1988 年采自罗布淖尔楼兰古城外。青玉质,形体较大,深灰青色,玉质细腻,似籽玉。上部打削出肩形,通体磨光,弧刃锋利,使用过程中的剥蚀痕迹清晰。通高 13.37、肩宽 4.59、体宽 7.7、最厚处为 2.59 厘米。

（12）玉斧（田野原编号为 L88:22 标附近）。于 1988 年采自罗布淖尔荒原 22 号标附近。青玉质,色泽较深,长条形,肩部不显。通体保留当年琢打的疤痕,刃部蚀痕累累。通高 11.32、最宽处 5.74、最厚处 1.74 厘米。

（13）玉斧（田野号为 L88:07 标）。于 1988 年采自罗布淖尔荒原 7 号标东 0.5 公里处。青玉质,色泽稍深,上部显露肩形,通体磨光,弧刃,锋刃锐利,刃部使用蚀损痕迹清晰。通高 7.27、肩宽 5.9、体宽 7、最厚处 1.6 厘米。

（14）玉斧（原始号为 L88:07 标）。于 1988 年采自罗布淖尔荒原 7 号标北 800 米处。青玉质,色泽较深。形近长条,上端劈裂。通体琢打,一面保留多条纵向条状磨蚀痕。近刃端双面加磨,弧形刃,锋利,有使用痕迹。通高 7.46、宽 3.45~3.9、厚 1 厘米。

（15）玉镞（原始号为 88LA22 标）。系采自楼兰古城至 22 标之行进途程中。墨玉质,表面看为墨黑色,透光观察,则通体碧绿,散显黑点,传称为"点墨"。镞体扁平,略成柳叶形。带铤,已稍断损,边缘修琢整齐,镞刃尖锐。通长 5.42、铤长 1.07、厚 0.6 厘米。

（16）玉镞（田野原始号为 L88:11 标）。采集自 11 号标柱西约 1

·欧·亚·历·史·文·化·文库·

公里处。青玉质,色深,透光观察,色略显灰白。镞体极薄,形近树叶,带铤,镞尖、锋刃十分锐利。通长5.35、宽2.5、厚0.23厘米。

(17)玉斧(原始号为L88:07标)。于1988年采自罗布淖尔荒原7号标西北约1公里左右。青玉质,色青碧,上端稍狭,刃端稍宽,近刃部两面精细琢磨。刃部锋利,使用痕迹明显。通高7、宽2.8~3.7、厚1厘米。

这批玉器中,少部分曾经新疆地质局从事和田玉研究的专家唐延年同志等进行鉴定,为和田玉无疑。用料以青玉为主,墨玉、脂玉均少。关于玉器之时代,报导称:"各类细石叶、石核、石片、石镞、石矛等,其中有的镞和矛通体琢打,造型规整,极具地方特点,与细石器伴存的还有磨制精细的一批玉斧和磨制石器。""初步分析,这应是一批属于新石器时代到青铜时代的细石器遗存。"[1]

1997年末,新疆考古所常喜恩同志,为配合石油部门在罗布淖尔地区进行物探工作,按地震测线观察,在地表采集到玉器、玉料8件:

(1)残玉斧。出土于LB97-12线,262250~263470间,大凹地南部。青玉,玉质细腻,已残断,只余下半段。长4.11、宽4.78、厚1.04厘米,双面刃,刃部有使用剥裂痕迹。

(2)玉器残片。出土于LB97-254线,11750处。青玉两块,形状不规则,其一(4.8厘米×3.25厘米)保留小部分磨光面,可以看出是玉器上劈裂的碎片。

(3)青玉料。出土于LB97-12线,23050~231900间,这里是一片风蚀雅丹地。玉料扁平形,长8.7、宽7.45、厚2.36厘米,有敲剥痕迹。

(4)残玉器。出土于LB97-240线,13000处。青玉质,一面曾经磨制加工,平整光滑。长2.8、宽4厘米。

(5)玉斧。玉色青碧,出土于LB97-262线,18900~19000处。长7.86、宽4.8、厚1.05厘米,一面磨制光平,一面仍为剥打之石面。

(6)玉斧残部。两小块,青白玉,较细腻。出土于LB97-262线,

---

〔1〕楼兰文物普查队《罗布泊地区文物普查简报》,《新疆文物》,1996年第3期。

21150～22400间,该处为一面积较大的洼地。从残存形态看,一为玉斧之刃部,使用中劈裂;一为斧面之残片,磨制均佳。另两小块白玉料,同出于一处。

(7)玉斧残部。青玉质,出土于LB97－262线,21150～22400间大洼地上,居楼兰城西15公里左右,周围见多量细石镞、小石刀、石矛、石叶等。从玉器残存形状观察,为一玉斧之上段,打制、磨光痕迹清楚。残长3.8、宽3.4、厚0.81厘米。

(8)白玉环。出土于LB97－262线,17200处。已残裂成两块,可并合成半圆形。环径6.25、厚2.5厘米,中部钻孔,孔径2厘米。

这是一批相当残碎,器物形制并不完整的材料。调查者在荒漠上随测线行动,时间不容许随意在测线周围展开调查。但即便是这种一条线式的行动,也采获了这些残玉器或玉料,确可说明,早到新石器时代在罗布淖尔荒原上,人们注意玉石、使用玉石的程度,已相当广泛、普遍。值得关注。

2002年12月,新疆考古所伊弟利斯率队至孔雀河下游小河墓地调查,在墓地附近,曾采集到青玉斧1件,通高近20厘米刃部明显有使用痕迹。

上述玉器,大多是在罗布淖尔地区采集到的。造型规整、使用痕迹明显,可以肯定是早期罗布淖尔荒原上土著居民的实用物。玉器所在,往往伴存细石镞、细石叶。从逻辑上分析,它们是罗布淖尔荒原上新石器时代的文物。唯一遗憾的是遗物所在地貌风蚀十分严重,难有可能觅见文物所出的原始文化地层,这在一定程度上局限了对文物的深入认识。

这些玉器,多用"玉斧"一词。其中部分玉件,形大物重,确为砍斧无疑。但部分器物,虽为斧的造型,但实际体积小、薄、轻,肯定不能如斧类一样进行砍削。从这一角度,称之为"斧形玉器"似更合适。笔者曾试验将这类斧形玉器,对木材作局部微加工,结果是相当锐利。在罗布淖尔已见青铜时代遗址中往往不见陶器,主要日常用器只是木器及草编器。在以木器为主的那样一个历史时期,这类可用为制作木器

·欧·亚·历·史·文·化·文·库·

的小件玉斧,其地位当然是很重要的。

罗布淖尔目前是一片基本没有生命的荒原,但在 20 世纪 50 年代初,当塔里木河、孔雀河水仍可自由流入罗布淖尔湖中时,河谷及其支流周围,不少地方仍可见到胡杨、红柳、草被;斯文赫定在 20 世纪初到 30 年代,曾经从塔里木河、孔雀河中以独木舟进入罗布泊,沿途鱼、禽出没。在 20 世纪初期以前,这片地区的生态大概不会较此更差。据地质、沙漠、气象学者研究,去今 4000~6000 年前后,塔里木盆地地区气温较高,湿度较大,是生态环境较好的暖湿带干旱荒漠草原。[1] 罗布淖尔荒原上较大范围内采集到的玉器、细石器标本,或与这一时期自然地理环境有关。

10.2　古墓沟玉饰

1979 年冬,笔者曾在罗布淖尔地区孔雀河下游至铁板河三角洲一带进行文物考古调查。在孔雀河下游库鲁克山南麓一片沙漠地带,发现一区青铜时代墓地,经纬位置为 88°55′21″×40°40′35″处。墓地面积约 1600 平方米,共见古墓葬 42 座,命名为古墓沟。在其中 7 座墓葬中,发现玉饰 9 件,具体情况是:

(1)M3,男性墓。颈下见圆形玉管珠 1 件,色黄,透明度好,长 1.1 厘米,径 1 厘米。两端钻孔,孔径 0.5 厘米。

(2)M10,男性墓。右手腕部见大量骨珠,其中杂玉管珠 1 件。扁棱形,长 2.1 厘米,两端钻孔,孔径 0.5 厘米。

(3)M19,女性墓。右手腕部见玉质管珠 1 件,扁棱形,长 1.7 厘米,两端钻孔,孔径 0.5 厘米。

(4)M21,男性墓。右手腕部,见黄色玉管珠 3 件,分别长 1.2、1.0、2.1 厘米,扁棱形,两端钻孔,孔径同为 0.5 厘米。

(5)M22,女性墓,已扰。清理中在填土内发现玉管珠 1 件,原始位

---

〔1〕塔克拉玛干沙漠综合考察队第四纪专题组《塔克拉玛干沙漠环境与气候变化的初步研究》,《干旱区研究》1995 年增刊,第 302~306 页。

置不明。管珠长 2.1 厘米,两端钻孔,孔径 0.5 厘米。

(6)M28,男性墓。腕骨部位见黄色玉管珠 1 件,长 1.1 厘米,两端钻孔,孔径 0.5 厘米。

(7)M41,男性墓。腕部配玉管珠 1 件,长 1.2 厘米,两端钻孔,孔径 0.5 厘米。

从墓地出土文物保留之大量金属工具砍削痕迹,可以判定这是一区青铜时代的墓地,其绝对年代,参考墓地多量¹⁴C 测年数据,均在距今 3800 年前后。[1] 通过古墓沟发掘资料,我们得到以下结论:

(1)在去今 3800 年前后,罗布淖尔荒原上的土著居民已经知道用青铜类金属工具,步入了青铜时代。

(2)青铜时代古墓沟人,已经知道玉为珍宝,知道使用玉器。唯获玉不易,用玉也不多,主要只是使用少量玉件作为装饰品,形式只是玉珠,有圆柱形与扁体四棱形两种。主要用为腕饰,少量作颈饰,男女均然。

(3)玉珠加工工艺,已知切割、钻孔、抛光。孔径均为 0.5 厘米,钻芯及钻孔之工艺,是一致的。

(4)古墓沟人用玉品种、数量虽不多,但制作工艺已达到一定水平,足见其制玉、用玉并不是处于最原始阶段。

归纳在罗布淖尔考古调查及古墓沟发掘的资料,可以说这里所见早期玉器数量不能算少。[2] 联系斯坦因、黄文弼先生等过去在这片地区考古调查、发掘有关玉斧的报导,十分有力地表明:在罗布淖尔地区,自新石器时代至青铜时代,人们曾大量利用玉石作为制作石器的材料,所制用器基本为斧。这类玉斧均曾作为工具使用,保留下来了大量的使用痕迹。较少用为装饰品,不见礼器。说明这时期的古代罗布淖

---

〔1〕王炳华《孔雀河古墓沟发掘及其研究》,《新疆社会科学》,1983 年第 1 期。

〔2〕自 2002 年至 2005 年,新疆考古所发掘了罗布淖尔小河墓地。共掘青铜时代古墓 167 座,绝对年代在去今 1500 年前后。许多墓葬中男女主人腕部均见珠饰,其中不少用了玉石。此文撰成较早,小河发掘资料未及收入。这里出土的玉器,不仅为我们了解古代罗布淖尔荒原居民用玉为饰,也为我们了解新疆玉石东向中原提供了鲜活的说明,进一步丰富了古墓沟墓地中所见玉石资料。

· 欧 · 亚 · 历 · 史 · 文 · 化 · 文 · 库 ·

尔人,他们注意到玉石,只是把玉石作为一种比较好的石材,用其质地细密、硬度大、光泽好,将之加工成工具,而绝不同于稍后的中原地区,赋玉以一种特殊品格,将玉作为贵重礼器。

较罗布淖尔新石器时代考古文化及古墓沟青铜时代墓地时代较晚,在天山南麓、博斯腾湖北岸、和硕县辛塔拉青铜时代遗址中,也曾发现过玉斧一件。材质为碧玉,色泽青碧,微见石皮。斧扁平长形,长8.8、刃宽4.3、厚2厘米(见图版24)。[1]

在尼雅河流域、尼雅遗址以北,水文地质工作者曾发现过一片可能早到青铜时代的早期遗址,在他们采获的石磨盘、石球、陶片、青铜小刀等文物中,有玉器1件。玉器作短粗纺锤体,顶端钻孔未竣。玉材白色,微显蓝色纹道。[2]

从卫星图片资料观察,克里雅河古代曾三迁其道,逐渐自西向东偏移。在克里雅河西边最古老的河道尾闾地带,近年考古调查中曾发现一座古城,古城时代早于西汉。[3]古城周围,散见古代墓地及文物。据参与现场工作的尼加提同志介绍,在这片地区内也曾采集到玉斧及玉球数件,但实物未见报导。

10.3 汉唐遗址少见玉器

汉及汉代以后,新疆考古中所见玉器情况是人们关注的重点。

20世纪30年代以前,斯坦因在塔克拉玛干沙漠南缘各绿洲的考察、挖掘中,曾经发现过少量玉器,如在玉龙喀什河畔的吉雅发现过碧玉鸟;在约特干采集到玉猴、玉牌;在和田北部,见过白玉环;在安迪尔,也采集到几何形玉环等。[4]

新中国成立后,新疆文物考古工作者进行了相当大量的田野考古

---

〔1〕新疆文物考古研究所《和硕新塔拉遗址发掘简报》,《考古》,1988年第5期。

〔2〕资料未正式刊布,文物于1998年在上海博物馆展陈。

〔3〕伊第利斯、张玉忠《1993年以来新疆克里雅河流域考古述略》,《西域研究》,1997年第3期。

〔4〕A. Stien,Seridia ,Vol. I.

工作,对汉及汉代以后的遗址、墓葬的调查、发掘不少,但几乎没有见到值得重视的玉器资料。这成了一个比较显目的文化现象。

对汉及汉代以后考古工作中的玉器资料作综合分析,给人以有两点主要的印象:

(1)有关遗址中发现玉器极少,许多重要遗址似应出土玉器,但均未见玉器出土。

(2)汉代尼雅、高昌至唐代的吐鲁番出土文字表明,当时的人们实际也追求玉器,视玉为珍宝,但出土文物中却极少见玉,用玉似受到客观局限。

下面,具体介绍并稍予剖析,可助于认识上述结论。

近数十年中,尼雅精绝故址是考古工作做得较多的地区。最有助于认识精绝社会重玉石珍宝的资料,是斯坦因在尼雅西北部第 14 号遗址内所掘获的 8 件汉文隶书木札,木札一端,各有两个三角形凹口,形制与湖南长沙西汉后期刘骄墓出土的"被绛函"一致。木札之内容,同样表现为赠礼时使用的木简。文字具体如下:

(1)王母谨以琅玕一致问王

(2)臣承德叩头,谨以玫瑰一,再拜致问大王

(3)休乌宋耶谨以琅玕一致问小太子九健持

(4)君华谨以琅玕一,致问且末夫人

(5)太子美夫人叩头,谨以琅玕一,致问夫人春君

(6)苏且谨以琅玕一,致问春君

(7)苏且谨以黄琅玕一,致问春君

(8)奉谨以琅玕一,致问春君,幸毋相忘[1]

这 8 件木札,隶书至精。其所致问、受礼之人,为王、大王、太子、小太子、且末夫人、夫人、春君。而奉赠者为王母、承德、休乌宋耶、君华、太子夫人、苏且等。奉赠之物有琅玕、玫瑰、黄琅玕等。"玫瑰",《一切经音义》"石之美好曰玫,圆好曰瑰",此处的"玫瑰"当为美石,是玉之

---

〔1〕罗振玉、王国维《流沙坠简》,中华书局,1993 年影印本。

属。琅玕,注家一般也均认为"石而似玉"。《尔雅·释地》:"西北之美者,有昆仑墟之璆琳琅玕焉",足见,此所木札上所谓的"玫瑰"、"琅玕",意为美玉之属,或作珠形,但却并不就是美玉。总之,据这 8 件木札可以肯定,汉代精绝王室成员之间互相馈赠以联络感情的礼物,主要均是如珠之"琅玕",是为蜻蜓眼性质的玻璃珠,而并不是玉器。

自 1988 年至今,新疆考古所与日本佛教大学尼雅研究机构合作在尼雅遗址内已进行过九次调查,多次发掘,笔者作为考察队中方学术负责人,曾多年在尼雅工作。除 1997 年 10 月在 N24 采集到一件碧玉石球外,未见其他玉石资料。[1] 1995 年,发掘之尼雅一号墓地(精绝王室贵族墓地),共发掘墓葬九座,棺木未被盗扰。入土之人体、随身衣物、随殉文物均保存完好,男女主人穿着在身的各式锦绸色泽如新,随身之弓箭、漆盒、铜镜、各类装饰用品(包括金耳环、料珠、玻璃珠),陶、木用器及食品、果品均形态完整。陶器上见墨书"王"字,覆盖在男女主人身上的锦被有"王侯合昏千秋万岁宜子孙"的吉祥用语。凡此,均可见墓主人之社会地位绝非一般。如果以玉比德,揆之以常情,这类墓葬中有玉器出土是相当合理的,但实际却不见一件玉器出土。

这里,可以据相关墓中出土文物一探"琅玕"的真谛。在这区当是王室墓地的墓葬中,给人的强烈印象之一是蜻蜓眼料珠受到精绝王室成员的特别尊崇。第 3 号墓中之精绝王贴身之佩戴物,[2] 就是一件近于圆形的天蓝色蜻蜓眼料珠,珠体直径 1.8 厘米,天蓝色地之中心为白色圆点。穿孔内为长 130 厘米的牛皮细带,贴身斜背。这一现象,既说明料珠十分珍贵,须臾不稍离身。而且,又显示着一种求安祈福、避祸禳灾的辟邪作用。在第 8 号墓(内出"王"字陶罐中),男女主人头颈部也都见到蜻蜓眼料珠多件。[3] 启示我们的文化内涵是:精绝王族间珍视之"琅玕"类物,十分可能与这类备受珍重的蜻蜓眼料珠存在关联。

---

〔1〕1997 年尼雅调查笔者未曾参预。据说,沙漠车司机曾在 14 号遗址附近采集到一块小型白玉佩,显龙纹图案。文物运抵乌鲁木齐后,曾请有关人员取出分析,却未能在木箱中觅见。

〔2〕王炳华《尼雅 95 一号墓地 3 号墓发掘报告》,《新疆文物》,1999 年第 2 期。

〔3〕于志勇《尼雅遗址 95MN1 号墓地 8 号墓发掘简报》,《新疆文物》,1999 年第 1 期。

自尼雅而东至楼兰,是"丝绸之路""南道"上汉、晋时期的重要古城,坐落在罗布淖尔荒原之上。新中国成立前后,在这里均曾有过多量的考古工作,出土过不少重要的汉、晋简牍、丝绸锦绢、铜镜、兵器等。楼兰城郊,也曾发掘过数量不少的汉、晋时期墓葬,但不论城址或以三间房为标志的晋西城长史衙署,都始终未曾发现过玉器。[1] 对比新石器时代在楼兰附近及罗布淖尔荒原上所见多量玉斧,这不能不说是一个引人注目的变化。

如果把视野放得更开一点,对新疆大地自战国至汉、晋时期进行过的较重要考古工地进行一番巡视,也可发现同样的文化现象。

20 世纪最后十年中,在盛产玉石的玉龙喀什河畔、洛浦县山普拉曾不止一次发掘过大型汉、晋时期古代墓地。古墓葬别具特色,一座巨型墓室内入葬一二百人之众,墓内出土了大量毛织物,少量丝织物、青铜镜,大量陶、木用器。引人注目的希腊风格的人首马身、碧眼高鼻武士图案等缂毛织物,也出土在这一墓地之中。但在这区墓地内,未见出土一件玉器。[2]

在吐鲁番盆地西缘,天山阿拉沟谷地,配合乌鲁木齐—库尔勒铁路修建工程,作者曾主持并亲手发掘过百座以上早到春秋战国、晚到秦汉时期的古代墓葬,出土了多量彩陶、毛织物,其中部分已经刊布的战国至汉代竖穴木椁墓中,出土了大量金器、青铜器、漆器,墓葬主人社会身份甚高,但墓内却不见一件玉器。[3]

1996 年,新疆考古所交河队与日本早稻田大学文学部"丝绸之路"研究中心学者一道,在交河古城沟西发掘过一批汉代竖穴土坑墓,墓内出土了汉星云纹铜镜、五铢钱、金冠及其他黄金饰牌。在此稍前,在交河古城沟北汉代大型竖穴土坑墓中,也发现金驼、骨雕鹿头、附葬多量驼马。这是一批与汉代车师、匈奴上层关系密切的墓葬资料。在这

〔1〕新疆文物考古研究所编《新疆文物考古新收获》,新疆人民出版社,1995 年,第 368~412 页。

〔2〕新疆维吾尔自治区博物馆《洛浦县山普拉古墓发掘报告》,《新疆文物》,1992 年第 2 期。

〔3〕新疆社会科学院考古所《阿拉沟竖穴木椁墓发掘简报》,《文物》,1981 年第 1 期。

批墓葬内也未见一件玉器。[1]

两汉阶段的乌孙,是新疆地区地域最广、势力最为雄强的王国。20世纪60年代以后,作者曾在伊犁昭苏发掘过一批乌孙古冢,其中包括封土规模十分宏大的贵族大墓。墓穴虽经盗扰,但还是见到金、漆、铜、铁等各类器物,但终未发现过哪怕一小件玉器。[2]

在吐鲁番盆地内,尤其是对晋、唐时期高昌王国都城——高昌城的阿斯塔那、哈拉和卓,新疆考古工作者曾配合基建清理发掘了自高昌郡、高昌国至唐代西州阶段的古代墓葬四百多座。其中有当年高昌太守且渠封载的墓冢,有高昌豪族张怀寂一家的墓冢,甚至有可能是麴氏末代国王的茔墓。[3] 这些古墓虽多经盗扰,但存留之文物也相当丰富。在新疆地区作为高昌王国至唐代西州统治的腹心地区——吐鲁番盆地,是信仰儒学、受儒家文化浸染较深的所在。在儒家观念中,"君子比德于玉"。玉石,应是各级统治者日常生活中不可或缺的用物,是美德与地位的象征。但是,令人十分费解的是:在高昌城郊这大批发掘了的墓葬中,除在"随葬衣物疏"中屡见"玉团"、"玉豚一双",说明在人们的观念中对玉及"玉豚"相当重视,但随葬品中,实际并不见玉豚,也没有发现过任何其他玉器。

其他可资反证的考古发掘资料还可列出不少,但这些资料已具有足够的说服力:时代上,它们代表了自战国至汉、晋,甚至晚到唐代;地域上,包括了新疆天山南北。而且,不乏最应出土金、玉宝物的贵族墓地,也始终不见玉器。汉代以后,新疆各绿洲城邦掌握的玉材很少,用玉不多,看来是比较清楚的了。新石器时代多量使用玉石的传统,至此有了极大的改变。同时期中原大地好玉、崇玉,想方设法在新疆觅求美玉,与上列现象也形成矛盾。究其实际,最重要的,应该在于文化心态的差异。精绝、高昌在一个时期内,虽思想观念上有对玉器的追求,但

〔1〕新疆文物考古研究所《1996年新疆吐鲁番交河古城沟西墓地汉晋墓葬发掘简报》,《考古》,1997年第9期。

〔2〕王明哲、王炳华《乌孙研究》,新疆人民出版社,1983年。

〔3〕吴震《TAM336墓主人试探》,《新疆文物》,1992年第4期;吐鲁番文管所《吐鲁番北凉武宣王沮渠蒙逊夫人彭氏墓》,《文物》,1994年第9期。

客观条件的局限使其并不能成为现实。

10.4 宋、元遗址玉器略胜于前

在宋、元时期的若羌县瓦石峡遗址、吉木萨尔北庭古城西郊西大寺遗址中,曾出土过玉器。其中西大寺出土玉器数量不少,玉质亦佳(见图版25)。北庭西大寺,是回鹘高昌王国的王室寺院。从佛寺的形制、壁画和塑像的内涵、风格特点、残存的大量回鹘文题记以及^{14}C测定的年代数据等方面综合分析,其时代约在公元 10 世纪中期至 13 世纪中期左右(相当于北宋初至元代初期),而佛寺残毁并导致最后废弃,可能要到 14 世纪晚期。在这区寺院库房中(编号 S113)出土了玉器 24 件,其中白玉 13 件,青白玉 8 件,墨玉 3 件。"白玉和青白玉质细,大多晶莹明亮,少数似羊脂白,呈半透明状","墨玉质较粗,加工粗糙,无光泽",白玉、青白玉的"成分、折光率、比重均与新疆白玉、青白玉一致",墨玉中"夹有黑色条带或斑点"。从器物造型观察,均为小件玉饰,其中圭形饰 8 件,桃形饰 2 件,璜形饰 6 件,珠形饰 1 件,环形饰 1 件,凸字形饰 3 件,亚字形饰 1 件,银锭榫形饰 1 件,另 1 件残损过甚,形制不明。[1]

仔细观察这类玉饰件的背面,穿孔、切割的加工痕迹比较清楚,分析其加工工具有铊、磨棒、磨管、檫条等。玉饰出土所在,见镏金小铜钉,部分饰件上也残留有小铜钉。因此,这些玉器除作为佩饰外,还有部分是附属于其他物品的饰件。

作为回鹘高昌王国的王室寺院,在回鹘高昌王国统治时期,其社会地位是比较高的。这些青白玉、白玉饰件,只不过是 14 世纪吐虎鲁克铁木尔推行伊斯兰化,灭佛过程中的劫余,正常生活时实际用玉的数量当会远过于此。从这一角度观察,多少可以说明,在回鹘高昌王国统治集团上层,对新疆地产白玉、青白玉是比较珍视的。

---

[1]中国社科院考古研究所《北庭高昌回鹘佛寺遗址》,辽宁美术出版社,1991 年,第 153 ~ 174 页。

·欧·亚·历·史·文·化·文·库·

基本属于同一历史阶段,在阿尔金山北麓若羌县瓦石峡宋、元时期的遗址内,曾采集到3件玉石器。

(1)白玉坠。羊脂玉,长1.5、宽(最大)1、厚0.5厘米。

(2)几何形器。上端微残。上狭下宽,下端成尖角,似为坠饰。墨玉质,残长4、宽0.8~2、厚0.5厘米。

(3)玉石料。白玉质,长9、宽8.5、厚1.3~2.5厘米,人工切割之痕迹十分清晰。[1]

元代以后,明、清时期以至近代,新疆博物馆曾征集到一些传世玉器,如玉灯、玉带、玉坠、玉磬、碧玉盘等,多是征集而得。可以观察到新疆地区用玉,较之往古要兴盛一筹了。

10.5 新疆不以玉为礼器

综观新疆考古中上述古玉器资料,可以得到以下认识。

首先,是早期用玉多,而进入文明以后用玉反少。早到去今6000年至4000年前后的新石器时代,新疆土著居民(主要是塔里木盆地南缘,尤其是罗布淖尔地区的居民),已经了解并使用玉材了,如能利用玉石制作最重要的生产工具——斧及刀、镞等。玉料,既有来自昆仑山、阿尔金山下的籽玉,也有取自山区的山流水料及玉矿石。这一阶段,他们用玉不少。但随历史发展,尤其是秦、汉以后,相关地区的城邦王国却少见用玉。早期居民珍重、使用玉材的传统并未得到继承和发展。

其次,青铜时代以后所见少量玉器主要为装饰物,如玉珠、猴、鸟等物,未见中原大地传统概念中的礼器类文物。公元前1世纪中叶,新疆进入祖国版图,新疆各族居民作为中华民族大家庭的成员之一,又身处盛产良玉的新疆,取得玉石有其方便条件。在这样的条件下用玉如

---

〔1〕瓦石峡工作系由张平、黄小江同志进行,报告见《若羌县文物调查简况》,《新疆文物》,1985年第1期;《若羌县巴什夏尔出土的古代玻璃》,《新疆社会科学》,1986年第3期,但均未述及玉器。有关玉器实物,现存新疆博物馆。

是之少,较之中原大地显示了强烈的地区文化特色,表现了社会文化心态的差异。

西汉王朝在塔里木盆地设置西域都护,塔里木盆地周缘各绿洲城邦政治上统属于西汉王朝,王国官吏接受汉王朝印绶,军事上接受西域都护调度。由此,西域大地政治上步入了一个全新的历史阶段。但林立之城邦,居民种族不一,民族复杂,语言、传统观念不同,这种经济、文化生活的殊异,不可能因为王国政治生活的变化而立即相应变化。各绿洲城邦居民的社会经济生活、管理制度,传统信仰,大都还一如既往,继续在原有模式的轨道上运行。汉王朝的强大、文明、辉煌,曾经激发起一些王国统治者改革自身传统、礼乐制度的愿望,如龟兹即曾一度在国内推行汉朝礼仪制度,但实际困难重重,被人讥讽为"非驴非马"。高昌王国曾以儒学为治国之指导思想,唐代统治下的伊、西、庭州,各项制度包括以儒学为教材的教育制度,均完全同于内地,但这也往往因政治形势不能长期保持稳定而难以贯彻始终。中原与西域间戈壁荒漠隔阻,交通不便,人民之间在文化上的联络、交流并不方便。在儒家思想浸染、渗透中繁荣起来的玉文化,于中原大地可以久盛不衰。而边裔之西域大地,对玉石之观念不同,它是实用品、装饰品,而不是一日不可以离开的身份、地位之标志物。新疆各城邦进入文明以后用玉不多,玉器不繁,礼器不见,这应该是一个主要的内在的根据。

前述资料透示,精绝、高昌在特定历史时期,曾出现过求玉而难得的局面。这或与中原大地需用玉材数量巨大、求索甚殷,而产玉又受到一定限制有关。

自夏、商以来,中原王朝对新疆美玉之追求的热情始终不减。其途径不外乎两条,一是要求臣属的西域城邦对其贡纳;二是通过商业贸易途径,重金以求。在这方面,历代汉文史籍中多少都透露着相关的消息。妇好墓中大量见玉,不少玉材得自新疆。甲骨文中有商王朝"征玉"的记录。和田玉材之优良,很早即已为中原大地的人们所了解。《管子》中称,"禺氏(月氏)不朝,请以白碧为币乎,昆仑之墟不朝,请以璆琳、琅玕为币乎"。"怀而不见于抱,挟而不见于掖,而辟千金者,白碧也,然后八千里之禺氏(月氏)可得而朝也;簪珥而辟千金者,璆琳琅玕也,然后八千里之昆仑之墟可得而朝也"。[1]《史记·赵世家》载苏厉给赵惠文王书,称"昆山之玉"为当年赵国贵重之三宝之一。在李斯与秦始皇的对策中,昆仑玉也是秦朝宫廷不能或缺的一宝。汉高祖之后的吕后之玺,用的是和田羊脂玉。张骞通西域后,汉朝王廷的大事之一,就是派"汉使穷河源,河源出于阗,其山多玉石,采来"。不仅采获到玉石,而且汉武帝刘彻还亲自"案古图书"进行查证,确认所在之地为"昆仑山",足见把调查和考察和田玉矿作为最大的任务之一,[2]亦可见玉石之于当时的国家社会生活关系之巨。

晋时,皇族"贵人、夫人、贵嫔三夫人佩于阗玉"。[3] 受道家思想影响,"玉亦仙药……于阗白玉尤善"。[4]

南北朝时,南齐武帝永明三年,"遣给事中丘冠先使河南道,并送芮芮使。至永明六年乃还,得玉长三尺二寸,厚一尺一寸"。[5] 后凉吕光,遣使向和田购玉,"吕光之称王也,遣市六玺于于阗,六月玉至也"。[6]

唐代贞观六年,于阗国"遣使献玉带"。[7] 唐德宗时,"遣内给事朱如玉之安西求玉,于于阗得圭一、珂佩五、枕一、带胯三百、簪四十、奁三十、钏十、杵三、瑟瑟百斤并它宝"等。[8]

五代时,只甘州回鹘在公元924—959年间,即贡玉十六次,动辄数十、上百团;[9]于阗王李圣天一次贡玉达千斤;[10]周太祖广顺元年,下令开禁,允许民间私下交易玉石,"官中不得禁诘,由是玉之价值十损

〔1〕郭沫若等《管子集校》,科学出版社,1956年,第1066页。

〔2〕司马迁《史记·大宛列传》。

〔3〕《晋书·舆服制》,中华书局,1974年,第774页。

〔4〕王明《抱朴子内篇校释》,中华书局,1985年,第204页。

〔5〕《南齐书·河南传》,中华书局,1972年,第1027页。

〔6〕《太平御览》卷804,《前凉录》。

〔7〕《旧唐书》卷198,《于阗传》。

〔8〕《新唐书·西域传》,第5303页。

〔9〕《旧五代史·回鹘传》、《册府元龟·外臣部·朝贡门》。

〔10〕《新五代史》卷714,《于阗传》。

七八。"〔1〕

元王朝直接控制并组织对和田玉材的开采。

明、清时期,贡玉或通过贸易途径进入中原大地的玉材数量大增,但玉质不佳。但为维持得玉之渠道,明王朝还是照旧赐给丝绢。

简略钩沉历代王朝在新疆求玉的史实,不论是要求西域城邦贡纳还是民间贸易,对新疆各城邦玉石之消费均会产生一定的影响。贡纳或市易,都关联到大、小城邦领袖们的重大经济利益,他们对此不会不重视。在和田河捞玉有一个古老的传统,即必须首先由官府捞采,告一段落后,民间才可以继之进行,它在一定程度上记录着古代新疆地方统治者对玉石采掘的异常关心。在产量有限,需求强烈的矛盾面前,古代城邦统治者们会权衡利弊轻重,寻求最好的政治、经济利益。而不论是政治上贡纳的回报,或是贸易中的巨额利润,均会直接化为他们的财富。在尼雅贵族墓葬中,色彩艳丽的锦、绢、绮、绣,光可鉴人的铜镜,锃亮的漆器、藤器等等,都代表着当年世界上最高的物质文明,却又是塔克拉玛干荒漠深处大小统治者们日常生活中随手可得的消费资料。这一事实,正揭示着其内在的关联。元代诗人马祖常曾在诗中说"和田河边青石子,收来东国易桑麻",就十分形象而又通俗地揭示了玉石贸易的实际。这一背景,会导致玉石大量东向中原,而自身的玉石消费不旺,是可以想见的。

〔1〕《旧五代史》卷138,《回鹘传》,中华书局,1976年,1845页。

11　塞人史迹钩沉

　　"塞人"之"塞",古音读为"Sak",同于古代波斯文献中的"Saka"。在古代中亚历史舞台上,他们曾是举足轻重的角色。在新疆古代历史上,同样具有十分重要的地位,值得予以认真注意。但在新疆历史研究领域中,受到文献资料的局限,对于这一问题的研究,迄今还是一个非常薄弱的环节。

　　有关古代塞人在新疆地区的活动,汉文史籍始见于《汉书》,但文字十分简略。近年,在新疆的考古工作中,一些发现明显涉及塞人的历史和文化,但并未能引起人们足够的认识和注意。有鉴于此,这里试对古代新疆塞人历史资料加以搜集并稍予分析,以供国内外关心这一课题的同仁们进一步研究。

11.1　《汉书》中有关塞人的历史记录

　　《汉书》中有关塞人的资料,主要见于《西域传》、《张骞李广利传》。试举其例:

　　"乌孙国……东与匈奴、西北与康居、西与大宛、南与城郭诸国相接,本塞地也。大月氏西破走塞王,塞王南越悬度,大月氏居其地,后乌孙昆莫击破大月氏,大月氏西徙臣大夏。而乌孙昆莫居之,故乌孙民有塞种、大月氏种云。"(《汉书·西域传·乌孙》)

　　"休循国,王治鸟飞谷,在葱岭西……民俗衣服类乌孙。因畜随水草。本故塞种也。"(《汉书·西域传·休循国》)

　　"捐毒国,王治衍敦谷……北与乌孙接,衣服类乌孙。随水草,依葱岭,本塞种也。"(《汉书·西域传·捐毒国》)

　　"昔匈奴破大月氏,大月氏西君大夏。自塞王南君尉宾,塞种分散,往往为数国。自疏勒以西北,休循、捐毒之属,皆故塞种也。"(《汉

书·西域传·罽宾国》)

"时,月氏已为匈奴所破,西击塞王。塞王南走远徙,月氏居其地。"(《汉书·张骞李广利传》)

根据《汉书》中有关塞人的记录,我们可以得到两个主要的概念:一是塞人在新疆活动的主要地域,就是汉代乌孙、休循、捐毒等国居住活动的地区。汉代乌孙在新疆地区的活动地域,据上引文献并结合乌孙遗迹分布状况,主要在"天山到伊犁河之间"广阔的草原地带,"如昭苏、特克斯、新源、巩留、尼勒克等县",就是乌孙活动的中心地区。[1]休循,其活动地域大概在帕米尔山中。[2] 捐毒,活动地域大概在塔什库尔干地区。[3] 总起来看,汉代以前塞人在新疆地区的主要活动地域应在伊犁河流域并及于天山和更南的阿赖岭、东帕米尔等地。二是在公元前3世纪末大月氏西迁伊犁河流域前,[4]这里本为塞人领地。这时期的塞人,已经进入了阶级社会,建立了国家政权,其最高统治者被称为"塞王"。至于其社会生产力发展水平、经济生活、宗教、文化艺术及与周围地区的关系等,从这些简单的文字记录中,难能得其要领。

《汉书》以后,汉文史籍中基本不见有关塞人的记录。但有一条资料,须稍加说明。

唐道宣之《广弘明集》,引荀济上梁武帝肖衍之《论佛教表》,称"塞种本允姓之戎,世居敦煌。为月氏迫逐,遂往葱岭南奔……乃讹转以塞种为释种,其实一也。"[5]荀济此文,谓引自《汉书·西域传》,但今本《汉书》中,并无所见。

---

〔1〕王明哲、王炳华:《乌孙研究》,新疆人民出版社,1983年版,第11页。

〔2〕关于休循国今地,学术界观点分歧,至今尚无定论。或说即今克什米尔之洪查;或说为帕米尔山中的伊尔克斯坦(1rkeshtam);或税在阿赖山中;或说为喀什至浩罕的山口,等等。参见岑仲勉:《汉书西域传地理校释》(下),中华书局,1981年版,第310～317页;冯承钧原编、陆峻岭增订:《西域地名》,中华书局,1980年版,第36页。

〔3〕关于捐毒今地,同样是众说纷纭,并无定论,此从岑仲勉说。参见《汉书西域传地理校释》(下),中华书局,1981年,第318～322页。

〔4〕关于大月氏西徙年代,有多种意见。但应以公元前3世纪末即开始西徙较为合理。参见《乌孙研究》,新疆人民出版社,1983年,第64～66页。

〔5〕道宣《广弘明集》卷7。

将"塞种"与"释种"互相比附,还见于唐颜师古对《汉书·张骞李广利传》中"塞种"一词的注解:"塞音先得反。西域国名。即佛经所谓释种者。塞、释音相近,本一姓耳。"[1]

苟济此文,研究新疆、塞人历史者颇多称引。但细作推敲,颇多疑点。谓资料引自《汉书》,但今本《汉书》中并无此文。在南北朝崇佛的潮流中,苟济是肖梁时期抨击佛教的主要代表人物之一。而利用所谓夷夏之别进行反佛宣传,则是南北朝时期的一个重要思想现象。在《论佛教表》中,苟济将"释"(佛教)与"塞"等同,则"释"为"夷狄",使用的就是这个武器。因此,关于"塞"人的这一记录,真实性究竟如何,是需要考虑的。曾有学者揭明过这一问题,[2]此处不赘。

11.2　有关塞人的考古资料

要将新疆古代塞人的历史研究清楚,关键在于考古工作。目前新疆地区所见考古资料,不少涉及了塞人的历史和文化。一些重要发现,也确实已经给目前的塞人历史研究投射了一线光明。

1976—1978 年间,在乌鲁木齐市南山矿区、天山阿拉沟东口,曾发掘了四座竖穴木椁墓,时代为战国到西汉。根据墓中出土文物的特征,作者曾在执笔的报告中,结论为塞人文化遗存。[3]

从已刊报告中,我们可以得到一点有关塞人墓葬的基本概念。

墓葬地表见块石封堆,圆形,直径 5 米多,高不足 1 米。封堆周围见矩形石垣,长 15 米、宽 10 米左右。墓葬彼此成东北、西南向链线排列。

墓室均东西向,长方形竖穴,规模较大。其一,长 3 米、宽 2 米、深 6 米多。最大的一座,长 6.56 米、宽 4.22 米、深 7.1 米。墓室内积卵石、

---

〔1〕《汉书》,中华书局点校本,第 2692 页。

〔2〕[日]桑原骘藏著、杨炼译《张骞西征考》,商务印书馆版,第 10 页。

〔3〕王炳华《新疆阿拉沟竖穴木椁墓发掘简报》,《文物》,1981 年第 1 期,第 18～22 页,图版 8。

巨型块石（较大者长、宽、高均在 1 米以上）。积石下为木椁，木椁以直径 10~24 厘米的松木纵横叠置，紧贴墓壁，构成框架，高近 1 米。尸体置木椁内。葬一人或两人，均骨骼粗大。规模最大的一座墓葬中，葬青年女性一人，头骨上见一锐利钻孔，孔径 0.5 厘米。

随葬文物位于墓室西端壁龛。尸体周围见多量金、银、铜、铁、陶、木、丝、漆器、牛羊骨等。

出土文物中，金器量多，纯度很高，且富有特点。大多当为带饰、衣饰。计虎纹圆金牌 8 块（块径 6 厘米，重 20 克上下），图案为老虎形象：头微昂、前腿跃起、躯体卷曲成半圆，或左向，或右向（见图版 26）。对虎纹金箔带四件（件长 26 厘米，重 27.75 克），图案为相向踞伏的对虎（见图版 27）。另外，还有作奔跃咬啮状的狮形金箔一件（见图版 28）。其他如兽面纹金饰片、六角形花金饰片、菱形花金饰片、圆形、柳叶形、矩形、树叶形、双十字形、螺旋形金饰片等，品种不少，数量很多，当为衣饰无疑。此外，还见到小金钉、金环等，形式多样。这批墓葬经过盗扰，劫余金器尚且如此，墓葬主人崇尚黄金而且富有黄金的特点，是表现得很清楚的。

银牌，共见 7 块。有方形、矩形、盾形之别。均模压兽面纹图案，似猫科类野兽形象。这种金属饰牌，成分极为不纯。经光谱分析，其中含银量只有 10%，其他是铅、铜、铝、钙、钠、矽、镁、铋等。色灰白，质脆易碎，可见当时的冶炼水平是不高的。

方座承兽铜盘，这也是一件很有特点的器物。器身通高 32 厘米。下部为喇叭形器座，上部为边长 30 厘米的方盘。盘中并立二兽，似狮形，鬣毛卷曲成穿孔，似翼。其制作方法是分别铸出兽、盘、器座等，最后焊连成一体（见图版 29）。

铁器，有小铁刀、铁镞。铁刀长 11.5 厘米，与盛羊骨木盘放置一起。镞为三棱形，已锈结成块。

陶器，均手制。细泥红陶，打磨光洁，外表敷绛红色陶衣。计有带流筒形壶、杯、平底盆、三足盆等。漆器、木器，均朽蚀严重。丝质菱纹罗亦朽，但痕迹清晰。此外，还见到珍珠、玛瑙类饰物。

1983 年夏,在伊犁新源县境出土了一批铜器。出土地点在巩乃斯河南岸,新源县东北 20 多公里处。当地原有一列南北向土墩墓,封土墩在农业生产中已经被推平。这次在距地表深 1.5 米处,见铜器、陶片、人骨、兽骨。报导称,铜器中包括"青铜武士俑一尊,高 42 厘米","青铜大釜一件,重 21 公斤。青铜铃一件,还有残损的青铜高脚油灯,青铜对虎相向踞伏圆环和双飞兽相对圆环各一件"。"武士俑的造型端庄、英俊,单跪姿势,头戴高弯勾圆帽,双手好像握着剑或刀……上身裸露,腰间围系着遮身物,赤脚、高鼻梁、大鬓角"(见图版 30),报导认为这是一组"乌孙的遗物"。[1]

有关文物出土后,承郭文清同志赐函介绍情况,并惠赐文物照片一套。据已刊照片并参照郭文清同志的介绍,得到了更明确、清楚的概念。

所称"青铜高脚油灯",系与阿拉沟出土承兽铜盘为同一类型物。器座已毁,但其上所承方盘仍然完好。盘内两角各蹲一兽,似熊,憨态可掬,造型生动。

"青铜对虎相向踞伏圆环",对虎相向,面、唇相接触,体回曲成圆形。

"双飞兽相对圆环",造型风格同上。二兽回曲相向,鬣毛上卷成孔,作奔跃状。

铜釜,三兽足,平口深鼓腹。上腹部附四耳,二平二直。腹部弦纹三道。

跪姿武士,头戴高帽,阔沿尖顶,尖顶前弯如钩。

这一组文物,因系推土所得,其埋藏情况、共存关系等,已难究明,这是很大的损失。

与巩乃斯河谷出土的这批文物风格类同,在 1966—1976 年期间,新源县城附近亦曾出土一批珍贵铜器,介绍的同志称:同样有承兽铜

---

[1] 巴依达吾列提、郭文清《巩乃斯河南岸出土珍贵文物》,《新疆艺术》,1984 年第 1 期;《新疆日报》,1983 年 10 月 15 日,第四版。

盘、三足铜釜等物,承兽铜盘上环列异兽,均不幸散失。

在伊犁昭苏地区,近年出土过多件铜盘,矩形,四兽足,也是塞人文化中的典型文物。

还有一批十分重要的资料,是伊犁地区尼勒克县城附近奴拉赛山上所见古代铜矿遗址。这是一处品位很高的晶质辉铜矿。古代采矿洞口已坍塌,泥石淤塞,但仍可见出十余处。一条"采矿暗洞,洞长30米,最宽3米。洞室大如房舍,局部有横木支护","洞内遗留大量石器,由坚硬的河床卵石加工而成。外形大都为一面扁平三面凸起的锥体",一端尖锐,一端钝圆,中腰有凹槽,重3～10市斤左右。距矿坑不远处的山沟内,为炼铜遗址所在。炼铜炉渣厚1米,炉渣灰内见木炭、铜锭。铜锭共见5块,外形似碗状,一面圆凸,一面平。锭块重者十余公斤,轻者每块3至5公斤。铜锭块质较纯,含铜量约在60%以上,性脆,断面银灰色,磨光面银白反光,可鉴人影。[1] 关于这处铜矿的开采年代,曾经取古矿洞内支架坑木进行^{14}C测定,经树轮校正年代为距今2650±170年及2440±75年,[2] 相当于春秋早期至战国阶段。

11.3　有关考古资料辨证、分析

上述三批考古资料,阿拉沟竖穴木椁墓原简报已说明为塞人文化。巩乃斯河南岸一组青铜器原报导认为是"乌孙的遗物"。尼勒克县奴拉赛铜矿开掘者应属何民族,目前尚未见确切的结论。

结合各方面情况分析,有充分根据可以说明:上述考古资料应均属塞人文化遗存,是研究新疆古代塞人历史的珍贵资料,应作塞族资料处理。

尼勒克县奴拉赛古铜矿遗址,时代在春秋至战国早期,所在地点

─────────────

〔1〕探古《新疆发现东周时代开采的古铜矿》,《中国地质报》,1983年10月10日,第1版;王有标《尼勒克发现古铜矿遗址》,《新疆日报》,1984年2月25日。

〔2〕文物保护科学技术研究所^{14}C实验室《碳十四年代测定报告(五)》,《文物》,1984年4月。

是战国时期统治伊犁河流域的塞人王国辖境,开采、冶炼这一铜矿的主人,自然非塞人莫属。说战国时期的尼勒克在塞人统治之下,这从《汉书》所记"乌孙国……本塞地也"可以确知。因为根据文献、考古资料已经可以肯定:尼勒克县,在乌孙王国时期,是属于其统治境域中心地带的。[1] 乌孙以前的战国时期,地属塞人,自可明见。

另外两批资料,新源县境巩乃斯河南岸出土的青铜器,与阿拉沟竖穴木椁墓出土文物,其风格是一致的。但终非发掘所得,一些具体情况已难明究竟,故着重对阿拉沟竖穴木椁墓资料予以剖析。

阿拉沟木椁墓简报提出了有关墓葬属于塞人遗存的结论,但未充分展开。

从葬俗上看,竖穴木椁、封丘成链向排列,在前苏联谢米列契地区所见塞种墓葬,同样具有这种特征。[2] 头骨钻孔,这一具有特点的葬俗,在苏联阿尔泰地区所见塞人墓葬中,也有相同的实例。[3]

从出土文物分析,阿拉沟所见承兽铜盘,方盘中伫立二兽;新源县巩乃斯河南岸所见方盘,对角蹲踞二兽,这类风格的文物,在前苏联中亚地区的塞种文化遗址内是出土不少的。前苏联学者称之为"祭祀台",认为与祆教崇拜有关,是塞人文化的典型文物之一。[4] 阿拉沟出土不少的虎纹圆金牌,与前苏联东哈萨克斯坦麦阿密地区出土的塞人文物及卷曲的"豹"形象的圆金牌相同,[5] 从金牌图案造型到作用,实际也是一样的。猫科类猛兽的图案形象,被认为是萨迦—斯基泰装饰艺术中重要的图案主题之一。[6]

---

〔1〕参见《乌孙研究》,新疆人民出版社,1983 年版,第 11 页。

〔2〕[前苏联]H.贝尔什塔姆《谢米列契和天山历史文化的基本阶段》,《苏联考古学》,1949 年第 11 期。

〔3〕[前苏联]C·N.鲁金科《论中国与阿尔泰部落的古代关系》,《考古学报》,1957 年第 2 期。

〔4〕[前苏联]H.贝尔什塔姆《谢米列契和天山历史文化的基本阶段》,《苏联考古学》,1949 年第 11 期。

〔5〕[前苏联]C.N.鲁金科《阿尔泰斯基泰艺术》,第 36 页,图 27。

〔6〕[前苏联]B.A.伊林斯卡姬《斯基泰野兽纹问题的研究现状》,载《欧亚民族艺术中的斯基泰——西伯利亚野兽纹》,1976 年莫斯科版。

这些因素从不同的角度予以揭明:阿拉沟竖穴木椁墓,肯定为塞种文化遗存,这是正确的。

巩乃斯河南岸出土的这批铜器,原报告称之为"乌孙文物",值得斟酌。因为,伊犁河流域的乌孙文化面貌,经过 20 世纪 60—70 年代持续二十多年的工作,已经取得了一个比较明确的概念,对乌孙墓葬中出土文物的基本风格、总体特征,人们也有了比较清楚的认识。[1] 以之对比新源县这批青铜器,基本风格是不同的。因此,视其为乌孙文化系统的文物,缺少充分的根据,这是一。从另外一方面看,如前所述,这批铜器中的承兽铜盘(原报导称为"青铜高脚油灯")与阿拉沟竖穴木椁墓所见承兽铜盘风格一致。这种承兽铜盘与兽足铜釜,往往共出,被视为塞人文化中的一个典型现象。在前苏联谢米列契、天山地区,常有所见。[2] 新源县巩乃斯河南岸这次见到这一文物组合,铜釜的造型、风格,与前苏联谢米列契所见,几乎也是完全一样。这就进一步验证了这一文化现象。其他如"对虎相向蹲伏圆环"、"双飞兽相对圆环",这里的"对虎、翼兽"风格、整个圆环的造型,同样是比较典型的塞人艺术特点。在伊朗出土的萨迦文物中,可以找到相同的实例。[3]

11.4　考古资料所揭示的塞人历史

伊犁地区这几批考古资料,揭示了多方面的塞人历史内容。

11.4.1　活动地域

这些资料,不仅印证了《汉书》中所记述的,汉代乌孙居地就是战国时期塞人的故土,伊犁河流域自然条件优良,同样曾是塞人活动的中心地区,而且告诉我们:沿巩乃斯河谷上行进入天山,直到阿拉沟东口(包括于尔都斯草原)的这片优良夏牧场地区,十分可能都曾经是古

〔1〕参见《乌孙研究》,第 8～9 页;《新疆考古三十年》,新疆人民出版社,1983 年,第 47～51 页。

〔2〕[前苏联]H. 贝尔什塔姆《谢米列契和天山历史文化的基本阶段》,《苏联考古学》,1949 年,第 11 期。

〔3〕《波斯艺术大观》(英文)卷 7,第 57 页,纽约 1981 年版。

代塞人活动的基地。巩乃斯河南岸出土的铜器与阿拉沟东口竖穴木椁墓中的多量金器,都不是一般塞人平民所能享有的,很有可能这片地区曾是伊犁地区塞人王国的重要活动中心之一。

11.4.2 社会经济活动

这是文献记录中缺略、考古资料较为丰富的一个方面。

阿拉沟竖穴木椁墓中发现了小铁刀、三棱形铁镞,这说明战国时期塞人已经用铁,尤其是使用了消耗量很大的铁镞,这对我们估计当时塞人的社会生产力发展水平无疑是十分重要的依据。铁矿的冶炼、铁器的加工,都远较铜金属要困难。铁被用于制作工具、兵器,使社会生产力得到极大提高,使不少新的生产领域可以得到开发。

同样在阿拉沟竖穴木椁墓中,见到了随葬的羊、牛、马骨。随葬木盆中,羊骨与小铁刀并陈,形象地说明了墓主人生前生活中肉食具有重要的地位。这也可以说明畜牧业是当时社会生产的主体,《汉书》称塞人经济为"随畜逐水草",可谓抓住了要点。

木器制作、毛纺织、制陶等,是主要的家庭手工业。木器主要见到作为盛器的盘,长方形,利用整木加工成型,内外修刮光滑。陶器品种较多,如带流筒形杯、盆、钵、小杯等,均为日常用器,较之木器似占更重要的地位。陶器手制,形制规正。陶土很细,外施一层绛红色陶衣。毛织物,只见到严重朽烂的小片。此外,阿拉沟木椁墓内还见过苇席印痕。由此推论,草编织物当也是家庭手工业产品之一。

在谈及战国时期塞人的社会生产时,对当时的矿冶、金属加工业,应特别注意。分析尼勒克县奴拉赛铜矿开采、冶炼的资料,可以肯定:当时采矿、冶炼生产必然已经越出家庭手工业的范畴,成了一个独立的手工业部门。在铜器、金器制作上,应该也是同样的情况。不论是铜矿开采还是冶炼,生产工艺比较复杂,专业性比较强,生产规模较大,需要的劳动力也比较多。每个生产环节,如找矿、坑道掘进、排水通风、支架防护、采矿、提取运输矿石、冶炼、浇铸等……都要求生产者具有一定的专业知识,掌握一定的专门技术,必须比较固定或相对稳定地从事这一工作。从奴拉赛所见古代铜矿冶炼遗址看,矿石开采与冶炼集中在一处,这符合经济的原则,但这更加需要每个生产环节的密切协作,需要比较严密的组织与统一的指挥。这些生产管理本身的要求,使这类矿冶生产必然要独立于畜牧业或农业生产以外,越出家庭手工业的范围,而成为一个独立的生产部门。金器、铜器的制作,同样是这个道理。因为较复杂的工艺过程,往往都不是附属的家庭手工业生产所能承担的。

在分析奴拉赛矿冶遗址时,还有一个值得注意的现象:在矿坑内外,发现了相当多数量的卵石制器。它们中部凹腰,端头也见到为便于捆缚而加工的凹痕。这类石器,在湖北大冶县铜绿山春秋、战国到汉代的矿冶遗址内也曾经出土过,被认为是一种提升工具——平衡石锤。[1]铜绿山矿冶遗址时代早,沿用时间长。这里的石锤与奴拉赛矿冶遗址所出石锤,形制相同,作用应该相当。这当然不可能是一种偶然现象,从中可以看到古代中原地区矿冶技术与新疆地区间可能存在的关联。

奴拉赛矿冶遗址,对我们认识塞人王国当时的社会生产力发展水平、生产关系状况,是十分重要的资料。我们目前的分析只是根据已经报导的十分有限的考古调查资料进行的。随发掘工作的展开,对当时的采掘技术、冶炼工艺、生产规模等许多方面的专门问题,必然会提供更多具体、准确的资料,为古代塞人历史研究揭开新页。

11.4.3 崇尚黄金并且积累了较多的黄金财富,是战国时期塞人社会生活中一个很引人注目的特点

阿拉沟4座竖穴木椁墓,无墓不见金器。以第30号墓为例:重20克左右的虎纹圆金牌8块(虎头左向的5块,右向3块,均不对称,实际当不止此数),重27克多对虎纹金箔带4件,狮形金箔1件,其他有菱形花金饰片3件,较大圆形金泡饰片33片,较小的金泡仅女尸头部附近即达数十片,柳叶形金饰片近百片,螺旋形金串饰33件,其他还有双

---

〔1〕《铜绿山——中国古矿冶遗址》,文物出版社,1980 年。

十字形、树叶形、矩形饰片及金丝等物。[1] 大小合计,数量达 200 件以上。而这些墓葬都曾经被盗扰,所见金器不过是盗墓后的劫余。从发掘现场及残余金饰形制分析,这类饰片主要都是用为冠、衣、带、鞋类服装缀饰,当日情状肯定是十分辉煌的。希罗多德在其巨著《历史》中,曾经说到塞人王族享用着上天赐予的各种黄金用具,腰带上有金盏,死后要以黄金制品随葬,[2] 颇可以与我们的考古资料互相印证。

相当富厚、奢侈的随葬品,相当规模的墓室(同样以 30 号墓为例:竖穴墓室土方量即达一百多立方,矩形木椁高近 1 米,厚达 2 米的填石大小整齐,填沙纯净),也说明这类墓葬的主人不是一般的社会成员,《汉书》记载塞人有"王"并且已经进入了阶级社会,考古资料与此可以互相发明。

11.4.4 从阿拉沟竖穴木椁墓及新源县巩乃斯河南岸所见塞人遗物,可以窥见其具有特点的艺术风格

各种饰牌、金饰片、铜器,除极少数为植物花纹图案(柳叶形金饰片、六角形金花饰片)外,占统治地位的是各种野兽纹图案,有虎、狮、带角兽、熊等,猫科类猛兽形象具有重要地位。野兽形象基本是写实的,对各种野兽的特点掌握得很准确,造型比例适当,形象很生动。伊犁地区的这支塞人在图案艺术上的这些具体特点,与中亚西部或南亚地区塞人有什么差别,体现了什么具体的历史内核,是一个值得进一步研究的问题。

在这批文物中,图案设计十分讲究对称、平衡,也是不应忽略的一个方面。

11.4.5 论及伊犁地区这支塞人的历史文化,从文物中体现出来的他们与中亚广大地区(如谢米列契地区)塞人的密切关系,是十分清楚的

有关他们和其他地区的关系,如和中原地区的关系,出土文物也

---

〔1〕《新疆阿拉沟竖穴木椁墓发掘简报》,《文物》,1981 年第 1 期。

〔2〕[希]希罗多德《历史(希腊波斯战争史)》,商务印书馆,1959 年版,第 433、435、458 页。

提出了值得注意的问题。比如,阿拉沟竖穴木椁墓中出土的漆器、丝织物(菱纹链式罗),奴拉赛铜矿出土(或说为采掘工具)的平衡石器。

"平衡石器"(或说为采掘工具)的造型与湖北大冶铜绿山所见石器造型一样,这都说明其间肯定存在相当的经济、文化关系。这是过去文献记录中不见涉及的一个方面,它们填补了文献记录的空白,值得重视。

巩乃斯河南岸出土的铜人,很值得推敲。铜人单腿下跪,半裸体,社会身份似乎不高。但在一定程度上还是可以帮助我们分析塞人王国属下人民的体形特点。从造型看,"铜人"体格十分健壮,双臂肌腱鼓凸,强实有力。粗眉大眼,鼻梁较高,头戴十分显目的高冠,尖顶向前极度弯曲,下身着短裙。

在波斯文献中有萨迦·提格拉豪达(Saka Tigrakhanda),意为带尖帽子的萨迦人(在波斯碑刻中也见到过一种尖帽萨迦人形象,[1]但与铜人的尖帽形象不尽相同)。希罗多德的《历史》,也提到"属于斯奇提亚人的撒卡依人戴着一种高帽子,帽子又高又硬,顶头的一方是尖的"。[2] 联系这一铜人形象,对塞人尖帽特征,可得到一点新的概念。

11.5　另外两批有关塞人的资料

新疆地区,还有另外两批考古资料,可能也与塞人有关。

(1)1966—1967 年,新疆考古研究所陈戈、吕恩国、周金铃等,在帕米尔塔什库尔干塔吉克自治县县城北约 4 公里、塔什库尔干河谷西岸第二台地上的香巴拜,曾经发掘过 40 座墓葬。

据已刊报告,40 座墓葬中,有火葬墓 19 座、土葬墓 21 座。除地表堆石或围以石垣,墓室作长圆形或不规则圆形为两类墓葬同时具备的特征外,在其他更主要的一些方面:如墓口盖木、有无葬具、埋葬方式

〔1〕[美]转引自 W. M. 麦高文《中亚古国史》(附录),中华书局,第 252 页,1958 年版。参见王治来《中亚简史》,第二章,中国社会科学出版社,1980 年版。
〔2〕[希]希罗多德《历史》,商务印书馆,1959 年版,第 660 页。

（火葬或土葬）、有无殉葬物或殉葬文物种类、组合等，都明显具有不同的特点。19 座"火葬墓中，除 6 座出土一件铜耳环和几块碎陶片、残铁块、鸟骨外，余均无随葬品"。21 座土葬墓，随葬了陶器、铜器、铁器、金器、木器及石、骨、玛瑙珠饰等，"每座墓的随葬品不多，除个别的殉人墓和二次葬墓有超过 10 件以上者外，大部分墓的随葬品只有几件。随葬品中，以装饰品最多，生活用具次之，生产工具最少。"[1]

陶器，陶胎均夹粗砂，手制，烧成温度较低，陶色斑驳不均，基本为素面，少数饰凸弦纹或指甲纹，制陶工艺水平还是比较低的。陶器种类有釜、罐、碗、钵、杯、纺轮。主要为实用炊器，器表仍附有烟炱。其他为盛器及纺织工具。

铜器，主要为各式装饰品，少数为工具、武器。包括铜镞、各种片饰、镯、耳环、指环、铜管等。其中羊角形饰片，为帕米尔山区常见大角羊头形图案，线条简单，形象真实，具有很高的艺术价值。

铁器，很少。除一件环首小刀及镯、指环外，其他小件铁器均因锈蚀严重，难辨其形制。

金器，为一梨形薄金片做成的饰牌。

其他为毛毡、钻木取火器、各种串珠及羊骨、鸟骨等。

两座墓葬中还发现殉人。

墓葬时代，根据 3 座墓内盖木标本的 ^{14}C 测定结论，结合有关考古文化资料，结论为公元前 5 至公元前 4 世纪左右，属"春秋战国时期"。

在社会经济生活方面，为适应帕米尔地区的自然地理条件，以畜牧和狩猎为主，没有农业。

关于墓葬主人的族属，报告没有做出明确、肯定的结论。一方面说，根据土葬、火葬同时并存，认为"这些墓葬可能与羌族有关"。但同时又提出：①根据对墓葬中一个保存稍好的头骨的鉴定，其"具有欧罗巴人种的特征"；②"在塔什库尔干西边的帕米尔河和阿克苏河流域，

---

[1] 新疆社会科学院考古研究所《帕米尔高原古墓》，《考古学报》，1981 年第 2 期。原报告中，地名译作"香保保"，不尽准确，今据当地习用译称应作"香巴拜"。

过去曾发掘过一些墓葬。这些墓葬的形制、结构和随葬陶器与这批墓葬基本一样"。苏联考古学界认为是"塞克族的遗迹",所以"这批墓葬……有可能也与塞克族有关"。[1]

在帕米尔地区,我们的发掘工作做得很少,在目前十分有限的资料下,对墓葬主人的族属要做出明确的结论,本身的确存在一定困难。但有几个因素,却使我们可以稍作进一步的分析:一是这批土葬墓的主人,具有明显的欧罗巴人种特征,与作为蒙古人种的羌族不能统一;二是邻近的前苏联境内,对同类墓葬曾进行过相当工作,研究结论认为有关墓葬为塞人遗存;[2] 三是据有关文献(包括前引《汉书》资料),帕米尔地区在战国时期确曾为塞人活动地域。因此,可以初步肯定,有关土葬墓为古代塞人遗存,是比较合理的。

同一地点出土的火葬墓,显示了相当多的不同特点,把这类墓葬作为另一种考古文化考虑,是比较合理的。它们是否可能与曾在葱岭地区活动过的氐、羌族有关,则是一个可以分析的问题。从河西地区所见氐、羌资料看,火葬是其基本特点之一。但目前仍是资料太少,结论只能留待以后进一步的工作了。

(2)在罗布淖尔地区,建国前曾发掘过一种土著人墓葬。墓室为浅埋的沙穴,葬具为船形木棺或一般木棺,其上盖板,铺覆皮张。各墓室内葬均为一人。因环境干燥,不少成为干尸,随身衣物保存完好。其一般情况是:头戴尖顶毡帽,帽上或插翎羽。裸体,包覆毛毯。足着皮鞋。随葬木器,或有弓箭。值得注意的是每具尸体之头下胸前,均附一小包麻黄细枝,无一例外。这种古墓,我国学者黄文弼和中国、瑞士西北科学考察团瑞方学者贝格曼以及斯坦因等,在罗布荒原上均曾有过发现。[3] 新中国建国后,新疆考古所在孔雀河下游也曾发掘过这么一

---

〔1〕新疆社会科学院考古研究所《帕米尔高原古墓》,《考古学报》,1981年第2期。

〔2〕《帕米尔古迹》,《苏联考古学资料与研究》第26卷,第324~325页,1952年俄文版;《世界屋脊的古代游牧人》,1972年俄文版,第26页。

〔3〕黄文弼《罗布淖尔考古记》,第56~57页;第105页,图12~14;[瑞典]F.贝格曼《新疆考古调查》,英文版,1939年,斯德哥尔摩;[英]A.斯坦因著,向达译《西域考古记》,中华书局,1936年版,图66、67,第110~114页。

处墓地。[1]

对这类墓葬主人的族属问题,斯坦因、黄文弼曾有过分析。

斯坦因的观点是:这些人的特点"很近于阿尔卑斯种型",并认为据掌握的人类学测量资料,"现在塔里木盆地人民的种族组织,还以此为最普通的因素"。[2]

黄文弼根据出土古尸的形象、服饰,尤其是死者头戴尖状毡帽之特征,认为同于塞人之习俗,"故余疑楼兰土人与塞种人不无关系"。[3]而以麻黄细枝入殉,是一种值得注意的习俗。据称,古印度伊兰人有一种信念,认为这种麻黄可以产生一种"浩玛"或"所玛"(Haoma 或 Soma),是伊兰人祭祀中的重要物品。[4] 若然,则可透见罗布荒原上的这一土著习俗,与古代伊兰人存在密切的关系。

从目前新疆地区所见这三组考古资料,我们可以得到一个鲜明的印象:在论定或初步结论与塞人有关的这三组资料中,伊犁河流域的塞人文化,可能与塞人有关的帕米尔山区香巴拜墓地及罗布荒原上戴尖帽的土著人文化(它们彼此之间明显具有相当不同的文化特点)差别很大。但是,与古代波斯碑刻及古希腊文献提供的有关塞人的概念,却可以互相呼应。

古代波斯的楔形文字刻石,常提及萨迦人。见到的称呼有提格拉豪达·萨迦、豪玛瓦尔格·萨迦、提艾伊·塔拉·达拉伊雅·萨迦,他们分为三个部分,各有不同地域。提格拉豪达·萨迦,意为戴尖帽子的萨迦人,活动地域在黑海以东、锡尔河东南,包括吉尔吉斯斯坦与哈萨克斯坦南部,帕米尔、阿赖岭以北,塔什干、天山以至巴尔哈什湖以南,楚河、塔拉斯河流域;豪玛瓦尔格·萨迦,意为带着所崇拜的植物叶子的萨迦人,活动地域在费尔干纳盆地、帕米尔及阿赖岭等地;提艾伊·塔拉·达拉伊雅·萨迦,意为海那边的萨迦人,活动地域当在阿姆河

---

[1]王炳华《孔雀河古墓沟发掘及其初步研究》,《新疆社会科学》,1983 年第 1 期。

[2][英]A. 斯坦因著,向达译《西域考古记》,中华书局,1936 年版,第 110 页。

[3]黄文弼《罗布淖尔考古记》,中国西北科学考察团丛刊之一,1948 年,第 57、100 页。

[4]黄文弼《罗布淖尔考古记》,中国西北科学考察团丛刊之一,1948 年,第 57、100 页。

以西、黑海、咸海周围。[1] 从古希腊作家希罗多德的《历史》这部巨著中，也可以看到，在中亚大地存在许多不同的萨迦部落。在希罗多德的笔下，黑海、黑海以北至锡尔河流域的广大游牧人，都与萨迦人有关。他们或被称为斯奇提亚人（亦译西徐亚人、斯基泰人），或称萨尔马希安人，或称马萨该达伊人，或称萨迦人。萨尔马希安人的语言"是斯希提亚语"。而"乌萨该达伊人是一个勇武善战的强大民族……有一些人说他们与斯奇提亚人是同一个民族"，"属于斯奇提亚人的萨卡依人（即萨迦人），戴着一种高帽子，帽子又直又硬，顶头的地方是尖的。……这些人虽是阿米尔吉欧伊·斯奇提亚人，却被称为萨卡依人。因为波斯人是把所有的斯奇提亚人都称为萨卡依人的"。[2] 从这些记录中，我们可以得到一个概念，在希罗多德生活的公元前5世纪，对中亚广大地区以至欧洲一些地方的所谓萨迦人，概念还不是十分具体、精确的。这些不同的萨迦人集团，彼此也存在不同特点。我们今天沿用这个概念，会遇到考古文化上呈现出来的不同面貌，当然就不奇怪了。而且，这还是十分合情合理的事。

根据波斯碑刻及古希腊文献，联系新疆地区上述所见塞人资料，有几个具体问题可以着重说明一下：

一是斯特拉波（Strabo）曾经提到，在锡尔河东北，曾有一支塞人称为萨加·拉可伊人（Sacaraucae），西方一些学者认为，这颇可以与我国《汉书》所述伊犁地区的塞人相当的。[3] 从西方古典作家的记录与我国的古文献记录，结合现实考古资料研究，三者似可统一。

二是所谓"带着所崇拜的植物叶子"的萨迦人，他们这一特殊的习

---

〔1〕在波斯贝希斯敦（Behistum）、波斯波立斯（Persepolis）、纳克沁·伊·罗斯塔（Naksh. i. Rostam）三处刻石，均提到大流士王征服、缴纳贡赋的国家和地区，也均提到萨迦（Saka），后者更具体提出提格拉豪达·萨迦、豪玛瓦尔格·萨迦及塔拉达拉雅·萨迦。引自白鸟库吉《西域史研究》（上），第369页，参见 W. M. 麦高文《中亚古国史》，附录第三节；阿·尼·格拉德舍夫斯基著《古代东方史》。高等教育出版社，1956年版，第320页；王治来《中亚史》第一卷，第二章，中国社会科学出版社，1980年版。

〔2〕[希]希罗多德《历史》，第4卷、第7卷，这里的引文，分别见该书第267、476、660页。商务印书馆，1959年版。

〔3〕[美]W. M. 麦高文《中亚古国史》，第252页。

俗与罗布荒原上头戴尖帽的土著人习俗相当一致。这不太可能是一种偶然的雷同,而很可能是古代罗布荒原上曾经活动过一支豪玛瓦尔格·萨迦人的生动说明。他们的阿尔卑斯型人种特征,头戴尖顶毡帽、随身带麻黄枝的习俗,也都可以从另一个方面说明这个问题。

汉代以后,汉文史籍中少见塞人资料。但在新疆的历史进程中,仍然存在着塞人的活动,有着塞人的影响。乌孙徙居伊犁河流域后,有相当数量的塞人逐渐融合到了乌孙民族之中。所以,《汉书》说"乌孙民有塞种",在考古文化中,也可以看到他们彼此存在过的影响。

塞人的语言,已经确认是属于印欧语系的东伊朗语支。帕米尔地区曾是古代塞人活动的重要舞台之一,帕米尔广大地区现在的主要居民仍操东伊朗语。我国境内的塔什库尔干地区塔吉克族,其语言也是属于东伊朗语支的。其间的历史关系,当然是一个值得研究的问题。

新中国建国前后,有关学者在和田、巴楚等地发现过不少古于阗文书,时在汉代以后,约属公元6—10世纪。据研究,古于阗文字"原出印度波罗米字芨多正体,是于阗地区塞族居民使用的文字",它所记录的语言"今称于阗语或于阗塞克语","这是因为人们认为于阗曾是塞族住地,与印度境内的塞族为同支近亲,甚至与远在中亚北部的斯基泰人也有亲属关系,所以贝利也称于阗语为印度—斯基泰语或径称塞克语"[1] 英国的贝利教授还曾明确提出:在公元前2世纪以前,有一支萨迦部落来到于阗定居下来,并成为他们的统治阶级。瞿萨旦那,就是塞人在和田地区曾建立的王国。[2]

这些例子,多少可以看到古代塞人在新疆地区历史生活中的深刻影响。

---

〔1〕黄振华《于阗文》,载中国民族古文字研究会编,《中国民族古文字》,第163～170页。

〔2〕[英]H.W.贝利《于阗语文书集》,《引言》(英文本),剑桥,1960年版。

12 波马金银器研究

1997 年 10 月,新疆昭苏县波马土墩墓中出土了一批高品级的金银器。消息传开,各方关注。在随后刊布的研究中,判定它们是"西突厥遗存",时代在"公元 6—7 世纪",[1]更引起考古、历史、艺术界的注意。

本文在引述、介绍相关金银器物的基础上,对其民族、时代属性稍作讨论。

12.1 文物出土情况

文物出土的波马农场位于昭苏县西南,距县城约 100 公里,海拔 1820 米上下,南接天山西段的汗腾格里雪峰(见图 12.1),东为木扎特河,西为纳林果勒河,北为伊犁河主要支流特克斯河。地多黑钙土,年均温度 2℃ ~3℃,降水量 400~500 毫米,广布禾本科和鲜艳杂草类植被。此处水足草丰,是十分优良的高山草场,自古迄今,向为理想的牧业基地(见图版 31)。

文物出土于一个巨型土墩墓中。土墩位置为东经 88°15′11.4″、北纬 42°4′30.4″。这类土墩墓,在伊犁河流城、尤其是昭苏草原,是普遍性存在的,早已为考古工作者所注意。一般均认为与公元前活动在这里的塞人(Sake)、月氏及继后居此的古代乌孙有关,是这些古代民族墓冢之封土。[2] 1962 年,笔者曾偕王明哲、易漫白教授至波马进行调

---

〔1〕安英新《新疆伊犁昭苏县古墓葬出土金银器等珍贵文物》,《文物》,1999 年第 9 期,第 4 ~5 页;于志勇《新疆昭苏西突厥黄金宝藏》,《考察与研究》,1999 年;于志勇《白山器饰宝藏——新疆昭苏黄金遗宝》,《吐鲁番学研究》,2000 年第 2 期;于志勇《新疆昭苏西突厥黄金宝藏》,《文物天地》,2000 年第 2 期;《新疆文物古迹大观》,乌鲁木齐:新疆美术摄影出版社,1999 年,第 381 ~383 页。

〔2〕王明哲、王炳华《乌孙研究》,新疆人民出版社,1983 年。

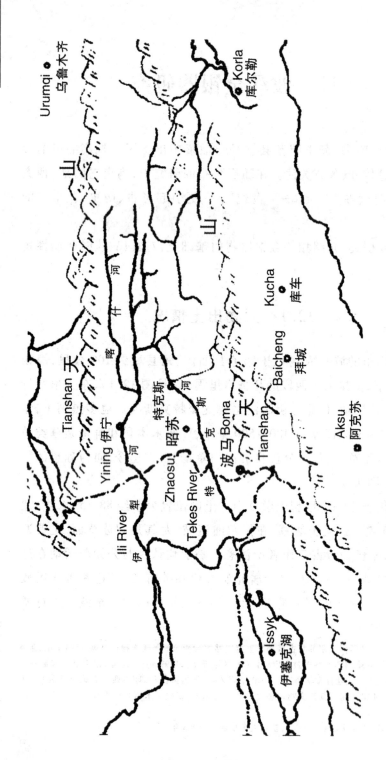

Korla ● 库尔勒

山

山

天 Tianshan

喀 什 河

Kucha 库车

天 Tianshan

特克斯 特克斯河

Baicheng 拜城

昭苏 Zhaosu

克 斯 河

波马 Boma

伊宁 Yining

Aksu ● 阿克苏

Tekes River

特

伊 犁 河

Ili River

Issyk ● 伊塞克湖

图12.1 波马金银器出土位置图

274

查,对所在地点南北向一列三座土墩留有深刻印象。1976 年,中国历史博物馆考古队、新疆博物馆考古队曾联合组队,对这座出土了金银器的土墩进行过发掘。可惜的是发掘工作因故中途停止,导致今日无可挽回的遗憾。[1]

1997 年 10 月,因修路挖土,土墩被彻底破坏。据事后调查记录,这座圆丘形土墩高出地面约 2 米,底部直径约 20 米。在深入地下 3.5 米后,出现了多量金银制器、丝锦、玻璃、铁镞、铠甲残片及人骨、马骨等,表明为土葬墓。殉葬文物随即被哄抢,所有相关文化遗迹被破坏殆尽。

事后到达现场的文物管理人员,经过努力,追回文物约 70 件。主要为金银器、丝织物、铁兵器、玻璃器等。[2] 2001 年初,摄影师党彤到波马一带工作,又搜求到金杯、金指套、金丝编带、金箔饰、金袖套等金质文物 9 件。[3] 目前,全部文物均收存在伊犁哈萨克族自治州文物管理所。

这里,主要分析出土之金银器。

（1）镶红宝石黄金面具（原编号为 97XZPC：1。意为 1997 年出土之新疆昭苏波马墓地一号文物。下文只注编号）：高 17 厘米,宽 16.5 厘米,重 245.5 克。面形由以鼻脊为中线的两块金片铆合而成,锤揲出人面。面形宽阔、浓眉大眼,八字胡。另用宽约 1 厘米的长条形金片铆接于两腮,上及耳鬓,下及下颌颏,形成络腮须。眉、眼睛、八字胡、络腮须均镶嵌红宝右。胡、须所饰红宝石周围均点焊一周金珠。面形庄重、威严。红宝石虽部分失落,还有相当部分留存,极显富丽、奢华（见图版 32）。

（2）宝相花金罐（97XZPC：2）：通高 14 厘米,口径 7 厘米,腹径12.3

---

〔1〕所掘波马土墩墓,据当事人回忆,实即 1997 年出土金之土墩。

〔2〕安英新《新疆伊犁昭苏县古墓葬出土金银器等珍贵文物》,《文物》,1999 年第 9 期。本文对出土文物之说明,主要引据此文。

〔3〕党彤搜集之金器,事后交给了伊犁哈萨克自治州文物管理所。同时,曾向笔者详述其现场观察之情况,现场仍可见人骨、马骨(部分马皮上见白毛),并向笔者提供了相关文物之照片。在此,对党彤表示谢意。

厘米,底径 5.7 厘米。重 489 克。广口、有盖、束颈、溜肩、球形腹、圈足。圆形器盖上模压 7 朵宝相花,花蕊部位均镶水滴形宝石(已佚)。宝相花中心原有盖把,与器盖铆联,已佚失,具体形制不明,但当年缀联盖把之铆孔仍清楚可见。宝相花下盖面边缘见长条形凹槽一周,凹槽内似也曾镶嵌宝石,同样遗失。罐身颈肩部位饰金质辫线纹一圈,其下镶嵌圆形红宝石一周,共 30 块。更下,垂饰三叶形纹一周,14 组三叶纹内同样镶饰宝石。焊接圈足,底边饰金质联珠。肩腹部有耳,也已佚失,仅存铆接点(见图版 33)。

(3)虎把金杯(97XZPC:3):金质。通高 16 厘米,口径 8.8 厘米,腹径 10.5 厘米,底径 7 厘米。重 725 克。广口鼓腹、平底,颈腹部焊虎形把手。口沿外侧饰一周长条形细槽,内嵌宝石。通体横压出菱格,格内焊接卵圆形宝石座,内镶嵌红色玛瑙。把手虎头贴近口沿,四肢健壮直立,臀肥硕,通体錾刻虎斑纹。器底为凸起的同心圆纹,中心为锤揲出的八瓣花。通观杯体,在金黄色地上遍镶红宝石,熠熠生辉(见图版 34)。

(4)金剑鞘(97XZPC:5):已残,残长 21.4 厘米,宽 3.8~4.3 厘米,重 66 克。内侧素面,外侧具富丽繁缛之花纹:边缘为两列平行珠点,其间镶嵌三列红宝石,居中一列为指甲形,左右为水滴形,宝石均有金质联珠环绕,空处满填以小金珠点构成的三角形、菱形,整齐铺列,繁而不乱,极显辉煌。

(5)金戒指(97XZPC:6):戒面镶卵圆形红宝石(长径 2.1 厘米、短径 1.5 厘米),周缘为两圈联珠,其下为细密金珠点构成的三角形。与戒面相对,指环下方有小基座,周饰联珠纹,中镶宝石(已佚)(见图版 35)。

(6)包金剑鞘(97XZPC:7):已残,残长 13.5 厘米。用整块金箔包覆木质剑鞘,对缝处焊实。残存铁剑一段,残长 7 厘米。双刃,宽 3 厘米。

(7)金带(97XZPC:8):已残。以长方形金板彼此套铆,呈合页状。互相联续,构成长带。每块金板长 3.7 厘米、宽 3 厘米。双层,重 28

克。正面镂挖长方形孔,当年也曾镶嵌宝石。背面平整。

(8)金箔饰:

① 叶形。共见38片。上部弧圆,下部锐挺,长2.7厘米、宽2.2厘米。中间压出凹棱。边缘有四穿孔,便于穿系缀附。

②花卉形(A)。上部为并列双扣环,其下为三片花瓣,瓣尖垂挂圆形金叶,其上镶饰水滴形、弯月形、心形红宝石,通长5.5厘米。

③花卉形(B)。与上一花卉形近似,只是顶部扣环下为卷云纹,其下为三花瓣,瓣尖垂饰圆形金叶,通长6.6厘米。

④心形。以金片锤揲成形,曾镶宝石。

(9)错金单耳银瓶(97XZPC:4):银质,通高17.2厘米,口径7.4厘米,腹径10.8厘米,底径5.5厘米。器身肥长、侈口、束颈、鼓腹、平底。瓶颈部错金图案一周,宽2厘米。主体为四瓣菱花,上下为联珠点纹。上腹部有耳,已残佚(见图版36)。

除这件错金银瓶外,还搜集到银饰物残块,形制不明。

除这批已见报导的金银器外,2001年初,党彤在波马出土文物现场工作时,又在当地发现金杯一件、金质手指套三件、掐丝金带两组、花叶形金箔、金袖套、金饰等9件,表明出土后流散的黄金器物还有不少。

根据党彤提供的照片及描述,大概情况如下:

(1)镶红宝石黄金把杯一件。大口、浅腹、大平底。口、底直径过于腹深,通体镶饰红宝石。环状把手上部有镶红宝石的垫指扳。器腹镶饰三列红宝石,中部为圆形,上下为曲波形,宝石仅存20颗,失落不少。口沿、底部镶饰辫线纹一列。口径8厘米、高约4厘米(见图版37)。

(2)金指套,仅余三件,长约6~7厘米、直径2~2.6厘米。

(3)金带,共见两节,以8道辫线组成一块带板,彼此扣环连缀。长9厘米、宽3.1厘米。

(4)金袖套(?),以薄金片锤揲、焊接而成,素面无纹。通长35厘米,一端稍粗,口径为15厘米、另端口径为12厘米。

其他还有金箔饰等。

12.2　文物时代辨析

波马金银器品级之高、数量之多、制作工艺之精湛,且普遍、大量使用红宝石,均为过去所不见。它们可以说是新疆地区迄今首见的第一批高级金银制品,对新疆考古文化、尤其是向来被视为游牧民族生产、活动理想舞台的伊犁河流域考古文化研究,具有特殊的意义,学术价值重大。因此,对这批金银器的制作年代、墓葬主人的分析研究,也就成了大家关注的一个中心问题。

在进行这一分析、研究时,有几点基本因素,是绝对不能忽视的。

12.2.1　金器出土于一座大型土墩墓内,与突厥石人墓不同

新疆北部地区、包括伊犁河流域,是考古工作做得较少的一个地区。迄至目前,虽已有一些考古工作资料、出土文物,尚不能科学构架,亦不能揭示本地区相关考古文化发展的序列。但是,在这片地区已经完成的考古工作,还是对一些较大的考古文化遗存进行过相当规模的发掘,并利用所获文物考古资料对有关古代遗存的相对早晚、绝对年代进行过研究。在已有收获中,土墩墓的时代、形制、文化内涵以及突厥墓的基本特征,就是两项很重要的研究成果。

伊犁河流域广泛存在的土墩墓,在邻境的哈萨克斯坦也是一种普遍存在,前苏联学者曾对这些土墩墓进行过相当大量的考古工作[1]。新疆考古学者,包括作者本人在内,在 20 世纪 60 年代初,不仅在伊犁河流域对土墩墓进行过十分详细的调查,并在调查基础上,择昭苏县境夏台、种马场、沙拉和夫等处土墩墓进行过发掘[2]。比较一致的结论是:它们主要是公元前一千纪后期至公元 5 世纪的墓葬遗存,曾经历长时期的发展。塞、月氏民族,尤其是公元前后在伊犁河流域称雄一时

---

〔1〕黄振华、张广达《苏联的乌孙考古情况简述》,《乌孙研究》,新疆人民出版社,1983 年,第185～200 页。

〔2〕中国科学院新疆分院民族研究所考古组《昭苏县古代墓葬试掘简报》,《文物》,1962 年第 7、8 期合刊。

的乌孙,都曾以土墩墓作为自己的埋葬形式。[1]

到公元 7 世纪初叶,伊犁河流域的乌孙故地已成西突厥的天下。如《资治通鉴》隋炀帝大业五年(605 年)条:"(西突厥)处罗(可汗),多居乌孙故地",可以作为直接说明。此类文字的记录还很多。而突厥民族的埋葬习俗与乌孙等是完全不同的,它的最大特点有二:一是死者入葬要在墓前立象征主人仪容的木、石像;其二是实行火葬。《周书·突厥传》称,突厥人死"置尸马上而焚之,取灰而葬,表木为茔,立物其中,图画死者形仪。"《隋书·突厥传》称:突厥"居金山之阳……择日取亡者所乘及经服用之物,并尸具焚之,收其余灰,待时而葬。"其至唐代才变更葬俗,逐步实施土葬。值得强调的一点是:就在出土这批金银器之土墩墓的附近,也确实就有较土墩墓为晚的,应属突厥民族的石人墓遗存。这里,只举昭苏县所见资料为例。如波马稍东夏台科达和尔石人、夏台阿克牙孜石雕人像以及叶森培孜尔石人、哈萨克培孜尔石人等,都明显是突厥民族墓葬前的立石像。[2] 尤其是在昭苏县城稍东小洪那海草原上的石像,胸前至腿部还有粟特文刻字,刻文已极漫漶,经辨读,铭文中有"Muxan 可汗之孙,像神一样的……Nri 可汗"、"持有王国二十一年"的字样。[3] 这不仅具体证明了突厥在公元 6 世纪后已到了伊犁河草原,昭苏草原又是西突厥活动的中心,它的重要领袖泥利可汗的陵寝就在这里,在其墓前同样刻石立像。这与以大土墩为墓葬封丘的制度,迥然有别。它们是两类不同特征、不同时代的考古遗存,可以说是明明白白、清清楚楚的。

在昭苏草原上的土墩墓,虽主要是乌孙族的墓冢,但不必局限于乌孙。此前的塞、月氏,北魏以后逐渐进入这片地区的悦般,也可能曾沿用这一埋葬形式。但无论如何,到公元 6—7 世纪时西突厥成了这片地区居统治地位的主人后,实行火葬、墓前立像的突厥葬俗,确已取代

〔1〕王明哲、王炳华《乌孙研究》,新疆人民出版社,1983 年。

〔2〕新疆社会科学院考古所编《新疆考古三十年》,新疆人民出版社,1983 年,第 134~136页。

〔3〕王红梅《小洪那海石人》,《新疆文物》,1997 年第 2 期。

土墩墓而成为伊犁河流域(包括昭苏草原上)全新的埋葬方式。从这一环节分析,可以结论:波马土墩墓中出土的金银器,应是突厥进入这片地区以前的文化遗存,时代最迟也在公元6世纪中叶以前。而将这批金银器与西突厥联系在一起,是缺少科学根据的。

12.2.2 金银器本身显示的时代风格较早

认真检视波马金银器,目前,还少见相同的出土物。但相类、相近的器物,邻近地区也曾有所见。聊举数例,助益于相关器物时代的分析。

死者覆面具,西亚地区曾有所见,它与黄河流域死者覆面衣风格不同。在古代新疆地区,这似乎也是上层人物丧葬习俗之一。例如,在孔雀河下游汉、晋(公元2—4世纪)时期的营盘墓地,曾发现一具身份较高的男性干尸,面部覆麻质面具,面具上描眉绘眼,五官端正,额部贴附大片金箔。[1] 在伊犁河流域,还曾发现过石质人面具。[2] 但用黄金面具,此为首见。面具不仅用金,还遍镶红宝石,既倍显豪奢,又富有特色。不言而喻,作为中亚地区曾经崇拜的习俗,自然不能只此一例。果然,在邻近的吉尔吉斯斯坦伏龙芝地区也曾出土过一件黄金面具,同样以大张金箔锤揲出面形,并镶红宝石为饰。其制作工艺及崇尚红宝石的文化心态与此相类。文物时代为公元4—5世纪,这为我们提供了一件比较重要的文物参照资料。[3]

波马金器中,花叶形垂饰(或镶红宝石)、辫线纽结成的金带、镶红宝石剑鞘的图案设计,与出土在阿富汗北部西伯尔甘(Siber Kand)的大夏金器,可以明显看到彼此相类、相近的风格。花叶形垂饰,可以用于金冠,而辫线纽结之金带,西伯尔甘出土物保存完整,仍留在死者之腰际。[4] 西伯尔甘古墓,时在公元初。

〔1〕新疆文物考古研究所《新疆尉犁县营盘墓地15号墓发掘简报》,《文物》,1999年第1期。

〔2〕石面具出土于伊犁河流域新源县境。文物现存新疆文物考古研究所。

〔3〕《EART De EASIECENTRAIE》,图版196,Editions dart Aurora Leningrad 1988. Publication en France:Aurore editions dart – ARS Mundi lmprime et relie en Finlande.

〔4〕《Bactriam Goed》,Aurora Art publishers ,Leningrad.

波马出土之金戒指,是一件比较典型的文物。同类风格的戒指,在中亚地区多有所见,而且时代延续较长。如,1962年在昭苏夏台乌孙土墩墓中曾出土过一件形制基本一样的戒指,金珠构成的三角形纹,同样为主体图案。[1] 在哈萨克斯坦西部列贝德沃卡(Lobedevka)古墓中,也曾出土过一件镏金银戒指,戒面镶饰五颗红宝石,其间填充由金珠构成的三角形、联珠纹,边缘为一道辫线纹。图案风格与波马所见类同,其时代为公元3—5世纪。[2] 在哈萨克斯坦南部阿克塔什1号墓中(Aktas I burial)还发现过两件黄金坠饰,半月形坠体上遍饰小金珠构成的联珠、三角形。其间镶嵌五块红宝石,宝石分别作圆、矩、水滴、心形,装饰富丽,光彩夺目。虽然造型与波马金饰不完全相同,但一目了然,其文化风格是完全一样的。这是一件公元3世纪时的作品,出土地域与波马邻近,也是很有比较价值的标本。

波马出土的镶宝石金罐、镶红玛瑙虎形把杯、环把金杯、错金银瓶,限于资料,我们还没有见到类同风格、同样形制的金银质文物。但在哈萨克斯坦南部曾出土一件陶瓶,形制可以说是与前述错金银瓶几乎一样:口微侈、短颈、深腹、大平底。陶瓶出土于著名的伊塞克金人墓,地点与波马相邻,时代定在公元前5—4世纪。在昭苏县萨拉和夫发掘汉代乌孙墓中,曾出土过一件陶罐,器型也与波马镶宝石金罐相类。[3] 它们虽不能算是最好的比较资料,却都有一定的参考价值。

行文至此,我们必须呼应一下已有的、关于波马文物应属西突厥的结论。

在《新疆昭苏西突厥黄金宝藏》、《白山器饰宝藏——新疆黄金遗宝》等文中,作者以大量资料论证昭苏草原6—7世纪时为西突厥的领地和政治中心,突厥王族重金珍宝,也大量掌握、使用着这类宝器。由此推论,突厥有金属锻冶、制造工艺的传统等,都言之成理,但这几点并

---

〔1〕《新疆古代民族文物》,图版173,文物出版社,1985年。

〔2〕Natural History Museum of Los Angeles County、Academy of Sciences the U. S. S. R.,《NOMADS OF EURASIA》,P49.

〔3〕新疆社会科学院考古所编《新疆考古三十年》,图2,新疆人民出版社,1983年,第50页。

·欧·亚·历·史·文·化·文·库·

不能帮助推定波马金银器就是而且只能是西突厥王族的遗存。前面论及的器物时代不能晚到 6 世纪以后,土墩墓不是突厥族墓葬,可为反证。此外,关于突厥族的金银器风格,实际也有学者进行过探讨,结论同样不能支持波马金银器属于突厥的观点。

关于突厥式金银器,由于出土资料不多,目前还没有十分全面、系统的总结。孙机在《论近年内蒙古出土的突厥式金银器》一文中,对此进行过很好的讨论。因所据标本多见突厥文铭记,颇有说服力。在突厥制品中,罐均折肩是一大特点,因而孙机的论文认为折肩罐"应是突厥特有的、独具民族色彩的器型"。以具有这种突厥风格的金银器与波马出土物比较,两者是很不相同的。[1]

与孙机论文的论点密切关联,在与波马等金银器出土地点相毗邻的天山南麓,温宿县包孜东墓地,也曾发掘过两座突厥墓葬。包孜东通过夏台河谷,与昭苏波马交通只需 2～3 天马程。其中一座突厥墓地表见砾石封堆,砾石封堆东 81 米,有石人像。墓室中见刻画突厥字母的石板、砾石共 10 块。在另一座墓内,出土文物 585 件,陶器带流、折肩、圆底。折肩,是这批陶器中,器物造型的主要特征之一。这一风格与波马金银器造型风格异趣,却与蒙古草原所见突厥金银器风格近同。这对我们认识隋唐时期突厥民族用器时尚折肩,是很有说服力的。[2]

论及突厥式金银器,需对波马出土的环状把手上有垫指板的金杯稍作剖析。波马镶宝石金杯,广口、大平底、直腹,是一种可以稳定放置的饮器。杯上垫指板的环状把手,具有十分鲜明的特点。它在乌兹别克斯坦撒马尔罕以东匹治肯特粟特壁画中也有所见,宴饮者之一,手持罐类饮器,把手就是这样环状带垫指板。这类带垫指板环状把手的饮器,在内蒙赤峰市可能是突厥的敖汉旗李家营子一号墓中出土的折肩小银罐上也有所见。看来这一造型特殊的把手,在中亚地区出现很早,流行亦广,并曾逐步影响到蒙古草原,在后来的突厥式银杯中,也吸

[1]孙机《论近年内蒙古出土的突厥式金银器》,《文物》,1993 年第 8 期。
[2]新疆博物馆等《温宿县包孜东墓葬群的调查和发掘》,《新疆文物》,1986 年第 2 期。

282

收使用。但杯的总体风格,波马金杯与突厥金杯还是明显不同的。

12.2.3　波导出土文物的意义

劫余之波马文物,除上述陆续收缴回来的金银器外,还有几件残破的织物碎片及玻璃器碎片、铁甲、铁镞等,十分可惜的是未见一点陶器。这几件丝织品虽残碎过甚,但因其使用周期短,更贴近主人生活的年代,所以对墓葬的断代具有重要的意义。

据伊犁哈萨克族自治州文管所的安新英报导,他们采集的织物残片总计有16件。除一件品级极高的缀金珠绣外,还有8片锦、2片绫、1片绮、6片绢。现择其中一件缀金珠绣及“富昌”锦、云气动物纹锦略予介绍,并就其时代特征稍予引申。

(1)缀金珠绣:由两片绣料缝合为一,其中一件用红色菱纹绮,背衬本色纱(长25厘米、宽13厘米),上缀直径为0.5厘米的半圆形金泡,形成四方连续的圆圈纹,圆圈中有小金泡缀成的四瓣花,四周为四支丝绣忍冬叶纹,上缀珍珠。其二为褐色绢,背衬淡黄绢,用金珠、珍珠缀绣成两两相对的塔形几何纹。彼此拼联,成为珠服面料。其做工精细,用料考究,自非常人着服。这件珠绣标本,为新疆考古工作中首见(见图版38)。

(2)云气动物纹锦:在深褐色地上以红、黄、绿色显示云气纹,其中穿插行进中的虎类瑞兽。

(3)“富昌”锦:经线显花,黄色地上为横向云气纹,其间穿插不同形态的动物及“富昌”二字织文(见图版39)。

这批丝织物,对判定时代、墓葬主人社会身份及与中原王朝的关系,均具重大意义。

在飞涌、飘动的云气间,瑞兽驰骋,其中插织各种吉祥用语,这是汉代织锦的流行风格,在新疆楼兰城郊东汉墓出土的汉锦中,不乏这类标本。[1] 只是这里出土的云气动物纹锦、“富昌”锦的云气、动物与楼兰东汉锦比较,虽总体风格相近,但却也稍见变化。其中最明显的一点

〔1〕新疆考古研究所楼兰考古队《楼兰城郊古墓群发掘简报》,《文物》,1988年第3期。

283

就是波马的云气、动物纹图案更显简单,从图案发展这一角度分析,又向前发展了一步。对中国古代织锦中云气、动物纹图案的变化、发展,赵丰曾进行过研究。他在搜集的近百件云气动物纹锦资料的基础上,对不同云气及相关艺术背景进行综合分析,勾画了云气、动物纹锦的发展轨迹。并得出结论为:云气、动物纹锦"其年代一般在汉与北朝之间,但又以东汉与魏晋为主。……在北朝虽也有少量云气、动物纹锦,却已是僵化的图案,与兴盛时期的图案风格相去甚远。"[1]从波马云气、动物纹锦看,图案虽趋向简单,但较之吐鲁番出土的北朝阶段已相当僵化的菱纹锦、瑞兽纹锦,还是生动得多的。因之,可以大概据以推定,波马土墩墓中出土的动物、云气纹锦、"富昌"锦,出现在北朝以前,是比较合理的。

12.3　墓葬时代、族属及其他

在前面对昭苏草原上土墩墓、石人墓的时代、民族属性及出土金银器、丝织品时代特征进行过分析后,可以作如下结论:

(1)昭苏草原上广泛存在的土墩墓,时代不可能晚到西突厥王国时期;

(2)波马金银器、丝织品时代,从文物风格看,不应晚到公元5世纪以后;

(3)与已见突厥式金银器比较,波马金银器风格不同。

因此,将波马土墩墓中出土的金银器与突厥王国联系在一起,缺少充分理由。

面对波马出土的金银器,稍加分析,可以发现一些值得重视的特点:这是具有强烈地区特色及艺术风格的一批文物,在黄金制器上镶嵌大量红宝石(未见蓝宝石、绿松石,而这在此前的南西伯利亚地区是相当普遍存在的);红宝石多作椭圆形、指甲形、水滴形、弯月形;以小

---

[1]赵丰《云气动物纹的系谱》,《浙江丝绸工学院学报》,1989年第6卷第3期。

金珠构成的联珠、三角形、菱形作地纹,为当日时尚;以金箔做成的圆形金叶,垂饰于衣、帽,构成"步摇",也是它的时尚(这一时尚曾影响中原大地,并远播至朝鲜半岛、日本)。其制作工艺(焊、铆、锤揲、镶嵌等)及相关图案传袭相当长的时间,从公元2世纪至公元5世纪间久盛不衰。器物造型、装饰风格有显明的地区特点,与中亚地区此前人们比较熟悉的波斯萨珊金银器、粟特金银器风格大不相同。因此,很值得引起我们的关注。

至于墓葬或工艺的主人,是一个需要进一步深入研究的问题。从出土了这批金银器的封土规模看,不能算是昭苏草原或伊犁河流域土墩墓中规模最大的。但死者盖黄金镶宝石面具、佩金带、镶宝石金剑鞘,用金袖套、金指套,穿珠绣锦袍等分析,可以肯定墓主人必是当时、当地民族王国最高统治集团中的一员。因为,只有他们才得有可能掌握如此大量的黄金、宝石,并在实际生活中使用标示最高身份的这类珍宝。

公元4—5世纪中,在伊犁河流域政治舞台上最为显赫的成员,据汉文史籍记录,应是悦般。与其关系较为密切,应属嚈哒、柔然。关于悦般的文字记录不是很多,从《北史》、《魏书》十分有限的文字中我们可以了解,它在匈奴之后的公元5世纪时,已统有伊犁河流域,其领地"在龟兹北,地方数千里,众可二十余万……其人清洁于胡……日三澡漱,然后饮食"。[1] 在当时的中亚草原,是经济技术比较进步、文化比较先进的一个王国。史籍中记载的一个故事,很生动地反应了这一历史的真实:4世纪末,柔然王国首领大檀曾邀请悦般国王前去访问,以结盟好。悦般国王率领亲随,进入柔然国境,却见柔然属民不洗衣服、不梳理头发,饭前不洗手,饭后不洗碗而以舌舔之。悦般国王觉得自己到了一个野蛮不文明的国度,立即掉转马头回国。自此,悦般与柔然反目成仇。公元448年,悦般曾派使者与北魏联系,共谋进攻柔然。而悦般国的统治中心,就在龟兹北面的天山草原,昭苏自然是属于其中的。

〔1〕《魏书》卷120,列传90、《北史》卷93,列传85"悦般国"条。

　　我们在这里提出悦般,自然还只是一个逻辑的推论,只不过是可能性之一。悦般,作为当时比较先进的一个政治实体,在中亚地区比较悠久的金银器加工传统的影响下,在王国境内发展出自己的金银器制作中心,自然也是完全可能的。

13 尼雅考古与精绝历史

回眸 20 世纪的西域历史、中亚文明史等诸多领域研究,无不取得了空前的、里程碑式的进展。取得这些成果的关键性因素之一,在于西域考古的突破、进步。持续一个世纪的西域考古,曾有过许多为国内外学术界关注的重大收获,都曾为西域、中亚历史文化研究一次又一次地揭开新的篇页。其中,尼雅考古堪为重要典型之一。

笔者有幸,在新疆考古生涯中,曾主持尼雅考古多年。对它,怀有浓厚感情。多年的尼雅考古实践,也接触、并努力思考过尼雅考古、历史研究的方方面面,感受过无缘进入这区遗存的学者们难以感受的诸多矛盾、问题。在尼雅考古趋向于沉寂的今天,深感对其冷静反思、科学剖析、认真总结之必要。故不以个人视角局限为虑,而以 20 世纪尼雅考古为切入点来论其得失。往者已矣,来者可追。这样做,也许会对今后的尼雅考古、历史研究稍有补益。

13.1 尼雅遗址梗概

首先,对经过近百年考古后的尼雅遗址概略介绍。

遗址,位于今民丰县北部、距约 120 公里的沙漠中。这片地区,公元前 3 世纪前后至公元 4 世纪前后,[1]曾是尼雅河尾闾三角洲,河道纵横,绿树成荫,是精绝王国及继后的鄯善王国"凯度多州"州治所在,为"丝绸之路""南道"上不可逾越的要隘。

---

〔1〕尼雅遗址上限,迄今未见确证为西汉以前的遗址、遗物。对一片被尼雅河水淹没过的墓地,笔者曾组织过试掘。墓地已遭破坏,形制不清,但出土多量带流黑陶罐,绘红彩,纹饰似植物花卉,是相对早于现存汉精绝故址的遗存。相对年代,当可能到西汉或较西汉更早一点。遗址晚期,以所见晋简及相关佉卢文资料推断,当在公元 4 世纪或更晚一点。遗址区内,不见唐代文物、遗存痕迹。

这片沙漠废墟距最近的、还有现代人活动的绿洲居民点卡巴克·阿斯卡尔,直线距离有 30 公里,实际运行距离大概在 50 公里左右。尼雅河水在夏秋盛大时还有一点细流,可以勉强流淌到此。但大多数时段,已得不到河水补给,而只能以井水维持。在卡巴克·阿斯卡尔村北约 5 公里处,为新疆南部地区素负盛名的伊斯兰圣地伊玛目·加法尔·萨迪克玛扎,俗称"大玛扎"。它耸立在一处出露的基岩上,傲视脚下的沙漠、绿洲。这里给我们带来的重要历史信息是:在公元 10 世纪后期伊斯兰向佛国于阗展开的持续数十年的宗教战争中,此处曾是一个重要的冲突地区。目前,除少数几户与看守玛扎有关的居民以及伊斯兰节日期间有大量信徒前来朝拜外,别无他人。

"大玛扎"所在,位置高耸,坐落在出露的变质砂岩、板岩构成的古老地质基岩上,地质学上称此为"北民丰隆起"。它阻挡了尼雅河北向的流程,迫使它折向隆起地的东侧,顺地势北流。此时河道变得分散,成辐射漫泄情状,形成三角洲绿洲,有厚达 8 米的河湖堆积层。地理学家用热释光技术测定这片河湖相堆积土层的年龄,距离今天有 7.75 ± 1.44 千年,正当全新世中期,是塔里木盆地内气候适宜、水量充沛阶段的沉积。分析、测定相关红柳沙包内的枯枝,得到的结论是其存活在距今 3000 ~ 7000 年期间。正是这片地区处于丰水期,河湖交替发育,特别适宜于生物生长的阶段,自然也就成为古代尼雅河居民生息繁衍的理想天地。[1]

使用地球卫星定位仪,结合经纬仪测量,尼雅遗迹南北长约 25 公里,东西宽 2 ~ 3 公里,最宽处 5 ~ 7 公里。遗址中部有一大型佛塔(经纬位置为 N37°58′34″、E82°43′14″),已成尼雅遗址的标志性建筑。相关遗存,成南北方向分散在尼雅河谷左右的台地上。

遗址地区东、西两侧,为相对稳定、高可百米的大型沙梁;遗址南段,东、西、南缘为茂密的枯死胡杨林。宽数百米至一二公里,林木大多

---

〔1〕杨逸畴《尼雅环境的演化和文明兴衰》,载《尼雅遗迹学术调查报告书》第二卷,〔日〕中村印刷,京都,1999 年,第 326 ~ 328 页。

仍然耸立,只有一部分已经枯朽,倾倒在地。最粗的胡杨,树干直径在1米以上,两人才可合抱,树身高可二十多米。茂密的胡杨,丛丛列列,至今仍是进入尼雅的一大阻碍。由此进入尼雅,人、车往往迷途。当年,这片胡杨森林作为王国南境的天然屏蔽,曾经发挥的作用不可轻估。在南部森林、东西沙山的环抱中,是地势相对低平的、适宜于农业垦殖的淤积黄土。当时居民的居址主要分布在尼雅河主干道的西部。受河道制约影响,遗址区南端居址较稀疏;北行,相对较密,铺展也比较开阔。粗略观察,适应自然条件(水、地)形成相对集中的多片聚落。至今,已见人类遗存 215 处。[1] 其中,居主体位置者是各类居住遗址:包括虽大小不等,但布局仍清晰、梁柱依然屹立的房址;相当数量虽墙坍柱倾、但建筑部件相对集中散落在地表;还有一些建筑大部已压在红柳沙包下,只部分梁架外露的居址,总计可有 90 多处。此外,两处古城,3 区佛教寺院,12 处墓地,17 处炼渣较集中窑址,6 处果园,1 座古桥,以及蓄水池、农田、储冰窖、行道树,还有不是附属于住地、相对独立存在的畜厩,防沙障等。到 1997 年,有关部门和人员又进行过多次调查,未稍停息。行进在遗址区的红柳沙丛中,随时会迎面见到当年的住宅、林荫道、农田、手工作坊,只是没有了当年喧闹的人声,不见了走动、鸣叫的鸡、羊、牛、马、骆驼的身影。斯坦因在 1901 年进入这片遗址后,称它为"东方的庞贝"。作者经实地多次反复体验,深感这实在不是一句随便的描写,而是十分准确地点明了尼雅遗址的实际魅力。这处曾是"丝绸之路""南道"上的冲要之地,当年废弃时的场景,被神奇地定格在了沙漠之中。它清楚地展示着当年的主人因故突然离去时、未加任何变动的社会生活场面,包蕴、内存着珍贵的、数说不尽的历史生活细节。不必专业地剖析、设计,只要清除掉居址上部的积沙,就可以基本恢复精绝消亡当年的社会物质生产、精神文化生活以及与周围世界交往联系的一切。这是造物主的厚重馈赠,它的无可替代、特别珍贵之

---

[1]中日联合尼雅考古队《尼雅遗迹学术调查报告书》第二卷,第二章,《分布调查成果》,附表。相关数据,较斯坦因刊布的 45 处房址有较大进展。[日]中村印刷,京都,1999 年,第 24~28 页。

处在于:没有人类主观意志的干预,不会因为特定利益要求而扭曲、改变历史的真实。要求的只是细心、认真、一丝不苟的工作,就有可能为我们今天及后代子孙们提供一处最好的历史课堂。

13.2　A.斯坦因尼雅考古

与20世纪共始终,尼雅一直是新疆南部地区考古工作的重要地点。一次又一次产生过重要影响的尼雅考古,也总是与当年的社会形势紧密关联。前者为后者服务,受后者驱动;后者为前者提供必要的物质前提。于是,因为不同的利益趋向以及不同的考古人及各有特色的考古实践,就产生了不同的考古成果。

除了斯坦因的工作,还有中国考古学者在20世纪最后10年的工作,可以算是20世纪中最重要的考古活动,都可以看出这一运行轨迹。

只要涉及20世纪的新疆考古,就没有办法不提到A.斯坦因。自1901年至1931年的30年中,斯坦因曾先后四次进入尼雅。前三次,都获得过不少的文物,对认识尼雅、认识新疆及中亚历史也确实产生过巨大影响。但在第四次时,面对变化了的时代,他以不变的前三次曾经成功的方式进入尼雅,终铩羽而归,含恨离去,随即结束了他在中亚大地上的考古生涯。

斯坦因在新疆的考古,成就了他在中亚历史文化研究中无法取代的历史地位。他取得的许多考古资料揭开了西域、中亚文明史研究中新的篇页,特别是当年他穿行在中国西部不见人烟的戈壁、沙漠、高山、雪岭中,确实付出过常人难以承受的代价。这一切,使他赢得了不少学人投射在他身上的敬仰目光。也是因为他的新疆、敦煌考古,同样有许多学人斥责其为"盗窃"、"破坏",认为斯坦因给中国西部历史文化研究造成了无法弥补的损失。

如果认真、深入一点进行分析,这两种看似不能统一的评论,实际都是斯坦因应该享有、承受的。它们看似矛盾,实际却可以统一在他的身上,从而清楚地展示了他的完整形象。

在 20 世纪帷幕初揭的 1901 年 1 月 28 日,斯坦因第一次进入了尼雅废墟之中。他面临着对任何一个考古学者而言,都是最为难得、最为珍贵的机遇:自公元 4 世纪最后一批古尼雅居民离开后,在 1600 年中,除风沙的侵蚀、个别农民偶尔光顾外,这里是一片并没有被风沙完全覆盖的居址。当年的历史,凝固在了废墟中点点滴滴的细枝末节上。考古学家不必费太多的辛苦,只要认真清理掉不太厚的沙尘,就有可能将当年的历史生活场景,重新呈现在 20 世纪的人们面前。

除了这一难以觅求、保存相当完好的遗址外,他还得到了进行野外工作所有必要的条件:英、印政府的全力支持,十分充足的工作经费;清朝政府总理各国事务衙门同意其考察的文书;新疆地区各级政府提供的无微不至的保护、支持,可以"保证运输、供应、劳工以及行动、发掘、考察的自由"。[1] 在这些条件的支持下,第一次进入尼雅紧张工作了 16 天,斯坦因即得到了很大的收获:进入尼雅第一天,他在编为 N1 号的遗址内,即"收集"了几百片佉卢文木牍。他对佉卢文是粗有了解的,因而对取得的这一成果十分兴奋。他直觉,木牍书体"是印度贵霜王朝的石刻所通用的字体","我的第一天工作收集得的几百片木牍即使不能胜过,也不至于赶不上以前所有诸佉卢文的文书",因而"有着特别了不起的价值"。[2] 初涉尼雅第一天就有了这样的收获,使斯坦因的精神进入极度亢奋之中。他努力调动工人的积极性,一口气发掘了遗址中心 9 处居住遗址,获得古代文书、简牍 700 多件,其中包括 30 件羊皮文书,部分汉文简牍,其他还有 17 枚汉五铢钱、汉式铜镜、纺织工具、捕鼠夹、雕花木椅腿、金耳饰、铜戒指、青铜镞、残铁器及水晶、玻璃、残吉他、象牙骰子、木橱柜、木杈、木碗、木雕人像、丝、棉、毛织物、漆器,等等。佉卢文木牍上有希腊神像雅典娜、伊洛斯、赫拉克里斯,也有汉印文字钤封的封泥。随后,12 大箱的文物安全运回到伦敦。1902 年 7 月,斯坦因第一次西域探险完满结束。

---

〔1〕[英]珍妮特·米斯基《斯坦因:考古与探险》(汉文译本),第 141 页,新疆美术摄影出版社,1992 年。

〔2〕[英]A. 斯坦因著,向达译《西域考古记》,中华书局,1936 年,第 55～56 页。

斯坦因第一次新疆之行,产生了巨大的社会影响。英国皇家地理学会邀请他出席演讲大会并作出决议,赞扬斯坦因所进行的"极其丰富、重要的工作"。当时,欧洲学术界大多还不怎么了解在新疆南部沙漠深处,竟然还埋藏着这么丰富的、有关希腊、罗马、古代印度及黄河流域古老文明的篇页,认为他的西域考古,为这片地区的历史以及中亚大地的历史揭开了全新的篇章。

斯坦因第二次进入尼雅,是在1906年。有了1901年的经验,对1901年发掘资料又进行过整理,这次进入尼雅,他可算是胸有成竹:未到尼雅前,他首先派人进入遗址调查,为第二次发掘提供可靠信息,"所获成果丰富"。另外,在物质利益的刺激下,1901年随其工作过的民工大都踊跃随行,他"只用一天时间,就召集了50个工人,搞到了骆驼,准备好了4周的供给",尤其是足够的饮水。10月20日,他进入了尼雅废墟的中心地区,立即兵分两路,主要对尼雅废址北部新见遗存展开发掘,新见30多处遗存没有一处获免。

这次工作,他在N14的调查、发掘,是值得关注的新成果。N14,是尼雅废墟西北部一处规模宏大的宅院,其"长及56英尺,宽达41英尺","支撑屋顶的粗大木柱仍立在原处"。在宅院东部一处巨型垃圾堆中,他们找到一个8英尺长、6英尺宽、5英尺高的木板围槽,其中有"几块精美丝织品","一小片上书佉卢文的羊皮","一块汉文木牍"。"池底有麦草、麦粒,可能为一饲料仓","与谷物混在一起,还有各种丝、毛、麻织物碎片,绣花皮革、毛毡碎片、精美漆器残片"。"更为重要的发现,是一打以上散布在整个垃圾堆里的标签状小木简,其中8枚上书汉字,字体优美","在一枚木简的一面,送礼者题写了自己的姓名、礼品及祝辞。另一面是受礼人姓名及头衔"[1] 大家了解,这8枚汉简,就是在稍后沙畹及罗振玉、王国维刊布了的精绝王室成员互相赠礼的木签,涉及人物有王、太子、王母、夫人春君、且末夫人等。王国维据其精妙的汉隶,判断为"汉末"书体。这对于认识东汉末年前的精绝

---

〔1〕[英]A.斯坦因《西域考古图记》,广西师大出版社,2000年,第138页。

王廷,自然具有非同寻常的意义。斯坦因当时不谙汉文的意义,待后来从他的中文秘书蒋孝琬及沙畹处了解到简文内容,才意识到这一收获的重要性,但已无法补救现场的工作了。

作为考古学家,斯坦因当时已经十分敏锐地注意到这区遗迹后面的文化信息,他提出过"该遗址是精绝国一处要地"。他分析了垃圾池所在地势,判断"从垃圾池下部发现的那些乱七八糟的东西的年代,可能比遗址临近废弃时段要早得多"。他清楚地感到"木简上字体优美的汉字,更接近沿敦煌烽燧所见两汉时期木简字体风格","而与楼兰及尼雅已见晋代书体相去甚远"。他还提出所见各种织物碎片中,"不见棉织物成分"(尼雅遗址内其他房址、墓地中,棉织物发现是不少的)。"两根代表中国人进食的筷子,其中有一支是漆筷,及那个制作精细的漆木柜,很可能来自中国内地"[1]斯坦因在捕捉到这些细节后面的信息时,是富含智慧的。

除了在废墟北半部集中力量发掘外,斯坦因还在遗址区南部调查,发现一座木桥、一片大型果园以及利用废弃居所改成的畜厩。他十分注意追寻尼雅河进入遗址区后的流向,但这一点因沙丘覆盖而未得完整结论。第二次尼雅行,斯坦因凭借雇用的 50 名劳工,每天"苦干10~11 个小时",对遗址区内比较清楚显露于地表的古代居址,听凭工人直觉,选择保存较好的房间,大概搜罗、挖掘了一遍。他在这次工作的报告《Seridia》中说:"经过 12 天连续辛勤地劳作,取得了巨大的收获,发现物是如此丰富。"他是如此满意已获成果,认为"已有的调查和发现,本质上已经证实了我以前探险时所得出的结论"[2]

1913 年,在英印总督的支持下,带着三年工作经费 3000 英镑,斯坦因开始了他第三次中亚之行。这次工作,他计划不止发掘遗址、搜集新文物,而且希望着力研究古代亚欧间的交通路线、商业、文化、宗教各方面交互影响的情况。"百忙中抽身再至达磨沟及尼雅河以外古废址

〔1〕[英]A. 斯坦因《西域考古图记》,广西师大出版社,2000 年,第 139 页。

〔2〕[英]A. 斯坦因《西域考古图记》,广西师大出版社,2000 年,第 149 页。

草草一观。以前在尼雅地方探索观察多有遗漏,至是为之补考,搜获有考古意味之物件甚多,内中又得有佉卢字木简若干"。[1]

三次尼雅行,尤其是一、二次尼雅发掘后,斯坦因从考古角度对这处废址作出了历史的分析。他据遗址位置,参照汉文文献,认定这处废墟应该就是汉代精绝故国遗址,主要从事农业生产,根据出土晋简中的泰始年号,大量佉卢文、少数汉文简、牍,都使用着木质材料,只少数佉卢文(32 件)书写在羊皮上,故而认为精绝遗址废弃时间"可能在公元 3 世纪末叶",与晋王朝内乱,不能有效控制西域大地存在关联。他十分强调,从文字、语言的角度来看,印度文化对精绝有强大影响,"文明上的特征乃是由中国(斯坦因行文中,总是有意将西域界定在中国概念之外——引者注)、波斯以及印度三种文化势力混合成的一种产物"。[2] 他认为遗址废弃,存在气候变干、尼雅河水量减少的因素;也可能存在社会、政治的因素。他谨慎地强调"像多数历史变迁一样,原因可能比今天探寻者试图推测的要复杂得多",[3]是多种因素综合影响的结果。

斯坦因怀着获取文物(尤其是佉卢文)这一目的进入尼雅,从这个角度看,他获得了完全的成功。在采获多量文物、约请相关专家进行研究后,对于尼雅废墟的历史、文化也进行了充分的阐发。作为一个考古学家,斯坦因所获文物及这些分析结论,在 20 世纪前期西域历史文化还多有晦暗不明的情况下,对当年关注这片地区研究的学术界产生过的重要影响无法轻估。迄今为止,他所获资料及一些重要观点仍有参考价值。如果没有后来对尼雅遗址全面、细致、完整地调查,严谨、科学地发掘,没有从全局角度对遗址周密地观察,对斯坦因的这些工作,我们也同样会和西方世界的大多数学者一样,满怀敬仰之情;而在对同

---

〔1〕[英]A.斯坦因著,向达译《西域考古记》,附录一,《斯坦因第三次中亚考古略记》,中华书局,1936 年,第 240~242 页。

〔2〕[英]A.斯坦因著,向达译《西域考古记》,附录一,《斯坦因第三次中亚考古略记》,中华书局,1936 年,第 16 页。

〔3〕[英]A.斯坦因著,向达译《西域考古记》,附录一,《斯坦因第三次中亚考古略记》,中华书局,1936 年,第 140 页。

一区遗址认真调查、重点发掘过后,我们就不能不产生另一个结论,斯坦因虽然对尼雅遗址做过积极的工作,但也是组织、领导了一次无可挽回的对遗址的破坏。他放手让民工在遗址区内到处挖文物,不可能不对遗址造成灾难性的损失。他在第二次率领 50 名工人进入尼雅后,"由于饮水不得不限量供应,人渴得难受,但民工们仍极其坚韧地挥动着砍土镘(新疆地区一种特别利于挖掘沙土的铁质工具——引者注),谁头一个发现有价值的东西都将得到赏钱,这种鼓励就足以让他们每天苦干 10 ~ 11 个钟头"。[1] 而从当年英国考古学界已经取得的田野考古学理论,地层学、标型学方法来要求斯坦因,他是完全可能做得更好的。差不多同一时段,英国考古学家马歇尔在塔克西拉遗址的清理、发掘,与斯坦因在尼雅的工作就是一个尖锐的、鲜明的对比。因此,要求斯坦因按考古学规程对待尼雅,并不是一个超越时代可能的苛求。斯坦因所以如此对待尼雅及其他类似遗址,关键在于他当年的心态以及指导工作的思想,这是与当年的英、沙俄在新疆殖民扩张、彼此争夺的背景,与英、印政府及斯坦因的政治追求密切关联的。

13.3　中日合作尼雅考古

20 世纪 30 年代以后,尼雅考古再未得可能进入中国西域进行工作。1959 年,新疆博物馆有过一次对尼雅的调查、发掘,清理了 10 区斯坦因清理过的房址,在遗址区西部发现一具保存完好,未受破坏的东汉时期贵族夫妇木棺。大量完好保存的汉代丝绸、织锦,还有铜镜、漆器,远过斯坦因所获,进一步拓展了学术界对尼雅遗址的认识。但实事求是地分析,这次尼雅工作仍然是斯坦因的工作模式。清理的 10 区房址,其具体位置究竟是斯坦因编号的哪几处,虽可以通过分析大略把握,但至今并不完全明确,这局限了对相关资料的认识。[2] 这次工作是为了筹备建立新疆博物馆陈列所需文物而进行的。这个目的,局

---

〔1〕[英]A. 斯坦因《西域考古图记》,广西师大出版社,2000 年,第 140 页。
〔2〕新疆博物馆考古队《新疆大沙漠中的古代遗址》,《考古》,1961 年第 3 期。

·欧·亚·历·史·文·化·文·库·

限性是很大的。

1988 年至 1997 年的尼雅考古,是又一种工作的形式,它缘起于新疆文化厅与日本一个成功的珠宝商人合作实施的项目。这样一种合作框架,派生了许多与尼雅考古实际并无关联的活动。进入的许多成员,与考古并无太多关系。每次尼雅行,送往迎来,觥筹交错,新闻媒体广泛介入,唯恐没有更大社会反响,但实际工作却不多。1988 年、1990年两次调查,实际每次在遗址区内工作只有两天。新疆考古所介入其中,最初只是作为"监护"却无法主动工作。以这样一个框架实施考古,自然会有很大局限性。如是进行,对考古工作者而言,优点是可以解决工作用费,缺点是较难完全按照学术规程去展开。实际过程也充分证明了这一特点。当年,在我们自己没有经费实现大遗址工作的形势下,也确实凭借这一"躯壳"努力走向尼雅沙漠深处,并取得了一定的成果。

数十年新疆考古,潜藏在我的内心的追求之一,是探索塔克拉玛干沙漠周缘的古代王国兴废的过程、原因。精绝,自然早在视野之中。以精绝为例,它应只是尼雅河流域中特定时段内的一处绿洲。而尼雅河,作为塔克拉玛干沙漠中一条流程不足 200 公里的季节性内陆河,流程不长,河谷两岸有适宜于人类活动的绿洲。它与东、西间隔均在 100公里沙漠以上的克里雅河、安迪尔河绿洲一样,形成各自相对独立的自然地理单元。在这些自然地理单元中,都曾展开过人类生存、发展的历程。进入文明时期,也都出现过不同的王国。作为近邻,它们彼此间存在联系、交往,但又有自己相对独立的经济、社会实体。在各自领有的生存空间,展开自己的生产,组织自己的社会生活。今天人们已十分熟悉的汉、晋时期的尼雅废墟,不过是尼雅河水系古代居民曾经活动过的一个时段。这区家园的废弃,只不过是他们的生存时空转换了一个站点,离开精绝,会有又一片同样适宜于生存、发展的土地。因此,要真正认识古代精绝历史,要求我们占有尼雅废墟现存一切有用的信息,运用已经把握的现代科技手段,组织所有相关学科的学者们共同工作,求得比较接近实际的认识。这处废墟,既然只是尼雅河绿洲历史进程中的一个环节,其前其后的遗存必须同样清晰,才能清楚认识人与环境的关系、尼雅河水系内人类发展的历史进程及其内在制因。才有可能进一步探索塔克拉玛干沙漠南缘一系列古代绿洲的起落、兴废,有益于历史研究,也有益于现实的建设。

基于这一指导思想,把握这一机遇,作者及相关部门首先对尼雅遗址进行了详尽踏查。在详尽踏查的基础上,选择 N2、N5、N37 进行了发掘。这几处遗址,当年斯坦因都进行过清理。再度全面清理、发掘,不仅感到当年斯坦因的工作确实十分草率,不可能完整显示尼雅遗址的真面目,所以有必要进行验证。也希望通过这一剖析,可以更准确了解斯坦因当年的资料,以利于进一步的研究。除了调查、发掘这 3 区遗址外,对新发现的遗址区南部丛林中一处古城城门、几处新暴露的墓地,也进行了发掘、清理。其中 1995 年的 1 号墓地,后来被判定为精绝王陵,出土了大量文物,为认识精绝王国晚期历史提供了十分珍贵的资料。除了在尼雅遗址展开的这些工作外,还利用这一条件,对尼雅河水系内人类遗存分布进行了调查。尤其是根据石油、水文地质勘察工作者提供的线索,对塔克拉玛干沙漠深处尼雅河古道尾闾地段的人类遗存进行了调查,得到了重要的信息。

受时间、人力的局限,已获调查资料不大可能是对尼雅河水系人类活动全貌完整、全面地揭示。但它们提供的信息,无疑大大拓展了既有的对古代尼雅历史文化的认识。所获重要成果,一是在尼雅河上游,近尼雅河出昆仑山口的河谷台地——乌鲁克萨依,发现了一处早期细石器遗址。采集标本表明,细石器工艺比较原始,形制不稳定、不规整,除见细石核、细石叶、小石片外,没有一星半点的陶片痕迹,也没有找到古代文化堆积。说明遗物所在不是固定的住地,时代特征明显也比较早,绝对年代当在去今一万年以前。[1]

在塔克拉玛干沙漠石油勘探工程中,水文地质工作者在尼雅废墟

---

〔1〕相关资料,可参见黄慰文等《新疆塔里木南缘新发现的石器》,载《人类学报》第七卷,第 4 期,XNM—87 页,1988 年 11 月。

以北 40 多公里处的古尼雅河谷地,发现过多处人类文化遗物,如马鞍形石磨谷器、石球、陶片。较其更北,在北纬 N39°35′~37′、东经 E82°00′~01′处,还发现过一处长约 20 米、宽约 1.5 米的人工土墙,土墙附近有陶片。[1] 相关遗存,已近塔克拉玛干沙漠腹心。根据这一线索,我们以尼雅沙漠营地为支撑点,两次派人深入尼雅北部沙漠进行调查,最远处直线距离达 42 公里。得到的大概印象是,在距目前遗存北15 公里至 42 公里间,陆续见到古代人类遗物,包含:陶器、石器、小件铜器、马鞍形石质磨谷器、石镰、石刀、石斧、纺轮、小铜刀、炼铜坩埚碎片;陶器残片很多,主要是夹砂红陶,手制,慢轮加工。器形主要有大口直腹筒形杯、双耳陶罐、高领罐、杯等。罐类器物居主。器表刻画几何形折线纹、三角形纹、凸弦纹、戳印纹、乳丁纹等,其他还有骨珠、料珠。文物所在地点还发现过一处房屋遗迹,立柱仍然屹立,一道残墙长 3 米多。采集的文物标本,说明存在着早期农业。而陶器造型、纹饰,则与汉、晋时期尼雅废墟所见判然有别。[2] 遗憾的是,受交通条件、物资装备局限,两次调查每次都未过 4 天。调查中,也只是线形行进,沿线观察,并没有对发现文物的地点周围展开必要的、进一步的调查。距离水文地质队提供的长 20 米的土墙遗存,也还有相当距离。仅凭已获得的这点资料作进一步分析,存在着相当大的局限性。但这一初步调查,意义也不能轻估:它说明古代尼雅河的流程要远远过于今天的精绝故址,可以达到北纬 39°或更北。在古尼雅河谷,青铜时代(绝对年代在去今 3000 年以前)已见早期人类活动。他们的活动空间至少已经到达北纬 38°22′01″~10″、东经 82°48′15″~40″,形成了具有自身特色的考古文化。据陶器造型、纹饰,料珠等,也可以清楚地观察到它们的主人与帕米尔以西存在着联系。对认识尼雅河地理环境变化,无疑也具有重要意义。

　　根据上述考古调查,参证克里雅河及和田河水系内相类似的考古

〔1〕王炳华《尼雅考古回顾及收获》,载《尼雅遗迹学术调查报告书》第一卷,第 199 页。
〔2〕张铁男等《尼雅遗迹学术调查报告书》第一卷,第 73~79 页;于志勇《尼雅遗迹学术调查报告书》第二卷,第 35~41 页。

文化现象,给我们一个清晰的启示:这几条水系内,早期人类生存活动的舞台,主要是在昆仑山前河谷地带;进入青铜时代,人类已经循着尼雅河谷北向进入了河流尾闾地段三角洲,开始了原始农业的生产。而在青铜时代以后,转而又循着尼雅河道上溯,向昆仑山方向行进。人类文明这一运行的轨迹是清楚的,原因则还不是十分明确。据地理学家对塔里木盆地的气候环境研究,全新世内气候曾有过一次大的改变,这对我们分析相关文化现象有很大启发。相关结论说明在全新世中期,去今 7000 年至 3000 年这一时段内,塔里木盆地内有过一段丰水期:气候温暖,冰雪融化的速度加快,河流水量丰沛,河谷植被丰富,风沙活动减弱。有关河道下游,现代风沙之下,都见到厚达几十厘米至数米的河湖相堆积地层,正是这一地质时段中的沉积。这一丰水阶段,造就了这些沙漠河道下游三角洲出现的绿洲自然体,成为适宜于人们生活的绿色空间。[1] 而去今 3000 年以来的全新世晚期,塔里木盆地进入相对温干的气候环境,水量减少,风沙作用加强,河湖相地面被侵蚀切割,人类生存环境相对恶劣。有学者据而推论,这一气候环境的改变,可能正是古代尼雅人进入精绝废墟这一地段生息繁衍的原因。[2]虽然,目前还没有得到这一推论的直接证明,但塔里木盆地、包括尼雅河古河道下游环境变化的地理现象,与考古调查中所获文化信息却是可以互相参证的。

  对于精绝王国所在的尼雅废墟,这些年中我们投入的调查力量是相当巨大的。这一调查,在整个尼雅合作考古的 9 年中,可以说是始终如一。《汉书》中有关精绝人、户的记录,与已见遗存数并不统一。[3]遗址区内红柳沙包密布,使遗址环境变得异常复杂,不走到遗存跟前,就无法观察到它的存在。古代建筑遗迹往往高于目前地面三、四米,不少建筑,叠压在了红柳沙包之中。这说明精绝废弃后,这片地区地貌既

〔1〕王树基《塔里木盆地晚新生代干旱环境的形成与演变》,第四纪研究,1990 年 4 月。
〔2〕杨逸畴《尼雅环境的演化和文明兴衰》,载《尼雅遗迹学术调查报告书》,第二卷,第 327 页。
〔3〕《汉书·西域传》精绝国条,记精绝国有"户四百八十,三千三百六十人口",目前已见遗迹远远不足显示这一规模。

遭遇严重侵蚀、切割,又不断有着沙尘堆集。一些当年的建筑可能只余遗物,陶片散落在沙尘上下。这些因素都启示我们,要准确、全面把握遗址的面貌,在没有更先进的手段前,只能依靠人力认真踏查。前面介绍的两百多处遗迹点,虽已远远超过了斯坦因45处建筑遗址的报告,但很可能还并不是最完备的结论。

斯坦因曾进行过挖掘、我们又重点发掘的 N2、N5、N37 遗址,这里稍予介绍:

N2 遗址,在斯坦因的报告中,是十分平常的一处遗存。他清理过其中多处房址,获得了 20 块佉卢文长形字板,发现一处冰窖。认为房址已被严重侵蚀,佉卢文字板保存很糟,因而很快结束了对它的挖掘。[1] 其实,N2 是整个尼雅遗址中唯一存在密集建筑群的遗迹点,大约有 19 处建筑物呈环形展布在一处圆形广场上,广场中心是一个公共空间。它位于尼雅遗址中部,处于核心地位。其西南,紧靠尼雅遗址中最显目的佛塔;其北面,有一区大型蓄水池,池周围着木栅。在这区密集建筑的东面、南面,还可以见到残存四五段土垣。其中一段,长约 20 米、宽1.5米、高可 2 米。这段明显具有防护性功能、垛泥筑就的粘土围墙,当是严重风蚀、切割后保存得不完好的城墙残段。对 N2 这一集群建筑,联合考古队只清理了 1、8、19 号三组居室,每组建筑下部均有高 0.5~1 米的地基,建筑规模大小稍有差别。规格较高的居室,规模较大,主室面积可达 40 平方米。室内贴壁见 "冂" 形土炕。住室中部有取暖火塘,火塘直径 50 厘米、深 40 厘米,火塘周围有宽 10~25 厘米的围堤,炉内厚积炭灰。四壁因长时间烧火而发红。住室内院或见小葡萄园。建筑围墙除用红柳、芦苇编就、内外涂泥的木骨泥墙外,还见到土坯残墙。土坯墙虽属简单,但在尼雅废墟内是不同一般的设置,为规格较高的墙体。室内遗物具有一般特点:木器是主体,家具、编织工具、捕鼠器、锁、饮食用器,几乎都为木质材料制成;陶器主要为罐、瓮,似作存储用物;织物见丝、毛、棉、麻、毡;金属用器有铜、铁,但数量不多;饰

---

〔1〕M. Aurel Stein Ancient khotan p328~332. New dehhi – india,1981.

物有玻璃珠、石珠;取火方法为钻木取火;也见到少量佉卢文写板。[1]因为并没有对这一圆形广场上的所有建筑物进行全面清理,其间的关系、它们与遗址区内其他居址的异同,这一建筑集群与佛塔的关系等,都还不能提出准确分析。但这一初步成果与斯坦因在《古代和田》中对 N2 的报导,差别是十分明显的。斯坦因只注意到遗址内佉卢文的存在,而完全忽略了它们保留的社会生活信息。

N5 遗址,是斯坦因第一次进入尼雅时重点发掘过的又一处遗址。当时他着重清理了这区遗址北部一处大型房间及傍近的垃圾堆,获得了 250 多件佉卢文、汉文简牍,包括 24 件羊皮佉卢文书、42 件汉文木简。汉文木简中有引起学界关注的"泰始五年十月戊午朔廿日丁丑敦煌太守……"及"晋守侍中大都尉奉晋大侯亲晋鄯善焉耆龟兹疏勒"、"于阗王写下诏书到奉"等简文。为了便于判定简牍的相互关系、年代早晚,发掘中,斯坦因曾告诫自己要十分注意它们的相对位置。但无法避免的民工发掘的忙乱,还是有 10 件文书失掉了原始编号。关于 N5 的报告,在《古代和田》中篇幅不小,但差不多全部文字只是对有关简牍出土、形制,羊皮文书的折扎、使用,封泥图形及封缄、捆扎细节,佉卢文的初步解读成果、晋简年代等进行的说明,只是在报告最后提到他曾关注这区遗址中的第 16 号遗迹为一座"小寺庙"。遗址西南,是"由一些死果树及更深埋在沙中的篱笆标示的大果园"。[2]

我们也对 N5 进行了清理,得到的又是相当不同的结论。N5 经纬位置为 N37°59′53.9″、E82°43′44.3″,是一区两面傍河的大型遗址,处地势高峻的台地上。东南缘有一条长达百米的人工林带,灰杨、柳树是主体,树龄很长,树干直径大都粗到 40 ~ 70 厘米,树干高 10 多米,它们曾为阻抑沙尘,为居室主人荫蔽骄阳,远眺起伏的沙浪,近观脚下缓缓流淌的尼雅河发挥过不可轻估的作用。台地上共存 5 组建筑:向东开启的院门,院门西北边有一处畜厩;一区小型佛寺,寺院西部有冰窖;偏北

〔1〕中日联合考古队关于 N2 的调查、清理资料,见《尼雅遗迹学术调查报告书》,第二卷,第42 ~ 54 页。

〔2〕M. Aurel Stein, Ancient khotan p338 ~ 374. New dehhi – india,1981.

·欧·亚·历·史·文·化·文·库·

部为一处宽大、单独围篱的院落(斯坦因重点挖掘处);西南部为一建筑面积达 300 平方米的大型佛堂。五组建筑之间,是比较开阔的面积达 500 平方米的广场(见图版 40)。木结构院门东开,门道长 3.4 米、宽 2.86 米,残墙仍高 0.6 米。双扇院门自外向内开关,门槛磨损严重,足见进出人员人数不少,经历时间不短。院门南接佛寺,入院后可以直入寺门。斯坦因推论可能为"小寺庙"的遗址,确为一"回"字方形寺院,面积为 5.2×5.3 平方米。四边见地梁、立柱,中部为边长 2 米的正方形基坛(基坛上有深一米多、直径一米多的深坑,大概是 1901 年斯氏雇工留下的掘痕)。周绕回廊,回廊宽 1.2 米。清理中出土木雕像、八瓣铜花、壁画佛像、柱头花形装饰等。佛像已坍塌在地,裂作碎块。经粘合复原,可以看出佛像面呈长圆形,眼细长微睁,俯视。有八字胡,着通肩式方格纹袈裟,形象基本完整。取小寺出土木材进行 ^{14}C 测年,结论为去今 1921±60 年,相当于东汉、三国时期。与斯坦因所获"泰始五年"木简基本一致,可以信从。这种"回"字形小寺,在塔里木盆地南缘不少沙漠古址中均有发现,具有典型性。

佛寺西部,距约 10 米,为口部约呈四方形(边长 4 米)的方井,深 2.2 米后见枯树枝、麦草、骆驼刺,疑为冰窖。[1]

佛寺正西,即斯坦因判定的"大果园"所在,实际为一大型建筑。残长 24 米、宽 12.5 米,包括讲经堂与僧房。这里曾经是绿树丛丛,废弃后,巨大的树木纵横交叠,覆在了房屋废墟上,致使斯坦因判定它为一处大果园。僧房有二:其一,长 8.5 米、宽 6.75 米,居北端。室内南向开门,存长 3.5 米、宽 1.25 米的土炕,用整齐土坯砌出炕沿,东墙下有灶、木桶、抹泥板。其二,长 9.75、宽 3.95 米,室内有长 5 米、宽 1.2 米的土炕,同样以土坯砌出炕沿。室内见灶,有烧土、烟炱痕。僧房与讲经堂间为过道,宽 1.75 米。讲经堂宽大,长方形,建筑面积为 10.15×7.1 平方米。室内存一稍残木柱,屹立未倒,圆形,直径 0.5 米、残高

---

[1]塔里木盆地南缘,当地老乡至今仍用这种办法储冰。井底铺架木柴,冬季挖冰,置于木柴架上,其上厚盖草被、封口。入夏,冰未消化,可以享用冰凉。

1.7 米,有榫头楔入地下大型方木础内,木础长近 1 米、宽 0.5 米。木础周围,出土了多量圆孔方形木斗、方孔方形木斗、梯形木、三角形木块、半圆形、一端弧形木块、带榫槽的长方形木块等。部分木斗与替木组合未散,间杂芦苇、草泥,一部分木构件上见烟熏痕。这类木构件,厚积达 70 厘米。显示了这处讲堂当年的房顶,大概是用长方形檩木搭出框架,其间是木斗、枋木等构成藻井式天棚,其上再铺芦苇,抹草泥。在已见尼雅建筑遗存中,算得上是最为恢宏、最有气势的一处。中原建筑工艺的影响也清楚可见。木柱四围,还发现四座木雕伎乐天人像,高 65 厘米,以枋木粗雕出伎乐起舞形态,辅以墨线,勾勒面形、指纹、服饰。可看出所雕人像着圆领衫、长裙,头微侧,一手上举,作轻曼舞姿(见图版 41)。讲经堂东面不用泥墙封闭,而是开放式的栏杆。先在地梁上等距离立小木柱,木柱间纵横架木条,构成栏杆。栏杆残高仍有 0.35 米,以小方材榫卯结合成几何图形(见图版 42),这是一处供僧众集会、讲经说法的处所。

讲经堂东北,与另一处大型建筑相邻。残存建筑主体,可以辨析出为两组屋舍。东侧房屋见两间,其一残长 3 米、宽 3.5 米,其二残长 3.5 米、宽 2.5 米。西侧两间房屋一为 8×7 平方米,又一为 7.5×14 平方米,相当宽敞。居室东南部为大型篱栅构成的院落,长 19 米、宽 8.5 米,面积达 160 多平方米。院门开在西北,宽 3 米,门道不朝向讲经堂、小佛寺[1] 清理中,发现了铜、铁器、木器盖(上有斯坦因编号 NXV: 49,是已经出土并经斯坦因自己编号确定,最后因疏忽而未取走的文物。这类情况,在吐鲁番也有所见)、纺轮、纺杆、紧绳器、汉文残简 9 支、佉卢文残简 5 件。这区房址(尤其是房后的堆积),斯坦因曾详细清理过。从斯坦因所获文物,当为魏晋时尼雅地区一处重要官署或官员住房。也有人认为它是"寺主或住持的办公场所"。[2] 但从院门不

---

〔1〕张铁男、王宗磊《95 尼雅 93A35(N5)佛教寺院发掘简报》、《1996 年尼雅 93A35(N5)遗址 FA、FB、FC、FD 发掘简报》,载《新疆文物》,1998 年第 1 期、1999 年第 2 期。

〔2〕贾应逸《新疆石窟和寺院遗址研究 50 年的回顾与思考》,载[韩]《中亚研究》,2001 年 6 期,第 39 页。

向佛寺开启,很难认为它们是同一组建筑布局。

本文所以较详细介绍 N5 的清理结果,既是为了与 1901 年斯坦因的工作进行比较,更是为了说明东汉以后魏晋时期,佛教已成为尼雅地区的重要信仰。N5 佛寺可算一处典型,它是鄯善王国凯度多州境内最主要的寺院。与官署或重要官员住宅同处一个大院内,可以显示佛教作为一种重要信仰,与世俗权力存在紧密关联。寺院所在,地势高敞,河水环绕,绿树成荫。建筑中见到的斗拱部件,栏杆装饰,说明佛寺在当年的精绝社会中,具有相当崇高的地位,在尼雅居民中,发挥着重要的作用。

N37 遗址,也是斯坦因清理过的一处房址,相关报告比较简单:"N37 位于(N36)的南面,有几个房间中出土了一些佉卢文木简。其中有一件矩形盖简,封泥上有中国鄯善郡守的官印印迹;另有一块古怪的装饰木雕,显然是家具上的构件,上面雕刻着四瓣花纹,样式颇不寻常。"[1]

斯坦因这里只强调说明了两件出土文物。其实,N37 的情况也远远不是这样简单的。

N37,居于尼雅废墟的南部,经纬位置为 N37°55′02″、E82°43′23″。四周为相当密集的红柳沙包、枯死胡杨,距废墟南端的古桥不远。其东约 200 米处,还有几棵干径粗大、枝繁叶茂、至今生机盎然的活胡杨,是整个尼雅遗址内唯一仍存活胡杨的地点。居址平面略呈长方形,残存面积达 190 平方米,以东西向走廊为轴,南北两侧各有两间房舍。可以作为小家庭住屋的代表:四间居室以走道连通,分别为卧室、客厅、厨房、储藏室。距离住处约 30 米,有主人家的畜圈,以红柳枝围成,分隔为数间。从粪便观察,畜养品种有羊、牛、马、骆驼,粪便厚积达 20 厘米。居室建筑工艺也有代表性:木质地梁,其上立柱,立柱间有支撑木材,其间编红柳枝、芦苇为墙,内外敷泥。房屋中部有丫形立柱,下端楔入木础中,上架横梁。地梁、横梁、立柱均见榫孔,可以互相卯接,形成

---

〔1〕〔英〕A. 斯坦因《西域考古图记》,广西师大出版社,2000 年,第 147 页。

一个整体。平顶,顶部铺苇草、加泥。相当简单,但可挡风避寒。睡眠、休息活动处是房内贴墙的土炕,长 3～5 米,宽 1.5 米左右,炕边用土坯砌栏,炕体为纯净黄土,其上铺毡、蓆。储藏室内见厚麦草、木柄铁镰,19 支木钉、骆驼用的鼻纤、纺轮、纺杆、丝织物残片、毛布片、骨勺、紧绳器、佉卢文木简、羊皮文书,墙角有较大陶瓮。居室内也见木简,还有料珠、玩具、鞋楦、木针、钻木取火器、箭杆、木箭头、戒面,另外还有两柄铁镰。整个住室内,共见佉卢文简牍 15 件,其中有的未开封,已开封的一件有童格罗伽王纪年,文书语言特征"接近公元 2 世纪中亚贵霜碑铭的语言",判定为公元 2 世纪晚期遗物。[1]"鄯善郡尉"缄封的木牍缘何出土于此,给人留下了悬念。这处居址中,全部文物展示的内涵,是以小家庭为单元的社会生活情况:有农业(种小麦),饲养牲畜,家庭手工业中编织业具有重要地位,小件木器是日常生活中不可或缺的用具,较之陶器,用得更多。两件木质玩具(博具?),正方形、长方体,四面分别有 1～4 个压印圆圈,游戏方法不详。[2] 斯坦因在清理 N37 时,应该是能接触到这些文化现象的,但报告中未见措辞。他的农民工挖去了土炕的一段,目的也只是寻宝。自然,这些出土文物与奢华的珍宝离得很远,但却清楚地显示了普通居民的生活景象。

N2、N5、N37 这三处居址,斯坦因和我们都进行了清理。我们对相关遗址的认识与斯坦因曾有的结论,差别可以说是很大。斯坦因当年的尼雅考古,尤其是获取的大量佉卢文,曾在推进西域历史文化研究中产生过重要影响。但他只关注于文物、尤其是佉卢文书,他雇用的民工也总以找到这些文物以求邀赏,弊端是十分明显的。这样的工作方式,绝难对精绝或稍后的鄯善凯度多州的社会生活状况提供比较准确的说明。对斯坦因当年的尼雅考古,没有必要完全贬斥;但捧得过高,同样大可不必。应该把他放在当年特殊的历史背景下,全方位冷静地

〔1〕林梅村《尼雅新发现的鄯善王童格罗伽纪年文书考》,载《汉唐西域与中国文明》,文物出版社,1998 年,第 178～197 页。

〔2〕张铁男、王宗磊《93A27(N37)调查》,载《尼雅遗址学术调查报告书》,第二卷,第 69～76 页。

分析其工作过程、成果,给他以适当的历史评价。

13.4 精绝城、寺、陵

20 世纪最后近 10 年的尼雅考古,除上面提到的调查、发掘外,还在遗址区南端胡杨林中发现了一座古城,并对其南城门进行了发掘,还对 1995 年发现的 95MN1 号墓地进行了全面发掘。除佛塔、N5 佛寺外,在遗址区西北部还发现了又一处佛教寺院。这些工作,提供了 20 世纪中期以前尼雅考古工作中没有接触过的一些新资料。

13.4.1 精绝王国有城,通过《汉书·西域传》中"精绝国,王治精绝城"这句话,是可以肯定的。但在20世纪90年代以前,一批又一批有幸进入过尼雅废墟的中外考察者,谁也没有能发现古城的痕迹

笔者在尼雅的多年踏查,注意到在 N2 遗址东面,有两段残长二十多米垛泥版筑土墙(见图版 43),南面还有两小段垛筑泥墙,可以成弧形连续,只是中间部分缺失很多。北面又为高耸沙包覆盖,情况难明。据现存土垣遗迹及其环抱中的环形建筑集群,可以联想及土城。当然,这还是一个需要进一步证实的推论。

废墟南部古城址,形制比较明确、清楚。位于 N37°52′37.50″、E82°43′25.21″处,四周巨型红柳包丛集,枯死胡杨树屹立,古城垣也有相当部分被沙包覆盖。作者在调查中,有一个体验:明明已到了古城前,复杂的地貌却每每还是使人不能把握古城的所在。其隐秘性,给现场工作的每个人都留有深刻的印象。认真踏勘过古城垣走向、筑城工艺、建筑遗存后得到的印象,也是完全不同于一般古代城市的概念。古城略呈椭圆形,长径 185 米、短径 150 米,周长约 530 米。城墙底宽 3 米,残高0.50～2.5 米,顶宽 1 米左右。用黄白色淤泥垛筑而成,没有加夯,透迤铺展。虽部分城墙为沙包掩盖,但走向基本清楚。城墙南部存一豁口,有红烧土、经火的残木构件,当为古城南门门道。东西宽可 5 米,南北进深 7 米。门道南约 6 米处,见木构覆草小屋一间,大部倾塌,满积黄沙。对这一小屋稍事清理,明确为尼雅废墟最一般的建筑形式,内见牛粪、细木片、柳枝编绳、块石等。西墙土缝中得佉卢文残简一支,据林梅村判读,是一件马希利王六年(293—323年)的纪年木简。清理城门积土,城门宽3.5米、深进6.5米以上(北端积沙过厚,未清理到头)。门道东西两侧铺地梁,地梁上残存直径20厘米之立柱,为过梁式一重门,最后遭大火焚毁(见图版44)。城内,除少部分积沙、几棵仍然屹立的胡杨树外,搜寻不到任何建筑遗存,也不见一点陶片等文化遗物,[1]似乎未曾有人居住、生活过。种种迹象,给人的启示是:这座简单垛筑在红柳沙包、胡杨丛林中的土城圈,绝对不是当年尼雅社会政治、经济、生活的中心,也不是居民居住的中心,更像是为躲避一时凶险而设置的避难所。如是,则精绝晚期社会生活之动荡,堪为一证。

13.4.2 佛教:关于尼雅废墟之佛教遗存,除前面介绍了的 N5 佛寺、讲经堂外,还有居于废墟中部之佛塔,废墟西北部一处佛寺遗迹

尼雅废墟之佛塔,为尼雅的一处标志性遗存。它方基圆顶,用料为土坯。土坯之间用掺和麻纤维的粘土作为粘合剂,其厚度几乎与土坯相等。土坯、粘土,层层砌叠,上下层土坯注意错缝,相当牢固。佛塔残存高度为6.15米底部为三层方形塔基。底层边长达5.6米、厚1.8米;第二层边长3.9米、厚2.15米;第三层边长2.6米、厚0.3米。圆顶高1.9米。从倾塌部分观察,佛塔内有呈塔形的内芯。建塔当年,先砌出塔状内芯,外面用土坯逐层围砌,最后一道工序是在土坯外敷草泥,再抹光。但外层敷泥,目前只余些许痕迹,大部分均已脱落。

值得注意之点还有位于这座佛塔之北面,为三座高达12米以上的巨型红柳沙包。认真观察,可以见到沙包下微微出露的方形梁木端头,局部见红柳围栅。半埋沙包中,有几棵枯死桑树,树顶显露。桑,是人工栽植的树木。这种种迹象说明佛塔之北,与佛塔邻接,曾有大型带栅栏的木构建筑物,只是已埋在了沙包下。这被掩埋的建筑,最大可能当

---

〔1〕《尼雅遗迹学术调查报告书》第二卷,第133~136页。

是一处比较恢宏的佛教寺院。寺居北,塔居南。如是建筑形式,对深谙佛教建筑,尤其是印度、中亚地区佛教建筑特点的行家,或会据以对佛教进入尼雅的路线产生有用的联想。

佛教遗迹之三,位于尼雅废墟西北部,邻近斯坦因编号的 N12、N24、N25。但仔细、认真踏查,在斯坦因当年标定的这三处遗迹外,傍近实际还有六处建筑遗迹散处在较为密集的红柳沙包中。附近还可以见到成排的行道树、栅栏篱墙、窑址等,形成较为集中的一处建筑群落,寺院正位于这一建筑群落中心。当年,这处寺院大概正是这区居民社会生活的中心。观察寺院地表遗迹,形态与已发掘的 N5 佛寺非常相似。只是规模较大,正方形边墙长达 8 米。中部,可以观察到基本也作方形的基坛,为 3.5×3.7 平方米。四周为参拜回廊,南向开门。门下排列的土坯,似为台阶遗痕。总体设计明显为塔里木盆地南缘魏晋时期流行的“回”字形寺院布局,功能主要是作为礼佛、悟道的礼拜堂。寺院北侧,有小型附属建筑;西南,厚积的沙土堆下,有立柱上端出露,说明沙下还埋藏着一处与寺院存在关联的建筑物。

尼雅废墟内的佛教遗存,截至目前,虽只发掘、清理了 N5 一处,其他两处只是调查。但 N5 寺院、讲经堂建筑藻井式天棚,庭院树木、临河台地这一位置,都足以说明东汉以后,佛教在这一沙漠深处的聚落中,已成为居民的主体信仰,具有不同寻常的地位。结合业已解读的佉卢文资料中就有“法句经”,尼雅出土的佉卢文世俗文书中也多处提到“沙门”,他们与世俗的居民存在经济纠纷,如抵押葡萄园、耕地、人丁等,沙门有养子、养女,沙门之黄袈裟被一妇女焚毁等等[1] 文字记录虽然十分琐碎,但生动地表明他们已深深介入于精绝世俗的社会生活之中,成为当年不可忽视的存在。

13.4.3 1995 年尼雅一号墓地发掘

95 尼雅一号墓地,位居尼雅遗址西北部,西距 N14 两公里多。10

---

〔1〕具体资料均见林梅村《沙海古卷》,文物出版社,1988 年。

×10平方米内共见古代墓葬9座,[1]其中一座已遭焚毁,只余部分骸骨、锦片;3座为箱式木棺,5座为船形胡杨木棺。箱式木棺为矩形,四腿。底、箱、挡板与方形木腿互相嵌镶铆楔。为夫妇合葬,或家庭多人合葬。船形胡杨木棺是利用胡杨木树干刨挖成形,葬一人或多人,上覆盖板,板缝涂泥,或更以红柳绳索捆缚、固定。箱式木棺基本为南北方向,船形胡杨木棺主要为西北—东南方向,或东西方向。同处一个墓地,出土文物略见差异。

这里,重点介绍墓地的主要发掘收获,尤其以等级最高,可能为汉末精绝王墓葬的M3、M8出土文物为主。出土文物主要为墓主人的随身衣物,如衣服、鞋、帽、腰带。有男主人的武器(弓、箭、箙、鞘及匕首等),女主人的装饰用物及主人生前日常生活中不可或缺的饮食用品,如陶器、木器、肉类、粮食、水果等。因其未经盗扰且保存完好,很有说服力地揭示了当年精绝王国上层统治集团的政治、经济、社会、日常生活情状,"丝绸之路""南道"在两汉时期运行的实际,补充了文献记录之空缺。

出土文物中十分引人注目的,是一批主人穿着在身的各类丝、毛、棉织物衣服。其中以丝织物居主体,毛织物居次,棉织物较少。丝织物主要包括锦、绢、绮,亦有少量绣。锦在丝织物中居于十分重要的地位。不仅数量多,而且幅边完整,图案新颖,为过去少见或不见。以M3为例,共出丝织衣物26件,其中以锦为主或只用锦料的衣物为17件,占65%强。居主要地位的17件锦质衣物中,共使用了11种不同花色、风格的锦料。26件衣物中,有14件衣物使用了绢。包括了不同密度、不同色泽的绢计23种,另外还有一件绮衣。除丝织物外,还有一双毛质毡靴(部分使用了毛绣)、两块毛毯、一件麻织袜。此墓未见棉,丝织物居于绝对主要地位。M8中,锦计12种,丝绢数量大,多作袍、衫、面衣、手套、香囊的缘或袍等衣物的衬里。而毛织品为4件(包括毛毯、腰

---

[1]95尼雅一号墓地,共见墓葬实为9座。目前所见文章、报导,不少均称共见棺木8座。但在M3上部,还有1座遭火焚毁的棺木,残留人骨、锦片,当为一座墓葬无疑。

带)及 3 件棉织物。根据这一统计,可以分析结论,丝织品,尤其是锦、绢,是墓主人主要使用的衣着材料,毛、棉、麻居于次要地位。毛织物主要用为地毯、编织带、靴鞋等,未用为衣料。

日常生活用器,主要为木器,其次为陶器。木器包括了器座、木盆、木罐、碗、杯之属,包括了日常生活之盛器、食具、梳篦等化妆、清洁用品,基本均为木质制品。陶器较少,主要是一种球腹圆底带流罐,当是盛储水、酒、乳类饮料的用器。如果联系遗址出土的采集品,陶器在生活中的地位会较大,如常见之大型小口圆腹圆底陶罐,高达 1 米左右。当年尼雅人存储粮食、葡萄酒、水,大多有赖于此。

武器,是每个男性入葬者均需配备的随葬物,基本构成是:实用的强弓 1 张、弓套 1 件、箭 4 支、箭箙 1 件、皮刀鞘两件(不见刀),包括近身防卫的短兵及攻击性的弓箭。表现着当年精绝子民全体男性均为武士的状况。M3、M8 男主人还贴身佩戴蜻蜓眼玻璃珠。

女性随葬梳妆盒,内存丝线、香囊、梳篦、铜镜。装饰物见玻璃珠、金耳环。金器稀少而珍贵。

出土之毛织物,虽数量不算多,但文物之精,保存之好,织造水平之高,均引人注目。M3 女主人之晕涧纹毛织靴,十分精美。盖覆木棺之毛毯,显人形图像:带三角形尖帽、束腰、着裙,为图案化舞人;又一为菱格十字形几何纹,均是既往未见之精品。

皮革制品,在日常生活中也占重要地位。除前述弓、箭囊、鞘外,鞋、扳指儿、小囊等,亦均用皮,但鞣制不佳。

入棺供死后享用的物品,有糜谷饼、糜谷籽粒、羊腿、羊胸肋(与小铁刀共存)及梨、葡萄等。精绝王国当年农、牧、园艺业兼营的生产情况,与遗址所显示的景象是统一的。[1]

关于墓葬的时代,从出土丝织物(尤其是锦纹图案)、铜镜(龙纹镜、四乳纹镜、四乳四神兽镜)、陶器(尤其罐之造型)来看,均为汉代风格。1 号墓地内,存在墓穴互相叠压之情况:M2 遭焚毁,只余极少烧

---

〔1〕《尼雅遗迹学术调查报告书》第二卷,第 88 ~ 110、114 ~ 121 页。

骨、残锦,所在沙土也已烧成暗红色;其下为 M3,墓穴上部之覆沙,椁室与棺木之间填草等均保持完好;M8 墓穴,居 M3 之西侧,基本成并列状,但墓室沙穴较深,导致 M3 流沙倾泻,使墓穴东北一角被叠压在 M3 沙穴之下。表面看似乎 M8 早于 M3,实际却相反,是 M8 入土在后,导致 M3 墓穴周围沙层流动,故 M3 入土在前。这是一组相对早晚的关系,文物风格并无大的差异,其时间早晚,是十分短暂的。

M8 出土陶罐上有"王"字;M3 男女合葬棺内,覆盖"王侯合昏千秋万岁宜子孙"锦被,表明墓主人应为精绝的地方王侯,而不是一般社会身份的人物。墓地所在,距汉精绝王室之住地(N14)不远。据此,可以推论:95 尼雅一号墓地,没有疑问就是汉精绝王室的墓地。精绝,作为西域南道上最小的绿洲城邦,地狭、人少、力薄,国家命运之发展,只能随当年西域南道政治形势变动而沉浮:在西汉时,受汉王朝西域都护管辖;到公元 2 世纪中,曾先受控于莎车、于阗,后受制于鄯善。联系这一历史背景,可以初步判定,尼雅一号墓地,很可能是入葬于东汉后期,汉王朝尚可控制精绝之时。[1] 而到公元 2 世纪 70 年代以后,东汉王朝势力衰微,无力控制西域。入晋,精绝成为鄯善之属部。如是,则这批文物可以作为精绝王国晚期文化之代表物。

对墓地出土物作总体之观察,得到的强烈印象之一是,在公元 2 世纪时,"丝绸之路""南道"上,东西经济、文化交流是频繁而紧密的。精绝虽只是"南道"上弹丸之地的小"国",但因位居冲要,是东来西往的人们必须停留以补充给养而不能逾越、舍弃的腰站。所以精绝绿洲的统治者,可享受到"丝绸之路"当年流动中的东西方物质文明,他们穿着的是代表当年最高纺织成就、与黄金等价的织锦,还有铜镜、漆盒,它们来自汉王朝;而蜻蜓眼料珠、玻璃珠项链等玻璃用器则可能来自西方;极少量的黄金饰物(耳环等)当然也不会是本地土产,它既显示着黄金的十分稀珍,也表现因着"丝绸之路"的存在,汉代精绝人才得以

---

〔1〕由于文献记录缺略,关于东汉时期精绝王国的政治沉浮,并不完全明晰。这一结论,参见林梅村《汉代精绝国与尼雅遗址》,《文物》,1996 年第 12 期。

沐浴、感受到外部广大世界的先进物质文明。这些代表了当年亚欧世界辉煌物质成就的产品,与古朴原始的土产木盆、木罐、陶罐、木叉等,形成了强烈的对比与反差。

墓地多量的、保存完好的丝绸织物,代表了两汉时期的丝织水平。织锦图案中,多吉祥用语。只从吉祥用语看,即有"世毋极锦宜二亲传子孙"、"王侯合昏千秋万岁宜子孙"、"长乐大明光"、"延年益寿长葆子孙"、"五星出东方利中国"、"讨南羌"、"安乐绣"、"千秋万岁宜子孙"、"安乐如意长寿无极"等多组内容,中心意旨除常见的祈求长寿安乐、荫护子孙的颂词外,还有表现特定历史文化内涵的文字。这方面的实例,如"王侯合昏千秋万岁宜子孙"锦,隶书汉字,穿插于舞人、茱萸、云气之间,显示着一种吉祥、和谐、安谧的气氛,应该是两汉时期对边疆少数民族政权实行和亲政策的体现。这件锦被,其纹样已经局限了使用范围,只能用在上层贵族集团的婚聚、嫁娶之中。"五星出东方利中国"锦,图案花纹清新醒目,祥鸟、瑞兽、白虎走动于云气、星辰之中,显示着一种强大的信心和力量。"讨南羌"锦,组织、图案风格与"五星出东方利中国"锦相同。汉隶文意,彼此也可联通。赵丰据以提出两者为同一锦料的两块断片,可备一说。[1] 两汉时,汉王朝政府与羌的矛盾是持续多年的重大矛盾之一。而东汉以后,西部羌族已逐渐跻身于祖国西北地区的军事、政治角逐之中,历史地位与汉代有相当大的不同。从这一大的历史背景去观察,此锦生产最早可能及于西汉宣帝时,与赵充国、辛武贤征讨西羌的重要军事活动有直接关联,而晚可以到东汉后期。汉代丝织工匠呼应着统治者的意志,把当年的最重大时代主题,凝聚在了锦织物图案之中。

13.5　从尼雅考古看精绝历史

呼应着时代的风云,与20世纪共始终,尼雅考古不断发展、前进。

---

〔1〕赵丰《五星耀五色——尼雅出土织锦浅谈》,载《沙漠王子遗宝》,香港:艺纱堂服饰出版,2000年,第22～25页。

精绝历史因此得有一个全新的面貌,汉、晋时期西域历史研究因此而得以展示新的面目。

斯坦因作为一个考古学者,在尼雅的考古、研究中有过一定的贡献。英国政府在中亚地区与沙俄的角逐,它们的殖民主义野心在斯坦因的工作中留有深刻的时代印痕,产生了不可轻估的影响。在殖民扩张的不正常心态下,主要以取得文物为目的之工作方式,导致斯坦因对塔克拉玛干沙漠中许多珍贵的历史遗存,造成了难以估量的破坏。尼雅,是典型一例。这自然给中国人民心灵深处留下了深深的伤痛。

新疆地区文物保护、博物馆、考古研究部门的科学工作者,在 20 世纪 50 年代以后,对尼雅废墟进行过不止一次的工作,付出过辛劳,流下过汗水。但实事求是地评价,真正将尼雅考古推入一个新的历史阶段,还是 20 世纪最后的 10 年中日合作的尼雅考古。虽然这一形式明显有不少难以尽如人意之处,但总还是为科学的尼雅考古提供了过去从未获得过的工作平台。特别是这次考古得可能使用了最新的技术手段,实施全面调查,可展开重点发掘,尝试着组织实施了多学科学者的合作、考察、研究,力求最大限度利用一切有用的信息,关注遗址、文物的科学保护等,这都是既往未见、在此阶段才有的新内容。

现存尼雅废墟及此中已经出土的文物,主要表现着汉、晋时期这一聚落中社会经济、精神文化生活方面的情况,也表现了作为"丝绸之路""南道"上不可逾越的站点,它曾经有过与周邻世界的联系。在去今 2000 年前后,这里还是尼雅河下游的三角洲,是尼雅河水可以方便流泄之处,水丰林茂、人烟稠密。农业,在经济生活中具有重要地位,小麦、糜子是主要农作物。相当严密的灌溉制度,保证了旱作农业的稳定收获。葡萄、梨、桃、杏,是重要的果品。葡萄酒,是当时社会珍视的饮料;蔓菁、胡萝卜,是主要的蔬菜。与农业紧密结合的家庭饲养业,主要牲畜有羊、牛、马、骆驼,保证了交通、肉食、衣装、皮革的需求。鸡,是饲养的家禽,在 N14,见过完整鸡体。一号墓地 M4,女主人胸前也有一只鸡。这一文化现象清楚表明:鸡已不是一般肉食材料,而有着更多的、如宗教巫术方面的价值。木器制作、纺纱织布、擀毡织毯,是重要的家庭手工业。冶铁、铜及制陶,是满足全社会需要的手工生产部门。有专业的工人,他们的社会地位不低,他们加工兵器、斧、镰、刀、凿等工具,烧造陶器,可满足绿洲社会的需求。身处沙漠包围中的精绝社会,重视树木的栽培。整齐的行道树,大宅周围树干直径70公分上下的高大杨木,以及红柳形成的栅栏,说明主人对它们防风御沙的功能有着深刻的了解。还有不止一处的桑林,和田文管所在这里采集到的陶蚕,表明晋代精绝社会可能已知栽桑育蚕。

沙漠深处不大的绿洲,区区"四百八十户"、"三千三百六十人口",精绝王国的政治、军事实力是十分有限的。导致精绝在"丝绸之路""南道"上不可轻忽的地位,是它重要的地理位置。汉、晋时期的"丝绸之路""南道",是主要的穿行塔克拉玛干沙漠的"丝绸之路"干线。植根在尼雅河上的精绝绿洲,西去克里雅河扜弥,东至安迪尔河吐火罗故国,其间都有100公里以上的沙漠征途。在沙漠中行进,以最耐干渴的骆驼代步,最长五至七天,必须要有水的补充。以沙漠中日行15~20公里计,没有精绝绿洲的补给,"丝绸之路""南道"是不可能正常运行的。正是因为这样的地位,才使它成为任何一个企图控制"丝绸之路""南道"交通的国家,都必须首先取得对精绝绿洲的控制。西汉王朝打通"丝绸之路""南道"后,在精绝投下过很大的精力:行安辑政策,对上层统治者厚赂怀诱。设屯田(出土过"司禾府印"),推行汉文(出土过"仓颉篇"汉简),便于政令之贯彻实施。出土的汉简及大量锦、绢、铜镜、漆器,直至食具——漆筷,等等,无不表现着汉、晋王朝在这片土地上倾注过的关心。

东汉后期,佉卢文开始进入尼雅。至晋,汉文虽然存在,官方也在继续使用,但佉卢文地位日重,并逐渐成了精绝社会生活中占有主要地位的文字工具。这与贵霜的影响密切关联。精绝社会上层人物的剑、刀皮鞘上的纹饰,权贵人家木椅雕腿图案,棉布上丰收女神像,佉卢文木牍封泥上的希腊神话人物形象,蜻蜓眼料珠、玻璃器、精美毛织物,均可以看出来自帕米尔高原以西的物质及文化影响。

透过物质文化遗存触摸到的这些历史信息,使我们对当年精绝绿洲在"丝绸之路"上曾经承担的历史责任,曾经流动在"丝绸之路"上的政治、经济、科学技术、艺术文化潮流,至今可以清晰地感受到。

1600 年前鲜活的绿洲,化作为今天没有生命的废墟,是一个大家都十分关注的问题。深处沙漠中的绿洲,地理环境严酷,生态脆弱。现存地表,表现着废弃当年社会生活在一瞬间的种种迹象:房屋完好、四周林木葱郁;也有屋舍中粮食仍堆积在目;不少佉卢文还未开拆、处理,匆匆置于室内一角,或藏匿在瓮,覆盖在沙土内;室内、土炕上少见完好的日常用物;已解读佉卢文,多处提到苏毗人入侵,人心慌乱……这种种迹象都足以说明,遗址废弃当日形势紧迫,绿洲主人带着少量急用物品匆忙离去,但却又怀着还要回来处理种种未了事件的愿望。只不过是由于无法预料的事态发展,使他们没有得到返回故国家园的可能。再穷的家,也难舍弃;故园,有无法割舍的种种亲切记忆,尤其是已经熟悉了的、感受着安全的生产、生活运行程序,还有先人的陵墓……不是面对无力抗衡的外部力量,他们是肯定会回到这一十分熟悉的空间世界来的。但是,他们终究没有回来。是因为人的丧亡?还是因为绿洲生命之源——水的运作秩序受到了破坏?或是自然困难与社会灾难的综合作用……因素可能是多种多样的,最后、最完满地解读,不仅要在这片废墟遗存的诸多细节,也要在尼雅先民迁徙后居住的另一处绿洲点上去寻觅。这一点,我们至今还没有实现。

20 世纪的尼雅考古,取得了丰硕的收获,给了人们历史的教益。但要全面、准确认识尼雅河水系自然、地理单元内人类发展的历史过程,在严酷、脆弱的生态环境中,人与环境的关系,包括尼雅废墟的兴起与沉落……还需要考古、历史、遥感、沙漠、地理、气象、生物、古文字等许多学科专业力量的介入、合作,才有可能取得新的突破。在 21 世纪,相信这是一个可以实现的理想。

·欧·亚·历·史·文·化·文·库·

14　楎椸考
——兼论汉代礼制在西域

　　新疆塔里木盆地南缘汉代古墓,多处、多次出土一种"丫"形木器。郭建国于 1991 年发表的《试析塔里木盆地南缘古墓出土的木祭器》,首倡这种"丫"形木器是一种祭祀用具,是原始巫术活动的载体。[1] 这一观点,刊布后受到学术界的注意。先是 1996 年出版的《西域文化史》,作为汉代新疆原始宗教活动的实证而详予引证,[2]再为 1997 年《西域研究》载文而重申,[3]影响日愈广布,渐渐为大家熟视而不再深入推敲,并慢慢在变成一个可以方便使用的学术结论。一种出土器物,有这么一个观点,本可以见仁见智,存而不论。但遗憾的是这一观点存在一个消极的影响:它以并不充分的论证,掩盖了一个表现传统华夏礼制在新疆贯彻的历史事实。因此,有进一步辨析、讨论的必要。

14.1　有关"木祭器"说的提出

　　由于具有特殊干燥的自然条件,新疆古代遗址中往往可以发现许多国内其他省区难以见到的文物、文化现象。它们功用不明、定名困难,凝聚其中的历史文化内涵一时难以清楚揭明。这一特点,既是新疆文物考古工作者难得的机遇,又是他们特殊的难题。

　　近几十年(尤其是最近几年),新疆汉代墓地中,屡屡发现一种"丫"形木杈。不少简报只是停留在现象的介绍:木杈似"丫"形,刮削光洁,置于尸体身侧,而不论其他。在这种情势下,郭建国的文章抓住

---

〔1〕郭建国《试析塔里木盆地南缘古墓出土的木祭器》,《新疆文物》,1991 年第 4 期。

〔2〕余太山主编《西域文化史》,中国友谊出版公司,1996 年,第 80 ~ 81 页。

〔3〕于志勇《新疆尼雅遗址 95MN1M8 概况及初步研究》,《西域研究》,1997 年第 1 期。

零散的但又是典型的现象,归纳问题,进行探索,提出"木祭器"说,实际表现了学术研究工作中应有的敏感,有助于认识的深化。从这一角度说,郭文有它的积极意义。

本文,在郭文的基础上前行。

郭建国在《试析塔里木盆地南缘古墓出土的木祭器》中对有关地区出土的类同资料作了搜集,集中进行了介绍。计:

(1)1934年贝格曼在孔雀河流域发掘之五号墓地A棺,出土青年干尸一具,"木乃伊的右手握一根52厘米长的柽柳枝"。[1]

(2)1959年,新疆博物馆在民丰尼雅遗址发掘东汉箱式木棺,男女合葬,已成干尸。"木杈两个,分置于男女尸上,在男尸上者稍弯,长170厘米;女尸上者长117厘米,发现时杈上裹着一件淡黄色绸的女外衣"。[2]

(3)1983年,和田洛浦山普拉墓葬中发现六根木杈。墓地时代为汉、晋。因严重盗扰,主从关系多不明。只是在M10可见"Y"字形木棍放在尸体右侧,"Y"字开口与墓主人头向一致。所有出土的"Y"字形木杈外形近同,部分木杈主干树皮,隔一定距离削去一节,形成几何形花纹,还有一根表面曾涂刷黑漆。[3]

(4)1985年,且末扎洪鲁克墓地M2中,木杈主干长88厘米,端头五根枝杈,底部也削成尖状,便于扎入地下。[4]

自郭文发表以来,近年又发现了一些新的"Y"形木杈。主要见于1995年在尼雅发掘的一号墓地,非常有助于揭明问题的性质,现列述于后。

(1)95MN1M1:男性双人合葬。尸体"一侧放置有木杈,上悬挂一些小件物品,有绢缘皮饰件,内盛梳、篦的栉囊、香囊等。木杈上还放置了两张弓"。[5]

〔1〕[瑞典]F.贝格曼《新疆考古记》第二部,第三章,新疆人民出版社,1997年。
〔2〕新疆博物馆《新疆民丰大沙漠中东汉合葬墓清理简报》,《文物》,1960年第6期。
〔3〕新疆博物馆《洛浦山普拉古墓发掘报告》,《新疆文物》1989年第2期。
〔4〕郭建国《试析塔里木盆地南缘古墓出土的木祭器》,《新疆文物》,1991年第4期。
〔5〕新疆考古所《95尼雅一号墓地船棺发掘简报》,《新疆文物》,1998年第2期。

（2）95MN1M3：男女合葬，尸体不朽。男女尸体身侧各置"丫"形木权一根。基本形制为一尖状木杆，顶端分权，刮削光洁，下端可竖插入地，权部悬挂衣物。女性身侧木权长133厘米，权上系悬绢裙一条；男性木权通长115、径粗3厘米。其上悬系男子生前所穿锦面绵深衣一件、皮腰带一条（腰带上附剑鞘、匕首鞘等）、皮囊等随身用物（见图版45）。[1]

（3）95MN1M5：女性单人葬，腰侧"随葬木权，上挂化妆袋（内装铜镜姻脂粉袋、丝线、带扣等）、小木桶（内装木纺轮）、栉囊（内装梳、篦）、绕线轴等物"。[2]

（4）95MN1M8：男女合葬，出土"丫"状木权两根，"男尸右侧置有弓、箭、弓袋、箭箙及木权，叉上绕系刀鞘、锦帽、梳篦袋及'五星出东方利中国'锦制物等。女尸左侧置一木权，上裹绕蓝色绢衣、虎斑纹锦织袋、帛鱼及革皮木胎小圆木桶。男尸一侧者通长110厘米，斜尖长35厘米；女尸一侧者通长160厘米，斜尖长44厘米。"[3]（见图版46）

1995年发掘的尼雅汉墓中所见木权，与1959年所见尼雅东汉合葬墓一样，其上均挂负男女主人不同用物，对这类"丫"形木器的社会功能，实际是十分清楚、十分具体的表现，是分析工作中不能忽略的基本环节。

14.2 木权之地域、时代、功能

这类权形木器，据上揭资料，主要见于塔里木盆地南缘一些汉代（晚至晋）墓葬中。且末县扎洪鲁克、民丰尼雅、洛浦山普拉，是目前所见几处主要地点。贝格曼曾发掘的孔雀河下游五号墓地A墓古尸手中所执红柳枝，虽也长及52厘米，但与上列几处墓葬中所见置于死者身侧的木权，形制不同、出土位置、功能各异，不应归作为同一类型的器

---

〔1〕王炳华《95尼雅一号墓地三号墓发掘报告》，《新疆文物》，1999年第2期。
〔2〕新疆考古所《95尼雅一号墓地船棺发掘简报》，《新疆文物》，1998年第2期。
〔3〕于志勇《新疆尼雅遗址95MN1M8概况及初步研究》，《西域研究》，1997年第1期。

物。此处分析,不含这一文物在内。

且末县扎洪鲁克,汉代属且末国地。民丰尼雅,是汉、晋时期精绝国故址。洛浦县山普拉,居玉龙喀什河东岸,傍近玉龙喀什河,汉代属古于阗国地。这些遗址,是两汉时期中央王朝曾经重点经营、汉代以后仍然保持通畅的"丝绸之路""沙漠道"的南路。在两汉时期,是汉王朝与西域联络交通的主要干线,有关地方政权与汉王朝中央当年存在着比较密切的政治、经济、文化关系。

出土木权之墓葬的年代,从尼雅墓地分析,主要在东汉时期。山普拉、扎洪鲁克墓地规模巨大,延续时间长。据发掘者分析,山普拉"是西汉至魏时期的一处古墓地",扎洪鲁克墓地共分三期,最早可到东周,最晚至于汉。这两处墓地见这类权形木器的墓葬,具体是什么时代,资料发表者均未特别说明。如以尼雅为例作参考,时代在东汉的可能性是相当大的。

这类木权究竟是什么性质,有什么功用? 从前述尼雅精绝故址中所见出土资料,可以得到比较具体、清楚的概念。

从 1959 年新疆博物馆发掘的东汉贵族夫妇合葬墓开始,至 40 年后新疆考古所在 95 尼雅一号墓地内发掘的 M1、M3、M5、M8,在尼雅精绝所见 5 座墓葬内,都出土了所谓"丫"形木权,共同的现象是:

(1)木权的形制多作"丫"形,主干末端削尖,入地便利;顶端两权同样刮削光洁,左右支出,可悬挂衣物。

(2)木权置于尸体身侧。

(3)如夫妇合葬墓,则木权分别置于男女身侧。

(4)木权悬挂主人生前使用的衣服、物品:女性身侧的木权,上面分别悬挂的是"淡蓝色绢女外衣"、"白色绸绢裙"、"挂化妆袋(内装铜镜、胭脂粉袋、丝线、带扣等)、小木桶(内装木纺轮)、枊囊(内装梳篦、绕线轴等物"、"裹绕蓝色绢衣、虎斑纹彩锦织袋、帛鱼及革皮木胎小圆桶"。而男性身侧木权上悬系的物品,则是"木权上悬挂一些小件物品,有绢缘皮饰件,内盛梳篦的枊囊、香囊等,木权上放置弓两张"、"悬锦衣、皮腰带(带上附剑鞘、匕首鞘)、皮囊"、"叉上绕系刀鞘、锦帽、梳

·欧·亚·历·史·文·化·文·库·

箧袋及'五星出东方利中国'锦制物等"。归纳一下,木枊上悬挂衣服,是男女身侧木枊共有的功能。而相异之处是,男性还挂兵器、皮囊,女性则为化妆品、女红用物。

无可怀疑,木枊不过是比较平常的系挂日常衣服、用物的工具,有如今天的衣物架,其生活气息甚浓。从这一功能观察,没有理由将之与巫术、宗教祭祀活动相联系,实际上也没有一点可以将木枊与巫术活动联系的迹象。

14.3　木枊是衣物架,
与"楎椸"功能相同而不是祭器

在《试析塔里木盆地南缘古墓出土的木祭器》一文中,作者判定这类"丫"形木枊是一种巫教祭器,实际并未进行充分论证。所列理由,只说所有木枊"具有相近形状"、"'丫'字形开口与墓主人头向一致"、古代人概念中桃木"可以驱赶魔鬼邪气"、孔雀河古墓地有用柽柳枝驱邪习俗等,但这些并不能构成充足理由。这类木枊既作为一种功能明确的用器,自然需要一定的形状。桃木可以驱邪,但这些木枊材质也并未证明就是桃木;"丫"形与主人头向一致,而"头向一致"与巫术祭器不存在关联。任何殉葬物品,据其功能都可以如是处置。至于孔雀河下游墓中人手持"柽柳枝",与此木枊形制不同,不是一类性质的文物,即使柽柳枝具有宗教意义,被认为有驱邪功能,也不能以之作为木枊用器文化内涵的证明。

本文提出这类木枊不是祭器,而是一种衣物架,功用同于"楎椸",有如下具体根据:

根据之一,是前文已经谈及的陪葬中这类木器的使用情况,它的直接功能,就是作为男女主人衣物架的。这类衣物架,古称"楎椸"。

根据之二,是据《礼记》规定,古代楎椸男女各别,不能混用,这与出土现场所见现象完全一致。因而,进一步支持、加强了我们的这一分析结论。

《礼记》是儒家重要典籍,内容庞杂,涉及古代社会生活的各个方面,因此,对研究古代社会生活习俗,具有相当重要的参考价值。下面,就《礼记》中有关楎椸的规定,结合尼雅墓葬中所见衣物架情状进行讨论。

　　《礼记·内则》称:"男女不同椸枷,不敢悬于夫之楎椸,不敢藏于夫之篋笥。"[1]汉郑玄注:"竿为之椸,楎,杙也。"唐孔颖达疏称:"植曰楎,横曰椸,同类之物;横者曰椸,以竿为之,故云竿谓之椸。"楎,杙,是小木桩,小木桩上有横木,这叫楎椸,它的功用是可以悬挂衣物。按儒家伦理原则,男女不能同用一个衣物架,女子绝不能挂悬自己的衣服在丈夫的衣架上,也不能把衣服收在丈夫的箱笥里。这一规定,《礼记·曲礼》中的"男女不杂坐,不同椸枷"[2]说得同样清楚。这里对"椸"字,郑玄的注是"椸,可以枷衣者"。楎椸、椸枷,是一种架挂衣物之器,在汉代人们的概念中是十分明确的。而且,对这种楎椸的使用规则,作为制度之一也有着十分具体的规定。尼雅汉墓内,夫妇衣架有别,彼此不共用,正是遵循古代楎椸使用规则的准确说明。

　　怎么样理解这一"男女不同椸枷"的精神,也可从《礼记》中觅得答案。

　　《礼记·内则》称"礼,始于谨夫妇",礼制规定,是从分别男女、夫妇开始的。男女有别、内外有别、上下有序,这样才能保持统治阶级的权威,维护社会秩序的稳定。因此,在规范男女、夫妇的行为上,从当年的生活出发,规定了许多让今天的人们看来几乎是难以理解的繁琐原则。女性、妻子的地位低下,从属于男子、丈夫,因此,衣服不能同箱笥、同衣架,而且"男女不杂坐……不同巾栉",男女之间的大防,可以说是不胜枚举。一定的形式,总是体现着一定的思想。这种种规定,核心就在于维护以夫权为中心的社会秩序。行文至此,值得我们注意的已不在于这类木杈是否为楎椸遗制,以及有关楎椸的使用规则。而是需要

　　〔1〕《礼记》卷28,见《十三经注疏》,中华书局影印本,第1472页。
　　〔2〕《礼记》卷2,见《十三经注疏》,中华书局影印本,第1240页。

·欧·亚·历·史·文·化·文·库·

深究一个问题：在远离中原大地的西域，在僻居沙漠深处不过弹丸之地的精绝，怎么会、又为什么那么严格地遵循儒家《礼记》的原则，不越规矩之分毫。这一细节本身，凝聚着丰富的历史文化内涵，对认识西域以至精绝的思想文化历史，具有重要的意义。

14.4　汉代精绝认同儒家礼制

男女不同樺槭，是精绝汉墓中的一个细节。应予强调的是，于细微之处见精神。在这一细节处理的背后，揭示着精绝社会统治集团对儒家礼制的认同，是他们对汉王朝中央统治权威的尊崇，以及汉王朝政治、文化政策在西域的具体贯彻实施及所取得的一定成果。从这一角度去分析，樺槭事小，但其历史文化价值相当宏大。

精绝，在汉代西域只不过是最小类型的城邦。《汉书·西域传》记述，它只有"户四百八十，口三千三百六，胜兵五百人"。而且，深处沙漠，"行地阨陿"，[1]交通不便。这样一个小城邦，在汉王朝的西域政策中，当然不会居于关键地位，而只能属于最一般状况，与中原王朝的关系也不会特别密切。但就是这样一个小城邦，中央王朝尊奉的礼制也得到了认真贯彻。由此推及其他地区，探讨汉王朝曾经在西域大地相机推行中原传统文化的政策，确不失为一件有意义的资料。

自西汉在西域设都护，置官驻兵，开设屯田，实施统治后，西域和祖国内地的关系进入了一个全新的历史阶段。但较之中原大地，西域具有许多不同的情况，居民族体不一样，语言殊异，传统文化有别。在这样的条件下，如何有力地实施中央王朝对这片地区的统治，是统治者面对的全新问题。

这一新情况、新问题，汉王朝统治集团是敏锐认识到而且有所分析的。《后汉书·西域传》最后的赞词中，曾有感而发地说："逷矣西胡，天之外区；土物琛丽，人性淫虚；不率华礼，莫有典书。"[2]是说这一

---

〔1〕《汉书·西域传·精绝》。
〔2〕《后汉书·西域传·赞》。

地区既不奉行华夏之礼,又不读儒家典籍、圣人之书,没有拘束,没有礼节,对汉王朝企求实现的统治秩序,自然是一大忌。

汉王朝统治者是深谙加强思想控制、维护中央集权之术的。汉武帝刘彻重用董仲舒,罢黜百家,独尊儒术,核心就是加强中央集权。借用儒家思想"正法度之宜,别上下之序以防欲"[1] 自此以后,支配人们生活观念的思想,只有包括《礼记》在内的儒家五经了。但是,面对以少数民族为主体的边裔地区,如何采用一套合适的办法以加强儒家思想的灌输,达到稳定统治之目的,对汉王朝统治者而言的确是一个新的问题。

既往的研究工作在这方面是一大薄弱环节。爬梳历史文献,也未见相关记录。

纵观两汉时期的西域史,检索现有出土文物资料,可以清楚地触摸到,汉王朝对这一问题是有过相当考虑的。出土文物表明,汉朝中央,曾经对属下之西域绿洲城邦推行过汉语文灌输,对执行和亲使命的公主、送亲使团成员,规定要在异族他乡长期生活,还组织先期学习相关民族语言,以助沟通。奉行和亲的同时,要求各地方政权"遣使置质",相当程度上也承担着文化交流的使命。

汉王朝礼制、文化进入西域,重要途径之一是西域大地各族统治者向中央王朝派送的质子、使节。《后汉书·西域传》称:"建武中,(西域诸国)皆遣使求内属……永平十六年(73 年)……于阗诸国皆遣子入侍。""永元六年(94 年),班超复击破焉耆,于是五十余国悉纳子内属。""顺帝永建二年(127 年)(班)勇复击降焉耆。于是龟兹、疏勒、于阗、莎车等十七国皆来服从。"终东汉之世,只要中央王朝国力稍强,西域各城邦即"遣子入侍"、"纳子内属"。两汉之世,这可以说是一种普遍性、长期性的存在。实践证明,这一方式在一些地区和特定历史阶段,曾发挥过不小的作用。在王国具有重要地位的质子,身边有一批随员,他们长期在中原王朝政治中心居住、活动,对中原的礼制、观念耳濡

---

[1]《汉书·董仲舒传》。

323

目染,了解渐深,熏陶亦重。如西汉时龟兹王绛宾,年青时数至长安,居留经年,逐渐"乐汉衣服制度,归其国,治宫室,作徼道周卫,出入传呼撞钟鼓,如汉家仪";[1]东汉时,莎车"王延……(汉)元帝时尝为侍子,长于京师,慕乐中国,亦复参其典法。常勅诸子,当世奉汉家,不可负也。"[2]这些,自然都是从加强各王国统治本身而提出的重要方略。龟兹、莎车,自古至今一直是新疆地区最大的农业绿洲,古代更始终是西域地区最强大的、举足轻重的政治力量。精绝一度属莎车,精绝之西邻扜弥曾向龟兹派质子。莎车王国在东汉阶段,还曾一度作为西域大地最有力的政权,其王受汉封为西域都护,代行中央管理权。龟兹、莎车对中原礼制文化仰慕如此,力求仿效,一些小小的绿洲对中原王朝自更为倚重,对汉王朝礼制文化的趋赴、追求更为热切,是可以想见的。

使中原文化深入西域大地的第二个有力途径,是两汉王朝时期,坚持对四边少数民族地区实施的和亲政策。这一政策在乌孙具体实施的情况,《汉书》中有比较具体的记录。当细君出嫁乌孙时,汉王朝"赐乘舆服御物,为备官属宦官侍御数百人,赠送甚盛"。稍后,相夫准备嫁乌孙,汉王朝为她"置官属侍御百余从,舍上林中,学乌孙言"。[3]这样庞大的送婚使团,实际也是政治、文化使团。汉王朝在西域地区,还有过多少和亲实践不见于记录,但从实际情况分析,数量是不会少的。精绝这样的小城邦,从1995年尼雅一号墓地3号墓出土有"王侯合昏千秋万岁宜子孙"锦被看,说它也有过和亲活动可言之成理。不然,"王侯合昏"锦,不会送到精绝。可能王国实在太小,精绝在汉王朝正史中,只留下了《汉书·西域传》中不足百字的记录。即使曾如一般通例送过质子、接受过和亲,文献中均付阙如,难觅影踪。但从现已发现的考古资料看,汉文化在精绝王国上层集团的生活中,确实存在着不小的影响。1993年,在精绝遗址曾出土过两枚汉简,其一简文为"豁

---

〔1〕《汉书·西域传·渠犁》。

〔2〕《后汉书·西域传·莎车》。

〔3〕均见《汉书·西域传》。

谷坂险丘陵故旧长缓肆延涣……",[1]这是"仓颉篇"残文。[2]"仓颉篇",是秦汉时期最重要的小学字书,是入学时的发蒙课本,在汉代西北地区烽燧所见汉简中,普遍出土"仓颉篇"残文,尼雅精绝废墟中也见"仓颉篇",说明这里也曾经以这一小学课本为教材,推行过汉文字教学。在精绝王国内有过这种汉文字教学,还有另一批考古资料可为证明,这就是斯坦因于 20 世纪初在精绝发现的 8 件王室贵胄,包括王母、王、大王、小太子、且末夫人、太子、春君、承德等人,相互赠礼的木札,其上文字都是书法精妙的汉隶。文为:

    (1)王母谨以琅玕一致问(面)

        王(背)

    (2)臣承德叩头谨以玫瑰一再拜致问(面)

        大王(背)

    (3)休乌宋耶谨以琅玕一致问(面)

        小太子九健持一(背)

    (4)君华谨以琅玕一致问(面)

        且末夫人(背)

    (5)太子美夫人叩头谨以琅玕一致问(面)

        夫人春君(背)

    (6)苏且谨以琅玕一致问(面)

        春君(背)

    (7)苏且谨以琅玕一致问(面)

        春君(背)

    (8)奉谨以琅玕一致问(面)

        春君幸毋相忘(背)[3]

    对这批 1901 年出土于尼雅的汉代木札,史树青先生曾经从文物制度出发作过分析。它们的形制与西汉长沙王族刘骄墓出土的"被绛

---

[1]王樾《略说尼雅发现的"仓颉篇"汉简》,《西域研究》,1998 年第 4 期。
[2]王樾《略说尼雅发现的"仓颉篇"汉简》,《西域研究》,1998 年第 4 期。
[3]罗振玉、王国维编著《流沙坠简》,中华书局,1993 年影印本,第 69 页、223～225 页。

· 欧 · 亚 · 历 · 史 · 文 · 化 · 文 · 库 ·

函"木札相同,书体相近,用途一样。这种木札,一端削去两角,稍下,两侧边各削出一个三角形凹缺。用法是在三角形凹缺处系绳,并悬挂在赠送礼物的箱函之上。[1] 尼雅出土的精绝王国上层集团成员之间相互赠礼的木札与汉代湖南长沙王室成员墓内出土的木札一致,绝不是一种偶然的巧合,它是在礼制细节这一环节上,表现了中原汉代礼俗制度在边裔地区的具体实施。荆楚长沙与西域沙漠深处的尼雅相去迢迢万里,竟然在礼俗制度上相同,这启示我们注意一点:两汉王朝时期,确实曾经为在西域大地灌输中原礼制文化进行过重大的努力。

行文至此,大概可以结论:两汉时期,精绝上层集团不仅曾学习汉文,而且取得了相当大的成果。上引斯坦因带去英国的 8 枚汉文木札及新见"仓颉篇",可作为这一结论的证明,自然也为我们分析汉王朝在西域大地推进汉文化的努力提供了有说服力的实证。从这批资料出发,逻辑推论可证明,当年精绝社会接受过较深厚的汉文化影响,在这一基础上,相关礼制的进入也就成了情理之中的事。从楎椸之制观察,不仅曾实行在精绝王国,而且在于阗、且末也曾实施过。它们对两汉王朝在"丝绸之路""南道"各绿洲王国的文化影响,是一个很好的说明。只是两汉王朝的这番努力并未能贯彻始终,魏晋南北朝时期,西域历史有相当大的变化。中原礼制的影响,也未能得到更深入地贯彻。

---

[1]史树青《谈新疆民丰尼雅遗址》,《文物》,1962 年第 7～8 期合刊。

15　汉王朝"安辑"精绝故实

自公元前2世纪,西汉王朝逐步进入并统治西域,面对种族、民族殊异,经济生活类型不同,语言、文化心态有别,政治倾向各异的大小城邦,如何实现稳定统治,是一个全新的问题。历经几个世纪的统治实践,经过不少成功、失败的经验、教训后,《后汉书·西域传》对此进行总结,结论是"可安辑安辑之,可击击之"。另一种表达方式,是分别对象,根据形势"或兵威肃服",或"财赂怀诱"。这软硬两手,"安辑"是核心。"兵威"之后,往往还是要用"安辑"、"怀诱"手段收拾残局。手段不同,但目标不变,这就是使"西域服从",使汉之号令可以颁行于西域。

两汉王朝,在统治西域时实施的"安辑"政策,曾取得很大成功。相关"安辑"的具体措施,文献中略见涉及,但都语焉不详,少有完整叙述。至于如弹丸之地的"精绝"这类小城邦,曾如何在汉王朝"安辑"政策下一步步发展,在汉文化传统中寻找到新的精神寄托,文献中则根本不见一字一句的涉及。

20世纪的西域考古,精绝故地尼雅遗址,是考古工作做得比较多、收获也比较丰富的一个地点。爬梳相关考古资料,就两汉王朝在精绝曾经有过的"安辑"实践进行分析,颇可捕捉这一政策的要领和主要内容。自然,汉代西域精绝,只能算在最小城邦之列。但是麻雀虽小,五脏俱全。以之进行汉王朝"安辑"政策实践的剖析,反有其更易于深入的优点。

15.1　汉统西域面对全新情况

本文论及的"西域",基本局限在今天的新疆境内。即使如此,它也是一片境域十分广大的地区。

·欧·亚·历·史·文·化·文·库·

　　从考古资料看,这片土地上古代居民种族多源,既有欧罗巴人种,也有蒙古人种。民族成分更其复杂。已经掌握的体质人类学资料,就白种人讲,既有欧洲北部古典欧洲人种,也见地中海周围、印度、伊朗高原地带的白种人。蒙古人种成分,同样并不单纯。后期语言学资料,可与此呼应:既有印欧语系,也有阿尔泰语系、汉藏语系等不同语种的存在。其复杂程度,可以说是远过于任何一个相对独立的自然地理单元。从社会发展角度分析,自公元前1000年后期,这片地区已逐渐步入文明:金属器,尤其是青铜、铁器冶炼、铸造已比较成熟;在一些地点,已见早期城市,城址作圆形。这些分居天山南北的居国、行国,与周邻的南西伯利亚、西亚、南亚,东边的黄河流域也都存在程度不等的经济、文化联系。在天山以南,沙漠广布,分布于内陆河尾闾地段、屈指可数的大小绿洲,彼此为戈壁、沙漠隔阻,交往、联系困难,自然形成大小不等、相对独立的城邦;天山以北,则为游牧王国所统治。这样一片民族殊异,政治、经济状况不同的土地,自公元前2世纪初,匈奴及匈奴统属下的乌孙已逐渐进入准噶尔盆地,乌揭、车师均受匈奴制约。塔里木盆地,自公元前176年起,也入于匈奴王国的统治之下。匈奴将统治西域的军政中心——"僮仆都尉"府,置于中部天山南麓之焉耆盆地内,这里位居西域之中。东向车师前部,入楼兰,南下昆仑山北缘;西向天山南麓,北与乌孙及匈奴右部联系,均得其便。至此,西域大地,虽与匈奴"不相亲附",政治上终是已入于匈奴的控制之下。

　　面对这一形势,汉王朝要进入西域,并在西域立足,没有军事力量开拓,政治上自然是不可能保持影响的。

　　自公元前2世纪末,西汉王朝取河西走廊、设敦煌四郡;取楼兰,发大军远征大宛,灭轮台,攻焉耆,与匈奴五争车师以取得对吐鲁番盆地的控制权,发大军与乌孙联兵击匈奴右部……半个多世纪中,自河西走廊西部至西域大地,可以说是征战不绝、战火连绵。经过这相当长时间的军事打击后,匈奴势力后退,西域大地上林立的大小城邦,对汉王朝的军威感到"震慑"。公元前60年,汉置"西域都护",汉之号令终于可以颁行于西域大地。

在汉设西域都护之前,取楼兰、迁楼兰于扞泥,设鄯善。西汉王朝力求避开匈奴重点经营的天山中部,着力经营沿阿尔金山、昆仑山西走的"丝绸之路"南道。楼兰、鄯善、于阗,南道上的这几个城邦,曾是两汉王朝重点关注、"安辑"、"赂遗怀诱"的重点。其中精绝,虽只是南道上沙漠深处的小"国"之一,但地理位置冲要,是丝路南道上无法逾越的关键站点。所以,也颇得中原王朝之重视,得"安辑"、"怀诱"之惠。西汉时,它曾经保有独立地位。东汉时,先后在于阗、莎车、鄯善争夺南道统治地位的角逐中沉浮。但不论处于何种状况,均曾是笼罩在两汉王朝"安辑"政策之下的一个绿洲城邦。从这一角度观察,对汉王朝当年安辑政策的实际运作,解剖精绝,就具有更加典型的意义。

15.2 物质层面:屯田、和亲、财赂

关于"精绝",见于史籍的相关记录,几乎只在《汉书·西域传》中有关的短短81个字,[1]介绍了精绝所在地理环境、人口、王国主要职官等。《后汉书》中已不见精绝专条,它已并入于"鄯善传"的文字之中了。对这么一处真正只能算是弹丸之地的小小绿洲,当年的实际历史状况,几乎全部得之于相关考古资料。两汉王朝对精绝的"安辑"、"怀诱",从并不完整的考古资料中,约略可见以下数端。持续相当长的"安辑"所产生的社会效果,也可在实际生活中见到痕迹。

15.2.1 实施屯田

1959年在尼雅故址中,曾获炭精质"司禾府印"一枚。[2]对"司禾府"文献失录,但顾名思义,当是与屯田相关的机构,表明在精绝,中原王朝也曾经有过屯田之举。而揆诸历史实际,在"丝绸之路""南道"为交通主体的汉代,从后勤供应角度分析,择地屯田,也是势在必行之举。

精绝故国所在的尼雅废墟,深处沙漠之中。距今天的民丰县,直线距离在120公里以上。故址依尼雅河谷南北铺展,最长约25公里,东

---

〔1〕《汉书·西域传·精绝》。

〔2〕史树青《说新疆民丰尼雅遗址》,《文物》,1962年第7~8期。

西宽约 3~7 公里,整个面积不过一百多平方公里。因处在汉代尼雅河尾闾地段,水流还是比较丰沛的。农业及附属于农业的家庭饲养、园艺,是精绝王国的基础产业。这样一个小绿洲,汉代时的居民仅有 480 户、3360 人,实际也就是一个不大的村寨。但因为地处吐火罗古国安迪尔与扜弥(今于田)之间,不论缘"丝绸之路""南道"东走、还是西行,沙漠途程均有一百多公里。一百多公里的茫茫沙漠,以骆驼来去,得行一周左右。因此,不论自故吐火罗绿洲西走,还是从扜弥东行至精绝,人、畜都必须补充水、草秣、粮食给养,稍事休息,恢复体力。在"丝绸之路""南道"作为主要交通路线,"驰命走驿"、"商胡贩客"不绝于途时,驿导、粮秣供应,对精绝城帮会是一个不堪其重的负担。这一客观形势,加之尼雅河尾闾地带,也不乏可供新屯之地。在这里设"司禾府",堪谓既有可能也有需要。而设"司禾府"组织屯田,可以免除对精绝王国新增税负。精绝可得"丝绸之路"开通自然带来的利益,而不必负责难以承受的负担。汉之"安辑"精神,此乃首要一端。

15.2.2 "财赂怀诱"

据 1959 年新疆博物馆发现的贵族夫妇合葬墓,[1]1995 年中日尼雅联合考古队中方成员发现、发掘的东汉精绝王陵,[2]汉王朝对精绝的"财赂怀诱",是倾其全力、不稍吝惜的。日用漆器、藤器,铜镜,丝绸锦绣等,均是当年官府手工作坊中的上品。以 1995 年精绝王陵 3 号墓男女主人为例,可以说从头到脚、由内及外,无不是丝绸锦缎:身盖锦被、头戴锦帽、锦质组带,面覆锦质面衣,全身内外锦衣、锦袍、锦裤,贴身则为绮、绢内衣,脚着钩花锦鞋、锦䩦毡靴。全部丝质衣物达 31 件。而 31 件丝质衣服中,匹值万钱,贵可与黄金等价的锦质衣服,即达 17 件,占 50% 以上。许多锦料,从花式至吉祥文字,均为既往所不见。男主人使用的龙虎纹铜镜,出土时不锈,光彩熠熠,仍可照人影像,显为当年造镜之上品。这只是一个典型例证,说明汉王朝在"怀诱"这些小城

---

〔1〕新疆博物馆《新疆民丰县北大沙漠中古遗址墓葬清理报告》,《文物》,1960 年第 6 期。
〔2〕王炳华《95 尼雅一号墓地 3 号墓发掘报告》,《新疆文物》,1999 年 2 期。

邦的统治上层时,确实是倾府库之所有而不遗余力的。这些当年居于世界物质文明前列的制品,对深处沙漠,实际只是一个小聚落的头人来讲,不啻是人间天堂的奇珍,它们所产生的相当强大的吸引力,是不可轻估的。

15.2.3　和亲

"和亲",是怀诱的重要手段。与精绝和亲,不见任何文字记录。向这样一个深处沙漠之中的荒僻小村下嫁"公主",大概实际也没有可能。但在发掘了的1995年尼雅3号墓中,男女主人合盖的全新锦被,穿插在锦纹间的"王侯合昏千秋万岁宜子孙"吉祥用语,它明显是为"和亲"这类政治婚姻而由汉王朝工房准备的专用织物,清楚地宣示了在这个沙漠小村中,确也曾经有过"和亲"的一幕。下嫁给这位精绝王的自然不会是真正的公主或宗族贵胄,很可能只是宫廷中活动能力较强的一位普通宫女,但她确曾承担了联络、增进汉王朝与精绝王室感情联系的使命。这一和亲事实,给我们的重要信息是:在当年的西域大地任何一处接受了汉王朝统治的绿洲上,"和亲"十分可能就是一种普遍性存在。当然,在"和亲"的旗帜下,任何一位所谓"公主"的到来,不仅会带来相当的财富,而且会带来浸透在生活细节中的种种汉文化精神。

15.3　精神文化层面:文字、礼制、度量衡

与物质怀诱同步,是精神文化的推行、灌输。这是有深远影响的举措,对精绝王国精神文明的影响不可轻估。这方面已见于考古文物的,如汉文字、汉文化的学习,相关礼制(如服饰制度、葬制、食具等等)的变化等。

15.3.1　汉文字学习、汉文化教育

与"屯田"、"财赂怀诱"这类稳定社会经济、改善物质生活措施相比较,进行汉文字学习、汉文化教育,对精绝社会的影响,是更加重大的举措。

在公元前 2 世纪,精绝并没有自己的文字。随着西汉王朝统治的进入,同时带来了汉语文字。适应统治的需要,西汉王朝极力推行过汉文字的学习、教育。很快,汉语文就成为精绝上层掌握、使用的文字工具。这一结论的证明是多方面的。如这里出土的"仓颉篇"木简,[1]隶书精妙,具早期特点。斯坦因在 N14(精绝王宫所在)的垃圾堆上发现的 8 件精绝王室成员间互相赠礼的木简,据王国维判定其时代最晚到东汉晚期。[2] 汉文、佉卢文简牍的封缄形式,也都明显来自中原大地。这些资料有力地表明:精绝王室在学习汉文字,并利用汉文字为交流工具。在东汉以后,随着佉卢文的进入,在精绝王室的政治生活中汉文、佉卢文并行,但汉文在社会生活中始终具有重要地位。

15.3.2 接受中原王朝的礼仪规则

随着汉文字的进入,汉王朝尊奉的礼制也同样受到精绝王室贵族的崇奉,这是文化领域的一种变化,更值得重视。

(1)袍服右衽:适应沙漠地区的特点,尼雅遗址出土的服饰极具土著特点,如包覆头部、耳翼深长的单帽,束颈、小袖、套头的上衣,颈部高领、有三对或三对以上的衣带互相交系,可防沙土浸入的对襟、束腰长袍,既左衽也右衽的内衣等。但在 1995 年发掘的精绝王陵,[3]保存完好的精绝王夫妇的服饰,却明显为右衽深衣、右衽上衣、右衽长袍。从严重磨损的痕迹观察,多为平日长期穿用的衣物。这右衽的锦袍、深衣等,明显是接受了中原汉王朝服制的影响,是对传统服饰的一种变革。

(2)男女不同楎椸:男女衣物不能同置于一架,这是中原汉王朝尊奉的礼制,体现着男女有别,男尊女卑的精神。这在《礼记·内则》中有明确的规定:"男女不同椸枷,不敢悬于夫之楎椸,不敢藏于夫之箧笥……"[4]精绝故址内已经出土的贵族墓均为夫妇合葬,男女主人之

---

〔1〕王樾《略说尼雅发现"仓颉篇"汉简》,《西域研究》,1998 年第 4 期。

〔2〕罗振玉、王国维编著《流沙坠简》,中华书局,1993 年影印本,图版见第 69 页,考释见第 223～225 页。

〔3〕王炳华《95 尼雅一号墓地三号墓发掘报告》,《新疆文物》,1999 年第 2 期。

〔4〕《礼记》,"内则"第十二;《十三经注疏》。

衣物等,均分别挂附在男女主人身旁不同的木杈上。这"丫"形木杈根部尖锐,可随处楔插在地。平日插在土室中,可作为衣物之架。入葬后,这种简易衣架随殉入棺。男女身侧最重要的就是这一木杈,男女主人不同的随葬衣物,几乎都悬挂在这杈形木架上。木杈,是尼雅本地的造型;功能,则是衣物架,是与中原楎椸同一类型的器物。而男女衣物分别置于不同木杈之上,则明显是汉代礼制中男女有别精神的生动体现。[1]

（3）葬制:尼雅遗址,曾发现过一批早期墓葬,其中土葬随殉陶器等物保存得不好。保存稍好的精绝土著居民墓葬,多用胡杨木掏空而成的"船"形棺,和衣入殓,或有一件日用器皿入殉。精绝王国上层贵族使用长方形木棺,棺外有象征木椁的矩形"木栏"（大小规模视木棺而定,总是较木棺稍大一点）。入葬的男女主人均覆面衣,头枕鸡形枕,盛妆盖被,多层衣服,务求豪奢。面覆锦质面衣这一习俗,明显是《仪礼·土丧礼》中规定的"布巾"[2]制度的表现。[3] 这是尼雅绿洲土著居民从来不见的,是精绝上层集团接受汉王朝礼制的表现。

（4）饮食制度:大量考古资料表明,两汉以前（包括两汉时期）,西域大地的游牧行国、绿洲城邦居国,很普遍的现象之一是以木盆、陶钵盛羊肉,羊肉旁边（或插在羊排上）是一柄小铜刀、小铁刀。粮食制品则是烤饼、蒸饭,饭食置于陶或木的盆、碗中。而到汉代,在楼兰、精绝,斯坦因、李遇春均发现了木筷。[4] 斯坦因所见木筷,出土于他所编号的 NX 遗址,李遇春所见则是在另一房址之中。这表明当年尼雅遗址中,筷子并不少见。用木筷进食,明显是接受了中原文化的影响。

15.3.3 度量衡制度的变化

两汉时期,沿昆仑山西走的"丝绸之路""南道",是自黄河流域进

〔1〕王炳华《楎椸考——兼论汉代礼制在西域》,《西域研究》,1997 第 2 期。
〔2〕《仪礼》,"土丧礼第十二"。
〔3〕武伯纶《关于覆面》,《文物》,1961 第 1 期;王炳华《覆面、眼罩及其他》,《文物》,1962 第 7~8 期。
〔4〕[英] A. 斯坦因《古代和田》,NX 出土物;《尼雅考古资料》,第 62 页;李遇春《尼雅遗址和东汉合葬墓》,载《尼雅考古资料》,第 28 页。

·欧·亚·历·史·文·化·文·库·

入西、南亚洲的主要交通干线,是汉王朝重点经营的地区。呼应着"丝绸之路"商贸活动的开展,在度量衡制度方面有怎样的发展,是我们关注的问题。文献中对此却不见一字记录。20世纪初,大家都注意到在于阗、鄯善王国境内通行的汉佉二体钱,是一种打制的铜币。除标示佉卢文外,钱体上还用汉文标明重"六铢"、"二十四铢"。这样,汉佉二体钱可以与中原通行的五铢钱方便地进行折算、交换。这是表现在货币上的衡制变革,以"铢"为重量单位,实际也呼应了贸易、商品交换的要求。作为"丝绸之路""南道"上的精绝,在这一背景下,度制会有怎样的改变呢? 在尼雅考古期间,我们曾有意识地进行探求,方法是具体测量一些重要遗迹,如 N2、佛塔、N13、精绝王陵中的棺木等,分析其遵循的度制。佛塔东侧的 N2 在尼雅遗址中部,是一组环绕一处广场呈环形分布的居址,现存房址 19 处,在这组遗存东、南,可以观察到 5 段以圆弧形展开的土墙。土墙用块状、不规则淤泥垒成,东边最长一段,长不足百米,基宽 4 米多、顶宽 2 米多、残高可达 8 米似为土城残留,北、西边为沙土覆盖。虑及它不同寻常的地位、又傍近尼雅标志性建筑物——佛塔,故曾经对这区遗址中的 1 号、8 号、13 号、19 号房址进行了详细测量。其旁侧佛塔,可能与精绝后期王宫存在密切关联的第 13 号建筑,精绝王陵中的棺木等,同样进行了精细测量。结果发现了一个有趣的现象:在精绝,两种长度单位并行。如 N2 遗址中的多处房址、佛塔台基的高度,都可以与精绝传统的度制 Hasta(约当一肘长,相当于 43 厘米)相对应,成为一个整数;而第 13 号房址及精绝王墓(95MNM3)的棺木,以 Hasta 度量,完全无序。而以东汉尺(以每尺为23.5 厘米计)为单位换算,则是规整的数据。如 13 号房址,建筑范围是 200 尺 ×300 尺;精绝王墓棺木,则是 10 尺 ×4 尺 ×4 尺。[1] 这说明,第 13 号建筑及王墓棺木都是依据汉制,是以东汉的尺度为单位进行设计和加工的。这清楚表明,至东汉后期,汉尺也是精绝王国内使用的度制之一。

---

〔1〕《中日共同尼雅遗迹学术报告书》,第二卷,第 215～222 页。

精绝,是"丝绸之路""南道"上居于沙漠深处的弹丸小村,人口虽只区区数千,但除土著成分外,这里还有"于阗人"、"山地人"、偶尔前来的汉人;分析一些居民名字的佉卢语语音,有吐火罗语的特征。[1]文字,又使用着汉文、佉卢文,呈现着相当复杂的面貌,这在西域具有典型性。两汉王朝实践证明,"安辑"政策在这里是取得成功的。终两汉之世,晚至魏晋,不论作为尼雅绿洲上的精绝王国,或沦为鄯善王国境内的一个州,它都与中原大地保持着相当密切的关系。甘肃悬泉置出土的汉简,不少表现了汉代西域进入中原的情况。其中,精绝所占比重相当大,足以显示当年精绝与中原王朝的关系相当紧密。

　　两汉王朝持续努力进行"安辑",终于收获了西域各城邦"思汉威德,咸乐内附"。在政治上,取得了可以稳定统治的思想基础,这是任何兵威所不能比拟的成功。在这一相当长的历史时段中,有过因为汉王朝政治、军事力量不济,有效统治中断的时间,但总体形势却没有因为这种失落而逆转,"安辑"政策的影响,不可轻估。

　　还应看到,"安辑"政策实施的过程,也是两汉王朝占统治地位的文化在相关地域拓展其影响的过程。"安辑"政策落地之处,可以同时看到中原文明在同一地域的点点浸润、渗透,以致逐渐生根、发芽,生长出华夏文明的新枝。精绝,这个茫茫沙漠中的小绿洲,算是一个典型。公元前 2 世纪初,因种族、民族殊异,语言不通,文化不同,不可避免地会出现种种排异心理。经过几个世纪的努力,变成心向汉王朝,从内心倾倒在了黄河流域古老的文明前,"思汉威德"、"咸乐内附",这是在是精神文化领域取得的巨大成功。

　　剖析精绝各方面的变化,在边疆史、少数民族史研究中,也可以得到方法上的启迪:一定要十分努力的深化、细化对考古资料的分析,不能放掉任何一个可以剖析的细节。尼雅考古一百年,涉足尼雅的中、外

---

〔1〕韩森《尼雅学研究的启示》,载《汉唐之间文化艺术的互助与交流》,文物出版社,2001年,第 278 页。

335

·欧·亚·历·史·文·化·文·库·

考古学者实在不能算少,都曾在房址、佛塔中徘徊、凭吊。但真正不计风沙寒冷,一点点测量、分析它们的长度、高度,探求背后的度制的学者,还真少见。要在看似平常之处觅求新的精神,这不仅要求知识、理论,也要求严谨、认真。如是,面对西域大地上丰富的历史遗存,分析任何一处不同的细节,在西域史研究、少数民族史研究中,肯定有望获见新的光明。

16　贵霜王朝与古代新疆

与汉文历史文献提供的资料一致,根据新疆考古资料可以肯定,公元 4 世纪以前,贵霜王国与今天的新疆地区,曾经存在着十分广泛的政治、经济和文化联系。分析相关考古资料,准确揭示其历史内核,仍是一个有待完成的研究课题。

分析这一历史命题,佉卢文是一批十分重要的资料。在塔里木盆地西、南缘,自 19 世纪末叶至今,先后多次发现过佉卢文,总数达 1000 件以上。只斯坦因在新疆尼雅的三次考察、发掘中,就得到佉卢文 778 件。俄国彼德罗夫斯基、瑞典斯文赫定、美国亨廷顿、法国伯希和、日本大谷光瑞考察队等,也都多少不等的在和田、若羌、库车等地收集到过佉卢文。19 世纪末,英国古德佛雷、马继业及塔尔博特还在龟兹收集到一批变体的佉卢文和波罗迷文混合写成的古文书。近三四十年,中国考古学者在尼雅、且末、楼兰、巴楚托库孜萨来等古城遗址又发现了不少的佉卢文书,总数在 100 件以上。1991 年,新疆文物考古研究所在尼雅遗址,又发现佉卢文书 23 件。林梅村研究,在巴楚托库孜萨来古城发现的佉卢文,与已见于和田、尼雅、楼兰及库车的佉卢文比较,具有不同特点,所以他认为喀什地区是又一个曾经流行过佉卢文的地区。[1]

有关佉卢文,除少部分是佛经(如和田所见《法句经》)外,绝大多数是古代鄯善王国和于阗王国的王室敕谕、官府公文、公私函牍、各类契约等。这有力地说明,作为贵霜王国主要通用文字之一的佉卢文,公元三四世纪,也曾是塔里木盆地南缘主要通用的文字工具之一。[2]

---

〔1〕林梅村《沙海古卷》,文物出版社,1988 年版,第 21 页;《疏勒考古 90 年》,《文物天地》,1990 年第 1~2 期。

〔2〕马雍《新疆出土佉卢文书的断代问题》,《文史》,中华书局,1979 年第 7 期。

·欧·亚·历·史·文·化·文·库·

与这一重要文化现象可以统一的是,一百多年来,在新疆南部地区发现了相当数量的汉佉二体钱。据不完全统计,总数达353枚,具体情况如下表:[1]

表 16.1　在新疆南部发现的汉佉二体线统计表

收　藏　者	收　集　者	数量	合计
大英博物馆	赫恩雷	65	256
	斯坦因	187	
	福赛斯	1	
	罗伯特·肖	1	
	雷奥尔	1	
	布什	1	
前苏联艾尔米塔什博物馆	彼得罗夫斯基	11	21
	奥 登 堡	2	
	不 明	8	
牛津阿施莫怜博物馆	肖　特	2	3
	冯·海勒	1	
印度政府图书馆	赫恩雷	55	55
印度旁遮普博物馆	拉合尔	1	1
不　明	杜格雷依	4	4
中国历史博物馆	黄文弼	1	1
旅顺博物馆	大谷光瑞	11	11
新疆文物考古研究所	王炳华等	1	1
合　　计			353

现藏新疆考古所的一枚汉佉二体钱,是 1989 年 10 月作者与刘文锁、肖小勇在安迪尔古城遗址中采获的。此钱现藏新疆文物考古研究所标本陈列室。铜币直径 1.6 厘米,重 3.3 克,正面见汉文"于寘大王"字样,"于"字已严重残损,"王"已图案化。

---

〔1〕此表根据月氏《汉佉二体钱(和田马钱)研究概况》补充而成,原表载《中国钱币》,1987年第 2 期。

古代于阗王国打制、使用的这类钱币,形式多样,因其大小、字体、铭文、图案等差别可区分为十三种类型,[1]其打造、流行年代,国内外学者也有多种意见。我们这里对此不作讨论,而只是强调其中最主要的一点历史信息:古代于阗王国在货币制度上曾经接受过汉文化和贵霜文化的深刻影响。

除上述多量和田马钱外,新疆考古学者1979年还曾在楼兰古城中采获一枚阁膏珍时期的贵霜铜线:直径2.7厘米,厚0.3厘米,重16.3克,币面显单人骑驼图案。[2]

除佉卢文、汉佉二体钱、新疆出土贵霜钱币外,在佛教经典、佛教艺术等方面,也可以清楚见到贵霜文化的影响。塔克拉玛干沙漠南缘一些废墟中的陶器,也显露着这方面的历史信息。

佉卢文作为贵霜王朝的官方文字之一,曾经广为流行。但自贵霜王朝迦腻色伽(Kaniska)王以后,佉卢文逐渐少见。贵霜碑铭逐渐采用了波罗迷文。3世纪中叶,贵霜王国在外敌入侵中趋于瓦解,只部分地区仍有以"贵霜"为称号的诸侯割据,史称"后贵霜"。这一历史阶段,佉卢文碑已寥寥无几。至4世纪中叶,嚈哒入侵,贵霜王国灭亡,佉卢文逐渐消失。但值得注意的一个历史现象是,在公元2世纪以后,佉卢文在阿富汗等地趋于没落的同时,却突然成了新疆古代于阗、鄯善王国使用的主要文字之一,尤其是在鄯善王国境内,显得更其明显。这一现象后面的历史实际,是国际历史、考古学界普遍关注的一个问题。

英国学者布拉夫曾经提出,它们可以表明贵霜王国曾经一度统治过上述佉卢文流行的地区。[3]

有中国学者认为,根据大量可以凭信的汉文史料,贵霜王国一度统治塔里木盆地的结论是不能成立的。有关文化现象是贵霜文化的影响,尤其是贵霜难民进入塔里木盆地的结果。[4]

〔1〕[英]克力勃《和田汉佉二体钱》,《中国钱币》,1987年第2期。

〔2〕新疆考古所《新疆民族文物》,文物出版社,1985年。

〔3〕G. Brough, Comments on third Centery shan – shan and the history of Buddhism, BSOAS XXVⅢ,1965。

〔4〕马雍《东汉后期中亚人来华考》,《经济理论和经济史论文集》,北京大学出版社,1983年。

已故中国学者马雍教授曾经揭明一个不太为人注意的历史事实。《三囯志·蜀书·后主传》裴松之注引《诸葛亮集》,蜀后主刘禅建兴五年(227年)下丞相诸葛亮诏,称"凉州诸国王各遣月支、康居胡侯支富、康植等二十余人诣受节度"。具体表明贵霜王国贵族之一名为支富的,曾受封为胡"侯",并应命至诸葛亮军前,听受调遣。其历史实际当是西域地区东汉末受凉州刺史管辖,所以刘禅称西域支富、康植等贵霜(月氏)、康居贵族为"凉州诸国王"节制下的胡侯。在公元3世纪30年代,他们有可能率部为刘蜀效力。表明这些贵霜、康居贵族进入西域时,都还保留着相当的人力、兵力。因此,进入西域南部,如昆仑山北麓一带,并受封称侯。据此可以推论,公元2世纪末、3世纪初,在贵霜王国内乱之际,曾有败逃的贵族率领余部东入新疆南部地区。正是由于这些贵霜王国贵族的进入,给新疆南部地区鄯善王国、于阗王国的统治带来过重大的影响。

可以与这一历史结论互相证明的是在新疆已见佉卢文资料中,多件文牍提到了"贵霜军"、"某侯贵霜军"字样。如"唯26年2月21日……已将贵霜军带至京城皇廷","威德宏大,伟大之国王陛下敕谕,致奥古侯贵霜军及州长黎贝耶谕令如下:现在,伟大的国王,已将一名难民交给毗陀县,当汝接到此楔形木牍时,汝处可能也有类似的难民,应将类似的难民拘捕,送至本庭";"致奥古侯贵霜军","奥古侯贵霜军和州长黎贝耶谕令如下:今有鸠那色那上奏本庭,属彼等所有之一头骆驼曾送至汝州饲养,现再送一头骆驼至汝州。当汝接到此楔形泥封木牍时,从彼处送来两头骆驼……务必将养肥的一头送来,转交诸税监,由彼等送来";"军侯贵霜军及州长喜获亲启";"人皆爱见,人神爱慕,美名流芳之大州长夷陀加,太侯贵霜军谨祝贵体健康、万寿无疆……兹致函如下:汝已知悉一切,应从汝处带一骆驼给余,汝不可将太老的骆驼带来,为此,现派斯多伐那来汝处领该骆驼。斯多伐那抵达汝地时,汝接到书信后应即刻将骆驼交斯多伐那,不得交衰老之骆驼,请给一头会使于阗人称赞余等之骆驼。若汝收到此信,仍不给骆驼,将使余气恼,余现奉上箭一支,作为答谢礼",[1]等等。

新疆出土佉卢文中所见这些资料,一是明显可以肯定贵霜贵族及其残余军事力量的存在;二是可肯定他们作为一支寄寓的力量,接受着当地王国政府的节制、管辖,而且必须尽自身的经济、军事义务。

不论文献史料还是考古资料,都不足以显示在公元前后古代于阗、鄯善已有了自己的文字。当时这片地区的文化还比较落后,在这些地区除见佉卢文外,其余就是二三世纪的汉文简牍。如果推论此前还没有成熟的文字工具,是可以成立的。在没有比较成熟的文字工具时,使用佉卢文对于表达古代月氏人的语言是比较方便的。在这批有组织的贵霜力量进入以前,通过佛教文化,也已经一定程度上了解了佉卢文。如此多种因素,终于导致主要在公元三四世纪时的这片地区,尤其是鄯善王国境内佉卢文的流行,是可以理解的。

就这一文化现象作上述推论,还得到一个历史背景的支持。根据成书于公元 3 世纪以前的《逸周书·王会解》、《管子》、《穆天子传》等汉文史籍中关于"禺氏"故地的记录,古代塔里木盆地南缘及甘肃西部河西走廊地区,应该就是月氏人居住、活动的重要基地之一。月氏主体在与匈奴的角逐中逐步西走,最后入居大夏,并在建立贵霜王朝的事业中发挥了重大作用。但月氏族人在塔里木盆地中,肯定还是一个不容轻估的存在。这一历史背景启示我们,作为贵霜王朝与新疆地区的文化联系,又有一种历史的、种族的因而可能也有语言的亲缘。

贵霜王国与古代新疆关系密切,这是"丝绸之路"上引人注目的历史问题之一。随新疆考古工作的深入,尤其是考古研究工作的深入,会不断深化、丰富对这个问题的认识。新疆考古工作者在这一研究中应更好地加强与中亚地区、阿富汗、巴基斯坦、印度等地区、国家的历史考古工作者的联系与合作,这将会对新疆的有关研究工作以有力的推动。

〔1〕林梅村《沙海古卷》,文物出版社,1988 年,第 21 页。

17　西迁伊犁后乌孙的社会经济政治状况

在战国秦汉时期,在河西走廊以至新疆这片广大地区的历史舞台上,乌孙是一个占有重要历史地位的古代民族。它西迁伊犁地区后,国力得到长足进步,曾对新疆地区的历史发展,对缔造统一的、多民族祖国的历史伟业有过重要的建树。

关于乌孙的历史资料,比较集中地见诸于《史记》、《汉书》等早期史籍,但是非常简略。对乌孙西迁新疆西部地区后的政治、经济状况,与西汉王朝的关系等,也都语焉不详,仍是有待深入研究的课题。

20 世纪 60 年代初期,新疆考古研究所曾组织力量对天山以北的北疆地区进行了广泛的考古调查,并进而在伊犁河流域、阿尔泰地区等进行了一定规模的发掘。结果,在伊犁河流域发现了乌孙古代文化遗存。20 世纪 70 年代中期,又进行了两次工作,[1]这就为我们研究乌孙历史提供了一批十分重要的实物资料,大大丰富、扩展了历史文献对乌孙的有限记录,加深了我们对乌孙历史,尤其是西迁伊犁地区后乌孙王国社会政治、经济等各方面状况的认识和了解。

17.1　乌孙社会经济生活状况

乌孙,在汉代的西域地区,是一个最大的地方王国政权。《汉书·西域传》记述:它有"户十二万,口六十三万,胜兵十八万八千八百人"。不论是人口还是兵力,与汉西域地区其他地方政权相比较,都居于前列。

乌孙西迁伊犁地区后的活动地域,文献中没有准确、具体的记录。

---

〔1〕参见《昭苏县土墩墓葬发掘简报》,《文物考古三十年》,《建国以来新疆考古的主要收获》,《文物》,1962 年第 7~8 期。

根据 20 世纪 60 年代以来我们在新疆北部地区的考古调查及部分地区的重点发掘资料,我国境内现存的乌孙遗址主要分布在天山到伊犁河之间广阔的草原地带,如昭苏、特克斯、新源、巩留、尼勒克等县。其中昭苏县木扎特草原、萨勒卧堡乡、新源县巩乃斯种羊场和县城附近、特克斯县三个乡等地都有规模巨大的乌孙墓葬群。尤其是木扎特草原,正位于唐代称为凌山的天山北麓,巨冢成行成列,漫布在山口外的草原上。一座大型墓冢,底周一般均在两三百米左右,高达七八米,犹如一座小山,巍然屹立,气势雄伟,景色壮观。这些主要都是乌孙上层贵族的墓冢。

在乌孙墓葬比较集中分布的上述地区内,山多松林,水丰草茂,气温比较低,地理气候特点与《汉书·西域传》中所描写的乌孙地区"地莽平,多雨寒,山多松楠"完全一致。尤其令人感兴趣的是,在昭苏县与察布查尔县交界的一段天山支脉,至今当地群众仍呼之为"乌孙山"。同时在以伊犁河流域为中心活动地域的我国哈萨克族中,建国前就有名为"玉孙"(音同"乌孙")的部落,表现了乌孙西迁伊犁地区后,在各方面留下的深刻历史印痕。

凭借众多的人力资源,加上伊犁河谷十分优越的自然地理条件,乌孙在西迁伊犁地区以后,社会经济得到了逐步的发展,特别是进入公元前 1 世纪以后,更是取得了长足的进步。

乌孙经济是以畜牧业为主体的一种社会经济。农业、手工业等生产部门虽也存在,但并不居于重要地位。

伊犁地区,尤其是伊犁河南至天山山麓这一片草原,是位于天山中间的高山草场,也是非常优良的牧业基地。在这片地区内,气候湿润、草场辽阔,牧草以禾本科、豆科为主,适饲性强,利用率高,载畜量大。而且雨水较多,山区松林漫布。以昭苏县为例,据县气象站统计资料显示,年降雨量一般达 500 毫米,全年日照时间 2400 多小时,年平均气温较低,只有 2.5℃,无霜期只有 100 天左右。海拔 1000 ~ 2000 米。这种气候地理特点,对农业生产不利,但对畜牧业却非常适宜,真可谓水足草茂。这种地理环境与《汉书·西域传》记录的"地莽平,多雨寒,山多松楠"颇相一致。我们在昭苏草原调查时,看到茂草的高度及于马腹。大家都知道,马对饲草的要求是高草、禾本科、豆科草类。而这正是伊犁河谷、天山山前地带可以满足的条件,它对于马的饲养特别有利。苜蓿也是这片地区广泛种植的优良饲料。而在这大片地区内,山前与山中、山内阳坡与阴坡,随地势变化气候、牧草也都有相应的改变,可适应畜群不同季节的需要。如山中背风面朝阳的较低处所,冬日基本无雪;即使有小雪,也不能全部覆盖牧草。冬日气温相对稍高,牧草可供畜群需要,这些是俗称的"冬窝子",即冬草场。夏日,牲畜可转至地势较高,气候凉爽,有水有草的高山草场,畜群可以得到充分的营养,避开了山前地势低平处较高的气温,这里是俗称的"夏窝子",即夏牧场。至于春秋草场,基本在同一地点,大都是山前地带。在畜群转场后,一般都有几个月的间隔,牧草可以得到恢复、生长,下一季节畜群转回时,还可以满足需要。这样,在一个小地区内,不论春、夏、秋、冬,有可供牲畜饲用、彼此相去也不算太远的四季草场,就为人工放牧,靠天然草场饲畜提供了合适的条件。它和《盐铁论》中对匈奴游牧特点的描述"因水草为仓廪"、"随美草甘水而驱牧"颇为一致。在水草条件合适、有自然游牧的条件时,古代的游牧民族多采取这一经营方式。迄今为止,在新疆北部广大牧区,畜牧业经营与内地多数省区不同的一个基本特点就在于此。它与农业结合很不紧密,依靠天然草场养畜由人工放牧,并随季节转换草场,看来这是适应自然地理条件长期形成的放牧习惯。《汉书》称乌孙的社会经济特点是"不田作种树,随畜逐水草",就是这种经营特点的简练概括。

这里需要强调的一点是:这种相对流动的游牧生活方式,并不意味着没有相对的定居。在乌孙社会中,实际存在着相对稳定的居住点。文献中提到乌孙首都赤谷城,是当时社会的政治、经济、文化中心,是存在定居的直接证明。在考古调查中我们发现,乌孙土墩墓大量集中的地点,往往是出天山山口的河流附近的山前草原,或其他一些水草俱佳的小谷地。这些地点多为春秋牧场所在,也就是地势开阔、气候较温和、牧民活动时间最长的地点。在这些地区内,墓群成行成列,巨型土冢远远可见,蔚为壮观。这些地点应该也是乌孙人生活居住的中心。虽然我们目前还未直接发现当时的居住遗迹,但从墓地特点可以推论:居地与墓地相去不会太远。巨型土冢的营建,非一日一时之功,必须动员相当人力、物力,如果远距住地将无法进行。

当时的住室(除毡幕外)是什么样式,这从考古资料与民族调查中颇有线索可寻。在昭苏等县区,农村中目前仍沿用一种小屋,是以圆木为墙、盖顶。圆木纵横交接处互相凿孔榫卯,屋顶、木墙外均覆土抹泥。室内铺地板,木壁或挂毡毯。这种建筑用于障风、避雨雪、保暖,作用均佳。这是利用当地丰富的木材资源,因地制宜而出现的建筑形式。非常有趣的是,这种木屋结构与乌孙古墓内见到的木椁造型几乎一样:椁室四壁均以圆木叠砌成墙,接头处互相榫卯,保持牢固和平衡。椁室内壁曾经挂毡毯,其朽灰仍见。毡毯外并钉附"米"字型细木条,椁木顶部盖覆松木二、三层。坟墓是生者为死者安排的地下居室,它在一定程度上反映了当时现实生活的图景,而这一墓室形制正是现存木构小屋的形象。我们把它看成是古代乌孙人住室的再现,可以说是言之成理的。

乌孙的牲畜种类,据有关文献记载主要有马、牛、羊、骆驼、驴等,而以养羊、马为主。[1] 考古发掘中,曾发现有马、羊、狗的骨架或部分骨骼,而以马、羊骨居多。《汉书·西域传》说其"国多马,富人或至四五千匹"。媒聘细君公主时,即"以马千匹"为礼,颇可见养马数量之多。其马的质量在汉代也负有盛名,张骞从乌孙选去内地的马匹,因品种优良被誉称"天马"。在大宛马进入中原后,才更"天马"之名为"西极马"。伊犁河流域,实际上就是当年乌孙的中心地域,至今仍然是全国知名的"伊犁马"生产基地,这种马马体不是太大,形体俊美,善走,速度快。看来,这是有悠久传统的。

墓葬中殉葬的马、羊、狗等的骨架,形象地反映了牧业生活的特点。

---

〔1〕《汉书·西域传》载:公元前71年,在对匈奴的战争中一次即掳获马、牛、羊、骆驼、驴等七十余万头。

马,日常骑乘代步,不论用于生产或作战都不可稍离,它们是牧民生产和生活中主要的伴侣。羊是日常生活中最主要的生活资料。细君公主在《黄鹄歌》中咏唱的"以肉为食兮酪为浆",这里的"肉食",马、牛、羊肉都有,但羊是居于主要地位的。墓葬内出土的羊骨,往往都和一把小铁匕首共见,小铁匕首甚至穿插在羊骨中,形象地表现了当时生者为死者去到另一个世界时安排的肉食,而这自然也是生者日常生活的现实写照。操小刀以剔肉,到现在为止,还是牧区人民日常生活的一个重要特色。

在乌孙墓葬内或在封土中,曾见到完整的狗骨架。在牧业生产中,牧羊犬是牧人十分重要的助手,它们能帮助看守羊群,防止狼害。每个牧民家庭,无不有犬。墓室内葬狗,封土中殉狗(应该是祭礼的体现),也自然就是为死者作出的切合牧业生产需要的周到安排。

西汉后期,当雌栗靡为乌孙大昆弥时,颇具权威,贵族翁侯皆畏服之。史籍记载其重要政绩,取得成功的经验是在国内颁布了一条法令:"告民:牧马畜,无使入牧,国中大安,和翁归靡时。"[1]这是很值得注意的一条记录。"无使入牧"的含义,前人颜师古、徐松曾有注释。颜注为"勿入昆弥牧中,恐其相扰也"。徐松则认为是"入牧,疑当谓入所牧为税"。[2]我们认为,徐松所注并未得其要领,颜注则接近于实际。这里的"无使入牧"四字,应该不仅是包括昆弥,也包括乌孙统治集团各级"贵人"之间。全面地说,应作:无使入昆弥及他人牧地。这实际上是一项调节生产关系的重大措施。如前所述,畜牧业是乌孙社会经济的主体,而牧放畜群又是依靠四季天然草场。因此,草场就是社会的主要生产资料,对它的占有、使用,实际就是对社会最主要财富的占有、使用。一定数量的草场,其载畜数量是有一定限制的。掌握了大量畜群的乌孙昆弥及各级翁侯,亦即乌孙社会的贵族统治集团,他们对草场的占有要求,尤其是对水质好、水源足、草质优良的草场的占有要求,就

---

〔1〕《汉书·西域传》,《乌孙传》。
〔2〕《历代各族传记会编》,第一编,第430页。

是一种经常存在的需要,而这类优良草场总是有限的。这种多量的需求与有限的可能,就会形成经常的矛盾,会不可避免地危及乌孙最高统治者昆弥的利益,导致贵族集团之间尖锐的冲突和斗争。雌栗靡凭借国家政权的力量制定法律,明确保护对草场的占有、使用,不允许互相侵夺,这就既保证了昆弥的最高占有权,也可以相对地调节各级贵族之间的矛盾,使社会相对安定,"国中大安,和翕归靡时"的兴盛局面才得以出现。汉宣帝时,常惠为长罗侯驻屯于乌孙赤谷城,重要任务之一就是"因为分别其人民地界,大昆弥户六万余,小昆弥户四万余",[1]颇可见分划地界(分划地界,包括了分划有关水源、草场)是调节统治集团内部矛盾之中心任务。

雌栗靡关于划分草场不得互相抢牧的规定,不仅在政治上调节了统治集团间的关系,而且对牧业生产来说,也使水草资源得到适当的保护、开发和更合理的使用,这对社会经济的发展无疑是有进步意义的。

作为畜牧经济的补充,乌孙在西迁伊犁地区的一个阶段后,开始了农业的经营。牧业生产的单一性与人民经济生活的多样性要求,是存在矛盾的。农业的出现,可以缓解这一矛盾,适应着社会进步的要求。而这一发展,与中原地区以农业为主体的汉族人民的积极影响有关。在《汉书·西域传》中述及乌孙的社会经济状况时,曾明确记载:它"不田作种树",树者植也,说明乌孙不经营农业种植。我们认为,这个结论应指乌孙早期或初迁伊犁时期的情况。徙居伊犁一个阶段后,和汉朝政府的关系有了重大发展,联系甚密,其经济生活也发生了相当的变化,其中之一就是出现了农业。《汉书·西域传》记述宣帝刘询为处理乌孙统治集团内部王位争夺的矛盾,曾派常惠率领"三校"士卒,驻屯赤谷,[2]具体说明了汉政府当时在乌孙的军队曾屯田自养。前文谈到,乌孙境内自然地理、气候条件宜牧不宜农,但在一些地势较

〔1〕《汉书·西域传》,《乌孙传》。
〔2〕《汉书·西域传》,《乌孙传》。

低、接近河谷的地带,气温高,日照长,水量足,又是宜于农业生产的地段。在昭苏县发掘的一座乌孙墓葬封土中曾出土铁铧一件,[1]铁铧重3公斤,舌形,其形制类似关中地区出土的所谓"舌形大铧",只是形体较小、较轻而已。出土时锈蚀较重,制作也较粗糙,铧体中部鼓凸若扁圆状,边缘刃部锐平。铧部稍残,说明曾经使用过。后部为椭圆形銎。这类形制的舌形铁铧,在关中地区的西汉中、晚期遗址中屡有所出,[2]尤其是与敦煌所出的铜铧的形制和大小几乎完全一样。[3] 因此可以肯定,昭苏所出铁铧虽出自墓葬封土中,无疑是汉代遗物,它用于破沟挖土,是相当有力的。至于它是乌孙本身制造还是由内地输入,尚须进一步研究。不过从公元前 1 世纪中叶左右以后,乌孙的冶铁业无疑有了重要的进展(这一点下面还要谈到),因此这件实物也不能排除有可能为乌孙所造。它不仅在一定程度上证明了乌孙农业的存在,而且可以说明在农业技术上吸收了中原地区的经验。乌孙早期农业,本来就与汉朝政府在赤谷的军事屯田有关,而士兵的主要成分又是农民,农业技术上出现这种共同性是完全可以理解的。此外,在前苏联有关乌孙考古工作的报告中,也见到有关农业经营的直接材料,如出土了谷物及农作物和粮食加工工具:青铜镰刀、石磨盘、石碾等。[4] 这些材料说明乌孙在西迁伊犁地区后,已有了一定的农业经营。

手工业生产,是乌孙社会中具有重大意义的又一生产部类。据考古资料并参照有关文献记录,这时手工业的种类有金属冶炼、陶器制造、毛纺织、皮革、骨角器物加工等。

金属冶炼,这是乌孙主要的手工业生产部门。据考古资料记载,在西迁伊犁地区后的早期乌孙墓葬中,出土的金属器物虽有小铁刀、小

---

〔1〕《文物考古三十年》,图版 15(4),文物出版社,1979 年。

〔2〕《陕西省发现的汉代铁铧和辟土》,《文物》,1961 年第 1 期;《秦始皇陵附近新发现文物》,《文物》,1973 年第 5 期。

〔3〕该文物陈列于敦煌文化馆展厅中。

〔4〕[前苏联]阿基耶夫《1954 年伊犁考古考察团工作报告》,载《历史、考古和民族研究著作集》,第 1 卷,阿拉木图 1956 年版;[前苏联]阿基耶夫、库沙也夫《伊犁河谷塞克与乌孙的古代文化》,1963 年,阿拉木图版。

铁锥之属,但并不是普遍、大量的出现,而是数量少,仅见于部分墓葬之中。中期以后的墓葬,情况有明显变化,不仅普遍见到了日常生活中使用的小铁刀、铁锥,而且出土了环首铁刀、铁铧、铁镞。铜器有青铜锥、小铜帽、铜饰物等。从墓室四壁及椁木加工痕迹,明显可见使用了金属铲、凿之类的工具。同时,还见到残朽铜质器物及金戒指、金耳环及各种形式的金箔饰件。一些金箔饰件原来包覆在铜质器物上,绿色铜锈清楚可见。[1]

铁、铜等金属器物的制造,从前述发展过程分析可见,有相当一部分(特别是小件铁镞、铁刀等)应是本地所产。从早期墓葬中铁器较少,到中期以后铁器增多、质量提高,可以看到技术本身的进步。这一工艺的进步与中原地区先进工艺的影响密切相关。关于这个问题,《汉书·陈汤传》曾有明确的文字记载。陈汤在向汉成帝报告乌孙武器装备情况时明确说:"夫胡兵五当汉兵一,何者? 兵刃朴钝,弓弩不利。今闻颇得汉巧,然犹三而当一。"清楚地表明在西汉后期,因"得汉巧",乌孙的金属冶炼、武器加工技术水平有了重大发展和提高。其中如铁镞,是一种消耗量很大的武器,没有金属冶炼业的发展,是无法保证其需求的。

金属的冶炼、金属工具的制造,涉及一系列专门生产工艺。这种生产方式再不是作为家庭副业的手工业所能包容的,它们必然是独立于畜牧业、农业之外又一新的生产部门。

陶器制造,在乌孙墓葬内普遍用陶器随葬。早期墓葬出土陶器多手制的泥质陶,制作粗糙。器形主要是作为日常生活用器的壶、钵、碟类等。由于是手制,不同墓葬内即使是同一类型的器皿,也只是基本形制相同,并不规整。大都呈红褐色或土红色,烧制火候也不高。这说明陶器的制造,这时很可能还是作为一种家庭副业生产而存在,烧制陶器的方法也较原始,还是在露天或封闭不严的土室中烧造,所以火候低。早期陶器中还有两点值得一提,一是相当部分底部穿孔,说明是专

---

〔1〕参见《文物考古工作三十年》中《建国以来新疆考古的主要收获》一文。

为随葬而生产的冥器;二是这一阶段的陶器中,还有一种具有特色的茧形壶,小口小直颈,广肩鼓腹,两肩堆砌泥条,通体呈茧形。[1] 这类茧形壶,就其基本形制特征看,与关中地区战国秦墓中常见的同类器相似(但在细部和纹饰上不同)。据研究,战国秦墓中的那种茧形壶是秦文化中具有特征性的器物。[2]

中期乌孙墓中的陶器大多仍然是手制的,但经过刮磨加工,陶胎较紧实致密,陶质较细,器形较规整,出现前期不见的烛台、盘、深腹钵等。进入后期,变化发展更为显著,陶器均为轮制,陶器形体规整,陶质细,火候高。至此,陶器的使用及烧制技术的提高说明制陶业已从家庭副业的生产状态脱离出来,成为社会上一个新的手工业生产部门。

毛纺织业,在游牧民族的生活中,衣着除毛皮外,毛纺织物是重要的材料。而穹庐形的毡幕,则是主要的居住形式。细君公主充满哀怨的《黄鹄歌》中说,"穹庐为室兮旃为墙",正是对这种毡幕的形象写照。这类毡幕具有遮风避雨,搬迁甚易,适宜游牧生产和生活的特点,所以至今仍然是牧区广大人民喜好的居住形式。因此,毛毡的加工、擀制,是每户牧民都必须掌握的一种技术。它是将洗净的羊绒、羊毛,平铺在草席上,用力捶打、压擀。压擀过程中不断添毛、绒并加水,增加毛、绒的粘附力,经不断擀压,使绒、毛压实成毡。这一工作,因需较大的体力,主要由男子承担。毛布纺织也是每户牧民家庭必须掌握的又一种副业,无论是纺还是织,主要均由妇女承担。将毛、绒捻搓成线,编织成各种毛带,这是毡帐搬迁、固定、骑乘中不可或缺的必需品。纺织毛布更是一件费工费时的手工劳作。从罗布淖尔、哈密等地出土的早期毛织物看,新疆地区的毛纺织工艺是有十分悠久的历史传统的。[3] 由于气候潮湿多雨,在伊犁地区的乌孙墓葬中,迄今为止我们虽未直接发现毛织物标本,但却见到了毡毯的朽灰痕迹:或在墓室底部,或见于木

[1]《文物考古工作三十年》,第184页,图9。
[2]北京大学考古研究室《战国秦汉考古》(上),1973年,第33页。
[3]资料现存新疆社会科学院考古所。哈密毛织物的制造早到距今3000年前,有平纹、斜纹织物,染色水平亦高。

椁内壁。乌孙当时存在毛纺织工艺是可以肯定的。

其他如墓葬中出土的三棱形骨镞、编席(印痕)等资料,还可以说明骨器制造、草编工艺等的存在。至于墓葬中出土的漆器残片和丝织物残片等表明丝、漆器存在的资料,应该都是来自中原地区的赠品或商品。《汉书·乌孙传》中记录了汉细君公主和解忧公主嫁乌孙时,曾带来汉政府赠给的大批丝织品。只是由于昭苏雨水甚多,这些文物不易保存下来。

17.2 乌孙社会政治生活状况

关于乌孙的社会性质、政治制度问题,前人著述中少见涉及。近年来,有关研究中虽然对此提出了分析性意见,[1]但仍是一个有待进一步研究的问题。

两汉时期乌孙的社会性质从文献及考古资料看,是一个宗法性很强的、建立在游牧经济基础之上的奴隶制社会。

乌孙,历史上曾长期受匈奴的统治和奴役,可以算是匈奴统治下的部落奴隶。[2]这种部落奴隶,实际就是被匈奴征服的部落集团和小国家。他们虽然仍在原居住地按自己传统的社会组织和生产方式进行各自的生产活动,但按规定向匈奴统治集团缴纳大量贡赋,从事各项劳役义务以至战争义务,政治上朝会拜见以表示归属。《史记·大宛列传》称:"(昆莫)及壮,使将兵,数有功。单于复以其父之民予昆莫,令长守于西城。昆莫收养其民,攻旁小邑,控弦数万,习攻战,"就是反映了这种情况。这就形成了不同于家内奴隶制的又一种奴隶制剥削方式。被统治部落保持自己的家族、氏族、部落不变,原来的部落领袖或国王,对内仍然居于这一地位,但实质上不过是他族奴隶主上层集团的奴隶总管,是高级奴隶。乌孙在西迁伊犁河流域之初,与新疆其他小国一样,受匈奴设在西域的最高统治机构"僮仆都尉"管辖。顾

---

〔1〕杨建新《关于汉代乌孙的几个问题》,《新疆大学学报》,1980年第2期。

〔2〕马长寿《论匈奴部落国家的奴隶制》,《历史研究》,1954年第5期。

名思义,所谓"僮仆都尉",就是奴隶总管。只是到后来,随着乌孙经济的发展和实力的日益强大,政治上就力图摆脱匈奴的控制和奴役,抗命"不肯朝会匈奴",这一努力最后取得了成功。匈奴为维护旧有统治,曾以战争手段进行镇压,"着奇兵击,不胜,以为神而远之。因羁属之,不大攻"。军事镇压遭到失败后,匈奴终于不得不承认了乌孙的相对独立地位。

乌孙社会内部也是实行着一种奴隶制度。

两汉时期,乌孙已明显进入阶级社会,这从文献记录中是清晰可见的。《汉书·西域传·乌孙传》中,称乌孙"国多马,富人至四五千匹",不仅说明社会财富已积累很多,而且说明存在严重的社会分化,贫富不均。因此,在乌孙社会内部阶级矛盾是十分尖锐的。所以,前引传文又称:"民刚恶贪狠无信,多寇盗。"这正是社会分化、阶级矛盾、阶级斗争激烈的反映。

乌孙这时期已经进入阶级社会,经这些文字记录分析是可以肯定的。问题在于,根据什么说它就是处在奴隶社会时期呢?

在《汉书·西域传·乌孙传》中述及乌孙社会情况时,有一句关键性的总结,即"与匈奴同俗"。这种"俗"绝不只是人情习惯、风俗之"俗",还意味着社会的经济、政治制度方面的类同。匈奴,史学界大都认为它在两汉时期是实行着一种奴隶制度的,乌孙与匈奴历史关系十分密切,它是在匈奴的卵翼下成长、复国、发展起来的。乌孙吸收、仿同匈奴的各种制度,是一个自然而合理的过程。

文献记录中也不乏乌孙掠取人口,掠获大量战争俘虏的资料。这些被掠人口的归宿,只能是作为统治阶级的奴隶。这里最显著的一例,就是汉宣帝本始三年(公元前71年)对匈奴的战争。乌孙精兵直捣右谷蠡王廷,"获单于父行及嫂、居次、名王、犁于都尉、千长、骑将以下四万级……乌孙皆自取所虏获。"[1]

在考古资料中,也颇有可与这些文献记录互相补充、互相证明的

〔1〕《汉书·西域传·乌孙传》。

材料,有助于说明乌孙的社会性质。

在昭苏县木扎特山口(亦名夏台),20 世纪 60 年代初先后经 3 年时间,我们曾发掘了一座较大型的乌孙墓葬,编号为 ZSM3。此墓封土呈圆丘形,远看形如小土山。底周有 200 多米,高达 10 米。封丘周围为一道浅沟。粗略测算,封堆体积达一万立方米,而且封土曾经局部加夯。这样巨型的封土堆,从挖土、运输、堆封、局步加夯等劳动过程分析,得动用 3 万左右人工(用比较落后的挖土工具,一人每天挖土以一方计,加上运输、堆封、夯实,估计人工得增两倍上下)。

巨形封堆中部是长方形墓室所在。墓室长 6 米、宽 4 米、深 4 米,墓室体积近 100 立方米。营构这样的墓室,只挖土一项即需人工 200 以上(挖这种坑,出土不易,费工较多)。墓室四壁为木椁,以直径 20~30 厘米的松木横竖叠砌,墓室顶部覆盖松木三四层。粗略统计,用木材近达 50 方。这么多木材,其砍伐、运输,没有数百人工也是无法完成的。

营构这样巨型的大墓,必须组织、奴役大量的社会劳动力。而另一些形制虽近、但规模极小,只是微微隆起于地表的小型墓葬,墓室内既无木椁,殉葬物也极少,有的甚至不见一件殉葬物。与前述大墓构成了十分鲜明的对比。其社会地位悬殊、阶级身份各异、占有社会财富多寡不均的情况清晰可见。

尤其能够说明问题的是,大墓墓室内虽曾经盗掘,尚残存一些陶器、骨器、铜铁器、金饰物、漆器残片等各类殉葬物外,在墓主人棺木旁侧还发现一个形制不太规整的半月形腰坑,坑内埋葬散乱的骨架,仔细区分,可识别出四个人的个体,他们应是惨遭杀殉的奴隶骸骨。这对于揭示乌孙的奴隶社会性质,是一份很有力的资料。[1]

两汉时期的乌孙社会,存在一套简单的政权、军事、社会组织。其中,虽还可以多少透见氏族社会阶段的印痕,但却已经是凌驾于社会之上,存在超阶级强制的一套全新制度了。

---

〔1〕有关 ZSM3 的具体资料,现存新疆文物考古研究所。作者曾参加过有关发掘工作。

从《汉书·西域传·乌孙传》可以清楚看到,乌孙社会实行以国王为首的专制统治,王位的继承实行长子继承制。但这一继承制度,似乎确立、实行都还未太久,受到旧有习惯的强大干扰,相当严重地影响到乌孙政局的稳定。终西汉之世,因王位继承问题导致的矛盾、产生的祸乱频仍,并最终导致了该王国的分裂。

从河西走廊西迁到伊犁河流域,败大月氏,并摆脱匈奴的奴役和控制,完成乌孙历史上这一辉煌功业的乌孙名王叫猎骄靡,王号为昆莫。猎骄靡的这种空前成就,使他赢得了在乌孙王国内的崇高权威,无人可以替代。他确定长子为太子,但太子早死。按长子继承法,太子死前要求立长孙为太子,也得到猎骄靡的认可。但这却激起了次子的不满,他要求兄终弟及。次子官居大禄,有军事才能,率领属部万余骑谋叛反抗。猎骄靡不得不对之妥协,令长孙率领万余骑"别居",自己也领万余骑"为备"。于是,名为一国,而实际"国分为三",只是"大总羁属昆莫"(这种处置,也刻印着匈奴的影响。匈奴单于王室居中,左右贤王分统左右两部,似为同一形式)。

猎骄靡死后,长孙军须靡继位。军须靡死前,其子泥靡幼小,也希望与叔父的分裂进行妥协,让王位于大禄之子、其堂兄弟翁归靡。但却彼此约言:"泥靡大,以国归之。"实际可以看成是习惯的兄终弟及法的实施。

翁归靡继承王位后,乌孙归于一统。国力强盛。公元前 71 年,曾与汉王朝配合,取得了对匈奴战争的空前胜利。他在位晚年,曾力图借汉王朝的力量,将他与解忧公主的长子元贵靡立为太子,毁弃由泥靡继位的前言。这得到汉王朝的全力支持。但翁归靡一死,泥靡即在"乌孙贵人"的支持下复位,重又导致乌孙王国分裂。翁归靡与匈奴妻所生子乌就屠杀泥靡以自立,旋又在汉王朝的干预下立解忧公主长子元贵靡为大昆弥(王)、乌就屠为小昆弥,并由汉王朝为之分别人民、地界。自此,大、小昆弥两部彼此矛盾、争斗不息,终西汉之时,"且无宁岁"。

从乌孙王统继承的矛盾和斗争过程看,长子继承法并未得到彻底确立,使奴隶主上层统治集团之间夺取最高统治权的斗争更加尖锐。其次,从斗争过程看,在乌孙社会内部,似乎还有一种贵族议事会议在发挥着作用和影响。其证明就是,当翁归靡准备凭借汉王朝的权威决定由元贵靡继承王位,而不是如最初约定的交还政权给泥靡时,"乌孙贵人共从本约"、"立岑陬(即军须靡)子泥靡代为昆弥,号狂王"。翁归靡在位时,颇多建树,乌孙国力至达鼎盛,其在乌孙的权威和影响不可轻估。这时汉王朝对乌孙的重大军事、政治决策,也完全可以控制。但"乌孙贵人"竟仍然能够"共从本约",不顾汉王朝的反对扶立泥靡,可见他们在乌孙社会生活中的影响力量是不能轻估的。原始氏族社会阶段,氏族、部落领袖通过一定的形式决定部落联盟内的一切重大事务,这种议事会具有无上权威。进入阶级社会以后,它们的影响一落千丈。但在刚刚步入文明不久的历史阶段,这种贵族议事会的传统力量还是十分巨大的。这时的乌孙王位的继承当然秉承着国王的意志,但"乌孙贵人"(应该就是贵族议事会的成员)却可施加强大的影响。这可以说明乌孙社会跨入文明新阶段为时并不太久,古老的氏族社会的传统还是深具影响的。

乌孙社会的政权组织是比较简单的。昆莫(王)是最高的统治者,其下为大禄,即相。这是昆莫的最重要的辅佐,也是昆莫以下最重要的行政首脑,相当于汉王朝的丞相,故汉语译称"相"。但从实际职能看,他还有军事权力。担任这一职位的往往是高级贵族,如猎骄靡为王,长子为太子,作王储,而次子即为"大禄",可见其地位确实非同一般。

大禄之下,有左、右大将二人。这是王国最重要的军职。乌孙受匈奴影响,以左为贵,左大将位置更重要。翁归靡时,三子为左大将,而冯嫽嫁右大将为妻。左、右大将,任重权高,不同于一般。韩宣为西域都护时,因乌孙王星靡"怯弱",建议汉王朝"可免"其乌孙王号,"更以季父左大将乐代为昆弥",汉廷未允,但可见左大将权位之重要。

大将以下有侯,侯的地位、权势亦重。《汉书》中屡见"诸翕侯"、"翕侯"之称,往往都与军事活动有关。如翁归靡攻匈奴时,就是"自将翕侯以下五万骑"驰驱直进;乌就屠图谋政变,"与诸翕侯俱去",后终

"袭杀狂王";"大昆弥翁侯难栖杀(小昆弥)末振将"等等,都可为证。

其他,还有"大都尉"、"大监"、"大吏"、"舍中大吏"、"骑君"、"译导"等等。其中"译导",未见明确记录,但在张骞出使中亚时,乌孙曾发译导送之。虑及当时西域地区民族复杂、语言纷殊的情况,专司语言翻译、导送的吏员肯定是存在的。这些大概就是乌孙王国内主要的军、政官吏。汉朝政府曾经接受了西域都护的建议,给"乌孙大吏、大禄、大监皆可以赐金印紫绶,以尊辅大昆弥"。"金印紫绶",这是汉王朝政府给丞相、列侯以上高官的待遇,由此可见这几种吏员在乌孙王国内地位的尊崇。

在乌孙的律令制度中,最重要的一条规定,是大昆弥雌栗靡时正式颁布的:"告民牧马畜,无使入牧。"用法律形式保护牧草场地的贵族所有,不允许互相侵夺,使草场得到更好的保护和使用,有利于缓和统治阶级内部的矛盾,有利于畜牧业的发展。这一措施曾经保证了乌孙社会的安定和经济的繁荣。

乌孙社会,诸翁侯各有自己的"民众"。这受到习惯的尊重、法律的保护。这些"民众",很可能就是原来各部落的自由民及附属的家内奴隶,而翁侯则是原来的部落领袖、现在的世袭贵族。乌就屠袭杀狂王发动政变时,曾"与诸翁侯俱去"。后经汉王朝政府干预,乌就屠自愿作小昆弥,而由元贵靡为大昆弥,但乌就屠却"不尽归诸翁侯民众",这导致了汉王朝的干预,派常惠率领三校士兵驻屯赤谷,并为大、小昆弥明确分划人民、地界,以排解矛盾。这件事具体反映了自诸翁侯上至昆弥均有自己的地域、人众,说明在乌孙社会中氏族、部落残留的痕迹很重。

乌孙的军事制度,实际是全民皆兵。在"十二万户"的乌孙居民中,有"胜兵十八万八千八百人",可见每户的丁壮均是胜兵。这与匈奴的制度是一样的,"儿能骑羊,引弓射鸟鼠,少长则射狐兔,肉食","士力能弯弓,尽为甲骑","其俗,宽则随畜田猎禽兽为生业,急则人习攻战以侵伐,其本性也"。[1] 可见平常生产的组织与战时的军事组织是完全合一的,而组织形式,应该就是从氏族社会接受过来的氏族、部落的外壳。所以,翕侯既是原来的部落领袖,又是现在新的军事、生产的领袖,就是毫不奇怪的了。

在乌孙社会的婚姻制度上,同样可以看到浓重的氏族社会习惯。试以解忧公主为例,先嫁军须靡;军须靡死,翁归靡继王位,则转嫁军须靡之堂兄弟翁归靡;翁归靡死后,又成了军须靡匈奴妻所生子泥靡的夫人。这与匈奴实行的"父死,妻其后母;兄弟死,尽取其妻妻之"[2]是完全一样的。有人对此提出的解释是"恶种姓之失","故匈奴虽乱,必立宗种",实际这是原始社会氏族外婚制的一种遗留。他氏族的女子嫁到本氏族中来,就是本氏族一群兄弟的妻子。进入阶级社会,王位必须以国王的血统为转移,妻子也随着王位的继承而被继承,可以不致因王族血统的混乱而造成对王权的任何干扰。古老传统的外壳这时又被赋予了新的历史内容。

17.3　乌孙归属西汉王朝

乌孙,汉代是西域地区最大的王国。在不长的时间里,它从匈奴的羽盟转变为和西汉王朝结盟,并很快发展到政治上归属西汉王朝统治,可说是经历了巨大的发展。这一发展变化,对缔造统一的、多民族的祖国历史大厦,曾发挥过重大而积极的影响,是一个值得认真研究的课题。

深刻认识这一变化,必须把它放在当时的社会矛盾、斗争中加以考察。西汉前期,汉王朝政府与匈奴王国的矛盾和冲突是中国大地上主要的矛盾和冲突。在这组主要矛盾的基础上,产生了汉王朝对西域及乌孙王国结盟的战略抉择及一系列策略措施,导致了西域及乌孙历史进程的新方向。

---

〔1〕《汉书·匈奴传》(上)。
〔2〕《史记·匈奴列传》。

·欧·亚·历·史·文·化·文·库·

乌孙，历史上与匈奴的关系是十分密切的。当乌孙居住、活动在河西走廊，在与大月氏和匈奴的冲突中国破家亡，难兜靡死于非命，其子猎骄靡在匈奴冒顿单于的救助、扶持下成长并复国，这决定了乌孙与匈奴不同于一般的密切关系。猎骄靡幼时"生弃于野，乌衔肉飞其上，狼往乳之"的神话故事，正是曲折地反映了这段史实。狼，是匈奴的图腾，匈奴的象征。

猎骄靡长大成人，冒顿又"使将兵"，"复以其父之民予昆莫"，使其逐步成长为一支不可轻视的强大力量。无论猎骄靡，还是乌孙各级氏族、部落的领袖人物（也就是以后乌孙王国的各级贵族），对匈奴的依附自然不同于一般。冒顿时期，乌孙实际是匈奴的属部，承担了经济上贡纳、政治上服从、军事上接受调度的各种强制性义务，实质上是部落奴隶。只是在冒顿死后，关系才疏远了一些。现实的政治、经济利益冲突，乌孙"昆莫乃率其众远徙，中立，不肯朝会匈奴"，[1]企图摆脱匈奴的奴役和统治。尤其是乌孙西迁伊犁地区以后，得天独厚的自然地理条件，使其经济得到迅速发展，人口增多，国力增强。对匈奴奴隶主集团苛繁的经济掠夺，对自身政治上的屈辱地位更加不满，这自然导致矛盾的进一步发展。

而正是在这样的矛盾面前，西汉王朝的使者张骞带来了西汉政府结盟抗击匈奴的建议和要求："乌孙能东居故地，则汉遣公主为夫人，结为昆弟，共拒匈奴。"这对乌孙是既有一定吸引力，但又是不能贸然决定的重大问题。主要的困难在于：不知汉王朝实力；内部亲依匈奴、恐惧匈奴的势力不小；而且国分为三，猎骄靡一人无法专制。所以只是派人、送马回报，并未明确答应汉王朝的要求。

促成猎骄靡改变态度并同意和亲、结盟的，主要是客观形势的急剧变化。虽乌孙态度暧昧，西汉王朝通使西域、断匈奴右臂的决策却在积极执行，汉使大宛、月氏者，"相属不绝"。当匈奴得知乌孙曾与汉王朝通使往来后，"怒，欲击之"。再加上乌孙使者到内地，"见汉人众富

---

〔1〕《史记·大宛列传》。

厚",也增强了信心。这几个因素促使猎骄靡"使使献马,愿得尚汉公主,为昆弟",即希望通过和亲结盟以保证自身政权的安全稳定。最后以马千匹为聘,汉王朝则以江都王刘建之女细君为主,出嫁猎骄靡,为右夫人。匈奴也闻风而动,"亦遣女妻昆莫,昆莫以为左夫人"。[1] 这时的猎骄靡,行动上还是持两端,希望在汉王朝与匈奴之间保持平衡。

乌孙由这种半心半意与汉王朝结盟到全心全意结盟,以至后来在政治上归属西汉王朝,接受汉王朝的统属,其根本原因,在于西汉王朝在对匈奴的斗争中不断取得胜利,匈奴实力不断被严重削弱。

汉武帝刘彻,在汉初休养生息、发展经济的基础上,利用富厚的经济力量,对匈奴向中原地区不断的侵扰、掠夺性的战争,发起了反击。这是有利于当时的社会经济发展、正常的生产秩序和人民安定生活的保障的。匈奴则由于战争失败,统治集团内部矛盾激化。自然灾害频仍,军事、经济实力受到极大削弱,逐步失掉了对阴山、河套、河西走廊、西域广大水草肥美地区的控制。汉王朝在实际控制西域广大地区后,于公元前60年(汉神爵二年),正式派出了统管西域地区军政事务的西域都护。这是一个标志,说明了西域地区(包括北疆乌孙,即巴尔喀什湖以东以南广大地区),至此正式列入了汉朝政治版图。这无论在新疆古代历史还是我国统一的多民族祖国的形成和发展史上,都是一次关系重大的事件。设西域都护,标志着匈奴对西域控制的瓦解。这一重大进展,与本始三年,汉、乌孙联军取得对匈奴战争的胜利直接有关。此前,匈奴为维护其对西域的统治,以巴里坤草原为前进基地,屯田车师(吐鲁番盆地及吉木萨尔等地),进攻乌孙,以控制、稳定北疆地区,隔断乌孙与汉朝的联系。并以车师为桥头堡,向南疆发展。乌孙王翁归靡与解忧公主正确地分析了有关形势,先后多次上书汉王朝,建议组织联军反击,称"昆弥愿发国半精兵自给人马五万骑,尽力击匈奴,唯天子出兵以救公主、昆弥"。汉王朝在充分准备以后,"汉兵大发十五万骑,五将军分道并出"。西域一线,"遣校尉常惠使持节护乌孙

---

〔1〕引文均见《汉书·西域传·乌孙传》。

兵",密切配合行动。这一仗大获全胜。乌孙"昆弥自将翕侯以下五万骑从西方入,至右谷蠡王廷,获单于父行及嫂、居次、名王、犁于都尉、千长、骑将以下四万级,马、牛、羊、驴、骆驼七十余万头"。[1] 这一仗,使匈奴在西域地区的力量、元气大伤。史载,"匈奴民众死伤而去者,及畜产转移死亡不可胜数,于是匈奴遂衰耗,怨乌孙"。"其冬,单于自将万骑击乌孙,颇得老弱,欲还。会天大雨雪,一日深丈余,人民畜产冻死,还者不能什一。于是丁令乘弱攻其北,乌桓入其东,乌孙击其西。凡三国所杀数万级,马数万匹,牛羊甚众。又重以饿死,人民死者什三,畜产什五。匈奴大虚弱,诸国羁属者皆瓦解,攻盗不能理"。[2] 汉、乌孙联军的这一次打击,对匈奴帝国的衰败、瓦解,所起作用是相当大的。

乌孙政治上归属汉王朝统治,是一个逐步发展的过程。这个过程,从这次联合军事行动到西域都护设立期间的种种情况分析,已经充分完成。我们说,自这一阶段以后,乌孙从政治上看已经是西汉王朝统属下的一个部分,有如下的实质表现。

首先,乌孙王国自国王以下各级官员,均接受汉王朝的册封,佩汉朝政府颁发的印绶,作为其权威的象征,表示其权力的合法性。如大吏、大禄、大监,汉朝政府均视为如汉之最高级吏员,赐金印紫绶。只是在发现他们不能忠于职守,如乌孙王雌栗靡被杀害时不作有力抗争,即收回金印紫绶,另颁铜印墨绶,作为惩处。铜印墨绶,在汉王朝只是600石以上吏员的级别标志。不仅是这种佩带印绶,更重要的是乌孙王的王位继承、废立,亦均要得到汉王朝的认可。翁归靡希望变动旧议,改立元贵靡为嗣,要报汉王朝;乌就屠杀泥靡,自立为王后,西域都护郑吉使冯夫人说"乌就屠,以'汉兵出,必见灭,不如降'",乌就屠只得放弃了大昆弥的地位。西域都护韩宣认为乌孙主"星靡怯弱可免,更以季父左大将乐代为昆弥",汉王朝不批准,就必须维持原状;乌孙小昆弥末振将使人刺杀大昆弥雌栗靡,汉王朝即始终以诛杀末振将为

---

〔1〕《汉书·西域传·乌孙传》。

〔2〕《汉书·匈奴传》(上)。

已任,对杀死末振将的难栖升晋爵,封为"坚守都尉"。凡此种种,均足以说明汉王朝对乌孙王国内重大政治事项,均有直接处理的权力及责任。

其次,西汉王朝对乌孙军队有征调、节制指挥权。汉宣帝本始三年(公元前 71 年)汉、乌孙联军共讨匈奴,汉政府即"遣校尉使持节护乌孙兵",实际是掌握了最主要的对乌孙部队的控制权和指挥权。汉地节元年(公元前 69 年),常惠自乌孙经龟兹返内地,在霍光的支持下,自行调发龟兹以东各小国合兵两万余人,乌孙兵 7000 人,三面围攻龟兹,"责以前杀校尉赖丹罪"。[1] 类此,均是较大的、有历史影响的军事行动,故史籍有所记载,其他规模较小的军事征发肯定是不会少的。这种军事指挥权是国家权力的主要表现之一。

对危及乌孙王国政权稳定、安危的重大事件,汉王朝有处理权力。乌就屠与元贵靡兄弟失和,争位夺权。经汉王朝裁定,元贵靡为大昆弥、乌就屠为小昆弥,但乌就屠仍然"不尽归诸翕侯民众"。为稳定乌孙内部的局势,"汉复遣长罗侯常惠将三校屯赤谷,因为分别其人民地界,大昆弥户 6 万余,小昆弥户 4 万余",[2]明确划分清楚地界,划分清楚户口、民众的归属,并派驻部队屯田监守,保证有关决定的实施。汉王朝的统治权力在这里是明确无误的。

在乌孙归属于汉王朝统治,使巴尔喀什湖以东以南、伊犁河流域广大土地进入祖国的版图这一具有重大意义的历史进程中,汉王朝政府实行的和亲政策,嫁细君、解忧,其中尤其是解忧公主在乌孙王国的活动,是起过积极作用的。从西汉王朝与乌孙王国和亲的实践看,它实际是一种政治结盟的方式。在有利的政治、军事形势下,这种和亲可以实现很好的政治效果。因为乌孙的国家政权是一种宗法性的、世袭的王权统治,与国王联姻,利用女主对国王及王室的影响,在一定的具体情况下会起到特殊的作用。西汉王朝与乌孙和亲,就怀有这样的愿望。

---

〔1〕《汉书·常惠传》。
〔2〕《汉书·常惠传》。

·欧·亚·历·史·文·化·文·库·

如细君最初嫁给了年迈体衰的猎骄靡,而猎骄靡随后又要求细君再嫁其长孙军须靡时,细君受汉朝传统、礼教的束缚,不从,遂请示汉王朝。刘彻的决定却是:"从其国俗,欲与乌孙共灭胡",一语道破了这种政治婚姻的实质。细君秉承汉王朝旨意,不仅再嫁了军须靡,而且根据自身使命,广泛进行了活动:"岁时一再与昆莫会,置酒饮食,以币帛赐王左右贵人。"但终因她不多几年即逝,未见出显著成效。而解忧公主,先后在乌孙生活了50年左右,在乌孙的政治生活中发挥了很大的作用。解忧在乌孙曾先后嫁军须靡、翁归靡、泥靡。她与翁归靡共同生活时间颇长,"生三男两女"。"长男曰元贵靡。次曰万年,为莎车王。次男大乐,为右大将。长女弟史为龟兹王绛宾妻。小女素光为若呼翕侯妻。"[1]这些子女,在乌孙、龟兹、莎车,都曾居于显要地位。

翁归靡,在乌孙历史上是具有重要地位的名王。他在位时,王国统一,政局稳定,经济发展,军事力量强大。西汉后期雌栗靡取得显著政绩,史家即以之和翁归靡这段统治时期相比称,可见不同于一般。翁归靡的这一建树,得到过解忧的有力佐助和支持,翁归靡在汉、乌孙联军重创匈奴这一著名战役中的贡献就是一个很好的说明。为促成这一战役的实现,解忧曾多次上书汉廷,力陈利害,终于达到了预想的结果。

综观解忧在乌孙的活动,她实际上是西汉王朝派驻乌孙的全权代表。她洞察、分析乌孙的各种情况,提出关键性的建议或运用自己的地位、影响,相机行事。如发生在公元前71年扭转了西域地区政治形势,沉重打击了匈奴势力的重大战役,解忧就起过十分显著的作用。狂王泥靡"暴恶失众","为乌孙所患苦",她一手策划、指挥了剪除狂王的宫廷政变。这次政变,因行事者粗疏,未得成功,但于此可见解忧在乌孙的影响、谋略。她不仅运用自身力量影响乌孙政局,而且以乌孙为基地,派心腹"侍者冯嫽","持汉节为公主使,行赏赐于城郭诸国",得到"敬信"。冯嫽"能史书、习事",是一个熟悉西域情况、有相当水平的能干的女官,被西域各国尊之为"冯夫人"。她的丈夫是乌孙右大将,她

---

〔1〕《汉书·西域传·乌孙传》。

曾运用这一关系,平息、调处了乌就屠发动的又一变乱。原来,在狂王泥靡死后,未得汉王朝同意,乌就屠即擅自继位为王。为此,汉王朝调动了军队,准备了粮食,准备进行征讨。最后,在冯夫人为首的汉朝命使的调解下,乌就屠同意放弃昆莫称号,"为小昆弥",而由汉王朝册"立元贵靡为大昆弥"。王国一分为二,"使破羌将军不出塞",一场箭在弦上的战争得以避免。冯夫人在乌孙享有威望,她对乌孙也怀有感情。在解忧公主年老回到中原后,乌孙大昆弥星靡怯弱,她不惮以老年之身,主动向汉王朝要求,愿"使乌孙镇抚星靡",并得以如愿成行。

从解忧、冯嫽的和亲实践,我们可以看到,她们的作用是不可轻估的。当然,和亲所以能发挥这样的影响,还在于当时总的斗争形势。在汉与匈奴、汉与乌孙、匈奴与乌孙这几组具体的矛盾中:匈奴势力日蹙;汉王朝在西域的政治影响日强;乌孙对匈奴的奴隶制掠夺政策反抗日烈,而汉朝在自身和亲政策的实践中,也感受到许多重大的政治、经济利益,等等。没有这些基本的条件,无论解忧、冯嫽个人具有怎样超群出众的能力,也是于事无补的。

汉与乌孙的和亲,对乌孙经济、文化的发展,文化、科学技术知识的进步,都是有一定积极意义的。细君初嫁乌孙时,汉"赐乘舆服御物,为备官属、宦官侍御数百人,赠送甚盛","公主至其国,自治宫室居"。足见,这种动辄数百人的和亲使团,是包含着各方面的人才的。否则,"自治宫室"是不可能的。解忧在乌孙生活有 50 年左右,与乌孙各个方面联系更为密切。解忧的女儿弟史至"京师学鼓琴",弟史的丈夫龟兹王绛宾曾试图在龟兹推行汉王朝的制度;经过不长的时间,乌孙王国的冶金技术得到很大提高,缩短了和中原地区冶炼技术间的差距;在长安,可以学习乌孙的语言……凡此种种,都可见彼此关系的深入、密切。这意味着在科学、技术、经济、文化各方面的互相学习、互相吸收、互相丰富,在缔造统一的、多民族的祖国历史中,和亲曾发挥过的积极作用,是不应该忽视的。

18　新疆农业考古初论

　　古代新疆地区不仅是我国重要的畜牧业基地,而且早自原始社会阶段开始,就存在相当规模的农业生产。对古代新疆地区的农业生产情况,汉代以来的我国汉文史籍中曾多少有所反映,并保留了一些零散的记录。但从整个情况看,这些记录不仅比较简单,而且多所缺略。通过考古资料,可以大大补充这一缺失。

18.1　去今 4000 年前新疆已见农业生产

　　新疆原始社会阶段已经有了农业生产。其绝对年代,据已掌握的部分测定数据,当在距今 4000 年前左右。[1]

　　在原始社会阶段的古遗址或墓地内,明确见到农业生产方面材料的主要有下列几处:喀什地区疏附县乌帕尔乡乌布拉提村内的阿克塔拉、温古洛克、德沃勒克、库鲁克塔拉等几处新石器时代遗址。它们地处帕米尔东麓的山前地带,目前已沦为沙石荒漠。但在遗址中却看到明显与农业生产有关的石镰、石砍锄,多量无孔半月形石刀、马鞍形石磨盘等,经济生活"已经以农业生产为主",[2]阿克苏县喀拉玉尔衮遗址与此具有相同的特色。罗布淖尔地区,孔雀河下游原始社会公共墓地,出土了木质生产工具及小麦。[3]哈密地区哈密县五堡村氏族社会墓地,墓葬内尸体、随身衣物均因干燥而不朽,墓葬内不仅出土了小米饼、青稞穗壳,而且发现了三角形木质掘土器、木耜。其时代,据 ^{14}C 测

---

　　〔1〕1979 年冬,新疆考古研究所在孔雀河下游发掘了一批原始社会时期的墓葬,出土了小麦。墓地年代,据北京大学考古教研室 ^{14}C 试验室,用木材、毛布、皮张等测定,当在距今 3700 ~ 4000 年上下。

　　〔2〕《新疆疏附县阿克塔拉等新石器时代遗址的调查》,《考古》,1977 年第 2 期。

　　〔3〕《新疆疏附县阿克塔拉等新石器时代遗址的调查》,《考古》,1977 年第 2 期。

定,距今为 2960～3200 年左右。[1] 天山中间的阿拉沟,配合南疆铁路工程曾清理了大批早期墓葬,出土了胡麻籽。这片墓地,据文保所[14]C测年结论,距今在 2200～2800 年左右。[2] 库尔勒地区和硕县新塔拉遗址,文化层堆积厚达 5 米以上,遗址内见彩陶、磨制石器,应该不仅只有农业存在,而且在这里古代人们曾经长期定居。[3] 天山北麓,巴里坤县石人子、奎苏、冉家渠等处,彼此地域毗连,曾发现过多处早期遗址、墓葬,出土过炭化小麦粒、[4] 大型磨谷器等。这种大型磨谷器,最大长达 114 厘米、宽 50 厘米、厚 20～30 厘米,一般也都长 80 厘米、宽50 厘米左右。可见,当时的生产规模是不小的。遗址的时代经测定,当在距今 2800 年左右。[5]

这些早期遗址存在农业生产,从出土农作物籽实或生产工具特征可以做出肯定结论。我们所以要在这里具体罗列这些资料,是因为过去的论著中,一般都对此缺少比较明确的概念。不是把新疆地区早期考古文化整个列入所谓以狩猎、游牧为主的细石器文化带内,就是把农业生产的时代估计较晚,概念上也有含混不清之处。[6] 当然,出现这样的问题,主要原因在于过去的考古工作做得较少,缺乏准确、科学的发掘资料。从现有的、虽说不上丰富但却稍稍深入分析了的资料,可以明确看到:早在距今 4000 年上下,从昆仑山北麓,到天山南、北麓,在相当广阔的一片地域内,在山前、河谷台地一带,已经肯定有了农业生产经济,它们开始的时间当会较此更早。

而到距今 2000 多年前的汉代以后,在新疆地区发现的农业考古资料就相当丰富了。举其大者,如民丰县汉代精绝王国遗址内,发现过多量农具、农人耕作物标本;伊犁汉代乌孙墓葬中见过铁铧;在轮台、沙

〔1〕《新疆东疆和南疆地区考古新发现》,《新疆考古》,1979 年第 1 期。
〔2〕具体资料尚未刊布,存新疆考古研究所。墓地年代测定结论已在《文物》1978 年 5 月刊布。
〔3〕辛塔拉遗址,新疆考古研究所曾进行过调查、试掘。资料存新疆博物馆。
〔4〕《新疆东部的几处新石器时代遗址》,《考古》,1964 年第 7 期。
〔5〕《建国以来新疆考古的主要收获》,载《文物考古工作三十年》,文物出版社,1979 年,第171 页。
〔6〕《新疆农业》,第二章,科学出版社,1964 年。

雅、若羌等地发现过汉屯田遗址;晋、唐时期的吐鲁番县阿斯塔那墓地内,出土了丰富的农作物标本、农人耕作形象的绘画;巴楚县托库孜萨来古城遗址发现自南北朝到宋、元时期的农作物籽实等等,都大大丰富了我们对新疆地区古代农业经济的具体认识。可以毫不夸张地说,这些农业考古资料,将为我们对新疆古代农业史的研究开拓一个新天地。在这里,人们将发现许多古文献上无法见到的生动素材。

18.2 新疆出土的农产品

可以直接表现新疆地区古代农业生产情况的,莫过于从各处遗址、墓葬中出土的农作物籽实、穗壳,出土简牍、文书中关于这类作物的直接记录。现据考古资料,按类别、时代条列于下(已作过进一步分析、研究的,则稍予说明)。

18.2.1 粮食作物

(1)小麦

首见于距今近 4000 年的孔雀河古墓沟墓地中。由于这里极度干燥,尸体、殉葬物也大都不朽。出土时均置于墓主人头侧的草编小篓中,十多颗至一百多颗不等。保存良好,外形完整,麦粒显深褐色,籽粒不大、不太饱满。经初步鉴定,其品种有普通小麦和圆锥小麦两种[1]。较之新疆博物馆所藏、巴里坤石人子乡炭化小麦粒,后者籽粒稍大,比较饱满。在哈密五堡墓地中,也发现过一穗小麦穗。汉代以后的遗址墓葬中,出土的小麦和麦类加工食品更多。民丰县尼雅汉代遗址中不仅见到小麦实物,还发现过一根麦穗[2]。罗布淖尔地区出土的汉、晋时期的汉文简牍中有种植小麦的明确记录,[3]同一阶段内的佉卢文简

---

〔1〕鉴定工作,是由四川农学院农学系教授颜济先生进行的。

〔2〕史树青《新疆文物调查随笔》,《文物》,1960 年第 6 期;新疆博物馆考古队《新疆民丰大沙漠中的古代遗址》,《考古》,1961 年第 3 期。

〔3〕罗振玉、王国维《流沙坠简》,中华书局,1993 年影印本。

牍中也提到小麦种植及灌溉。[1] 若羌县米兰吐蕃古戍堡中发掘到过唐代的小麦,在同时出土的吐蕃文木简中也涉及分占耕地、种植小麦的内容。[2] 在吐鲁番县高昌古城北郊阿斯塔那和哈拉和卓两处古墓葬地,出土了自晋迄唐代的小麦及麦面加工成的馕、水饺、馄饨等各种点心及麦麸、麦草。同时出土的文书中也有关于小麦租赋、借贷的文契,数量亦不少。[3] 此外,在焉耆县唐代古城"唐王城"内,也发现过小麦及磨得很细的面粉。[4]

小麦是世界上最古老的栽培作物之一,也是我国人民的主要粮食作物之一。上述并不完全的资料说明,唐代以前,新疆地区已经普遍种植小麦。过去,一般认为它在新疆只有 2000 多年的栽培历史。[5] 现在孔雀河出土的小麦标本,把小麦在新疆地区的栽培历史提早到 4000 年前,而且对新疆小麦的起源也提出了新的见解,[6]这在农学史研究上的意义是很大的。

(2)粟

粟即小米。这是我国古代农业生产中的重要作物品种,起源于我国黄河流域,我国至今还是主要的粟类生产国。由于粟具有高度的抗旱能力,生长季节较短,耐储藏,因此,它也是新疆地区古代栽种比较多的一种粮食作物。最早的粟类标本,见于距今 3000 年左右的哈密五堡古墓地。主要是一种小米饼,出土颇多。大部分呈方形,长约 20 厘米,厚 3～4 厘米左右,由于粉碎得不好,饼内的卵圆形小米颗粒仍清晰可见。民丰县尼雅遗址(即汉代精绝王国的废墟内)曾在数处房址中见

〔1〕汪宁生《汉晋西域与祖国文明》,《考古学报》,1977 年第 1 期;《若羌且末新发现的文物》,《文物》,1960 年第 8～9 期。

〔2〕1975 年,新疆考古工作者曾在米兰古堡内进行过调查、发掘,本文据这次发掘资料,实物现存新疆考古研究所。

〔3〕有关发掘材料,先后发表于《文物》,1960 年 6 月、1972 年 1 月、1973 年 10 月、1975 年 7 月、1978 年 6 月;《考古》,1959 年 12 月等期,从中可以窥见各种农作物的出土情况。下文所见吐鲁番资料,均同此,不再一一注明。

〔4〕黄文弼《新疆考古的发现》,《考古》,1959 年 2 月。

〔5〕《新疆农业》,科学出版社,1964 年版,第 100 页。

〔6〕一般认为,新疆小麦得之于西亚的影响。据颜济教授分析孔雀河小麦品种,结合对新疆现存野小麦的调查,认为新疆完全有可能是小麦的原产地之一。

到小米,有的房屋遗址内铺着厚厚的一层,因年久而结成了硬块。[1]楼兰地区,也曾见到粟类遗物。[2] 吐鲁番县晋、唐时期的古墓内,更见到多量瓶装、小五谷袋装小米以及"付麦、粟账"文书残纸,陶碗内盛着的小米饭等。可以看到,小米与小麦一样,是这里人们的主要粮食。焉耆县内,"萨尔墩旧城遗址中有许多圆形坑穴,直径大小不一,小者约1米左右。坑穴内均是粮食……很清楚地可以看到黄米……",[3]唐王城内也发现过小米。

(3)黍

黍即俗称的糜子。它和粟类似,籽实呈球形,也是生长期短、耐干旱性强的一种农作物。民丰尼雅遗址、吐鲁番晋、唐时期古墓中均见过不少糜类籽实。在汉、晋时期的楼兰古城内,"在古城建筑物上,涂抹着许多草拌泥的墙皮,其中掺杂有大量麦秸、糜秆的碎节和粒壳。同时,在城内距塔东侧约32米处一堆散乱的木材下,发现了深达70厘米的糜子堆积层,一粒一粒的糜子至今还是黄灿灿的"。[4] 这颇可以说明,糜子也是新疆古代大量种植的粮食作物之一。

(4)高粱

高粱见于焉耆县萨尔墩旧城遗址之窖穴内,此城的时代可能早到汉,同县唐王城中亦见。[5] 高粱在我国也有久远的栽培历史,我国是高粱的原产地之一。这种作物不仅耐旱,而且能适应盐渍较重的土壤。焉耆,就是盐渍较重的一个地区,考古工作者正是在这里发现了高粱的籽实,足以证明古代新疆各族劳动人民对高粱的特性已有比较清楚的认识。

---

〔1〕史树青《新疆文物调查随笔》,《文物》,1960 年第 6 期;新疆博物馆考古队《新疆民丰大沙漠中的古代遗址》,《考古》,1961 年第 3 期。

〔2〕汪宁生《汉晋西域与祖国文明》,《考古学报》,1977 年第 1 期;《若羌且末新发现的文物》,《文物》,1960 年第 8~9 期。

〔3〕黄文弼《1957—1958 年新疆考古调查附记》,《西北史地论丛》,上海人民出版社,1981 年。

〔4〕侯灿《楼兰遗迹考察简报》,《历史地理》,1981 年创刊号。

〔5〕黄文弼《1957—1958 年新疆考古调查附记》,《西北史地论丛》,上海人民出版社,1981 年。

（5）青稞

哈密五堡墓地内发现过青稞穗壳，这是新疆所见的最早实物。稍后，在民丰尼雅遗址中也见到青稞籽实（原报告中把它括注为"燕麦"）。[1] 吐鲁番晋、唐古墓中出土过不少青稞籽实，值得一提的还有在这里出土的一份唐天宝十二至十四年的马料账，逐日登记了马料消耗情况，所用饲料均称"麦"或"青麦"。[2] "青麦"一词，从冬日马料账上仍然使用，这可能就是"青稞"的俗称。因为，这时怎么也不可能有未成熟的青麦，而且，量词都是斛、斗、升、合。这一分析如大致不错，从这份马料账中可以看到，当时的青稞栽种面积必甚广。此外，在若羌县米兰古堡中也发现过青稞籽实，亦可见其种植地域之广大。

18.2.2 豆类作物

据考古发掘中出土的实物统计，新疆古代种植的豆类作物有蚕豆、黑豆，均见于吐鲁番（其他地方未见，当系发掘工作的局限），时代为高昌至唐。蚕豆籽粒椭圆扁平，不大。所谓"黑豆"，细审实物，籽粒不大，呈椭圆形或长椭圆形，当为赤豆之一种，只是外表黑色，故也俗称"黑豆"。这种黑豆，西北地区栽培颇多，因为它耐旱，生长期短，成熟期要求干燥，而新疆地区的气候条件来讲，对黑豆的生长是颇为适宜的。

18.2.3 油料作物

主要是胡麻。胡麻至今仍是新疆地区普遍栽培的油料作物之一。在天山阿拉沟古墓地内曾发现胡麻籽，籽粒卵圆形而稍扁，暗褐色，表面光泽，出土后曾请新疆农科院进行鉴定。此外，在吐鲁番晋、唐古墓地、焉耆唐王城内也都见过胡麻籽实。

18.2.4 纤维作物

（1）棉花

---

〔1〕史树青《新疆文物调查随笔》，《文物》，1960年第6期。
〔2〕《新疆出土文物》，图版第98、99，"轮台县长行坊马料账"、"草料账之一、之二"，文物出版社，1955年。

新疆地区种植棉花的历史很早。民丰县出土的东汉墓中已见棉布,[1]晋、唐时期的吐鲁番古墓中,所见棉织物资料更多。在出土的高昌时期的文书中,有借贷棉布的契纸,结合文献记录,可以肯定南北朝时期,吐鲁番地区已经大量种植棉花并发展起了一定规模的棉纺织业。[2] 在同一时期或稍后的塔里木盆地内,如于田县屋于来克北朝时期遗址中见到了棉织印花布。[3] 巴楚县托库孜萨来古城晚唐地层内不仅发现了棉花,而且发现了棉籽实物。可见,自南北朝以后,吐鲁番及塔里木盆地各处,已经广泛种植棉花并发展起了棉纺织业。

对巴楚出土的棉籽,中国农业科学院棉花研究所曾经进行了分析、研究。根据其籽粒小、纤维短、色黄等特点,判定为草棉(即非洲棉)籽。[4] 这种草棉,喜温、喜光、耐旱,在中亚早有种植,也适宜于新疆及甘肃西部地区的气候特点。但纤维短粗、产量低,这又是其弱点。新疆很早即种植这类草棉,表现了这里和中亚地区久远而广泛的联系。

(2)大麻

新疆地区出土的麻类织物资料丰富。前引距今约 4000 年的孔雀河古墓地内出土的草编织物中,经鉴定使用了大麻纤维。同时,也使用着罗布麻(亦称野麻)茎、秆以编织日用器物。可见新疆地区使用麻类纤维是非常早的,后期则更为普遍。以吐鲁番为例观察,在吐鲁番县阿斯塔那、哈拉和卓的晋、唐时期古墓葬中,没有一墓不见麻类织物,衣服、被褥、鞋袜、谷物袋、麻绳等等,都用着麻。与麻类织物相比较,无论丝还是棉,都是只居于次要地位的。当然,这大量的麻织物中,据资料本身的题款,可以肯定有相当部分是来自内地有关省区的。[5] 但也同样可以肯定,必有相当部分或大部分是产自本地,墓内有时以麻丝一束随殉,就可以说明这一问题。

---

〔1〕《新疆民丰县北大沙漠中古遗址墓葬区东汉合葬墓清理简报》,《文物》,1960 年第 6 期。
〔2〕《历代各族传记全编》,第二编(下),第 1705 页;《梁书·西北诸戎·高昌国》"多草木,草实如茧,茧中丝如细罏,名为白叠子,国人多取织以为布,布甚软白,交市用焉"。
〔3〕《丝绸之路——汉唐织物》,图版 21,文物出版社,1987 年版。
〔4〕沙比提《从考古发掘材料看新疆古代的棉花种植和纺织》,《文物》,1973 年第 10 期。
〔5〕王炳华《吐鲁番出土唐代庸调布研究》,《文物》,1981 年第 1 期。

18.2.5 瓜果类

新疆地区瓜果资源非常丰富,是许多瓜果的原产地,素有"瓜果之乡"的美称。有不少珍品、名产,历史上早就传入中原地区,不仅博得了赞誉,而且丰富了中原地区人民的物质生活,是各族人民经济交流史上的一段佳话。古文献中,关于西域地区盛产瓜果的记录不少。新疆,尤其是南疆广大地区,各种瓜果的栽培也确有悠久历史,而且具有普遍性。但限于目前考古工作,我们下文所引资料主要来自吐鲁番盆地内的阿斯塔那和哈拉和卓墓地,因为此处干燥,墓内入殉的果品实物得以不朽。一斑可以窥豹,从墓中普遍见到的种种果品,多少可以透见古代新疆瓜果生产的概貌。

(1)葡萄

这是新疆地区有名的特产。吐鲁番地区又居全疆之冠,这里日照充分、热量丰富,果实含糖量高。除供鲜食外,制干、酿酒,也都是佳品。直到今天,新疆吐鲁番的葡萄及葡萄干仍是驰名中外的上品。在吐鲁番鄯善县洋海古墓地,最早发现过公元前 5 世纪左右的圆果紫葡萄植株,说明公元前 1000 年中期,这里已经种植葡萄了。[1] 晚及晋、唐时期古墓葬中,往往以葡萄入殉,可以看到历史上它一直就是人们珍视的果品。其栽植之盛,从墓葬壁画中有葡萄园,出土文书中有"卖"、"租"葡萄园的契纸以及有关葡萄酒的记录等,均可透见这一果品在当时人们日常生活中具有的重要地位。精绝王国故址尼雅废墟,所在多见葡萄园及葡萄干枝。佉卢文中,催征葡萄酒的命令亦多见。

(2)甜瓜

吐鲁番古墓内,见过甜瓜子、甜瓜皮。较之其他瓜果,发现数量不算多。

(3)枣

这是吐鲁番盆地中普遍见到的一种随葬果品,可见当时栽植必

〔1〕新疆文物考古所、吐鲁番地区文物局《鄯善县洋海二号墓地发掘简报》,《新疆文物》,2004 年第 1 期。

多,人民喜食。枣干紫黑色,个体不大。

(4)核桃

在吐鲁番古墓中出土也多,最多一墓达至数十枚。果核较小。除吐鲁番外,巴楚托库孜萨来古城遗址亦见。[1]

(5)梨

新疆地区是梨的盛产地,主要品种有白梨、新疆梨、秋子梨、西欧梨、杏叶梨五个品种。而其中的新疆梨,据俞德浚教授研究,认为是"中国梨与西欧梨的自然杂交后裔"。对它的栽培历史,是果树研究人员所关心的一个问题。在吐鲁番晋、唐墓葬出土的多量梨干中,研究人员曾对唐代墓葬出土的梨干进行了分析鉴定,认为:"果实如梨形,淡黄色,梗细曲,长于果径两倍,无梗洼;萼宿存,开张,基部相连,无萼洼;果心小,石细胞多,果心近萼端,是典型的新疆梨。"[2]说明新疆梨的双亲——中国梨和西欧梨在新疆地区的栽培历史肯定早在唐代以前。从这里,我们可以得到一个启发:利用新疆特别干燥的自然条件而得以保存下来的各种作物籽实标本,进行深入的分析研究,当可发掘出许多珍贵的历史事实。

(6)李子

吐鲁番墓地出土颇多,果实近圆形,黑褐色。从出土的数量较多来看,自高昌至唐,它在这里并不是很稀少的果品。

(7)桃

汉、晋时期的楼兰城遗址内,[3]吐鲁番晋、唐古墓中均见。汉代尼雅遗址中亦见,[4]出土物均是桃核。

(8)杏

尼雅遗址中曾有所见,[5]吐鲁番古墓地内也见到杏核。桃、杏类果品,均来自内地。

---

〔1〕巴楚桃核,资料现存新疆博物馆。
〔2〕新疆农科院农科所、陕西省果树研究所《新疆的梨》,新疆人民出版社,1978年版。
〔3〕侯灿《楼兰遗迹考察简报》,《历史地理》,1981年创刊号。
〔4〕见新疆博物馆历史文物陈列。
〔5〕见新疆博物馆历史文物陈列。

此外,据新疆博物馆历史文物陈列,唐代吐鲁番地区还出土了芝麻、巴旦杏。芝麻原产非洲,巴旦杏原产伊朗。看来,新疆地区引进、栽培的历史也是很久远的。

18.2.6　其他作物

在介绍有关新疆考古资料中所涉及的农作物品种时,不应忽视对饲料作物(如苜蓿)的栽培。

新疆地区的经济,畜牧业一直占有相当大的比重。因此,对饲料作物的栽培、种植,古代曾给予了很大的重视。尼雅遗址出土的晋代佉卢文书,提及以紫苜蓿、三叶苜蓿作为马、驼的饲料。[1] 吐鲁番地区出土过一件北凉时期的文书,文内提到所有在学的儿童要从役"芟刈苜蓿",[2]新中国成立前所见吐鲁番地区出土文书也有关于种植苜蓿的资料。[3] 如高昌古城(原书称哈拉和卓古城)中出土的"伊吾军屯田残籍",其中有"……苜蓿烽地五亩近屯"字样,诚如黄文弼先生所说:"苜蓿烽为一地名,盖因种苜蓿而得名。"

(1)苜蓿

是富含蛋白质的优良饲料,再生能力强,在水肥充足的情况下,年可收获数次,而且管理省工,是经济价值很高的饲料作物。从史籍看,新疆地区很早就有苜蓿的栽培,而且早在汉代,随优良马匹进入内地,苜蓿也被引进到了内地。

(2)葫芦

此外,在吐鲁番晋、唐时期古墓中,还出土了为数极多的葫芦片。葫芦原产印度,后引入我国,嫩果可作蔬菜,老果可作盛器。

(3)蔓菁

即芜菁,干、鲜食用均宜。当年的精绝王国,蔓菁曾是重要的蔬菜。汉、晋尼雅遗址中,发现过不少干蔓菁。

这些,都多少反映了新疆古代一些蔬菜的情况。

---

〔1〕林梅村《沙海古卷》,文物出版社,1988年。

〔2〕文物现存吐鲁番文管所。

〔3〕黄文弼《吐鲁番考古记》,图版33,"伊吾军屯田残籍"。

18.3 新疆出土的农业生产工具

在认识、研究新疆地区古代农业生产状况时,各种农业生产工具是不能忽视的一个重要环节。

在整理有关农业生产工具的资料时,我们感到有两个比较显著的特点:一是原始社会阶段或较早期遗址内,木质生产工具占有很大比重,具有重要地位;二是从工具角度,可以十分鲜明地感受到中原地区对这里的重大影响。

在前述孔雀河下游古墓沟原始社会墓地内,曾出土过一件木质生产工具,长 22 厘米、宽 8 厘米,尖端及两侧薄刃锐利,有长期使用的痕迹。如附以木柄,是不错的挖掘沙土的工具。

出土木质工具稍多的是哈密五堡乡内的原始社会墓地。共见两根三角形掘土器、一件木耜。这是在不见其他任何石质或金属工具的情况下出土的,颇可见木质工具在当时社会生产中的地位。[1] 这种木质掘土器,系选取与人高比例相称、便于直立劳动的硬质木杆,微显弯曲,然后把端部细致加工成三角形,尖部锐利。掘土器曾经过长期使用,不仅尖部光滑锐薄,扶手部分也因长期使用而很光滑。其一通高90 厘米。这种木质掘土器,在西南少数民族调查中也曾发现过,如云南省独龙族,“铁质工具数量极少,在生产中不占什么地位。在木质工具中,使用最广泛的是‘郭拉’和‘宋姆’。……‘宋姆’即点种棒,把小竹棍或小木棒一端削尖或以火炙尖即成。用于挖穴点种,用毕即弃”。[2] 四川省甘洛县藏族(自称“耳苏”)也曾使用过这种尖木棍,并在这一基础上发展成脚犁。在耳苏人古老的传说中“……他们从事过种种原始的生产活动,留下了许多原始工具的名称,如狩猎用的石箭头‘耳买’、骨箭头‘日古买’。农业则用石斧‘吴戳’伐木,用称为‘布’

---

〔1〕其简单报导见《新疆东疆和南疆地区考古新发现》,《新疆考古》,1979 年 1 月。文物现存新疆考古所,原消息报导中称三角形掘土器为尖状木“犁”,不准确。

〔2〕卢勋、李根幡《独龙族的刀耕火种农业》,《农业考古》,1981 年第 1 期。

的尖头木棍或尖竹棍发土点种"。"脚犁就是由尖木棍发展而来的,先是在尖木棍上安装'扶手',……后来由扶手的启发加上一个脚踏横木,手足并用,遂成木耒"[1]。无论独龙族中的"宋姆"还是耳苏人中的"布",与五堡所见三角形掘土器都是同一性质的工具,基本形制、功用相同,只是五堡的掘土器已较进步成型,不再随用随弃了。

与这种三角形掘土器共出,在五堡见到木耜(原报导中称其为"方头木铣"),长 28.5 厘米、宽 16.5 厘米、厚 1 厘米,刃部锐薄,偏上部见对称两孔,便于安柄。这种木耜,在民丰县汉代尼雅遗址中也有过发现(原报告中称"木铣"):矩形,长 49 厘米、肩宽 22.5 厘米,上部有两孔,便于安柄。同一遗址内,出土铁工具(如斧、铲、镰)不少,但不见犁,而出土了这种木耜,似可以说明这片地区当时木耜仍未退出历史舞台。

这类木质生产工具,在天山阿拉沟古墓区也有所见,有一端磨尖的木器,也有作双叉形,端部经过加工,十分尖锐。

汉代尼雅遗址,还曾出土过一柄保存良好的木榔头,通长 108 厘米,头长 46 厘米。[2] 这种木榔头对于碎土或修堤筑坝等水利工程,都是十分适用的。

汉代以后,由于汉王朝在新疆地区进行屯垦,各种农具及中原地区的农作物,随屯田士卒、应募农民不断进入,给新疆农业生产以重大影响。

汉尼雅遗址中出土的铁镰刀,和"今天陕西关中地区农民使用的镰刀形状相同"。[3] 在伊犁地区的昭苏县,相当于西汉时期的乌孙墓出土过一张铁铧,舌形,中部鼓凸。铧体剖面近等腰三角形,后部有銎,銎作扁圆形,通体厚重、粗糙。这种形制,与关中、礼泉、长安、陇县等地出土的西汉中晚期"舌形大铧"形制相同。[4] 利用这种铁铧挖土,效率当然会大大提高。

〔1〕严汝娴《藏族的脚犁及其铸造》,《农业考古》,1981 年第 1 期。

〔2〕史树青《谈新疆民丰尼雅遗址》,《文物》,1962 年第 7、8 期,第 25 页,第 14 图。

〔3〕李遇春《从出土文物看新疆和祖国的历史关系》,《民族团结》,1959 年第 11 期。

〔4〕陕西省博物馆、文物管理委员会《陕西省发现的汉代铁铧》,《文物》,1966 年第 1 期。

汉代开始在新疆地区屯田,牛耕技术肯定会相应进入新疆地区。在罗布淖尔楼兰地区出土的晋简中,有一支简文是:"因主簿奉谨遣大侯究犁与牛诣营下受试"。[1] 这里是晋西域长史的驻地,仔细推敲简文文意,可以看到西域长史府至少在屯田部队中曾经有组织地大力推广一种新的驭牛犁耕技术。"大侯"是西域长史的下属,责其"究"("究",有"穷尽"之意)。犁与牛到"营下"受试考核,颇见其认真状。

关于这一阶段犁耕的具体特点,可由同一时期内龟兹(今库车地区)的一幅牛耕图壁画帮助说明。在拜城县克孜尔千佛洞第 175 窟(时代约当两晋)中,"在坐佛的周围,画出类似二牛抬杠的牛耕图,有宽刃的镢和锄等工具,从牛耕图中宽大的铁铧来看,与发现的汉代铁铧比较接近。"[2] 细审有关画面:一人右手持物,驱赶二牛前行,此二牛合驾一辕。其后为一呈三角形尖刃的宽大犁铧,双牛负驾吃力。这一"二牛抬杠"式的耕作图画,与同一阶段内嘉峪关墓中壁画所见牛耕图近似。只是因受穹形洞窟的局限,画面无法展开,对犁的形制没有具体刻画。

同一洞窟内,还有一幅表现了砍地、翻土动作的画面:两个裸身、赤足、戴帽、着短裤的龟兹人,两腿以丁字步式站立,上身前倾、作奋力劳作状。他们所持镢、锄,略近方形、宽刃。这种形式的砍锄与今天新疆境内普遍使用的"坎土曼"形式酷似。"坎土曼",新疆广大农民在进行翻土、提土、修渠、筑堤等等工作时,均得力于斯,差不多是小件农具中的万能工具,维吾尔族农民使用得心应手,十分灵便。

有关这一阶段农作工具情况的,还有 1964 年在吐鲁番县阿斯塔那晋墓中出土的一幅纸画。[3] 画幅长 106.5 厘米、宽 47 厘米,绘画内容表现了统治阶级人物的日常生活,其中有三分之一的画面表现了墓主人的田园及庖厨。农业是社会生产的主体,所以这实际是墓主人财富及享乐生活的写照。在田园生活的画面中,可以看到整齐的田亩,茂盛

〔1〕罗振玉、王国维《流沙坠简》,中华书局,1993 年影印本。
〔2〕阎文儒《新疆天山以南的石窟文物》,《文物》,1962 年第 7~8 期。
〔3〕见《新疆出土文物》,图版 45,文物出版社,1975 年版。

的庄稼。田畔是草叉、耙等农具,木耙长柄多齿。另有一件农具颇令人费解,从其形象分析,这应当是犁。因为只要转一下角度,正是一架犁的侧视图,有犁辕、犁梢、犁架及系绳等。在庖厨画面内,还有磨、碓的形象,磨以长木杆作联动轴,由人推转,碓是用足踩动的。这些谷物加工工具,与内地农村流行的形式完全一样,明显可以看到,这是由于接受后者的影响而产生的。这一情况,当与吐鲁番地区汉、晋时期居民相当一部分来自甘肃等地有关,他们从内地迁居吐鲁番时,同时带来内地一套耕作、谷物加工技术,是毫不奇怪的。这对新疆古代农业的发展,曾起过良好的作用,当也是情理之中的事。

18.4　新疆的灌溉遗迹

新疆是一个干旱地区,除少部分地区或山区外全年降水量很小,在塔里木盆地及吐鲁番盆地内,基本上全年无雨。这样的降水量使农民无法"靠天吃饭"。因此,新疆地区进行农业生产,其首要前提之一,就是必须解决农田水利灌溉问题。公元 6 世纪初,当宋云、惠生路过新疆地区时,看到渴盘陀(今塔什库尔干地区)"民决水而种"。而当"民"听说中原地区的农田是"待雨而种"时,觉得十分好笑、不可理解:因为"天何由可共期也"?(见《洛阳伽蓝记》)当时的塔什库尔干地区雨水还是较多的,塔里木盆地内这一差别就显得更大了。这一生动的记录,说明了新疆地区人工水利灌溉是进行农业生产的前提。

汉代以前的水利灌溉遗迹,目前还未发现。那时的农业规模不大,农田也都选择在引水比较方便的河道下游。这些地方,地势比较平缓,引水比较方便。目前发现的孔雀河下游古墓沟墓地、哈密五堡古墓地,都有这样的特点。而汉代以后中央王朝在这片地区推行屯田,水利事业也相应得到进一步发展。

西汉王朝在新疆的屯田,是按桑弘羊的筹划实施的。桑弘羊给汉武帝刘彻的建议主要有两点,一是在轮台地区"通利沟渠",用部队进行屯田;二是在有一定基础后实行徙民实边,"益垦溉田"。[1] 也就是强调了在屯垦地区首先要注意做好灌溉事业,这样,农业生产才有可能进行。而针对新疆地区地广人稀的特点,募民实边,发展农业生产也就有了保证。

汉代以来,在新疆地区兴修水利的情况,既见诸文字记录,也有不少遗迹可寻。

北魏郦道元的《水经注·河水篇》中有一个西域各族人民兴修水利的故事:曾有"敦煌索劢将酒泉、敦煌兵千人至楼兰屯田,起白屋。召鄯善、焉耆、龟兹三国兵各千人,横断注滨河,灌浸沃衍。河断之日,水奋势激,波凌冒堤,……大战三日,水乃迥减,胡人称神。大田三年,租粟百万,威服外国。"这段记录,除去神话外衣,其实质内容颇可信从。当时迁酒泉、敦煌人到新疆屯田,是合理的,历史上曾再三实行过;横断注滨河、拦蓄河水,使不入盐湖,则下游沃野可尽得开发。因此,这段记录颇真实地表现了公元 6 世纪以前西域地区修水利、开屯田的史迹,也表现了历史上人们对兴修水利的必要性及有关筑堤坝、蓄洪水的工程知识。反应了要有强大的组织力量,才能完成较大的工程,而得农业发展之功效。下文介绍的几项较大水利灌溉遗迹,没有这样的组织力量是不可能成功的。

18.4.1　沙雅县汉人渠

在阿克苏地区沙雅县、新和县境内,黄文弼先生在 20 世纪 20 年代末进行的考古调查中,曾发现多处遗址及屯田遗迹。其中有"长达二百华里之古渠……在渠旁及遗址中,曾觅出汉代五铢钱及陶片","古渠位于(英业)古城之东北","维吾尔语称为黑太也拉克,即汉人渠"。

---

[1]《汉书·西域传·渠犁》载桑弘羊奏章为:"故轮台以东,捷枝、渠犁皆故国,地广,饶水草,有溉田五千顷以上。处温和、田美,可益通沟渠,种五谷,与中国同时熟,其旁国少锥刀,贵黄金采缯,可以益谷食,宜给足不可乏。臣愚,以为可遣屯田卒,诣故轮台以东,置校尉三人分护,各举图地形,通利沟渠,务使以时,益种五谷。张掖、酒泉遣骑假司马为斥候,属校尉,事有便宜,因骑置以闻。田一岁,有积谷,募民壮健有累重敢徙者诣田所,就蓄积为本业,益垦溉田,稍筑列亭,连城而西,以威西国,辅乌孙为便……"。桑弘羊这一建议,汉武帝刘彻当时没有采纳,但 30 年后,西汉王朝却在新疆地区全面实施了这一建议的。

"此渠位于喀拉黑炭巴扎之西,地名曲鲁巴哈。由于河分支东行,经英业入戈壁,一直往东,至爱默提草湖遂不见,全长约 200 余里。附近古城有阿克沁、满玛克沁、黑太沁、于什格提,皆附于渠旁"。"渠为红土所筑,宽约六米。至于什格提东面,分为三渠至草湖。"[1]对这一长 100 公里、宽 6 米的古渠及沿渠的古城废墟,1981 年新疆考古研究所的伊第列斯等人,曾经再履其地,渠道痕迹仍宛然在目。渠道所经,因沙淤土积、均高于地表,宛若一道逶迤远去的土堤。这次调查中,在傍近古渠的一处古城址"羊达克沁",群众曾采集到唐代钱币。这些迹象表明:这片地区,自汉至唐,一直是一片规模宏大的屯田中心,但目前却已是盐化相当严重的荒漠了。

18.4.2 若羌县米兰古堡附近,农垦勘测设计人员曾发现一处古代灌溉渠系统

渠系与古米兰河通连,"干渠全长 8.5 公里,渠身宽 10～20 米(包括渠堤),渠高 3～10 米(自地面算起)……大型支渠七条,总长 28.4 公里"。"小的毛渠阡陌纵横,密布于各支渠间的灌溉面积上"。灌溉面积实测达 1700 亩。[2] 这一灌溉遗址,考古工作者李征于 1973 年也曾进行过调查。笔者在 20 世纪 80 年代后,曾多次进入这片地区,踏勘相关遗迹。渠系遗痕,清楚可见。渠道所在,所以会远远高于地表,主要原因是古渠使用过程中会大量淤沙(米兰河含沙量很大,常水期每升含沙 3.8～6.6 克,洪水期达 27.9～52 克)。淤沙使渠床不断升高,清淤沙土不断垒积在渠道两旁,逐渐形成渠堤高高耸立的景观。据水利工作者饶瑞符测量分析,这一灌溉系统的"干、支、斗渠,全部沿最大坡度,垂直地形高线布置。七条支渠均匀地顺地形脊岭,采用双向灌溉,有效控制着整个灌区,全灌区没有不能上水的土地"。整个灌溉系统的布置较为合理,而灌渠渠线的正直、整齐,采用双向灌溉和集中分水的方式,水头控制良好,因地制宜与渠道网的完整性,为其他旧灌区

〔1〕黄文弼《塔里木盆地考古记》,科学出版社,1958 年。
〔2〕饶瑞符《米兰汉唐屯田水利工程查勘——从米兰的灌溉系统遗址看汉唐时代的屯田建设》,载《新疆巴州科技》,1981 年第 1 期。

欧·亚·历·史·文·化·文·库·

所少见。在无地形测量资料的古代,全凭目测与生产实践经验的条件下,足以说明汉代在此兴建水利灌溉系统有较高的水平。"[1]这一渠系的修建年代,目前未得文物直接证明。但据《汉书》,汉立尉屠耆为鄯善王,"遣司马一人、吏士四十人,田伊循以填抚之,其后更置都尉,伊循官置始此矣",[2]冯承钧认为"伊循是今之弥朗"(即"米兰"——引者注)。[3] 若然,这一古代灌溉渠系应该就是汉代伊循屯田的遗迹。

18.4.3 轮台地区汉代屯田遗址

据黄文弼先生调查,在轮台县克子尔河流域有古堡及城市遗址多处,如柿木沁、黑太也沁、柯尤克沁、着果特沁等。从调查所得遗物看,除黑太也沁可能为唐城以外,余均汉代遗址。遗址周围,有"干渠,埂界犹存,疑为古时垦殖区域"。"柯尤克沁……可能为汉仑头国故址,城西有古时流水沟渠,盖引克子尔河水灌城中者"。"着果特沁旧城……城中有红底黑花陶片,与柯尤克沁旧城所拾相同,皆为纪元前后之遗物。又拾铁矢镞一,中实有柄,系汉物……疑此城为汉代屯田轮台时所筑。因城有营垒,当为田卒所住,城中有粮食。城南及东皆为红泥滩,古时沟渠田界痕迹尚显然可见。"[4]这片地区是汉代屯田中心,曾经繁荣一时,但目前已成一片盐渍荒漠,渠沙淖泥遍地,盐衣白沫到处可见。

其他,如于田县克里雅故道下游的喀拉墩遗址,据笔者最近调查,遗址区内渠道纵横,田畦清晰,也是晋南北朝时期凭借人工灌溉事业而发展成功的一片绿洲。类似的古渠及小块田畦,在精绝尼雅废墟内,也可以清楚觅见。

---

〔1〕饶瑞符《米兰汉唐屯田水利工程查勘——从米兰的灌溉系统遗址看汉唐时代的屯田建设》,载《新疆巴州科技》,1981年第1期

〔2〕《汉书·西域传·鄯善国》(上)。

〔3〕冯承钧《楼兰鄯善问题》,载《西域南海史地考证论著汇辑》,中华书局,1957年。

〔4〕黄文弼《塔里木盆地考古记》,第二章,科学出版社,1958年。

18.4.4　在罗布淖尔地区所出汉、晋简牍中,不少筑坝、修水利、灌水浇地资料,颇可见当日屯田地区对水利的经营

"……本空决六所并乘堤已至大决中……伍百一人作……增兵"、"将张签部见兵二十一人,大麦二顷,已截二十亩下廥九十亩,溉七十亩,小麦三四亩已□二十九亩"、"禾一顷八十五亩,溉二十亩,锄五十亩",(简面)"将梁襄部见兵二十六人□大麦六十六亩,已截五十亩。下□八十亩溉七十亩□小麦六十三亩,溉五十亩。□禾一顷七十亩,锄五十亩溉五十亩"。(简背)"水曹请绳十丈"等[1]。类似的简文还有一些。从这些断简残牍中,可以看得很清楚,当时在楼兰地区的屯田,水利是关键。有"水曹"司其事,堤坝有人管理,土地分划成地块,分别由各部负责种植及管理,锄、灌、截之进度均须定期检查、呈报,组织是非常严密的。

18.4.5　关于新疆古代水利灌溉事业的经营建设,吐鲁番出土文书、碑刻资料,也提供了十分具体的记录

吐鲁番盆地内几乎终年无雨,而气温高、蒸发强。在这样的环境中从事农业生产,比较完备的水利灌溉工程是一个前提。自汉代始,这里就是汉王朝、匈奴屯田的所在,对水利灌溉必已有一套办法。有人认为,新疆在汉代已知坎儿井,[2]但在吐鲁番地区考古调查中,却未见任何可以说明这一问题的资料。相反,从吐鲁番唐代墓葬中出土的文书资料看,显示的却完全是另一种水利灌溉系统。有一件唐高昌县"为申修堤堰料工状",[3]在文书残纸上,钤有"高昌县印"。

从这件文书可以看到,每年用水期过后,高昌县必须组织众多人力(从这件文书看,动用人工总达 1450 人)对"新兴谷"内的"堤堰"及县城南的"草泽堤堰"和"箭干渠"进行维修。据此,可以明确肯定:在山区当有水库类性质的设施,盆地内低凹处也有塘坝及干渠,它们构成了一个灌溉系统。

---

〔1〕罗振玉、王国维《流沙坠简》,中华书局,1993 年影印本。

〔2〕王国维《西域井渠考》,载《观堂集林》。

〔3〕新疆博物馆《新疆出土文物》,图版 96。

　　吐鲁番盆地的地理特点,决定了盆地内的灌溉用水主要得之于天山雪水。这种雪水年均流量稳定、变化小,农业用水保证率较高,对农业是有利的。但这种雪水,夏日天热时水量集中。因此,在夏日雪水大量下来前,每年都必须对水库、塘坝等蓄水处的堤堰及渠堤进行检查维修和加固,保证安全,而这种水库、塘坝对调节用水是十分必要的。看来,这件申修堤堰的状文,就是这一背景下的产物。年年如是,故可"准往例"处分。这种关系整个社会命脉的水利系统,工程的兴修、维护、管理,必须有组织、有专人负责,县内是"知水官"主持其事。从这一文书出发,可以大概透见高昌县的水利灌溉组织情况。

　　在吐鲁番这样的地区,有水才有生命。又一件出土文书就十分形象地表明了这一情况。录文如下:

　　"城南□□营小水田家 状上

　　　　　　　□□老人董思举

　　右件人等所营小水田皆用当城四面豪(濠)

　　坑内水,中间亦有口分亦有私种者,非是

　　三家五家。每欲灌溉之晨,漏并无准。

　　只如家有三人两人者,重浇三回。

　　孕独之流,不蒙升合。富者因滋转赡,

　　贫者转复更穷。总缘无检校人,致使有

　　强欺弱。前件老人

　　性直清平,谙识水利,望差检校,庶得无漏。□□立一牌

　　榜,水次到转牌看名用水,庶得无漏。

　　如有不依次第取水用者,请罚车牛一道

　　远使,如无有牛家,罚单功一月日驱使。

　　即无漏并长安稳。请处分

　　牒件如前谨牒"[1]

　　〔1〕国家文物局古文献研究室等编《吐鲁番出土文书》第九册,文物出版社,1990年,第146页。

在浇地的关键时刻,凭借城濠内水浇地的各家营小水田者,彼此为水而纠纷,要求官府调理,委定专人管水,保证合理使用。这一状文,十分形象生动地说明了吐鲁番盆地内水的珍贵。一个合理的灌溉系统对吐鲁番正常农业生产的绝对必要性,从这里可以得到更深的体会。

在结束这节文字前,有一个问题值得提出来讨论:历史上那些屯田中心如轮台等地,为什么今天却都成了一片荒漠盐田碱滩?2000年前的良田沃野,今天成了不毛之地,这一变化究竟是怎样发生的?

以轮台地区为例。广泛发育的天山前山地区主要是中生代、新生代的含盐岩系,可溶性盐分极多,高山雪水流过这里,自然形成浓度较大的矿化水,缓缓流入山前地区后,矿代度当会更高。在河流下游垦殖的荒地,亦即古代的屯田中心,用这种水灌溉,而又没有一套排盐去碱的措施,就会使盐分不断滞积于农田,这种积盐过程是十分缓慢的,但经过相当一个历史阶段,就会达到一定浓度,最后使农田荒芜、作物不生。在古代人们对水质缺乏认识的情况下,盆地内排水又不畅,终至无法逃脱土地盐碱化的命运。在其他古代屯田地带,也往往经历过相似的过程。这在今天新疆地区的农田生产、水利灌溉中,仍是人们必须高度注意的一个问题。

18.5　古代新疆的农业屯田

汉代以来,在新疆地区广泛进行屯田,历唐至清,这一事业始终不衰。对新疆地区的农业发展,曾发挥过重大影响。无论是士兵还是"累重敢徙"的应募者,主要成分无疑都是中原地区的农民。他们在新疆屯田,自然就带来了中原地区的农具、籽种、耕作方法等等,对农业生产发展有过重大贡献。

屯田生产,对新疆地区的开发建设作用是十分巨大的。新疆地广人稀,要靠这里有限的人力、物力维持相当数量的边防部队、各种管理机构,保证"丝绸之路"的需要等,肯定会十分困难。利用部队并募民屯田自养、再上缴国家一定粮食,就可缓和并解决这一矛盾。在论及新疆古代农业生产问题时,屯田是一项必须重点研究的课题。

关于这一问题,上文已有相当涉及。这里将直接有关古代屯田的几件文物收录于后,以利进一步深入认识。

在民丰县汉代尼雅遗址,曾出土"司禾府印"一方。边长2厘米,高1.7厘米。[1] 从印文"司禾府"可以推见,是汉、晋时期与屯田事务有关的一个机构。

在吐鲁番地区出土的唐代文书中,许多文书直接表明了当时屯田的情况。

1972年发掘的阿斯塔那第226号唐代墓葬中出土了29件文书,几乎全部与唐代屯田事务有关。涉及北庭都护府、伊吾军纳职守捉使、西州都督府等部门的屯田、营田事务。[2] 其中一件"伊吾军纳粮牒"(长27.5厘米,宽8.5厘米),其上钤"伊吾军之印",表明为正式公文,残留文字有:

敕伊吾军　　　　　　　　牒上西庭支度使

合军州应纳北庭粮米肆仟硕　叁仟捌佰伍拾叁硕捌

　　　　　　　　　　　　斗叁胜伍合军州前后

　　　　　　　　　　　　纳得

　　　　　　　　　　　　肆拾叁硕壹斗陆胜伍

　　　　　　　　　　　　合前后欠不纳

壹佰玖拾柒硕纳伊州仓讫　叁仟陆佰肆拾陆硕捌斗

　　　　　　　　　　　　叁胜伍合纳军仓讫。

从这一文书可以看到伊吾军屯田的规模,每年应纳的粮额。而且,不仅缴纳军仓,以供军需(这是主要部分);还要纳一部分到"州仓",以供地方行政需要。

唐代边防军的屯田,组织、管理是十分严密的。合戌守与生产为一

---

〔1〕《新疆出土文物》,图版24。

〔2〕国家文物局古文献研究室等编《吐鲁番出土文书》第八册,文物出版社,1987年,第194～233页。

体,生产任务也有十分明确的规定。"唐西州都督府屯田文书",[1]为西州都督府呈支度营田使的牒文,"合当州诸镇戍营田,总壹拾□顷陆拾□"涉及的镇、戍有:"赤亭镇"、"柳谷镇"、"白水镇"、"银山戍"、"方亭戍"、"维磨戍"、"酸枣戍"等;同墓又一件残文书为:"唐开元十年(722 年)伊吾军上支度营田使"的一件文牒。它也是一件正式呈文,上面钤有"伊吾军之印"。事由是下属烽燧无法完成屯田任务,请求支度营田使留后司能酌情处理。文书中提到每烽烽子只有三人,两人承担"警固"任务,可以离开烽铺、从事屯种营田的烽子只有一人,稍有差失"罪即及身",导致"上下怕惧"。实际上是"近烽不敢不营",但"近烽地水不多"、"里数既遥",又"营种不济"。

从上下文意看,这一要求得到相关曹判:"近烽者即勒营种,地远者不可施功"的处分,但还是要上报"支度使"最后核准。[2] 遇到实际困难,请求变更、减轻任务,必须经过层层审查、批准。由于文书残缺,不可尽读,但小至两三人的烽燧也有明确的生产任务,却是明白无误的。

这几件文书,虽只涉及唐支度营田使下属的伊吾军及西州都督府,即只关系到哈密及吐鲁番地区,但却具有一般性意义。其他地区的屯田情况,与此是没有什么差别的。在这样严格的管理制度下,生产得到了保证,军资有了着落,人民多少减轻了负担,既有利于边防,也有利于唐代西域的社会生产事业,其积极意义是不容低估的。

〔1〕国家文物局古文献研究室等编《吐鲁番出土文书》第八册,文物出版社,1987 年,第 219 ~ 220 页。

〔2〕国家文物局古文献研究室等编《吐鲁番出土文书》第八册,文物出版社,1987 年,第 194 ~ 195 页。

19 古代西域植棉及棉纺织业发展

新疆地处中亚内陆,具有热量条件好、光照充足、日照时间长、干旱少雨、相对湿度低等自然条件,适宜于种植棉花。因为这一系列的自然条件,新疆是全国植棉、纺织棉布最早的地区。植棉、棉纺织业,在这里差不多已有近两千年的历史。

古代历史文献大多关注帝王将相的升落荣衰,侧重于政治、军事,而一般子民的农业、手工劳作,则难有可能留下记录。至于如西域这样的边裔荒远地区,平常的农作、手工当然更难进入皇室庙堂御用文人们的视野。这样,了解古代新疆地区棉花种植及棉纺织业的出现、发展,主要只能凭借考古工作者们的手铲、小铣,其困难是显而易见的。

草棉原产阿拉伯,后传入埃及、印度等地。在这片地区内,种植棉花、纺织棉布,历史久远。而印度与新疆地缘相近,彼此联系方便,民间往来不少。从这一背景作逻辑推论,古代新疆在植棉及棉纺方面受到西、南邻影响,远早于中原大地,自是情理中事。

新疆地区气候特别干燥,是考古工作的理想舞台,但考古工作实际发展相当缓慢。根据现已掌握的考古资料,可以明确一点是:早到公元 2 世纪,即去今 1800 年前的东汉王朝阶段,在塔里木盆地南缘一些古代聚落,人们已经知道棉花、棉布,并用棉布作为食单(桌布)、衣服。

三国时期,见到了有关"西域……叠布"的文字记录。

南北朝阶段(5—6 世纪),除发现相当丰富的棉纺织物外,出土古文书残纸中,也屡见有关棉布的记载。

更其值得注意的,在《梁书·高昌传》中具体介绍了吐鲁番地区种植的草棉,种植棉花在这时的新疆已是一个大家熟知的事实。但在中原文人的眼光中,还是一件十分稀罕的珍闻。历史记录与客观事实之间存在距离,这是一个生动例证。当然,不论中原人们如何认识,这时新疆地区植棉及棉纺织业,已发展到一个新的阶段,却是明确无误,可以做出肯定结论的。

隋唐时期,新疆地区棉花种植、棉布纺织业与其他经济生产、内外贸易一样,进入了一个空前繁荣的阶段。因为棉布本身的一些优点,它是唐王朝中央指定的、不能或缺的、具有地区特色的贡品。因其产量比较丰富、使用价值高,它不仅是人民日常生活中的必要物资,进行市易的主要商品,而且还具有市场流通手段(形同货币)的功能。当年西州(吐鲁番)的"叠布",更是远近知名。除棉布实物外,巴楚唐代城址及和田喀特勒克遗址内还出土了棉籽,为我们具体分析当年棉花的品种、来源、品质特点,提供了重要的实物资料。

宋元时期,新疆棉纺织业在继续发展。但这时东南地区从海路进入的棉花,也开始在中原地区拓展,西北新疆的棉花不再具有独占的地位。

考古文物受制于田野发掘工作的条件,出土是很有限的。挂一漏万,可以说是它的基本特点。从这一特殊性出发,我们既要全面分析、充分估价出土的棉织物资料,认识积淀其中的、具有一般性特点的历史文化内涵。又不能以偏概全、以点代面,仅仅根据个别文物做出超越实际的历史结论。本文将以严谨的态度,在全面把握相关资料的基础上,对古代新疆植棉及棉纺织业的发生、发展、进步、繁荣展开探索。

19.1　东汉普遍见棉布

公元 2 世纪,东汉王朝阶段,新疆塔里木盆地南缘已经开始使用棉布。不止一处的考古资料,清楚揭示了这一虽未形之于文字,但却是实际生活中存在的、值得注意的事实。

和田地区民丰县境内,汉、晋尼雅精绝王国废墟,是 20 世纪考古工作做得最多,也是目前出土棉织物标本较多的所在。尼雅遗址发现古代棉织物,这一报导最早见于英籍匈牙利人、考古学者斯坦因。斯坦因自 1901 年至 1930 年,曾先后四次入新疆,除第四次迫于中国学术界的抗议,中国政府不允许他进行任何发掘外,前三次他都曾畅行无阻,在许多重要古遗址点完全自由地进行过田野发掘。尼雅,是他三次重点发掘的地点。在这里,他获取了十分丰富的文物:汉文、佉卢文简牍,木雕家具,各式封泥,汉式丝绸锦绢,铜镜,漆器及毛织物、玻璃器等,黄河流域文化与犍陀罗文化在这里交相辉映。消失近两千年的、不为人所知的古老文明重现在世人的面前,深深吸引了人们的目光。只是很多人在关注那些光彩夺目的精美文物时,往往疏忽了斯坦因在卷帙浩繁的考古报告中曾不止一次提到的,他在尼雅遗址居民住宅的垃圾堆中一次又一次地发现过本地手工织造的棉布、毛布。在另一些章节中,还具体介绍过这些棉织物的大小、尺寸,这些资料,关系新疆早期棉纺织的出现及水平。为了引起人们对这一问题的注意,本文将对此稍多予以引录:

(1)在发掘尼雅第 15 号遗址一处垃圾堆时,他发现了棉织物:"当然,可以有把握地推定,在垃圾堆中,当地手工产品的数量要比外来品多。混在垃圾堆中的碎布,有棉的和毛的,其质地与颜色也大不相同。那些有代表性的标本(N X V 012、13、16、17、18),已按其原来颜色复制于图版 L X X VI 中。N X V 012,是一块深黄色带蓝色条纹的粗糙棉布,它使人奇怪地联想到印度现今流行的'Kharamsa'……表明至今仍然繁荣的和田纺织业,在当时已经有了充分的发展。所有这些织物与后来在安得悦庙堂后面发现的织物,可以从图版 L X X VII 中的样品中得到比较,鉴于这两处遗址相去四到五个世纪,因而可能对古代纺织史研究有所帮助。"[1]

(2)第 15 号遗址,第 iii 小室中也发现了棉织物:"在小室(N X V iii)的地面上,发现八件佉卢文写版……在此室及其毗邻的房间,发现一些棉布和毛织物碎片(N X V iii 01a - 5)……"[2]

(3)在总述尼雅第 7 号遗址的出土文物时,也介绍了这里出土的棉织物:

"N X V iii 01. D 部分棉(?)平布。

---

〔1〕A. stein The Ancient Khotan 第十一章,第七节,第 374 页。

〔2〕A. stein The Ancient Khotan 第十一章,第七节,第 376 页。

N X V ⅲ01.E 一块棉(？)平布。

N X V ⅲ01.F 一块棉(？)平布,染成棕红色。织物已完全腐朽,并遭虫蛀。"[1]

上述纺织物标本,斯坦因直观判断定为棉织品,但未经分析不敢完全肯定,所以谨慎地加上了疑问号。

(4)斯坦因对尼雅出土的棉织物是相当关注的。对他在 15 号遗址中所见棉织物,择 4 件较好的标本,在《古代和田》第 410 页作了具体的描述:

"N X V 012,方格粗棉布。暗黄色地上起蓝色条纹,与另一条疏编的蓝色带,粗糙地缝在一起。见图版 LX X Ⅵ。

N X V 013 优质棉平布,粉红色,3.5×2.25 厘米,见图版 LX X Ⅵ。

N X V 017 棉布,类似粗棉布。非常松散,并已散线,淡紫红色,5.5×5 厘米,见图版 LX X Ⅵ。

N X V 018 粗棉布,类似印度的 Kharamsa,淡红色,5.25 厘米×3 厘米,见图版 LX X Ⅵ。"[2]

斯坦因发现的纺织品标本,纤维成分曾经汉诺塞克博士进行过分析,确认为棉。

斯坦因在尼雅发掘,共获佉卢文书 780 多件。这些佉卢文书的一些文字,似表现着当年精绝人穿用棉布衣服的情况。如第 149 号佉卢文木牍,文意为:"兹于 9 年 1 月 28 日,据逃亡者摩合迦称,从余此处取走之财物共有粗布衣服四件,毛布衣服三件,银饰一件,摩沙钱 250 枚,短外衣两件,松斯塔尼两件,带子两条,中国式长袍三件。"[3]这里的粗布衣服,似可与棉布相联系(佉卢文资料中,丝绸、麻、毛、地毯均有专称)。

斯坦因在《古代和田》一书中介绍的资料,是记录他 1901 年在尼

---

〔1〕A. stein The Ancient Khotan 第十一章,第七节,第 412 页。

〔2〕A. stein The Ancient Khotan 第十一章,第七节,第 410 页。

〔3〕T. 贝罗著、王广智译《新疆出土佉卢文残卷译文集》,《尼雅考古资料》(内部刊物),新疆考古所编印,1988 年;并见林梅村《沙海古卷》,第 189 页。

雅的发掘。1906年,他第二次进入尼雅,又一次作了发掘,资料刊布在《西域》之中。在这部报告里,他介绍在尼雅第ⅩⅩⅡ遗址中采集到了粗糙的纺织物残片,其中棉布质量更好,"最大者暗黄色,看起来像帆布","也有小块暗黄色细平纹薄棉布形织物","最大者1呎1.5吋×1呎4.25吋"。[1] 从这些资料可以看出,斯坦因当年在尼雅考古,已经十分清楚地注意到了棉布的存在。而且,结论是当地的"手工产品",可以代表本地区纺织业水平,有助于和田纺织史之研究。

这里,存在一个应予推敲的问题:尼雅精绝废墟,汉、晋时期的遗存,从公元前2世纪至公元4世纪,延续了很长的时间。我们把棉织物出现的时间,肯定在公元2世纪的东汉,既不在此以前,又不在此以后,究竟有怎样的具体根据?

本文之所以做出如是判定,主要根据了1959、1995年中国考古学者在这里的两次发掘。在时代属于东汉的多座墓葬中,见到了相当数量的棉织物。这对判定居住房址内出土同类标本的年代,当然是一个可靠的参照物。至少,可以充分证明东汉时期棉布在这里已不止一见。这时期的尼雅,棉织物也已不是十分稀罕的物资了。

斯坦因以后,尼雅第二次吸引世人注目是在1959年。这年秋天,新疆考古工作者首次进入了尼雅。在进行考古调查中,发掘了一座东汉时期的贵族夫妇合葬墓,墓内男女主人遗体穿着的衣袍均保存完好。色彩仍然鲜丽的"万世如意"锦袍、大量丝绢绮质衣服,唤起了人们对古代"丝绸之路"的热情。同时引起学者关注的,是一批完好的、大件的棉织物:

(1)男主人的夹裤,本色棉布作面,草绿细绢作里,长115、腰围132、裆长13.5、裤脚宽36厘米(见图版47)。

(2)手帕一块,正方形,边长26厘米,棉布,周边镶红绢,用一条黄色绢带与女尸上衣缀连。

(3)覆面一件,盖于男尸脸上,长52、宽47厘米,棉布制作,红绢

---

〔1〕Serindia,P253:Objects excavated in ruin NⅩⅩⅡ。

镶边。

（4）蓝色印花棉布两块，出土时覆盖于棺内盛储食品的木盘上，稍残破。其一，长77、宽46厘米，图案为三角形纹（见图版48）。其二，长88、宽47厘米，图案为狮纹（局部）及龙形、飞鸟，左下角为希腊风格的丰收女神像，裸体露胸，颈、臂满饰璎珞，头后背光，双手持一个喇叭口形状的长筒形容器，内盛葡萄类物。据分析，图案是用防染工艺制作完成的（见图版49）。

（5）棉花团一个，出自藤奁中，部分已成紫绛色，为女主人生前使用的胭脂团（见图版50）。

（6）调查过程中，在遗址内还采集到一些棉织物残片，为"白色中微透浅红，平纹组织"。[1]

对1959年精绝遗址出土的这批棉织物，再不是当年斯坦因采集的破碎片块，而是成型的衣服，图案奇特、新颖的大块布单，十分引人注目，引发过一些文章对之进行分析、探讨。如果说东汉时期新疆塔里木盆地南缘开始用棉，大家均无异议。不同的意见是：认为用蜡染方法印就的蓝白印花食单，不太可能是新疆地区生产。根据是，此后新疆再未见过类似印染工艺的纺织物。另外，丰收女神的形象（裸上体，持角状杯盛器，璎珞缠身）似印度风格。因而认为这一蓝白印花棉织食单，是来自印度的产品。[2] 孙机对此提出了另一种分析，他在《建国以来西方古器物在我国的发现与研究》一文中，根据这件棉布上的女神图案，判定她"应是一位中亚的女神。对照钱币资料，贵霜王朝胡毗色伽王（Huvishka，迦腻色伽王之孙，约于167—179年在位）之金币，有的背面有丰收女神阿尔多克洒（Ardochsho）的像，她也有项光，也手捧丰饶角，而且其左手捉住角底部，右手扶住角上部的姿势，更与棉布上的形象

〔1〕李遇春《尼雅遗址和东汉合葬墓》，《尼雅考古资料》，1988年7月，第16~43页；新疆博物馆《新疆民丰县北大沙漠中古遗址墓葬区东汉合葬墓清理发掘简报》，《文物》，1960年第6期。

〔2〕夏鼐《中国文明的起源》，文物出版社，1985年，第67页；武敏《从出土文物看唐代以前新疆纺织业的发展》，《西域研究》，1996年第2期，第6、9页。只是武敏文中称使用"蜡染"，新疆博物馆参预整理此标本的贾应逸告，初整理时，图案所在，有糨糊类防染材料，并非"蜡染"，但这一观察结论未发表。

完全一致。贵霜的国土与新疆相邻，胡毗色伽王的时代又和尼雅一号东汉墓相当，故棉布上的女神无疑正是阿尔多克洒。而从织物的质量上看，这块棉布又非当时新疆地区所能生产。因此，从这里似可以推导出一个很有意义的结论，即我国的棉织品最早应是东汉时自贵霜传来"。但是，在论及尼雅所见棉织物并做出它们是贵霜或印度产品的结论时，论者往往只注意这件引人注目的比较高级的蓝白印花布，却未充分注意同出的数量更多的本色棉布、手帕及粉拍、胭脂拍利用的棉花球，对此前斯坦因曾有的相关报导，并认为它们可能是"本地手工产品"的论点，也完全没有理会，则不能不说是一个重要的缺失。

在尼雅遗址进一步发现棉织衣物，是在20世纪90年代。自90年代始，中日学者合作，在尼雅遗址展开了进一步的调查、发掘。1995年，在遗址西北部发掘了一区贵族墓地，在100平方米探方范围内，发掘古代墓葬8座。棺木保存基本完好，人体大多不朽，成为干尸。在他们穿着的衣物中，除大量来自黄河流域具有东汉流行风格的丝绸绢锦外，还有毛布、棉布。棉布，或用作盖尸的被衾，或作内衣、内裤。由于正式报告仍未刊布，已刊简报中一些资料交待不清楚，大概情况是：

95尼雅一号墓地，有两种埋葬方式，其一为船棺，共6座。整理者在报告这类墓葬中的出土文物时，总结说明："衣服及纺织品，60件。是随葬品中最多的遗物，按使用的原料可将其分为丝织品、毛织品和棉织品三种，其中又以丝织品数量最多。"但棉织品具体数量多少，却不见准确说明，只在行文介绍葬式时提到一号墓为"双人合葬，上层尸体……双足着棉袜"，"下层尸体衣着与上层尸体基本一致"，[1]而是否着棉袜，未见具体说明。

95尼雅三号墓，箱式木棺，夫妇合葬。因其高规格衣物，一般均认为当是精绝王墓。男女主人内外衣裤、袍服几乎都是锦绸，只男尸着裤为锦面、棉布衬里。

95尼雅四号墓为箱式木棺葬。其中成年男性，头戴白棉布帽，带

---

〔1〕《95年民丰尼雅遗址一号墓地船棺墓发掘简报》，《新疆文物》，1998年第2期。

双护耳,棉布带自颏下兜住下巴,再从两耳侧后上提结于头顶。成年女性头上包裹素棉布方头巾。[1]

95 尼雅八号墓,箱式木棺,男女合葬。涉及棉织物的说明是,"棉织品:两干尸上覆盖之布单及男尸之袍、女尸之内衣属之。布单长153厘米,宽64厘米,四周缝缀有8厘米的棉布边缘。织作较粗。"[2]从这一文字看,男女主人覆盖之被单、男袍、女内上衣,都是用的棉布。数量不少,而且被、衣用布量大,对棉布幅宽、组织肯定可提供比较准确的资料,惜均未见具体说明。

这是一批经过科学发掘、未经盗扰、保存基本完好的资料。全面观察出土文物,墓葬的绝对年代应在东汉后期。墓葬主人所用的棉织品是否如毛织物一样是本地自产,因未见棉花植株,也未见棉籽,还不能作绝对肯定的结论。但从目前已见的相当多的平纹棉织物标本看,是不能否定本地自产这一可能性的。十分普通的平纹棉布棉纱粗细不均,这是尼雅居民当年很容易完成的。民居傍近的生活垃圾废弃物中,普遍存在棉布碎片,也表明普通本色棉织物已是一般居民的日常生活用品。其使用的普遍性,有利于支持做出它们是本地自产、而不是作为奢侈进口品的逻辑结论。1959 年发现的东汉墓,女主人的粉拍、胭脂拍使用的是棉花,同样可以帮助形成这一联想。当然,本地在东汉种植棉花、纺织棉布,也不排除其是从邻境(如贵霜)进入一些比较高级的印染棉织物,如具有阿尔多克洒女神图案的蓝白印花食单等。它们彼此共存,是完全可能的。

行文至此,可以附带介绍一个社会学现象。距尼雅废墟最近、远离现代绿洲社会的一个孤立居民点,是小小的卡巴克阿斯卡尔。它是目前尼雅河水在洪水期勉强可以到达的最远点,距民丰县绿洲直线距离90 公里,距尼雅废墟直线距离 30 公里。在很长的历史阶段中,这是一个被现代社会遗忘的角落。20 世纪 70 年代前,人们基本还过着一种

---

〔1〕新疆文物考古所《尼雅95 一号墓地4 号墓发掘报告》,《新疆文物》,1999 年第 2 期。
〔2〕于志勇《新疆尼雅遗址 95MN1H8 概况及初步研究》,《西域研究》,1997 年第 1 期。

自耕自收、自食自养的自然经济生活,日出而作,日落而息。在这以前,其生活与现代社会脉动的距离会更其遥远,这是不言自明的。就在这处塔克拉玛干沙漠边缘小村中,人们的主要农作物就是玉米、小麦、棉花。棉花是他们制衣作被,以御寒冬的重要物资。这当然不是能够说明在 1800 年前精绝农民生活、农作情况的资料,但这里的植棉有久远历史,却是确定无疑的。笔者曾询及棉花种植的历史,老乡们已无法说清渊源,只说"是老祖宗留下的"。

概括现有资料:古代新疆种植棉花、纺织棉布,最早的地区是在和田,而最主要的考古资料则出土在尼雅。究其缘由,则是因为在 20 世纪内,尼雅是新疆考古工作中做得最多、收获也是最丰富的遗址点之一。自 1901 年至今,工作断续相继,出土文物自然也就比较丰厚。但能给我们传递古代新疆在公元 2 世纪前后已经使用棉布这一科学信息的,并不止于尼雅一处。

和田地区,与民丰尼雅邻近的洛浦县山普拉墓地,居于昆仑山山前地带。1983 年,曾经对这里因河渠决堤形成的冲沟内暴露的 19 座墓葬进行过清理发掘,出土了大量织物。据发掘者报导:"山普拉古墓出土的织物有丝、棉、毛三大类。分别约占总数的 10%、5%、85%。"棉织物占有 5% 的比例。对这批棉织物进行分析,结论是"棉织物均为平纹组织。原色为主,少数染为草绿色,多是残片。长 10 ~ 60 厘米,宽 3 ~ 70 厘米,经纬密度 13 ~ 26 根和 13 ~ 36 根/厘米。M01 出土一件防染印花的蓝地白花纹棉布,残长 11.5 厘米,幅宽 41.2 厘米","经纬密度为 10.5 根和 8.5 根/厘米","图案为一排朵花,两排圆点、曲线及连续勾连纹"(见图版 51)。[1] 据出土文物及 ^{14}C 测年结论,发掘者判定它们是两汉时期的墓葬遗存。

沿昆仑山东行,在阿尔金山脚下的且末扎洪鲁克墓地内,也发现过平纹本色棉布。扎洪鲁克墓地延续时间较长,早到东周初,晚到汉代稍后。这些平纹棉织物,只见于相当于汉代的墓葬之中。这是第三个

---

〔1〕新疆博物馆《洛浦县山普拉古墓发掘报告》,《新疆文物》,1989 第 2 期。

可以说明问题的实例,表明棉织物始见于新疆,时在汉代,尤其是东汉时期。[1]

另一批可资参考的文物,出土在罗布淖尔荒原。罗布淖尔荒原上的楼兰古城(斯坦因编号为 LA)及其傍近的 LB 遗址,也是斯坦因在 20 世纪初重点工作过的地区,同样出土了不少棉织物标本。楼兰古城是两汉时期西域大地上的重要政治中心,丝绸之路枢纽。它在丝绸之路上辉煌了几个世纪后,于公元 4 世纪中,从历史舞台上突然消失,引发了人们的无尽遐思。斯坦因在楼兰古城内所见棉织品标本,本文主要引自他的《Serindia》(西域)。楼兰古城内的棉织品,主要采自 LA Ⅱ 号、Ⅳ 号遗址。在 Ⅱ 号遗址采得的棉织物(编号为 LA Ⅱ 002),是棉、麻混织,组织致密,"形同帆布"。据汉诺塞克和温顿的分析,"棉类似曾予以丝光处理,可能在碱溶液中浸过"。[2] 在 Ⅳ 号遗址中所采棉布碎片(编号为 LA Ⅳ ⅱ 001),原来用为包覆佉卢文木简。组织很密很结实,最初可能是甲胄衬里。另一件楼兰古城内的采集品(编号为 LA00149),是一件本色平纹粗棉布,6.5 × 5 吋。在楼兰所见棉织物标本,均曾经汉诺塞克博士作过分析。[3]

LB 遗址内的棉织物,主要见于 LB Ⅱ、Ⅳ。在 LB Ⅱ 号遗址发现 3 件本色平纹粗棉布,编号为 LB Ⅱ 0018、0019、0020。在 LB Ⅳ 号遗址所见棉织物编号为 0024,也是一件本色棉织物。这些棉织物,同样经汉诺塞克博士进行过分析。[4]

1980 年在楼兰古城东北两处台地上,新疆考古工作者曾经清理了汉代墓葬 9 座。在其中的被称为孤台墓地的一座墓葬(编号为 MB2)中,曾发现棉织物 5 件。这座墓葬,1914 年曾被斯坦因发掘过。斯坦因只是在墓室中部掏洞,取得部分丝织物。这次再清理,除发现多量丝毛织物外,还见到五件棉织品,都是本色平纹棉织物残片,其中最大一

---

〔1〕新疆博物馆等《且末扎洪鲁克一号墓地》,《新疆文物》,1998 年第 4 期。

〔2〕Hanausek、Winton, Micrscopy of Technicae Products,纽约,1907 年,第 66 页。转引自 Serindia.

〔3〕A. Stien, Serindia《西域》,第十一章,第 1~3 节、第 12 节,第 369~385 页、第 449 页。

〔4〕A. Stien, Serindia《西域》,第十一章,第七节、第十二节,第 393~399 页、第 442~448 页。

块（MB2:113），长 57、宽 29 厘米，每平方厘米经纬线各 17 根。[1] 另一件（MB2:112）长 47、宽 34 厘米。文物现存新疆文物考古所。

楼兰古城东北，斯坦因编号的 LE 遗址附近，1998 年初发生的盗墓案破坏了一批保存完好的墓葬。当地公安部门事后搜缴的文物可以办一个小型展览。其中彩绘鲜丽、灿烂的彩棺，依然保存完好，强韧如新的棉布衣袍均为过往所不见（见图版 52）。作为研究资料，自然不能不因为时间、地点的含混而受到严重局限，但共出的时代特征鲜明的汉式织锦、地毯，还是给人们以强烈的启示，它们差不多也是楼兰王国仍然辉煌，丝路楼兰道仍处于鼎盛阶段的汉晋之遗存。[2]

行文至此，可总结为一句话：从洛浦山普拉、民丰尼雅，到且末扎洪鲁克、若羌楼兰及楼兰附近的 LB 遗址、LE 古墓，东西绵延两千多公里，时代彼此相同或相近，几乎都见到东汉或东汉稍后的棉布制品、衣服。在这样一批资料的基础上，做出东汉时期新疆塔里木盆地南缘人们不仅已知棉布，可能也已种植棉花、纺织棉布，应该可以算"言之成理，持之有故"的。

同时期的塔里木盆地北缘，很多汉代遗址已化作盐碱滩。不仅考古工作做得少，在做过工作的有限遗址点，古代有机物也几乎不能保存。总的历史文化背景，虽也可以容许我们以沙漠南缘的农业、手工业生产情况，来概略代表盆地北缘的生产经营。但要做出准确、具体的结论，则只能寄希望于今后考古工作的进一步发展及室内分析技术的提高与完善了。

除上述出土实物资料可供勾画出汉代西域大地人们广泛使用棉布的景象外，三国曹魏文帝曹丕的一纸诏书，曾概括勾画了当年西域棉布在国内各类织物中的地位。诏书的部分文字见之于《太平御览》中，说"夫珍玩所生，皆中国及西域，他方物比不如也。代郡黄布为细，

---

〔1〕新疆文物考古研究所楼兰考古队《楼兰城郊古墓群发掘简报》，《文物》，1988 年第 7 期。
〔2〕笔者作为文物鉴定组成员，曾参与这批文物的鉴定。图版见《新疆文物古迹大观》，第 33 页，0027"棉布袍"。

乐浪练帛为精，江东太末白布为白，皆不如白叠布为鲜洁也。"[1]这是一件有重大说服力的文献资料。它表明，"西域""白叠布"在汉末三国初，已闻名中原。山西代郡黄布很细、乐浪练帛很精，江苏、安徽、长江下游一带的太末布很白，却都比不上西域大地所产的"白叠"布为鲜洁。曹丕是曹操之子，在公元 220 年废汉称帝，在位只七年。他在诏书中对全国各地名布的评价，不仅表现着三国初年的情况，从这些名产应有一个成长过程去分析，自然也可以说是表现着东汉后期的情况。而曹丕文中所称的"白叠"布，毫无疑问就是棉布。"白叠"这一名称，佛经中常见。慧琳《一切经音义》卷 4，"大般若经"卷 398，《音义》："白叠，其草花絮，堪以为布。"同书卷 34，《转女身经音义》更明确提到"叠"是一种棉花，花如柳絮，"土俗皆抽捻以纺成缕，织以为布，名之为叠"。白叠布是棉布，在当时人们的概念中是十分清楚的。

19.2　吐鲁番地区的植棉、棉纺织业

在汉代棉纺织业发展的基础上，南北朝时期（5—6 世纪），新疆地区的植棉、棉纺织业，取得了长足的进展。

限于历史文献、出土文物资料，我们以吐鲁番地区为重点进行剖析。

吐鲁番地区汉代以来，是逃避战乱的中原大地居民流徙寄寓的处所。于是，"汉魏遗黎"逐渐成了本地区居民的主体。因地近河西走廊，中原王朝对这片地区也给予了特别的关注。汉设"高昌壁"，晋时前凉王朝在此设高昌郡。南北朝阶段（443 年），这里出现了以河西走廊移民为主体的高昌国，虽割据一方，但与中原联系密切。中原王朝对这里的居民的政治、经济、文化状况，自然就有更为具体的了解。

历史文献中，曹丕诏文中盛赞"西域白叠布鲜洁"，但在晋以后的文献中，却未见有关西域"白叠"的记录。大概是基于上述政治、地理

---

〔1〕《太平御览》卷 820，布帛部，七，布。

背景,直到《梁书·诸夷传》"高昌国"条,才算有了一点呼应,说到了吐鲁番盆地内种植棉花、纺织棉布的具体情况。说是高昌国"其地高燥……备植九谷……多草木,草实如茧,茧中丝如细垆,名曰白叠子。国人多取织以为布,布甚软白,交市用焉。"[1]文字记录虽很简单,但凝集其中的历史文化信息却相当多。

南北朝时期的高昌王国领地,基本相当于今天的吐鲁番盆地。"其地高燥……备植九谷",吐鲁番地区气候干燥少雨,光照充分、积温高、湿度低,其适于农业、园艺业发展的基本特点,在这八个字中得到了本质的揭示。"多草木,草实如茧,茧中丝如细垆,名曰白叠子",把草棉的外形、名称、棉桃特点及功用,向不知"棉"为何物、但深知育蚕抽丝的中原人作了简单而形象、基本准确的介绍。棉花在这里种植很多,这自然不可能是初始引种棉花时的情况。

棉花种植"多","国人多取织以为布,布甚软白,交市用焉",表明吐鲁番地区因地制宜,棉花种植相当发达,构成棉纺织业繁荣兴旺的坚实基础。棉布软白,质量上乘,已成为当地支柱性的手工业。

生产棉布"交市用",是这段文字中十分关键的一句话。不少学者把"市用"理解为"流通手段",[2]但从唐代文献看,除流通手段外,这一"市用"还有互市、通商、贸易的含义在内。而且,主要意义应该就在贸易这一环节上。《资治通鉴》隋炀帝大业三年冬十月:"西域诸胡多至张掖交市,帝使吏部侍郎裴矩掌之。"对这里的"交市"一词,宋人胡三省加了注:"交市,为互市也",[3]意思是相当明确的。因此,吐鲁番地区当年的棉布纺织,已不只是传统小农为自己穿用,而更主要的是为了投入市场,这是一个十分重要的商品生产的经济现象,可能与高昌在丝路上的重要地位有关。丝绸之路是一条贸易之路,高昌作为当年丝绸之路上的重要枢纽、中心城市之一,有些什么重要产品投入市

〔1〕《梁书》卷54,列传第48"诸夷·西北诸戎·高昌"。

〔2〕参见王仲荦《唐代西州的缬布》,《文物》,1976年第1期;沙比提《从考古发掘资料看棉花种植和纺织》,《文物》,1973年第10期。两文,均将"交市"解释为"流通手段"。

〔3〕《资治通鉴》卷181,隋纪五,上海古籍出版社,1987年版,第1200页。

场,以贸取东来西往的各种宝货？唐代典籍中,记录了这里用为贡品的土特产是:葡萄、刺蜜、石盐及叠布。[1] 这几种特产各有其功用,但叠布是关系人们日常穿用的必需品,其实际经济价值自不同于其他。高昌及继后的唐代西州,利用本地地理优势多种棉花,多织棉布,确实把握住了自身的优势。这一生产经营策略,在当年看来也曾获得过巨大成功,这一点下文当重点予以剖析。

还应注意的是,吐鲁番地区棉业的发展、进步,不会是在一种封闭、孤立的状态下完成的。新疆植棉最早出现在邻近印度、阿富汗的和田,吐鲁番的棉花,也应是来自和田地区。由吐鲁番的植棉、棉纺织业发展的规模,可以大略透见新疆其他地区,尤其是塔里木盆地周缘地带的棉纺织业,也会处在一个相当的发展状态之中。

据《梁书》不长的记录,我们引申出了不少历史结论。但以上述文字记录验之于考古资料,情况会怎样？目前已见之考古资料,完全可以与上述文献记录相印证,彼此互为说明,互为补充。

在吐鲁番高昌城北郊阿斯塔那、哈拉和卓晋、唐墓地中,在相当于晋朝的早期墓葬中,已见棉布实物。如 1964 年发掘的阿斯塔那第 13 号墓,出土殉葬的布俑一件,布俑所用衣、裤,均为棉织物。[2]

1965 年发掘的阿斯塔那第 39 号墓,入葬者为一青年妇女,身着绢绸衣服,但脚穿棉布鞋。墓内还出土了升平十一年(367 年)文书。[3]

高昌时期的阿斯塔那墓地曾多次出土本色平纹棉布,而且还在阿斯塔那第 309 号墓中发现过棉、丝为原料混织而成的几何纹锦,锦片残长 37、宽 25 厘米。[4]

在阿斯塔那且渠封载墓(455 年)中,出土之泥俑高 20.5 厘米,其

〔1〕《通典·食货典·赋税》(下),《新唐书·地理志》西州"土贡丝、叠布、毡、刺蜜、葡萄五物"。

〔2〕文物现藏新疆博物馆,参见沙比提《从考古发掘资料看新疆古代的棉花种植和纺织》,《文物》,1973 年第 10 期。

〔3〕新疆博物馆《吐鲁番阿斯塔那——哈拉和卓墓群发掘简报》,《文物》,1973 年第 10 期。

〔4〕武敏《新疆出土汉—唐丝织品初探》,《文物》,1962 年第 7～8 期合刊。

穿着的衣裤,据报导均为棉织物。[1]

1975 年新疆博物馆在哈拉和卓墓地发掘墓葬 40 座,在早期(十六国、高昌郡到阚氏高昌阶段)的墓葬中,发现"有蓝棉布、絮棉","蓝棉布(75TKM94:8)"出土物似为一件棉衫裙(内有絮棉,已糟朽成粉状)。棉布平纹,组织较粗糙松散,每平方厘米经纬线为 11×11 根。[2]

1986 年吐鲁番文管所在阿斯塔那进行发掘,于高昌时期的一座墓葬内(86IAH386:27)发现棉布 3 件。其中一件长 39、宽 18 厘米,为棉纱加捻。[3]

更值得注意的一批资料,是在阿斯塔那哈拉和卓古墓中出土的一大批当年的公文、契纸、随葬衣物疏等,粗略翻检,相当于晋、南北朝时期的文书中,涉及棉花种植、棉布买卖、日常使用棉质衣物、棉布借贷、僧人受施棉布等文书,不少于 47 件。[4] 这些文书,因剪作纸鞋、纸帽、腰带等,十分残破,通过它们虽难得到完整的文意,但透过其字里行间,还是可以觅求到一些零散具体的历史信息。

文书残纸表明,当时人们日常生活中穿用棉织物有:裤、裙、衫、细叠衫、食叠、手巾、发叠囊子等。

叠布,除如上述实用价值外,确实也有流通手段的功能。如阿斯塔那第 48 号墓中出土一件高昌章和十一年(541 年)某人"从左佛得边买田券",记述某人"从左佛得买孔进渠薄田五亩……交与叠……毕"。[5] 在吐鲁番哈拉和卓第 90 号墓中,出土高昌永康十年(475年)、十七年(482 年)残文书多件,共出文书之一为"高昌主簿张绾等传供账",涉及供叠布情形,节录如下:

(前缺)

"疋,毡六张半,付索寅义,买厚绢,供涞□……

〔1〕国家文物局、中国历史博物馆《中国古代科技文物展图录》,第 98 页。
〔2〕新疆博物馆《吐鲁番哈拉和卓古墓群发掘简报》,《文物》,1978 年第 6 期。
〔3〕吐鲁番文管所《1986 年吐鲁番阿斯塔那古墓群发掘简报》,《考古》,1992 年第 2 期。
〔4〕见国家文物局古文献研究室等编《吐鲁番出土文书》第一册至第五册,文物出版社。
〔5〕国家文物局古文献研究室等编《吐鲁番出土文书》第三册,文物出版社,1981 年,第 71 页。

......

出行紲卅疋,主簿张绾传令,与道人昙训。

出行紲五疋,付左首兴,与若愍提懃。

......

紲一疋,赤□一枚,与秃地提懃无根。

月廿五日,出紲二疋,付□富买肉供□□。

......

出行紲

　行紲

行紲三疋,赤□三枚,付隗已隆,与阿祝到火下。

张绾传令,出疏勒锦一张,与处论无根。

　　（中缺）

......

紲一疋,毯五张,赤□□枚,各付已隆,供鍮头"[1]

这是一件官府的供应账,根据主簿张绾的指示,付给相关人员紲布、毯、锦、赤□等物支用,其中有指定以紲布"买肉"的内容。"紲布",即棉布。

叠布因为自身具有的重要使用价值,具备了实物货币的功能。

叠布的织造,是以小家庭为单元进行的。1975 年,在哈拉和卓第 99 号墓葬的墓道中(墓葬为高昌时期),出土一件因火灾烧损财物账单,罗列的一大批遭损物资中,有"白叠三匹""叠缕四十两"。[2] 叠缕,自然是棉纱或棉线之属,是织造棉布的材料。棉布纺织在当时的高昌,可以想象只能是分散的家庭手工业。但这件资料,还是可帮助认识当时家庭手工生产十分稚小的规模。

民间借贷,叠布是重要对象,在阿斯塔那第 326 号墓葬中,出土了

〔1〕国家文物局古文献研究室等编《吐鲁番出土文书》第二册,文物出版社,1981 年,第 17～18 页。

〔2〕国家文物局古文献研究室等编《吐鲁番出土文书》第一册,文物出版社,1981 年,第 195 页。

一件高昌和平元年(551年)借贷契残纸,某人:

"举中行叠六十匹,要到八月……

中行叠九十匹。若过期不偿,一匹上……"[1]

契纸文字已无法读全,但行叠"六十匹"、"九十匹"的文字,则是明白无误的。一次以高利求贷如此大数量的叠布,虽有可能是家庭有突然的、重大的需要,但作为可以"市易"的重要物资,集中一批货品并投入市易以求取更高的利润,也是存在可能的。

高昌、唐代的吐鲁番地区,死者入葬,子嗣每每要准备一纸"随葬衣物疏",列具给死者准备的进入冥世后使用的所有物品,免其"匮乏"。这类"衣物疏"往往把生活中所需一切都考虑到了:从各种锦绸衣物,到黄金、白银、钱币,一应俱全。当然,实际并不如"衣物疏"所列,将相关财物置于墓冢,而只是以一些象征性物品充数,一些碎绸片就代表锦绸百千匹,一些葫芦片可能就是金银万千。但它表现的人们的愿望以及对现实社会的追求,却是十分清楚的。这里,试举一件高昌王国阶段的"衣物疏"为例:

"高昌章和十三年(543年)孝姿随葬衣物疏

故树叶锦面衣一枚　故绣罗当一枚　故锦襦一枚,领带具

故锦褶一枚,领带具　故绯绫襦二枚,领带具　故紫绫褶二枚

领带具　故绯绫袄三枚,领带具　故白绫大衫一枚,领带具

故白绫少衫一枚,领带具　故黄绫大衫一枚,攀带具　故绫裙

一枚,攀带具　故合蠡文锦袴一枚,攀带具

故白绫中衣一枚,攀带具　故脚靡一枚　故绣鞾二枚　故

树叶

锦丑衣二枚　故金银钏二枚　故金银指环六枚　故捔扮耳

抱二枚

故绫被褥四枚　故绯红锦鸡鸣枕一枚　故波斯锦十张

---

〔1〕国家文物局古文献研究室等编《吐鲁番出土文书》第五册,文物出版社,1981年,第151页。

故魏锦十匹　　故合蠢大绫十匹　　故石柱小绫十匹

故白绢卅匹　　故金钱百枚 故银钱百枚

故布叠二百匹　　故手□二枚　　攀天 丝 万万九千丈

章和十三年水亥岁正月壬戌朔，十三日甲戌，比丘果愿敬移五道大神。

佛弟子孝姿持佛五戒，专修十善，以此月六日物故，经涉五道，任意所适。右上所件，悉是平生所用之物。时人张坚固、李定度。

若欲求海东头，若欲觅海西壁，不得奄过停留，急急如律令。"[1]

在这件"衣物疏"中，有"故布叠二百匹"，数量已相当多，但实际还不是最大的数字。在另外的"衣物疏"中，见到有"叠千五百匹"、"叠两匹七万"、"细布百匹，细叠百匹"、"漯叠百匹"、"备布、行布、叠各一千匹"、"白叠三百匹"等，数量巨大。当然，也有"布五匹"等比较一般的数字。这虽只是表现了人们在现实生活中的追求、愿望，但在一定程度上说明取得这样数量的叠布，在当时的社会中是存在可能的。因此，这就曲折地反映了当年以吐鲁番盆地为中心的高昌社会中"叠布"的产量已达到相当高的水平。

应该是为了适应市场商业交易的需要，所以虽都是棉布，但有不同的规格、不同的品种。在吐鲁番出土文书中，见到的不同棉布的名称，即有"六纵叠"、"七纵叠"、"八纵叠"、"细叠"、"漯（罗）叠"、"食叠"、"世行布叠"、"白叠"等，名称不同，功能各异，织造工艺不一样，价格当然也会存在差别。

除吐鲁番地区外，塔里木盆地周缘在历史年代相当于南北朝时期的一些遗址内，也出土过棉织物标本。只不过田野发掘工作开展较少，发现之棉织物标本也自然相应较少而已。

1959 年，新疆考古工作者在和田地区于田县乌于勒克调查时，发

---

〔1〕国家文物局古文献研究室等编《吐鲁番出土文书》第二册，文物出版社，1981 年，第 60～61 页。

掘了两座南北朝时期的墓葬,其一,出土了一件长 21.5、宽 14.5 厘米的棉布,组织比较致密。在另一座同一历史时期的墓葬中,出土了一块长 11.5、宽 7 厘米的蓝白印花棉布。[1] 资料虽少,但却表明和田地区自汉代以来,棉织业仍在发展之中。塔里木盆地北缘拜城县克孜尔石窟,主要是公元 4—8 世纪的一区大型佛教石窟遗址,对谷西区中段 50 ~57 窟间进行了窟前清理。在积土内发现早已坍塌的古代石窟 10 间,出土了不少珍贵文物。在其中 1989 年清理的第 51 窟中,与龟兹小铜钱共出,见到了可能属于南北朝时期的棉织物两块。其一编号为 K51F:07,本色,平纹,每平方厘米经线 25、纬线 10 根。面积很小,不过才 3×10 厘米,[2]但却显示了一种存在。揭明当年在塔里木盆地北缘的最重要绿洲——龟兹王国境内,棉布同样是人们衣服的用料。

19.3 唐代西域棉织业

唐代(7—10 世纪),是中国封建王朝最为辉煌的时段之一。唐代的新疆,同样是新疆历史上最为辉煌的一个时期,棉纺织业此期也得到了空前发展。

丝绸之路——这沟通了欧洲、非洲、西亚、南亚与亚洲东部经济、文化联系的桥梁,这时也步入了它最为繁荣、兴盛的阶段。与渗透着智慧哲学观念的景教、摩尼教以及早已经过这条大路进入新疆的佛教相伴随,阿拉伯、波斯的珠宝、香料、玻璃器、精致的毛织物及各种奇珍异兽、杂技幻术也沿着丝路沙漠道不断到达黄河流域的长安、洛阳;不断西来的大量无与伦比的精美丝绸、茶叶、铜镜、漆器、瓷器等也彼此相望于途;先进的生产技术,如育蚕缫丝、农田水利、造纸印刷工艺等等,伴随着这些物资陆续进入新疆,并通过新疆进一步走向世界。高昌,是这条贸易交流干道上的重要中心之一。在高昌,汇入到这一贸易洪流之中的,除葡萄、刺蜜、石盐及必不可少的粮秣草料外,最重要的就是为当时

〔1〕新疆博物馆《丝绸之路——汉唐织物》,图版 21,文物出版社,1972 年。
〔2〕新疆文物维修办公室《1989 克孜尔千佛洞窟前清理简报》,《新疆文物》,1991 年第 3 期。

人们津津乐道的色泽鲜洁、手感柔软的棉布。棉花种植、棉布纺织，在吐鲁番盆地步入了一个新的阶段。自高昌王国至唐，吐鲁番的棉布可以肯定在市场上占有相当重要的份额，而且受到积极评价。不具有这样的地位，在唐人撰就的《梁书》"高昌传"中，不会在惜墨如金的文字里特别说明高昌所产的棉布，重要目的是"交市用焉"。既然主要目的之一在于贸易、互市，就不仅要有丰富的产品，而且产品要有优良的品质，这样才能在市场上站稳脚跟，长盛不衰。吐鲁番是一个典型。塔里木盆地周缘其他绿洲，同样是适宜植棉的地区，在这一丝路贸易的洪流中，当也不会长期落后于人。

从考古发掘所获有限的出土文物中，可以清楚地把握，唐代棉花种植地域扩大，棉布产量增加。

考古发掘中出土棉籽、棉花、棉布的地点，不仅见于吐鲁番，塔里木盆地北缘的巴楚托库孜萨来古城、塔里木盆地南缘和田地区的喀达列克、玛扎尔·吐胡拉克及安得悦唐代古堡、罗布淖尔荒原南沿、阿尔金山脚下若羌米兰古堡等地，凡气候稍干燥，多少做过一些考古工作的遗址点，都见到棉布，一些遗址还见到棉籽、棉花壳。

首先，还是以考古工作做得较多的吐鲁番地区为例，作较具体的分析。

1964年，在高昌城北郊阿斯塔那发掘的第42号墓葬，出土过唐大历三年(768年)文书。墓主人使用了棉布被单，被单是用双幅棉布拼接缝合而成，宽118、长224厘米。棉布幅宽60厘米，每平方厘米经纬线12×12根，组织平整细匀。[1]

这一时期阿斯塔那唐墓中出土的油灯捻子，也多用棉花。

1964年发掘的哈拉和卓2号墓，出土贞观十四年(640年)墓志。此墓出土文物中，有棉布口袋一条，长48、宽24厘米。[2] 这是一条为死者送殉的冥器，实际生活中使用的口袋会较此为大。它是一件值得注意的文物。在这里出土的唐代文书，涉及棉布口袋者不少。足证这

〔1〕新疆博物馆《吐鲁番阿斯塔那—哈拉和卓古墓发掘简报》,《文物》,1973年第10期。
〔2〕文物收存新疆博物馆。

类棉布口袋,是当时吐鲁番社会上使用价值较高、人们实际使用也比较多的一种物品。

巴楚县托库孜萨来古城,是"丝绸之路"天山南道上的军事、交通重镇,也是一个经济中心。它是唐代据史德城故址,历史相当久远。有限的考古发掘,既见到南北朝时期遗存,也有宋代的文物。20 世纪初法国学者伯希和也曾经在这里发掘。1959 年,新疆考古工作者到托库孜萨来进行考古,共获文物四千多件。其中在唐代文化层内,不仅发现了多件棉布,而且见到了棉籽,这是新疆地区考古工作中第一次见到棉籽[1](见图版 53)。织花棉布残长 26、宽 12 厘米,在黄色地上,以本色棉线为纬,显出花纹图案(见图版 54)。

巴楚出土的棉籽,曾经送请中国农业科学院棉花研究所进行分析鉴定,结论是:根据种粒形状及附有具捻曲度纤维,可以肯定是棉花种子;根据其种粒小、纤维短、色黄等特点,可以肯定是草棉种子(即非洲棉),属锦葵科棉属,学名为 G,Herbaceum Linn。[2] 这为我们了解古代新疆棉花品种及其祖源地提供了可靠的根据。

与巴楚相距不远,在库车绿洲内新和县境通古斯巴什唐代古城遗址内,文物普查中也发现过棉布、棉布鞋面。[3]

A. 斯坦因在 20 世纪初,在和田地区策勒绿洲达磨沟村北的一些唐代废墟中发现过棉类文物标本,其中比较主要的有在喀达列克发现的"一大堆棉花种子"、"棉荚与皮棉"及多量棉织物碎片、棉花纱团等,在玛扎·吐胡拉克发现棉布碎块等。[4]

阿尔金山脚下若羌县米兰,保存着汉、南北朝至唐代的遗址、灌渠、佛寺、军事戍堡等多量遗存。其中的军事戍堡是唐代吐蕃进入新疆后的屯戍据点,保存了许多珍贵的吐蕃文书、毛、棉织物、粮食、兽骨等。

---

〔1〕托库孜萨来考古报告至今未发表。原物现存新疆博物馆,笔者曾手验目睹有关文物。《新疆日报》1960 - 1 - 9,曾报导这次发掘,提到发现"棉籽",有关棉布可参见新疆博物馆《丝绸之路——汉唐织物》,图版 65。

〔2〕沙比提《从考古发掘资料看新疆古代棉花种植和纺织》,《文物》,1973 年第 10 期。

〔3〕曾安军《新和县文物普查资料》,《新疆文物》,1987 年第 1 期。

〔4〕A. Stein, Serindia, Chapter V, Ruined Sites near Domoko, P154 ~ 167、201 ~ 210。

斯坦因也曾于20世纪初在这里进行过发掘,发现了不少棉织物及棉、毛混织物。在《西域》一书中,他介绍称:"遗物中最丰富的,除写有文字的简牍外,是粗糙的织物,大多是毛的,但也有棉、毡类,它们肯定是士兵的个人服装。……一种少见的材料,是分别用马毛和棉花混织成的薄纱(据汉诺塞克博士分析)。"[1]

这些棉织物主要见于米兰Ⅰ、Ⅳ号居址。在Ⅰ号居址内,发现暗黄色棉布鞋、棉纱编带、靛青色平纹棉织物。

据分析,三号遗址可能是一处古代寺庙,庙内相关物品的装饰主要是用各种颜色的棉布、丝绸剪成花瓣、树叶,将棉布用为固定花的背衬。[2]

如果说,因为考古发掘工作的局限出土棉织物标本还不是很多,通过这有限的实物,也不足以建构关于棉花种植、棉布纺织及其市场营销情况的概念;则吐鲁番出土文书中的有关记录,可以在相当程度上填补这方面的不足,为我们初步认识新疆地区唐代棉花种植及棉纺织业兴盛的状况,提供了可能。

这类古代文书资料,主要出土在吐鲁番高昌城郊阿斯塔那、哈拉和卓墓地。20世纪内,先后在这里进行过发掘的有斯坦因、日本大谷光瑞西域考察团,德国学者也做过一些工作。中华人民共和国成立后,新疆考古工作者也多次在这里进行了清理发掘。受制于已刊报告,下面引用的文献,主要以新疆学者、日本学者已刊之出土文书资料为主。

从现已刊布的、出土于高昌城郊阿斯塔那墓地的唐代文书中,提到"绁布"的资料相当多。所谓"绁布",就是《梁书·高昌传》中提到的"叠布",也就是高昌文书中用过的"叠布",同音异字,指的都是地产棉布。《广韵》下平声二仙"棉"字下说明:"木棉,树名。《吴录》云:'其实如酒杯,中有棉如蚕绵,可作布',又名曰绁。"慧琳《一切经音义》

〔1〕A. Stein, Serindia, Chapter Ⅴ, Ruined Sites near Domoko ,第十二章,第三、七节,第456~459、477~485页。

〔2〕A. Stein, Serindia, Chapter Ⅴ, Ruined Sites near Domoko ,第十三章,第二、三、九节,第485~492、529~538页。

卷 40《大力金刚经音义》:"妙㲲,《考声》云:'毛布也,亦草花布也'。经文作𫄧,非也。"慧琳认为叠布之"叠",应该写作"㲲",不应写作"𫄧"。𫄧,实际是㲲的别体字。

从吐鲁番地区所出唐代文书看,当年西州政府庸调征收棉布,对投入市场的各种棉布通过价格环节实施管理,通过"赊贷"、"和市",扶持棉纺业发展,内容相当丰富。字里行间,隐隐透示棉纺织业已发展到相当规模及农民、手工业者实际生活的艰辛。

关系棉花种植的出土文书有:

大谷文书第 1210 号:"竹柱柱贰亩　自佃　种𫄧　东渠　西焦才感　南严弘信　北渠"[1]

大谷文书第 2373 号:"曹射贰亩　佃人史才金　种𫄧

王屯相两亩　佃人康道奴　种𫄧"[2]

不论是自种还是佃人种植,文书中涉及的竹柱柱、曹射、王屯相等人种植棉花,均为两亩。两亩棉田的收获物,主要应不是为了自用;一家人的被服,是用不了这么多棉花的。进行纺织或投入市场,当是其主要的出路。

棉花直接投入市场,在大谷文书中有直接证明。大谷文书第 3080 号就记录了唐代西州市集棉花的价格,"𫄧花壹斤　上直钱柒文　次(下残——引者注)"。根据市场法则,唐代西州任何商品均以质分档,不同等次有不同价格,上等棉花一斤,七文钱,价格不低。

唐朝政府对市场有一套管理办法。市场内,不同行业归置于一处,写清标牌。在这里出售的商品,据质量规定为上、次、粗三等,每等又分三级,据等次标明不同时价。十日一期,可据以调整。"诸行以滥物交易者,没官",卖假货、劣货,将被罚没。棉布作为市易的主要货品,不同等次的价格都有明确的规定。吐鲁番出土的文书保留了一点这方

---

〔1〕[日]西域文化研究会编《敦煌吐鲁番社会经济资料》(下文所引之大谷文书,均源此),由于作者手头无书,本文有关资料均转引自王仲荦《唐代西州的𫄧布》,《文物》,1976 年第 1 期。

〔2〕[日]西域文化研究会编《敦煌吐鲁番社会经济资料》(下文所引之大谷文书,均源此),由于作者手头无书,本文有关资料均转引自王仲荦《唐代西州的𫄧布》,《文物》,1976 年第 1 期。

面的资料,相关棉布的价格是:

"细䌷壹尺　上值钱肆拾伍文　次肆拾肆文　下肆拾三文

次䌷壹尺　上值钱三拾文　次贰拾伍文　下贰拾文"(大谷3057号)

"粗䌷壹尺　上值钱拾壹文　次壹拾文　……"(大谷3080号)

根据唐代规定,䌷布幅宽一尺八寸(唐一尺,约合今29厘米),长四丈为一匹。如是计算,细䌷,上布一匹价一千八百文,中布一匹价一千七百六十文,下布一匹价一千七百二十文;而粗䌷布,上布一匹价只四百四十文,中布一匹价只四百文,彼此相差四倍左右。确实是按质按等论价,一点也不含糊。

根据同一时期的出土文书资料,以丝、麻织物价格与棉织物比较,棉织品的价格高于一般的绢绸、麻布。王仲荦先生曾进行过统计,本文引录如下:"细绵绸一尺,中估四十五文,即每疋价一千八百文,次绵绸一尺,中估四十文,即每疋价一千六百文。绫一尺,中估六十五文,即每疋二千六百文。河南府生纻一疋,中估六百四十文。蒲、陕州纻一疋,中估六百二十文。生绢一疋,中估四百六十文。大练一疋,中估四百六十文。梓州小练一疋,中估三百八十文。赀布一端,中估五百四十文。火麻布一端,中估四百九十文。小水布一端,中估三百二十文。"[1]可见在西州市场上,棉布价格较贵,除细绵绸较细棉布稍贵(每尺贵出一文)外,其他次绵绸、生纻、生绢,较细棉布价格都要贱。麻布中的赀布、火麻布、大练、小练、维州布、小水布之类,价格也都在棉布以下。这还是在棉布产地高昌的价格。如果运往外地,"物离乡贵",则棉布的价格还要高出不少。唐代吐鲁番地区棉布在丝绸之路市场上,走红显俏,价格坚挺,是十分明显的。拿棉布与同一时期其他农产品(如粮食)进行比较,也可得到这一结论。

同一时期的高昌市场,白面的价格是:"白面一斗　上值钱三拾捌

---

〔1〕王仲荦《唐代西州的䌷布》,《文物》,1976年第1期。

文 次三拾柒文 下三拾陆文"(大谷3072号)。这样,中等面粉,一石,值三百柒拾文,六石面粉为二千二百文;而细绁布,中估价为一尺一十四文,一端(唐制,五丈为一端),价二千二百文。这样比较,要六石面粉才能买上一端中等细绁布。

商品的价格,既决定于它的成本、使用价值,也受影响于当时市场的要求。从唐代吐鲁番地区棉布如是价格,可以透见它在市场上是深受欢迎,享有很高声誉的。

唐朝前期,实施租庸调法。规定每丁(成年人)每年交租粟两石,"调则随乡土所产",丝绸之乡(如四川)岁纳绫、绢绝各二丈,江南用布,"布加五分之一"。另外成年丁壮每年要服役二十天,如不役,则收其庸"每日三尺"。这样一个制度,在西州吐鲁番地区同样实行,而调、庸自然就以征收棉布作为对象。这在近些年出土的吐鲁番文书及日本大谷光瑞拿走的吐鲁番文书中,都有一定的反映。如:

(1)吐鲁番阿斯塔那第224号墓,出土唐西州蒲昌县户曹文书,催征丁庸,文书残件之一有文字:"……欠借口钱廿九贯。今年输丁庸绁,长史判十二千,到,检讫,言余限十五日申……"[1]

(2)吐鲁番阿斯塔那第35号墓出土的一件唐代租田契,也反映了当年在西州征收庸绁的实情:"唐垂拱三年(687年)西州高昌县杨大智租田契 垂拱三年九月六日,宁戎乡杨大智交□小麦肆斛,于前里正史玄政边租取逃走卫士和隆子新兴张寺潢口分田贰亩半。其租价用充隆子兄弟二人庸绁直……"[2]

(3)与上一文件内容关联,也是在卫士逃走后追纳庸绁事。见"唐西州高昌县史张才牒为逃走卫士送庸绁价钱事"残文书:"逃走卫士后送庸绁价银钱壹佰陆……(残)","(前缺)廿七日史张才牒 高昌县

---

〔1〕国家文物局古文献研究室等编《吐鲁番出土文书》第九册,文物出版社,1990年,第237页。

〔2〕国家文物局古文献研究室等编《吐鲁番出土文书》第七册,文物出版社,1986年,第406页。

申送逃走卫……继价钱,检既并到……"〔1〕

（4）周思温 付上元年（761年）科户继价钱壹千壹百文 其年八月二十七日,继头宋知赍抄（大谷5792号）。

（5）周义敏 纳十一月番课继布壹段 宝应元年（762年） 十一月十四日队头安明国 抄见人张泰宾（大谷5824号）。

第（1）、（2）、（3）件,清楚地显示了唐王朝当年在吐鲁番地区,丁庸均收棉布。如百姓为逃避劳役,避祸他走,则本乡里正等地方小吏,可以出面把卫士名下的口分田出租招佃,而收取的租银即折交抵充逃走卫士的庸税。第三件文书过残,但从上下文意分析,也是由本乡小吏张才出面处理逃走卫士庸继的记录。第四件文书中提到的户继,不同于服劳役的庸继,而是按户交纳的调税。在中原收取绢绸、麻布,在西州吐鲁番则随土所宜征收继布。作为一种地方性制度征收每家的户继,由特设的小吏"继头"来进行。

棉花、棉布是吐鲁番特产,市场上受到各方面青睐,且又被唐王朝指定为贡物。这一经济背景,使得棉布成了各方面求索的目标。产量有限而需求量大,维持适度的产量,保证棉花种植、棉布织造的顺利进行,成了西州社会的一件大事。西州各级政府为此采取了"赊放"、"和市"手段,来适度支持棉农、棉纺织工,这是很值得注意的经济现象。

"赊放"、"和市"之所以出现,背景在于农民、织工在春天青黄不接、生活特别艰难之际,往往会受到高利贷者特别苛重的盘剥。大量文书表明,当年高昌地区的高利贷,月利率可以高达10%～13%。〔2〕这当然会导致小农、织工的破产逃亡,对维持相对安定的社会生产是极为不利的。高利贷主也利用春荒岁月,高利放贷,入秋则收取紧俏的棉花。试举一例,以为说明。

1975年,阿斯塔那第239号墓葬中出土"唐景龙二年（708年）西州交河县安乐城宋悉感举钱契",颇为生动地揭明了这一事实。宋悉

〔1〕国家文物局古文献研究室等编《吐鲁番出土文书》第八册,文物出版社,1987年,第184～185页。

〔2〕张荫才《吐鲁番阿斯塔那左憧憙墓出土的几件唐代文书》,《文物》,1973年第10期。

感四月十七日,急用钱,迫不得已向成义感借贷铜钱三百贰拾文,议定"至其年八月卅日内,陆拾肆文作绁花贰拾斤"、"陆拾肆文至九月卅日内,作乌麻高昌平斗中玖斗",其余还有作栗等物的。[1] 这"陆拾肆文",要以绁花贰拾斤偿还,每斤绁花(棉花)价只三文二厘。关于绁花价格,作者手头没有可以肯定为公元 708 年的资料。但前引大谷文书第 3080 号,明言上等绁花一斤市价为七文。与这里的绁花作价相比较,彼此相去达一倍以上,相差悬殊。唯一合理的解释只能是求贷者急用钱,放贷者利用这一时机作高额盘剥,借期不过四个半月,却要支付近一倍的高利。

在这一背景下,出现了地方政府、驻军的"赊放",就很值得注意。先看有关资料:大谷文书第 5798 号称:"周祝子 纳赊放绁布两段 乾元三年(760 年)八月十三日魏感行";又,大谷文书第 5802 号:"周思温等三户,共纳瀚海军赊放绁布次细一匹 上元元年(760 年)十月六日典刘 行。"这里所称的"赊放绁布",顾名思义,就是在棉布未织成前,政府先预支款,棉布织成,再行交纳。纳布的时间,均在秋熟以后的农历八月中或十月初。赊放的时间,自然是在当年的春天。这种预先支付款项,在农民、手工业者急要钱用时,先付你用,到时候交粮、交布。当然这些预支款项,价钱也会较市价稍低,但较之民间高利贷,是会有利于农民的。因为这样一种方式,农民、手工业者虽也接受着又一层的剥削,但较之民间高利贷盘剥,负担相对较轻;地方政府则利用国家财政的力量,既帮助了农民生产,有利于社会稳定,也增加了政府收益,可谓一举两得。

此外,还有一种"和市"方式。大谷文书第 5802 号:"周义敏 纳和市绁布贴钱三百文 乾元三年(760 年)四月十一日 王质抄"。和市,名义是和买。政府定价,百姓出卖,以帮助平抑市场。这种和市价自然是较实际市场价为低,从社会角度观察,于广大消费者是有实际

---

〔1〕国家文物局古文献研究室等编《吐鲁番出土文书》第七册,文物出版社,1986 年,第 504 页。

利益的。

上述文书中提到的西州地区收户税、丁庸、赊放、和市等等,都是围绕着棉花、棉布展开的。它们的主要前提,既要求这是地区特产,而且又肯定是市易、商业流通中比较抢手的商品。以弹丸之地的西州,所产棉布面对全国的广大市场,其供不应求是肯定的。物以稀为贵,正是在这种大形势前,上好的细棉布才得可能价格超过了绫绸。于是也才会出现政府要向农民事先支付钱币,并用"和市"之名义调剂市场,高利贷者也才敢于用农民还在棉花地里的棉花,作为贷款的抵押。这些,生动地刻画出了当时吐鲁番地区棉花种植、棉布纺织业发展的火红局面。

唐代吐鲁番地区棉花种植、棉布纺织究竟达到怎样的规模,今天已无法说清。但棉布产量不会太少,这是可以想见的。1964年在阿斯塔那发掘的第44号墓葬,出土了唐永徽六年(655年)宋怀悫墓志,其中一件残文书记录了将棉布口袋作为军用物资,调拨至陕西的一件史实。文书不长,全文引录如下:

> "叠布袋贰佰柒拾口,
>
> 八月卅日,付怀旧府……
>
> 九月二日,叠布袋三……
>
> 队正姚世通领。"[1]

这是军队下层军官不断支领棉布口袋的记账,一次270条,两天后,又领"三……"条,而拨付的方向是"怀旧府"。"怀旧府"是唐代军府之一,驻地在雍州。而雍州,唐代前期治所就在陕西长安。开元元年(713年),置京兆府,才废雍州。这一文书出土在永徽六年(655年)的墓葬中,文档时代,只能较此墓还稍早。公元640年,唐太宗平高昌,才在吐鲁番设西州。这件事,距唐置西州也才十几年,足见当年吐鲁番地区棉纺织业,确实已发展到相当水平了。

还有一点可以注意,即瀚海军参与了在西州地区的"赊放"。瀚海

---

[1]《国家文物局古文献研究室等编《吐鲁番出土文书》第六册,文物出版社,1985年,第138页。

军是唐王朝政府在新疆地区的主要驻军之一,驻地在北庭都护府属下的金满县。其军资据规定,主要是由唐王朝政府从内地拨付的绢练。上元元年(760年),正是安史之乱中,唐朝政府已无力维持西北驻军的开支,瀚海军在西州地区实行"赊放"绁布,既支持着西州棉纺织生产,也使用这种形式获取利润补足军资。对我们了解当年特定形势下西域的军事、生产,是颇有价值的一条资料。

19.4   回鹘高昌棉织业

唐代后期,回鹘大规模自漠北草原西迁,其中一支入主吐鲁番盆地,建立了以回鹘为主体的高昌王国。

在吐鲁番,回鹘高昌时期的考古工作开展不多。虽然高昌、交河古城、北庭古城、伯孜克里克石窟寺等遗址,均与高昌回鹘王朝存在相当密切的关联,但文物考古工作,多止于一般的保护,而并未展开发掘、清理,对了解当年的棉纺织业并无实际助益。而以墓葬发掘论,可以肯定为回鹘高昌王国时期的墓葬也非常之少。较之四百多年的回鹘高昌王国史,确实只能说是微乎其微。

1985年冬,吐鲁番县火焰山乡哈拉和卓村戈壁,农民在引水冬灌时,偶然发现回鹘高昌时期墓葬一座。墓主人是社会地位不太低的一位军官,随身的弓、箭、马鞍仍置于棺上。值得注意的一点是,墓主人穿着的衣服,使用的物品,大都以棉布为料:

(1)短单袍:以棉布为料,本白色,斜襟,束腰。通长138厘米、袖长(自袖口至中缝)63厘米、腰围100厘米、底摆周长328厘米。

(2)短棉袍:棉布面,絮棉花。大小、样式与上述棉布短单袍相同。

(3)布裤:棉布为料,如汉式便裤,但裤腰为夹层。

(4)褥子:绸面,棉里,絮毛。面为黄色绢,周围用红、淡绿色方格染色棉布镶边。

(5)夹袄:绿绢作面,棉布为里。窄长袖,束腰,袄领、肩、袖口为织银锦边,下摆为织银龙纹锦饰。

（6）夹袄：锦面，棉布里。

（7）随身盛物布袋，以棉布为料。系于死者腰部，内盛小件木器。[1]

原发掘简报文字过于简单，关于棉布衣服的大小、织物的组织、棉纱的粗细均未见文字说明。但它对我们分析回鹘高昌王国吐鲁番植棉、棉纺织业，意义还是很大的。所有衣物，均为死者生前穿着的使用品，不是专为送殉而制作的冥器，所以更能反映当年日常社会生活的情况。从这一点出发，可以结论：当年的吐鲁番地区，人们的内外衣服、被褥、随身使用的袋包，几乎都使用着棉布。棉织物，在人们日常生活占有主体地位。植棉、棉纺织业在唐代已经形成的基础上，仍在继续发展中。知名的德国突厥学家冯加班女士（Annemarie von Gabain），在她的名著《高昌回鹘王国的生活》一书中，谈到回鹘高昌的土特产品时，强调说："必须特别指出的出口货物有棉花……"把棉花放在了这类物资中的第一位。[2] 同时，冯加班女士以她深厚的回鹘文字研究素养，享誉国际突厥学界。另外，她可以很方便地接触德国"普鲁士吐鲁番探险队"前后四次在吐鲁番地区获取的大量考古资料，并与这一探险队主要负责人之一的勒柯克有着个人交往。所以，她对这一历史时期内高昌回鹘人棉纺业的相关分析，自不同于一般。

在论及回鹘高昌人的日常生活时，冯加班认为：当年"民间使用的衣服料子，可能主要是棉织品"。回鹘文献中有记录表明，"棉花"和"棉织物"是百姓交纳税收的主要物品。[3] 回鹘文献中有"半包棉花作为交纳给国王的税"，也可以"棉花代替葡萄酒税"、"棉花代替徭役"。[4] 因为棉纺织业在社会生活中具有重要地位，棉花受到特别的

〔1〕吐鲁番文管所《吐鲁番哈拉和卓乡竖穴木棺墓发掘简报》，《新疆文物》，1986年第2期。

〔2〕A. von Gabain, "Das Leben im uigurischen Königreich von Qočo（850～1250）", Wiesbaden, 1973. 中译本《高昌回鹘王国的生活》序言，新疆吐鲁番地方志编辑室编译出版，1989年。

〔3〕A. von Gabain, "Das Leben im uigurischen Königreich von Qočo（850～1250）", Wiesbaden, 1973. 中译本《高昌回鹘王国的生活》第十一章，服装。

〔4〕A. von Gabain, "Das Leben im uigurischen Königreich von Qočo（850～1250）", Wiesbaden, 1973. 中译本《高昌回鹘王国的生活》，第五章，社会结构、管理、价格、土特产品。

重视。古回鹘文献记述,要把棉花打成一定长度、一定宽度和保证一定质量的包(棉花的质量有粗糙和柔软之别),还有"几次提到了喀什噶尔和遥远和田的棉花的质量"。在打包时,必须始终对质量问题打出印记。其中一件文字说明为:"二十三件打着喀什噶尔印记的棉花,在柳中(今吐鲁番地区鄯善县鲁克沁)那边交易。"[1] 这些来自回鹘文献的记录,不仅表明吐鲁番盆地继续是当年新疆地区最主要的棉织业中心和棉花交易市场,而且透示着塔里木盆地南缘的和田及喀什——这些重要的绿洲,也有棉花售卖到吐鲁番以满足吐鲁番地区棉织业的需要。而且为了保证棉织物的质量,同一包棉花中的品级要统一,不能精、粗混杂。

元代,新疆除回鹘高昌王朝统治地区以外,纺织业也在发展。《元史》记述,当年织物中盛行加入金丝线,成为专供上层统治集团享用的织金锦。为组织这种织金锦的织造,有专设的机构涉及新疆。如在"撒答拉欺提举司"下,有"别失八里局"(在今新疆吉木萨尔,与吐鲁番有山路连通),"掌织造御用领袖纳失失等段"[2] 而新疆地区回鹘人,即以擅长织金工艺而闻名朝野,当年中原地区的重要纺织中心,都以取得西域擅长织金工艺的工匠为要务。这样高级的纺织工艺,是有一般棉纺、丝纺、毛纺工艺为基础,才得进一步发展起来的。

考古所见元代棉织物标本,还见于乌鲁木齐南郊盐湖。1970 年初,盐湖南岸挖盐工人在附近山谷中一处冲沟内,发现了一座元代墓葬。墓葬主人也是一位将军,随身马匹、兵器、弓箭及穿着衣服均保存完好。外衣为黄色油绢织金锦边袄子通长 124、袖长 94、腰围 88 厘米;腰部细束,钉 30 道细辫线以为装饰;袄袖、领、肩部均以织金锦为边饰;米黄色油绢作面,本色平纹棉布作里;织金锦以丝、棉、金线三者混织而成。

〔1〕A. von Gabain, "Das Leben im uigurischen Königreich von Qočo(850～1250)", Wiesbaden, 1973. 中译本《高昌回鹘王国的生活》,第五章,几种农产品,新疆吐鲁番地方志编辑室编译出版,1989 年。

〔2〕《元史》卷85,"百官志"第35。

内衬棉布袍,本白色,平纹。

棉布裤,形制如今天的中式便裤。裤腰为夹层。

上述几件棉布衣裤,不少布幅完整,可见布幅不等,有宽 34、42、46 厘米之别。因用为衬里布,可看出棉纱较粗,且不均匀,纱线径 0.5 ~ 1 毫米,每平方厘米经纬线约 12 × 10 根。[1]

盐湖元墓中出土的棉织物,从考古资料的角度来看,是新疆地区所见最后一批数量稍多的棉布。此后,关于新疆地区棉花种植、棉布纺织业的情况,主要只能求之于相关文献之记录了。

根据考古资料,参照十分有限的历史文献,本文对元代以前新疆地区植棉、棉纺织业的发展进行了概略分析,可以得到如下的初步概念:

在公元 2 世纪的东汉王朝后期,新疆南部和田地区已经使用棉布,少量高级蜡染织物可能来自印度或阿富汗,但不能排除本地已开始植棉并掌握了棉纺织技术,开始生产棉布。

南北朝阶段(5—6 世纪),新疆地区植棉、棉纺织业有进一步的发展。吐鲁番盆地是全新疆最主要的棉纺织业中心之一。

唐代(7—9 世纪),新疆棉纺织业有长足的发展。以吐鲁番为中心的棉纺织业,棉布是进入丝路贸易的最重要商品之一。政府采取一定措施扶持棉农的生产及棉纺,棉布是政府征收实物税的最重要对象。吐鲁番地区的棉纺织物在丝路贸易中占有相当重要的地位,市场知名度相当高。

回鹘高昌时期(10—14 世纪),以吐鲁番为代表的棉纺织业,在继续发展之中。

元代以前,新疆地区种植的棉花为非洲草棉。它棉株不高,棉桃不大,产量不高,但耐干旱,生长期短,适宜甘、新地区的气候、土壤。新疆大地,成为主要的长绒棉生产基地,是近代的事。

---

〔1〕王炳华《盐湖元墓》,《文物》,1973 年第 10 期。

20　从考古资料管窥西域服饰文化

　　狭义"西域"约略相当于新疆大地,居"丝绸之路"新疆段,是分析、研究服饰文化的宝地。

　　新疆大地古代居民种族不一,民族繁多。许多古代民族东来西走,都在这里留下过印迹。迄今,新疆大地仍有世居民族十三支,分属印欧、阿尔泰、汉藏语系,其古代复杂面貌于此可见一斑。在服饰文化一角,自然呈现多姿多彩的面貌。

　　新疆地处欧亚大陆腹地,从地理形势看,是所谓"高地亚洲"的一个部分。"高地亚洲的自然条件并不好。其重要性取决于它在地中海、印度和中国之间的地位。高地亚洲将它们分隔开,同时又把它们联系起来。"伯希和的这段话,揭明了中亚高原的地理形势。从欧亚古代文明角度观察:地中海周围、印度、中国东部大地,又是人类文明发育最早、最辉煌的几个地点。受自然地理条件的制约和影响,它们的文化均各具特色。文化的差异使交流成为必要,地域毗连又使交流成为可能。西域大地在其中居于枢纽地位,从服饰文化观察,自然镌刻下深刻影响。

　　西域大地(尤其是新疆南部塔里木盆地)气候特别干燥,可以说是终年无雨,沙漠广布。不论毛、丝、棉、麻、皮革、毛毡,各类古代服饰用材,均可借此保存而不朽。自青铜时代至汉、唐、宋、元,任何一处古代遗址、墓地,从人体到他们的衣服、帽靴,不时均有所见。更不必说服饰、织物的只鳞片羽,差不多可以说是动土即有所获,这是作者在新疆考古四十多年中产生的一个十分深刻的印象。从服饰文化研究来看,称其为"资料宝库"绝不虚枉。

　　作为一个考古学者,于服饰文化研究自属外行。只是在长期的考古实践中,目染手触,对不同历史时段内西域大地上丰富的服饰素材,确实是感受深深。对早期先民服饰的产生、发展,凝集其上的社会文化精神,不同族体个别的艺术追求,宗教信仰等等,性虽愚钝,也渐渐产生了一点外行人初步的、朴素的、逻辑的感受,不敢企求它们有一般性的理论价值,但或可助益于相关思考。故略抒其数端(当然,只是以个人在西域大地的考古资料为据),以襄"丝绸之路"服饰文化研究之盛举。

第一,早期先民服饰,深受自然地理环境、物质生产水平的制约。这种制约、影响,随物质资料生产能力的提高而渐趋减弱,但其精神文化的影响会随之加增。

去今4000年前的罗布淖尔地区已步入青铜时代,生存环境是一片干旱的、沙漠与雅丹交集的地区。内陆孔雀河河谷及尾闾地带,是可资畜牧、小范围灌溉农业的地点。居民为白色人种,尚不知着衣、裤。人们以宽大的平纹毛线毯包裹身体,戴尖顶毡帽,着牛皮鞋。皮革未经鞣制,坚硬而粗粝。个别女性因身份有别,毡帽上或附饰红色毛线,或插禽类翎羽,腰饰一周骨管。

同一流域在去今3600年前后,居民同样毛布裹体,但有了可以遮盖下体的腰带。男性较狭,女性较宽,附流苏。裹体毛布显现装饰条纹,质地也有疏密、厚薄之分,鞋、帽样式稍显变化。

去今3200年前,在邻近的哈密绿洲五堡墓地,见皮裘大衣、毛布长袍、长裤、吊带裤。长裤无腰、大裆。吊带裤无腰、胯,只是裤腿,吊系于腰带上。小腿部包毡,鞋有长腰、短帮之别,其上或饰铜铃、海贝。尖顶帽,有毡、毛编之不同。彩色毛布色泽绚丽、图案新颖。

去今2500年前后,邻境之吐鲁番洋海、苏贝希,毡帽形式大变,男帽厚实作盔形,女帽有高、尖顶。袍服质料、形式不一,既有皮裘、也有毛布,或短或长,翻领束腰。毛布质地柔软、细密。裤料有皮裘、毛布之别。长筒皮靴高可及膝。

罗布淖尔、吐鲁番、哈密,地域毗邻,先民间联系、交往较为方便。作为一个地域舞台,略加梳理,即可清楚捕捉其轨迹:随着牧业、农业的发展,在毛纺织、皮裘、皮革加工、擀毡技术方面,工艺在不断进步,服饰不断变化,鞋靴不断改进、提高,裤服从无到有,样式从单纯到丰富,人们的物质生活改善,十分明显。

在这一过程中,除自身进步外,不能排除外部文明的影响。如五堡,毛布除平纹外还有斜纹;毛纱细匀。毛布染色丰富:本色外,见红、黄、蓝、褐、绿等色,至今色泽鲜艳;粗细条纹、大小方格,绚丽、大方。除织制这类几何形彩色图案外,还有以绣、缂织技术显示的图形。五堡毛织物,其织造工艺,竟曾蒙骗过当代老匠师的眼球,认为可与20世纪前期沪产马裤呢质量比匹。另一个值得注意之点是:这一空前的织、染、图案设计工艺,在其同一时段遗址、其后的遗址中,十分少见。其源头、去向,仍存诸多悬念。

第二,衣服制度的改进、发展,"实际需要"是最大动力,居第一位,形式美观居次,是第二位。形式变化,存在实际生活要求的内核。

这方面,最生动的实例,可以尼雅精绝王室墓地发掘资料为例。精绝,汉通西域后,是"丝路"南道上不可逾越的重要站点,自然也是汉王朝"安辑"政策重点实施的地区。汉文化包括服饰制度在这里有相当深刻的影响,穿绸着锦、袍服右衽、死者覆面,就是很生动地体现。但在这区埋葬精绝上层贵族人物的墓地中,也可注意到在贴身内衣上,存在一些明显的地区性特点:男性内衣用绮,高领(高达16厘米),不开襟。为便套头穿脱,高领可开合,高领上尚存可以系连的丝带,彼此对应,出土时只见七条(一条缺失?)。女尸贴身内衣为白色素绢,同样是高领,右衽。值得注意的是左襟领部附一宽长的绢带(宽12、长40厘米),双襟对合后,可以作为围巾,绕于颈部。如是在贴身内衣上设可以开合的高领,置带系连,在女性贴身内衣襟部另附长达40厘米的宽绸带。粗看似为装饰性设计,实际却是沙漠地区生活的必要。沙漠地区,一遇大风,沙尘扬起,不经一周、十天,弥漫之沙尘难以沉落。人处其中为防沙尘渗入,必须严封头、面、颈、袖。这类形式上的设计变化,内核是为了安全。风起处,细沙无孔不入,沙漠用水又十分艰难,围、束颈、领,自属必须。贴身内衣明显是与这一环境要求呼应,它如长袍紧袖、甚至在长袍襟部附系绦带,压发、长带系于颏下的绢、锦软帽,都可以看到是适应沙漠环境,防止沙土渗入的措施。

第三,从西域大地服饰用材及设计角度透视,与外部世界的交流,不论是物质材料、生产技术,还是精神、文化层面,都是一种进步的、推进事业发展的积极力量。它可以直接助益社会物质生产的发展,催生新的生产工艺,也可助益于提高人们的精神文化素养。从服饰文化观察,可以直接感受到由此带来的无可估量的变化,十分丰富而多彩。

古代西域大地,四周高山屏峙,沙漠戈壁纵横,经济生产受多方面制约,古代居民的经济生活,包括服饰在内相对贫乏,是情理中事。但又由于地处欧亚大陆腹心,自古就成为欧亚大陆先民移徙、交往的枢纽,异质文明间必然存在的交流要求,在天山山地、阿尔泰山前后、准噶尔盆地地带很早就留下了它们联系的印痕。公元前 2 世纪,张骞西使,在西汉王朝的积极进取下,自黄河流域进入南亚、西亚、欧洲大地的交通,更得到政府的组织、支持,跃升到空前的水平。原本比较贫瘠、交通不便的沙漠绿洲,如楼兰、且末、精绝、于阗、莎车、哈密、吐鲁番、焉耆、龟兹,天山深处的阿拉沟,甚至伊犁河流域的乌孙故地、波马农场,无不见到轻柔细软、色彩斑斓的丝绸锦绢、锦袍绣袄;由此而迄宋、元,这一物流长盛而不衰,虽主要是统治层使用,但也不可能不渐渐及于西域各族人民,使他们的物质生活得到了改善、丰富;由丝织物而及于育蚕、缫丝,掌握织丝或丝毛、丝棉混织技术。公元 5 世纪后,尤其是隋唐时期,高昌、龟兹、疏勒已知织丝,有了地产锦并可投入市场,这对地区经济发展的支持作用更不可轻估。

自公元 2 世纪后期,西域各处遗址见到了棉布、棉衣,也见到棉絮,唐代,发现过棉籽。公元四五世纪,吐鲁番盆地成为享誉全国的植棉、棉纺织中心,人们的衣着材料更为丰富。早期新疆棉花,可能来自于印度、阿富汗。

毛纺、毛织、毛毡,在新疆堪称传统。在 4000 年前,毛、绒已见分档使用,在 3600 年前,已见初步的缂织工艺。这一通经断纬技术,与西亚是怎样的关联,值得深入一步研究。毛纤维短,在西南亚洲毛纺织物中早有纬向显花工艺。这一技术,唐代或较唐更早一点,已影响到了中国的传统丝织工艺。纬向显花的技术,使丝织工艺步入一个新的历史阶段。毛毯,由平织而裁绒,并显示丰富的色彩、图案,这一技艺在两汉时期已相当成熟。不纺、通过压碾而成毡,4000 年前已形成帽,3000 年前不仅有帽,而且靴、盔、铺垫睡卧,均见使用。在哈密五堡所见垫毡,还以染毛色显示花纹、色块,以美化生活。游牧民游徙居住的帐幕,今天,虽未发现实物,早有使用亦当在情理之中。这一工艺,不知新疆地区是否属于最早?但可肯定,这一发明在这里当也属较早之列,它曾惠泽于欧亚大陆上的早期游牧人,是不言而喻的。

第四,检视早期服饰,不能忽视原始信仰、早期宗教观念在服饰文化中的影响。

经济发展、社会进步,进入文明。有了阶级之分,人群有统治与被统治之别。这时的服装用料、样式,随社会地位不同而立显差异。这种阶级地位差异导致的服饰不同,已属常识。在青铜时代,阶级还未十分彰显,社会物质财富也没有十分丰富,总体还显得比较均平。每个入葬者,持有的衣物、殉物大都只是日常服装、食品。但一处墓地,却也能见到个别服装、饰物异于一般社会成员的标本。在去今 4000 年前的古墓沟墓地的唯一一座老年女性墓内,女主人头带之尖顶毡帽上,正面缀饰两组红色毛线条,每组为七条红色平行线。尖帽侧边,竖插多支禽类翎羽。特别是其腰部,系带上垂挂数十支、长约 10 厘米的禽类骨管,可随身而摆动。这种腰饰一周长骨管的制度,在近代东北地区满族的"萨满"服中,既是很典型的,也是平常可见的。罗布淖尔古墓沟墓地唯一老年女性的这一配饰,或与"萨满"信仰存在关联。

相类似的现象,在去今 2500 年前后的洋海墓地中也可以看到。洋海墓地共分三区,总见墓穴千座以上,时代延续也有数百年。在这区已经发掘、报告的墓地中,有两座墓葬的主人,迥异于一般、情况大略类同的广大成员:其一,编号为一号墓地第 21 号墓葬,墓主人男性。头部缠绕毛绦带,缀附海贝;饰绿松石、玛瑙项链,圆形耳环,右为金质、左为铜质;手持缠绕铜片的木棍。其二,编号为一号墓地 67 号墓葬,男主人"身穿毛布圆领式开襟大衣"、"毛织连裆裤",腰部为"花式艳丽的宽腰带","小腿用了三厘米宽的带子缠绕,带子上吊着一串铜管、铜铃,铜管共 18 支,圆筒状、长短不一,管径 0.5 厘米,正面附铜铃。皮靴装饰着青铜扣"。特别鲜丽的服装,行进、舞蹈时,不一般的管铃声响,还有闪光铜扣。这类服装,与古墓沟老年女性一样,是具有特殊的、可以沟通天人信息交通的巫师才能穿着的。在这时,服饰又具备了一种道具性质的功能。对实施进行宗教活动,是特别需要的。在分析服饰功能时,这是一种不可轻忽的现象。

第五,服饰,具有传承性。传统是文化的积淀,具有不可轻估的力量。古老的西域服饰文明,既感受了、也呼应着西域大地的自然地理环境的召唤。在经历过千百年社会变革的洗礼、锤炼后,逐渐凝集成为大家认同、视之为"美"的文化心理。这就成为一股不可轻视、不会随便被撼动的精神力量。

和田地区古代居民,塞人曾为一源。在唐代和田语文献中尚可以觅求到塞语的成分,故有"和田塞语"之称。塞人,曾是中亚大地十分古老、也产生过重大影响的民族。他们头戴尖帽的形象,镌刻在古代伊朗波斯王宫的刻石上,广为人知。这类头戴尖帽的形象,在塔里木盆地南缘古代绿洲、罗布淖尔荒原的古冢中,曾多有所见。也有学者持以为据,从中探求古代塞人的痕迹。值得注意的是,时间流逝过去三四千年,在今天塔里木盆地南缘的克里雅河、车尔臣河流域的居民中,仍可觅见其影响。今天,位于克里雅河水系的于田县,车尔臣河流域的且末县境,居民中所有的男子都会带一种黑色裘皮高帽,小平顶;妇女则带一种碗状黑色小帽,以毛线编就,一无例外。这类帽饰,在塔里木盆地其他绿洲居民中却绝无所见。这种异于一般的帽子,尤其是女性的碗状小帽,是并无实际防寒功能的,它们缀于头顶,明显只是一种文化的标志。揆之实际,它们主要应该是一种传统的延续、继承,是一种民族文化心理的表现,从中似可窥见塞人高帽的痕迹。如是,真正可以令人敬畏的,应该就是绝对不可轻估的传统力量!

"丝绸之路"枢纽地段的古代西域,以至现在众多民族共存共处的新疆,积淀、包容着十分丰富、堪称珍贵的服饰文化资源。在人与自然不断适应、磨合的历史长河中,人,对严酷自然环境的认识、应对;不同民族群体各具特色的智慧、创造;随时代变迁,不断发展的服装形式;欧亚大陆各古代文明间的交流在服饰文化中留下的痕迹，无不显示着人类智慧的光芒。本文所及，主要只是就新疆青铜时代迄于两汉时期有限的考古资料，是对这有限时段中相关服饰文化的一点粗浅讨论。汉代以后的考古，如吐鲁番盆地中高昌至唐代的大量丝、毛、棉织物，墓室壁画及土、陶、木俑形象，魏晋、唐、回鹘时期大量石窟寺中的供养人形象，有待探求、可资研究的素材，实在是十分丰富的。专业服饰研究、设计专家们，值得进一步深入研究，必会得到难以估量的灵感，收获难以想象的收获！

21　古墓沟发掘及初步研究

　　1979 年底,新疆考古研究所在罗布淖尔地区孔雀河下游古墓沟全面发掘了一处原始社会氏族公共墓地,发掘古墓葬 42 座。这是自 20 世纪 30 年代以来,在国内外众所瞩目的罗布淖尔地区,我国考古工作者所进行的第一次考古发掘工作,取得了大量前所未见的工作成果。在这里出土的古尸被报导以后,国内外有关学科的学者对这方面的具体情况非常关心。目前,古墓沟墓葬发掘资料的整理、分析工作,已初步完成。我借这个机会,把古墓沟墓地发掘情况、可以说明的一些历史问题以及墓地年代的分析意见,作一介绍。

21.1　墓地概况

　　古墓沟墓地,位于东经 88°55′21″、北纬 40°40′35″处,是孔雀河下游北岸第二台地上的一片小沙丘,地势较周围稍高,东距已经干涸了的罗布泊约 70 公里。其地理位置,正当楼兰故城西向焉耆、库尔勒地区的孔雀河谷孔道。库鲁克山屏列其北,但至此已只是十分低矮的小丘;孔雀河流经其南,相距不足两公里,目前也已滴水不存,只剩干涸了的河床。墓地所在沙丘地势缓平,地表隐约可见环列的木桩,透示了古墓地所在。

　　发掘工作开始于 1979 年 11 月 22 日,止于 12 月 18 日,连续工作了 27 天。墓地面积不大,东西 35 米、南北 45 米,总面积约 1600 平方米。深入到这片地区进行工作,远非易事。还考虑到,以前在这片地区内的调查、发掘资料都十分零散,可以说是没有一份比较完整的科学发掘资料。因此,在初步勘查清楚墓地规模后,决定对墓地进行全面揭露、发掘,以求对墓地全貌有一个完整的了解,便于对罗布淖尔地区早期考古文化研究提供一份科学性较强的资料。这样做,土工量极大。

·欧·亚·历·史·文·化·文·库·

但由于各方面的大力支持,保证了这一计划的完满实现。实践结果说明,这批发掘资料不论从地域上,还是从新疆早期考古文化内容上看,都填补了新疆考古工作的空白,对新疆考古文化的建设是一项重要的补充。

所掘42座墓葬,从地表特征、葬俗、出土文物异同方面,基本上可以区分为两种类型:

第一种类型:地表无环形列木,只墓葬墓室两端各有一根立木,露出地表。墓室为竖穴沙室,东西向。木质葬具。结构十分简单:无底,两块稍具弧度的长木板相向而立,两端各竖立一块木片,以为"挡板"。盖板同样是无规则的多块小板,上覆羊皮或簸箕状韧皮纤维草编织物。除个别墓葬中合葬二男性、三男性外,均葬一人。男女老少均见。死者,全部仰身直肢、头东脚西,裸体包覆毛织物,平卧于沙土上。出土文物大多是随身衣物或装饰品。这类墓葬共见36座。

第二种类型:地表有七圈比较规整的环列木桩,木桩由内而外,粗细有序。环圈外,有呈放射状四向展开的列木,井然不乱,蔚为壮观(见图版55)。墓穴在环列木圈内。木质葬具,均已朽烂成灰,可见出盖板和矩形边板的灰痕,但具体形制已难明了。死者,均男性,同样仰身直肢,头东脚西,基本都是正东西方向,相差不出5度。由于深埋朽烂,出土文物较少。这类墓葬共见6座。

这两类墓葬,同处一片墓地内,互相关系如何?

(1)墓葬形制、葬俗虽有差别,从有关出土文物分析,应属同一考古文化类型,其差别,主要原因可能在于时代早晚不同。

(2)有两座第一类型墓葬,叠压于第二类墓葬放射状列木之下。这种地层叠压关系,明确无误地表示:其相对年代,后者肯定较前者为晚。当然,早晚相去多少,那是需要研究的另一个问题。

下面,综合介绍一下两类墓葬中的出土文物。

由于气候干燥,埋葬很浅,第一类墓葬中尸体及文物保存情况良好。尸体全身包覆于毛毯中,打开毛毯,可以看到死者头戴尖顶毡帽,毡帽上或插禽鸟翎羽。裸体,足穿皮鞋。每人的右胸上部,均见麻黄碎枝一小包。与此小包相近,还都有一件草编小篓。其中,少数草篓内盛小麦粒,自 10 多颗至 100 多颗不等。也有盛白色浆状物(已成糊干)的。腕、腰、颈部,见玉、骨、珠饰。这些大都是死者随身的衣物、装饰品。此外,在部分墓葬东头,还随殉有木质或石质人像,木质日用器皿(盆、碗、杯)、角杯、兽角、锯齿形刻木等。在一座墓葬内的男性人骨架骶骨部,见到一件细石镞;又一座墓葬中,发现过一件小铜饰物。所见锯齿形刻木、骨珠、骨锥、木雕人像等之风格,形制近同,均见于第一类墓穴中。第二类墓葬,在两座墓葬中见到了小件铜饰物,具体形制已不明显。但 6 座墓葬中有两座见铜,比例不可谓小,值得注意。

(1)毛织物。是出土数量较多的文物之一,有毛布、毛毯。原料主要为羊绒、羊毛。均为平纹织物。从捻线到织造,均可见出精细粗糙之别。毛毯,幅宽最大达 1.8 米,残长 1 米上下。以精品为例分析,毛线粗细均匀、毯面组织平整,缘边饰流苏。这样幅宽的毛毯,明显是利用比较原始的竖机所织造。这类原始竖机,南疆农村中至今仍时有所见。这无疑是我国目前最古老的毛毯标本,表现了古老的传统工艺特色及已经达到的相当高的技术水平(见图版 56)。

骨架或干尸头戴的尖顶毡帽(见图 57),不仅对分析墓葬主人民俗情况有用,对认识当时制毡水平更是可贵的第一手资料:毡色单纯、毡质平匀、厚实,毡帽尖挺。这是新疆及中亚地区最早的一批毡类标本。制毡,是中亚地区古代游牧人的一项重大发明。正如劳佛尔所指出的:"毡的制造,极可能是由中亚传至他处的又一文化特征。哥伦布时代以前的美洲,不知有毡,非洲也向来没有毡。即使在埃及,虽然养绵羊,并且用羊毛来织造衣服,但从来没有制造过毡。中亚以西的希腊人和罗马人,以及中亚以东的中国人[1]都知道毡,但在这些地方,毡未曾成为重要的物品。……可是在中央亚细亚,则从塞西安时代起,直到现在,毡的制造常居文化生活中之主要地位。因此之故,我们可以断定,

---

〔1〕这里,劳佛尔把中亚与中国分割开来,是明显不对的。中亚的相当一部分地区就在中国辖境内。

制毛毡的技术,最早发生于塞西安人及萨尔马希安人。"[1]麦高文将上引塞西安人和萨尔马希安人在中亚的活动置于公元前 7 世纪,而我们在罗布淖尔所见毡帽的年代,要远较这一时代为早。

(2)皮鞋。尸体所穿这类皮鞋,主要用牛皮为料,未经鞣制,部分皮料牛毛尚存。缝制精粗不一,但大都很粗糙,仅能护足而已,它们均以皮线缝连。这也是新疆及中亚地区古代居民有传统特色的制品。尼罗河流域、印度河流域、两河流域及黄河流域这几个古代文明中心,居民一般均穿屐履,而不穿皮质鞋、靴。因此,这也应是有特色的新疆和中亚地区的传统制品。[2]

(3)草篓,是这一墓区普遍出土的文物。人具一篓,用为盛器。它是用韧皮纤维如麻类以及芨芨草等为原料编制而成,形制通常是平口鼓腹圆底或小平底,高一般在 15 厘米上下。少数编制精巧的不仅平整细密,而且利用纬向材料光泽程度的不同而显示"之"字、波纹、几何形折曲纹饰等,富有装饰效果。从部分篓中盛小麦、白色糊状物看,可能与食具有关。以草编器作为食具,在过去未见实物。汉文古籍中有所谓"箪",乃指竹、苇编器。其中一部分也用为食具,"箪食壶浆",即是一例。它们,颇可说明用竹、苇、草编器作为食具、盛具,我国古代曾是一种比较普遍的情况。

木雕人像是值得重点说明的一种艺术品。共见 5 件,均为半身像。头戴尖帽,脸型瘦长,梳短辫、垂于颈后。面部特征一般均未刻画,或只是用红、黑色线道,象征性地表示出眼、鼻、嘴的部位。通体观察,除一件外,都明显是女性形象:胸部双乳丰隆,臀部肥大(见图版 58)。与这些木雕女像相类,还出土一件石雕女像(见图版 59)。这些女性雕像,对说明当时的社会思想意识并进而分析其社会状况,当然是很有意义的。

(4)铜器,总共只有 3 件,均为红铜,而且个体极小。曾取其一送

---

〔1〕转引自〔美〕W. 麦高文《中亚古国史》,中华书局,1958 年版,第 61 页。

〔2〕转引自〔美〕W. 麦高文《中亚古国史》,中华书局,1958 年版,第 57~217 页。

请新疆冶金局冶金研究所分析，结论是红铜，铜质纯度颇高，含杂质少。

(5)其他木、骨、角质用器。骨、玉质装饰品，对分析当时的社会生活、艺术风格也都是很有价值的资料。

在古墓沟发掘的42座古墓中，没有出土一件陶器。这种现象也值得引起我们的注意。

21.2　古墓沟文化所揭示的问题

古墓沟墓区发掘资料表明，它是在罗布淖尔地区具有特色的、本地土著民族的考古文化遗存，可以名之为古墓沟考古文化。

古墓沟文化在许多方面为我们揭示了重要的、值得继续深入研究的课题。对我们认识罗布淖尔地区古代居民的种族特征、罗布淖尔以至塔里木盆地内早期考古文化特点、社会经济状况等，都具有珍贵的科学价值。

古墓沟文化告诉我们：新疆地区存在过古老的、具有地区特点、民族特点的考古文化，它们具有鲜明的特色、自身的优点。

在罗布淖尔地区，孔雀河三角洲，建国前国内外曾进行过多次考古调查、考察活动。其中，斯坦因、贝格曼、我国学者黄文弼等，在这片地区内，均曾采集到过不少细石器，还曾见到过彩陶片。斯坦因根据他在楼兰故址及孔雀河谷采集的多量细石叶，曾据此认为："在这里发现的数量极多的石刃，意味着这个遗址（指 LA，即人们认为的楼兰故城——引者），有人居住的时间可能要上溯到石器时代的早期。"[1]仅据地表采集到过细石器，实际是不能说明从新石器时代早期到楼兰时期这里一直存在人类活动的；但是，从新中国成立前在这片地区内不少地点都见过细石器，斯坦因提出"石器时代早期"这里即曾有人类活动，却是一个可以注意的论点。我们在古墓沟墓地的发掘，实际就是为我们对这片地区内早期考古文化的研究，补充了一批新的、经过科学

---

〔1〕〔美〕W.麦高文《中亚古国史》，中华书局，1958年版，第57～217页。

发掘的资料,较之只是地面的采集向前走了一大步。

根据出土文物,对这一阶段古墓沟人的经济生活状况及其社会形态可以得到初步的概念。无疑,这对研究新疆早期民族历史具有很大意义。

发掘资料具体表明,当时古墓沟人的生产以畜牧业为主体。主要饲养羊、牛,羊有山羊、绵羊。在一座墓葬中,随殉的牛、羊角多达26支,说明已有相当规模的牲畜财富的积累。鞋、帽、包裹身体的毛布或毛毯,也都取自毛绒、皮张。这足以说明,畜牧业是当时人民生活的重要衣、食之源,是社会生产的主要部门。农业是存在的,墓区发现的小麦粒,是一个直接的说明。但出土数量,从总体看只占很小的比例。孔雀河谷可得灌溉之便,少量的农业经营是完全可能的。从随殉的小麦粒只十数粒至一百多粒分析,足见小麦之十分珍贵。大部分麦粒呈深褐色,形态完整,胚保持完好,麦粒顶端的毛簇尚清楚可见,经四川农学院颜济教授鉴定,其形态特征与现代普通小麦无异,是典型的普通小麦。还有一些麦粒,色泽、胚、顶端毛簇与上述普通小麦相似,但在其背部紧接胚处,有驼峰状隆起,当为圆锥小麦。这些普通小麦与圆锥小麦,是我国所见最早的小麦实物标本。说明近4000年前,我国新疆东部地区,已有纯一的普通小麦和普通、圆锥小麦群的存在。新疆存在不少天然的野生节节麦,它们与圆锥小麦自然杂交,即可形成普通小麦种。颜济教授认为,圆颖多花类型的具有中国特色的普通小麦,可能就是这样产生的。[1] 再有一点值得一提,我国古代黄河中、下游主要栽培小米,而小麦最早可能在新疆种植。但小麦目前已是我国最主要的粮食作物之一,这应该是古代新疆各族人民的一项伟大贡献。

除畜牧业、少量的农业生产外,渔猎是人们生活的补充。墓地内见到马鹿角磨成的骨锥、多量禽类骨串珠、一小块残破网罟,可以作为具体证明。

家庭手工业是一个重要的部门,日常用器多为草编、木、角类制器。

---

〔1〕颜济教授的鉴定报告,将与古墓沟发掘报告一道刊布。

以荒漠、半荒漠地区草木为原材料,制作成自身需要的日用器皿。尤其是各种草编小篓,有多种造型,并显示几何形纹饰,从中可以看到,古代罗布淖尔地区古墓沟居民们惊人的灵敏和技巧(见图版 60)。

毛纺织,是家庭手工业中最重要的部门之一。这里所见的毛毯,是国内也是新疆地区最早的毛织物标本。据新疆羊毛研究所对毛纤维检测分析,羊绒质量颇高(可纺 70 支捆毛纱)。而且,在长期的生产实践中人们已经有了分档使用羊绒、羊毛的概念。质优者捻线织布,粗劣者搓捻毛绳、粗毛线,织毛毯。足见羊毛纺织,在这里已有相当长的历史。这些资料,对研究我国纺织工艺史,具有相当重要的意义。

它如前面提到的擀毡制帽、缝制皮鞋、草编小篓等,也是在人们生活中具有重大意义的生产活动。

由于不知陶器,日用器皿除草编器外,木、角器是人们不可或缺的日用器具。木盆、木杯等木质用器,系取粗细不等的一小段木料,中部掏空,器表稍经刮削、修整,造型与用料有关,很不统一(见图版 61)。角杯,只是把动物角尖端切断,堵塞以块木,利用髓腔,即为用器。

颈、腕部围饰骨、玉质串珠。一老年女性,腰际环绕骨管,毡帽周缘或以红色毛线缝缀。可见当年的古墓沟人,利用本地环境中可以方便取得的各种材料,美化着自己的生活。

他们有自己的宗教意识。这不仅表现在富有特点的墓地安排上,并人人配备一小包麻黄细枝(凡包尸毛布未朽的,无一例外),从这一别具特色的葬俗上看,也可以得到肯定的结论。

古墓沟人是富有艺术情操的。平淡无奇的禾草类纤维,在他们的手中成了小巧玲珑、图案丰富装饰美丽的各种小篓。普通的骨、角、木锥,有多种形制并刻镂了不同的图案、花纹。他们完成的木质圆雕妇女半身造像,比例正确,特征明显,是难得的原始社会阶段留存至今的艺术珍品,是我国人民宝贵的文化财富。

墓地内出土的 3 件很小的红铜饰物,据新疆冶金研究所分析为红铜质,且纯度相当高,所含杂质不过千分之四左右,达三级到四级标准。这已不是初步掌握炼铜技术时所能达到的工艺水平。

关于罗布淖尔地区以至古代塔里木盆地早期居民的种族特征,也是国内外学者十分关心的一个问题。古墓沟和铁板河出土的两具古尸以及古墓沟墓地内相当一批比较完整的人骨架资料,是我们进行体质人类学测量、分析的珍贵资料。我们在发掘工作中曾进行过初步的形态特征观察:较普遍为金黄色毛发、眉脊稍高、鼻骨也偏高,脸型稍瘦长。

对罗布淖尔地区古代居民的种族特征,国外曾据建国前少量资料进行过分析研究。贝格曼的观点是:"这种楼兰人的风格表现出:他们不但有蒙古人和撒克逊人的特征,而且是一种中间的风格","这种风格说明不是混血的,而是天然发展的过程"。"他们好像确实是楼兰人,同高加索人、然后才是蒙古人有着密切的血缘关系。"[1]

斯坦因根据他在罗布淖尔地区发掘的人骨标本及在新疆地区所得人类活体测量资料,对楼兰人的种族特征也曾进行过具体分析:"这些人头的特点很近于阿尔卑斯种型。据我所收得的人类测量学材料的证明,现在塔里木盆地人的种族组织,还以此为最普遍的因素。"[2]

从这些论述可看到:进一步认真分析测定罗布淖尔地区古墓沟所得人类学标本,不仅对了解古代罗布淖尔地区居民的种族成分有直接意义,对研究古代塔里木盆地居民的种族成分也有重大的科学价值。

根据对同类型古墓葬资料的分析,对这一考古文化属于古代什么民族也有各种看法。由于墓区气候干燥,尸体干缩,死者入土时一切穿戴、配饰均得不朽。这些难得的资料,使死者生前的形象、装束,均能活现于今天,对研究墓葬主人生前所属民族及其社会文化生活的特点确实是有利的条件。

我们在古墓沟,发掘清理的是一片完整的墓地。墓葬的组织安排,实际是当时社会生活的表现。据此,可以分析当时的社会生活形态。在第一类墓葬中,除两座男性合葬墓外,都是单人葬。男、女、老、少,以

〔1〕〔瑞典〕贝格曼著、王安洪译《新疆考古记》,新疆人民出版社,1997年。
〔2〕〔英〕A.斯坦因著、向达译《西域考古记》,中华书局,1946年,第110页。

平等地位共葬于一区公共墓地中。随葬文物主要只是人人均备的草编小篓、麻黄枝小包、少量石骨质饰物等,其中有五、六座墓葬中随葬物稍为丰富,还有锯齿形刻木,木、石质圆雕女性像,骨管、玉珠,硅质岩加工成的饰物、小铜饰、多量兽角等。而这几座墓葬的主人,均为女性,尤其是老年女性。全墓地唯一腰饰一周骨管的主人,也是一位老年女性。十分生动、形象地说明了古墓沟人们既处于没有明显社会分化的原始社会阶段,而女性、尤其是年迈的老祖母,在社会中居于重要地位,受到社会的尊敬。这正是原始氏族社会的基本特点。

第二类墓葬由于深埋,随殉文物大多腐朽不存,但从地面七圈列木及环圈外呈放射状展开的木桩布局、设置,较之第一类墓葬,表现了非凡的气势。对进一步分析这一阶段内人们的社会意识,是很有价值的实物资料。而墓内均葬埋男性的现象说明,发展到这一阶段,男性已在社会上居于显要地位。

古墓沟墓地发掘资料,还为我们提供了一批十分珍贵的认识本地区历史时期内生态环境发展变化的资料。浅埋的墓穴中尸体保存完好,随殉文物中可见到麻、红柳、芨芨、麻黄、胡杨、红花、芦苇等材料,说明气候干燥,植被是目前南疆荒漠或半荒漠地带常见的耐旱植物品种。当年,人们营构这片墓地时,这里就是沙丘。酷烈的季风对这片沙丘墓地的安全也是一种威胁,沙丘表面的列木直接发挥了固沙的作用。但它们顶端已被风沙磨蚀近平,然而沙丘却未被移动。社会环境的这一特点至2000年前的汉代没有显著变化,这从汉代文献对罗布淖尔地区的记述中很容易得到印证。《汉书》说,这片地区“沙卤少田、寄田仰谷旁国。国出玉,多葭苇、柽柳、胡桐、白草。民随畜牧、逐水草。有驴马、多骆驼。”[1]这段简略的文字,与我们从古墓沟考古资料中所了解到的自然地理特点、社会生产情况是基本一致的。拿这些资料更进一步与两千年后的今天比较,这里的自然地理环境可以说是仍然类同。如果要找差别,最大的一点就是由于孔雀河、塔里木河上游筑坝截

---

〔1〕《汉书·西域传·鄯善传》。

流,河水已经不能流到这一地段。不仅河流干涸,而且罗布泊也成为一个历史的概念,实际成了一个滴水不存的广阔盐盆。这可以说明,在两千多年的历史时期内,人类活动实际是影响生态环境变化、发展的最有力的因素之一。保护好我们的生态环境,主要必须依凭人类的自觉努力。

论及古墓沟墓地发掘的意义,不能轻估它们对新疆古代历史、文化研究的重大价值。在面对这一问题时,我们不能不注意到,在过去的研究中,对新疆地区古代民族的历史文化曾存在不少误解和偏见。国内外流行过的错误观点之一,就是认为塔里木盆地内的古代少数民族文化没有本身的特点,古代文明发展程度很低:"文明上的特征乃是由中国(指我国内地——引者注)、波斯以及印度三种文化势力混合而成的一种产物。"[1]斯坦因这一深具影响的观点就是一个典型的代表。在孔雀河古尸的消息发布后,日本有的学者曾发表讲话:"如果说六千四百年前就有那样发达的文明,那么周围的中国本土文化和印度文化的年代就都被推翻了。那个木乃伊,无论怎么说,也不能认为是楼兰王国成立的汉代以前的,最古也不过 2600 年,这种说法已经达到极限。""以木乃伊所戴毡帽来看,也应不是很古的。在苏联发现的毛毡是纪元前 600 年时代的,几千年前就已有毛毡是不能想象的"[2] 在这些观点里,先验的、罗布淖尔地区古代文明任何方面都必然较周围地点为低的论断,是表现得十分清楚、十分明白的。

古墓沟考古文化所揭示的科学结论,是对这些论断的有力否定。面对这些新的考古资料,我们必须从这些新的事实出发,进行细致、深入的分析,实事求是,得出应有的结论。这对我们正确地认识新疆古代民族史,对于中亚地区古代文明史的研究,无疑都是有积极意义的。

这里,我们强调了要注意古墓沟文化所表现的新疆地区存在过的一种古老的、具有地区特点、民族特点的考古文化,但这决不是否定新

---

〔1〕[英]A.斯坦因著、向达译《斯坦因西域考古记》,北京:中华书局,1946 年,第 16 页。
〔2〕日本《产经新闻》,1981 年 3 月 3 日。

疆地区与其相邻地区间曾经存在过的文化、经济交流和联系。这种交流和联系,可以说是与人类共始终的,只不过在规模、深度上随时代发展有所变化而已。新疆古代历史,很生动地说明过这一真理。我们对古墓沟出土铜器所提出的说明,也正是基于这一认识基础的。

21.3　墓地时代分析

发掘资料说明,古墓沟墓地是处于原始社会阶段的氏族公共墓地。

至于这一墓地的绝对年代,即古墓沟人究竟活动在大概距今多少年前?对此,目前国内外学术界存在很不一致的观点。

在发掘资料没有全面、具体公布之前,讨论这个问题本来存在一定困难。但考虑到古墓沟出土古尸在上海展览时,曾经发表过"距今六千四百年前"的^{14}C测定结论;随后,中国社会科学院考古研究所技术室又公布过另外两个^{14}C测定数据。大家对这个问题无疑比较关心,因此,在概略介绍这批发掘资料的同时,说一下我们在这个问题上的具体观点,既有必要,也会有助于问题的深入。而且,它的正确结论,对我们更深入一步认识有关资料,对罗布淖尔地区早期考古文化研究,也有很大意义。因此,我们也愿意在这里把即使还不是十分成熟的意见发表出来。

我们从考古文化本身特点及^{14}C测定结论两方面进行分析探讨。

墓地出土文物可以看到几个明显的特点:不见陶器,日常用器以草、木、角器为主;在一具男性骨架骶骨部发现过一件形制规整的细石镞,锋刃锐利,这应是当时有代表性的武器;除三件小铜饰外,从木雕人像及其他木器的细部加工痕迹分析,应用着一种相当锐利的工具。

从这些基本特点里,我们可以得到这么几点推论:从全部出土文物不见任何汉代文化影响的痕迹看,这一考古文化的时代应该肯定早于汉代。

我们曾注意到,与我们这里文化类型相同的古代墓葬,斯坦因、黄文弼等在罗布淖尔地区考察时,即曾有过发现。斯坦因在谈及这一资料时,就曾提出它们是楼兰国人的一种墓葬。[1] 楼兰国,概念自然是和汉代联系在一起的。我们是不同意这个分析的。通过古墓沟墓地发掘,同时,结合我所 1980 年 4 月在楼兰城郊清理的汉代墓葬资料,更加强了我们认为这一考古文化的时代肯定早于汉代的概念。

新疆考古所在楼兰东郊清理了两处汉代墓地。[2] 墓内有多量汉式文物,如汉代漆器、铜镜、锦、绢等物出土,它们和具有本地特色的陶器、木器、毛织物等共出。这两处墓地,一处明显到东汉,又一处时代可能稍早。从这批汉墓中可以看到两点:一是西汉以后,汉式文物来到楼兰地区是很多的。处于"丝绸之路"交通线上的古墓沟墓地,如果时代已经到汉代,是不可能见不到一点汉文化影响的。其次,我们可以将属于汉墓中土著文化成分的有关文物与古墓沟出土文物进行比较,其发展程度的高低差别,也表现得十分明显。古墓沟墓地中普遍见到的草编小篓至汉代已消失不见,具有本地特色的手制陶器如红陶小钵、带流杯、小罐等,是随殉的日常用器。木制用器这时仍使用较多,但制作已远为精巧,造型比较规整,木盆有的配附铁环、安接木腿。东汉墓内出土的彩色毛织物色泽绚丽,组织致密,不仅有很好的斜纹织物,而且熟练运用着通经断纬的织造技术,这些,都是古墓沟毛织物无法比拟的。铁器,这时已普遍使用。小铁刀与兽骨共置一盘中,是人们日常生活中的平常景象。将这些明显反映了本地区特色及工艺特点的汉代文物进行比较,说古墓沟墓地原始、古朴,其年代较汉代更为古老,是完全可以肯定的。

整个古墓沟墓区不见任何陶器的痕迹,这绝不可能是一种偶然的例外,而只能是这片墓地时代比较古老的一个有力内证。在有关的报导里,在罗布淖尔地区的新石器时代文化遗址中,新中国成立前确有人曾采集到过应属新石器时代最迟至金石并用时期的彩陶片。[3] 我

〔1〕〔英〕A. 斯坦因著、向达译《西域考古记》,中华书局,1946 年,第 110 页。
〔2〕关于这两块墓地,侯灿在其《楼兰遗迹考察简报》(《历史地理》,1981 年第 1 期)提及,但关于出土文物,尤其是陶器,未具体涉及。文物现存新疆考古所。
〔3〕〔瑞典〕F. 贝格曼著、王安洪译《新疆考古记》,第一部分,新疆人民出版社,1997 年。

们发掘的这片墓地,处同一地区内,却不见陶器,其相对年代,应较此为早。从一般道理分析,学会制造使用陶器,较之不会制造陶器,总要稍晚一步。关于新石器时代考古文化,国外有区分为"先陶"与"有陶"两个发展阶段的,"先陶"的新石器时代,其年代相当古老。我们当然不能仅仅据此就把古墓沟墓地不见陶器这一文化特点与"先陶"的概念简单等同,但说它比同一地区内含彩陶的考古文化要早,应该是没有问题的。

由于在罗布淖尔地区或孔雀河下游地段科学的考古发掘工作做得不多,积累资料十分有限。目前,我们还无法建立起这片地区考古文化发展序列的清晰概念,为助于认识古墓沟墓地考古文化的时代,我们试以近年发现的与这片墓地邻近的考古资料进行比较。

在哈密五堡发现的一处原始社会阶段的墓地,笔者曾主持发掘。墓地内出土了石器、木器类生产工具及日用器、彩陶器、小铜刀(佩带于男性腰部),多量彩色毛织物及粮食、食品等。[1] 墓地时代曾经文物局文保所技术室进行¹⁴C测定,所测 4 份数据在距今 2960 至 3260 年之间,大体在 3000 年前上下。哈密五堡墓地出土文物不论从哪一方面看,都远较古墓沟墓地为进步,其物质文化发展的程度要高得多。哈密出土的大量彩色斜纹毛织物与古墓沟的平纹本色毛织物,标志着两个发展阶段。从常理分析,古墓沟要较哈密五堡原始。

配合南疆铁路修建工程,笔者还曾在阿拉沟工地进行过持续三年的考古工作,发掘、清理了近百座新疆古代少数民族的早期墓葬。出土了不少彩陶器、木器、石器、毛织物、铜器及金器、丝织物、漆器等珍贵文物。这一墓地时代延续较长,出土文物可区分为不同时期。最早可到距今 2800 年左右的西周,最晚可到战国、秦、汉。在早期墓葬中彩陶器与铜器并存,晚期见到铁刀。将阿拉沟早期文物与古墓沟墓地文物进行比较,古墓沟文化原始、古朴的风格同样一目了然。[2]

---

〔1〕有关哈密墓地发掘情况,《新疆考古》(第 1 期),曾有简单报导,资料均存新疆考古所。

〔2〕关于阿拉沟考古资料,《文物》,1981 年第 1 期曾经报导了其中一部分晚期墓葬,大部分资料尚未正式公布,现存新疆考古所。

　　这里应该说明的是,这终究不是同一地区内、存在明确地层叠压关系的先后考古文化的比较,而只是相去最近的绿洲内不同考古文化的比较。这就不能不具有一定的局限,因为彼此的差别,既可能是时代早晚的不同,也可能是地域性的差异。我们所以作这样的比较,是见于新疆地区的自然特点,虽是相去数百里地的又一绿洲,却又是彼此紧密毗连的最近的居民点。从整个情况看,一般来说,相邻绿洲内处于同一阶段的考古文化,处于基本相当的发展水平,是有不少实例可见的。基于这么一个分析,可以推论,古墓沟文化要比阿拉沟早期文化、哈密五堡考古文化更古老一些。

　　这是从考古文化方面进行的一点分析。

　　另一方面,还可以就 ^{14}C 测定数据进行探讨。这方面的情况比较复杂。

　　墓地出土的文物标本,曾经先后送请南京大学地理系、中国社会科学院考古研究所技术室、北京大学历史系考古专业 ^{14}C 实验室、文物局文物保护技术研究所 ^{14}C 实验室等单位帮助进行年代测定。送请南京大学地理系的标本,是由中国科学院新疆生物土壤沙漠研究所在墓地采集的木材,年代结论早到去今 6000 年前。为了对这一年代测定结论进行验证,我们又将墓地内第一类型的第 23 号墓葬内出土的木质葬具及此墓出土女尸身上的毛布(共 7 克)送请中国社会科学院考古研究所技术室进行测定。结论是:棺木距今"3650±60,公元前 1700 年"、"3545±60,公元前 1595 年",毛布距今"2185±105,公元前 235 年"、"2120±105,公元前 170 年。"[1] 同一墓葬内两件标本年代相去悬殊,测定单位分析结论是:"毛布年代应与少女死亡的年代相当","棺材可能是利用早期木头制成的"。[2]

　　这两组测定结论先后在报上披露以后,国内外反响十分强烈。

　　观察古墓沟墓地内出土的多量木材标本,不能支持当时使用的是

---

　　〔1〕中国社会科学院考古研究所实验室《放射性碳素年代测定报告》,《考古》,1982 年 6 月,第 662 页。

　　〔2〕据《人民日报》1981 年 4 月 17 日的有关消息。

"千年古木"这种分析。为了对纷乱的^{14}C测定数据进行验证,我们又送了第一类型第38号墓内出土的木材、毛布、毛皮及4号墓的木材请北京大学历史系考古专业^{14}C实验室再一次进行年代测定,其结论是:

21.3.1　第 38 号墓

棺木:距今 3660±80 年,经树轮校正为距今 3980 年;

包尸毛毯:距今 3480±100 年,经树轮校正为距今 3765 年;

盖棺羊皮:距今 3615±170 年,经树轮校正为距今 3925 年。

21.3.2　第 4 号墓

棺木:距今 3525 年±70 年,经树轮校正为距今 3810 年。

此外,还曾将第一类型的第 12 号墓出土之木质葬具标本送请文物局文保所^{14}C实验室测定,结论是距今 4260±80 年,经树轮校正为距今 4370±135 年。

综合分析这一系列测定数据,有几点情况值得注意:首先,第 38 号墓中出土之葬具(木材)、毛皮、包尸毯等,三者测定数据基本一致。这有力地表明,它们相当准确地说明了墓主人生活的绝对年代,从而也就正确表明了墓地的年代。其次,墓地木材与毛皮、毛布测定年代基本一致,说明并非古木,从而也就给我们解答了一个疑团。

在此稍后,与古墓沟墓地考古文化面貌一致,在铁板河(孔雀河进入罗布泊处)又出土了一具古尸。覆盖古尸的山羊皮曾经送请中国社会科学院考古研究所技术室进行测定,年代结论为距今 3580±70 年,经树轮校正为距今 3880±95 年。这一测定结论与北京大学历史系考古专业实验室所测第 38 号、4 号墓的年代结论彼此相近,可以统一。

南京大学地理系所测结论偏早,可以舍弃。考古研究所技术室所测 23 号墓标本,棺木测定结论与同一类型的 38 号墓、4 号墓、铁板河古墓利用不同材料测得的结论基本一致,只是所测毛布结论年代相去较远。这个问题,将来还可以通过重测第 23 号墓的毛布等材料作进一步验证。至于文物局文保所测定之数据,与 38 号墓等墓葬的年代结论,比起南京大学之数据虽近得多,似仍偏早。而大量的测定数据,均集中在距今 3800、3900 上下,而这一年代结论,与考古文化分析的相对早晚,也可以统一。因此,我们认为:古墓沟第一类型墓葬(铁板河古墓与此类同)是距今 3800 年左右的罗布淖尔地区的土著民族的考古文化遗存。

21.4　其他几个有关问题

在介绍了有关古墓沟墓地资料、它们反映的历史问题及其绝对年代以后,还考虑到几个与此密切相关的问题,在这里稍予涉及。

我们现在提出了古墓沟墓地是距今 3800 年前后的考古文化遗址的明确论点,它自然也逻辑地带来一系列的学术问题。比如,自距今 3800 年到距今 2000 多年前的楼兰王国之间,是怎样从古墓沟考古文化逐步发展成楼兰文化的? 它们经历过一些怎样的发展环节? 这些问题,受目前考古工作及资料的局限,我们还不能提出清楚、明确的结论。但在建国前多次进行的对罗布淖尔地区的考察及我们近年在罗布淖尔地区先后三次进行的调查、发掘中,也注意到一些值得引起重视的线索。除前文提到过的彩陶外,我们在孔雀河谷、楼兰地区采集到多量打制石器的所在,还采集到很粗糙的手制灰陶片;在楼兰城内,也采集到磨制石斧;还有前面谈到的手制红陶、木器与汉式文物共存的可能早到西汉的墓葬……这些,都不失为我们分析问题、进一步在这片地区进行考古工作、补充缺环的重要线索。稍前,中国科学院地理所王守春同志告知,据他在楼兰地区考察的经验,参考亨廷顿《亚洲的脉搏》一书提供的资料,他认为在古墓沟墓地附近,存在一处过去"一直被忽视的居落遗址"。[1] 我相信,随着今后在罗布淖尔地区考古工作的进一步展开,尤其是对一些废弃古遗址进行一定的调查、发掘,这个问题,是会逐步得到解决的。

关于古墓沟墓地的许多 ^{14}C 年代测定数据,部分数据差异较大。而这一墓地总共才只 42 座墓葬,延续的时间决不会是非常长久的。面

---

〔1〕王守春《通过考古学和地理学的比较研究对楼兰地区某些历史地理问题的探讨》。

对这许多互相矛盾的测定数据，根据我们对考古文化的分析，结合各组数据间的关系，我们提出了距今 3800 年上下比较可靠这个初步结论。但是，对其他测定数据应该怎么理解？为什么会出现这么大的误差？还是值得进一步分析的。曾有同志提出过这里的地理环境特点，是一个不能忽视的因素。在这个问题上，我们很希望能和有关单位一道，再进行一系列的测定分析研究，以求得一个最后的结论。这无论对罗布淖尔地区早期考古文化研究还是对 ^{14}C 测定技术这一学科本身，都是有意义的。

22　盐湖古墓

　　1970 年 2 月,新疆农场职工在乌鲁木齐市南郊盐湖南岸天山(当地俗称南山)生产劳动过程中,发现古代墓葬两座。为保护祖国历史文物,他们顶风冒雪到乌鲁木齐市向有关部门反映。我们在得知情况后,即去古墓现场,收集了已经出土的部分文物,又在他们的大力协助下,对两墓残存部分进行了清理。

　　古墓所在山梁,相对高度不到 100 米,十分陡峻,寸草不生。由于长期雨水冲刷,形成不少洞穴,古墓即利用这类洞穴埋葬。一号墓所在洞穴东向,洞口高约 1 米,向西南下斜,愈深愈窄小。有棺,棺内尸体未朽,尸体内着棉布中单、裤,外套黄色油绢织金绵边袄子,足穿缂丝牛皮靴,随葬有弓、箭、箭箙、马鞍、铁镫等物。自一号墓南上 100 余米,为二号墓所在洞穴。发现时墓葬大部分已被毁,在洞穴深处见到散乱的人体肢骨、桦木皮、一副腰带和锦、绢、暗花绸残片等。从洞穴口部残留足趾骨数节及部分青铜鞋饰,可以推见骨架头向北。不见葬具,人骨东侧有马坑,殉马一匹,马骨架保存完好,头部毛皮尚存。马头北向侧卧,鞍具配饰齐全,未经扰动。殉马坑底部铺芦苇一层,芦苇上盖一层红柳,红柳树干有的粗达 20 厘米。马身上面也是盖芦苇,芦苇上覆红柳,最后填土。

　　两墓出土文物都是死者的衣着、武器、马具等实用器物,各具特点。现将主要情况分别介绍并简略分析如下。

22.1　墓葬资料

22.1.1　一号墓

　　(1)黄色油绢织金锦边袄子(一件)。

　　出土时尚穿着于尸体上,除前胸朽烂外,其余部分基本完好。从领迄底襟通长 124 厘米、袖长（从袖口迄中缝）94 厘米、腰围 88 厘米。袄子以米黄色油绢作面，粗白棉布衬里，袖窄长，腰部细束。在腰部钉有三十道"辫线"，共宽 9.5 厘米。这种所谓"辫线"，是用丝线数股扭结成辫，钉在腰部。在腰的右侧，每两根辫线并合成一根，有一细纽。由于腰部并不开衩，所以这种辫线、细纽都只是一种装饰。《元史·舆服志》有"辫线袄"的记载，与我们发现的这件袄子的形制颇可以互相说明。袄子袖口及领、肩有用织金锦做成的边饰，下摆是由前后两大片油绢作面、棉布衬里的夹层交叠围成，在腰部收成细褶，底襟及开衩部分同样有织金锦边饰。由于前襟朽坏，如何开襟不明。

油绢是平纹组织，每平方厘米经纬线为 32×28 根。肩、领、袖及襟边等处织金锦，至今仍可见金线光泽。这些织金锦，都不是完整的材料，而是从不同的织金锦上剪裁下的小块，有"片金"及"捻金"两种。"片金"锦经线由丝线组成，分单经和双经两组，单经直径 0.15 毫米，双经直径 0.4 毫米。纬线由片金、彩色棉线和丝线组成，片金和彩色棉线作纹纬，丝线作地纬。片金宽 0.5 毫米，彩色棉线直径 0.6～0.75 毫米。单经与纹纬成平纹交织，双经与地纬成平纹交织，在显花处，双经被夹在中间成为暗经。每平方厘米经线 52 根，纬线 48 根。纬线以片金和彩色棉线显花，花纹图案以开光为主体，穿枝莲补充其间，花纹遍地，不露空隙，线条流畅，绚丽辉煌（见图版 62）。"捻金"锦经线亦由丝线组成，分单经和双经两组。纬线由两根平行的捻金线和一棉线组成，捻金线作纹纬，棉线作地纬。单经与纹纬成一上三下斜纹交织，双经与地纬成平纹交织。每平方厘米经线 65 根，纬线 40 根。纬线以拈金线显花，花纹图案中比较醒目的部分是一人像，似为菩萨，修眉大眼，隆鼻小口，脸型略长，头戴宝冠，自肩至冠后有背光（见图版 63）。

（2）棉织衣物，棉布主要用作袄子衬里、中单、裤等，布幅较窄，幅宽有 34 厘米、42 厘米三种，棉纱较粗不太均匀，纱径 0.5～1 毫米不等。平纹，每平方厘米经纬线 12×10 根。

棉布中单（衬袍）一件。白色，上衣大部分已朽，下裳如裙状，在腰部折成细褶，当中开衩。

棉布裤一条。白色,已残破,但可复原,形制与今日中式便裤基本一致。裤腰宽约6厘米,夹层,中间钉一道皂红色绢带。

(3)缂丝牛皮靴一双,出土时仍穿着于腿脚上。尖头,圆底,靴筒高至膝,以牛皮为里,缂丝作面。缂丝并非完整一块,而是用不同小块多件拼缝制成。有紫地粉花、绿花;绿地粉花等。图案内容有杨柳枝叶、海棠花、梅花,色彩鲜明,花纹自然生动(见图版64)。织造方法为通经断纬,比较简单。经线以两股丝线捻合而成,比较紧实,线径为0.02毫米。纬线为单股丝线。每平方厘米经纬线为13×38根。

(4)弓、箭。都较完整,基本上还能复原。

①弓。一张。弰尾脱落,干体长(顺曲度量)131.5厘米,两弰跨距119厘米。整个弓两侧对称,可分成三段:弰部约长19.5厘米,剖面呈向弦长径6.9厘米的卵圆,趋弰端逐渐收细,至弰端呈长(向弦)1厘米、宽0.9厘米(不带外皮)的圆角方形;弓身一段约长39.5厘米,成扁平状;中腰一段,长11.9厘米,较弓身为窄,削面近矩形,向弦长约4厘米、宽约1.5厘米。由于弓已断裂,从断裂处可以看到中腰完全是木制的,木质较硬,坚实细密。其两端各削成一长约10厘米的尖榫,向尖端逐渐收细,楔入弓干木质内。弓干靠弦一侧是木质,直至弰尾,反侧为骨质,骨质只接到弓弰。它与中腰及弓弰的结合不用榫卯,而是用胶质把中腰、弓干和弰部粘接,外面再整个被覆动物筋一层,纤维之外又斜行缠裹一层桦皮,均系胶粘。《天工开物·佳兵·弧矢》条:"凡造弓以竹与牛角为正中干质(东北夷无竹,以柔木为之),桑枝木为两梢……竹一条而角两接,……凡造弓先削竹一片,中腰微亚小,两头差大,约长二尺许,一面粘胶,靠角一面铺置牛筋与胶而固之。牛角当中牙接,固以筋胶,胶外固以桦皮,名曰煖靶。"这张弓的做法与《天工开物》所记基本相符,只是不用竹而用木,木不是一整片而是中腰两端榫接,整体较长。弓弦是由一整条长119厘米的牛皮搓扭而成。

②箭。六支。现存较完整者两支。一支尚附有残翎,杆长71.5厘米,经鉴定,系柳木。直径约0.6厘米,两头稍细。箭杆尾端衔口是深约0.5厘米的凹沟,用以扣弦。杆头中空,安插箭镞。箭镞铁质,呈扁

平的桃叶形,全长 11.7 厘米、铤长 3.9 厘米。箭杆在距尾部约 1.5 厘米处粘附翎羽三片,成 60°角等分。翎长 15.5~17.5 厘米。从残存部分看,是用翎羽的一半粘附在上面,以使箭行方向端正,速度迅疾。翎羽甚为坚挺,应是鹰鹞羽或雕羽。

③箙一件。已拆裂成片,可复原。是用厚 0.7 厘米、长 65~86.5 厘米的薄木板制成,似扁平桶状。箙外侧纵粘粗仅 0.2 厘米的细木条四根,上覆牛皮。内侧粘桦木皮。平底。箙侧底都穿孔,以皮线与箙底系连。木质为桧白杨。

(5)鞍、镫

①鞍,木质。鞍桥以四块木板制成,木板用榫卯结合,并穿皮绳帮助系连。

②镫,铁质,近圆形。踏脚部分为宽 6.5 厘米、长 10.5 厘米的长圆形,高约 14.2 厘米,革带系连的穿部为矩形小孔。

22.1.2　二号墓

二号墓与一号墓同在一条小山梁,相距约 100 米。清理中共出土一套马具、腰带及部分残碎丝织品。

(1)马具

①马络。马络经复原后可以看出形制与现在用的马络大致相同。它是用宽约 4 厘米的革带卷成两层制成。带上密布菱形铜饰,另外在革带接头处有各种不同的铜饰和铰具,均鎏金,分别介绍如下:

菱形铜饰。长方形底座,长 3 厘米、宽 2 厘米。自每边中点凸起,构成菱形铜泡。底部有两个铜钉,钉入革带而在背面垫一小圆铜片,铆住钉脚。这种菱形铜饰,在整个辔带上密密相连地共钉了 32 块。

桃形铜饰。长径 1.7 厘米、短径 1.1 厘米。底部有一铜钉,钉安在革带上的方法与菱形铜饰同。这类铜饰往往是作为铰具以下革带部分的装饰,共见 12 件。

三叉形铜饰。中心是一直径约 2.5 厘米的圆泡,不等分地向不同方向伸出长 1.5 厘米的三端,每端各以铜钉固着于革带,固着方法同前。这种铜饰只用于革带交接处,正好将细纽包住。全辔共用 4 件。

铰具。形制简单。以两个铜钉从表面直透革带钉铆,共出 2 件。

带端铜饰。形制近方形而尾端为凸曲线,每边约 1.9 厘米。共出 4 件。

佛手形铜饰。长约 2 厘米,最宽仅约 0.6 厘米。共出 2 件。

铜环。套合两股革带用。共出 4 件。

②衔、镳。均铁质,鎏金。镳呈 S 形,穿套在衔的套环内。马络及缰绳均以革带与衔的两个套环系连。

③肚带、尾带。已残。同样是在宽约 2 厘米的双层革带上密钉菱形、桃形、三叉形等铜饰。

④鞍。木质。鞍桥以四块木板榫卯拼合而成,并加皮条系连。鞍座后部左右两侧各有五鞘孔(四小一大),当用以垂丝缘、革带,作装饰。

⑤镫。铁质,已残。长柄,上有矩形小孔。

(2)铜饰腰带

以宽 2.6 厘米的皮革两层拼缝制成,残长 66 厘米。中间饰方形铜块,方形铜块外侧为月牙形铜饰片。带端铰具铜质,已断裂。方形铜块每边长 2.6 厘米、折边高 0.25 厘米,共 13 块,上有长 1.2 厘米、宽 0.3 厘米的矩形镂孔。其中 7 块铜饰镂孔中尚缀附有小革带或革绳。小革带长 32 厘米、宽 1.2 厘米,遍饰半月形小铜饰 34 件。革绳以三股小皮条编成,剖面呈圆形。宋沈括《梦溪笔谈》卷 1 载:"带衣所垂蹀躞,盖欲佩带弓箭、帉帨、箭囊、刀砺之类……"这里描述的蹀躞带与我们发现的腰带类同。

(3)丝织物

在清理二号墓时,共得绵绢等残片 23 块,其中锦两块,烟色暗花绸 3 块,黄色绢 8 小瑰,赭红绢 6 块,紫绢 2 小片,蓝色染额绢 1 条,黄色绢带结 1 个。

①银红地宝相花纹锦。四重五枚斜纹纬锦,经线分明经和暗经,明经单根,暗经双根,每平方厘米经线 60 根,纬线 36 根。银红色地上以黄、蓝、白等色纬线显出宝相花纹,素雅美观(见图版 65)。

②烟色暗花绸。共三块。其中两块上残存有平纹素绢衬里,为二上一下斜纹地,纬线起花,花纹流畅生动,可以见出牡丹花图案。每平方厘米经线 52 根,纬线 52 根。

③蓝色染缬绢。长 66 厘米、宽 5.5 厘米。素绢染成蓝地白花。平纹组织,每平方厘米经线 42 根,纬才 42 根。

④赭红、黄、紫绢。均平纹组织,每平方厘米经钱 52 根,纬线 48 根,当是同一种素绢经不同染色而成。

⑤黄色绢带结。一件,作蝴蝶状。

⑥丝绵。共见数小团。

⑦毛毡。白色,只余残块,原作为殉马的铺垫,组织坚实平匀。

22.2 墓葬时代

22.2.1 墓葬时代

这两座墓葬虽同在一条荒僻山沟内,但出土文物风格并不相同,时代当有早晚。初步分析,一号墓时代可能为元,二号墓可能是唐。

一号墓出土的"辫线袄",保存基本完好,形制特点显明,是帮助我们断代的重要材料。《元史》卷 79《舆服志》第二九载:"羽林将军二人……领宿卫骑士二十人……皆角弓金凤翅幞头,紫袖细褶辫线袄,束带,乌靴……"。"供奉宿卫步士队,供奉中郎将二……帅步士凡五十有二人……分左右夹玉辂行,皆角弓金凤翅幞头,紫细摺(应为"紫袖细褶"——引者注)辫线袄,涂金束带,乌靴。"同书卷 80《舆服志》第三十云:"宫内导从……佩宝刀十人,分左右行,冠凤翅唐巾,服紫罗辫线袄,金束带,乌靴。"从这些记载中可以看到,元代卫士,如羽林宿卫、供奉宿卫、宫内导从等人员,都要穿着一种"辫线袄"。这种"辫线袄"的形制,据《元史》卷 78《舆服志》第二八记载:"辫线袄,制如窄袖衫,腰作辫线细摺。""黄油绢",《元史·舆服志》中也屡见。该书卷 78《舆服志》第二八还记有"靴,以皂皮为之"。根据这类记载,比较对照盐湖出土的黄色油绢织金锦边袄子、牛皮靴等基本特点,可以说是非常一致的。

一号墓出土的这种"辫线袄"的样式,在元版《事林广记》一书中可见到。如后集卷13《武艺类·射艺·步射总法》条下所画那位步射者穿着的即为"辫线袄",足着尖头高统皮靴。但是应该注意的是,这位步射者所着袄的形制是方领右衽。而我们发现的"辫线袄"由于前襟朽烂,如何开襟已不明,但其领却是低平圆领,与上述记录不尽相同,而与西安地区出土的元代卫士的服装样式颇相一致。[1] 这些差别,究竟反映着一些什么问题,尚须研究。不过这些情况都共同表明,在元代无论是仪卫或是武士,都是穿着"辫线袄"的。

一号墓出土的"辫线袄"下摆"捻金"锦边饰上有菩萨像图案,这与元代锦缎上织作佛像并任意货卖的情况是一致的。[2] "片金"锦边饰上的穿枝莲纹图案,是元代流行的风格。这种图案,我们从元代的瓷器及织金锦中均可见到。

二号墓出土文物风格与一号墓不尽相同。马鞍后部有五对小孔,马镫长柄,均与吐鲁番过去出土的唐代马俑上面的鞍、镫完全一样,与陕西唐永泰公主墓出土的马镫亦很相似。[3] 银红地宝相花纹锦的花纹图案是唐代流行的风格,烟色暗花绸上的写生牡丹花纹图案也表现着比元代为早的特征。青铜腰带与宋人沈括所记载的"蹀躞带"相类同。根据这些现象分析,二号墓的时代当较一号墓为早,可能是唐代。

22.2.2　元代织造丝棉织品的情况

元代传世、出土的丝棉织品极少,而这次盐湖发现的织金锦、棉布等数量却不少,为我们研究元代的织造技术、生产及生活情况,提供了一些有价值的资料。

元代统治集团剥削聚敛黄金数量巨大,因此在丝织物上加金极为盛行,织金锦大量生产。这种织金锦,元时称为"纳失失",是统治阶级专用的衣料。为满足统治阶级的需要,当时曾设专局管理织造,如"撒

---

〔1〕《中国古代陶塑艺术》,图版70,中国古典艺术出版社,1957年。

〔2〕《元典章》卷58"工部"——"禁织佛像缎子"条。

〔3〕《文物》,1964年第1期,第12页,图7。

拉拉欺提举司"下设有"别失八里局","掌织造御用领袖纳失失等段"。[1]

盐湖出土的织金锦,"片金"似以金箔粘附在宽仅 0.5 毫米的皮子上,作纬线以织;"捻金"是以丝线为胎,外加金箔而成的金缕丝线,作纬线以织。将金箔和皮子加工得如此细薄,其工艺水平是很高的。另外,不论是"片金"锦还是"捻金"锦,均是以丝线、棉线、金线等混合织造。这也是一个值得注意的现象。

宋、金时期,古代回鹘人即以擅长织金工艺而受到人们的注意,他们并向中原地区介绍了这种工艺技术。南宋初洪皓在《松漠纪闻》中记述:"回鹘,自唐末浸微。……上多瑟瑟珠玉,帛有兜罗、绵、毛毡、绒锦、注丝、熟绫、斜褐……又善结金线相瑟瑟为珥,及巾环。织熟锦、熟绫、注丝、线罗等物,又以五色线织成袍,名曰缂丝,甚华丽。又善捻金线,别作一等,背织花树,用粉缴,经岁则不佳。"元代在新疆地区设专局织造"纳失失",新疆的"织金绮纹工"在当时也受到很大的重视。《元史》卷 120《镇海传》中提到,在镇海负责宏州(在今山西境内)织造局时,"得西域织金绮纹工三百余户及汴京毛褐工三百户,皆分隶宏州,命镇海世掌焉"。这些记载都说明了当时新疆地区是擅长织金工艺的。盐湖出土的这些"片金"锦和"捻金"锦,很有可能就是当时新疆地区的手工业工人所织造的。

盐湖一号墓主人,穿着的棉布不少。除外衣为锦、绢外,袄子衬里、衬袍、裤等均用棉布制作。织金锦也用棉纱与丝线、金线混织。这些都说明了当时使用棉布已经比较普遍。

22.2.3 墓地分析

这两座不同时代的墓葬,出现在同一条荒僻的山沟中,或与地理环境有关。盐湖地区,是天山中间的一个小盆地。唐代,正当丝绸之路中道与北道交汇的关键地段,居南北疆往来交通的孔道,形势十分重要。盐湖南岸傍山而行,也是一条交通路径。距墓地所在山梁不远,有

---

[1]《元史》卷 85,《百官志》,第 35 页。

一山沟。循沟南进，即可达吐鲁番盆地的托克逊县，比较近便。群众赶集，有驱骡马自此往来而不走现行公路的。这两座古代墓葬，在荒僻的山沟中利用自然洞穴埋葬，随葬器物全是实用衣物、乘骑、武器等，而不见任何明器。衣物、马饰虽可称豪华，一号墓主还用木棺，说明其身份并非一般，但也不见任何从容经营、厚葬以殉的迹象。这种情况，或可与戎马倥偬的古代戍边将士相联系。某些将士在征行之际，突然暴卒于道，即马革裹尸，随地而敛。若如此，则两座墓葬的发现，给我们提示了一条在盐湖南岸穿越天山交通南北的古代线路。这个问题，是值得今后在工作中认真注意的。

23   考古遗存中的萨满崇拜

新疆考古中,存在不少至今难得索解的文化现象:墓葬前竖置高入云天的立柱、墓室内满是腾翻的飞轮、鹰首鹿身奔突向天穹的异兽、头戴兜鏊、人首三目的怪像……都是平常形式逻辑难以说明的现象。浸透其中的,实质是萨满崇拜的文化精神。

说这类文化现象与亚欧北部地区曾经流行过、甚至在目前一些少数民族精神生活中仍见痕迹的萨满崇拜相合相通,须进行较为具体的剖析。本文,试以萨满崇拜为钥匙,求索不少早期遗存中的文化内涵。种种迹象,每感豁然洞开,多有意想不到的收获。不仅由此感受到古代曾经弥漫在新疆大地上的萨满崇拜,也进而深切感受:先民居址、葬穴、遗留在洞窟中的彩绘、雕刻在岩壁上的画幅,任何一点看似偶然的安排,林林总总的细节,粗看荒诞不经,实际都深有寓意,凝聚着厚重的思想文化。只是去时太远、蒙昧未开,许多当年十分神圣的行事,并不见于文献记录。于是,不少遗存会让人一时难以得其真谛,这自然绝不意味着它们在早期思想文化史上没有值得珍视的地位。破解其精神内核,是摆在考古学者面前的重大课题。

本文以考古中一些遗存内的建构、文物、痕迹为切入点,展开具体剖析,期待可以接近、达到历史的真实。

23.1   关于萨满的一般概念

原始宗教是早期人类赖以生存、求得发展的精神支柱。这一精神支柱,最初就是萨满崇拜。

亚欧大陆北部(包括新疆在内),曾是古代游牧民族纵横驰骋、自由来去的舞台。大量的民族、民俗调查资料,充分揭示,东起白令海峡、西至斯堪的那维亚半岛拉普兰地区,在欧亚大陆北部广大地域,尤其

·欧·亚·历·史·文·化·文·库·

是东北和中亚地区上生活过的古代民族,自遥远的古代起,曾普遍存在过萨满崇拜,信仰万物有灵。甚至直到今天,在操乌拉尔—阿尔泰语系的居民集群里,在我国东北地区操通古斯—满语的少数民族中,在他们社会生活的各个方面,都还可以觅见萨满崇拜遗痕。

"萨满"(Shaman)在通古斯—满语中,意为"巫师"(或谓具"晓彻"意,能知道"神旨")。是"神"、人联系的中介,有能力沟通神、人与鬼魂的世界。它没有什么成文经典,没有规范的组织、寺庙,也没有统一的宗教仪轨。核心观念是"万物有灵",自然界灾变、人间的祸福,均与各种神鬼作用有关。

在萨满崇拜中,认为宇宙可分上、中、下三"界",每界又可分三层。这是萨满宇宙观的主要核心。上界七至九层为天堂、为神之所居,最高权威的神灵居于最上层;中界是人与动物所在;下界为阴间,是鬼魂居所。以女真、满族、赫哲等通古斯语族群的信仰为例:上界为天界,又称火界、光明界,分为三层,是天神、日、月、星辰、风、雨、雷、电等神之居处,众多的动物神、植物神以及各氏族远古祖先英雄神,也可以高居于九天上界的金楼神堂之中;中界亦分为三层,是人类、禽鸟、动物及其他弱小精灵繁衍的世界;下界为土界,又称地界或阴界,也分为三层,是地母巴那吉额母、司夜众女神及恶魔居住、藏身之处。在地界中,也有人生活,有恶魔也有好人,只是它的季节、昼夜,与人世间相反。[1] 只有"萨满"才有能力沟通三界。

虔信"萨满"的原始民族,对自然界中的火、山、日月星辰,对不同的动物,对各自的祖先神,对个别的偶像,都存在着特别崇拜。

在他们的概念中,"火",来自天界,是最神圣、洁净之物,能荡涤污秽、驱赶鬼魂,而且可以卜问休咎。于是,在萨满请神作法的过程中,火,往往是不能没有的道具。"山",是祖先居处或起源地。借以生存、果腹的诸多禽兽,多为山神所赐,对"山"总有敬畏之心,故而要祭山。太阳神、月亮神、北斗星、风、彩虹,关系着自身的生存和安全。子嗣后

---

〔1〕庄吉发《萨满信仰的历史考察》,台北:文史哲出版社,1996 年,第 72~73 页。

代,就是太阳神的赐予,对它们自然都要祭拜。动物崇拜,不同民族往往有不同的对象,满族对熊、乌鸦,朝鲜族对喜鹊,布里亚特人、雅库特人、通古斯人对鹰,都有特定的信仰,认为这些动物是本族的祖先。对本氏族的祖神(多是氏族内亡故的曾祖父以上的男性祖先),也是崇拜的主体。人、畜患病、与鬼魂交战,都要祭神求得护佑、禳解。形形色色的偶像,也可称之为"神偶",如:石、骨、木、草、兽皮、彩绘的人形,它们都各有寓意,与氏族、家族的幸福、安全密切相关,也都是崇拜的对象。在这些观念的驱使下,不同的民族,处身在不同的地理环境,有基本精神相通、但形式有别的多种祭祀、祈祷、禳被仪式,进行祭祖、求人丁兴旺、送死安魂、祈求狩猎成功、求雨、止雨等等。大量的民族民俗调查资料及有限的历史文献,为此提供了丰富而生动的说明,[1]也可以看到原始社会中人们精神世界里曾经占有统治地位的观念形态。它们对破解早期墓葬、壁画中凝聚的文化精神,无疑具有重要的价值。

23.2 考古中所见萨满遗痕

23.2.1 阿勒泰山中祈求狩猎成功、子孙繁衍的洞窟彩绘

民俗调查及萨满历史资料说明,"萨满信仰盛行于亚洲北部……以贝加尔湖附近及阿尔泰山一带较为发达","西伯利亚及其附近地区是萨满中心,萨满信仰是阿尔泰语系各民族共同的文化特色"[2] 以萨满崇拜为切入点,分析阿勒泰地区早期精神文明遗迹,是一个不可轻忽的视角。

阿勒泰山中,近半个世纪以来发现过多处洞窟绘彩。它们时代相当古老,最早可以到旧石器时代晚期,绝对年代在去今一万年以前,是

---

〔1〕有关萨满崇拜的观念,参见孟慧英《中国北方民族萨满教》,社会科学文献出版社,2000年;王宏刚《满族与萨满教》,中央民族大学出版社,2002年9月;王宏刚、于国华《满族萨满教》,台湾:东大图书公司,2002年;庄吉发《萨满信仰的历史考察》,台北:文史哲出版社,1996年;乌丙安《神秘的萨满世界》,三联书店,1989年;富育光《萨满教与神话》,辽宁大学出版社,1990年;《中国大百科全书·宗教卷》,"萨满"、"萨满教",大百科全书出版社,第323~328页等。

〔2〕庄吉发《萨满信仰的历史考察》,台北:文史哲出版社,1996年。

原始社会遗存。[1] 其中哈巴河县多尕特洞窟中祈求围猎牛、马成功，阿勒泰县唐巴尔塔什、阿勒泰市阿克塔斯祈求女性有强大生育能力，实质为求本氏族人丁兴旺的彩绘，清楚显示了阿勒泰地区原始社会阶段居民曾经虔信萨满、利用萨满巫术求育、求狩猎成功的活动。

多尕特狩猎彩绘色泽赭红，画面达 11.25 平方米。四头牛、三匹马虽还奔突前行，但已陷于许多人及手、足印的包围之中，牛、马身上多被投枪刺中，有的已倾扑在地。清楚显现了氏族围猎、并会获得成功的图景（见图版 66）。将希望实现的狩猎成功，图绘、甚至辅以实物由萨满祈祝，这是原始社会猎人们视为计划实现必不可少的一个步骤。现代鄂伦春人在行猎前都有相类似的祈祝活动，显示着其间相通的精神。

阿克塔斯、唐巴尔塔斯求育、望氏族人丁兴旺的彩绘，表现得并不具象。阿克塔斯是将女阴图与繁茂的草地绘画于一处，而草原茂盛与人丁兴旺存在相通的精神，是可以联想的。英国学者詹·乔·弗雷泽的名著《金枝》，对这类文化现象有过很生动地揭示。在信奉交感巫术可以得到神灵佑助的原始社会阶段，人的生殖与土地丰产、草被的繁荣是相同、相通的。人们曾经虔信，在播种、植物结子的季节，如果丁香花开得不旺，苹果结实不丰，夫妻就需要到地头、果园、丁香树下行房事。通过互相感应，即可使土地丰产。[2] 它与阿克塔斯洞窟中彩绘草被上的女阴图像，显示着同一精神。

唐巴尔塔斯岩洞，宏大而诡异。幽暗的洞窟正壁，以赭红色彩图画了四个硕大无比的女阴图像，旁侧有隐喻为萨满的形象：头戴尖帽、须眉齐全、面有三目。女阴、萨满图像之上方有一几何形（见图版 67），与通古斯语族中的鼠星图相似。而鼠星图像，在萨满语境中是"多子"的象征，[3] 与这彩绘中图绘多个女阴，寓意是十分统一的。岩绘中的尖帽人面形，是飞升中的萨满。所以判定它为萨满象征，可与清人方式济在《龙沙纪略》中的相关叙述相印证："降神之巫曰萨麻（满），帽如兜

〔1〕王炳华《阿勒泰山旧石器时代洞窟彩绘》，《考古与文物》，2002 年第 3 期，第 48～55 页。
〔2〕[英]詹·乔·弗雷泽《金枝》，中国民间文艺出版社，1987 年，第 206～211 页。
〔3〕王宏刚《满族萨满教》，台湾：东大图书公司，2002 年，第 99 页。

鍪。缘檐垂五色缯条,长蔽目,外悬二小镜,如两目状,著绛布裙。鼓声阗然,应即而舞,其法之最异者,能舞马于室,飞镜驱祟。又能以镜治疾,遍体摩之,遇疾则陷肉内不可拔,一振荡之,骨节皆鸣,而疾去矣!"[1]"帽如兜鍪",清楚地描绘了萨满的特征。唐巴尔塔斯岩洞中的尖帽面形,恰如其图绘表现。

阿勒泰山彩绘洞窟,是去今万年以前原始社会遗存。艰难的生存状态,狩猎成功方可果腹,人丁增长能使氏族在与环境、异己力量抗争中取得优势,是当年氏族生存、发展中面临的头等难题。通过巫师——萨满,在这两个关键问题上实施一定的巫术,如在人力不可造就的诡异岩洞中图绘心灵要求、请萨满作法,进行祭祀,向神灵求助,自然是一点也不会令人奇怪、也不会令人费解的。

23.2.2 "七"、"太阳"、神居之处,古墓沟人的萨满巫术语言

罗布淖尔荒原上孔雀河下游青铜时代的古墓沟墓地,时代在去今3800年前。墓地上满溢神秘韵味的太阳形,实际是古墓沟人遵循萨满崇拜的规则认真构筑的神居之处,是祈祝古墓沟氏族中重要人物升入天庭的图示。

古墓沟墓地经全面发掘,只见42座墓葬,可能是一个氏族群体的公共葬地。其中,有六座墓葬,沙穴墓室四周为七圈列木构成的圆形,更外为四向散射的列木,似若光芒,[2]参观者称其为"太阳墓"(见图23.1)。

自1979年发掘至今,对这六座男性葬穴为什么会有如此神奇的图案? 太阳形,都是环绕着七圈列木,而不是六圈、八圈,这"七"圈中的"七",究竟有着什么寓意?"七"又为什么和太阳形图像联系在一起? 这反映着古墓沟居民当年一种怎样的心态,又传达着怎样一种信仰? 发掘结束30年来,始终未有比较具体的说明。但清楚触目的太阳形图像及一个带有神秘意味的密码——数字"七",确实是可以和萨满崇拜

---

〔1〕方式济撰《龙沙纪略》,《丛书集成》,第3186分册,中华书局,1991年,第15页。

〔2〕王炳华《孔雀河古墓沟发掘及其研究》,《新疆文物考古新收获》,新疆人民出版社,1995年,第92~102页。

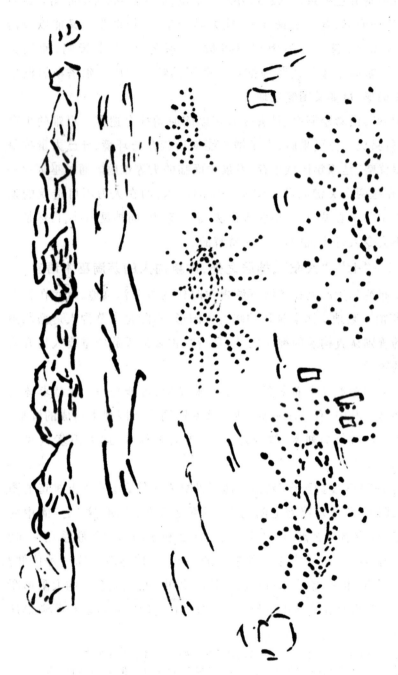

图23.1 古墓沟墓地

中的天、神、神居之处相联系,即七层圆圈、光芒四射的光线,构成一目了然的太阳形。太阳神,没有疑问是众神之中居于最重要地位的神灵,是人与生命的源头。由此可以推论:古墓沟人构筑的太阳形图像,是萨满崇拜宇宙观的表现,天界在"七"层以上,是神居之处。无可怀疑,这是可以和七层以上为天界的概念互相发明,互相印证的。青铜时代的古墓沟人,在他们的精神世界中,核心信仰确实应是萨满崇拜。

古墓沟墓地这木构的太阳形图像中,埋葬的均是男性。他们可能是精神领袖萨满,也可能是氏族的酋长,或者二者集于一身。类似的人物有六个,是延续相当年月后的产物。因为只有他们才能交通人、神,才有居于这一墓穴之中的地位。

像古墓沟这样的太阳形图像,在青铜时代的孔雀河流域,迄今再未发现。与古墓沟同属一个考古文化,位置相去不远,时代已到公元前1650—公元前1450年(^{14}C结论)的小河墓地,已不见七圈太阳图,但具有神秘意味的数字"七",却是无所不在,被抽象化为一种吉祥数字概念。

粗略检视小河墓地的发掘资料,带有神秘意味的数字"七",可以说是随处可见。本文以小河墓地M3为例。这是一座墓地内相当显目的墓葬。棺前立木高187厘米,呈多棱形。在未发掘前,是全墓地最引人注目的男根形立木。其下木棺也比较大,长225厘米,内葬女性。在这位地位不同寻常的女性身上,宽大腰衣上缀饰"七"枚圆形铜片。她用以裹身的毛布斗篷,织进了"七"条红色条带。她的颈部,是"七"颗玉、石饰珠,置于她臀下的木梳,梳齿是"七"根。边侧一支梳齿上,刻画了"七"组三角纹。她使用的草篓,底部交相编结的两组经草,每组都是"七"根。她使用的皮囊,缝合处边缘分别切割出"七"个方形凸片。她的左胸部放置着一件木雕人面像,在鼻梁上横搭有"七"道细线绳。在其胸腹部放置的3支羽毛饰物,羽毛管中插入两端削尖的小木杆,在木杆上刻画有"七"道弦纹圈。[1] 这是一位身份不同寻常的女

---

〔1〕新疆文物考古所《2003罗布泊小河墓地发掘简报》,《新疆文物》,2007年第1期。

性。该墓内处置的种种细节,还有许多可以深入剖析处。这里,只是摘取了其中与"七"数有关的一些枝节。它们绝非随意,而是蕴含着不能忽略的、萨满崇拜文化精神。而作为受到小河居民尊崇的女性,表现在她身上的诸多细节,包括被视为"美"、"传统"的处置原则,如随处可见的"七"这一数字,应是具有典型意义的。同样的,无处不在的"七"数安排,在同一墓地的第 24 号男性墓中,也可以见到。[1]

23.2.3 小河墓地的"立木",是祭天"神杆",浸透萨满文化精神

现代罗布淖尔土著居民在初见这一墓地时,即曾被沙冢上丛丛列列的巨大立木所震慑,因此,他们称这一墓地为"伊比利斯守着的一千口棺材"。"伊比利斯"意为"魔鬼",实际上表现的是土著居民被震撼、且无法理解的感情。1930 年,瑞典考古学家贝格曼在报导这一墓地时,称"这个墓地给人一种最阴惨可怕和难以置信的感觉",传达了同样的感受。2000 年 12 月,笔者自库鲁克塔格山南麓直插小河,远在四公里外一处红柳包上,即清楚捕捉到了那深深印刻在大脑中、密植于沙丘、高接天穹的立木的景象,内心不由升起它是人神交通处所的感觉。在去今 3500 年前后,当小河流域居民怀着伤感,缓缓将亲人遗体运到这处沙冢并最后插上一根立木时,其内心的虔诚、似与神灵交通的玄秘,是会远远浓烈于今天的。它给人的逻辑启示就是:这丛丛列列、高耸入天的立木,无疑就是萨满崇拜中的"神杆",是人神沟通的天梯(见图版 68)。

在虔信萨满的古代民族进行天祭仪式时,必须立"神杆"。以满族为例,这"神杆"是长九尺的直树干,顶端削尖,涂抹牺牲鲜血,以飨天神。接近杆顶处,扎谷草把,上置五谷杂粮,猪杂碎、生殖器,或于"神杆"顶部置锡斗,内放供品。[2] 实例来自满族,表现的却是萨满文化。以之与小河墓地之立木相比较,多有相通之处。

---

〔1〕新疆文物考古所《2003 罗布泊小河墓地发掘简报》,《新疆文物》,2007 年第 1 期。
〔2〕王宏刚、于国华《满族萨满教》,台湾:东大图书公司,2002 年,第 107~108 页。

小河墓地上丛丛列列之立木,并不是构建于同一时间。它们,分属于多座不同的墓葬,以已见报告的 M24 为例,墓主人为男性,其木棺前有女阴立木,女阴立木后面立木杆。立木之根部,捆着由芦苇、红柳等植物组成的草束。草束中"夹有一根两端削平的粗芦苇杆"和"四枝用毛绳缠绕的细长麻黄束","还有四根羊腿骨"。"草束旁放一件盖毡盖带粗毛绳提梁的大草篓"。[1]

立木柱下部的这些物品,都是小河墓地居民生活中十分平常的、但却不能离开的物品,它们实际是萨满崇拜氏族中的神偶,代表着所在氏族崇祀神祇的灵物。以满族为例,这类神偶"有石头、树枝、树根、木料、布帛、皮革等,经过萨满挑选、神验"。[2] 所谓神验,如布帛曾经红水泡洗,或在高山上暴晒,经过神火熏烤,或浸染过野兽的鲜血。鄂温克人视为神灵象征的有动物的皮、骨、树枝、石头等,人们认为它们内涵某种神秘力量,拥有魔力。[3] 将小河立木柱上存在的供品与上述满族、鄂温克人习见的神偶比较,它们是十分相似的。这样相似处置的后面,是相同的萨满文化精神。

说小河墓地满溢着萨满崇拜的精神,还可以小河男、女木棺前的生殖神立柱与传统萨满文化中生殖神比较。满族性生殖神名为"佛赫姆",图像为椭圆形环,上立小鸟,为童子魂,这椭圆形环在小河墓地即有所见(见图版 69)。而男性生殖神"楚楚阔",为一圆柱,上缠一蛇。它与小河女性墓前柱形立柱,墓内蛇形刻木,从外形到思想内核也是相当一致的。[4] 其他如古墓沟、小河墓地多有所见的木雕人面像、人人随身携带的麻黄枝等,也都可以在萨满崇拜中觅见相关的文化精神。

23.2.4 "鹿石":萨满神上天的阶梯

鹿石,在高高的碑状石柱上刻雕奔鹿形象,鹿角高扬,头部冲向石

〔1〕新疆文物考古所《2003 罗布泊小河墓地发掘简报》,《新疆文物》,2007 年第 1 期,第 20 页。

〔2〕王宏刚、于国华《满族萨满教》,台湾:东大图书公司,2002 年,第 40 页。

〔3〕孟慧英《中国北方民族萨满教》,社会科学文献出版社,2000 年,第 211 页。

〔4〕王宏刚、于国华《满族萨满教》,台湾:东大图书公司,2002 年,第 73 页。

·欧·亚·历·史·文·化·文·库·

柱顶端,似乎即将脱离石柱而飞腾。在观察这类刻鹿图像时,一个不应疏忽的细节是:角枝、体态如鹿,头部则作鸟形、猛禽形象,喙部尖锐。它似鹿而又包含飞禽的特征。

鹿石,19世纪已发现于蒙古高原。至今,在蒙古国境内所见鹿石已达500多通,乃为亚欧草原所见鹿石之主体。可以说明,蒙古高原曾经是鹿石崇拜最主要的中心地区。其他如西伯利亚、阿尔泰山前后广阔地带等,亦见分布。新疆境内,主要见于阿尔泰山地及前山地带,以富蕴(柯柯托海)、青河两地最为集中,也比较典型。

见于青河县境鹿石,主要分布在青河县东北阿勒泰山腹地三海子盆地,这里是由蒙古高原进入准噶尔的重要通道,主要遗址点在什巴尔库勒。此处见一巨型石堆,封石堆高20米,直径60米。石堆四周环以石圈,圈径210米,圈堤宽3米。石圈与石堆中心有四条径道相连,略如十字形,石径道宽达3米。俯视,形若车轮,也像可以帮助萨满上天入地的神鼓及鼓面花纹。在圆形石圈外,有深壕环绕,壕内积水。巨壕周围,有六通鹿石。试举其一:方柱形,地表以上高达3米,石柱面宽0.23米。右侧刻圆环纹及5只奔鹿,作鸟头、鸟喙(见图版70)。左侧刻6只鹿,作鸟头、鸟喙。同类风格的鹿石见于却尔巴里库勒墓地、小青格里河山间谷地乌鲁肯达巴特墓地。富蕴县境、阿勒泰山区恰尔格尔,见鹿石一通,侧面顶部琢磨成弧形,通高3.17米、宽0.4米。上部刻圆环,如太阳,圆环下为一道链线,链线下为飞奔向天穹的5只鹿,鸟头、大眼、长喙。眼球之大,超越一般,显为神性之象征(见图版71)。

值得注意的一点是,同在青河、富蕴县阿勒泰山地,发现过与鹿石柱上基本一致的鹿纹图像,但有两点不同之处:一是均为单只鹿,刻凿在普通岩石上;二是鹿首不作鸟头形,而是基本写实的鹿头形象。

关于鹿石,国内外研究不少。对其时代,一般均同意大概在公元前10至公元前6世纪。对其性质,则观点不统一:鹿石拟人、祭祀祖先、护卫灵魂,表现了生殖崇拜、山崇拜、太阳崇拜等等,可以说是异彩纷呈。这其中,也有学者提到与"亚欧草原居民信奉萨满教,存在自然崇拜"有关,[1]这是一个富有智慧的、敏感的结论。可惜,持论者只是一笔带过,而并没有以此为切入点展开具体分析。

笔者的观点是:鹿石,是萨满崇拜的表现,祈求着墓地死者灵魂可以由此石柱进入天堂。这里的石柱,如交通宇宙三界的"宇宙树",也同于前面提到过的"神杆",是可以让萨满神上天入地的阶梯。其上刻画的形象,是萨满神的象征,表现了当年一些氏族部落视自身与鹰、鹿存在特殊关联,故而人们对鹰、鹿特别崇拜。设置石柱,则表现与相关祭祀活动关联。对萨满信仰作历史的考察,"萨满信仰盛行于亚洲北部……以贝加尔湖附近及阿尔泰山一带较为发达","西伯利亚及其附近地区是萨满中心,萨满信仰是阿尔泰语系各民族共同的文化特色"。鹿石流行于南西伯利亚、蒙古高原、阿尔泰山地,石柱上的鸟首鹿身图像,则与萨满崇拜中的鹰、鹿神崇拜有关。"布里亚特人相传,与神鹰交配过的女子,是人类最初的萨满","萨满最早来自一只能通人语的大鹰"。在通古斯人、雅库特人的传说中,他们的祖先萨满为神鹰之后裔。[2] 鹿石图像,鹿身而鸟首,鸟首还有一个特别大、自然也特别明亮、锐利的如鹰一样的眼睛。满族传说"在祭礼中鹰神为众野神的首神","鹰是萨满的主要守护神"。在萨满崇拜的诸多神系中,主要有"鸟神系:以鹰雕为代表","鹿神系,鹿角的枝杈多寡,代表了萨满神权的高低"。在萨满服饰中,"神帽上多有鸟形模型……象征萨满在宇宙间自由振飞"。[3] 这些与鹰、鹿相关的崇拜,可以说正是石柱图像所以作鹰首鹿身的根据。

因为鹰首鹿身图像凝集着的既是鹰神,又是鹿神崇拜。与此同时,只见单纯的对鹿的崇拜或对鹰的崇拜,是很自然的现象。同在阿勒泰山地,青河县境查干郭楞喇嘛布拉克沟中的鹿像刻石、富蕴县布腊特沟中的鹿像刻石,鹿的身体与鹿石中的鹿像几乎都一样,只是脑袋完全没有鹰首痕迹,而是相当传神的鹿的脑袋。这就是从另一角度表现

〔1〕王博、祁小山《丝绸之路草原石人研究》,新疆人民出版社,1996年,第273页。
〔2〕庄吉发《萨满信仰的历史考察》,台北:文史哲出版社,1996年。
〔3〕王宏刚《满族与萨满教》,中央民族大学出版社,2002年。

了单独的鹿神崇拜,与鹿石中图像内涵是并不相同的。

青河石堆还有一个值得注意的细节,石堆与四周的石圈结合在一起俨如神鼓,与阿勒泰萨满的法器神鼓的鼓面图案也几乎完全一样。鼓,是萨满作法的工具,借鼓,他可以"遨游三界"。因此,"鼓"在信仰萨满的古代民族中,是普遍采用的响器。石堆如是设置,更进一步宣示了萨满文化的精神。它与石柱上的鹰、鹿神直冲天穹的图像,从外形到内涵是完全统一的。

23.2.5 康家石门子生殖崇拜岩画前的祭祀遗存

1987 年,笔者在天山腹地康家石门子发现的生殖崇拜岩刻画,气势宏大,画面达 120 平方米,刻画人物近 300 个。整个画面,以清楚明白的形象,宣示了古代天山居民祈求强大生殖能力、子嗣兴旺、发达的景象:裸女围绕对马、面对男子舞蹈;男女媾和、媾合男女下群列欢跳的小人,刻凿年代在公元前 1000 年前。其求育、求人口繁衍的主题,是十分明显的。[1] 这里着重说明的是在实现这一求育目标时,他们选择的环境及实施巫术活动的形式。

岩刻所在的山,与周围山体判然有别。岩画所在山体,山势雄伟、兀然突起,山色赭红,相对高度差不多有 200 米。在周围一片绿色之中,陡然耸立这么一区雄伟的红色岗峦,在知识未开的古代先民心目中,认为它具有非人间的神奇力量,绝不会令人奇怪。

事情还不止于此。这样一处陡然耸立的红色岗峦,竟然被终年流水的两道溪谷环抱,涝坝湾子沟流其南,康老二沟流其东,沟谷内清水不断。整个形象就如《大戴礼·易·本命》篇中准确表达的"丘陵为牡,豀谷为牝"的地貌,加之沟谷两岸、山前缓坡,灌木丛生、绿草如茵,显得生机盎然。在"万物有灵"信仰的古代先民心目中,这里绝对是一片有灵性的、具有特殊生殖能力的土地,是十分便利于天人感应的环境。天山深处的古代先民,虽然没有留下如前引《大戴礼》那样的文字,但他们心灵深处对这片山水的感应,可以肯定却是完全一样的。正

---

[1]王炳华《新疆天山生殖崇拜岩画》,文物出版社,1990 年。

因为如此,所以他们才将祈求强大生育能力的岩刻画,放在了溪水环抱之中的赭红色陡立岩体下。

在常年流水,形若女阴环抱、陡立如男根的山体下,刻画了祈求男根伟岸、子女成群的画面,当然还要请萨满作法,将人间的祈求申达于上天。这也清楚地留下了遗迹:在岩壁所在的峭壁下,进行过发掘,"自表层深达四米以下,都是一层又一层相叠相压的烧灰、炭屑,其中杂以烧骨。每层厚达约 10 厘米。这可以肯定是长时期内不断烧火形成的堆积"[1] 萨满崇拜中,有火祭习俗。火祭后可以野合,认为这样可以实现生殖繁衍的愿望[2] 近年,呼图壁县文管所曾继续在这片火灰中进行清理,竟发现了一躯两性石刻像:高约 60 厘米,花岗岩质,总体特征如男根,在一端又显示女阴图形(见图版 72 – 1、72 – 2)。其祈求两性结合后具强大生殖能力,与所在环境、岩刻画面、火祭巫术,精神是一致的。[3]

23.2.6 罗布淖尔 LE 墓室壁画图像

2003 年 2 月,在罗布淖尔湖盆西北 LE 古城附近一高大雅丹顶部,一座重要的斜坡墓道壁画墓遭到严重盗掘、破坏。观察劫后现场,情况是:古墓穴选择在一条东北、西南向的雅丹土丘的顶部,其上有土坯建筑的塔形遗迹。参照李文儒的报告,[4]结合 2005 年 10 月笔者自己的现场观察,可以明确的结论是:墓室形制是斜坡墓道、前后墓室。墓主人木棺置于后室中,前室略近方形,中心部分立土柱,前室四壁、立柱上满绘彩色壁画。前墓室北壁,为一跃起的紫红色马,前室南壁(墓道西侧)为一独角牛,黑色、牛眼鼓突,作用略如镇墓兽,看守门道,似乎要对随意进入墓穴的外来者发起攻击。与其相对(墓道东侧)为一着红衣的立像,腿前有一穿蓝衣、双手曲至胸前、身形矮小的人物。前室西壁,红驼、白驼互相厮咬,身后各有一人着白衣长袍、黑靴,正用木棍将

---

[1]王炳华《新疆天山生殖崇拜岩画》,文物出版社,1990 年,第 26 页
[2]王宏刚《满族与萨满教》,中央民族大学出版社,2002 年,第 73 页。
[3]石刻像,笔者曾经目验。资料未见发表。文物存新疆呼图壁县文管所。
[4]李文儒《楼兰"王陵"核查》,《文物天地》,2003 年第 4 期,第 40~47 页。

驼隔开。前室东壁,为一列并坐、手持不同形状酒杯的 6 人,男性 3 人,穿圆领长袍,不开襟,腰部束带,长袍分别为红、紫、白色,居于左侧;右侧 3 人为女性,短衣帔帛,下着裙。前室中心之泥质圆形立柱,柱上满绘飞轮。后室四壁也绘飞轮,墓室之中为木棺,棺上盖麻布,麻布已被盗墓贼撕毁,残存部分,可以见出星云纹图像。

两汉时期,自吐鲁番至罗布淖尔,墓葬均竖穴,或竖穴偏室。从墓葬形制、绘画风格分析,墓葬时代当在两汉以后、魏晋时期,公元 4 世纪左右。

这类斜坡墓道、前后室、前室见立柱的墓葬,在 LE 古城附近,据李文儒报导,不只是一处,而是一片,表现着具有同样信仰、同样丧葬文化的居民。与西邻的营盘墓地,形制不同。

从前室中的立柱,立柱上飞腾轮形,后室墓壁上满布的轮形,给人以浓烈的灵魂飞升的观念与追求。问题在于,有什么根据说这种飞轮图像是与萨满信仰存在着关联呢?

在上引庄吉发《萨满信仰的历史考察》一书中,附录了《尼山萨满传》(海参威本,满译汉)。传文详述了尼山萨满为了救一个不幸早逝的孩子,上天入地,寻找他的灵魂。途中“走过一处大屋内,有一个大轮盘在滚动着。里面有一切牲畜、走兽、飞鸟、鱼、虫等生灵,一群一群不断地跑着、飞着出来。萨满看了这个便询问,回答说:‘这是一切生灵转生的地方’”[1] 这重要的萨满文献,清楚地说明:一切生灵转生,是与一个转动的大轮盘关联在一起的。墓室内到处飞腾的大轮,没有问题,自然是为祈求死者转生而设置的。因此,只画大轮,表现的应该是萨满崇拜的思想。

23.2.7 吐鲁番洋海萨满墓

在吐鲁番盆地鄯善县境洋海,近年发掘了三区大型墓地。其中一号墓地的时代,发掘者判定在公元前 1000 年前至公元前 500 年间。在这片墓地中,发现过两座别具特色的墓葬。其一,编号为 M21,椭圆形

---

〔1〕庄吉发《萨满信仰的历史考察》,台北:文史哲出版社,1996 年,第 247~248 页。

竖穴,上层葬一女性,下深70厘米后,为一男性。"头部前方立一木棍,木棍上套一副马辔头。男尸保存完好。身穿毛布衣裤,外披皮衣,足穿皮鞋。头束一圈用贝壳装饰的彩色毛绦带,颈下配一条穿了玛瑙、绿松石的项链,耳环一为金质(右)、一为铜质(左)。左手握木柄铜斧,右手握缠绕铜片的木棍,腰身下配二皮囊,其一装弧背铜刀,又一盛铜锥,脚下为羊头。"这是一个装饰相当特别的人物。

另一座墓葬,编号为M67,同样入葬男性,身穿"毛布圆领式开襟大衣","毛织的连裆裤",腰部为"花色艳丽的宽腰带","小腿用了3厘米宽的带子缠绕,带子上吊着一串铜管、铜铃,铜管共18支,圆筒状、长短不一,管径0.5厘米,下面缀附铜铃。皮靴装饰着青铜扣。"这座墓葬中,还出土过两件铜贝,出土情况未见说明,它也是一种佩带的饰物。[1]

在洋海墓地近千座墓葬中,这是唯一两座墓主人装束特殊,不同于一般的墓葬。头上的贝饰、绦带、脚下的铜铃、手中的斧、饰有铜片的木棍,无一不令人想起跳跃、奔腾、驱鬼求神作法活动中的萨满。令人唯一感到不足的是没有见到萨满作法中不能或缺的皮鼓、铜镜。但即使如此,其整个装束还是无法不令人与萨满、巫师产生联想。如这一推论可以成立,则当是吐鲁番地区去今2500年前的萨满形象,对我们认识古代新疆流行过的萨满崇拜,自不失为又一例有意义的资料。

23.3　其他

萨满崇拜在西域大地上经考古资料显示,曾是一种浓烈的、普遍性的存在。它的影响虽两千年来,经受过祆教、道教、佛教、摩尼教、伊斯兰教的冲击,还有半个多世纪十分深入的唯物主义、无神论教育,却还是没有完全从民间信仰、尤其是偏远、交通相对闭塞的农村中消失。在一些地点仍可见其余绪,宣示着它们相当强大的生命力。

---

〔1〕新疆文物考古所、吐鲁番文物局《鄯善洋海一号墓地发掘简报》,《新疆文物》,2004年第1期,第3~24页。

一位维吾尔友人知道作者关心生殖崇拜文化现象,曾经告诉作者,在塔克拉玛干沙漠西南一隅,西邻帕米尔的和田地区墨玉县农村,存在着对柳树、柳叶的崇拜。妇女不育,就到一株大柳树下虔诚祈求,并取柳叶为食,即可实现怀孕、生育的愿望。这是曾在通古斯语族中流行过的柳叶崇拜,是萨满崇拜的表现,如满族就存在过柳树崇拜。方法是择高大柳树,在树下烧火、舞蹈,可以求育。因为柳叶形似女阴,因之有过柳生人类的神话。[1] 满族中的富察氏,就奉柳为女性祖先。传说是在洪水滔天的古代,一男子抓住洪水中漂来的柳树枝以求生,并随柳枝漂进一个石洞,柳枝化成了美女。二人结合后,繁衍了后代。[2] 墨玉县农村维吾尔族农民中,竟也流行相同的崇拜,存在过同样的文化精神,值得关注。这是早期萨满文化的浸染,还是入清以后受到满文化影响,已难判明。但这一现象与萨满崇拜相关,是可以肯定的。

1978 年底,笔者在哈密五堡发掘一处青铜时代墓地。五堡地处哈密市西南、距有 60 公里,是一处比较封闭的沙漠绿洲小村。墓地保存相当完好,不见盗扰痕迹。奇怪的是发掘过程中的一些现象:在保存完好的墓葬中人骨架不乱,但突然会不见一支臂骨、或不见一根小腿骨,甚至头骨,令人百思不得其解。与工人相处一段时间比较熟悉后,发掘工人才悄悄说:这些丢失的骨骼,曾是他们取走的,为治病用。有"人"(这里实际是"萨满"巫师)用这些骨骼去给病人治疗胳膊痛、腿关节痛或头痛,因为这些病痛是"鬼魂"作祟。只要取一根相关的骨头,经"萨满"作法,将致痛恶鬼驱入这一骨骼中,远远的抛去沙碛,病痛就可以痊愈了。这一作法治病过程,实际是萨满崇拜、巫术"相似律"的表现。维吾尔族是信伊斯兰教、奉"安拉"为唯一真神的,但也有老乡竟还对这类巫术信以为真。

在远离人烟的沙漠、荒漠之中,有时可以看到一处土阜上插着几根或十多根树枝,其上挂着羊皮、布条,信徒们认为这可以禳灾、祈福,

---

〔1〕王宏刚《满族与萨满教》,中央民族大学出版社,2002 年,第 77 页。

〔2〕孟慧英《中国北方民族萨满教》,社会科学文献出版社,2000 年,第 8 页。

实现自己的愿望。在尼雅沙漠深处的伊玛目·加法尔·萨迪克玛扎（当地老乡俗称之为"大玛扎"，远近知名）下的胡杨、柳树丛中，到处可见悬挂着的羊头、羊皮、各色布条，这同样是萨满崇拜的表现。布条、羊皮，已被人们认为是神物、神偶，可以实现信徒们的内心愿望。外人是不能随意变动、取走的（见图版73）。

在蒙古族的毡帐中，还可以看到穿挂在毡帐中的子孙绳。

至于新疆伊犁地区的锡伯族，萨满崇拜还是一个比较显目的存在。

随手拈来的，今天新疆地区这些民俗文化景象，其上显示着的是十分古老的萨满崇拜文化遗痕，清楚地揭示了一点：虽经过许多风风雨雨，萨满崇拜的遗痕确实还是存在的。古代，这里曾经是萨满崇拜弥漫的处所，当可信不虚。萨满崇拜，在这片土地上的早期文化生活中，是值得重视、不可轻忽的存在。

24　西域考古中所见生殖崇拜遗痕

人类对自身生殖能力的追求及生殖崇拜,在蒙昧初开后,曾是古代先民精神世界的核心信仰之一。作为一种重要的精神支配力量,自然会在他们的生活实践中留下种种相关遗痕。以探寻古人文明遗痕为己任的考古学,于是可以最早接触到这些文明的碎片。爬梳近30年新疆考古资料,于此亦有所获,现列其数端于后,并稍予剖析。希望由此得窥古代人类文明创造、发展的初端。原始思维、原始宗教、埋葬习俗以及音乐、舞蹈、绘画等这类艺术创作的发生,好像无不与此密切关联,它对人类思想文化史的发展,曾经有过巨大影响。

24.1　生殖崇拜遗痕

新疆考古中见诸报导,可以与先民生殖崇拜信仰相联系的遗迹、遗物,相当不少。笔者曾得机缘目验、观察、品味其中大部分,也有一些只是得之于报导之中。今天行文,努力予以搜罗,但难望穷尽。古人生殖崇拜信仰因生存环境殊异,民族传统文化不同,随时代发展,其表现形式、手法亦不一。个人受知识不足、见识不广的局限,认识难深。因此,这一主题下,失之于交臂的资料大概也不会少。这里的论述,也许会失之于片面。但即使如此,据现有资料,也足以揭明古代新疆生殖崇拜之盛行,且遗风绵延,有过很长的岁月。与世界文明既见共性,也具特色。列其表现,探索影响,对新疆古代文化思想史,还是不失为有意义的一节。

24.1.1　阿勒泰山中赭绘女阴图

阿勒泰山洞窟彩绘,是时代较早的文化遗存。其最早的绘画,从人们狩猎取围猎、投枪方式,不知用弓箭,围猎对象为食草类大兽等角度分析,相对时代可能早到旧石器时代晚期,绝对年代在去今一万年前。

在这类赭红色洞窟彩绘中的富蕴县唐巴尔塔斯洞窟彩绘,与生殖崇拜相关。

1964—1965 年,笔者在阿勒泰考古,曾进入"唐巴尔塔斯"(意为"画图的石头")洞窟。那里的彩色斑斓、满溢神秘意味的图像,令人眼花缭乱,而难捕捉到要领。后经多年学习后,才在"生殖崇拜"之中渐渐品味到了它的内涵。

山洞所在,海拔为 1020 米,地势不算高。较之傍近的山村民居,相对高度只 25 米,来去并不困难。洞前地势为缓坡,草被茵盛。自洞口外望,视野开阔,有很大的空间,适宜于群体活动。

山洞的形势特征是:口朝东,洞体较高大、幽深。口宽约 20 米、最高达 11.5 米,最深达 11.8 米。自然形成的洞体并不规整,岩层经长时间风雨剥蚀,洞口虽宽,但渐深渐收渐小,也逐渐幽暗。联想洞体内的绘画内容,豁然开朗:它的总体形象,大概曾经予原始先民以"阴户"之联想。古人思维,混沌初开,往往以身及物。因为有这样的联想,于是出现了进一步在洞中进行生殖巫术活动的赭红色彩绘。

赭红色壁画,散布于洞顶、内壁、侧壁,规律难寻。细辨其内容,有尖顶帽盔、几何形徽记、手印、卵圆形图像等。居于显目处所且当为绘画主体的,是四幅巨大的卵圆形图像,加上另三幅稍小卵圆形图,共达七幅之多。最大两幅卵圆形图,以赭红色作地(面积最大 75×78 平方厘米,达 0.5 平方米),其上以多道黑色墨线或白色线绘出卵圆形,略似女阴。以赭红色线绘就的几何形徽记,居于洞顶,其旁有手印。帽盔共两顶,尖形盔顶下为人面图形,眼、鼻、须发、眉毛齐备。清代学者方式济在其《龙沙纪略》中述及萨满崇拜,有"降巫之神曰萨满,帽如兜鍪"的文字,正好为这一尖形帽盔作了提示:它们应该就是神巫"萨满"的象征。而几何形徽记、手印,应是某一部落的标志,标示着这一祭祀场所的主人。洞中绘图,女阴为主体。大小、表现手法略异,说明不是成于一时。但为山洞绘图之主体却是明确的,也由此揭示了这一洞窟绘画的主题。表明相当时段内,这片地区的先民,曾视这一山洞为神圣,以之作为女阴崇拜的特定场所(见图版74)。[1] 而通过萨满向上天表示了人们的祈求:作为婴儿降生的生命之门,关系氏族、部落的人丁兴旺,祈望上天神灵能护佑它生育力量旺盛。洞前地势的开阔,也十分便于全氏族、部落,尤其是其中的女性成员顶礼膜拜。在萨满、巫师呼应天地后,祈求上天能降灵于芸芸众生。这种种细节,虽只是今天的逻辑推论,但不为无据,它有助于认识先民的原始思维。

24.1.2 呼图壁生殖崇拜岩画

天山腹地呼图壁康家石门子生殖崇拜岩画,自1987年被发现、报导后,引起过学术界的广泛关注、反响。[2] 为认识、理解相关岩画的文化内涵,1987年至1989年,笔者曾不断往返于乌鲁木齐与康家石门子之间,在岩壁下的土屋中,最长一住经月。对岩画所在环境、画面内容及层层相叠的刻纹,可以说是娴熟于心。至今,虽不敢说已完全洞悉了所有细节,但对其主要意旨的把握,自信是没有误差的。在新疆近半个世纪的考古生涯中,这可以算是令人宽慰的一个收获。

康家石门子岩画所在环境,是值得首先关注的一环。它坐落在天山腹地,至今周围少见居民。岩画所在峭壁,为一块较为平整的透镜体,居所在壁立山峰的底部。赭红色山体在周围绿树青草的映衬下,特别引人注目。加之山势雄伟、突兀而立,远望,犹如擎天立柱。左右又有终年流水的两道溪谷环绕。山前缓坡、沟谷岸边,绿草如茵,灌木丛丛,生机盎然。这样一种景观,在"万物有灵"的先民们心目中,是灵地圣区。在中国古代文献《大载礼》中,留有"丘陵为牡,谿谷为牝"这样的文字。高山、溪谷,都与人类一样,有性别差异、有生命灵性。四川泸沽湖畔,雪山为男、湖水若女的信仰,是与此精神相通的又一个实例。

---

[1]有关图像参见王林山、王博编《中国阿尔泰山草原文物》图127、128、129、130、131、133,新疆美术摄影出版社,1996年;新疆文物局编《新疆文物古迹大观》图0922、0923、0924,新疆美术摄影出版社,1999年;苏北海《新疆岩画》,新疆美术摄影出版社,1994年,第22~24页。

[2]王炳华《呼图壁康家石门子生殖崇拜岩刻画》,《新疆文物》,1988年第2期;王炳华《新疆天山生殖崇拜岩画》,文物出版社,1990年;相关发现、海外曾转载报导。而有关岩刻画面,尤其是全景墨线图,国内许多出版物不断转发、使用。曾经过眼处,至少近20处,除个别著录说明过绘画者、引录处外,多不见任何说明。但于此一端,也多少可见其影响了。

雕刻祈求生殖能力旺盛的岩画,实施相关的巫术祝祷,古代新疆先民将之选在了天山腹地康家石门子,正是遵循着同一个指导原则。看来,这是原始思维状态下普遍性的现象:这样生命力旺盛的山水环境,天人相通,人类也可以因而获得强大的生殖能力。

岩画画面,东西长约 14 米、上下高 9 米、面积达 120 平方米,其上满布大小不等、形态各异的人物达 300 多人。人体大者过于真人,小者仅约 10 厘米,有男有女,或站或卧,或衣或裸。如此众多的人物、如是宏大的画面,自然不可能完成于一时,它必然经历过一个相当长的时间。在一段相当长久的岁月内,这片深藏天山腹地的山水,曾是人们满怀虔诚、礼拜、祭祀,追求子嗣的圣殿所在。

在 120 平方米的石面上,满刻人物,其内容及背后的思想内涵,自然是十分丰富的。说它的核心是生殖崇拜,在于祈祝获得超常的生殖能力是有诸多根据的。除前述灵异山水外,更择有限几幅画面,作为例证。其一,可以称之为"马祀求育图",居于岩画最上方。人物高大如真人,画面为 9 名裸体女性围绕两组对马、面对一裸体男性舞蹈。中国古代有过"马祖"崇拜观念,[1]印度古代也有通过马祀得子的概念。[2]其二,多组男女媾和图象。画面中男女并卧,男性高大(胸部或刻男子头像)、生殖器勃起,举向女子阴部,也有男子作猴面与女性交合。其三,男女交合,其下为欢跳小人。男子面容粗犷,女子亭亭玉立、体态优美,其下为两列躯体前倾后曲、热烈欢跳的小人,总数达 55 人之多。祈求人口繁衍、多生多育,以及实现了人口增殖后的愉悦、欢乐,满溢于冰冷的岩壁之上。其四,象征两性交合的双头同体人像等。诸如此类的图像,无不与祈求人口繁育相关联,在整个岩刻画面上反复出现。

在岩刻画面下方,有长期烧火后留下的灰烬,厚达 2 米以上。岩壁底部因长期火烧,已变色酥裂。这火灰烧痕,表明这区岩刻绝不止是一般的艺术创作,而曾是当年这片地区居民视为神圣的祭祀、祝祷之处。

---

〔1〕《周礼》,有崇祀马祖记录。传统观念中,代表阳性的"乾为天,为良马,为老马",参见钱锺书《管锥篇》,第一册,"说卦",三联书店,1979 年,第 56 页。

〔2〕蟻垤著,季羡林译《罗摩衍那》(一),人民文学出版社,1980 年,第 64～101 页。

祭祀,往往会烧火。经过长期、反复地烧火,才留下厚 2 米以上的火灰。而火光下巫术祈祝的主题,自然就是画面明示的对生殖能力、人口繁衍的期求。

与康家石门子岩刻相类似的画面,还见于准噶尔西部山系巴尔鲁克山中巴尔达库尔。这里也是山体兀然耸立,山溪绕沟而行。画面为多组两性交合图像。

在巴尔鲁克山中的乌什德特沟,也有同样的男女交合岩刻图像。[1]

24.1.3 罗布淖尔荒原小河墓地

被评为 2004 年中国十大考古发现之一的"小河墓地",历史文化内涵十分丰富。其中值得关注的一点,是墓地中十分浓烈的生殖崇拜文化精神。

所谓"小河"系孔雀河一条支流,长约 60 公里,20 世纪 30 年代尚见流水。瑞典考古学者 F. 贝格曼为寻找这片墓地,曾在河中泛舟。目前,已成不见滴水的裸露河床。在小河尾闾地带,罗布淖尔猎人艾尔得克曾发现过一处景观奇特的古墓地,被他称为"伊比利斯(意为魔鬼)守着的一千口棺材"。1934 年,贝格曼在艾尔得克引导下调查、发掘了墓地中 12 座墓葬,在稍后刊布的《新疆考古研究》中,详细介绍了有关发掘资料,称它为"小河五号墓地"。[2] 2000 年末,笔者偕友人找到了这片已在人们视野中消失达 66 年,埋没在沙漠中的墓地。[3] 2002 年至 2004 年,新疆考古所对这片墓地进行了全面发掘。[4]

值得附笔一提的,是韩国汉城中央博物馆藏品中也有出自小河墓

〔1〕李肖《巴尔达库尔山岩画》,《新疆文物》,1989 年第 3 期。

〔2〕FOLKE Bergman:《Archaeological researches in Sinkiang》, stockholm,1939.

〔3〕王炳华《丝路北道与小河》,《丝路游》,2001 年第 1 期;王炳华《小河考察记》,《寻根》,2001 年第 2 期。

〔4〕新疆文物考古所《2002 年小河墓地考古调查与发掘报告》,《2003 年罗布泊小河墓地发掘简报》,载《新疆文物》,2003 年第 2 期;2007 年第 1 期。

地的文物标本。[1]

说小河墓地凝集着浓烈的生殖崇拜文化精神,只从贝格曼70年前的报告、新疆考古所2002年发掘报告,就可以做出结论。自然,完整刊布小河墓地的发掘资料后,素材会更丰富,人们会在这一点上得到更充分的认识。

说小河墓地居民存在生殖崇拜,有下列实物资料:

(1)2002年出土一具女尸,腰部垂挂一件造型逼真、大小与真实相若的木雕男性生殖器(见图版75)。

(2)女性墓穴前,无一例外都竖男根形立木,涂染成红色。立木上端附形如女阴的草编环形十字图像,这种环形十字,在西亚亦见,被视为两性结合的符号,象征生育繁殖能力,故被称为"生命钥匙"。

(3)男性墓穴前,全部竖外形卵圆似桨的女阴形立木,染成墨黑色(见图版76)。

(4)贝格曼曾在小河获得5件木雕男性生殖器。中空的腔体内,涂染成红色,内置蜥蜴头骨,而蜥蜴,曾是男性生殖器、并标示强大生殖能力的象征物。

(5)出土蛇形木桩。"长而光滑的直木桩,雕刻成蛇形"。贝格曼曾强调:"像青蛙是雨的象征一样,蛇被一些权威认为是促进生育的原始符号,也经常被作为阴茎的象征。"[2]

林林总总的男根、女阴立木、形象逼真的木雕男性生殖器、蜥蜴头骨、蛇形木刻等等,传达的信息都是祈求先民能获得强大的生育繁衍能力,自然是生殖崇拜观念的表现形式。小河墓地是罗布淖尔荒原孔雀河流域的青铜时代墓地,绝对年代在距今3800年前后。这一时段,生殖崇拜曾是这片地区人们心灵深处虔诚的信仰、炽热的追求。

24.1.4　石祖·陶祖·木祖

与小河墓地所见不少的木雕男性生殖器相呼应,在新疆其他地区

---

〔1〕［瑞典］F.贝格曼在其《新疆考古研究》中,对此已有揭示,他和A.斯坦因都注意到这一事实,认为是1910年前后,由桔瑞超自若羌。笔者在汉城访问中,曾目验相关物品,其中标注为"楼兰"的部分文物,如草篓、尖顶毡帽、牛皮鞋,确实与古墓沟、小河同类物品一致。

〔2〕［瑞典］F.贝格曼著、王安洪译《新疆考古记》,新疆人民出版社,1997年,第87页。

也曾发现多件精致雕琢的男性生殖器,是为"人祖"。它们材质或有不同,部分见于雕就人体,只是特别强调了男性生殖器的超常伟岸。

木垒县四道沟,曾出土石祖。石质,花岗岩,通高 13 厘米。[1] 文物现藏木垒县文化馆。

哈密焉不拉克青铜时代墓地,曾出土男、女木俑。作者使用十分夸张的手法突出表现了男、女(尤其是男性)的生殖器,既粗又长,长度几及身体的1/3。[2] 造型虽不同于木祖,但其强调并特别表现男性生殖器,祝祷强大生殖功能的用意是十分明显的。

和田市郊约特干遗址,出土过大量泥红色陶塑人物、动物。在动物形象陶塑中,猴为主要形象,或嬉戏、或奏乐,而十分显目的造型则是极度夸张地显示其雄性生殖器,或把持在手、向前挺举,或作雌雄交合状。[3] 以猴状人,透露的也是对生殖繁衍能力的追求、歌颂。

拜城县克孜尔石窟前,出土过一件陶祖。细泥质,烧造火候很高,显红黄色。制作十分精细,绝非随意、即兴的造物。龟头部分写实,一如阴茎前端。后端见睾丸,阴茎中段作龙头形,眼、鼻、须、眉俱显,故可称之为"龙首陶祖"(见图版 77)。[4] 时代可能在唐。十分可惜的是相关文物出土情况不清,为进一步认识这件重要文物的文化内涵带来了局限。

1907 年,伯希和在都勒杜尔·阿胡尔发掘(今新和县玉其土尔)期间,在唐代遗址中发现一块土坯,上刻男性生殖器,阴茎、睾丸毕显。[5]

从四道沟新石器时代到唐代克孜尔、都勒杜尔·阿胡尔遗址出土的石祖、陶祖,以至土坯上显示的男根形象,持续、始终不变的精神是对男性始祖的代表物——男根的尊崇。子嗣的繁衍,这时已被片面的寄托在了父祖的名下,而且这一精神还被神化。克孜尔出土的"龙首陶

〔1〕新疆文物考古所编《新疆文物考古新收获》,新疆人民出版社,1995 年,第 140 页。

〔2〕新疆文物局《新疆文物古蹟大观》,图 295,新疆美术摄影出版社,第 123 页。

〔3〕相关文物流散各处,新疆博物馆、和田博物馆有相当收存外,日本东京、瑞典斯德哥尔摩、英国伦敦等处也有收藏。

〔4〕赵莉《克孜尔石窟谷西区新发现的陶器》,《新疆文物》,2003 年第 1 期。笔者在克孜尔曾认真观察过这件文物,"龙首陶祖"为笔者定名。

〔5〕[法]F.伯希和《都勒杜尔·阿胡尔和苏巴什》,第三卷。

祖"制作超常精细。出土后观察,正面因长期阳光暴晒,色彩已消淡,底面则色彩显红。这是长期置于一个固定位置,才会出现的效果。据此推测,它十分可能是被作为一件神物,接受人们顶礼膜拜的。如是,这么一件"龙首陶祖",已经因应社会需要而被赋予了非人间的力量,发挥着特定的维护父权制度的作用。

24.1.5 鹳鸟啄鱼图

阿勒泰市骆驼峰有一幅岩刻,作鹳鸟啄鱼图。鹳鸟双腿挺立、身体后倾,长颈尖喙,正全力叨啄一条鱼的边脊。鱼体粗大,总体过于鹳鸟,鹳鸟必须倾身全力以赴,表现得出神入化。鹳鸟上方,有一匹臀肥体健的骏马(见图版 78),[1]线条流畅,工艺成熟。

在阿勒泰山中,岩刻动物、狩猎图像,可以说随处可见。与阿勒泰山无涉,却与湿地、河流相关的鹳鸟、鱼,出现在骆驼峰上,很难想象它是基于本地实际生产、生活而创作的写实图像。

予人以悬念的第二点,是与此基本类同的图像曾出现在河南临汝阎村新石器时代遗址的一件陶缸上(见图版 79)。阎村陶缸图,学术界曾广为关注,并有过各种阐释,最后比较得到认可的论断,是说它实际显示着祈祝男女交合,多产男丁的心愿。[2] 把视野放得更开一点,鸟啄鱼图案,在黄河流域的古代文明中曾是人们十分喜好的一种艺术图像,不仅见于彩陶,而且见于青铜器、瓦当、汉画像石、织锦之中,隐喻着幸福的两性生活吉祥、喜庆,[3]与阎村彩绘图的精神是一致的。

这一主题的图案岩刻在了阿勒泰山中,给了我们更多一层的联想:作为一种象征性概念的鸟啄鱼图像,不仅广泛流布在黄河流域古老的文明之中,也为古代西域阿勒泰山地中的牧人所了解、认同、接受。我们今天还无法准确判定阿勒泰市骆驼峰岩刻画的绝对年代。在中原,这类图像早到新石器时代,晚到明代,一直是人们喜好的祈祝子嗣

〔1〕新疆文物局《新疆文物古迹大观》,图 936,新疆美术摄影出版社,第 335 页。

〔2〕赵国华《生殖崇拜文化论》,中国社会科学出版社,1990 年,第 261~265 页。

〔3〕新疆文物局《新疆文物古迹大观》,乌鲁木齐:新疆美术摄影出版社,第 149 页、图 108、936。

繁衍、人丁兴旺的吉祥图形。古代新疆、包括阿勒泰山前后的游牧民族,也接受这样的文化符号,既表现着两地间思想文化交流的深度,更说明了人们对有可能助益于子嗣繁衍的精神追求,它的强大力量是植根在生殖崇拜精神土壤之中的。

24.2 生殖崇拜观念的物质基础

如是炽热的生殖崇拜思想,它的产生、发展有其客观的物质基础。它源自社会存在,服务于社会发展的需要。

人类社会发展初期,生产工具原始,社会生产力低下,生存不易。人口生产的规律是高出生率、高死亡率、极低的人口增长率。据估计,在原始社会阶段,人口的死亡率最高达 50% 。旧石器时代,世界人口百年增长率不超过1.5% ,新石器时代,不超过4% 。[1] 与此密切关联,因生存环境之艰难,人们的平均寿命相当低。从旧石器时代到新石器时代,人口的平均寿命只有 20~30 岁。

笔者在罗布淖尔荒原孔雀河下游,发掘过一处原始社会墓地。绝对年代去今 3800 年上下。经全面发掘,整个墓地共见墓葬 42 座,分两种类型,在第一类型的 36 座墓葬中,婴幼儿墓葬达 13 座,差不多近 40% 。这虽是个例,但当年婴幼儿死亡率的比例之高,实在是相当惊人的。它可以作为上引原始社会人口问题结论的一个参证,具有一定的说服力。

人口不多,而人力自身又是最主要的社会生产力。在这样的形势下,原始先民只能想方设法,努力增加人口出生率。如是,方可求得人类自身再生产的不断发展。而这一点实际关系着所在群体的生存、延续。这样严重的形势,自然就成了萦绕在人们心头、压倒一切的头等课题。原始先民,我们的祖先所以会有那么强烈的生殖崇拜,会竭尽所能去寻找各种繁衍子嗣的方法,它的物质基础就在于此。

---

〔1〕吴申元《中国人口思想史稿》,中国社会科学出版社,1986 年,第 9 页。

也正因如此,恩格斯才十分明确地论断:"历史上的决定要素,归根结蒂,乃是直接生活的生产与再生产。不过,生产本身又是两重性的:一方面是生活资料食、衣、住及为此所必需的工具的生产;另一方面是人类自身的生产,即种的繁衍。"[1]恩格斯从更高的视角,揭示了人类自身的生产,实质上是历史发展进程中的决定性要素之一,这为生殖崇拜观念的发生、发展,提供了科学的说明。

工业革命以前是农业为主的自然经济,社会生产力一直是不高的,对自然灾变、社会灾难的抗御能力相对低下。观察历史进程可以认定,在这一相当长的历史时段内,人口问题都是存在的。这样,生殖崇拜观念,也就始终有其土壤。正是这样的背景,不论是原始人混沌不分时的各种臆想,还是后来经过抽象、创作的种种艺术图像就得以生成,并慢慢浸透到人们文化生活之中,得到了生存的空间。

24.3　生殖崇拜是早期先民精神生活的核心

生殖崇拜作为古代先民的信仰具有普遍性,可以说是世界性的文化现象。新疆大地自然不会例外。从上述不完整的资料可以看到,在新疆自阿勒泰山到罗布淖尔荒原、塔里木盆地,古代先民,至少自旧石器时代晚期起到唐代,都曾虔诚膜拜在这一文化精神的大旗下,未稍懈怠。孔雀河流域青铜时代的小河墓地,更让人感到当年的孔雀河水系内的居民对生殖繁衍能力的追求近乎狂热,几乎成了他们精神生活世界的核心。

居于亚洲腹地的内陆新疆,与古代欧亚大陆各大历史文明中心的联系相当古远。在这片土地上,生殖崇拜的表现形式既可见自身的特点,也可见到与周邻地区的交流。以猴状人、马祀,大概可以感受到南亚印度文化的印痕。视鸟之为男性象征,鱼之为女性象征,则与黄河流域古文明的文化符号相同。唐巴尔塔斯洞窟中直白的女阴图像,小河

〔1〕恩格斯《家庭、私有制和国家的起源》,人民出版社,1957年,第5页。

墓地女性腰际垂挂的木雕男根,两处遗存中浓烈的萨满教信仰,以及克孜尔所见龙首陶祖等等,更多显示了地区特点。从中也可以大概看到生殖崇拜观念在实践中向前发展的痕迹。

生殖崇拜文化,从信念到实践,在古代先民的心目中可以说是至圣至神,是全社会认真关注、庄严进行的大事。为了人丁兴旺、族体繁荣,他们曾穷尽智慧,觅求种种可以帮助实现这一目标的途径。在其发展过程中,经历过不同阶段。女性生殖器,是婴儿来到这个世界的命门,自然就成了人们首先崇拜的对象。人们曾关注它的外形,它的构造,并努力在周围世界中寻找与之相似的自然物。因为在原始、蒙昧的历史阶段,他们不仅认为人自己有生命,植物、动物、山体、河流,等等,都是和人一样存在着生命力的。植物生长、动物繁衍、人类繁殖,同样都是生命在延续。与女阴外形相似的山洞,在他们的心目中会是大地的命门。在这样的地点实施巫术,可以向上天申达祈求,获得自身增殖繁衍的力量。唐巴尔塔斯山洞所以成为巫术祭祀的中心,要在其中绘出硕大无比的赭红色女阴图像,遵循的当是这一原始思维逻辑。这一珍贵遗存也自然为这一时段盛行的女性生殖器崇拜,提供了比较典型的例证。

经过相当时段的发展,人们慢慢意识到,生殖功能并不单纯是女性的奉献,而是两性结合的产物。男性,在这一工程中具有同样重要、甚至更为重要的地位,于是男子又被抬升到舞台的中心。对男性的关注成为新的热点,人们又对这一新的对象倾注了巨大的热情。崇拜男性生殖器、视两性交合为神圣事业。关注这一过程、觅求其象征物,同样成了社会文化生活领域的大事,这就有了"丘陵为牡,谿谷为牝"的联想,有了歌颂这一人类繁衍工程的艺术创作。深藏在天山深处的康家石门子岩画,应运适时而生。小河墓地中,女性腰际坦然垂挂着木雕男根。它们已经成了这一阶段社会尊崇的信仰,因为族体的生存、发展与此密切关联。

至于木垒石祖、克孜尔石窟前面的陶祖,大概会是时代更晚的创造。这时,男根已被神化,尤其是克孜尔陶祖,既具男根特征,又作龙首形体。结合《大唐西域记》记录的龟兹国"荒城"传说:"龙变为人,与诸妇会,生子骁勇"、"人皆龙种,持力作威",[1]足见在玄奘西行的7世纪初,这片地区还普遍流行人祖为龙神的传说。克孜尔的"龙首男根",正好成了它的实物例证。当然,认真剖析龙为人祖的传说,其内核还是植根在古远的生殖崇拜信仰之中的。这是另外一个课题,此处不赘。

至于以鸟、鱼相啄喻示男女结合的图像,较之上述种种直白的图形、制器,无疑是经过了抽象,显得更为含蓄。但在对鸟、鱼的象征意义十分清晰的当年,人们对它的含义是十分明白,并不费解的。只是随着岁月的流逝,后来的人们会产生些许距离,多少感到一点陌生。但直到明代,对这一图像的文化内涵,人们并不生疏。有一个故事:明初诗人高启,家道中落,受到冷遇。曾在未婚妻家的壁挂之"芦雁图"上题诗,以抒情怀。诗云:"西风吹折荻花枝,好鸟飞来羽翼垂。沙阔水寒鱼不见,满身霜露立多时。"[2]痴鸟求鱼且不畏寒冷的情态,尽显字里行间。岳丈周仲达读之,为之所感,旋即成就了这桩已被耽误的婚事。这说明迄至明代,人们对相关典故还是相当熟悉的。

24.4 萨满巫术重要内核之一在生殖崇拜

在古代先民生殖崇拜的实践活动中,原始宗教、巫术扮演着十分重要的角色。小河墓地,就为我们提供了生动、具体的例证。

首先,是人工营造的墓地环境景观。墓葬所在沙丘,高达 7.8 米。较之四周平缓的沙地,称得上是远接天穹,人在三四公里外,即可望见它的身影。墓葬十分集中,彼此层层叠叠。可见,在空旷、随处可以安殓死者的罗布淖尔荒原上,逝者曾无不虔诚地向这片沙丘集中。在当年,它有着近乎神圣的地位,这也使进入这片墓地成为逝者最后的愿望,生者不能推卸的义务。

墓地诸多细节,可助益于对当年曾经展开的原始宗教活动的联想。

---

〔1〕章巽校点、玄奘撰《大唐西域记》,卷1,上海人民出版社,1997年,第9页。

〔2〕(明)吕勉《槎轩集本传》,转引自《高青丘集》附录,上海古籍出版社,第995页。

先说沙丘立木。从丛列列的立木,直径大多 20 厘米,最粗达 50 厘米,高 2～4 米,最高达 4 米以上。顶部细尖,虽经数千年的季风吹蚀,至今仍有 140 多根兀然直立。除这些仍然挺立的木柱外,已倾倒在地的木柱,至少在百根以上。一些木柱上仍可见未完全褪尽的红色。数百根 4 米多高的红色立木,直立在高高的沙丘上,会形成一片刺人眼目的血红。在四周平坦无垠的荒原衬托下,直指湛蓝无云的天穹,它所显示的视觉冲击力,绝难轻估。贝格曼曾称此为"死神的立柱殿堂","笼罩在一片耀眼的红色之中",这曾经给三四千年前罗布淖尔先民带来巨大的心灵震撼,怎样想象,大概也不会过分的。

这些立木柱不仅涂染过红色,砍削出棱面,柱体上还往往刻削出 7 道弦纹。立木根部,十分认真地用毛绳捆绑着由芦苇、骆驼刺、麻黄等植物组成的草束,其中还包夹一根两端削平的粗芦苇秆、几根羊腿骨以及匪夷所思的牛粪。草束旁放置一件较大的草篓。用为立木的巨树,往往保存了树根,在其中一支旁根上,还镶嵌上小铜片。[1] 草束中包容的各种动、植物标本,几乎囊括了与罗布淖尔居民生活相关的所有生物资源。加上嵌入的铜片,清楚表明它们是原始宗教、巫术活动的孑遗,祝祷过程中的相关细节毕显在今人面前,令人不能不陷入严肃的思考。

墓地祭祀活动,除立木根部所显示的细节外,还有由多根木柱围出的直径约 2 米的圆圈。这些木柱,下粗上细,粗细接合部用草绳稳稳地悬挂上一个牛角完好的牛头(见图版 80),[2] 它与特定的祭祀活动的关联,同样十分清楚。

贝格曼在其小河发掘报告中,说墓地东侧曾见一处"小木屋",覆牛皮,其中见木棺,内葬女尸,地面有牛颅骨,还有红黑相间彩色图案的木板等,自然也是与祭祀、巫术活动相关的。

这些遗迹,不能不让人们联想到曾经在这片土地上热烈地展开过

---

〔1〕《中国文物报》,2004－9－17。
〔2〕《中国文物报》,2004－9－17。

的萨满教。

萨满崇拜是原始社会后期已见的一种信仰,主要流行在欧亚北部。新疆,曾是萨满教流行的中心地区之一。

萨满教的核心观念之一,是万物有灵、灵魂不灭,灵魂可以转世。而生命、灵魂,是与鲜血共在的。适当处置逝者,会为逝者的转生铺设一条坦途。

萨满教认为宇宙有上、中、下三界。上界为天,是神灵居所;中界为人间,是人类生活的地方;下界为阴间,为野鬼孤魂栖息之所。上界,通常可分为七层,最高神祖居于最上层。三界间联络交通的途径,就是"宇宙树"。经过萨满(天神使者)的努力,人的灵魂通过宇宙树,可以进入神界。

宇宙树的形象,欧亚大陆上留下过多种创作,外形不一,但精神相同。古籍《山海经·海内经》中说,有一种"建木",它"百仞无枝",是"众帝之所,上天还下"的天梯。类似的树,还有《玄中记》里的"扶桑"树;《山海经·海内西经》中昆仑丘上的"木禾";印度《黎俱吠陀》中的"阎浮树";北欧古代神话中的"伊格德拉西尔"树等等,它们的根、干、枝,可以将苍天、大地及地下世界连接在一起。这些记录了古代神话、传说的文字,有基本相通的思想,都是有关宇宙树的描绘,显示着不同地区、不同人群,各具特色的创造智慧。[1]

基于宇宙树这一思想观念,萨满教必须立杆祭天。这类立杆以高为好,因为借此可以与天相通。这类立杆顶端或有木斗、草把,上面放置五谷、肉食品,供天神享受。这类神杆直到清朝,在东北大地还多有所见,当年一些官宦人家门前,往往都会立这种神杆,成为一景。

回到小河墓地,高耸沙丘上挺立的木杆,涂染成红色,根部捆绑具有本地区特色的植物、动物祭品,奉献牛头,正可以与萨满信仰中通达天庭的天柱相联系。在高高的沙山上,竖起直刺天穹的天柱,使其成为一种天梯,遍染灵魂所附的血色。逝者的灵魂可以由此步入天堂,天堂

---

〔1〕芮传明、余太山《中西纹饰比较研究》,上海古籍出版社,1995 年,第 230~260 页。

里也会有他们不可或缺的芦苇、麻黄草、牛羊。逝者如生,只是到另一个世界去享受人间的幸福,或很快就返回到现实世界中来。自然,这也能使生者所在氏族、部落的人丁兴旺、力量强大。

阿勒泰唐巴尔塔斯山洞中,图绘的兜鍪式萨满尖帽(见图版 81),是以另一种方式揭示了萨满在这一神圣事业中的地位及曾经扮演的角色。也启示我们,罗布淖尔荒原上的原始宗教与它是相通的。

生殖崇拜,是一种原始信仰。它与萨满教这类原始宗教观念及相关巫术活动,关系是十分密切的。巫术活动过程中的主体,是原始舞蹈、歌唱。加上表现相关观念的雕刻、塑作、绘画等,它对人类早期思想文化的影响,既深且广。相关研究绝不是"生殖崇拜"一句话或几个简单的符号所能了断的。在上述具体的领域中,都存在需要进一步发掘、分析、认识的素材。在不同领域,有不同的发展轨迹,值得相关领域的研究家们用功耕耘。相信只要深入下去,肯定会获得有价值的成果。

25 吐鲁番出土唐庸调布研究

1950 年以来,新疆维吾尔自治区博物馆考古队在吐鲁番县阿斯塔那和哈拉和卓古墓葬区先后进行了多次清理发掘,每次都出土相当数量的麻类织物,包括衣服、被、褥、袜、五谷袋等,其时代自两晋至唐。在部分唐代麻织物——庸调布上,可以看到墨书题款,写明年月、地区、布帛性质、纳布人姓名、数量等,并钤有州、县以及库司的印鉴。[1] 这是一批反映唐代租庸调制度实施情况的实物资料。笔者和李征同志曾对 1972—1973 年阿斯塔那古墓区出土的麻类织物进行过初步整理,选择其中带有墨书题记的麻布 12 件,结合已经简报发表或陈列展出的同类资料,以及部分庸调绢绫实物,试作分析如下。

25.1 吐鲁番所见庸调布

有墨书题记的庸调麻布共 17 件。

(1)麻布被单(73TAM192:5):幅宽 59.5 厘米、残长 73 厘米。色微黄近白,每平方厘米经线 25 根,纬线疏密不均,最疏处 18 根、最密处 25 根。在所有麻布资料中,这一标本显得特别细致紧密。麻布一端见楷体墨书:"河南府长水县归仁乡刘元楷。"下有"行达"二字,草书,倒写。墨书上钤朱色篆文"长水县印"一方,边长 5.4 × 5.5 厘米。同出墓志一方,志文为"开元十二年岁次巳酉甲子廿日故翊卫张大良之墓",按唐开元十二年计当为公元 724 年。

(2)麻布被单(72TAM225:1):幅宽 52.5 厘米、长 115 厘米。每平方厘米经线 15 根、纬线 11 根。右端墨迹楷书"宣州溧阳县"及草书"超"、"定中"数字,背面左上角"宗慎"二字。布上钤朱色篆文印鉴五

---

〔1〕《新疆出土文物》,文物出版社,1975 年,图版162。

方,押于题款上三方。一是阳文篆书"宣州之印"。正方形,每边5.5厘米,又一为阳文"溧阳县之印"。下方印阴文,文字不清。同出"久视二年二月"及"长安二年五月廿二日"文书。按武则天于公元700年改元久视,次年正月改元大足,十月改元长安。此所谓久视二年二月,历史上实际并不存在。但"久视二年"字样,在吐鲁番文书、墓志中尚不止一见,可能是因交通阻隔造成的信息滞后现象。

(3)紫绢镶边麻布褥(72TAM218:17):幅宽55.5厘米、长96厘米,每平方厘米经线11根、纬线8根。麻布左端墨书:"梁州都督府开元九年八月□日",其下有楷体"侗"字签署。钤朱色篆文"□□都督府印"两方,正方形,每边长5.5厘米。

(4)绢边麻布褥(72TAM157:4):布幅宽56厘米、残长155厘米。每平方厘米经线10根、纬线9根。麻布侧边见楷体墨书"□州西乡县云□乡庸调布一端"、"庭"等字,钤朱色篆文印三方,印文不清。出土这一布褥的墓凿天井,伴出文物具有中唐时期特征,墓葬应在中唐前后。

(5)麻布残块(72TAM157:8):残长33厘米、宽27厘米,每平方厘米经纬线各10根。麻布右上角墨书"何仪",背面左上角墨书"李艺"。其时代同前。

(6)麻布袜一双(72TAM157:5):腰高28厘米、底长30厘米,每平方厘米经线11根、纬线9根。残留墨书"庸布一端 伯"数字,其时代同前。

(7)麻布残块(73TAM232:15):幅宽52.5厘米、残长80厘米,每平方厘米经线11根、纬线12根。麻布右端墨迹楷书"调露二年八月"。草书"违言"、"惠"字。按唐调露二年即公元680年。

(8)印花纱边麻布褥(72TAM167:4):布幅宽56厘米、长220厘米,每平方厘米经线14根、纬线10根。墨书题款为:"梅思慎布保玉乡。"从墓葬形制及出土文物特征分析,墓葬属中唐。

(9)麻布(72TAM194:13):布幅宽56厘米、长156厘米。每平方厘米经线12根、纬线9根。麻布右端有墨书题记,文为:

　　　　　　　　　　　"杜

均州□乡□租丁杜国布一端

　　　　　　　　柯"

　　并钤朱色印四方,印文不清晰。出此件麻布的墓内见开元七年
(719 年)张行纶墓志。

　　(10)麻布(72TAMl94:9):布幅宽 56 厘米、长 175 厘米,每平方厘
米经线 12 根、纬线 8 根,布上见墨书题款"婺州　通"。墨书上见印文
一方。

　　(11)绢面麻布褥(72TAM214:129):蓝绢面、麻布里。麻布幅宽
(稍残)50.5 厘米、长 96 厘米,每平方厘米经、纬线各 11 根。布上可见
墨书"□□县新成乡祖花里户主弘政"等字,并钤朱印两方,印文不清。
同墓出唐麟德二年(665 年)张君妻麴氏墓志。

　　(12)麻布残块(72TAMl91:107):幅宽 55 厘米、长 31 厘米。楷书墨
书题款"湖州□□安吉县□□无□乡□□清镜里□□施恩景布",右下
有粗体"森"字签署。"森"字上钤朱色"安吉县印"一方,另有墨色印
二方,印文不清。

　　另有以下四件带墨书题记的麻布,已经简报发表。[1]

　　(13)开元九年庸调布(68TAMl08:16):布上墨书题款是:

"西浦里　贺思敬

郧县　光同乡贺思敬庸布一端

开元九年八月　日

专知官主簿　苑"

　　郧县二字上钤有朱色篆文"郧县之印"三方。[2]

　　(14)脚布一端(67TAM96:4):布幅宽 55.5 厘米、长 209 厘米。墨
书题款:"婺州□兰溪县归德乡□□招里吴德吴护两人共一端作脚布
□□鲍良□□"题款成一行,只是"婺州□兰溪县"字体稍大,乡、里、人

---

　〔1〕《吐鲁番阿斯塔那—哈拉和卓古墓群清理简报》,《文物》,1972 年第 1 期。
　〔2〕《丝绸之路》,文物出版社,1972 年,图版 62。

名字体较小。"鲍良□□"签署书体较大,墨迹较浓。题记左侧有墨迹浓黑、字体粗大的"□"字签署,并见墨印两方,印文不清。结合墓室形制及伴出文物分析,可确知此件属于唐代。

（15）麻布（68TAM106：5）：墨书题记是"奉□乡申□里陈礼□□"。旁有"调"字签押。[1] 据墓葬形制及伴出文物推断,此件亦属唐代。

（16）麻布画（67TAM76：11）：画伏羲女娲像。背面四角,三处写"陵州",一处写"师"字。[2] 据共出文物,此件亦属唐代。

（17）新疆博物馆馆陈文物中,还有带墨书题记麻布一件（60TAM340）：布幅宽53.5厘米、长263厘米。题记作：

"□□□蛮□□□田元卿

澧州慈利县让德乡永乐里住户主田元卿调

布一端 永隆二年

八月 日览。"

"蛮"字下"田元卿"三字与户主"田元卿"三字,墨色浓淡及书体均不同。按唐永隆二年即公元681年。

除以上17件有题记的麻布外,同地区同时代的墓葬中还有带题记的庸调绢绫3件,与我们研究的课题有关,一并介绍于此：

（1）折调细绫（72TAM226：16）：仅余一小片,长25厘米、宽4.5厘米。色白微黄,平纹地,通过纬线变化显现写生花图案。现藏新疆博物馆。墨书题记是：

"景云元年折调细绫一匹

双流县 以同官主 火愉。"

按唐景云元年即公元710年。

（2）绢（72TAM227：4）：为木俑所穿的红色绢裙残片,长33.5厘米、宽25厘米。绢上钤"益州都督府之印"一方,印长6厘米、宽5.5厘米,现存新疆博物馆。

---

〔1〕《文物》,1972年第1期,第17页,图23。
〔2〕《文物》,1972年第1期,第15页。

（3）白绢（64TAM36：11）：质地疏松。右端有墨书题款"先天二年八月"，并钤有朱色篆文印一方[1] 按唐先天二年，即公元714年。

25.2　从庸调布看租庸调法实施细节

唐代租庸调法规定：每丁每年纳粟二石，为"租"。随乡土所产，蚕桑之乡每丁每年缴纳绫或绢或丝二丈，丝绵三两；非蚕乡纳布二丈五尺，麻三斤，称"调"。每丁每年服役二十日。若不从役，可以缴纳绢或布代替，谓之"庸"。

在我们介绍的题记文字中，有五件注明了缴纳调布的年月。其中两件为开元九年八月，其他是先天二年八月、调露二年八月、永隆二年八月。这表明唐初规定的"诸庸调物每年八月上旬起输，三十日内毕"，[2]是被严格执行了的。天宝以后，为了不妨碍农事，放宽征收时限至九月底。我们这里所见的布、绢，均在天宝以前征收，与有关规定是一致的。

唐朝政府收敛庸调，规定地方各县由"县尉……收率课调"。布、绢须按样品检验，并"皆书印焉"。[3] 据《大唐六典》卷3"度支郎中员外郎"条："凡物之精者与地之近者供御（《太平御览》引《六典》，'御'作'国'），谓之（'之'或作'支'）纳司农、太府、将作、少府等物。物之固者与地之远者以供军，谓支纳边军及诸都督、都护府。"前引调布中一些题记，如"庸布一端□□伯"、"梅思填布□□保玉乡"、"奉□乡申□里陈礼□□"，应即是县吏收敛验查的记录。而"河南府长水县归仁乡刘元楷"、"宣州溧阳县"、"□梁州都督府开元九年八月□□侗"、"□州西乡县云□乡庸调布一端"等题记，明显是由州、县向中央呈报请验的口气。

<hr>

[1]《文物》，1973年第10期，第17页，图19。
[2]《通典》卷6《食货·赋税下》；《大唐六典》卷3，《尚书户部》；《唐会要》，卷83，《租税上》。我们见到的题记资料，缴纳时间均标明八月。
[3]《新唐书》卷49，《百官志》；《唐会要》卷83，《租税上》；《大唐六典》，卷3，《尚书户部》。

庸调布绢缴纳到唐朝中央的,归"左藏署"统一掌管。据规定设有"输场","凡天下赋调先于输场简其合尺度斤两者,卿及御史监阅,然后纳于库藏。皆题以州、县、年、月,所以别粗良、辨新旧也"。[1] 题记中有的写明州县乡里以及年月;有的旁有签押,或楷或草,墨迹不同于题记文字,说明曾按有关制度经过层层检查、复核。所钤官印,朱、墨两色不同。州、县朱色印鉴当是收敛庸调及逐级上缴手续的反映,而墨印应是"左藏署"勘验之证。据《大唐六典》,从"左藏署"领出布、绢,必须"先勘本契,然后录其名数及请人姓名,署印送监门,乃听出。若外给者,以墨印印之"。[2]

在几件标明麻布性质的题记中,一件标明为"调布",三件标明为"庸调布"、"庸布",一件标明为"脚布"。

所谓庸调布,是"庸布"、"调布"的合称。唐制:"凡丁,岁役二旬。无事则收其庸,每日三尺,布加五分之一。"[3] 这种代役的布即称"庸布"。

在吐鲁番出土麻布中还曾见过"租布",[4]已于建国前被斯坦因掠至国外。其墨书题记作:"婺州信安县显德乡梅山里祝伯亮租布一端□□光宅元年十一月□□日。"以布代租,这是一种变通处理,所以有这样的变通,开元二十五年一件敕文曾说得很清楚:关辅地区少蚕桑,缴纳庸调,"常贱耀贵买,捐费愈深";"又江淮苦变造之劳,河路增转轮之弊,每计其运脚,数倍加钱"。为了"均其余以减运费,顺其便使农无伤","关内诸州庸调资课,并宜准时价变粟取米,送至京,逐要支用。其路远处,不可运送者,宜所在收贮,便充随近军粮,其河南河北,有不通水利,宜折租造绢,以代关中调课"。[5] 这种办法,远在开元之前,至少在武则天光宅年间便已施行了。我们这批带题记的布、绢资料,有的应该也与这一问题有关。如"均州县租丁杜相国布一端","租丁"即纳

〔1〕《大唐六典》卷20,《太府寺·左藏署》。
〔2〕《大唐六典》卷20,《太府寺·左藏署》。
〔3〕《大唐六典》卷3,《尚书户部》;《唐会要》卷83,《租税》(上),文字稍异。
〔4〕斯坦因《亚洲腹地》,IV 附图127。
〔5〕《唐会要》卷83,《租税》(上)。

租粟的丁男,其所纳布当即是折租之布。

关于"脚布",曾有人指出是巧立名目的苛杂,是不错的。租粟、调布或其他官物,层层上缴,运输费用是外加在劳动人民头上的又一重大负担。前引开元二十五年敕文中也不得不承认"每计其运脚,数倍加钱"。运脚标准,唐代有一个规定,"凡天下舟车水陆载运,皆具为脚值。轻重贵贱平易险涩而为之制"。"河南、河北、河东、关内等四道诸州运租庸杂物等脚,每驮一百斤一百里一百文,山坂处一百二十文,车载一千斤九百文"。"黄河等水运脚费从幽州运至平州上水十六文,下水六文";"余水上十五文,下五文";"从澧、荆等州至扬州四文";"山陵险滩驴少处不得过一百五十文,平易处不得下八十文"。[1] 吴德、吴护两人合交一端"脚布",为当时这种额外的苛重剥削留下了一个证明。由两人合交,也是征收庸调时"若当户不成匹端屯缦者,皆随近合成"[2]这一具体规定的例证。

25.3 庸调布涉及广大地区

从吐鲁番县阿斯塔那一处,主要只统计了 1972—1973 年清理的墓葬,所见出土唐代带墨书题记的布、绢,即涉及唐河南道、山南东道、山南西道、江南东道、江南西道、剑南道。包括今河南、陕西、湖北、湖南、四川、江苏、浙江等省区,这反映了唐代国家高度统一、新疆和内地省区间密切的政治、经济关系。

"河南府长水县",属河南道,地在今河南省洛宁县境。

"宣州溧阳县",属江南道,初属宣州,光启时属升州,以在溧水之阳,故名,地在今江苏省溧阳县。宣州地区开元时规定贡品为"白纻布",[3]可见,麻织物是这一地区的特产。

"梁州都督府",属山南西道,下辖梁、洋、集、兴四州。府治在今陕

〔1〕《大唐六典》卷3,《尚书户部,度支郎中员外郎》。
〔2〕《大唐六典》卷3,《尚书户部,度支郎中员外郎》。
〔3〕《元和郡县图志》卷28(宣州)。

西南郑县。[1] 唐制,一般州置刺史,重要的州设都督府,统领军政。据《元和郡县图志》卷 22,开元时梁州地区"贡红花,赋布、麻、绵、绢",与我们所见开元九年调布资料正相符合。

"□州西乡县云□乡",查《新唐书》卷 40《地理志》,山南西道洋州下属西乡、黄金、兴道、真符四县,地在今陕西省汉中地区,洋州州治即在西乡。"土贡:白交梭、火麻布、野苎麻……"可见麻织物是这里的出产之一。

"均州□乡县",据《新唐书》卷 40《地理志》,均州(武当郡)下辖武当、郧乡、丰利三县,属山南东道。题记应为"郧乡县",地在今湖北省郧县境内。据《元和郡县图志》卷 21:"均州……赋绢、布、绵、麻",与题记内容是切合的。

"婺州",属江南道,领金华、兰溪等 7 县。地在今浙江省金华地区,据《新唐书》卷 41《地理志》,土贡"绵、葛、纻布……"。

"婺州兰溪县",以溪水得名,地在今浙江省兰溪县。

"湖州安吉县",湖州(吴兴郡)属江南道,下辖乌程、安吉等五县,安吉地当今浙江省安吉县,《新唐书》卷 41《地理志》记湖州"土贡:御服、鸟眼绫、折皂布、绵绸、布纻……",可见当地丝、麻纺织业均盛。

"郧(?)县",《丝绸之路》图版 62 所载"郧县庸调麻布",似还可斟酌。查新、旧《唐书·地理志》、《元和郡县图志》等书,均不见郧县。细审原件,"郧"字"贝"、"阝"均清晰无疑,唯"口"字头笔划不清,此字很可能当为"鄮"字,鄮县,唐代属江南道明州(余姚郡),为明州治所,地在今浙江省宁波地区。

"澧州慈利县",澧州(澧阳郡)属山南道,下属四县:澧阳、安乡、石门、慈利。《新唐书》卷 40《地理志》记"土贡:纹绫、纻练缚巾……",地在今湖南省慈利。值得注意的是在调布题记文字之首有"蛮田元卿"数字。古代湖南是蛮族的居住地区,而田姓为蛮中大姓,历代史传

---

[1]《旧唐书》卷 39,《地理志·山南西道》。

中有关记载不少。[1] 田姓或为蛮中渠帅,或被收抚成为地方大员。南北朝时,曾规定"蛮之顺附者,一户输谷数斛,其余无杂调",[2]赋敛轻于汉族居民。所以,刘宋时曾有汉族人民因不堪苛重赋敛,逃亡到山区依附蛮族的。入唐,对蛮族也征收庸调,从田元卿所纳庸调布可以说明。

"陵州"。属剑南道,下属仁寿、贵平、井研等 5 县,州治仁寿县,地在今四川省仁寿县境。"土贡:沙金、鹅溪绢、细葛……"。[3]

"双流县",剑南道成都府下辖成都、华阳、广都、新繁、双流县等 10 县。双流县地在今四川成都地区。

"益州都督府",属剑南道,原名成都府,武德元年改称益州,管益、绵、陵等十七州。[4] 地在今四川省境内,府治在今成都附近。吐鲁番县出土带墨书题记的几件绢、绫,主要来自四川成都平原,反映了这里是唐代重要的丝织业基地。

25.4 庸调布进入新疆的途径

唐代中原的麻、丝织物,通过军资、赏赐、货币流通等途径,到达新疆地区。

新疆地区唐代属陇右道,建置有安西大都护府、北庭都护府、伊州、西州等。据《新唐书》卷40《地理志》,在这一地区有伊吾军,驻伊州西北甘露川;天山军、驻西州;瀚海军、清海军、静塞军,驻北庭都护府境;保大军,驻碎叶城。此外,在吐鲁番县唐墓出土文书资料中,还见到疏勒军、玉河军、金牙军、萧乡军等名称。[5] 这些军队,包括边地驻军和因有紧急任务而临时调集的征行部队,军名不止正史所记。他如守捉、

---

〔1〕《宋书》卷 97,《夷蛮列传》;《南齐书》,卷 58,《蛮、东南夷列传》;《南史》卷 79,《夷貊列传》(下);《北史》卷 95,《蛮列传》等。

〔2〕《宋书》卷 97,《夷蛮列传》;《南齐书》,卷 58,《蛮、东南夷列传》;《南史》卷 79,《夷貊列传》(下);《北史》卷 95,《蛮列传》等。

〔3〕《新唐书》卷 42,《地理志·剑南道》。

〔4〕《旧唐书》卷 41,《地理志·剑南道》。

〔5〕新疆博物馆藏吐鲁番出土唐代文书。

镇、烽、戍等,出土文书中见得更多。

边防部队主要征发自内地。《旧唐书·吐蕃传》说:"贞观中……侯君集平高昌,阿史那杜尔开西域。置四镇。……于是岁调山东丁男为戍卒,缯帛为军资。有屯田以资糗粮,牧使以娩羊马。大军万人,小军千人,烽戍逻卒,万里相继,以却于强敌。"维持这样的部队,每年耗费军资决非小数。唐代史籍中谈及供军资的布绢端匹动辄数万、数十万,新疆地区所占比重颇大。据《通典》,天宝时期,"诸色资课及勾剥所获不在其中",唐朝政府"租税庸调每岁钱粟绢棉布约得五千二百二十余万端匹屯贯石","其度支岁计粟则二千五百余万石,布绢绵则二千七百余万端屯疋"。这二千七百余万端匹屯中,"千三百万入西京,一百万入东京,千三百万诸道兵赐及和耀并远小州便充官料邮驿等费"。"自开元中及于天宝……每岁军用日增。其费耀米粟则三百六十万匹段",其中"伊、西、北庭八万,安西十二万";"给衣则五百三十万",其中"伊、西、北庭四十万、安西三十万",[1]西域大地,全年仅"耀米粟"及"给衣"资费即达九十万匹段,占全国同类开支的十分之一。

前引《通典》资料,所述只是较为正常的军费开支,"而赐赍之费不与焉"。关于赏赐的开支,虽未见统计数字,但估计亦不会少。在吐鲁番出土的唐代文书中,有一件称:

"……其安北都

护府诸驿赐物于灵州都督府给,单于大都护符诸驿赐物于(朔)州给,并请准往

例相知给付不得变……安北都护府……已数于灵州……"[2]

从这一文书残件可以看出,唐朝政府对边境都护府、都督府所属"诸驿",每年都要准成例"给付赐物"。这类"赐物",集中在邻近地区的一个中心点进行分发。又一件吐鲁番出土的唐开元二十一年文书,提到唐京兆府华源县人王奉仙并驮主徐忠"(驱)驴送兵赐至安西输纳

[1]《通典》卷6,《食货·赋税下》。参见《旧唐书》卷38,《地理志》。
[2]新疆博物馆藏文书72TAM230:46(2)。

了"，安西大都护府发给了回京"过所"；王奉仙回程中因故被拘，审讯中详述了原委，才得恢复自由。[1]

随着府兵制的废坏，唐朝政府补充以募兵办法。按制度，戍边士兵三年一代；由于路途遥远，为俭省来去困难，政府征募可以更驻三年边防人员，"赐物二十段"，这种人称为"健儿"。[2]《唐六典》卷5《尚书兵部》："天下诸军有健儿……丁壮情愿充健儿，常住边军者，每年加长例给赐，兼给永年优复。其家口情愿同去者，听至军州，各给田地屋宅……"在新疆和田丹丹乌列克遗址，曾出土唐建中三年"健儿"马令痴急要钱用，向当地僧人虔英借高利贷的一件契纸。[3] 可见这种健儿在唐代西部边疆地区是存在的，赏赐他们的物资应该也是有的。

唐代，绢、布与铜钱一样，可作为货币使用。据开元二十年九月二十九日有关公文载："绫罗绢布杂货等交易，皆合通用，如闻市肆必须见钱，深非通理。自今后，与钱货兼用，违者准法罪之。"[4]从吐鲁番出土的不少唐代买卖牲畜、家奴的"市券"文书可以看到，除以铜、银钱作价外，还有以绢、布计值的。这样，在民间的商业往来中，也会有麻布流入新疆地区。

25.5　从庸调布精粗看唐代社会

前述有墨书题记的 17 件庸调布，其布幅宽窄、每平方厘米的经、纬线数，差别颇大。除这些有题记的庸调布外，出土更大量的不见任何题记的麻布，从大块的完整的被褥至小件的谷物袋、袜套等。我们曾选择小部分比较完整的唐代麻布进行了分析。统计表明，同是唐代麻布，布幅宽窄、布质疏密相差颇大：幅宽 50~60 厘米的较多，幅宽 40~48 厘米的较少。最细密的一件每平方厘米经线 15 根、纬线 13 根；最稀疏的

---

〔1〕《文物》，1975 年第 7 期，第 19 页，图 12、13。

〔2〕《玉海》卷 138，引《邺侯家传》。

〔3〕[英]A. 斯坦因《古代和田》，牛津大学出版社（1981 年印度宇宙出版社重印），1907 年，第 527 页。

〔4〕《唐会要》卷 88，《杂录》。参见《大唐六典》卷 3，《尚书户部·金部郎中员外郎》。

一件每平方厘米经线 8 根、纬线 6 根;大多数则经线 10 ~ 12 根、纬线 10 根左右。

调布,是唐朝政府赋敛的重要物资。开元八年二月唐朝政府在关于庸调的敕文中曾明令重申:"顷者以庸调无凭,好恶须准,故遣作样以颁诸州,令其好不得过精,恶不得至滥。任土作贡,防源斯在。诸州送物作巧生端,苟若付于斤两,遂则加其丈尺。有至五丈为匹者,理甚不然。阔尺八寸,长四丈,同文共轨,其事久行。立样之时,已载此敷。若求两而加尺,甚暮四而朝三。宜令所司简阅,有逾于比年常例,丈尺过多者,奏闻。"[1]布幅宽窄、密度不一,可能与各地流行的织机、传统习惯有关。但主要原因之一,应该在于劳动人民反抗封建政府和经济剥削,把减少麻布幅宽、降低密度作为一种斗争手段。唐朝政府规定庸调布标准,重要目的之一也就是对这种抗争手段进行限制、打击。根据新疆博物馆所藏吐鲁番阿斯塔那出土唐代木尺计量,[2]一尺长度约为29 厘米,一尺八寸约当 52 厘米。出土麻布实物大部分与这一规定相去不多,但也有不符合这一规定的,如部分麻布每平方米的经纬线数只及较细密的麻布的一半。这是劳动人民对封建统治阶级进行反抗的一种表现。

---

〔1〕《通典》卷 6,《食货·赋税下》。参见《旧唐书》卷 38,《地理志》。

〔2〕《新疆出土文物》,文物出版社,1975 年,图版 171。

26　阿勒泰山洞窟彩绘

　　"在新疆阿勒泰山中早已发现的洞窟彩绘,其主体部分,可以肯定,是旧石器时代的遗存。"这是一份晚了34年、完成得过分迟缓的研究结论。

　　1965年夏,作者偕故友易漫白教授及王明哲先生一行,在阿勒泰山地区进行考古调查,历时5个多月,栉风沐雨、艰苦跋涉,行程在万里以上。那次考古调查,对当年的新疆科学院分院历史研究所考古组来讲,是一项不小的工程,几乎投入了考古组的全部力量。从新疆阿勒泰考古来看,这是中国学者第一次进行的全面考古调查,虽装备简陋,知识准备不足,但考古文化遗存却发现良多。工作中,于阿勒泰阿克塔斯、富蕴(柯柯托海)唐巴勒塔斯、哈巴河县别列泽克河谷多尕特等处岩洞中发现的赭红色彩绘,其环境的奇特、洞窟的诡异、令人难以简单索解、满溢神秘韵味的画面,都给人以强烈的震撼和无法忘怀的感受。不幸的是调查工作甫毕,"文化大革命"随即开始,运动过后,珍贵的记录档案、摄影资料均散失不见。

　　1985年去法国访问,在友人的好心安排下,作者得有机会进入拉斯柯旧石器时代彩绘洞窟原址参观。在强烈感受数万年前人类祖先为生存发展而进行的艺术创作及其辉煌成就时,又一次想到了我们自己在阿勒泰山中发现的洞窟彩绘。

　　20世纪80年代以后,从不少报导阿勒泰岩画的文章中,陆续见到

· 欧 · 亚 · 历 · 史 · 文 · 化 · 文 · 库 ·

495

有关这类洞窟彩绘的消息,[1]但却始终没有完整、准确地介绍,少有深刻入理地分析。许多文章,或回避岩画时代,或只是一般判定而不谈具体理由。这一状况,自然不能引起学术界的应有关注。如此重要的资料,长期面对着这样的冷漠,确实令人遗憾。

1999 年初,辽宁人民美术出版社邀约我完成《中国美术分类全集》岩画卷中新疆分册,这给了我又一次接触这批洞窟彩绘的机会。也逼着我不论愿意与否,都必须对阿勒泰山中的这批洞窟彩绘遗存做出一个交代。独坐斗室,面对这批洞窟彩绘资料,朝朝暮暮品味,思路逐渐明朗:虽然不能排除个别洞窟中有后期的彩绘混扰(如喇嘛教的六字缄言等),但总体分析,它们是新疆地区原始社会初期居民在阿勒泰山中保留下来的珍贵历史文化信息。其相对时代,可以早到旧石器时代晚期;而绝对年代,可能在去今一万年以前。

毫无疑问,这批资料对研究新疆早期居民的思维特点、原始宗教信仰、巫术、艺术实践,甚至西欧与中亚早期可能存在过的文化联系等,都是极其珍贵、怎样估价也不过分的科学资料。思想及此,决心做一番清理工作,完成一份阿勒泰山中已见彩绘洞窟的报告。希望借此引起国内外考古、艺术、文化人类学、宗教等相关学科学者们的注意,共同关心、共同努力开掘这一远古历史文化资源,为早期新疆文明史的研究补充空白的一页。

26.1　洞窟彩绘遗迹

阿勒泰山,山体呈西北—东南走向,其中段南坡山体横亘在新疆北部,在新疆境内东西长约 800 公里,南北宽 80 ~ 150 公里。山势由西北向东南,呈阶梯状递降,具有显明的垂直层次地貌特征:随海拔高度变化,形成个别的草原植被,为牲畜在春、夏、秋、冬四季的放牧,提供了良好的草场,形成新疆北部地区最重要的畜牧基地。故自古以来,阿勒

---

〔1〕如《中国阿勒泰山岩画》,第 63 ~ 71 页;《阿勒泰山草原文物》,第 54 ~ 56 页;《新疆文物古迹大观》,第 348 页等。

泰山内外,一直是游牧民族活动的理想舞台。

在阿勒泰山地,已见洞窟彩绘遗迹不少于 10 处。主要的有如下几处:

(1)阿勒泰市阿克塔斯:位于阿勒泰市巴里巴益乡,东南距阿勒泰市约 25 公里。海拔 1000 米,在一区孤立的花岗岩山丘上,为一浅槽状洞窟,洞口呈半圆形,方向朝南。洞口长约 13 米、高约 1 米、深 1～4 米。山丘周围为平坦草地,一条小溪缓缓流过,适宜放牧。

洞内,以赭红色彩绘女性生殖器图像。其形略如瘦长的纺锤:长16 厘米、中部最宽处 7 厘米。其上,见短线 50 道,其下,为一条似勾勒臀部的弧形曲线。较深入,又 4 个舞人及 40 道短线。人物均两手上举,两腿叉开。洞窟深处,在一长条彩色短线下,为一高 16 厘米的舞人(见图 26.1)。

(2)富蕴县唐巴勒塔斯:居富蕴县喀拉布勒根乡唐巴勒塔斯村,绘彩洞窟处于一半山腰花冈岩石上,高出地面约 25 米。因长期侵蚀,嶙峋怪异。洞窟口宽 20 米,高 11.5 米、深 11.8 米,全窟开阔,可容数十人。洞窟南东,是一片倾斜的缓坡草地,可供人群集聚。窟内赭红色彩绘,内容相当复杂。

洞顶正中,为一特殊的几何形印记。洞窟正壁右上方及右壁赭绘二人面纹,戴尖帽。其一,高 72 厘米、宽 63 厘米,帽顶高 25 厘米;其二,高 170 厘米、宽 102 厘米。人面额顶部位绘有平行线 22 道,在平行线道组成的弧形圈下有一对眉形纹,其下有 3 个眼睛状的图像。这一尖顶帽下,是 4 个显目的由两道彩线构成的椭圆形圈。其一,赭红色彩绘,近圆形,外圆径 70～72 厘米,内圆径 25～40 厘米,正中有一道曲线。其二,岩石上平涂赭红色为地,以白色绘椭圆形,长径 49 厘米,内有一白色小圆,直径 17 厘米。其三,以赭红色线绘椭圆形,长径 80、短径 42 厘米,内圆长 25～28 厘米。其四,涂白色为地,红色椭圆,径分别为 35、57 厘米,内圆径分别为 8、12 厘米。椭圆形圈内,再以白色绘出小圆,或绘蚯蚓形曲线。这 4 个椭圆形图像,画面既宏大,又处于最显目的地位。因此,是这一洞窟中居于主体地位的崇拜对象(见图版 74、

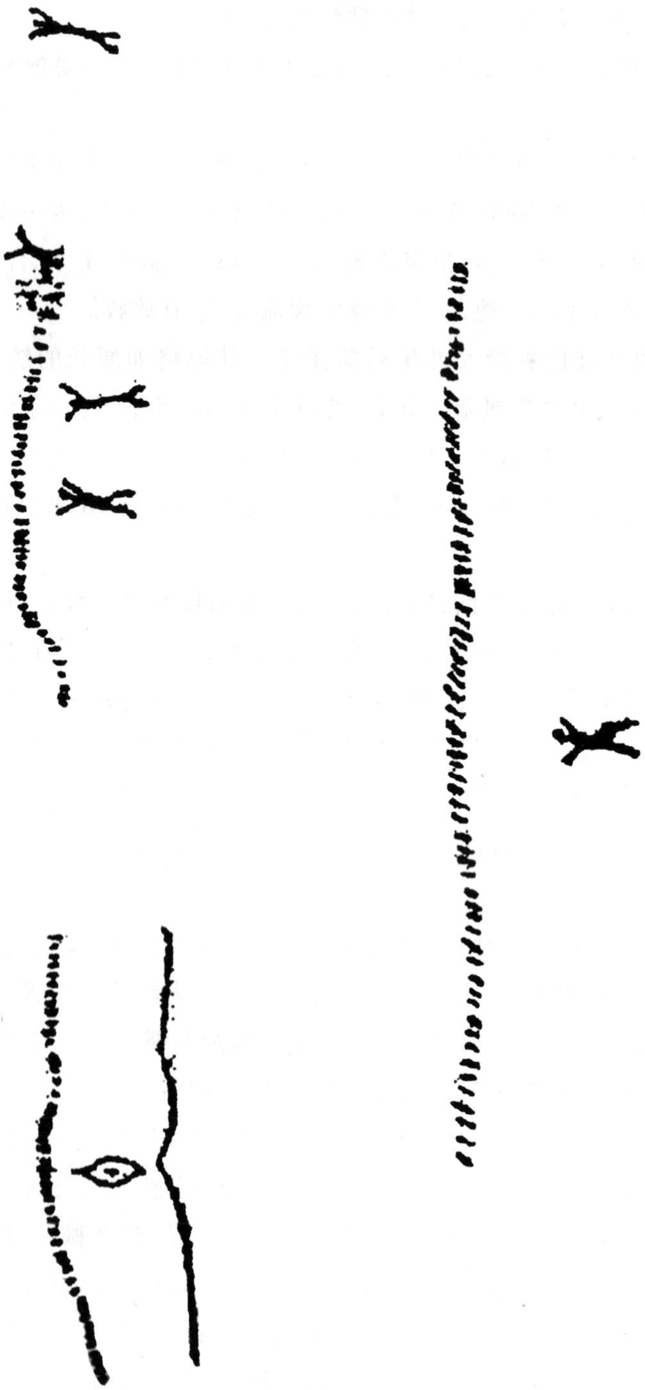

图26.1　多尔特洞窟彩绘线描图（1）

图版 82）。

与这一洞窟相距约 60 米，为又一石洞。洞口宽 4.9 米、高 3.2 米、深 4 米，洞窟内共彩绘人物 32 人。其中一人手持弓箭，其他人作分组舞蹈状，一组 5 人，一组 4 人，又一组 14 人成三排，其他人较分散。这几组人物的舞姿相同。

（3）哈巴河县沙尔布拉克彩绘洞窟群：哈巴河县居阿勒泰山西部，属海拔 600 ~ 700 米的低山丘陵及河谷地带，是适宜于牲畜越冬的冬草场所在，大量岩画及洞窟彩绘就分布在这片地区。洞窟彩色绘画，主要见于沙尔布拉克乡喀拉托贝牧业村的多尕特沟。沟谷左右是一片山形奇特的风化山丘，山丘间有一些大小不等、或深或浅的洞窟。这些洞窟，状貌奇特，空间大者若殿堂，小者如蜂房壁龛。山丘下则清溪长流，绿草如茵，充满生命活力。在这里的洞窟中施绘彩画，与上述环境当有密切关联。

多尕特沟内发现彩绘洞窟七处：

其一，洞口宽 1.6 米，洞高 1 米。洞口一壁，以赭红色线条勾勒出 3 人、4 牛、一竖条型印记。3 人分别高 27、30、23 厘米，两臂下垂，双腿叉开。牛分别长 34、30、31、29 厘米，有角，两牛作行进状，两牛相对而立。

其二，洞窟稍大，在高 126、宽 130 厘米范围内，以点、赭红色线绘出人物、三角形图像：上部为 8 个几何形人体，成两列；其下为两条短杠构成的横线；更下为短杠构成的弧形；最下为三组锐角三角形；三角形下，为三个舞人。整个画面，似几何图形（见图版 82）。

其三，洞口宽 1.7 米，高 1.5 米，深 1.3 米。岩壁左下方以赭红色绘牛一头（长 23 厘米），牛下绘赭红色小人，小人身下为一个头戴尖帽、两臂下垂、双腿屈蹲的强壮人形，高 33 厘米。岩壁右上方绘一黍穗状图像（高 39 厘米）。岩壁中部则是大量几何形图像，或平行，或直列，或作弧形，密密麻麻，给人以神秘感。

其四，与一号洞相去不远。洞口宽 1 米，深 1 米，高 0.9 米。洞内以深赭色彩绘了一排小木棍似的纵列竖线，高 3 ~ 4 厘米，排列成 65 厘米长，形若木栅。

· 欧 · 亚 · 历 · 史 · 文 · 化 · 文 · 库 ·

其五,洞口宽 1 米,深 0.9 米,高 0.8 米。赭绘两人,分别高 20、25 厘米,作舞蹈状。

其六,洞口宽 1 米,深 1 米,高只 0.5 米。在这样一个很小的壁洞内,赭绘 1 人,2 牛。人高 26 厘米,头部饰两角,双腿叉开,似有尾饰。前部两头牛,长 42 厘米,但只有牛身之前半部。

其七,彩绘岩洞高出沟底约 20 米。岩洞口宽约 8 米,洞高 2.8 米,深 4.5 米,相当宽敞。彩绘赭红色,绘于岩洞正壁,画面 2.5×4.5 平方米,气势宏大,内容复杂。具象画面,可见牛、马等大兽及人物、手印、脚印,人持三角形大盾,手持长棒击兽。并见大量不具象的圆点、短杠道,构成复杂的几何图形:如兽、似栅,多道平行线,三角及弧形类的奇怪图案充满画面,神秘而诡异(见图 26.2)。

类似的洞窟彩绘,在阿勒泰市的巴尔也恩巴斯陶、布尔津县的桑木尔生布拉克也有发现,但画面不是十分清晰,保存情况不好。

此外,在天山、昆仑山中,这类彩绘岩画也偶有所见。西天山北麓特克斯县乌勒泽克乡村北阿克塔斯洞窟,是天山彩绘岩画之一例。洞窟口宽 5 米、洞高 2.5～3 米左右,岩洞面积达 48 平方米,窟内以赭红色绘画马、羊等动物及女阴图像及一些圆形图案。

昆仑山北麓皮山县境阿日希翁库尔,也有一处岩洞。洞口高 4～5 米,深 4 米左右,由于洞窟高大,成了现代牧人的住宿处。窟内原来赭红色绘画图像,已多为烟熏痕迹覆盖,只能依稀觅见图形、手印。

帕米尔东麓,叶城县棋盘乡阿子冈沙勒村见彩绘手印纹。

据此可见,这类洞窟彩绘在新疆曾多处存在。但目前保存较多、稍好的处所,只是阿勒泰山地。本文以阿勒泰山所见洞窟彩绘为对象,进行比较具体的分析。

26.2　彩绘内容剖析

认真剖析阿勒泰洞窟彩绘遗存,可以捕捉到下列文化信息。

26.2.1　女性生殖器崇拜

有关这一主题的典型画面,是阿克塔斯洞窟彩绘。这幅彩绘比较

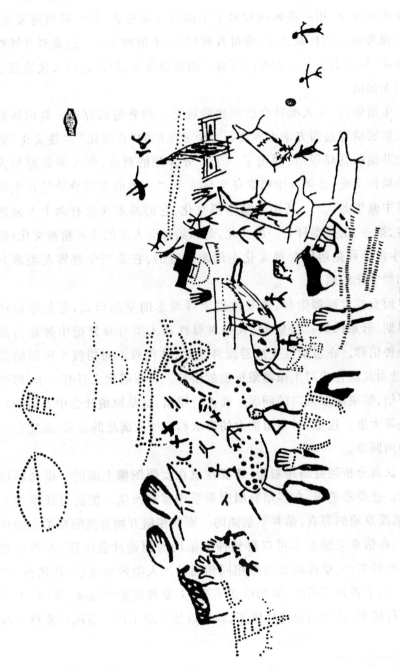

图26.2 多尔特洞窟彩绘线描图（2）

简单。唯其简单更接近于写实,可以清楚看到绘画主人的意旨:在居中的女阴形象下,用一条弧线勾勒了丰满的臀部轮廓,其上横列的短线,既可视为阴毛的朴素描述,也可看成草原、土地的象征。这是对女性性器抽象、但离真实并不太远的写真。画面虽简单,但传达的文化信息是明白无误的。

生殖崇拜,在人类社会的原始阶段是一种普遍的存在。赵国华教授在彻底清理过西方学术界流行一个多世纪的"食文化"、"性文化"的理论并揭明其局限后,提出了一个十分深刻的观点:深入研究原始人类的精神文化,必须从生殖崇拜文化入手,"人类的文明恰恰是在生殖崇拜中诞生的"。[1] 所谓生殖崇拜文化,它的基本含意有两个方面的内容,第一,生殖崇拜是一种文化,是原始社会人类的主要精神文化;第二,生殖崇拜是运用种种文化手段来表现的,它是当今世界人类多方面灿烂文化的萌芽。

而女性生殖器崇拜,则是生殖崇拜观念的早期形式,它是原始社会早期、母系氏族社会阶段,人类对母性在人类自身繁衍中神秘力量的一种信仰。在对女性生殖器崇拜之后,才出现了对男性生殖器的崇拜,进而又演化成对生殖器象征物的崇拜。其深层含义只有一个,即生殖繁衍,解决增加人口的问题。而人口增殖,这是原始社会中人们面对的头等大事。这里,对生殖能力的追求和对性欲满足的追求,是完全不同的两回事。

认真分析阿克塔斯彩绘,还要注意在女阴图像上面的一横列彩道短线。这类彩道线,在多尕特洞窟彩绘中多有所见。把这道线视为土地、繁茂草原的写真,是并不勉强的。而在相信万物有灵的原始人的观念中,在信奉交感巫术可以得到神灵佑助的原始社会阶段,人的生殖与土地的丰产、草被的繁荣是相同相通的。人类曾经虔信,在播种、植物结子、丁香开花不旺、果园结实不丰,夫妻都须要到地头、果园、丁香树下行房事,认为只要这样做了,即可以使土地丰产。英国作家詹·乔

---

〔1〕赵国华《生殖崇拜文化论》,中国社会科学出版社,1990年,第389页。

·弗雷泽的名著《金枝》,对此曾有很生动地揭示。[1] 也正是在这一基础上,才会把女性、母亲、土地、生命联系在一起。因此,阿克塔斯洞窟中彩绘的女阴图像,其下一条曲线,其上横列的短线,实际既表现着对人口繁衍的追求,也包含着对土地丰产、草原茂盛的祈祝,其寓意是很深刻的。

将阿克塔斯洞窟彩绘中的女阴、草地图像作为一把钥匙,用以观察与阿克塔斯彩绘洞窟相去不是很远的富蕴唐巴勒塔洞窟,其文化内涵可以得到比较清楚的揭示。在这区可容数十人的宏大洞窟中,彩绘比较复杂,但细致观察,作为彩绘主体的实际是三组内容:

(1)洞顶正中,绘一特殊的几何形印记。

(2)洞窟正壁,是十分宏大醒目的四个椭圆形图像。这几个占据了画面主体地位的圆形,明显也是女阴的写真,中间小圆,可以看作为生命之门的阴道。

(3)洞窟正壁右上方及右壁,绘倒置的戴尖形帽的人面纹。这种尖帽人面,与保留至今的大量民俗学资料作比较,可以确定,它正是能通神的萨满的形象。清代方式济《龙沙记略》中对此有相当形象的描述:"降神之巫曰萨麻(满),帽如兜鍪。缘檐垂五色缯条,长蔽目,外悬二小镜,如两目状,着绛布裙。鼓声阗然,应即而舞,其法之最异者,能舞马于室,飞镜驱祟。又能以镜治疾,遍体摩之,遇疾则陷肉内不可拔,一振荡之,骨节皆鸣,而疾去矣!"因此,这戴兜鍪形尖帽的人面形象,正是阿勒泰地区游牧人心目中的萨满神,它也是萨满崇拜的证明。

萨满信仰在欧亚北方游牧民族中发生得极早,原始社会即已出现。它是早期游牧人与神灵交通的桥梁,在早期游牧人的观念中,通过萨满实施一定的法术即可获得神灵的佑助,实现人们的愿望,如人口、牲畜繁衍,祛病禳灾,获得一方平安。因此,这一洞窟中的尖顶帽及女阴图,实际表示着祈求女性具有强大的生育能力。萨满是一种异己于普通游牧民的人物,它具有交通神灵的超凡力量。而这奇诡非人力可

---

〔1〕[英]詹·乔·弗雷泽《金枝》,中国民间文艺出版社,1987年版,第206~211页。

完成的洞窟,可以被视为神居之所,是行巫作法的殿堂。

26.2.2　围猎

在原始社会早期游牧人的生活中,大型围猎是十分重要的生产方式。围猎的对象主要是形体较大、动作不十分灵活的食草类动物,如牛、马等大兽。哈巴河多尕特洞窟彩绘正是记录着这么一幅围猎的图景。面对这一满洞缤纷赭红的图像,不少人都沉没在了纷繁头绪之中,而不能理清楚其脉络。但细细审视,则在抽象的点、线包围之中,实际绘画的是三头已倾扑在地的大牛,身上或中投枪,血流如注;另有五头牛、马仍为正常之姿,但同样或身负投枪,或已处于猎手们的重重包围之中。与这类牛、马杂处的人物,或持三角形大盾,或举棒状物,也有的经过伪装,外形如兽的。必须强调注意的是,所有人物均未见手持弓箭;而包围在这围猎图四周的,有以红色短线连成的平行纹,或平行线下更附弧形、三角形,构成特殊图案,再有就是多量的手印纹、脚印纹。主体画图表示着围猎的成功,而手、足纹则可能表示这些手、足印纹的主人,当年实际是这一围猎活动中的参与者们,在祈祷胜利、成功降临在他们的身上。

这一围猎图像,除少数三角形、弧曲线构成的半圆、栅状物、平行线等几何符号还不能准确把握其内涵外,应该说,其表示或祈求围猎成功的意旨是十分清楚的。而这,与西欧旧石器时代洞穴岩画中表示的围猎图像,主题完全一致,思路也是同一的。如果要说差异,只是法国、西班牙等地旧石器时代洞穴彩绘更形象、写实,而阿勒泰地区相对较为稚拙,用勾线表示的动物形体比较简单。另外,更多了一些抽象图案,因此也就更增加了画面的神秘性。

26.2.3　抽象符号

与基本清晰的人物及牛、马等食草类大兽并存的,是多量不具象的几何形符号,甚至不成几何形的符号。主要的是三角形、平行线、似栅栏的图形,以红色短线构成的近圆形或半圆形曲线。这类圆形曲线,总有一个缺口,不完全封闭,似为陷阱;其他如黍状棒形、密布的圆点、手、足纹等。这些抽象符号多绘画得相当仔细,明显曾有精心设计的痕迹。这类符号究竟有怎样的寓意、文化内涵尚不明确,但它们有着特定的思想文化内涵,却是可以肯定的。按一般的概念,高峻的山,是男性生殖器的象征;而许多的成行成列的短线,据阿克塔斯彩绘推断,则可视为象征繁茂的草原、强大的生命力和繁殖能力,可以作为女阴的代表。可见这类符号的核心内容之一,当也是对生殖能力的寻求,同样是生殖崇拜的表现。

26.3 以巫通神

祈求氏族人口繁衍,渴望围猎成功、食品无缺,这是原始社会早期人们普遍存在的祈求。实现这类追求,既关系氏族、部落的生存,又存在着许多当时的人类无法把握的因素。面对这难以确定的前景,在他们的观念中,认为必须求得神灵的护佑。向神灵表达这一人间愿望,又必须通过巫(萨满)的施法。巫者通神,自然不是什么处所都可以的,而要选择在一个易于通神的特殊环境中。这一套原始思维法则,在阿勒泰山地彩绘洞窟遗址中,我们是可以清楚触摸到的。

全面观察阿勒泰山彩绘洞窟之环境及彩绘内容,可以得到以下概念:

(1)这里曾是巫师作法之地,也就是巫师通神之所。这些地点外形诡异,非一般人力所可造就。

阿勒泰所有彩绘岩洞,都是一些人迹罕至、地势高峻的处所。经过长期侵蚀,洞窟奇形怪状、幽深晦暗,让智识未开的原始人面对这些洞窟,只会感到它们具有不同寻常的特质,是极度神秘之处所。而且,在这类岩洞的下面,往往都还有大块适宜于人群聚集的草地。岩洞高高在上,人群只能驻足仰视,虔诚膜拜。巫师在这类处所作法,具有更强烈的震慑力量。

(2)巫师施法,必须借"萨满"通达神灵。这种"萨满",似人非人,它一般情况下是人,但在特定场合,又成为神的化身、神的代表,是氏族的保护人。在远古的原始社会,它的形象根据唐巴勒塔斯彩绘,是一种

·欧·亚·历·史·文·化·文·库·

戴尖顶帽的人面形象。前引清人方式济有关北方民族萨满形象的描述,正是早期崇拜的遗留,可以看到文化上的传承。

(3)从阿克塔斯、唐巴勒塔斯岩洞中绘画的女阴,多尕特洞窟中表现的盛大围猎,生动、具体、但又十分深刻地揭示了原始社会早期人们最关心的社会问题。正如大量研究著述反复说明的,在早期游牧人的生活中,人口增殖、牲畜丰产、围猎成功,是人们面对的最大课题。而不论是人类子嗣繁衍,还是畜群蕃育,或围猎野兽,对早期游牧民来讲,既是最紧迫的关系到氏族部落生存、发展的头等大事,又是自己不能掌握、存在着多种可能性的现实。因此,原始人必须在这些领域中寻求神灵的帮助、护佑。于是,巫术在这些环节上显示了最强有力的功能。从这些方面观察,阿勒泰山中的早期洞窟彩绘,不仅是当年原始人实行巫术的形象记录,确实也是难得的原始社会思想文化史的最珍贵篇章。

26.4　彩绘时代

在大概探求了有关洞窟彩绘的内容、性质后,有必要对其相对、绝对年代进行分析。

笔者的观点:它们是不晚于旧石器时代晚期的遗存,绝对年代当在去今一万年前后。[1]

做出这一判定,主要根据在于彩绘本身显示的思想文化特性,在于只有那个特定历史阶段才具有、而与其他历史阶段不同的社会生活画面。

旧石器时代的原始人类,生活是特别艰难的。采集、狩猎,是其生存的最主要手段。这一点,和其后的新石器时代存在很大的差异。围猎须依靠群体的力量,如设陷阱、掷投枪,是围猎的主要方式。在哈巴河县多尕特洞窟彩绘中表现的围猎场面,相当宏大:在手印纹、神秘几

---

〔1〕苏北海《新疆洞窟彩绘岩画反映的母系氏族社会特色》,曾提出旧石器时代的观点(载《新疆岩画》,新疆美术摄影出版社,1993 年,第 407 页),只是有关结论未见具体深入地剖析,故并未引起学界的注意。

何图案的环绕之中,一群牛、马已陷入重围。猎人均徒步,从中枪的大兽看,致命的武器只是长矛、投枪,绝不见弓箭。围猎的对象,是体大、多肉的食草类动物,如牛、马。这类动物性较温顺,不会食人;行动稍缓,易于围猎成功;每获一头,可供多人食用,甚至食用多日。这与欧洲如法国、西班牙等地,一个世纪以来大量发现的旧石器时代洞窟彩绘围猎图形比较,多有相同相通之处。但阿勒泰彩绘时代相对较晚,所以阿勒泰彩绘中多了不少抽象图形。

第二个重要根据,是围猎图像中猎人不知弓箭,这是表明其旧石器时代文化特征最重要的标志之一。[1] 弓箭的发明、使用,是原始社会阶段最伟大的成果,是表明人类步入新石器时代的重要根据。在阿勒泰山区已发现岩刻画遗址点有 80 处,每处岩画点,画面多者近百,少者也有十多幅甚至数十幅。这些画面中,狩猎活动可以说是所在多见。而狩猎的方法,一无例外都是猎手们雄强的站立着弯弓射箭。艺术源于生活。这一截然不同的刻画内容、表现手法,只能说明当年在多尕特洞窟中施彩绘画的主人,还不知道弓箭为何物。他们熟悉的还只是多人合围,以投枪为武器,他们确实还没有步入新石器时代的门槛。

与围猎、不知弓箭完全切合,画面中显示的求育观念,是女阴崇拜。这也是人类早期、旧石器时代居统治地位的一种观念。

主要根据这三点,可以判定阿勒泰洞窟彩绘主要是旧石器时代晚期的遗存。之所以说"主要是"旧石器晚期遗存,是考虑到不能排除在其后的历史年代中,还在洞窟中进行着彩绘。这方面也有一些例证可寻:一是,富蕴县唐巴勒塔斯又一处岩洞中的舞蹈人图像,出现了一人手持弓箭的形象。这自然只能是晚出的观念。二是,在一些洞窟中见到藏文书写的六字缄言。

论证阿勒泰山中的这批洞窟彩绘是旧石器时代晚期人类遗存,还有其他一些辅证。如断定出现在一万年以前旧石器时代晚期的彩绘,

---

[1]苏北海文,认为三角形大盾是"箭",不确。箭须与弓成组,方可发挥作用,没有手持箭头打猎的。

前提条件是这片地区必须存在旧石器时代的人类遗址。目前,已有足够资料说明,阿勒泰山地区已经发现了旧石器时代遗址,而且是古代人类遗存比较丰富的一个地区。在阿勒泰山中段南麓,主要应是考古工作的局限,虽至今还没有发现旧石器时代人类活动遗址(这一洞窟彩绘遗存除外),但在俄罗斯新西伯利亚阿勒泰地区,已经发现多处旧石器时代遗址,主要如戈尔诺—阿尔泰斯克市乌拉林卡河旧石器时代居住遗址,时代为去今15万年前;再如阿勒泰季基列克山区的斯特拉什纳亚旧石器时代的洞穴居址等。根据这些遗存及研究其石器打制技术,俄罗斯学者曾称:阿勒泰山地区,"是地球上人类向亚洲大陆北部和东部移动的远古中心之一"。[1] 在阿勒泰山区已见的这类旧石器时代遗址,对于我们分析目前所见旧石器时代文化风格的洞窟彩绘,自然是一个基础。

　　另一件值得注意的资料,是在新疆地区东部的蒙古人民共和国的科布多省,地理上同属阿勒泰山系的霍依特采克尔河谷的一处洞窟中,也发现了赭红色彩绘:"这些岩画是用各种赭石调子的颜色画成的,可分成13组,分布在洞窟深处的壁上和顶上。有用颜料涂绘的动物的轮廓,其中有公牛、山羊,有獠牙的动物和很像鸵鸟的鸟。"有关画面作者未得可能亲见,但2005年笔者在乌兰巴托蒙古国立博物馆展览中,曾见有关彩色图片。画面中"用颜料涂绘的动物的轮廓,其中有公牛……"这类描述,与新疆境内阿勒泰山中所见洞窟彩绘可以说是相当一致的。对蒙古科布多省霍依特采克尔河谷洞窟岩绘,俄罗斯考古学者奥克拉德尼科夫认为是"一处旧石器时代的精彩遗存,可以和法国、西班牙的法兰克—坎特布利亚地区的旧石器时代洞窟艺术相媲美"。[2] 这对我们深入分析阿勒泰地区哈巴河、富蕴等地所见洞窟彩绘遗存,自然不失为有说服力的参考资料。

　　因此,我们论定新疆阿勒泰山地洞窟彩绘是旧石器时代晚期的文

---

　　〔1〕A. П. 奥克拉德尼科夫《苏联科学院西伯利亚分院的历史研究》,载《苏联考古文选》,文物出版社,1980年版,第8～12页。
　　〔2〕参见苏北海《新疆岩画》,新疆美术摄影出版社,1994年,第408页。

化遗存,是距今一万年前后的艺术珍品,有着充分的理由。

26.5 其他

通过以上论证可以肯定,主要在阿勒泰山(天山、昆仑山也有所见)的洞窟赭红色彩绘,是旧石器时代晚期的遗存。这在旧石器时代遗存还发现极少,对原始社会早期新疆文明的认识还十分不足的新疆文物考古界,自然具有不可轻估的意义。应该看到,不仅这些洞窟彩绘本身可以大大助益于旧石器时代的文化研究,遗存附近,大概也会有旧石器时代人类活动的遗存。根据这些线索,重点关注、详加勘查,是有望发现旧石器时代遗址的。

其次,这些洞窟彩绘,不仅为我们分析早期人类的思维特征、生殖崇拜观念、巫术实践、围猎活动等提供了珍贵的资料,对我们认识原始艺术创作之产生、特色,也是难得的标本。它启示我们,原始艺术家的创作绝不是对单纯的美的追求或美的展示,而是在现实需要的驱动下,服务于现实生活的紧迫需要,才进行了这类艺术创作的。也就是说,功利是这类艺术创作中最根本的动力。

再次,值得注意的一点是19世纪以来,在西欧法国、西班牙已发现的100多处洞窟绘画,多深藏在人迹罕至的洞穴深处,画面为赭红、黑色彩绘的水牛、野牛、马等动物被投枪、长矛刺杀的图像,时代在去今四万年至一万五千年前。这些现象,与新疆阿勒泰山岩洞中所见彩绘有不少相通之处:以赭红色颜料涂绘大动物形体或以色线勾勒动物轮廓线;图像均置于岩洞之中;围猎方法也是投枪、长矛。这些外表的相类是表现着一般的共性,还是在一定程度上显示着彼此间曾有的联系和交流?这是一个耐人寻味、也值得进一步探索的问题。

阿勒泰山中存在的这些洞窟彩绘,自20世纪60年代开始调查,20世纪80年代以来陆续见诸报导,已引起一些方面的注意。只是由于缺少鞭辟入里地深刻分析,还未引起学术界的足够关注。尤其是肩负着保护责任的文物管理部门,虽也在一些点上冠以"保护单位"的帽子,但终是缺少应有的具体管理。希望这篇报告可以推动相关方面对这些遗存采取认真、努力地保护措施,使这些珍贵存在不致继续受自然、人为的破坏。当然,保护的目的在利用,在于更好地为现代精神文明建设服务。如脱离这一精神,唯其珍贵,就不让人看;或必须重金以求才得一睹其面目,使珍贵文物点成了一些有钱"贵族"才得可能问津,而与一般群众无缘的所在。这样做,既背离文物保护的真谛,也使一些人借之敛财牟利有了可能,自然是绝对不足取的。

27　新疆古尸考古研究

　　新疆地区,尤其是天山以南的广大地区,气候特别干燥。在古代墓葬中,往往发现干尸。这种干尸,与人工制成的木乃伊及经人工特殊处理与特定自然环境结合而形成的湿尸不同,主要是在特别干旱的环境中自然形成的人体标本。它们出土时,除了没有水分外,基本是入土当年的情况。衣冠服饰以至人体的细部特征,大都似入葬当年,因而可以为千百年后的人们提供十分丰富的、多方面的未经学者取舍、修饰过的历史文化信息。举凡居民的种族特征、民族民俗特点、衣食住行状况、宗教信仰形态、审美艺术观念,以及人体本身的营养状况、致病原因、寄生虫情况以至自然生态环境及其变迁等等,均可由此获取难得的科学信息。在新疆这样一个以少数民族为主体,而且历史上迁徙频繁、变化巨大,但古代文献记录严重缺失的地区,其意义确实非比寻常。许多相关学科的研究者们,从医学、遗传学、环境科学到历史、艺术、宗教甚至纺织史研究等彼此差异巨大的学科,都可以从这些人体标本及相关考古材料中寻求到可贵的营养。从这一角度分析,可以看到,不论是学术界还是广大公众对新疆出土的多批古尸一直有浓厚兴趣,是不无道理的。作为最先接触、处理有关资料的考古学者,把它们完整地、条理清楚地介绍给学术界,既是义务,也是责任。

27.1　新疆出土古尸

　　20世纪初至30年代,西方学者对新疆探险考察的热潮迭起,考古学领域做了不少工作,在罗布淖尔、吐鲁番等地区发现的古尸,曾引起人们相当强烈的关注。

　　20世纪初,斯坦因在罗布淖尔荒原曾发现早期墓葬,古尸保存完好。古墓居于高土台上,“地位既高,加之自古以来气候之绝对干燥,所以露在外面的坟墓中男女尸体保存的状态极可惊异。有些尸体保存得很好,此外还有殉葬的东西。从饰有羽毛和其他猎获物件的毡帽,旁边的箭杆,粗糙的毛衣,盛食品的小篮之类看,这是一个半游猎的种族"。"俯视这些尸体,除去皮肤干枯以外,简直像熟睡了的人一般"。"这些人头的特点,很近于阿尔卑斯种型"。[1] 在《亚洲腹地》一书中,斯坦因对此有更具体地描述,死者"头戴棕色毡帽,帽有护耳翼作尖角状,帽左边装饰羽毛五枝,有啮齿动物之皮围绕于帽上。周身以毛织物包裹,衣襟交合处,系一小口袋为球状,中盛碎细枝;腰际围一羊毛织裙带,露体不着裳,足穿红色鹿皮靴。死者之面貌:双颊不宽,鼻高而鹰钩,目直,显然为一长头种型。头发卷曲如波,发短而黑"。又称"如其面貌,暗示在兴都库什和帕米尔,阿尔卑斯人种型相似"。[2]

1930 年,黄文弼先生在罗布淖尔湖畔 LH 发现古冢,死者保存不朽,埋葬习俗、服饰与上述斯坦因报导相同,死者为女性,额窄颧高,眉际画绿线三道,帽具璎珞。

20 世纪 30 年代,瑞典学者斯文·赫定、F. 贝格曼、中国学者陈宗器在罗布沙漠阿德克地点发现不少古冢,多有干尸,死者服饰形貌与埋葬方式,与上引情况类同,但在干尸腰际发现不少木箭。

吐鲁番盆地,这阶段中也发现过不少古尸。日本学者橘瑞超等还曾将这里出土的古尸标本带回了日本。目前,部分保存在韩国汉城,一部分放在了旅顺博物馆。

新疆文物考古界发掘到古尸并注意这一问题的研究,则是在距今30 多年前的 20 世纪 50 年代后期,尤其是在近 20 年内。列其大要,主要发现有:

1959—1975 年,新疆博物馆、新疆考古所在吐鲁番阿斯塔那、哈拉和卓先后 11 次共发掘晋—南北朝至隋—唐时期古代墓葬 456 座,据对其中的 265 座墓葬统计,共出土古尸 305 具,唯其中相当的古尸标本,

---

〔1〕[英]A. 斯坦因著、向达译《西域考古记》,中华书局,1936 年版,第 109~110 页。
〔2〕转引自黄文弼《罗布淖尔考古记》,北京大学出版部,1948 年版,第 55 页。

均曾经被扰乱,并不完整;部分稍好的古尸标本,目前陈列在新疆博物馆、吐鲁番博物馆,也有部分古尸封存在了当地的墓穴中。

1959 年 10 月,新疆博物馆在和田地区民丰县尼雅遗址西北约 3 公里的古代墓地发掘东汉夫妇合葬木棺 1 具,人体保存完好。

1978 年、1986 年、1991 年新疆文物考古研究所先后三次在哈密地区哈密县五堡村西戈壁上,清理发掘古代墓葬 114 座,出土古尸较完整者 11 具,如果将部分完好的肢体标本亦计算在内,则总数可达 70 多具。较好的标本,目前分别存放在哈密博物馆、新疆博物馆、上海自然博物馆(见图版 83)。

1970 年 2 月,在乌鲁木齐南郊盐湖南岸天山峡谷中,出土元代古尸 1 具,保存虽十分完好,但随后遭到严重破坏。

1979 年 10 月,新疆考古所在孔雀河下游古墓沟墓地发掘古代墓葬 42 座,出土年轻女尸 1 具,幼儿干尸 1 具;分别存于新疆博物馆及考古研究所。

1980 年 4 月,新疆考古所在罗布淖尔湖西北,铁板河入湖三角洲地带,发掘出土女尸 1 具,保存十分完好,曾对其进行了多学科的分析、研究,标本现收藏在新疆博物馆。

1985 年 9 月,在且末县扎洪鲁克乡古代墓地,新疆博物馆发掘墓葬 5 座,其中 3 座已遭程度不等的破坏。在保存较好的两座墓葬中,出土保存良好的古尸 3 具,成年男女、婴儿干尸各一,现收存在新疆博物馆;巴音郭楞蒙古自治州文管所也曾在这里先后发掘出土古尸体 5 具,现收存在库尔勒博物馆。1997 年,新疆博物馆考古队继续在扎洪鲁克发掘,又出土古尸 14 具,保存在古墓现场,成为简单的"遗址博物馆"(见图版 84、85)。

1986 年,在奇台县北塔山一处废弃的矿井中,奇台县文管所发现清代淘金工人干尸两具。死者全身捆绑严实,随身衣物完好,允许淘金的执照、工具也在身边,似为在淘金过程中因财富纠纷而被害致死。因洞穴中含盐量大,尸体保存完好。

1989 年 10 月,新疆文物考古所在鄯善县鲁克沁乡洋赫古墓地,发掘古代墓葬 82 座,在一地势稍高、浅埋的土穴中,发现婴幼儿干尸 1 具,现收存新疆文物考古所。

1991 年 4 月,新疆文物考古所在吐鲁番地区鄯善县火焰山中的苏贝希沟畔清理古代遗址、墓地各一,在 34 座战国时期墓葬中共见古尸 11 具,其中 6 具保存相当完好,肢体完整,服饰齐全,另外 5 具保存稍差。

1991—1997 年,中、日联合进行尼雅考古,在尼雅遗址发掘清理古墓葬五区,先后出土古尸 25 具,大多保存良好,现收存在新疆考古研究所。

1996 年,在巴音郭楞蒙古自治州尉犁县营盘古墓地,发现古尸 5 具,部分古尸服装完好,头部覆盖面具(见图版 86)。

1998 年初,在罗布淖尔湖东北 LE 遗址附近,发现一处墓地。墓穴多经盗扰,文物大多散失,但部分古尸保存完好。其中 1 具婴儿干尸、1 具成人干尸,被运抵乌鲁木齐,收存在新疆考古所。

除上述考古发掘的古尸外,在和田、巴楚、鄯善连木沁、哈密绿洲以东戈壁,也曾有过出土古尸的消息。

综观这些古尸出土的地点,可以看到,它们基本都在天山山脉以南,塔里木盆地周缘或塔克拉玛干沙漠深处,吐鲁番盆地、罗布淖尔荒漠或哈密绿洲。这些地区,都是气候特别干燥、土壤中含盐分稍多的地带。与之相对的天山以北地区,虽也进行过相当多的考古发掘,出土过不少人类骨骼标本,却基本不见古尸存在。奇台文管所在北塔山所见古代淘金者干尸,与尸体所在土层中含盐量极高有关,不能算作一般情况。

27.2 古尸形成原因

人体死亡后,体内细胞会开始其自溶过程,细胞中的溶酶体释放出各种蛋白水解酶和酸水解酶,使生物大分子逐步降解成小分子。除这一自溶过程外,还自然受到各种腐败细菌的侵袭,从而导致尸体很快腐败分解,这是一个自然过程。但新疆不少地区古代入葬的人体,却背逆了这一自然过程,没有腐烂,相反却以干尸的形式呈现在今人的面前,其具体原因值得我们探究。全面分析新疆古尸出土地点的气候地理环境、古尸出土情况,可以判定,形成新疆古尸的条件,至少可有下列各点:气候十分干燥、土层中含盐,人体埋葬较浅或墓穴封闭不严、冬季入葬等自然环境条件方面的因素。下面对此稍作阐述。

27.2.1　气候干燥

如前所述,新疆干尸多见于塔里木盆地及傍近的气候干燥地区,如与之相毗连的罗布荒漠、吐鲁番盆地、哈密绿洲等。从大的地理气候形势分析,它们具有同一特点:十分封闭的地形,距海洋极远,气候环境十分干燥,几乎得不到水汽补给。具体来看,在它们的南边是阿尔金山、昆仑山、喀喇昆仑山;西边,是世界屋脊帕米尔高原;北面,是纵深达数百公里、高耸入云的天山。这种因高山耸峙而极度封闭的地形使印度洋、大西洋、北冰洋的水汽无法进入。东部与甘肃邻接处,虽然有一个不大的缺口,形成天然的交通孔道,但也终因距太平洋 2000 多公里,东南风不能深入,水汽同样难以补给到这片地区。这一自然地理形势,导致上述地区降水十分稀少。哈密五堡年降水量只有 34.1 毫米,吐鲁番盆地年降水量 16.6 毫米,罗布淖尔荒漠年降水只有 22 毫米,塔克拉玛干沙漠南缘年降水量亦多在 30 毫米上下,而湿度平均为 35%,最小相对湿度为 7%;吐鲁番盆地甚至多次出现零的记录,属暖温带极端干旱荒漠。从中新世,特别是早更新世以来,这一地区已处于干旱及极端干旱的荒漠生物气候带,对第四纪沉积物的分析证明,从末次冰期(距今 7000 年)特别是近 4500 年来,这一地区持续干旱延续至今,而这一时期正是人类在这一地区生殖繁衍的时期。这种极端干旱的环境,使土壤微生物类群和数量极其稀少,活动能力也比较弱。

27.2.2　土壤高度积盐

干旱区一般都是积盐区,积盐强度与干旱程度存在正比关系。在盆地形成过程中,河流将周边山体的盐类运移沉积在盆地内,而在土壤干旱过程中,因蒸发作用使盐类集聚土壤表层,加上植物沁盐作用,脱落枝叶等,更加强了土壤浅层的积盐。塔里木、吐鲁番、哈密盆地皆为封闭的水文地质单元,盆地内的潜水排泄途径为地面蒸发和植物蒸腾,潜水矿化度一般在 10 克/升左右,高者达数十克/升。墓葬区多选择在人类活动区外围的高地,积盐作用强烈,多为盐土,且盐类以氯化物为主。对微生物来说,除少数嗜盐菌外,其他类群在盐环境中多不能存活,或受到极大抑制。人类日常生活中应用盐类对食物进行防腐保护,正是基于这一原因。具体看有关古尸出土的地点,如在且末扎洪鲁克墓地,沙丘中大量含盐块,墓坑四周甚至发现过一米厚的盐层。哈密五堡、吐鲁番地层中含盐,这些高度盐化的土壤,会明显抑制一些致腐微生物的生长、活动,对尸体的保存是有利的。

27.2.3　浅埋、不密封

全面分析前述新疆古尸出土情况,一个十分显目的特点是出土这类古尸的墓穴都不密封,且埋葬甚浅。

尼雅古尸,是箱棺浅置于沙土中;铁板河女尸,出土于铁板河谷一处高台地顶端,墓穴深只 1 米,其上覆盖干树枝、芦苇、细沙土,透气性好;古墓沟墓地,共发掘古墓 42 座,所见女尸及幼儿干尸,均见于浅埋的沙穴中,墓深不到 1 米,其上盖木、皮、覆沙土,不密实,而较深埋葬的墓穴中,均只见骨架。且末扎洪鲁克婴儿古尸,浅埋在深只 30 厘米的沙穴中。出土成人干尸的第二号墓,墓穴虽深达 2.4 米,但覆盖不严:墓穴上口盖木,盖木上压盐块、芦苇、兽皮、红柳、草席。墓葬顶部有0.3米×0.6 米的孔穴,其上覆盖毛织大衣、兽皮口袋等物,这样的封盖很不严实,墓穴中的人体保存完好。吐鲁番阿斯塔那、哈拉和卓晋、唐墓地,是新疆古尸出土最多的地点。墓穴是有斜坡墓道的洞室墓,人体入葬于土洞墓室内的土台上,人体下大都铺置草席。墓穴所在的砾石层透气性能很好。哈密古尸所在墓地,是哈密地区最为干热的五堡绿洲旁的一处含盐荒漠,墓穴不深,其上盖木覆土,封盖只数十厘米,并不密实,水汽极易蒸发。

综观这些出土古尸的墓地,可以看到,不密封、浅葬,使墓穴环境直接受外界极端干旱的大气、土壤环境影响,尸体可迅速脱水干燥,使微生物失去生存条件,不能展开有效地分解作用。

27.2.4　寒冷季节入土

还有有一个大家都注意到的现象,这就是同一墓地有众多墓葬,甚至同一墓穴中入葬多人,但有的人体化成了森森白骨,有的遗体却衣帽不朽、肌肤完好,对比显明。同样的气候、土壤,同样方法营造的墓穴,部分遗体无存,部分遗体不朽,导致这一差异的因素是什么?

大量现象表明,导致这一差异的主要因素之一是入葬的季节。从现有的资料可以结论:形成干尸的人体,均于寒冷季节入土。证明是:哈密五堡、罗布荒漠、铁板河、孔雀河下游古墓沟、鄯善苏贝希、且末扎洪鲁克等古尸出土时,死者大都穿着皮毛外衣、皮裤,双腿裹毡,戴皮帽、毡帽。穿着一般毛布衣袍的古尸,身上也都盖皮张(如铁板河墓地),棺盖木上覆毛布、皮张。这种御寒的装备,清楚地表明他们入土的季节是较为寒冷的冬季。

人体内存在的霉菌、酵母菌、细菌、放线菌等微生物,在人体死亡后,在人类机体内仍然可以存活。而导制遗体分解这一过程的终止,必须是这类微生物的迅即死亡。在严寒的环境中,微生物一般停止代谢作用,处于休眠状态。而严寒的环境,大气、土壤与尸体的水分交换仍在进行之中。在严寒过去后,尸体已大量失水,随地温升高,迅速完全干燥,微生物再次失去活动环境,难能对尸体进行有效分解。

综上所述,古尸的保存,根本原因是致使有机体分解的微生物活动的极大削弱,甚至终止。而极端干旱的气候、高盐的土壤、松散浅葬方式、冬季入葬等,则是导致这一原因的条件。

27.3　古尸解剖收获

新疆所见多量不同时代的干尸,是珍贵的古代人体标本,有多方面的科学研究价值。目前,我们的研究工作开展得还不够充分、不够深入,许多可以进行的研究项目还没有组织实施。哈密、楼兰古尸出土后,新疆考古所曾与上海自然博物馆、新疆医学院、上海医科大学、中国

·欧·亚·历·史·文·化·文·库·

科学院上海生物化学研究所、上海有机化学研究所、上海生理研究所、上海劳动卫生职业病研究所等单位合作进行了多方面的分析、研究。在人类学、形态观察,肌肉组织状况、肌肉组织磷脂、胆固醇及神经氨基酸的含量测定,中性脂肪观察,血型、肺组织化学成分,头发中的微量元素、杂多糖保存情况等许多方面取得了珍贵的科学资料。

27.3.1 楼兰古尸

这里说的楼兰古尸,包括铁板河及孔雀河下游古墓沟墓地出土的古尸。

孔雀河古尸,出土时戴帽、着鞋,全身包覆在毛毯中,头面部皮肤保存完整。但在分析、检查过程中,发现其他部分软组织已基本碳化,主要由骨骼系统构成支架,保持了人体的轮廓。因而,进一步地解剖分析并未能进行。

铁板河女尸,尸体自然仰卧,四肢伸直,神态安详(见图版87)。尸长152厘米,则生前身长当为155.8厘米,发育良好。干尸重10.7公斤,根据骨骼系统X射线摄片分析,死于40~45岁之间。头颈、躯干、四肢保存完好,五官端正,前额较窄微突,两眼闭合,颧部较突出,眉毛、睫毛清晰,鼻梁高、窄,鼻尖上翘。头发淡黄细密,直发型,发长20~25厘米,自正中间向两侧分开,自然披散至肩部。全身皮肤光滑、干硬,呈红棕色,手指皮肤纹理清晰,十个指甲完整。皮肤的表皮、真皮均保存较好,层次分明。解剖观察各内脏器官,位置都基本正常。只是有关脏器都不同程度的缩小、变薄。呼吸系统中的肺泡腔内,沉积大量黑色颗粒状粉尘,血管周围尤其密集。偏光镜检查,在粉尘密集处,除炭尘外还可见混杂有显示双折光的结晶颗粒。进一步分析粉尘性质,主要为硅酸盐和炭尘,炭尘占总尘量44%,硅尘占总粉尘量的38%,表明当年自然环境中的风沙危害及燃料烟尘对古代楼兰人的生活曾产生过重大影响。同时,肺内铁、铝、镁、钛含量均较高,但铜含量偏低。

通过电子显微镜对古尸保存的蛋白质、脂类及糖类也进行了分析,各种肌肉组织结构大部分均已同质化,但胶原纤维保存较好,磷脂仍存,胆固醇和神经氨基酸含量仍高。脂肪组织已大部氧化和水解成游离脂肪酸和饱和脂肪酸。

通过对古尸肌肉、肋骨、头发分析测定,死者为 O 型血。对头发进行形态学观察测量,拉力试验,表明毛小皮纹完整、清晰,毛小皮、皮质、髓质三层微曲结构保持良好。头发机械强度较现代人明显下降。通过 X 射线衍射,表明头发硬角蛋白空间构型不变,而且微纤维构成大纤维的六角陈列排布也保持完整。用质子 X 荧光分析(PIXE)法测定古尸头发,发现含有硫、钙、钛、锰、铁、铜、锌、锶、铅等微量元素,光谱分析表明铬含量明显偏高。

古尸头发近根部发现大量头虱和虱卵,保存较好。而且转移到眉毛、睫毛、阴部,其种群密度之高,非常人所能忍受。此外还发现一只温带臭虫(Cimex lectulaiurs),但未见体虱和耻阴虱。

尤其值得注意,通过电子显微镜观察,死者皮肤、软骨、横纹肌,肾、肠等组织中可见大量细菌或细菌芽胞结构,说明死亡后体内曾同样发生过细菌繁殖过程,而且这些细菌与肌体组织自溶分解相互作用,也使部分组织器官遭受到一定程度的破坏。但因外界环境因素的作用,尸体水分大量、迅速减少,细菌生长和组织腐蚀作用很快受到抑制,开始腐败的组织也逐渐减缓其腐败过程,并很快达到静止平稳状态,使干尸得以形成。

27.3.2　哈密古尸

先后三次发掘,哈密五堡墓地出土基本完好或部分肢体保存完整的人体标本数量不少,但科学分析工作做得很不够。1978 年第 24 号墓葬中出土的青年女尸,新疆考古所曾经与上海自然博物馆、上海医科大学及中国科学院上海生化所、生理研究所等单位合作进行了较深入的分析。

女尸长 156.2 厘米,皮下组织丰满,发育营养良好,膝关节以下的下肢明显人为撕裂而缺损,其余部分保存完好。

古尸狭面,面部较扁平,颧部较突,鼻根高,鼻梁硬骨部直。头发棕黄色,直发梳辫,固着较牢,眉、睫、鼻毛、汗毛存在,牙齿黄白色,齿列整齐,心、肺、腹腔各脏器如肝、脾、肾及胃肠等保持正常位置,均变干、变薄、萎缩。细胞组织中见细菌芽孢,表明尸体的自溶现象及细菌的繁殖、腐败过程曾经存在,只是因环境干燥,未得可能继续发展。

通过 X 射线片检查,骨骼保存良好,骨质密度基本正常。根据冠状缝及矢状缝已愈合,第一肋骨已钙化,骨干小梁丧失穹隆状排列,已呈柱状、无中断排列,死亡年龄在 35 岁左右,O 型血。

组织学观察,干尸表皮层脱落,真皮层网状纤维、弹力纤维及皮肤附件消失,但其主要成分胶原纤维基本保存。分析古尸肺脏部的胰蛋白酶抑制剂及心脏中血红素类物质,表明胰蛋白酶抑制剂已丧失活力,血红素一类物质已遭破坏。

X 射线检查头发角蛋白结构,表明头发皮质中的 α 角蛋白的 α 构型及 α 角蛋白在微丝结构中的空间构形基本保持不变。但头发中微丝排列的陈列已变化,通过光谱分析头发中的微量元素,含铝、镍、钛、镁,而铬增加尤为显著。

27.4　古尸背后的社会文化

上述新疆不同地区、不同时代、不同民族、不同社会身份的干尸标本,出土时都还完整保留着当年入土时的情况。通过这些实物资料,我们不仅可以对不同地区、不同时代新疆地区土著居民的形体特点得到直观的认识,而且对其民俗状况、伦理观念、社会文化心态得到比较具体的概念,显示了丰富的、多方面的历史文化信息。这里条列一些主要内容,以增进人们的了解。

27.4.1　为认识古代新疆居民种族、民族成分,提供了可靠的、形象的素材

新疆地区,古代居民种族成分不一,民族成分复杂,从很早的历史时期起,就是一个多民族杂居的地区。这一概念人们一般都了解,但比较具体、比较准确的情况,却有待考古资料充实。在这方面,人类学家一般均依靠大量人骨标本进行体质人类学分析,以寻求居民种族特征的结论。由于古尸数量很少,一般并不注意使用古尸标本进行这方面

的研究。实际上,不同时期的古代人体标本,给人们以形象、具体的概念。古墓沟、铁板河古尸狭面、高鼻、淡褐色发;吐鲁番阿斯塔那、哈拉和卓古墓地古尸宽脸、高颧骨、黑发。前者明白无误地显示着白种人的特征,后者则是典型的蒙古人种形象,彼此可以说是判然有别,十分清楚地揭示了古代新疆居民长时期在种族成分上的多元特征。目前,由于这方面工作做得还很不够,资料也不是十分丰富,还没有能形成比较清楚的利用古尸资料进行种族分析、民族识别的理论方法,这是一个有待努力的研究课题。

27.4.2 民俗研究

不同的民族一般都有自身特有的习俗,这表现着他们特有的、与其他民族存在差异的心理特点。

认真分析出土古尸随身衣物、随殉文物的各个方面,可以对当年古代居民的实际生活得到十分具体、丰富、形象的素材,可填补文献记录的空白,或补充文献记录的不足,为民族民俗研究作出贡献。

古墓沟、铁板河古尸所代表的、距今近 4000 年前的罗布淖尔居民,他们头戴尖顶毡帽,帽上插禽鸟翎羽,长发散披,无衣裤,颈、腕饰骨珠、玉珠,腰饰骨管,全身披裹毛毯、皮张以御寒,足着皮鞋。

生活在去今 3000 年前的哈密绿洲居民,头戴毡帽或毛线编织帽,女性梳辫,毛布上衣、下身穿无腰长裤,长筒毡袜,毛带裸腿,着皮鞋,鞋上或饰小铜铃。外衣为毛布无领套头长袍,十分宽松,束带以保暖;冬天,有毛皮长袖大衣。衣、袍、长裤样式均与扎洪鲁克有别。文身,尤其在手部刺青痕迹明显。

扎洪鲁克人是生活在距今 2600 年前的且末绿洲古代居民的一支代表,他们同样头戴毡帽、毛线编织帽,身穿毛布长大衣,下身长裤,女尸长裙长裤、毛袜、长靴,腰束色彩斑斓的毛带,文面文身。

吐鲁番地区鄯善县苏贝希古尸,表现着战国时期吐鲁番古代居民的生活情况。男性戴盔式毡帽,女性无帽但发饰多变,已见形式有对角、尖锥形,它们与头发梳合一起,覆以十分细致的细毛发套包裹。男女均毛布衣裤,男性着皮长袍,连靴套裤,女性毛裤外着长裙。男女均腰佩取火工具。部分男性文面,作几何形。

生活在尼雅绿洲的汉代精绝人,穿棉布长裤,丝绸上衣、裙,贵族着右衽丝质锦袍、枕鸡鸣枕、矩形枕,覆面衣。女性梳妆用漆、藤奁,内蓄胭脂、梳、箧、女红等物,有的适用汉式镜(见图版88)。

晋、唐时期居住在吐鲁番盆地的居民,穿着棉、麻布衣裤,覆面衣,盖瞑目,口中含钱,双手握木。适应送丧、祈求冥福的要求,或戴纸帽、束纸带、穿纸鞋,呈现着又一番迷信景象。

对死者的安排以及生者的观念,表现着现实生活的情状。从上述不同的服饰及处置,不仅可以看出时代的差异、文化心态的不同,也可说明民族、民俗的差异。

27.4.3　西域文化特色

关于古代新疆—西域的文化特色,各国学者有多种不同的观点。认真分析、剖析各种论述,其中比较引人注意的倾向之一,是明显强调周邻地区发育较高的先进文化(如黄河流域古代文明、古印度文明、古伊朗文明及古希腊、罗马文明等)对新疆大地的影响,而对本地土著文化的发育、发展、特点等,注意不够、认识不清。随古尸出土的大量别具地方特色的文物,展示了古代新疆文化的风采、特点及优点,为我们研究古代新疆文化,总结、探索其发展规律,提供了大量生动的素材。使我们可以有充分的把握结论:古代新疆,孕育、成长了有自身鲜明特色的地域文化,显示了古代新疆人民的聪明才智。这一文化有自身的优点、特点,但又不是一种封闭的存在,而是与周邻地区存在多方面的交流,吸收它们的积极因素为己所用;自身有特色的创造,也在这一交流中介绍给周邻地区,为人类文明的发展做出了积极的贡献。

古代新疆人适应本地的资源特点,日常生活用器主要是使用土产材料制作的不同形式的骨、角、木器、草编器,而陶器制造相对落后。距今4000年前,擀毡、毛纺、皮革加工均已达到相当高的水平。这些生产工艺,随社会的发展而不断进步、成熟,取得了令人瞩目的成就。在距今3000年前后的哈密五堡、且末扎洪鲁克墓地,毛织物已达到很高的水平,知道分档使用毛绒、毛线,纺线细匀,织物致密,染色工艺成熟,红、绿、蓝、黄、褐等不同色泽至今鲜艳。各种不同规格的几何形方格、条形花纹、旋纹、兽纹,色彩搭配素雅大方。在去今3000多年前,已见缂织工艺之萌芽至距今2000年前后,通经断纬的缂织工艺在毛织物中已经运用得十分成熟。皮革鞣制柔软,靴鞋、衣服各具特色。它们主要是奠基在畜牧业生产经济基础上的文化成果,与周围一些以定居农业为主的文化显示了多方面的差异。

27.4.4　医药与巫祝

　　古代人类知识未开,十分迷信。生老病死的种种变化,使人们十分困惑,他们也随时在探寻着其中的奥秘。他们相信人死后存在灵魂,有一个与现实世界相类似的幽冥中的世界,因而他们普遍重视对死者的殓葬,死者入土时都有衣、食方面的周到安排。古墓沟死者头侧都有一个草篓,其中放置数颗到十数颗麦粒,使死者不致有饥饿之虑。进入到去今1000多年前的晋、唐时期,阿斯塔那墓地中的主人,各种点心、果品、肉类较之古墓沟显得丰富,但其精神一致。蒙昧状态中的古代祖先,对人体疾病的致因及相关治疗还不甚了解,但他们在认真观察、分析、总结,寻求着征服疾病的方法。古墓沟人无一例外随身均有一包麻黄枝,就透露了这方面的信息。罗布荒原上到处可见含有麻黄碱、甲基麻黄碱、伪麻黄碱的麻黄。麻黄中的这类生物碱对人体有发汗退热、止咳喘的作用,对治疗风寒感冒、呼吸道炎症有一定功效。麻黄这一可以缓解病痛的神奇力量,古墓沟人已有明显的感觉,所以他们赋予麻黄以特殊的地位。这大概揭示着医药形成的过程。因为古人迷信鬼神,埋葬祖先的墓地自然具有神圣地位。哈密五堡墓地,我们观察到墓穴普遍遭破坏,死者遗体遭凌辱、摧残,部分保存完好的干尸,甚至被粗暴地撕裂。这种破坏死者墓穴的做法,明显寄托着诅咒、破坏其子孙现实生活幸福的企图,表明了巫祝的存在及活动。诸多葬俗细节,透露出他们存在着浓烈的萨满崇拜。

27.4.5　生态环境及其变化发展

　　一般说,剖析干尸以掌握死者生前的食物构成,由此可以大概把握他们的生存活动环境。因此,古尸标本是研究死者当年生存环境的第一手资料。其他也有不少相关资料,可助生态环境状况的研究。试以罗布荒原环境为例,铁板河女尸肺中含有大量黑色颗粒状粉尘沉积,除炭尘外还含有硅粉尘,表明死者生前长期生活在烟灰与风沙环境之中。可以想见当年日常生活中大量使用植物燃料,而这类燃料燃烧往往并不充分;加之罗布荒漠上当年已是十分干旱,多风、多沙,自然产生了这一相当严重的环境污染效果。与铁板河居民生活在差不多同一时代的古墓沟人,当年营构墓葬时大量砍伐林木。修建一座带环圈并放射状列木的坟墓,据不完全统计,使用粗细不等的树材要600多棵。这对保护干旱生态环境良性发展的林木是严重的破坏!这类墓地及尸体资料,表明当年有关小环境相对今天较为优越,今天是一片不毛之地的古墓沟、铁板河,当年还有不少林木,有水和芦苇,人们可以经营畜牧及简单的农业生产。当年的罗布淖尔生活环境虽说艰难,但较之今天可以说是要良好得多。导致这一切变化的根本原因,看来主要是人类自身的活动。人及人类社会的活动,是导致环境变化的最大原因,这是一个当代人应十分注意并重视的问题。

参考文献

司马迁.史记.新点校本[M].北京:中华书局,1972.

班固.汉书.新点校本[M].北京:中华书局,1964.

范晔.后汉书.新点校本[M].北京:中华书局,1975.

刘昫.旧唐书.新点校本[M].北京:中华书局,1975.

欧阳修、宋祁.新唐书.新点校本[M].北京:中华书局,1981.

李吉甫.元和郡县图志[M].北京:中华书局,1983.

新疆社会科学院民族研究所编著.新疆简史(第一、二、三册)[M].乌鲁木齐:新疆人民出版社,1980.

黄文弼.塔里木盆地考古记[M].北京:科学出版社,1958.

黄文弼.罗布淖尔考古记[C].中国西北科学考察团丛刊之一,1948.

黄文弼.吐鲁番考古记[M].北京:科学出版社,1954.

黄文弼.新疆考古发掘报告(1957—1958)[M].北京:文物出版社,1983.

孟凡人.新疆考古与史地论集[M].北京:科学出版社,2000.

王炳华.新疆天山生殖崇拜岩画[M].北京:文物出版社,1990.

王明哲、王炳华.乌孙研究[M].乌鲁木齐:新疆人民出版社,1983.

王炳华.西域考古历史论集[M].北京:中国人民大学出版社,2008.

新疆文物考古所.新疆察吾呼[M].北京:东方出版社,1999.

新疆博物馆、新疆考古所.中国山普拉[M].乌鲁木齐:新疆人民出版社,2001.

新疆档案馆、日本佛教大学尼雅学术研究机构.近代外国探险家新疆考古档案资料[M].乌鲁木齐:新疆美术摄影出版社,2001.

中日共同尼雅遗迹学术考察队.尼雅学术遗迹学术调查报告书(第一卷、第二卷)[M].[日]株式会社法藏馆,1996.

新疆文物考古所,等编.丹丹乌列克(遗址)[M].北京:文物出版社,2009.

吐鲁番学研究院.吐鲁番学新编［M］.乌鲁木齐:新疆人民出版社,2006.

新疆文物考古所编.新疆考古三十年［M］.乌鲁木齐:新疆人民出版社,1983.

新疆文物考古所,等编.新疆文物考古新收获(1979—1989)［M］.乌鲁木齐:新疆人民出版社,1995.

新疆文物考古、新疆博物馆.新疆文物考古新收获(续)(1979—1989)［M］.乌鲁木齐:新疆美术摄影出版社,1997.

龟兹文化编委会.龟兹文化研究(1—4册)［M］.乌鲁木齐:新疆人民出版社,2006.

林梅村.沙海古［M］卷.北京:文物出版社,1988.

马雍.西城史地文物丛考［M］.北京:文物出版社,1990.

赵国华.生殖崇拜文化论［M］.北京:中国社会科学出版社,1990.

［英］A·斯坦因.沙埋和阗废墟记［M］.殷晴,等译.乌鲁木齐:新疆美术摄影出版社,1994.

［英］A·斯坦因.西域考古图记［M］.中国社会科学院考古所主持翻译.南宁:广西师范大学出版社,1999.

［英］A·斯坦因.亚洲腹地考古图记［M］.中国社会科学院考古所主持翻译.南宁:广西师范大学出版社,2001.

［英］A·斯坦因.斯坦因西域考古记［M］.向达,译.北京:中华书局,1954.

［英］珍妮特·米斯基.斯坦因考古与探险［M］.田卫疆,等译.乌鲁木齐:新疆人民出版社,1992.

［德］A·勒柯克.新疆的地下宝藏［M］.陈海涛,译.乌鲁木齐:新疆人民出版社,1999.

［瑞典］斯文·赫定.丝绸之路［M］.江红、李佩娟,译.乌鲁木齐:新疆人民出版社,1996.

［瑞典］贝格曼.新疆考古记［M］.王安洪,译.乌鲁木齐,新疆人民出版社,1997.

索　引

阿父师泉　75,76,145,146

阿克斯皮尔　14,102

阿力麻里　11,16,19,87

阿斯塔那　5,9,10,17,23,52,
86, 100, 101, 104,
110, 111, 141, 155,
195, 203, 250, 366,
367, 370, 371, 376,
384, 399 – 401,
405, 407, 410, 411,
413, 483, 485, 489,
494, 512, 516,
521,523

安迪尔　9,14,20,24,62 – 64,
108, 113, 246, 296,
314,330,338

安西　2,9,13,14,53,54,77,
78,87,97,98,134,138,
141,146 – 148,153,160,
161, 164 – 166, 168 –
172, 174 – 179, 181 –
183,206,254,491,492

拔达岭　98,146 – 148,171,172

白水涧道　52,86,88,94,95,
154 – 158,161 – 163

白水镇　10,95,154 – 156,158,
160 – 163,197,385

北庭　3,9,11,13,14,16,17,
52, 54, 72, 83 – 86, 88,
93, 94, 138, 140 – 142,
202, 251, 384, 414,
491,492

别迭里大坂　97,98,146 – 148,
178

波马　9,100,273,275,277,279
– 284,421

博格达沁　76

车师　8,13,49,50,67,71,75,
84, 93, 102, 115, 162,
163,249,328,359

赤亭守捉　71,72

雌栗靡　346,347,356,360,362

葱岭守捉　10,14,67,131,133,
134,150,151,153

丹丹乌列克　10,20,23,65,66,
92,102,493

·欧·亚·历·史·文·化·文·库·